傷寒論科學化研究

戴 楚 雄 編著

文史哲出版社印行

傷寒論科學化研究 / 戴楚雄編著, -- 初版--
臺北市：文史哲,民 104.01 印刷
454 頁; 21 公分
ISBN 978-957-547-592-5（平裝）

413.32

傷寒論科學化研究

編 著 者：戴　　　楚　　　雄
出 版 者：文　史　哲　出　版　社
　　　　　http://www.lapen.com.tw
　　　　　e-mail：lapen@ms74.hinet.net
登記證字號：行政院新聞局版臺業字五三三七號
發 行 人：彭　　　正　　　雄
發 行 所：文　史　哲　出　版　社
印 刷 者：文　史　哲　出　版　社
　　　　　臺北市羅斯福路一段七十二巷四號
　　　　　郵政劃撥帳號：一六一八〇一七五
　　　　　電話 886-2-23511028 · 傳真 886-2-23965656

定價新臺幣六四〇元

中華民國七十三年（1984）十二月初版
中華民國一百零四年（2015）元月訂正再版

陳　序

　　中國醫學，肇源上古，集大成於秦漢，先以內經奠定理論之基礎，繼有傷寒雜病論首創療治之法程，唐宋以還，名賢輩出，杏林橘井，譽重鄉邦，對我中華民族數千年來之保健大業，厥功甚偉。惜內經文辭古奧，理義深邃，非人人所能暢曉，除醫中之佼佼者，難得其神髓，且僅具理論體系，而少治療法則，間多望洋興嘆，茫無所措之慨。迨後漢長沙太守張機仲景氏，吸取傳統理論之菁華，與先人長期實踐所得之經驗，以陰陽學說為病理之最高指導原則，臟腑學說為病理之物質基礎，五行氣化為病理之機轉法則，整體制約為病理推論之重要觀念，並以四診為手段，八綱為準則，辨證而斷病理，分經而定療法，依法而選方配藥，期達扶正而抗邪，祛病而復原之目的，首創中醫六經病理學之臨床寶典——傷寒論。共訂三百九十七法，一百一十三方，經千餘年來之臨床實踐與考驗，足證其理論法則，思想邏輯，具科學性、卓越性、正確性、實用性與指導性，迄今仍為廣大中醫學者所遵循之規矩，實乃「開萬世之法程」之最傑出醫籍經典，故日人多村梻窓云：「醫之有傷寒論，猶儒之有語孟也」，時逸人亦曰：「廢傷寒論則六經不傳，廢六經則中醫失傳，謂中國之醫學，卽六經醫學，亦不為過」，可見傷寒論在我國醫學史上之重要地位矣。

　　惟原書經三國戰亂，散失不全，雖經晉太醫令王叔和採集編次，未復其舊。況增序例，脈法及證似傷寒之痙、濕、暍於卷首，集可不可汗、吐、下於卷末，移雜病之霍亂於卷中，使魚魯豕亥，混淆不清矣。再經六朝災變，隋志云亡，江南諸醫，秘而不傳，至宋閣臣林億

等校正，金成無已註釋，且作明理論，開後世註釋傷寒論之先河。而今有文獻可考者，三百餘家，其中發微闡幽，光大本旨固多，而臆說偏見，錯束改竄者，亦復不少，且都限於傳統理論，而少現代科學知識，故仍未能適合於時代需要也。現代醫學，以淺顯之理論，實驗之數據，特效之藥物，簡單之服法，而獲社會大眾所接納，且有國家法令之支持，遂使以古醫術語而不易了解之傳統醫學，徒負民族保健榮譽而日漸式微，良可惋惜。故中國醫學之整理與科學化，則迫不及待矣。

　　本會委員戴君楚雄，幼習歧黃，歷數十年而不懈，力學新知，溶中西於一爐，以數載之辛勤，作傷寒論科學化之研究：調整編次，使之系統化；校正條文，使之平實化；傳統解釋，使之正確化；科學解釋，使之現代化；演繹方劑，使之組織化；分析藥物，使之科學化，共成四十餘萬言之巨著，條理分明，理論精闢，實中醫學現代化及科學化之佳構，欣慰之餘，聊綴數語而為之序。

　　　　　　　　　徐之久［博士］撰於中國醫藥研究發展基金會

馬　序

去（一九八三）年我旅遊美國，曾去參觀史丹福大學博物館舉行的東方文物藝品展覽會，那裏陳列了中國、日本、韓國、印度、泰國……諸國的古代藝品，我靜靜欣賞半日之後，心爲之盎然。因爲，中國古代的文物藝品，雋永超脫，駕乎其他國家之上，我是一個研究中國傳統醫學，在台灣從事臨床工作三十餘年的人，過去不知受了多少閒氣，許多人說我們「不科學」。　我在參觀這個文物藝品展覽會之後，有幾點感想：

㈠中國是東方開化最早的大國，古人的智慧，用在一般生活上，表現的是精神文明；西方的科學家是十九世紀以後興起的，科學家的智慧，用在物質上，影響人類的生活甚大，表現的是物質文明，中國醫學與中國歷史文化有不可分離的關係，從古以來，民族保健的責任，都是由這種醫學負擔的，由此可知中國醫學的作用，不遜於西方科學，其評價或更在西方科學之上。

㈡美國是科學的先進國家，他重視異國的古代文物，尤重視中國的醫學，已採用我們的針灸療法，有趨勢進一步研究並運用我們的其他療法，可知外國從事科學研究者，不但不輕視我們的醫學，並在極力爭取與吸收之中，證實我們的醫學有發揚的必要，不能以「不科學」而視如敝屣。

㈢中華民族是世界最大的民族，其繁衍之龐大，無與倫比，中國醫學是促進民族繁衍之主要功臣，從民族的繁衍，促成文化的優異性，反過來說，從文化的優異證明中國醫學在民族健康與智慧上的輝煌

成就，事實上中國醫學原來就是合乎科學的。不過因為客觀環境的不同，形式上異乎今日而已。誰說我們的醫學「不科學」？

　　楚雄兄醫學淵博，以今鑑古，以古通今，對傷寒論一書，尤具卓識。欲以科學之新知，貫通傷寒論全書，對三百九十七法，一百十三方，有新面貌出現，一氣呵成「傷寒論科學化研究」巨著，持見正確，發揮盡緻，其旨趣適合我心，特以參觀史丹福大學東方文物藝品展覽會的感想，發抒而為之序。

馬光亞 於中國醫藥學院　七十三年十二月

傷寒論原序

　　余每覽越人入虢之診，望齊候之色，未嘗不慨然歎其才秀也。怪當今居世之士，曾不留心醫藥，精究方術，上以療君親之疾，下以救貧賤之厄，中以保身長全，以養其生，但競逐榮勢，企踵權豪，孜孜汲汲，惟名利是務，崇飾其末，忽棄其本，華其外而悴其內，皮之不存，毛安將附焉！卒然遭邪風之氣，嬰非常之疾，患及禍至，而方震慄，降志屈節，欽望巫祝，告窮歸天，束手受敗，齎百年之壽命，持至貴之重器，委付凡醫，恣其所措。咄嗟嗚呼，厥身已斃，神明消滅，變爲異物，幽潛重泉，徒爲啼泣，痛乎！舉世昏迷，莫能覺悟，不惜其命；若是輕生，彼何榮勢之云哉！而進不能愛人知人，退不能愛身知己，遇災值禍，身居厄地，蒙蒙昧昧，惷若遊魂。哀乎！趨世之士，馳競浮華，不固根本，忘軀徇物，危若冰谷，至於是也。余宗族素多，向餘二百，建安紀年以來，猶未十稔，其死亡者，三分之二，傷寒十居其七，感往昔之淪喪，傷橫夭之莫救，乃勤求古訓，博采群方，撰用素問九卷，八十一難，陰陽大論，胎臚藥錄，并平脈辨證，爲傷寒雜病論合十六卷，雖未能盡愈諸病，庶可以見病知源，若能尋余所集，思過半矣。夫天布五行，以運萬類，人稟五常，以有五藏，經絡府俞，陰陽會通，玄冥幽微，變化難極，自非才高識妙，豈能探其理致哉。上古有神農黃帝岐伯伯高雷公少俞少師仲文，中世有長桑扁鵲，漢有公乘陽慶及倉公，下此以往，未之聞也。觀今之醫，不念思求經旨，以演其所知，各承家技，終始順舊，省疾問病，務在口給，相對斯須，便處湯藥。按寸不及尺，握手不及足，人迎趺陽，三部不參，動數發息，不滿五十，短期未知決診，九候曾無髣髴，明堂闕庭，盡不見察，所謂管窺而已！夫欲視死別生，實爲難矣，孔子云：生而知之者上，學則亞之，多聞博識，知之次也。余宿尙方術，請事斯語，漢長沙太守南陽張機著。

傷寒論科學化研究——前言

　　中國醫藥，為我中華民族數千年來之健康保障，雖其理論深奧，不易為一般人士所瞭解，但治療方法，及方劑配佐，仍不失為現代醫學之上乘法門。所惜中醫學者，墨守成規，不求精進，致於科學昌明之今日，在病菌、病理、生理、解剖、藥物學等相繼發明，科學知識，一日千里之形勢下，不覺黯然失色，日漸式微。有識之士，虞國醫之淪喪，乃提倡中醫革命論，中醫科學化，欲挽狂瀾於既倒，作存亡續絕之奮鬪。但中醫業者，限於科學知識，則和之者，仍寥寥無幾，事實上，殊少成就。究其實，中國醫藥，為先聖前賢，經數千年之歲月，以億萬人之生命，作實際試驗而得之寶貴結晶，確有科學之依據，並非如一般人所謂之玄理。若能本科學之知識，用科學之方法，不斷分析、研究，實能發揚光大，堪為世界上最優良學術之一門而無愧。試觀西藥之麻黃素，木鱉酊，橙皮酊，毛地黃酊等，均提自中藥；而西醫新倡之精神療法，臟器療法，亦為中醫數千年前固有之技能，即可為之明症。

　　中國醫學之理論，雖源出內經，而治療之術，實自漢長沙太守仲景張機氏，集其大成。其所著傷寒論、金匱要略二書，為中醫內科醫療學之規矩，數千年來，歷代名賢，莫不奉為典範，此所以首擇傷寒論為研究之對象也。況傷寒論全書，十之八九，均有科學之基礎，若本科學之知識，用科學之方法，作深入淺出之探討，對現代醫學，尤其在中醫科學化上，將有莫大之貢獻。所不幸者，原書經三國戰亂，散失不全，雖經晉太醫令王叔和採集編次，但終未能復其舊觀。而王氏更編「脈法」，「傷寒例」於卷首，以補原書之未備；集「可」，與「不可」於卷末，以免急時難尋，暨引金匱文中痙、濕、暍、症似傷寒者，以資參考。則今日所傳之傷寒論，早非仲景之原文矣！況王氏編次，條理不清；歷賢詮釋，間多偏見；更有假借五運六氣之玄理，摻雜其間，致變實用之學於玄談，益貽世人以訾病，良可惋惜。雖近代時逸人，陸淵雷，譚次仲諸氏，始以科學知識，加以解釋，仍嫌雜而未純，略而未暢。能具科學之知識，通中醫之精義，融會貫通，發微闡幽，歷數時賢，尚無幾人。余不敏，本當仁不讓之心，願竭駑鈍，勉力而為之，至成敗與否，在所不計。

然本書研究之宗旨，在於闡揚：

(1)中醫學理，確具科學性，而非玄談；唯因古今術語不同，初視爲見解分歧，但究其內容則一，如中醫所謂之陰、陽、氣、血，卽西醫所謂之陰性，陽性，神經作用，和血液循環功能等，足以佐症。

(2)中醫法療方法：中醫辨症，雖分表裡，寒熱、虛實、陰陽、水毒、血瘀等等，而治療則歸納之於原因療法，對症療法，臟器療法、精神療法，期待療法。尤有寒熱療法，尚爲現代醫療學上，獨特之技。

(3)中醫處方學：主、副、佐、使、組合之精良，具有物理化學之作用，決非單味藥主要成分之效用所限。

(4)中藥之主要成分、藥理作用，醫療價值等。

其次，本書研究之計劃：

(1)調整編次，使之系統化，以清綱領。

(2)校正條文，使之平實化，以期通順。

(3)纂釋精義，使之正確化，以顯傳統精神。

(4)科學解釋，使之現代化，以合時代潮流。

(5)演繹方劑，使之組織化，以明配合和效用。

(6)分析藥物成份，使之科學化，以顯價值。

再次，本書研究之方法：將傷寒論全書，除王氏所增，金匱引文外，將六經篇，陰陽易，差後勞復等篇，合計原文四百餘條，逐一調整編次，校正條文，作傳統與科學之解釋，並立對照，互相參證，裨中西醫學者，易於貫通。又次方解，藥解，及介紹各家學說治驗。然因項目不同，研究方法，分別採用考正法，綜合法，歸納法，演繹法，引申法等如下：

(1)考正法：古今傷寒版本，編次互有出入，且文多倒置，字有錯誤，必須提綱挈領，重編條次，以清眉目，並字字覈核，改正錯誤，以求通順明確。

(2)綜合法：中國醫學，肇源秦漢、文字古奧，不易了解，歷賢詮釋，見仁見智，紛紛不一，故綜合各家菁華，摒斥玄理，作平實淺顯之「傳統解釋」，使中醫學者，有正確之觀念，卽一般人士，亦能了解條文之意義。

(3)歸納法：凡疾病之發生與機轉，莫不由於病理之戰刺，及生理之反應，而表現於人身肉體與精神之變化，所顯示之症候。傷寒論所述者，卽各種疾病之症候，與處治之方法，故可依據科學知識，推斷其疾病發生之原因，

，歸納之而得病理。凡症候合於生理反應及病理戟刺者，即爲「科學解釋」之依據。

(4)演繹法：中醫處方之組合，間多一味之差，症治大異其趣；或僅分兩多寡，治亦各殊。應用科學之方法，演繹其差多差少，主副佐使之不同，而明處方配合之精義及醫療之價值。

(5)引申法：中藥品類之繁，李時珍本草綱目收集一千九百餘種，雖其化學成分，藥理作用，而未盡明，而醫療價值，固所深悉。依現代科學研究所得，有報告資料可據者，及固所深悉之醫療價值，介紹於世人，使中西醫藥學家，對中藥使用價值，進一步之認識，并廣爲利用，創藥業界之新紀元。

又現代醫學知識，尚屬膚淺，故對各家有關學說，有參考研究之價值者，引申介紹；其他醫案之搜求，作爲借鏡，亦併列之。

時至今天，國醫之式微，事實俱在；不科學之詬病，與時俱增，雄雖不才，亦爲中醫業之一員，故不自量力，欲以科學之知識，貫通本論之原意，作審慎之探討，庶幾對中醫科學化之前途，有所貢獻。唯學驗兩疏，智質愚魯，罅漏之處，不當之論，容或難免，幸海內外賢達先進者，有以指正。若有一得之見，闡揚於醫學，裨益於後世，則幸甚焉！

傷寒論科學化研究目錄

陳　　序
馬　　序
仲景原序
自序(前言)
第一編　總　　論

第二編 條 釋

第一編　總論

第一章　內經與傷寒理論之檢討

中國醫學，爲歷久彌新之應用科學，因它以「宇宙之基本原理」、「自然科學之基本法則」爲哲學基礎（詳拙撰中國醫學的哲學基礎與理論體系），且有千千萬萬之事實，證明其使用價值，實爲先民之智慧結晶，寶貴之文化遺產。惜我輩不才，未能運用現代之科學知識，去求證、去發揚光大，與現代醫學，並駕齊驅，實爲憾事。

我國現存之最古醫籍，首稱內經，分素問與靈樞二部，爲中醫學之理論根源，亦即中醫治療學之最高指導原則。傷寒雜病論，則是我國第一部臨床醫學，稱醫方之祖，爲中醫治療學之典範圭臬。但比內經晚出數百年，況原序曰：「撰用素問九卷、八十一難、陰陽大論、胎臚藥錄、并平脈辨證，爲傷寒雜病論，合十六卷」，故傷寒論，或多或少，受其理論影響，所以要研究傷寒論，必先研究內經，以明其同異。

第一節　內經之時代背景及沿革

素問與靈樞，合稱內經，各八十一篇，爲我國傳統醫學經典，以陰陽五行爲理論基礎；而針灸家之學術，佔其大半，餘則爲湯液家、陰陽五行家、運氣家、養生家之學理，故文體不一，各自單元而論，撰者爲誰，已不可考，雖託名黃帝，經歷賢之考證，實爲戰國至秦漢之際，諸子集體所作。如邵雍於皇極經世書曰：「素問陰符，七國時書也」；程顥以「素問文字氣象，只是戰國時人作」（二程全書），司馬光亦以素問未必黃帝之書，乃周漢之醫者，託以取重（與范景仁第四書）；竇苹謂七國秦漢之際，諸子所作（酒譜）；元呂復以「內經素問，世稱黃帝歧伯問答之書，觀其旨意，殆非一時之言，其所撰述，亦非一人之手，劉向指爲韓諸公子所著，而其大略，正如禮記萃於漢儒，而孔子子思之言並傳也（九靈山房集滄洲翁傳）；祝文彦亦

云：「內經素問，後人傳以爲歧黃之書也，其論脈法病症，未必不有合乎聖人之意，詞義古樸，未必不有得古人之遺，然自余觀之，確乎爲秦以後書，而非盡歧伯黃帝之言也。當時和扁諸神醫，必有傳於歧黃眞諦，後人附會以成書。且五帝皆至聖，而孔子刪書始唐虞，以唐虞之前無史書，至唐虞乃始也。唐虞書不過數百言，而黃帝書乃至數千萬言乎！而前民利用之事，皆五帝以前，聖人所爲，何他事一無史書可考，而獨治病之書，詳而盡如是耶（慶符堂集）。總之，西周時期，陰陽五行學說，尚未形成，至戰國齊之鄒衍，始行創立，秦漢之間，始臻暢行。則以陰陽五行爲中心思想之內經，係後人所託，殆無異議。

查漢藝文志，有黃帝內外經，白氏內外編，扁鵲內外經，唯黃帝內外經獨傳。而素問之名，漢志未見，後漢張機傷寒論引之，晉皇甫謐士安氏甲乙經序曰：「鍼經九卷、素問九卷，皆爲內經，與漢志十八卷數合」，則素問之名，起於漢晉之際，至隋經籍志，始正式著錄。隋志祇存八卷，全元起註時，已缺第七卷，唐王氷取其師張公秘本補之，宋林億等校素問時，以「天元紀論、五運行論、六微旨論，氣交變論、五常政論、六元正紀論，至眞要論等七篇，居今素問四卷，篇卷浩大，不與素問前後篇卷等，又所載之事，與素問餘篇，略不相通，疑此七篇，乃陰陽大論之文，王氏取以補所亡之卷，猶周官亡冬官，以考功記補之之類也。又漢張仲景傷寒序云：撰用素問九卷、八十一難、陰陽大論，是素問與陰陽大論，明係兩書，乃王氏併陰陽大論於素問中也。要之，陰陽大論，亦古醫經，終非素問第七也」。且王氷又以「世本紕繆，篇目重疊，前後不倫，文義懸隔，故就中簡脫文斷，義不相接者，搜求經論，有所遷移，以補其處；篇目墜缺，指事不明者，量其旨趣，加意以昭其義；篇論吞併，義不相涉，闕漏名目者，區分事類，別目以冠其篇首；錯束碎文，前後重疊者，詳其旨趣，則去繁雜，以存其要；辭理秘密，難粗論述者，別述玄珠，以陳其道」。共增刪遷移數千字，故劉河間評之曰：「王氷遷移加減經文，亦有臆說，不合古聖之書也」。呂復亦以「王氷以陰陽大論，補其亡逸，惜朱墨混殽，玉石相亂，訓詁失之於迂疏，引援或至於未切，林億等正其誤文，而增其缺義」。則素問之書，千古以來，迭經增損竄改，雖未面目全非，實亦難窺其全貌矣。

再考靈樞，漢隋藝文志均未見，晉皇士安甲乙經序，稱鍼經九卷、素問甫

九卷，即內經。隋經籍志，有黃帝鍼經九卷，新舊唐志作十卷，靈寶註黃帝九靈經十二卷，宋志有黃帝九虛內經五卷，唐王冰始以九靈，改名靈樞，則唐以前，無靈樞其名。而王冰又以九靈尤詳於鍼，是時九靈與鍼經尚並存。宋哲宗元佑八年，以靈樞久經兵火，亡失幾盡，將高麗所獻鍼經，篇帙俱存者，詔刻頒行，較林億等四十餘年前之校本，更爲完整，惜今未見傳。而林億等校索問甲乙經等，所引九虛文，今並見於靈樞中，則九虛亦經之別本也。所謂鍼經、九靈、九虛，均冠以黃稱，即靈樞之舊名耳。至編有前後，文有稍異，或編非一人，傳寫有誤耳。

總之，內經之基本理論，爲「陰陽」，而演化法則，爲「五行」，雖迭經增損，但均在此理論體系中引申敍述，故仍不失於中醫學之要道至理。

第二節　傷寒論之時代背景及沿革

傷寒雜病論，爲中醫學第一部平脈辨證，有法有方之臨床醫學，後漢張仲景手編。張氏漢書無傳，醫林別傳曰：「張機字仲景，南陽人也，受業於同群張伯祖，善於治療，尤精經方，舉孝廉，官至長沙太守，後至京師爲名醫，於當時爲上手，以宗族二百餘口，建安紀年以來，未及十稔，死者三之二，而傷寒居其七，乃著論二十二篇，證外合三百九十七法，一百一十二方，其文辭簡古奧雅，古今治傷寒者，未有出其外者也。其書爲諸方之祖，時人以爲扁鵲倉公無以加之，故後世稱爲醫聖」。

但傷寒論撰成於後漢，經三國戰亂，頗多散失，幸晉太醫令王叔和採集編次，得以流傳，功不可沒；然加脈法、序例、及證似傷寒之痙、濕、喝於卷首，可不可汗、吐、下於卷末，移雜病之霍亂於卷中，使魚魯亥豕，混殽難分，難免有畫蛇添足之嫌。再經六朝災禍，隋志云亡（實未亡），唐孫思邈謂江南諸師，秘仲景方不傳，而外台方有引用。開寶中，節度使高繼沖編錄上進，以其文理舛錯，未曾校正。宋治年間，林億等奉旨校定傷寒論、金匱要略、及金匱玉函經，成無己註之，且作明理論，爲傷寒論有註釋之始。

傷寒論自後漢迄今，千七百餘載，歷代名醫鴻儒，間多註釋闡揚，據有文獻可考者，三百餘家，其中發微闡幽，光大本旨果多；而割裂竄改，徒逞臆說者，亦復不少，更多囿於「撰用素問」，困守內經，不能自拔，牽強附

會，比比皆是。其中如元程德齋作傷寒鈐法，按日時受病而論治，尤爲不經；王履溯源集，漫無卓識，唯辨三百九十七法，尚有可取；李東垣不過以其治法，略舉其要，朱丹溪僅以疑處，摘問其目；陶華六書，敝帚自珍，郿不足論；方有執著條辨，喻嘉言推廣方氏未發之旨，著尙倫，程郊倩倣二書之意，著後條辨，雖互有發明，但各有所偏，亦有訛誤；柯琴著來蘇集，謂論中不貫傷寒者，皆雜病，宜合參之，又謂太陽，少陰等六經之病，不是六經傷寒，乃六經分司諸病之提綱，非專爲傷寒一證立法也。此說誠屬有理。其他如黃元御之僻，舒昭之妄，固無論矣；卽成無已引經據典，言必有則，亦不過隨文敷演而已；張志聰、陳修園等，假五運六氣，標本中見之說，變實用之學爲玄談，殆誤良多；錢璜、尤在涇等，雖通大意，但各執偏見，不足爲訓；時逸人、余無言、陸淵雷、承談安等，始加科學知識以解釋，仍嫌雜而未純；譚次仲純以西法之立場，置中醫數千年之精義而不顧，亦屬非是；故欲求合乎時代潮流之科學化傷寒論，實不多得。

今之傳本，乃林校成註，明趙開美版，計第一卷：辨脈法、平脈法。第二卷：傷寒例、辨痓濕暍病脈證，辨太陽病脈證並治（上）。第三卷：辨太陽病脈證並治（中）。第四卷：辨太陽病脈證並治（下）。第五卷：辨陽明病脈證並治，辨少陽病脈證並治。第六卷：辨太陰病脈證並治、辨少陰病脈證並治，辨厥陰病脈證並治。第七卷：辨霍亂病脈證並治、辨陰陽易，差後勞復病脈證並治，辨可不可發汗脈證並治。第八卷：辨發汗後病脈證並治，辯不可吐，辨可吐。第九卷：辨不可下病脈證並治，辨可下病脈證並治。第十卷：辨發汗、吐、下後病脈證並治。

綜觀本論各篇，就外感熱性病之發生，機轉、處治、誤變、救逆等，提出周詳明確之診斷方法，與處治規範，尤於疑似之處，諄諄告誡，實具苦心。

第三節　傷寒論之精義

夫疾病之發生與觸發之誘因，由於內外素因刺激人之精神與肉體，使生理功能，共濟失調，而表現各種病態，凡屬興奮性者，爲陽性病態；衰弱性者，爲陰性病態，所有各種病態，均可歸納於陰陽兩大型態中。治病，即調整其陰陽偏勝，使之平衡而致中和，則生理功能恢復正常，而疾病可愈，故

傷寒論亦以陰陽爲理論基礎，作爲辨證治病之最高指導原則，故本論曰：「發熱惡寒者，發於陽也；無熱惡寒者，發於陰也」。即可明證。且疾病之發生，可能由於病毒之感染，而日常生活起居，飲食勞役，喜怒哀樂，地理環境，風土習慣，氣候變遷等，均有密切之關係，亦均可使人體各臟器組織之功能失調，發生過與不及之病理現象，故本編列舉脈證，以整體之觀念，作全盤之評顧，爲處治之依據。

病態之反應，因人體質之各異，內外因素刺激之不同，錯綜複雜，千萬其狀，故不得不尋求以簡馭繁之方法，區分類型，製定模式，以達治療之目的，故本論歸納各種病態，分爲六型模式，作爲處治之準則，即所謂太陽、陽明、少陽、太陰、少陰、厥陰等六型模式，非經絡之謂也。

或謂傷寒論非仲景所撰，乃廣湯液論而成，如皇甫謐甲乙經序曰：「仲景廣伊尹湯液論爲十卷，用之多驗」。查漢藝文志，載經方十一家：(1)湯液經法三十三卷，(2)神農帝食禁七卷，(3)婦人嬰兒方十九卷，(4)五臟六腑「痹」十二病方三十卷，(5)五臟六腑「痹」十二病方四十卷，(6)五臟六腑「疝」十六病方四十卷，(7)風寒熱十六病方二十六卷，(8)五臟傷中十一病方三十一卷，(9)秦始、黃帝、扁鵲、兪跗方二十三卷，(10)客疾五臟狂癲病方十七卷，(11)金瘡瘲瘲方三十卷。至後漢時，或未全失，則仲景可藉以胎臚藥錄，博採群方，豈止於湯液論而已。況仲景本係名醫上手，尤精經方，除秉承內經之基本理論，和觀色察脈、辨證之法，更滙集先民之經驗，運用四診方法，察病位之表裏，病歷之久暫，病情之寒熱虛實，作整體之推斷，而定病理之陰陽，證分類型，精選經方，纂成傷寒六型，雜病二十五類，成爲千古以來之醫林寶典——傷寒雜病論。

第四節　傷寒論與內經理論之異同

中醫學理，數千年一脈相承者，陰陽、五行與經脈學說。但理論與事實，往往未能完全吻合，有適於彼，而不宜此者，故傷寒論亦未能接受內經全盤理論。論中「發熱惡寒者，發於陽也；無熱惡寒者，發於陰也」，此爲承受陰陽理論之明證；至於五行、經脈學說，論中並無明顯之踪跡可尋。因五行與經脈學說，針灸家所宗；五運六氣，司天在泉，運氣家所宗，素問熱論

，爲湯液家所宗也。但傷寒論，以辨證處治爲法則，唯陰陽而已；雖假素問熱論六經之名，而未承其實也。

但世人以其「撰用素問」，困守內經，莫能自拔，致率強附會，援經爲據，自以爲是者，比比皆是。故章炳麟曾辯之曰：「仲景自言撰用素問，不必事事背古，但自有素問，以至後漢，五六百歲，其間因革損益亦多矣，亦寧事事率於舊術哉。余謂少陰者，心病也。心臟衰弱，故脈微細；血行憊，故不能排除客邪而厥冷。若太陽病，則對少陰病而言，心臟不弱，血行有力，故能排除客邪而發熱，此不必膀胱小腸也……」。

柯琴傷寒來蘇集曰：「仲景立六經總綱法，與內經熱論不同，太陽只重在表證表脈，不重在經絡主病，看緒總綱各立門戶，其意可知」。

程國彭後條辨贅餘曰：「素問之六經，是一病共具六經，仲景之六經，是異病分布六經；素問之六經，是因熱病而涉及六經，仲景之六經、是設六經，以該盡衆病」。

惲鐵樵曰：「六經者，就人體所著之病狀，爲之界說者也」。

時逸人曰：「傷寒六經，以太陽爲首。太陽經之定義：上額下項，挾脊抵腰，下至足少趾之膀胱經絡者固非；或指爲本寒標熱，中見少陰，爲太足陽經氣者亦非。三陽經病：爲惡寒發熱，頭痛無汗之太陽；症寒熱往來，胸脇苦㵑之少陽症；身熱多汗，心煩口渴之陽明症」。

余無言於傷寒論新義曰：「六經之名，仲景不得已而用之，名用六經之名，而實非素問之實」。

丁福保仲佑氏亦然余氏之言曰：「六經分症，源溯內經，仲景爲當時學術所挾持，不得已引用之，此是事實；而仲景書，不泥言六經及陰陽，亦是事實」。

陸淵雷於傷寒論今釋敍例中曰：「仲景自序，雖云撰用素問，今考論中用素問者，百僅一二，又皆沿用其名，未襲其實」。又在「太陽之爲病」條下註曰：「太陽陽明等六經之名，其源甚古，其意義所指，遞有不同：最初指經絡，六經分手足十二，爲針灸家所宗，靈樞、甲乙經，及素問大部份是也；其次指氣化，即太陽寒水，陽明燥金等，司天在泉，運氣家所宗，王氷附入素問六元紀大論是也；最後則指爲熱病之證候群，爲湯液家所宗，傷寒論及素問熱論是也。名則猶是，義則遞異」。

陳遜齋於中央國醫館附設訓練班演講：「傷寒六經：陰、陽、寒、熱、虛、實、表、裡之代名詞也」。

日人鶴沖元逸於醫斷中曰：「傷寒六經，非謂病在六經，假以為紀也已；及其施治也，皆從症而不拘焉」。

籐廉本明曰：「三陰三陽之目，何為而設焉？凡病有六等之差，而地位脈症之不同也。概觀諸說，皆以六經為病位之假稱，而不取於經絡之義」。

山田正珍於傷寒集義曰：「太陽指在表而言，蓋傷寒以六經言之，古來醫家相傳之說，不可遽易者也。夫人之常情，每信其所習見，而疑其所未嘗習見者，故仲景亦不得已而襲其舊名，實則非經絡之謂也。借此配表裡脈症故論中無一及經絡者，可知此書以六經之名，猶數學家以甲乙為記號也」。

綜觀上述先哲時賢，中外名醫學者之宏言讜論，足以證明傷寒六經，僅沿用素問熱論六經之名，而未承其實也。再考素問熱論原文，與傷寒六經分症，確有不同之處，茲揭其犖犖顯著者如下：

(1)熱論一日傳一經，六日傳遍，七日再傳太陽，週而復始，如熱論曰：「七日巨陽病衰，頭痛少愈；八日陽明病衰，身熱少愈者」；而傷寒六七日傳一經，一再傳後，或愈或死，絕不週環。如太陽病，熱盛則傳陽明，汗下以解；熱極則心力衰竭，陷少陰而死亡，此其異一也。

(2)熱論之太陽傳陽明，陽明傳少陽，絕無例外；而傷寒論則太陽傳少陽，（如本太陽病，轉入少陽者），少陽傳陽明（如服柴胡湯已，渴者，屬陽明，以法治之），亦有太陽逕傳陽明者（如本太陽病，初得病時，發其汗，汗先出不徹者，因轉屬陽明也），絕無陽明反傳少陽者，此其異二也。

(3)熱論之三陽證，在傷寒論，均為太陽症，如熱論曰：「三陽經絡皆受其病，而未入於臟者，故可汗而已」。而傷寒之少陽證，則不可汗下，此其異三也。

(4)熱論之三陰症，均為熱灼傷液之候，而傷寒之三陰症，為太陰之脾胃虛寒，少陰之心腎衰竭，厥陰之寒熱勝復，兩者絕不相同，此其異四也。

(5)傷寒之少陽與三陰症，為熱論所不具，此其異五也。

又五行，經脈學說，為針灸家之基礎學術；而傷寒論，則為湯液家之臨床寶典，雖一身可兼兩家之技，但兩家之學術，各有所本，不可混為一談。試觀十二經脈之主動症狀，是否適合傷寒六型分證，則不難自知。且傷寒論

所論列者，均偏重於泛發性全身症狀，而經脈所示，則偏重於局部症候，若將兩家之學術，相互引用，則牽強附會，勢必治絲益棼矣。余無言論六經時曾曰：「試觀傷寒原文，雖以六經分篇外，既未言其經絡之為何，又未將手足三陽，手足三陰之病狀完全列出。如足太陰病狀，則有說，而手太陰病狀，則無說；何以大小青龍湯之咳嗽，及麻杏石甘湯之汗出而喘，不直接指為手太陰肺經之名，而入於太陽篇？只言太陰足經，而不言太陰手經，則兩經缺其一矣。又如太陽有經病，有腑病，而少陽則無明文以判其經腑，然少陽無經病乎？至太陰，少陰，厥陰，則亦無明文以判其經腑，則太陰，少陰，厥陰又無經病矣。即論中所謂陽明中風，少陽中風，太陰中風，少陰中風，厥陰中風，此皆言裡欲出表，陰將出陽，重者變輕，又何嘗有經病確徵之可言。既有經病，又何以無經絡之症狀，使人得以確切之認識。既無經矣，則六經，十二經之說，根本不能成立」。

陸淵雷於傷寒今釋太陽篇「以其行經盡故也」條下註曰：「靈樞所言之經脈，以血管為經脈，然經脈之徑路，與解剖上血管迥異；或謂經脈，實神經纖維，亦未能證實。無論神經或血管，要之經脈必是蜿蜒細長之物，無論行其本經，傳變他經。而傷寒所病，多屬全身症狀，決非遊行於人身細長之物如經絡者。且仲景書中，本無六經字面，其單言經，亦非專指經脈，如太陽過經十餘日，過經譫語，到經不解，過經乃可下之等，此皆假以名病狀之段落，與靈樞經脈之經自異。仲景以傷寒症候群分為六類，借用內經太陽，少陰等名目，遂以太陽症罷為過經，此皆沿用其名，未襲其實，後世醫者，竟謂傷寒之邪，循經脈而傳變，則失之遠矣」。

若傷寒客邪循經脈表裡相傳，則足太陽膀胱經，應傳是少陰腎經；陽明胃經，應使太陰脾經，少陽膽經，應傳厥陰肝經；何傷寒論，太陽傳少陽與陽明，而不傳少陰；少陽傳陽明，而不傳厥陰。蓋傷寒六經分篇，以三陽病症為熱、為實、為表；而三陰病症，為寒、為虛、為裡；乃正氣抗邪，盛衰反應之不同，實非經脈傳變所致也。此即湯液家與針灸家，各有所本，不可相混，故傷寒與內經，同中有異，不可不知也。

第二章　傷寒病理

第一節　傷寒之命名

傷寒二字，始見於內經素問熱論篇，「夫今熱病者，皆傷寒之類也，……人之傷於寒者，則爲熱病」，繼之難經五十八難曰：「傷寒有五：有中風，有傷寒，有濕溫，有熱病，有溫病」，則傷寒，自古爲外感熱性病之總稱也。本論中之「太陽病，或已發熱，或未發熱，必惡寒體痛，嘔逆，脈陰陽俱緊者，名爲傷寒，麻黃湯主之」，此狹義之傷寒也。否則，其原序所云，死於傷寒者十之七，豈盡爲麻黃湯一證而死乎，殊不可能。況千金方引小品曰：「傷寒，雅士之辭，云天行溫疫，是田舍間號耳」。肘后方曰：「貴勝雅言，總呼傷寒，世俗因號爲時行」。外台秘要許則仁論天行曰：「此病，方家呼傷寒，凡外邪之傷人，盡呼爲傷寒也」。則隋唐之際，亦以傷寒爲外感熱病之總稱也。仲景以十稔之間，宗族淪喪三分之二，傷寒十居其七，故以重證而命其名也。

第二節　傷寒之病因

傷寒既爲外感熱性病，其發生，雖有關病毒之感染，大都以氣候之突變有以致之，況古代限於科學知識，故在中醫學上，概以多遭嚴寒殺厲之氣，傷而卽發爲傷寒，至春而溫，至夏而暑，兼濕爲痺，兼風爲痙，固不知病菌爲何物。而現代醫學，感認傳染病爲病菌作祟，置六邪之氣而不顧，究其實，均非允中之論。

總之，外感病之發生，由氣候突變，影響身體抗力，生理機能失常所致，亦能由病菌侵襲，藉氣候有利條件，誘引病菌加速繁殖，破壞生理常態而發生。傷寒既爲外感熱性病之總名，故上述二者，均可爲其病因，當無異議。

第三節　傷寒與傳染病

凡傳染病之發生，均因病菌之感染而成。而傷寒是否有病菌，卽傷寒是否爲傳染病之結徵所在，歷來所說，紛紛不一。

最新傳染病學（西醫學術編譯館出版），首列傷寒與副傷寒，均謂傷寒桿菌，及副傷寒甲乙種桿菌所引起之急性傳染病。而素問刺法篇曰：「五疫之至，皆相染易，無論大小，病狀皆似」；又老子亦有「大兵之後，必有凶」。故傳染病，自古有之；惟不詳其證狀，無法揣察其是否即仲景所謂傷寒也。惟晉唐以下，五疫與傷寒，證之於病源、千金、外台、三因諸書，皆有證治，並立辟瘟專方；疫瘟與傷寒，不同其治，而傷寒非傳染病，似殊分明。近賢時逸人曾云「傷寒溫病之原因，大都由氣候變遷，人體機能失調，使體溫發生變化所致。故不同於傳染病；但亦可能由感染病原體而起」。據此，則其基本觀念，雖不脫中醫之傳統，但已同時認為有傳染之可能矣。又南海潭次仲氏，在傷寒評註再版自序曾云：「自今日科學之眼光觀之，傷寒所紀，多通論當時急性傳染病；雖泛論病症，不合個性，但六七可用今日科學之理解說明之」。又在讀法中云：「急性傳染病之原因為細菌，而誘導該病發作者，類由於感冒。然春溫，夏暑，秋涼，多寒等氣候之變化，每屬感冒之原因，即不啻急性傳染病之副因。古人未有顯微鏡，僅能察知副因，未能發覺正因，亦固其所，仲景對卒發熱等急性傳染病，所以有傷寒之命名歟！」！其視傷寒為急性傳染病也顯然。

　　再考中國傳染病學，亦以傷寒（腸熱病）為傳染病，而時人亦曾根據傷寒論仲景自序中「余宗族素多，向餘二百，建安以來，猶未十稔，其死亡者，三分之二，傷寒十居七………」，加以推斷，亦以「此種現象，可決定含有傳染性質」，引論至此，似可確定傷寒為急性傳染病矣。

　　夫中醫之傷寒，其含義甚廣，所見證候，亦甚複雜；而西醫所謂之腸傷寒（亦云腸熱病，腸窒扶斯），根據發生之季節，（七八月間為多，十月則減少）及病況之演變，三期熱型，（昇高期第一週，稽留期第十天後，維持十至十四天，退熱期，第三週開始，）而非多發之傷寒，有類傷寒有五中之濕溫；雖日人湯本求真其謂腸窒扶斯病狀之經過，與漢法之傷寒一致：其實，亦未盡然。又有謂流行性感冒之病狀發展，類似傷寒，然流行性感冒之初期，及三型（黏膜炎型，神經型，胃腸型）病況，雖或相似，總難完全吻合，況暑濕各症，似未有傳染之可能，則傷寒是否即為急性傳染病，不無可議。
。　綜上所論，傷寒雖有傳染之可能，且有傳染之實據（乃指腸傷寒，流行性感冒而言）此不過廣義傷寒中之一部，非傷寒必為傳染而發也。

第四節　傷寒之病原

　　傷寒既有傳染之可能，則其病原爲何？湯本求眞曾云腸窒扶斯病症之經
過，與漢法傷寒一致，則傷寒桿菌，爲傷寒之病原乎？又張子鶴於中國醫學
科學討論中，以中醫之傷寒，相當於西醫之流行性感冒，則流行性感冒濾過
性微子，又係傷寒之病原乎？然流行性感冒濾過性微子，與傷寒桿菌，既截
然不同；而腸傷寒之三期熱型，與發生季節，又與傷寒之六期病態，未盡相
同；且汪企張內科全書流行性感冒篇，以「我國冬季，本病甚多，俗謂重傷
風者即此」，由此觀之，則腸傷寒與流行性感冒，既非傷寒，而其截然不同
之兩種病菌，更非傷寒之病原矣。則傷寒之病原菌，究爲何物？

　　中醫缺乏細菌之學識，且乏檢驗之器材，固不知傷寒病菌之有無或何物
。而西醫以極精密之儀器，對天花，登革熱，麻疹，斑疹傷寒，腮腺炎等，
雖經周詳之檢查化驗，尚不知其爲何物以致之，因經過濾其液有毒，故名之
曰「過濾性毒」，迨電子顯微鏡出，始知爲微子，但大部性質，尚未盡明，
迄今亦少特效之治療，故雖知其病原爲何物，於治療上，又何益焉！

　　總之，中醫之傷寒，既爲廣義，包含風寒濕溫熱等證，則傷寒桿菌，及
流行性感冒微子，亦能爲傷寒致病細菌之一，殆可斷言。蓋廣義之傷寒，類
型頗多，病原亦各異，故確定某一病菌，爲傷寒之病原，殊非可能。況健康
之帶菌者，在某種情況下，亦無損於人，如實用內科學第一章所云「正常人
之大腸，常有許多大腸桿菌，但可不致病」，足可證明。故傷寒之發，由於
病菌之傳染果多，而由於氣候突變誘發者亦復不少。況傷寒之病菌，既不能
定其型類，而氣候之變化，與體質因素，關係又大，故本書詮釋，罕以病菌
立說，確有事實之困難，且情非得已。

第五節　傷寒病理概述

　　萬病之發，莫不由內外素因之不同，而演變各異；傷寒何獨不然。前人
所謂循經傳，誤下傳、越經傳、首尾傳等，即緣素因之不同，機轉各殊之稱
也。況傷寒爲四時外感之總稱，舊說之五，及現代之感冒，流行性感冒，傷

寒（腸熱病），副傷寒，斑疹傷寒，肺炎，流行性腦脊髓膜炎，乾濕性胸肋膜炎，登革熱，回歸熱等流行性熱病，莫不屬之。其因不同之病菌，現不同之個性，不可得而概述，然一般通候，尚有可得而言之者。

然本論證例，風寒佔其七八，其他溫、濕、熱、水毒、瘀血，宿食，以及病變誤治，不過聊備疾病機轉之一格而已。故本文所述之病理，仍以風寒所傷而言者爲多。

傷寒爲流行性熱病，或即急性傳性病，當有病菌之存在，但往往由於氣候之突變，誘使病菌之繁殖而發病。世有「健康帶菌者」，即證明病菌之感染，未必人人發病，此雖體質之不同有以致之，亦即中醫所謂風寒致病之主要依據。

夫嚴多酷寒之氣，傷人於不慎，感而即發，名曰傷寒。當風寒外襲，體表二十五萬個冷受體（ J. D. Ratciff 著，人體細胞之秘密），即受感應，肌表知覺神經末梢，乃起興奮，循求心性神經系統，傳至大腦皮質知覺神經中樞，因而知寒。此時神經中樞，即謀自救，經運動神經中樞，發出電波，逐站傳至肌膚神經末梢，收束表皮及豎毛肌，封閉汗腺，不使放散體溫，並縮小空氣接觸面積，減少寒冷之感受，與體溫之喪失；同時體表毛細血管一併收縮，血量減少，組織營養不足，代謝功能衰退，溫度自然降低而惡寒。另一方面，體內自然療能，亦即中醫所謂之正氣，趨集體表，抵禦外邪，血液亦隨之趨奔淺在血管，故初現脉浮。血液由內臟奔於體表，而頭項尤易充血、充血則壓迫神經，或毒素刺激，而影響知覺神經，廻旋椎部運動神經發生障礙，故頭項强痛，此即本論以「脉浮，頭項强痛，而惡寒」，爲太陽症提綱之病理，亦即一般急性熱病之通候也。

若感受寒毒較甚，神經刺激劇烈，故肌腠緊閉，淺在血管收縮神經興奮，血液循環壓力增高，故脉現「陰陽俱緊」；（張介賓謂初感寒邪，脉象往往不浮，僅緊者，確有至理）又皮膚緊束，汗腺封閉，病菌所放毒素，及代謝所產廢物，不能排泄於體外，停滯週身組織間，妨碍血液及淋巴運行，壓迫神經，則感週身疼痛。而體內自然療能，湊集體表，血液量增，代謝功能旺盛，產溫積增而發熱，若病者體質較弱，抗力（即自然療能）低微，代謝功能不足，一時不能積溫成熱，但因寒毒外束，產溫無法發泄，終至積溫以發熱。此即本論「太陽病，或已發熱，或未發熱，必惡寒體痛，嘔逆（病理詳

下），脉陰陽俱緊者，名爲傷寒」之病理也。

若寒時觫暖，或汗出當風，不覺間風寒中於肌腠；則神經弛張；肌肉鬆懈，毛竅未閉，皮膚疎通，血運無力，故脉緩。然病毒在體，自然療能起而自救，產溫發熱而驅毒，或由病毒刺激而發熱，故肌疎汗自出而惡風。汗出風邪應解，惟病毒未除，故雖汗出而熱不退。同時風寒併侵上呼吸道而發炎，滲出液體，在鼻爲涕，在氣管爲痰，因呼吸不利而鼻鳴，爲排除滲出物而咳嗽。腦神經亦受病毒之刺激，依第十對迷走神經，影響胃肌內逆轉神經叢，而發生輕重之嘔吐，（此太陽證之嘔吐，爲神經性之嘔吐，與胃變性之腹性嘔吐，大有不同；故太陽證之嘔吐，爲病不傳裡之一證候；而腹性嘔吐，爲病邪入裡之明證，當須分別，）故本論以「發熱汗出惡風脉緩」，及「鼻鳴乾嘔」爲中風之依據也。

然太陽病，應以汗解，若汗之不解，此爲急性熱病之自然發展，非盡由治不如法也。勢必熱度繼續上昇，腦溫亦高，腦神經刺激亦甚，故有頭痛如裂之陽明症。熱勢不斷增高，必蒸發水份以散熱，故自汗不絕。至此則內外皆熱，故不惡寒，反惡熱矣。汗多則體內水份缺少，分泌不足，上部消化器官燥熱，則現大渴引飲之白虎湯證；下部消化器官燥熱，則現秘結不通之三承氣湯證。甚則神經乖亂：知覺神經脫失而成昏迷，知覺興奮而爲譫妄；運動神經發力，輕度則四肢急，不得屈伸，強度則痙攣抽搦；運動神經失力，輕則無力，重則癱瘓不用矣。

若其人多脂多濕，有水分代謝障碍之素因者，熱熬水凝，阻塞胸脇部淋巴運行，誘發胸膜，或肋發炎，致生胸脇苦滿，寒熱往來之少陽症矣。

三陽見證，爲急性熱病之通候，以熱型而論，太陽之稽留熱，爲熱病初期之積累上昇熱；進而爲陽明之弛張熱，（即潮熱，）與少陽之間歇熱。（即寒熱往來，）雖各熱病，未必均從序現此三型熱，而此三熱型，爲一般熱性病所常見。即就傷寒而論，有三陽遍傳，或僅病一二經者，此理相同。且急性熱病之終極，一爲高熱之繼續上昇，體內缺乏水分而自焚；另一爲心臟過度興奮而陷於衰竭，正氣不支而休克。其病機轉變，與內外素因，息息相關，亦即體質之因素，與藥療臧否，至爲密切。故凡脉象微弱遲細，即心臟衰弱者，雖有高熱，亦不得僅以發汗解熱爲能事。必加參芪附桂以強心而防脫，白虎之加人參，桂枝之加附子，與四逆湯之治內寒外熱，即其明證。至

大苦大寒之降輯劑，如三承氣湯等，更當禁忌。

三陽症不解，殞殛床褥，日久成損；或病毒兇猛，抗力微弱，輕則內臟變性，重則臟器變質，乃現三陰虛寒不足，或輕或重之證矣。若胃腸消化吸收功能衰退，則見吐瀉清穀，脹滿痞悶，食積吞酸等太陰虛寒之症矣，若心腦腎臟功能衰退，則昏沉欲寐，脉微細欲絕，肢厥冷汗，水腫淋遺等少陰虛寒症見矣。唯本論厥陰少陰篇中之熱實及急下各條，原屬陽明證，有部份證似少陰厥陰者，乃叔和誤編所致，實非三陰本證；至虛熱虛火，乃三陰病變，內臟感應過敏之現象，與急下各條，屬陽明實熱者，虛實之間，不可以道里計，豈可混爲一談。至厥陰病，多爲機體虛性過敏反應，故病邪無分樞幹上下中外，隨病者之抗力如何而異其病所，如寒熱錯雜烏梅丸證，當不能食而反能食之除中證，厥熱勝復之陰陽消長證，下利欲飲水之白頭翁湯證，嘔利之四逆爲證，嘔膿血與泄利不止之麻黃升麻證等等，足見中樞神經調節功能控制失調，體內抗力不能充分發揮，而瀕於危險之境界。如能戰勝病邪則生，不能戰勝病邪則死，故厥陰病是生死關頭。其病情爲寒熱錯亂，寒熱勝復，或上熱下寒，或外熱內寒，或吐，或利、或消渴，或氣逆等。

若內臟實質病變，各隨其臟器功能變化而見，其證更不一而足，非一般急性熱病通候所能概述。

其他如病原之不同，病發而異，成濕成溫，霍亂鼠疫，其類殊繁；又有體質不同，或一病即見陰症，或僅病三陽，或一經自罷，或再傳而止，或不治自愈，或食療而痊，欲究其詳，非概述所盡也。

第三章　主要名詞簡釋

傷寒論中，各常用名詞，間多古醫術語，必須理解其眞實意義；或其代表性，始能對本論有所研究與解釋，否則亦步亦趨，仍落前人之窠臼。茲擇要簡釋如下。

第一節　陰陽六經

「陰陽」二字，雖爲我國數千年來之道家玄理，富於哲學之神秘色彩；但用之於醫學上，則指而有物，象焉有徵。因中醫學理，取法乎宇宙間萬物之自然規律，如日明夜暗，夏暖多寒，雲騰雨降，鳥飛魚潛，春生秋收等現象，而定陰陽之原理。蓋宇宙間萬事萬物，變幻多端，勢難盡以名狀，故先聖以陰陽二字，作對待之區分，而所與之代名詞。是故中醫學上之陰陽，即代表二種截然不同而相反之證狀。所謂「陰」，即含有消極，衰退，寒虛，收歛，下降，沈潛之義；凡病勢沉伏，難以顯發，精力衰頹，精神不振，體溫降低，惡寒厥冷，神昏語懶，氣息短促，脉搏微弱等病態，即是陰性症狀。所謂「陽」，則反之，有積極，振奮，實熱，發揚，昇騰，精明，清朗之意；凡病勢發揚，精神興奮，體溫充進，發熱惡寒，言語清爽，脉搏滑大等病態，即是陽性症狀。其他如軀體組織之內分泌液，水分、血漿等有形物爲陰，身體之抗力，細胞之新陳代謝力，各臟腑之自然機能等屬於無形者爲陽。故陰與陽，正相反，兩症之間，判若雲泥，故自來壁壘分明，不容稍乖。設同一病症，而陰陽不同，治法迥異，如下痢有白頭翁湯之陽證，與桃花湯之陰症，發表有麻黃附子細辛湯之陰證，與大青龍湯之陽證。若不明陰陽，反而治之，則陰病益陷於陰，陽病益亢於陽，勢必病況益甚，瀕於危**險**，惶論愈疾。

　六經之名，出於內經，傷寒之六經，沿用素問熱病論，即所謂太陽，少陽，陽明，太陰，少陰，厥陰也。手足三陰三陽，合如十二經，起訖經過，詳於同書經脉篇，自清以前，幾無致議者。迨西學東來，科學進步，生理解剖學興，所謂十二經，於解剖學與組織學上，一無所見，首遭西醫之攻擊；而所謂新中醫者，鑒斯道之式微，提創中醫科學化，對現代醫學上無法求證之六經，亦繼起而闢之。如日本湯本求眞，則不言六經；中西惟忠，則撇六經，而言三陰三陽，丹波元堅則謂將諸證候，分爲六階段；時賢潭次仲謂六經爲證候群之代名詞；余無言謂六經之名，仲景不得已而用之，名用六經之名，實非素問之實；程國彭後條辨贅餘曰：「素問六經，是一病共具六經；仲景之六經，是異病分佈六經。素問之六經，是因熱病而涉及六經；仲景之六經，是以六經，該盡衆病」。凡我東方醫學界，近來研究者，亦衆矣。

　夫素問熱論篇，雖對六經，有所論列，然不及經脉篇對手足陰陽十二經脉所述者，詳且明矣。故經絡之說，以針灸家所宗。而傷寒，以證論治，對

於經脈，無關宏旨。如以解剖學上無所見而辟之，則針灸上用之，如鼓桴相應者，則又何說焉！愚以今日科學，雖然倡明，但未能發現，及未能解決之問題正多，安知今日之未知，非他日所發現者，試觀細菌之不斷發現，即可明證。故十二經絡之謎，暫難定論。

古醫云：「廢傷寒，則六經不傳；廢六經，則百病失傳」。時逸人亦云「中國之醫學，為六經之醫學，亦非過論」則六經於中國醫學上之重要可知矣，所謂六經，時氏：「傷寒六經，以太陽為首。太陽經之定義，上額下項，挾脊抵腰，下至足少趾端之膀胱經絡者固非；或指為本寒標熱，中見少陰，為足太陽經氣者亦非。三陽經之病症：為惡寒發熱，頭痛無汗之太陽症；往來寒熱，胸脇苦滿之少陽症；身熱汗多，心煩口渴之陽明症。三陰經，大抵屬寒屬裡屬虛」。

綜合上述學說，則知傷寒六經，仲景沿素問之舊，用以名篇，內容雖有相同之處，實非承襲脈絡之意：如以太陽證為頭痛脈浮，發熱惡寒；陽明證為蒸熱汗出，心煩口渴；少陽經為寒熱往來，胸脇苦滿；太陰證為吐瀉腹痛，消化不良之腸胃病；少陰證為脈微細，但欲寐之心腦衰弱，及腎泌尿障礙等病；厥陰證為消渴吐蚘，寒熱交錯，藏器過敏疾病等六經之代名詞，則較為正確，朱承漢所云採為論病用藥之名詞，或為古代之術語，及譚次仲所謂之證候群，亦未嘗不可，高明者，以可如何？

第二節　營衞氣血

葉氏云：「衞之後方言氣，營之後方言血」時逸人釋之曰：「體溫即衞氣作用，古人所謂慓悍滑利，充膚熱肉者是；所謂「衞之後方言氣，」指體溫鬱結，汗腺停滯，影響於淋巴運行；「營」即血液循環；「營之後方言血，」指循環障礙，血液瘀結，恐成血栓等證。營衞氣血之解釋，雖未盡然，庶幾近似。但與本論，尚未吻合。

傷寒本論，對營衞氣血之記載，可得而分者，計有下列數端：

㈠營衞同言者：病常自汗出者，此乃榮氣和，衞氣不共營氣和諧，榮行脈中，衞行脈外；太陽病，發熱汗出者，此乃營弱衞強，僅此寥寥三數則而已。且有「營氣」、「衞氣」，之稱。其獨稱營衞者，僅營弱衞強一條。現

視「營行脉中」，則「營」如血液之循環功能，似無可疑；而「衞行脉外」，則不能僅作體溫之行於脉管外也。

㈡「營」「血」同言者：「假今尺脉遲，不可發汗。何以知之，然營氣不足，血少故也」。此謂脉遲爲營氣不足，心力衰弱，血運緩慢，足以證明營爲血行功能，但亦與血之質量多少相關，不能截然劃分爲二也。

㈢單以「血」言者：凡服桂枝湯吐者，其後必吐膿血；太陽病，脉浮緊、發熱身無汗，自衄者愈；淋家不可發汗，發汗必便血；太陽病不解，熱結膀胱，其人如狂，血自下；太陽病，以火薰之，不得汗，其人必躁，到經不解，必清血；陽明病，其人喜妄者，必有畜血；少陰病，八九日，一身手足盡熱者，以熱在膀胱，必便血；少陰病，但厥無汗，强發之必動血等等。此「血」均以實質言，但血栓與否，各證間有所不同也。

㈣「血」「氣」同言者：血弱氣盡，腠理開……寒熱往來，休作有時；太陽病中風，以火刼之，邪風被火熱，血氣流溢，失其常度，陽盛則衄血；目瞑、劇者，必衄血，衄乃解，所以然者，陽氣重故也；此血與氣同病，氣化旺盛而溫血，亦或氣化不足而貧血，血病及氣，氣病及血，實不可得而分也。

㈤「衞」「氣」同言者：病人臟無他病，常發熱自汗出而不愈者，此衞氣不和也。此衞氣同言，實無法分衞之後方言氣」也。

㈥氣以神經反射作用言：太陽病，下之後，上沖者，可與桂枝湯；發汗後，其人心下悸，欲作奔豚；若吐若下後，心下逆滿，氣上衝胸；厥陰病之氣上撞心等，均係內臟神經作用，就病理上言，或因化學或物理之刺激，而引起神經之反射作用也。

㈦氣以臟器官能言：如表裡俱虛，陰陽氣並竭；欲飲水者，少少與之飲，令胃氣和則愈；脉浮，胃氣强，胃氣生熱，其陽則絕；其人胃氣弱，易動故也。均已臟器功能言。

㈧氣以病毒作用言：如傷寒表不解，心下有水氣，乾嘔發熱而咳；傷寒心下有水氣，咳而微喘；脇下有水氣，腸中雷鳴下利者；傷寒胸中有熱，胃中有邪氣；少陰病，自下利者，此有水氣；其熱不罷，此爲熱氣有餘等等。

㈨氣以本質言：如短氣，喘咳，及矢氣等。

㈩其他：如熱氣，火氣，穀氣，少氣，客氣等，或言正，或言邪，或言實質

，或言功用，以辨病之變態，不一而足。

綜上本論證例，則知營衞氣血之眞正意義矣，所謂營衞氣血，互爲關聯，亦即氣血二者而已。醫宗全鑑曰：「以定位之體而言，則曰氣血；以流行之功用而言，則曰營衞」，若必勉而分之，約如下列四端：

㈠營： 即血液運行之機能，如運行之遲數艱易，而辨血壓之高低，心力之盛衰。

㈡衞： 即體溫，亦即代謝中物質異化功能之旺盛與衰退，所發生之高熱與低溫。

㈢氣： 可分如三端：

(1)即本質之氣體，尤重於氧及碳酐之多少，如窘迫喘息，發紺等證屬之。

(2)神經作用，即神經之興奮與痲痺錯亂等，所發生之痙攣，失力，肝氣，嘔逆，上衝，昏暈，譫妄等症屬之。

(3)臟器官能之功用變化，及病毒之刺激反應。如分泌之旺盛與否，機能障礙，萎縮，變性等均屬之。

㈣血： 即血液，如充血，貧血，血凝，血塞，血栓，出血，溢血等證均屬之。

第三節　寒熱虛實

寒熱虛實，百病皆然，非獨傷寒也。然能明辨傷寒之寒熱虛實，反覆變遷，則百病之寒熱虛實，瞭如指掌矣。況此爲中醫辨證處治之重要課題，亦爲對症下藥之準則，素爲醫家所重視。簡言之：所謂「寒」，即體溫降低，血行遲緩，心臟衰弱，週身血脉有貧血之趨勢；甚至下利，冷汗自汗。所謂「熱」，即體溫亢進，放溫機能失職，週身血脉及心臟異常緊張，呈充血之現象，甚至目赤唇焦；神經失常。所謂「虛」，即空虛之意義，病毒未去，而正氣已疲，脉現微細，腹軟如棉。所謂「實」，即充實之意，病毒雖盛，抗力猶強，脉多實大洪滑，腹堅如石。然寒熱眞假，虛實相兼，陰陽表裡，互相關聯，尤須審辨，以免致誤，故復略而申之如下：

㈠本論曰：「發熱惡寒者，發於陽也；無熱惡寒者，發於陰也」。此寒熱之須分陰陽，而治有以別之者。如「少陰一二日，口內和，背微寒者，附子湯

主之」，此微寒爲陰證，治以附子湯之興奮劑；又傷寒無大熱，口燥渴，心煩，背微惡寒者，白虎加人參湯主之」，此微寒爲陽證，治以石膏之降輯劑，故曰寒熱須分陰陽，而治有以別之者。

㈡本論曰：「脉微細而惡寒者，此陰陽俱虛，不可更發汗，更吐下也，又「發汗後惡寒者，虛故也」，此惡寒之虛證也；「陽明病，身熱汗出，不惡寒，反惡熱」，此無寒惡熱之爲實證也：故寒熱之有虛實也。

㈢本論曰：「汗出多，微惡寒者，外未解也；陽明病，脉遲汗出多、微惡寒者，表未解也」，此微惡寒爲表未解也；「汗出不惡寒者，此表解，裡未和也；傷寒發熱，反汗出漐漐然者，是轉屬陽明也」，此無惡寒而發熱爲屬裡也。故寒熱之有表裡也。

㈣本論曰：「發熱惡寒者，桂枝湯主之；手足逆冷者，四逆湯主之」，此寒熱之有微甚，而藥劑有輕重也。

㈤又蒸熱自汗，口渴飲冷，用白虎湯治散漫之熱，清而解之；潮熱譫語，腹滿便閉，用承氣湯治積滯之熱，瀉而下之，此熱有散結，治法有輕重也。

㈥孫思邈曰：「服承氣得利，謹不中補，熱氣得補復盛」。又王叔和曰：「虛熱不可大攻，熱去則寒起」，此謂熱有虛實，而治法須別也。

㈦內經曰：「陰虛則發熱，陽虛則惡寒；陰盛則惡寒，陽盛則發熱；重陰則陽，重陽則陰；熱極生寒，寒極生熱」，此寒熱虛實陰陽之變幻莫測，論治爲難也。

㈧日人中西惟忠所謂「**熱五道，**十二名；寒三道，治法二十有四」，亦不外乎陰陽表裡虛實之微甚而已矣。

　　夫寒熱有微甚，病情有輕重，治法有緩急，關係甚大，故略申其機，例而論之：若發熱惡寒，病在表而輕者，汗之可解；寒熱往來，在半表半裡，稍深，不宜汗下，僅宜和解；蒸熱惡熱，心煩口渴，病在裡而輕，尚可透熱而解；惡熱潮熱，結熱，病在裡而重，則非攻下不可。陰症之寒，急宜回陽，如理中四逆輩；陰症之熱，尚可發表，如麻黃附子細辛湯輩；更有陽明急下法，少陰急下法，病勢危亟，不容或緩。此外煩熱之有虛實，厥熱之有眞僞，不可以寒爲熱，以熱爲寒，統而治之，醫者不愼，罕有不償事者矣，可不勉諸。

　　先哲有言，寒熱之治，判如冰炭，如咳嗽之有用小青龍湯，眞武湯等辛

熱之劑；亦有用麻杏石甘湯，清燥救肺湯等辛涼之劑；下利：有用芩連葛根湯，白頭翁湯等苦寒之劑，亦有用理中四逆等辛熱之劑；小便不利：有用五苓散，眞武湯等溫化之劑；亦有用豬苓湯，龍胆瀉肝湯等寒泄之劑；吐血；有用犀角地黃湯，瀉心湯等清涼之劑；亦有用乾姜甘草湯，柏葉湯等辛熱之劑；失眠：有用黃連阿膠湯降輯劑；亦有用乾姜附子湯興奮劑等等。上述同一病症，而治以相反之藥劑者，別寒熱，審陰陽之故也。故陰性之病，必治以熱性發揚之藥；陽性之病，配以冷性沉降之劑，否則不能愈病，反致增劇。而西醫，不知寒熱爲何物，病情不分陰陽，藥性不知寒熱，僅知體溫上昇，處以解熱之劑，精神衰頹，與以振奮之品，對於體溫計所不能檢查之體質，無能爲力也；至中醫所謂「甘溫除大熱」，則更非西醫所能理解也。

　　至於虛實，尤爲中醫辨症處方之基礎，經曰：「邪氣盛則實，正氣奪則虛」，「虛則補之，實則奪之」則虛實之義，處治之方，無遁情矣，略申如下：

㈠表虛：則惡風寒，自汗，易感冒，脉浮者，宜桂枝湯。

㈡表實：則發熱惡寒，頭身疼痛，嘔嗌氣粗，無汗，脉浮緊，或弦緊，宜麻黃湯加減。

㈢氣虛：

　(1)肺氣虛：短氣自汗，時寒時熱，或有咳嗽，多在高熱後出現，或平時易感冒，面白舌淡，脉軟弱，宜補肺湯加減

　(2)脾氣虛：食少，倦怠，大便溏薄，舌淡苔薄膩，脉軟弱，宜參苓白尤散加減

　　以上論氣虛之症，雖以肺脾爲主，實則五臟皆有，心肺同居上焦，如肺氣虛者，心氣亦虛，可見心悸氣急，多汗等症；脾氣虛者，腎氣亦虛，又可見泄瀉不止，以及肢冷，脉微等陽虛之症，因此氣虛之症，早期重在脾肺，後必及心腎，可參照心腎陽虛治法。至肺病中氣鬱之症，若肝病傳脾而見神疲乏力，食少便溏者，按肺脾氣虛治之。

㈣血虛：

　(1)心血虛：心悸怔忡，失眠多夢，面色不華，舌淡，脉細。宜歸脾湯加減

　(2)肝血虛：頭暈，目眩，耳鳴，脇痛，驚惕不安，婦人月經不調，面白，舌淡，脉弦細，補肝湯加味。

　　以上僅指心肝兩臟血虛之證、實則五臟莫不有之，因肺腎血虛，多歸

陰虛之中，故容下述，而脾爲生化之源，與肝主藏血的關係甚大。血虛之形成，一是來源不足，一是出血過多，故心肝血虛治法中，都應結合補脾益氣生血之品，以歸脾湯爲例，包括脾臟血虛在內。

㈤陽虛：

(1)脾陽虛：食少，形寒，倦怠，少氣懶言，腹痛腸鳴，大便溏泄，或兼呃逆，面色萎黃或蒼白，舌淡苔白、脈細弱，宜附子理中物加減。

(2)腎陽虛：惡寒肢冷，下利清穀，腰背酸痛，遺精陽萎，多尿或不禁，面色恍白，聲低，舌質淡胖，苔白，脈沉遲，宜右歸丸或腎氣丸加減。

　　以上陽虛，大都由氣虛發展而來，以陽虛，尤屬常見，如心悸，氣喘，胸悶，甚則心痛，脈結代。其他肺陽虛，多表現衛陽不固，一般列入氣虛之中，在肝病，多見陰虛陽亢，神情急躁，用滋陰潛陽之法，故不列入陽虛之物。

㈥陰虛：

(1)肺陰虛：乾咳，咯血，咽燥，甚至失音，潮熱，盜汗，面色潮紅，舌紅少津，脈細數，宜用沙參麥多湯加減。

(2)心陰虛：心悸、失眠，煩躁、盜汗，或舌碎生瘡，面潮紅，舌紅絳，脈細數，宜天王補心丹加減。

(3)脾胃陰虛：口乾唇燥，不食不饑，大便燥結，甚至乾嘔，呃逆，面潮紅，舌光乾，或口有糜點脈多細數，宜益胃物加減。

(4)肝陰虛：頭痛，眩暈，耳鳴，目乾畏光，急躁易怒，或筋惕肉潤，面潮紅，舌色青紫，脈弦細數，補肝湯加減。

(5)腎陰虛：腰酸，遺精，咽痛，面顴紅，耳聾，脚痿弱，舌光絳少津，脈沉細或弦勁。宜大補元煎紫河車大造丸加減。（摘錄中醫內科學虛勞編）

　　總之：氣血陰陽之虛實，概述如上，但虛中有實，實中有虛，臨症之際，細加研判，不難得其眞情矣。

第四節　表裡內外

　　「表」，係指皮膚筋肉軀幹之外部；「裡」，則指軀腔以內之臟器官能。凡新感外邪，由外入內，刺激皮膚，毛竅收束，體溫調節功能失職所生之病，謂之表症。潛伏之邪，由內而發，內臟機能變化，分泌排泄功能太過或

不及，毒素積滯，發生胸滿，堅痛，閉結；或泄瀉，虛弱等症，則爲裡症。所謂半表半裡，即淋巴運行障碍，胸脇苦滿，寒熱往來等證。因附於表，而接於裡，不論外邪傳裡，或伏邪外達，均易於感染，故半表半裡之症，變幻特多。

至於內外，與表裡大同而小異。而內外者，亦相對之辭，所謂「內」，係指皮膚，呼吸器官，消化器官等以外之臟器組織而言。所謂「外」，係指內以外之臟器組織。故云內，則裡爲外；云表，則裡亦內矣。本論所分之表裡內外，不外示病毒之所在，并明其轉變之狀態而已。

第五節　標本順逆

「標，本」，係指疾病之主證與兼證。因疾病之發生，證候紛呈，而其病本惟一，餘者均係兼證耳。若不明標本，則難免頭痛治頭，脚痛治脚，稽延歲月，徒費事功，於病何益；若得標本，則一蹴可躋，本去而枝葉盡矣。且本爲主病，隱而難明，標者兼證，變幻多端，故臨證之際，間多惑於標變之證，而忽其主證之所在，治而無功，藥之殺人，均職是之故，可不懼歟！經曰：「陰陽順逆，標本之道也，先病而後逆者，治其本；先逆而後病生，治其本；先寒而後生病者，治其本；先病而後寒生，治其本；先熱而後病者，治其本；先熱而後生中滿生，治其標；先病而洩者，治其本；先泄而後生他病乎，治其標；先病而洩者，治其本；先泄而後生他病乎，治其本；先病而後生中滿乎，治其標；先中滿而後生心煩者，治其本；大小便不利，治其標；大小便利，治其本；病發有餘，本而標之，先治其本，後治其標；病發不足，標而本之，先治其標，後治其本；謹察間甚，以意調之，間者并行，甚者獨行，先大小便不利而後生病乎，治其本」。綜上經義，治標者，僅中滿，大小便不利，及病發不足三證而已，餘皆治其本，故曰：「治病必求其本」，本去則枝葉盡失！

至於「順，逆」，經曰：「治得爲順，治反爲逆」，此即指治療當否，而定症之順逆；本論曰：「本發汗而復下之，此爲逆也，若先發汗，治不爲逆；本先下之，而反汗之爲逆，若先下之，治不爲逆」，此即指治法先後次序當否，而定症之順逆也。此外如脉證相應爲順，脉證相反爲逆，經義昭然

，毋多枚舉。故臨床者，應審陰陽，辨寒熱，分虛實，別表裡，明標本，憑順逆，按法而治，則可萬全矣。

第二編 條釋

第一章 總綱

第一節 陰陽

第1條（原8條） 病有發熱惡寒者，發於陽也，無熱惡寒者，發於陰也。

傳統解釋 有熱無熱，屬陽屬陰，前人學說不一。如王叔和以發熱在表，可攻之，宜桂枝湯；無熱屬裡，宜溫之，四逆輩（外台秘要引王氏語）。黃炫、葉文齡，則增頭痛與否，定表裡，而辨陰陽；成無已則以陰陽即寒熱之意；程應旄以陰陽為陰經陽經為訓；喻嘉言均以表證目之；唐容川附和陳修園之說，以太陽少陰標本之氣註解；魏荔彤、吳謙等，以風寒傷榮衞為註；劉棟、中西惟忠亦宗表裡之說；山田宗俊以陰陽二字，為病之寒熱虛實而言；余無言以發熱惡寒為太陽表證，無熱惡寒為直中三陰證；譚次仲以發熱惡寒句，於今無研究價值矣。

　　總之，發熱惡寒者，為陽性表實證；無熱惡寒者，為陰性裡虛證；至陽陰二字之意義，在第一編主要名詞簡釋中，曾經論及，不再贅述。

科學解釋 發熱惡寒與無熱惡寒，乃病者體質及疾病素因之綜合表現，亦即自然療能與旺與衰頹之反映，此確實可據之證候，在中醫診斷與治療學上，居指導地位，殊為重要。所云屬陽屬陰，乃含表裡、寒熱、虛實等概念在內。因發熱惡寒者，多屬自然療能旺盛，為興發性疾病，故稱陽性；無熱惡寒者，多屬自然療能衰弱，為降輯性疾病，故稱陰性。陽性疾病，可攻毒驅邪；陰性疾病，必扶正祛毒，此傷寒辨證之基本原則，治療之先決前題，其他疾病，亦莫不皆然，故列為總綱。

備考 本條下原有「發於陽者六日愈，發於陰者七日愈，以陽數六，陰數七也」等二十二字，因前人註釋，牽強附會，無一可信。且病者有體質之強弱，症狀之輕重；愈期早晚，每因內外素因之不同而定，豈憑陰陽二字，毫無病理根據而釐分哉。故節刪之，以免貽後人之惑耳。

第二節　寒熱

第2條（原12條）　**病人身大熱，反欲近衣者，熱在皮膚，寒在骨髓也；身大寒，反不欲近衣者，寒在皮膚，熱在骨髓也。**

傳統解釋　此條前人學說，至爲紛岐，汪琥傷寒辨註謂非仲景原文，乃王叔和所增，詳其文義，與陽盛陰虛，汗之則死；又桂枝下咽，陽盛則斃同。構此危疑之辭，以驚惑人耳，例宜從刪。柯琴傷寒脉證式及醫宗金鑑亦刪未列，其實則不然。該此條確有至理，在事實上，誠有是證發生，而張志聰、陳修園、唐宏川等，以太陽少陰標本註釋，仍亦未妥。成無已以皮膚骨髓，爲深淺內外言，當屬可從，唯曹穎甫釋之爲詳，曹曰：「傷寒之病，外雖壯熱，往往擁被而臥，雖在盛暑，衣必裝綿，並欲向火，兼有目珠火熱、鼻燥、唇口發瘡者，要以背如冷水澆灌，爲病之眞相，但胸膈間絕無苦懣，此乃病未入裡之驗。此時麻黃原方，一汗而愈。且胃中略燥，調胃承氣湯以和之，得下便無餘事矣。若溫熱爲病，外雖微寒，往往當風而坐，雖在冬季，猶欲去衣，甚至飲冰興涼，猶言畏熱，此有實熱爲濕痰所遏，不得外出，手足厥冷者；有津液素虧，尺中脉微者；要以渴欲飲冷爲病之眞相。實熱內伏者，宜大承氣湯，陰虧陽陷者，白虎加人參湯」。

承淡安曰：裡寒外熱，其熱爲假；內爲心臟衰弱，成爲虛寒；外爲浮熱，由於體溫外越；內愈寒，則外愈熱也；屬通脉四逆湯症。外寒裡熱，其寒爲假；以血於熱集中於裡，不能通越四肢；內愈熱則外愈寒，所謂熱深厥亦深也，屬四逆散證。其寒似熱，其熱似寒，初學者首要辨別清楚。

此條爲眞寒假熱，眞熱假寒，表寒裡熱，表熱裡寒。寒熱眞假辨證之大法，故列爲總綱之一。

科學解釋　能以體溫器測度之體溫，謂之他覺證；體溫器無法測驗，而病者感覺之惡熱惡寒者，謂之自覺證。現代病理學上，對寒熱之發生，不外乎病菌之毒素刺激，及新陳代謝功能之盛衰而已；如病毒在於體表，則寒熱發生於體表，而內臟不與焉；若病原在內臟，則寒熱可能內外皆是，尤以肝臟病變爲顯。至於熱在皮膚，寒在骨髓，和寒在皮膚，熱在骨髓，即試皮膚與骨髓，以內外論，現代病理學上，亦不能求得合理之解釋，此科學

之所窮也。

前賢學驗　㈠譚次仲於傷寒評註第四回（註一），惡寒惡熱乃非重要之自覺證
曰：「急性傳染病中，身熱惡寒，乃屬常見；身熱惡熱，乃屬罕見；至身
寒惡熱，則尤罕見也。究其實，惡寒惡熱，均屬病人之一種自覺證，無非
由於病理之戟刺，在診斷上，均非重要症候，故無重視價值，至身大熱，
身大寒，則爲重要病候矣」。豈其然乎，此乃唯機械主義之通病耳，故如
其說，則外熱可徵，而內寒不顯者，勢必外加冰囊，內服降輯性冷劑矣；
外寒內熱者，則非服辛熱之興奮劑不可。如此，何能醫病，不死亦稀矣。
中醫之診斷，雖無機械化驗之助，但往往能於病症中，得其眞情，此非西
醫所能知也，但西醫之長處，可資借鏡者亦夥，故醫者所貴乎貫通中西也
。

㈡余無言傷寒新義補篇述及同鄉許長林，七月間，患濕溫傷寒，至三星期
間，夜八時，忽肛門出血，涓涓不止，打針止血，仍無效，延至夜十二時
許，其媳延余診，仰面而臥，周身蒼白，氣息微促，不言不語，赤膊赤足
，僅一短褲，滿染鮮血，問知下血前，終日高熱，下午尤甚，今一出血，
熱即低，故知其爲濕溫之腸出血矣。診其脉沉細而數，兩手如冰，胸腹四
肢亦發涼；而病者則毫不惡寒，不蓋被單，四肢不收，頗若畏熱者，正於
「身大寒，反不欲近衣者，寒在皮膚，熱在骨髓」之症相符，故問其「欲
飲冷乎」？病者曰：「心中熱火，如何不要，家人不與耳」。令先啖西瓜
，因處白虎加人參湯方，加芩連生地三味，計生石膏四兩，肥知母四錢，
炙甘草三兩，西洋參四錢，粳米一兩，黃芩三兩，川連錢半，鮮生地一兩
搗汁。初啖西瓜三斤半，稱快不已，周身亦漸溫，出血漸少，服藥後，不
一時，血漸止，體溫亦正常，後因大便未解，原方加葛根四錢，生大黃三
錢，下醬黑屎，再服清理而愈。

第三節　虛實

第3條（原71條）**發汗後，惡寒者，虛故也；但熱者，實也，當和胃氣，
與調胃承氣湯。**（宋板玉函云：與小承氣湯。）

傳統解釋　發汗後惡寒者，由於誤治，或過治而虛，而傳爲少陰症，如乾薑

附子湯，芍藥甘草附子湯，茯苓四逆湯等證是；若發汗後，不惡寒，反惡熱，其人大便必硬，由於亡津液而病在腸胃，太陽已罷而傳入陽明也。三陽多屬實，太陽在肌表，故宜汗解；陽明在胃，故宜下之；少陽在胸脇間，故宜和解。本條病在腸胃燥熱，故用調胃承氣湯，但和胃氣耳。

科學解釋　熱性病之轉歸，不問其誤治與否，不出於高熱及心臟衰弱二途，高熱即所謂傳裡，屬陽明症；心臟衰弱，即所謂少陰症。本條上半節，發汗後惡寒，虛故也，而示心臟衰弱，傳為少陰症，宜治為強心壯腦健胃之劑；下半節不惡寒但熱者，實也，即傳為陽明燥熱症，故以大黃芒硝等苦寒瀉下劑以除熱，乃虛實之辨證法也。

第4條（原61條）**下之後，復發汗，必振寒‧脉微細，所以然者，內外俱虛故也。**

傳統解釋　下後虛其內，發汗虛其外，外虛表陽不足，故振掉而惡寒；內虛陰不足，血液不充於脈，故微細，此內外俱虛之現象，曹穎甫云，治以乾薑附子湯者亦是，因乾薑溫中，附子溫經，則內外均復矣。

科學解釋　發汗吐下，損失大量體液，影響臟器功能，直接損害腸胃，間接影響心力，且體質衰弱之人，汗下後，尤易損害心力，發生虛寒之證，振寒為體溫不足，即所謂亡腸；脉微細，為津液傷，即所謂亡陰，應以興奮強壯劑，助其復元加強細胞活力，旺盛代謝功能，則體液恢復。其所以不曰自愈者，因汗下後，影響心腦機能較甚，期待療法，非所宜也，則藥療之意，已在言外矣。宜四逆加人參湯。

第5條（原陽明22條）**夫實則譫語，虛則鄭聲，鄭聲重語也。**

傳統解釋　內經曰：「邪氣盛則實，正氣奪則虛」。譫語者，由於邪氣盛，陽明熱甚，神識昏亂，語無倫次，出言粗壯；鄭聲者，由於正氣奪，心神不能自主，言語重復，聲輕音短也。盛則瀉其邪，虛則補其正，病雖凶而無險。

科學解釋　譫語與鄭聲，均係腦戟刺症狀。若因高熱，或病毒刺激，易使知覺神經過度興奮，而陷於錯亂，形成狂言亂語，聲粗氣壯之譫語症；若心力衰頹，精神不支，知覺遲鈍，則成言語重複，聲輕音短之鄭聲症。因病毒盛而譫語，故係實症；反之，心力不足，感應不敏而鄭聲，故係虛症。

備考　虛實之含義，及微甚眞假之辨，略舉如上三例。

第四節　治法順逆

第6條（原94條）**本發汗而復下之，此爲逆也。若先發汗，治不爲逆。本先下之，而反汗之爲逆；若先下之，治不爲逆。**

傳統解釋　病在表，應以汗解，而反先下，徒損裡氣，非但病不除，反使邪陷入裡，加甚病況，故爲逆也。若先發汗，表解後，有裡症，然後下之，此治之大法，從乎自然，故不爲逆。反之，本當裡症急，應以攻下爲治，反先發汗，徒傷無病之表，加深裡病之劇，亦非治法之則，故爲逆；若先下之，裡症解，邪返於表，然後汗之，則表裡和而病愈，即不爲逆矣。

科學解釋　本條文義明晰，甚易了解，其義在對症下藥，各有規矩，先後緩急，不得錯亂，以免病未愈，而又爲藥誤，本論所謂「下利清穀，急當救裡」，而後治其表者，即此意也。

前賢學說　譚次仲曰：「夫醫之良者，非萬病皆能治而愈之，尤非必能治愈人所不能治愈之病也。夫所謂良醫，治病用藥，而藥必中病，且有病非藥石所能治者，不以藥誤之，斯亦可以爲良醫矣。欲藥之中病，而不以藥誤病，則必先以能認識疾病爲前提，能認識疾病，自能處置得宜，而用藥之汗下溫清，施法之先後緩急，皆包含於規矩中，本條亦此意云爾。

第二章　太陽篇

第一節　太陽病提綱

一、脈　證

第7條（原1條）　**太陽之爲病；脈浮，頭項强痛而惡寒。**

傳統解釋　(1)此條爲太陽病之提綱，統傷寒中風必具之脈證，凡下文「太陽病」者，即指本條脈證而言。

(2)太者，大也，統於體表而言，陽氣盛於表，謂之太陽。太陽主表，風寒外侵，表先受邪，故太陽病焉。邪氣盛於表，寒氣束於外，血不通暢，且上衝頭項，故頭項強痛；風寒感傷，故惡寒，其所以不言惡風者，寒重風

輕，言重不言輕；始病在表，故脈浮。故曰：「太陽之爲病，脈浮，頭項強痛而惡寒」，亦有以太陽經絡受邪，故病該經之頭項強痛者，非也。

科學解釋 風寒外侵，體表知覺神經末梢，接受感應，各部組織，起而自衞，其病理戟刺，如第一編第二章第五節，傷寒病理概述。脈浮者，乃體內自然療能，覺外邪入侵，集趨體表，而作抵抗，血液充盈於體表之淺在血管也；頭項強痛者，乃該處神經，因血管充血，遭受壓迫所致；惡寒者，乃體表感寒，大腦神經，即顯不安之感覺也。

備考 (1)若體質較弱，皮膚粗疎而弛緩者，一受風寒，則現脈浮弱，自汗出之桂枝湯證；若體質較強，則不易受邪，一旦受邪，其病較重，則現脈浮緊，無汗體痛之麻黃湯證。

(2)六經者，爲證候群之代名詞。太陽、陽明、少陽、太陰、少陰、厥陰等名稱，當爲古醫學之術語，其眞實意義或代表何證，請參考第一編第三章第一節陰陽六經條，茲不再贅。

(3)「太陽」，爲諸證候群之一，約可分爲下列三義：一爲全身性病，亦即泛發型病。二爲前驅期病。三爲稽留熱型病。（即時時發熱，不隨時間之變遷，而有所增減，或斷續之謂。）

二、病傳不傳辨㈠

第8條（原4條） **傷寒一日，太陽受之，脈若靜者，爲不傳；頗欲吐，若煩躁，脈數急者，爲傳也。**

傳統解釋 傷寒之脈，本浮緊，若未變常態，故曰靜；若變數急或動數，呈不靜之象，則爲病傳之機也。至「嘔」爲少陽證之一，躁煩爲陽明主證之一，設病者脈見不靜，又見欲嘔者，則爲初傳少陽之兆；若見躁煩者，則爲初傳陽明之兆，若脈未變態，病仍在太陽，故曰不傳。至傷寒一日，余無言、曹穎甫等，均以一日爲一候釋，一候七日，以本論中有「太陽病，頭痛至七日以上自愈者，以行其經盡故也」爲據，似亦較妥。

科學解釋 諺云：「物腐而後蟲生」，此乃倒果爲因之說法，究其實，先因細菌之繁殖，而後物腐，以致生蟲，人之病，何獨不然。傷寒既有傳染之可能，當有傳染之型證，傳染經過各有定期，唯長短不一耳。故傷寒一日，當以七日爲期之說爲是。但按之病例，亦絕無一日傳經之現象。所謂傷寒一日，太陽受之者，即體表感染寒毒，發病之初期；寒邪初感，脈當浮

緊，未及鬱熱，脈當不數急，所謂靜者，非靜止之意，若靜止，脈不動，豈不如余無言所謂「則人已登鬼籙矣」，其意仍在太陽之本脈，故不傳也。頗欲吐，有太陽本證之嘔逆，少陽之喜嘔，少陰之欲吐不吐，殊難據為傳裡之確證；若再加煩躁，脈數急，則病已超出太陽之範圍，而兼涉他經矣，故為傳。至嘔吐，有腦性腹性之分別，亦即泛發病與局部病之異，腦性者，即全身泛發病，因神經之刺激，影響於胃而發嘔逆；腹性者，即胃本身受毒，起自衛作用，為排除毒素而嘔逆。故臨床之際，應細心觀察，慎密判斷，庶幾無誤。

前賢學說　傳裡，為古醫術語之一，與表，半表半裡等有密切之關係，在第一編第三章第四節已有論及，茲引譚次仲之說如下：

(1)全身病誘發局部病：所謂全身病，即泛發於全身疾病；局部病，僅限於局部之一臟器或組織，例如全身發熱惡寒惡風，即為全身病；繼之發生咳嗽（肺），頭痛（腦），嘔吐（胃），小便不利（膀胱），下利（腸），痙攣（神經），項背強几几（背肌）等，即誘發之局部也。但全身病能誘發局部病，局部病亦能誘發全身病，不可不知也。

(2)熱病由前驅期，而進至進行期：熱病，由熱勢增加，則熱度繼續增高者有之，或心臟忽陷衰弱，而脈微細欲絕者亦有之，熱高蒸汗出，則傳入陽明，脈變微細，則傳入少陰。

(3)由稽留性熱型，變為弛張性熱型，或間歇性熱型：太陽之熱，時時寒熱，稱稽留性熱型；陽明之熱，潮熱惡熱，隨時而有高低，稱弛張性熱型；少陽之熱，寒熱往來，稱間歇性熱型。

　　承淡安曰：脈數急，言脈搏動之頻率與脈搏動之形態，一為搏數，一為搏勢。脈與心臟的血液輸出量有密切關係。所以脈搏隨心搏動的頻率而變異。血液因溫度的直接刺激，加速循環，心搏因之加速，脈數因血之熱而流速，此為生理上之常態。亦有數脈不因熱而因心臟衰弱者，名曰虛。脈急為神經與血管緊張的表現，脈數急，即因血熱之刺激而行數，神經血管因熱而緊張，可見病勢在進行中，故曰：脈數者，為傳之表現。

備考　陳遜齋已將本文修改為「傷寒一日，太陽受之，脈靜者，為不傳也；若脈數急者，為傳也」，將頗欲吐，若躁煩者，移置下條，且與原文之文法類似，承淡安認為改之合理。

病傳不傳辨㈡

第9條（原5條） **傷寒二三日，陽明少陽證不見者，爲不傳也。**

傳統解釋 傷寒二三日，曹穎甫、余無言均作二三候解，二候則七日後，三候在十四日後，若八日後不見潮熱渴飲，不惡寒，但惡熱，譫語，小便多，大便硬，關上痛等證，即爲不傳陽明；十五日後，不見胸脇苦滿，寒熱往來，口苦咽乾，目眩耳聾，即爲不傳少陽也。然傷寒論中之日期，按原文之本意，約分下列兩種解釋：(1)曰一日，曰二三日者，如傷寒一日，太陽受之；傷寒二三日，心中悸而煩，及本條等，均一日作一候解釋。(2)頭痛至七日以自愈者；中風發熱六七日不解而煩；太陽過經十餘日；太陽二日反躁；太陽病，得之八九日，如瘧狀；太陽病六七日，表證仍在，脈微而沉，反不結胸，其人如狂；傷寒十餘日，熱結在裡，復往來寒熱者；太陽重發汗而復下之，不大便五六日；傷寒十三日不解，過經譫語者；得病六七日，脉遲浮弱，惡風寒；少陰病，得之二三日；少陰病，八九日；少陰病六七日息高者死等，均以日數爲計，讀古人書，不可死於句下者，即此類也，所貴於讀者之體會與活用耳。

科學解釋 凡人體質不同，因而病變亦異，神經衰弱者，易發神經病，腸胃失健者，易罹腸胃病；有惡液質者，易患惡液質病，故病之傳變，不一也。又病菌對各種組織細胞，有不同之親和性，雖因其毒素致病若一，而其親和性及病灶，則大有不同，而病變因之亦異。所謂二三日陽明少陰證不見者，爲不傳，同時亦無心神衰弱之証，因其病毒不甚，病者體健之故也。

三、經盡自愈

第10條（原9條） **太陽病，頭痛至七日以上自愈者，以其行經盡故也，欲作再經者，鍼足陽明，使經不傳則愈。**

傳統解釋 本條在成無已、喻昌、程應旄、錢璜、吳謙等，均以一日傳一經，七日傳六經盡爲釋；唯柯琴則闢之，以七日行太陽本經盡，正氣復，而邪氣退爲訓，以上二說，以柯氏爲妥。至鍼足陽明者，謂太陽過經不解，復病陽明，針足陽明之交，截其傳路，使邪氣不得入陽明之經，則太陽餘邪亦解，非邪併陽明，使不犯少陽也。

科學解釋 所謂太陽病、頭痛。即指脈浮，頭項強痛而惡寒之証候群也。傷

寒傳變，約以七日爲期，比之於腸熱病，似屬可信。七日以上自愈者，以病毒未甚，體力強健，經一週之自然療養，抗力驅毒，邪無所留而病解，所謂行其經盡故也，乃古醫之術語，究其意，即太陽病，在七日自然治療之過程中，衰退消息之意也。若七日期內，病勢增加，抗力衰弱，勢有轉變陽明證候之兆者，可鍼足陽明經穴，迎其邪氣而奪之，使病毒去而不再傳變爲陽明病，則太陽證候亦退而愈矣。

再鍼灸之術，雖近來研究者漸多，但大都只知其治療痼疾，確有特效，而未明其所以然，故對針灸所依據之十五經絡，不可以現代醫學上無法求証，而等閒視之。究針何穴，承淡安以足三里爲是，與陳修園同。

第二節　中風與傷寒

一、中　風

第11條（原2條）　　**太陽病，發熱，汗出，惡風，脈緩者，名爲中風·**

傳統解釋　本條與次條，爲太陽病中，中風與傷寒鑑別法，而承第七條提綱而來，故脈浮，頭項強痛而惡寒等脈証，僅以太陽病三字括之。

　　　　風爲陽邪，當皮毛開泄之時，由毛竅內竄，著於肌肉，肌腠皆孫絡（即毛細血管），密佈之區，營氣所主，營血溫度高，與風邪抵抗，易於發熱，故始病即熱，熱氣張於內，毛孔不得復合，故汗出，汗出肌膚疎，故惡風；因肌疎，氣從內泄，毛孔不外閉，而抵抗之力弱，故脈緩，此所以太陽中風，爲發熱汗出惡風脈緩之証狀也。

科學解釋　中風與傷寒，均係寒風致病，唯因體質不同，寒氣之微甚，故分有汗惡風，無汗惡寒之中風與傷寒証候，山田正珍所謂只一氣所成，誠然。本條病理形成，一如第一編，第二章，第五節，傷寒病理概況，茲有關生理上與病理上對體溫形成之普遍現象，補述如下：

甲、生理方面：

(1)血流與體溫：血液將體內深部或產熱器官（以肝爲主）之熱度，運至身體各部，血流體表，則皮膚生溫；且於此處，自傳導與輻射而散熱。故多量之血液流於皮膚，則體表之溫度加大，而放熱亦增加。循環於皮下之血量，與皮下血管之粗細，及心臟送出之血量相關；遇寒氣，則皮膚

蒼白者，因皮膚血管收縮，而血量減少也；發熱時，血管擴張，而皮膚之血量增多，故呈紅潤色；又因人身之血液有定量，皮膚血量減少時，則內臟增加；而皮膚血量增加時，則內臟減少；此種血液分佈之調節，概由分佈在臟器內之神經所支配，而血管之擴大與收縮，亦由二種神經所控制：一為縮小其直經之血管收縮神經，另一為增加直經之血管擴張神經。其中樞在於延髓及脊髓，刺激延髓，則收縮神經起作用，而血管收縮。再血管之反射刺激，由於皮膚之熱受體（或稱溫點），及冷受體（亦稱冷點）之感覺細胞所起之興奮，由溫度神經，而運於中樞。此為生理現象，至病原菌及毒素之戟刺，所發生之高熱，異於生理狀態，且使生理狀態改變，是即所謂病症出現矣。容下再述。

(2)出汗與放熱：汗、必由汗腺而出，稱有知覺性水分發放；另一種，不論在何種溫度，永無間斷，由皮膚排出水分，稱非知覺性水分發放。而汗腺分二種，第一汗腺，廣佈體表，迂曲成絲毬狀之單管腺毬，位在真皮之深層，或皮下組織之上層，由此出一排泄管，直透真皮而開口於表皮；第二汗腺，開口於毛囊，對發汗作用不大。第一汗腺，分佈於頭部及四肢為多，尤以手掌足蹠為最，手背額頭次之，胸腹又次之，臀部最少。出汗受熱度影響殊大，而與體質亦有關；因出汗之水份，必取之於血液及組織液，故先賢有奪血無汗之語。

　　發汗為神經機轉反射之作用，如嚇得冷汗遍體，即為明証。唯血管運動腺之直接刺激，不能引起發汗，如接觸高溫，則汗出；故出汗與放溫，有因果之關係，因熱而汗出，汗出則放熱，故病發熱，必待汗出而解。

(3)高熱與溫熱中樞：人為恒溫動物，（恒溫動物，僅哺乳類及鳥類，餘均冷血動物。）不因外溫之影響，改變體溫，厥賴調節之功。衣著之增減，亦為調節體溫方法之一；而代謝作用，更為重要，傳導輻射，水份發汗，亦為調節機能之方法，而尤重要者，當推腦中之溫熱中樞，將各種調節功能，統一支配而活動之。調節功能乖亂產熱增加，放溫不足，則發熱而高燒矣。

乙、病理方面

　　發熱是體溫超過正常溫度，係一種本身抗力抵禦病毒的自然反應，即

體溫中樞調節起了變化，產溫增加，散溫減少，使體溫積蓄而發熱。但發熱之原因頗多，如傳染病之發熱，手術後之發熱，神經性發熱，缺水發熱，藥物之影響等。而本書所論之發熱，不外病毒性傳染有關，分論如次。

(1)外界病毒侵入體內，生理上發動抵抗作用，刺激體溫調節中樞，於是體溫增高，增強體內抗菌機能，促進抗體產生，戰勝病毒後，由汗腺分泌加速，體溫大量隨汗而散，恢復常溫，即所謂汗出而解。

(2)病原細菌侵入體內，放散毒素，或發生繁殖作用，與體內血液或各組織液起化學作用，使產熱中樞機能興奮，調節功能乏力。

(3)血液循環發生障礙，廢料物不能盡量排泄，留著體內影響血球和細胞的新陳代謝，使體溫增加。

(4)臟器組織因某種變化，使殘廢物不能盡排體外，因發酵作用，或為瓦斯濁氣，因之體溫增高。

二、傷　寒

第12條（原3條）　太陽病，或已發熱，或未發熱，必惡寒體痛，嘔逆，脈陰陽俱緊者，名為傷寒。

傳統解釋　此承提綱，與上條，分示中風傷寒之脈証也，後之言傷寒者，以本條脈證為準。醫宗金鑑曰：「已發熱者，寒邪束於皮毛，元府閉密，陽氣鬱而為熱也；未發熱者，寒邪初入，尚未成熟，頃之即發熱也。惡寒者，為寒氣所傷，故惡之；必惡寒者，謂不論已熱未熟，而必惡寒也。寒入其經，故體痛；胃中之氣也，被寒外束，不能發越，故嘔逆；傷寒勁急，故脈陰陽俱緊也。

科學解釋　傷寒証之外受風寒，較中風為重，故寒毒外侵，神經所受之刺激亦強，病理之戰刺反應亦甚。肌表血管收縮，血量減少，細胞營養不足，產溫量低，故惡寒；且體表神經為寒毒侵襲，而感體痛，神經中樞受嚴重感應，誘發胃肌內逆轉神經叢而發生嘔逆。至脈陰陽俱緊者，外寒收縮，內血外奔，故脈浮沉（即陰陽）俱緊而不緩。如體質弱者，產溫不能旺盛故未發熱，俟溫度積增而終熱發，故不論已發熱，未發熱，必惡寒體痛而嘔逆者，蓋因受寒毒之甚也。

前人學說　丹波元簡曰：「其表虛泄而汗出者，名中風；其表實而無汗者，名為傷寒。即就其表虛表實，有汗無汗而立其目，以為處治之方耳」，此

為臨床家辨風寒之要訣，宜注意之。

第三節　溫病與風溫

一、溫　病

第13條（原6條）　**太陽病，發熱而渴，不惡寒者，為溫病。若發汗已，身灼熱者，名曰風溫。**

傳統解釋　溫病既云太陽病，當有頭項強痛脈浮惡寒等証，次之發熱而渴。由於膏粱之人，多不藏精；辛苦之人，多傷於寒，內陰已虧，外陽被鬱，周身經絡，早已溫化，所以至春一遇外邪，觸發伏寒，則為溫病。至於不惡寒者，非絕不惡寒，惟於時短暫，或輕微耳。若誤認溫病為傷寒，用辛熱之劑以發汗，則熱上加熱，故全身灼熱矣。加風字者，必發汗表虛，汗續自出而未已也。

科學解釋

(1)溫病，係多種急性熱病混合之命名，其症狀，與西醫所謂之腸傷寒，副傷寒，斑疹傷寒，或流行性感冒等頗相似，均為急性傳染病，其病菌為傷寒桿菌，或過濾性微子，由於風寒感冒所誘發，潛伏期，因病原菌之不同而異，大致以五日至四十日不等。腸傷寒之主要病變，在腸內 peyer 氏淋巴結，及孤立淋巴濾胞，故有腸傷寒之稱。發病之初，（即前驅期）發熱微惡寒，食慾不振而口渴；若誤發其汗，則發高熱而灼手，蒸熱出汗，即所謂風溫症。其病機轉變，分為：

　　1.輕症型：病勢極輕，罕見其他雜症，或不良後果。

　　2.流產型：即經數日發熱及不適，即告病愈。

　　3.重症型：發高熱，神經症狀甚為嚴重，衰竭特甚，常有肺炎，及腸出血等嚴重併發証。

　　4.逍遙性型，或潛伏性型：初無証狀，發即嚴重，狂躁譫妄，甚至腸穿洞或出血而死。

(2)古代醫家，類多以傷寒由外而入內，謂之新感；溫病由內而外出，謂之伏邪，即今傳染病之潛伏期也。潛伏期長短不一，有僅數少時者，有數日者，亦有數月或數年者，由於感染病菌者不同也。所以古稱溫病為伏

邪，與今科學之觀點，不謀而合。溫病旣爲病原早伏，繁殖滋生而產熱，則體內津液已傷，復感時氣誘發，故初病卽發熱重而惡寒輕，或甚至不惡寒而口渴。與傷寒異者，唯一「渴」字，故渴爲溫病與傷寒辨証之大關鍵耳。

前賢學說 時逸人對傷寒與溫病，曾有專著，其論溫病，約分下列五端：

(1)溫病有新感與伏邪之異，有正發與誤汗之變，見証不無可辨。新感者，似傷寒而証輕，口渴、舌白尖紅，病勢由漸加重；伏邪者，似傷寒而寒輕，身熱無汗，面赤脣焦，一病體液卽傷，變症迭出。

(2)風溫與溫病之辨，在於汗之有無，有汗爲風溫，無汗爲溫病。

(3)正發之風溫，初似傷寒之陽明病；誤汗之風溫，初似傷寒之太陽病。

(4)傷寒與溫病之辨，在一「渴」字，初起渴者爲溫病，初起不渴者爲傷寒。

(5)溫病分爲春溫，風溫，冬溫，暑溫，伏溫，濕溫，秋燥等種。

二、風　　溫

第14條（原 7 條）**風溫爲病，脈陰陽俱浮，自汗出，身重，多睡眠，息必鼾，語言難出。若被下者，小便不利，直視失溲；若被火者，微黃色，劇則如驚癇，時瘛瘲；若火薰之，一逆尚引日，再逆促命期。**

傳統解釋 風溫之病，脈陰陽俱浮者，以左右手兩脈俱浮而言也，以風性鼓動，且盛於表，故脈俱浮也。熱盛表疎，故身汗出，壯熱傷氣，故身重；熱蘊於內，薰灼於腦，故神昏而多睡；風痰阻於喉，故息必鼾，語言難出。病溫者，本精液早虧，渴飲不惡寒，若誤認陽明實証，而以三承氣湯下之，故愈奪陰液，而小便不利，目系不濡而直視，下焦臟氣不固而失溲；所謂被火者，卽指燒針與火灸而言，風溫之人，汗多液少，再益以火氣，則竄經走血，火氣薰灼而發黃，甚則熱極火亢，神經失養而驚癇也。下之爲一逆，火之爲二逆，一逆尚及救治，再逆則朝不保夕，所謂促生命之期限矣。

科學解釋 此爲原發性風溫病，非由誤治而致者，與上條誤汗之風溫，病名雖同，而其性質各殊。原夫風溫之病，旣病毒潛伏而發，毒素戟刺，血液沸騰，故脈左右皆浮，蒸熱於內，汗出放熱於外，此生理自救之現象；若熱甚，腦溫增高，知覺中樞極度興奮而疲乏，故昏睡；知覺脫失，故言語

難出；全體神經末梢弛張，覺無力而身重；呼吸神經麻痺而失常，故息必鼾，若以內熱甚，而以硝黃下之，益虧體液，而小便不利，目系亦少組織液之營養，失其旋轉之靈活而直視；若以邪在絡而用火灸，則血液被火氣侵襲，影響肝膽機能，溶血而發黃。既蒸熱汗出，體內缺乏水份在前，又用硝黃攻之，益排水份於後，更用火灸，增強火熱，則血溫高，腦溫亦高，腦神經受高熱之刺激，則強發力而驚癇瘈瘲矣，此時心腦衰弱，去死不遠矣，故曰一逆尚引日，再逆促命期矣。

備考　本條與上條，歷來有二種編法：其一，是上條與本條合而為一；另一，至「為溫病」為一條，「若發汗已……促命期」另為一條。其以二條合併為一之理由，以風溫為溫病誤治之變証，非溫病外，另有風溫；而另一種編法，亦本上說，唯特別著重病之變化，故分為二。愚以風溫，故可為溫病誤治之變証而來，亦可能原發之証，其主要之原因，在於病原之不同，故上條標示溫病之外証，及由誤治而變為風溫者，本條則揭示原發性風溫之脈証，及誤治之變化也，高明者，以為然否？

第四節　太陽病解肌法

一、桂楊湯正證㈠

第15條（原13條）　太陽中風，陽浮而陰弱，陽浮者，熱自發，陰弱者，汗自出，嗇嗇惡寒，淅淅惡風，翕翕發熱，鼻鳴乾嘔者，桂枝湯主之。

傳統解釋　太陽中風，即指太陽病中風証，亦即脈浮，頭項強痛而惡寒之太陽病，兼發熱汗出，惡寒脈緩之中風症，合併而發也。為太陽模式中之第一型，陰陽二字，以脈之浮沉言為妥，陽浮者，表有邪也；陰弱者，正氣內虛也；因邪在表，則發熱，因熱則出汗而體內津液虧，故云陰虛則汗出。鼻鳴係氣不利；乾嘔乃胃氣不和；嗇嗇，淅淅，翕翕，皆形容惡熱與汗出之情形，桂枝湯為解肌主方，故云桂枝湯主之。

科學解釋　太陽病中風証，有病毒刺激而發熱，因發熱而脈管舒張，故脈外浮，汗出失液，血液不充而內弱；弱者乃緩也。惡風寒者汗出肌疏，皮膚敏感所致；發熱者，病毒戰刺；鼻鳴、上呼吸道感受風寒而發炎，滲出液體，妨礙氣道；乾嘔者，為神經感應而誘發，詳細病理，可參看第一編第

二章第五節，傷寒病理概述。桂枝湯有解熱健胃作用，故主之。

一、桂枝湯方

桂枝 三兩 、芍藥 三兩 、甘草 炙二兩 、生薑 切三兩 、大棗擘 十二枚

右五味，㕮咀三味，以水七升，微火養三升，去滓，適寒溫，服一升，服已須臾，啜熱稀粥一升餘，以助藥力，溫覆令一時許，遍身漐漐，微似有汗者益佳，不可如水流漓，病必不除。若一服汗出病差，停後服，不必盡劑；若不汗出，更服依前法；又不汗，後服小促其間，半日許，令三服盡。若病重者，一日一夜服，周時觀之；服一劑盡，病証猶在者，更作服；若汗不出，乃服至二三劑。禁生冷粘滑，肉麵五辛，酒酪臭惡等物。

方解

(1)湯名桂枝，以桂枝爲君藥故也。桂枝辛溫，能發散和衞；芍藥微酸寒，能收斂和營；生姜辛溫，佐桂枝以解表；且和脾胃以止嘔，蓋生姜乃止嘔之聖藥也。大棗之甘，佐芍藥以和中；甘草甘平，有調和諸藥之功；而精義在於服後啜粥，以助藥力；蓋穀氣內充，不但易於釀汗，且增加營養，促增正氣；又妙在溫覆令一時許，漐漐微似汗，不可如水流漓，乃禁人過汗而亡陽脫液也。

桂枝含揮發油，主要爲桂皮醛和桂皮油。桂皮醛可刺激汗腺分泌，藉發汗散放體溫而起解熱作用，並能中樞性及未梢性擴張血管，調整血液循環，使血流體表，亦利放熱；桂枝油則有鎮靜，鎮痛作用。此即溫經通絡，發表止痛之謂，故爲主藥。

白芍亦有擴張血管和較弱之解熱作用，並對神經系統有抑制作用，輔桂枝，以加强解熱、鎮痛之效；生薑對大腦皮層，延髓之呼吸中樞及血管運動中樞均有興奮作用，能增進血液循環，促進發汗，配合桂枝，使發汗解熱之力增强，故二者共爲佐藥。

生薑含薑辣素，由於對口腔及胃腸有溫和之刺激，故能促進消化液分泌，使食慾增加，並能抑制腸內異常發酵，促進氣體排除；桂皮油對胃腸亦有輕度刺激，能增强消化功能，排除消化道積氣，並可緩解胃腸痙攣性疼痛；白芍與甘草，尤長於解痙止痛，故本方除發汗解肌外，健胃及解痙之力亦强。

甘草和大棗味甜，其有矯味之用，且甘草甜素，及大棗之蛋白質、脂

肪等營養物，略其補養之功。

綜考全方：桂枝，白芍之解熱和擴張血管，與生薑之增進血液循和促進發汗相協同；而生薑之興奮神經中樞，與桂枝、白芍之抑制中樞作用相拮抗，而得相輔相成與相互約制之妙。本方尚有促進消化機能，解痙止痛，扶正補養之功，故稱調和榮衛之劑。其發汗力較弱，故須啜粥以助藥力，溫覆微似汗。雖稱辛溫發汗，實解肌發表，調和榮衛爲確當。

藥解

㈠桂枝之藥效

1.性味：味甘平。

2.成分：含有揮發性油及特異香味。

3.藥理：

　(1)其香味能刺激嗅覺，味覺，反射而增加消化機能，使腸胃蠕動，分泌、消化，吸收均見增進；又能直接刺激胃粘膜，使其充血，促進上述功能。

　(2)用其適量，能亢進腸壁蠕動，排除腸內腐敗瓦斯，即中醫所謂驅風行氣作用；又能使腸胃痙攣之運動解除，故不至引起下利。

　(3)但亦能延及腹腔附近之器官，如子宮，腎臟等發炎充血，故大量用時，能造成子宮出血，流產等情形；且能發生口乾，咽痛，鼻血等症

　(4)略具強心利尿作用。

4.主治：爲解熱及奮鎮痛健胃劑，能興奮神經，增進體溫，促進血液循環，治惡寒、發熱、頭痛、惡風汗出之中風証，流行性感冒，貧血性頭痛，急性關節炎，慢性疾病之神經痛，及胃寒嘔吐，腹脹痛，消化不良，脉遲弱，苔白，口不渴，心臟衰弱之水腫，慢性潰瘍之久不收口，弛緩潰瘍平塌凹陷，不易化膿等症。若配麻黃防風，能刺激汗腺神經，然能使皮膚血管擴大而發汗，佐以芍藥甘草大棗，則能止汗。

（中國藥物學）

㈡芍藥之效用：

1.性味：味苦微酸，性平，有收歛性。

2.成分：含5％安息香酸，及天冬精、樹脂，葡萄糖，澱粉等。

3.藥理：

(1)安息香酸，在腸胃有消毒作用，大劑內服，使體溫下降，少量不起顯
　著病狀，多量引起喉部瘙癢而咳嗽，故有袪疾之功，（張子鶴）。

(2)白芍煎劑，對赤痢桿菌，霍亂弧菌，葡萄球菌，傷寒桿菌，白喉桿
　菌，結核桿菌，均有殺菌作用；對志賀氏痢疾桿菌，亦有抗生作用
　（劉國聲）。

4. 主治：為鎮靜、鎮痛、袪痰、解熱劑。用於腓腸肌痙攣性疼痛，胃腸
　蠕動亢進而引起之腹痛，及痢疾，神經痛、子宮痛、目痛等症，有緩
　和神經攣急，而奏止痛止汗之效。應用於瀉肝、安脾、緩中、去水之要藥。

5. 附記：本味為一種收斂性藥，如欲發汗、袪疾、瀉下、利尿，以不用
　此藥為宜，故於止汗之桂枝湯用之，發汗之麻黃湯則無；鎮咳之小青
　湯湯用之，袪痰之桔梗湯，排膿湯則無；止瀉之桂枝湯，桂枝加芍藥
　湯，黃芩湯用之；瀉下之大小承氣湯，大黃牡丹湯則無；利尿之越婢
　加朮湯，五苓散，猪苓湯則無，雖此單純之理由，固不足以規律大體
　，然用芍藥配合時，則不可不深加注意之。

㈢大棗之藥效：

1. 性味：性平，味甘，無毒。

2. 成分：含有棗酸，粘液質、糖分、蛋白質、脂肪、鈣質。皮含蘇酸。

3. 藥理：

(1)鈣質甚富，在體內能使細胞膜保有適度之滲透壓，使各部組織盡其
　應有之功能，尤以神經，心臟，肌肉等症。

4. 主治：為和緩，滋養，強壯劑，兼有鎮靜，鎮攣，收斂作用。能安中
　養脾，補氣，生津液。

5. 附記：

(1)桂枝湯治中風之脉緩弱，失其緊張，膚表之小動脉及神經，亦因之
　而弛緩，故汗腺放縱，汗外出，用大棗十二枚以斂之；至麻黃湯症
　，表層自主神經，受寒邪刺激，使汗腺停止分泌，血管收縮，毛竅
　閉塞，體溫不得外散，故宜開表發汗，無用大棗之必要。古人製方
　之精密偉大，誠非今日之科學理論，不足以闡明之。（中國藥物學）

(2)東洞氏曰：「大棗主治攣引強急，與治咳嗽，奔豚，身疼，脇痛，
　腹中痛」。其主治攣急，雖與芍藥同，但本品重有利水作用，故十

棗湯，葶藶 大棗瀉肺湯，越婢加朮湯，麻黃連軺赤小豆湯等，均用之。

㈣甘草之藥效：

1. 性味：味甘，性平，無毒。

2. 成分：含甘草甜素，木蜜醇，葡萄糖，蛋白質，尿素酶，樹脂，天多精等。（中國藥理與應用）

3. 藥理：

　(1)促進咽喉氣管之分泌，而容易咯痰。

　(2)有類似腎上腺皮質素之作用，能增加氯化鈉及水在體內之留滯，因而引起水腫，及高血壓，並能治愈消化性潰瘍。

　(3)本味含有甘草糖酸之甘味膠樣糖質，及糖澱粉粘液質，同時可知，兼有粘滑藥之作用，粘滑藥，有偉大分子量，無晶形膠樣物質，吸取水份時，逐漸膨大，遂有形成粘稠之假性溶液，敷於粘膜創面，全無化學及生理之能力，惟機械之包攝，但對外表之相當刺激，有防禦之功能，故用於腸炎時，則能披包腸壁，以防刺激，故有抑制疼痛，鎮靜反射之蠕動，以促其治愈之效，尤以腸內刺激性之分解發生時為然。

4. 主治：為祛痰，緩和，調味劑。功能解百毒，補臟腑，瀉諸火，調和百藥，故有國老之稱。用於乾咳嗽，咽喉燥痛，腹部拘攣病痛，痢疾之裡急後重，小便赤澀淋痛等証，以滋調緩和之目的而用之。

㈤生薑之藥效：

1. 性味：性溫，辛辣，無毒。

2. 成分：含揮發性精油，生姜辛味油結晶性之辛辣生姜硐，澱粉等。（中國藥物學。）

3. 藥性：

　(1)能刺激胃粘膜，引起血管運動中樞，或交感神經之反射性興奮，故民間用薑湯灌胃，急救休克之患者。（中國藥物學）

　(2)增加分泌，促增消化。（東北醫學雜誌）

4. 主治：為辛辣性健胃劑，並有鎮嘔作用。治慢性胃炎之胃痛，嘔吐，及噁心，腹痛，神經性嘔吐，並用感冒等証。

5. 附記：

(1)乾薑爲健胃與奮藥。治反胃嘔吐，神經性腹瀉，消化不良，胃部冷痛痞悶，痰涎分泌過盛之咳逆，沉冷痼冷，四肢厥冷，體溫驟降，有虛脫傾向者。

(2)炮薑：爲鎮痛與奮劑。治心臟衰弱，腹痛泄瀉，女子崩中，産後虛熱，胃痛嘔血，衄血，便血。

(3)姜皮：性涼，可治腹脹。

(4)生姜可解半夏，南星，附子之毒，若大量使用，能引起口乾，咽痛。吸收後，排泄於腎，故能刺激腎臟發炎，用宜適可而止。

前賢學說

1. 柯琴韻伯氏傷寒附翼云：此仲景群方之魁，乃滋陰和陽，調和營衞，解肌發汗之總方也。凡頭痛發熱，惡風惡寒，脉浮而弱，汗自出者，不拘何經，不論中風傷寒雜病，均可用此，唯以脉弱自汗爲主耳。余常以此湯，治自汗盜汗，虛瘧虛痢，隨手而愈。因知仲景之方，可通治百病，與後世之分門証類，使無下手者，可同年而語耶？

2. 湯本求眞曰：桂枝湯之腹症，必診得肌肉攣急，而就中成游離狀態之腹直肌，最能明確觸知之。

前賢治驗

1. 吉益南涯成績錄：一小兒外襲衄血，門人某，與麻黃湯，衄益多，先生診之，與桂枝加桔梗湯，兼用黃連解毒而愈。

2. 中神琴溪生堂治驗，一婦人，患下利數年，不進食，形體羸瘦，肌膚甲錯，不能起臥，醫時以參附訶醫之類治之，先生診之曰：百合篇所謂見於陰者，以陽法拯之者也，乃與大劑桂枝湯，使覆取汗，下利止，更與百合知母湯，以穀食調理也，漸漸復原。

3. 經方實驗錄：王右，無表証，脉緩，月事後期而少，時時微惡寒，背部爲甚，納穀減，此爲血運遲滯，胃腸虛弱故也，宜桂枝湯以和之。

又虞舜臣曰：一二八之前，聞此一老婦，患腦疽病，周圍蔓延，其徑近尺許，啓其所蓋膏藥，則熱氣蒸蒸上冒，頭項不能轉側，余與余鴻孫先生會診，三日不見大效，四日診時，天色已晚，見病者伏被中，不肯出，詢知每日此時惡寒發熱汗出，乃悟此爲嗇嗇惡寒翕翕發熱之桂枚湯証，即用桂枝湯輕劑投之，次日，病大減，逐逐日增加藥量，不曾加

他藥，數日後，竟告全愈。

桂枝湯正證㈡

第16條（原14條）　**太陽病，頭痛發熱汗出惡風者，桂枝湯主之。**

傳統解釋　柯琴曰：「此條是桂枝湯本証，合此証，即用此湯，不必問其傷寒中風雜病也。証中頭痛，是太陽本証，頭痛發熱惡風，與麻黃証同，本方重在汗出；汗不出者，便非桂枝証」，而金鑑謂此條重出衍文，丹波元簡謂其誤，均非也。

科學解釋　本條太陽中風，桂枝湯証，於前第十四條中已釋，故從略。

桂枝湯正證㈢

第17條（原43條）　**太陽病，外證未解，脈浮弱者，當以汗解，宜桂枝湯。**

傳統解釋　太陽病，雖經若干日外証未解，即頭痛項強，發熱惡寒等証狀猶在也。脈浮弱，指陽浮而陰弱而言，唯缺汗出一証，與中風提綱証稍異耳。但脈浮弱而發熱頭痛惡寒，法當有汗。凡太陽病，外証未解，當以汗解，唯脈浮弱，故不用麻黃以發汗，而宜桂枝以解肌也。

科學解釋　太陽病，即指發熱惡寒之泛發性全身病而言，特標脈浮弱者，明示血液循環較弱，且有不充之現象，則神經弛鬆，皮膚疎張，勢所必然；雖未明言汗出，則汗出當在意中耳。故用桂枝湯興奮神經，促進代謝功能，排除病毒於體外，而調和血液，增進細胞生活力，恢復皮膚之保護功能，則病愈矣。

桂枝湯正證㈣

第18條（原45條）　**太陽病，外證未解，不可下也；下之爲逆・欲解外者，宜桂枝湯。**

傳統解釋　太陽病，頭痛發熱惡寒自汗等表証未除，理宜汗解，雖有可下之証，而非急下之例者，愼不可下，下之於理不順，於法爲逆。故必先解外邪，欲解外邪者，宜與桂枝湯。柯琴氏曰：外証初起，有麻黃桂枝之分，如當解未解之時，惟桂枝湯可用，故桂枝湯爲傷寒中風雜病解外之總方，凡脈浮弱汗自出，而表不解者，咸得主之。即陽明病脈遲汗多者，及太陰病脈浮者，亦宜之，則知諸經外証之虛者，咸得同太陽之治法，又可見桂枝湯，不專爲太陽証用矣。

科學解釋　在醫學上，不論中西新舊，不出於對症療法，與原因療法。太陽

表証，旣以發熱爲主，當以解熱劑爲治，不得擅用瀉下劑，此理甚明。而解熱劑雖有風寒涼熱之分，唯桂枝湯不損腸胃，衰退抗力，故凡虛弱之人而用解熱劑，以桂枝湯爲佳。故桂枝湯應用之範圍爲廣也。亦即前賢所謂陽明及太陰証，亦可用桂枝湯之理也。

桂枝湯正證㈤

第19條（原54條） 病常自汗出者，此爲營氣和，外不諧，以衞氣不共營氣和諧故爾。以營行脈中，衞行脈外，復發其汗，營衞和則愈，宜桂枝湯。（原在營氣和下有「營氣和者」四字，以衍文刪之）

傳統解釋 張錫駒傷寒直解曰：「衞氣者，所以肥腠理，司開闔，衞外而固者也。今不能衞外，故常自汗出，此爲營氣和，而衞不和也。衞爲陽，營爲陰，陰陽貴乎合，今營自和，而衞氣不與之和諧，故營自行於脈中，衞自行於脈外，而兩不相合，如夫婦之不調和也。宜桂枝湯發其汗，調和營衞之氣則愈」。程應旄亦曰：「此不必爲太陽中風，而桂枝湯亦宜之」。

科學解釋 出汗之機轉，由於神經。因血管運動，或直接刺激汗腺，均不能出汗故也。出汗神經中樞，有初中高級之分，腦皮層出汗中樞爲最高級。形成出汗之原因，可分爲由外高熱，尤其是血溫，其次是神神緊張，與恐怖，最後化學物醯膽鹼之刺激。本條不云發熱，顯非高熱刺激所引起；則爲其他素因引起神經機轉所致。承淡安亦以謂本條常自汗出者爲營氣和，而不言發熱與否；下條則有時發熱自汗出而不愈，則本條可假定爲不發熱。汗腺之分泌，其重要作用爲放散體溫，體溫不高而出汗，則出汗中樞受到某種素因之干擾所致。時有平素多汗者，雖多亦是，足可証明。至於營衞之含義，承氏以爲「營」，有滋營之義，合乎血液循環是輸送養分於全身各部組織中，是在依據全身各部在不同時間內之實際工作需要，而有效地供應充分血液，故有營行脈中之說。「衞」是護衞之義，則包括一切自然抗力作用，所以衞行脈外。衞屬氣，爲無形有質之東西，又如物質將它內部所含之能量釋放出來，作爲人體活動能力之源泉。能量未釋放前稱勢能，旣釋放後即謂動能。動能之形式不一，可爲熱能，可爲電能，亦可爲機械運動。例如心臟之搏動和腦之活動發生電的變化，肌肉之收縮舒張發生機械運動，同時還有大量之熱放出。體溫之產生，來自養料之氧化，體溫產量之多少，決定於體溫調節中樞之興奮程度。實際上身體任何一部之

活動都有電，熱及機械工作之表現。古人謂營在內，爲衞之守也；衞在外，爲營之使也。可知體溫之調節僅爲衞氣之一部份耳。治以桂枝湯者，以桂枝爲溫和振奮劑，不若麻黃之烈，且佐以收歛性之芍藥，生姜助桂枝之興奮，棗草助芍藥和緩，確有調整神經之興奮與鬆弛，而收止汗之功，古人謂桂枝湯有汗能止，無汗能發，亦非信口開河也。

備考　本條與次條，均謂營衞和諧，前人間有疑爲叔和之文，非仲景之舊也；今以桂枝湯治自汗，確有良效，則本條仍應重視也。

桂枝湯正證(六)

第20條（原55條）　**病人藏無他病，時發熱自汗出而不愈者，此衞氣不和也，先其時發汗則愈，宜桂枝湯。**

傳統解釋　藏無他病者，內臟無恙，飲食調和，二便如常，別無所苦，惟時發熱自汗出者，太陽中風証也，宜以桂枝湯發汗則愈；所謂衞氣不和，即表虛之桂枝証也。

科學解釋　臟無他病，即無消化，泌尿，呼吸，循環等內臟組織器官之疾病，而時時發熱汗出者，爲急性熱病之泛發型，應用桂枝湯以解熱，因有時不發熱，故宜在發熱之前發其汗，以便時先克制而收汗解之效。

桂枝湯正證(七)

第21條（原99條）　**太陽病，發熱汗出者，此爲營弱衞强，故使汗出，欲救風邪，宜桂枝湯。**

傳統解釋　本條與上二條，見証上逐次明顯，乃暗示桂枝湯使用之範圍，不必限於太陽病中風証也。第十九條，僅常自汗出而用桂枝湯；第二十條，增藏無他病而發熱，亦用桂枝湯；本條又加太陽病，更增惡寒頭痛，乃確定爲中風証矣，爲桂枝湯之之証，故亦宜桂枝湯。其示桂枝湯使用範圍，明且確矣。其他病理，一如前二條，故不贅述。

科學解釋（略）

二、桂枝湯適應證(一)

第22條（原16條）　**太陽病，下之後，其氣上衝者，可與桂枝湯；若不上衝者，不可與之。**

傳統解釋　太陽病，純屬表証者，固不當下，下之爲逆；然病兼裡，先發汗而後下之，治不爲逆，故本條有二說，但以(2)說爲多。

(1)太陽病屬表，外証未解，而誤下之，若虛其胃氣，邪氣乘虛內陷，爲痞爲結，或協熱下利；若氣上衝者，裡強不受邪，而邪仍在表，當從外解可與桂枝湯；若氣不上衝者，恐下後邪內入，胃氣已傷，將有逆變，尚未可知，故桂枝不可與也。

(2)太陽病而勢及裡，故以承氣下之，下後表裡病去，惟氣機不利而上衝，故以桂枝湯和氣液而上衝自止矣；若不上衝，不可與之，乃丁寧之意也。

科學解釋 太陽病，當有發熱惡寒脉浮頭痛等証，應以解熱劑爲正治；如有下利腹痛，或便秘熱結之局部腸胃併發証，則非僅解熱劑單獨所能見效，故有重用瀉下劑者。本條雖僅列太陽病，而無局部之証狀，然以「下之後」三字觀之，必有可下之見証；否則，僅太陽表証，醫者絕不至誤以下劑與之之理。下之後，裡証已罷，而表熱未除，更神經感應而氣上衝者，故可與桂枝湯解外熱，而舒神經，則衝氣降矣。若不上衝者，不可與之，以示辨証用藥之法也。

備考 傷寒論原文，間多無法以科學目光解釋，本條即其中之一，以一「氣上衝」與「不上衝」，而無其他脉証可據，決定桂枝湯之「可」與「不可」，殊爲武斷。致後人以種種不同，甚至相反之註釋，惑亂至今，良可嘆也。

桂枝湯適應證(二)

第23條（原25條） **太陽病，初服桂枝湯，反煩不解者，先刺風池、風府，却與桂枝湯則愈。**

傳統解釋 太陽病，中風証，服桂枝湯，應微汗而解。服湯反煩不解者，非症重藥輕，未能驅邪；即服不如治，當汗不汗，或如水流漓，病亦不除。刺風府風池穴，瀉肌表之邪，再與桂枝湯如法，則病解矣。

　　夫風池，風府，據內經所載，爲足陽明經及督脉經穴。風府在後髮際，一寸宛宛中，風池在耳後髮際陷中，歧伯答黃帝問曰：「巨陽者，諸陽之屬也。其脉連於風府，故爲諸陽主氣也」，故刺之，以祛太陽之熱氣。

科學解釋 太陽病，中風証，即急性傳染病之前驅期，適用桂枝湯之解熱劑。然服藥病不解，反增煩熱，加劇病況者，乃因病毒重，頭項血管充血較甚，藥力有所不逮耳，先刺風池風府三穴，使頭項之滯血暢通，以減少藥力之阻撓，再用桂枝湯，則藥效宏而病解矣。

　　風池風府三穴，根據甲乙經云：「風池之兩穴，在顳顬後頭縫合部，

風府在左右僧帽肌停止部之中央，均在頭項較易充血之部位。

前賢學說　譚次仲曰：「解熱劑，不過對急性傳染病主要症狀之發熱，而加以治療，非能對急性傳染病之細菌，加以撲滅，故熱度雖一時減退，而往往復熱者，病原未去故也……解熱劑祇是解熱，非直接變更疾病之本質，爲世界學者所公認。然急性傳染病之經過，每有定期，投之得其時，則亦可收效；然不得其時，則否矣。由此可知近世醫藥之對症療法，實不足恃；可恃者，仍在個體之自然療能耳。設投解熱劑而熱不退者，則不出下列四法：

(1)照原方再投，以增藥力。

(2)易以別種解熱劑。

(3)如仍不效，則實行期待療法，暫停解熱劑之應用，以免患者之衰弱。

(4)審其適於寒熱療法者，改用寒熱劑」。

備考　然譚氏對解熱之觀念，一本西醫傳統之論，對中醫之用麻黃桂枝、大青龍、白虎等湯解熱，有進一層之意義，則未審也。因西醫之用解熱劑，僅以解熱爲主目的；而中醫之解熱，則綜合四診之結果，決定陰陽，虛實，寒熱，表裡，則定病情體質，以扶正祛邪爲主目的，解熱其自然之結果耳。故中醫之麻桂等處方，爲對症療法，亦爲寒熱療法，更爲虛實療法，原因療法，總之爲綜合療法。如芩連之治痢，升麻忍多之治鼠疫，大黃之治希氏赤痢，大蒜之治百日咳，厚樸之治肺炎雙球菌等，皆以滅菌爲目的，亦即西醫所云之特效療法。故中醫之處方精義，以藥味之配合，更有相激相制之作用，若僅以藥之成份主效而論之，則失之矣。

桂枝湯適應證(三)

第24條（原46條）　**太陽病，先發汗不解，而復下之，脈浮者不愈；今脈浮，故知仍在外，當須解外則愈，宜桂枝湯。**

傳統解釋　太陽病，當用汗法，服湯表証不解，不敢再劑，或惑於兼証，乃改用下法，所幸下後邪未內陷，無痞結協利等証，且脈仍浮，知病邪在外未淨，故病未愈也。今脈浮，知病仍在表，當解外可愈，本汗後不可再行麻黃湯，以免重汗亡陽之旨，故宜桂枝湯解肌。本論曰：「柴胡湯証患具，與以他藥下之，柴胡湯証仍在者，復與柴胡湯此雖已下之，不爲逆」，本條亦其類也。

科學解釋　本條與第十八條加「下之」一治之誤耳；但體質強弱，似有大異。第十八條，「外証未解，不可下，下之爲逆」，則必體弱，若誤下，必生內臟病變，加深病勢，故稱逆；而本條「先發汗不解，而復下之」，下後無內臟病變發生，僅病毒在外未解，則必體強，自然療能旺盛，不因瀉下而減弱，仍能抗毒於表，故欲祛病，必用解表之劑。本病既發汗在先，又瀉下於後，雖體質強，仍不免有損抗力，故用振興神經，加強體溫，健胃腸之桂枝湯解表爲宜。

備考　本條與上條，成本桂枝湯下，均有「主之」二字，因文法不合，均刪之。且本條在「脉浮者不愈」之下，有「浮者在外，而反下之，故令不愈」十二字，文義與上下文不合，或係後人註解誤入，故亦刪之。

桂枝湯適應證四

第25條（原58條）　**傷寒發汗已解，半日許復煩，脈浮數者，可更發汗，宜桂枝湯。**

傳統解釋　傷寒病，服麻黃湯發其汗，汗出熱退身和而病解，半日許，復煩熱者，餘邪尚未盡解，復聚而熱也。脉浮數，病仍在表，故可更發汗（實即解肌之義），以解餘邪。因已用麻黃湯發汗，肌腠已開，故改用桂枝湯解肌足矣，此即所謂汗後不可再用麻黃湯以發汗之意也。

科學解釋　傷寒中風，均爲急性熱病，應用麻桂等解熱劑，使物質之代謝減少，或體溫之放散增加。服解熱劑而發汗熱退身和，半日許，藥力已過，每復發熱上昇，脉浮數，則殘餘病毒仍在，應再用解熱劑，發汗驅毒。所以前用麻黃而後用桂枝者，因汗後神經鬆弛，不用麻黃之過份刺激神經，而用桂枝以強壯神經，以期次復常態也。

桂枝湯適應證五

第26條（原57條）　**傷寒，不大便六七日，頭痛有熱者，與承氣湯；其小便清者，知不在裡，仍在表也，當須發汗；若頭痛者，必衄，宜桂枝湯。**

傳統解釋　傷寒，本發熱惡寒頭痛身痛，至六七日不大便，僅頭痛發熱而不惡寒，似陽明可下之症，蓋頭痛發熱，太陽陽明俱有之証，似尚難確定其誰屬，故更察其小便，若小便赤澀，則知邪入陽明，與承氣湯下之而無疑矣！若小便清，知邪仍在表，雖不大便六七日，無所苦，仍當解表，以無惡寒，雖無汗出之明文，則仍不用麻黃之峻劑，宜與桂枝湯以解肌；若當

汗不汗，而頭痛益劇，則充血益甚，勢必衄出也。

科學解釋　本條論大承氣湯與桂枝湯之鑑別法：蓋承氣與桂枝証，均有頭痛發熱之証，大承氣湯爲裡証，即消化器官有急性炎証，反射於大腦而有頭痛，病毒刺激於肌表而發熱，小便亦因腎臟變性而赤澀；而桂枝湯爲表証，病毒在體表，主症爲頭痛發熱，而內臟無病，故尿不變色而仍澄清，故小便清者，知仍在表，以桂枝湯解熱；若小便不清，頭痛發熱，不大便六七日，則用承氣湯下之。因大便一通，則熱亦隨之而解，或減輕，此解熱之效，實瀉下劑之間接作用。至頭痛者必衄，近於武斷；蓋頭痛者，未必皆衄；但頭痛而衄者，亦殊有裡，此頭痛，本爲太陽發熱之影響，病勢上於頭部，頭項充血特甚，血液難以暢通，若此充血達於極度時，血壓亢進，突破抵抗力最脆弱之篩骨蜂窩部而外走，則爲衄血，故既衄之後，血壓降低，血液暢通，對頭痛及其他証狀，反有良好之反應，此即衄者愈，及主麻桂湯之理也。

備考　小便赤澀，自古均爲裡熱，然亦不盡然者。如病人飲水少，而小便短，無不赤澀者，盡爲內熱乎？故僅以小便赤，未可斷爲裡熱下証；惟下証，則小便必赤耳。

第五節　太陽病兼證解肌法

一兼呼吸器病一桂枝加厚朴杏仁湯(一)

第27條（原20條）　喘家作桂枝湯，加厚朴杏子佳。

傳統解釋　凡病人素有喘症，故稱喘家，每感外邪，喘勢必甚，若中風，應作桂枝湯以解肌，應顧慮氣逆喘急，邪壅上焦，故必加厚朴杏仁，開肺降氣之品，則病可除，故曰佳。

科學解釋　本條雖無太陽病中風症等字樣，以「作桂枝湯」四字觀之，必有太陽中風症之頭痛發熱汗出惡寒等病態，素有喘病之人，已有肺機能衰弱或肺氣枝管痙攣宿疴，一受外邪感染，其勢必甚，故作桂枝湯時，應加理肺降氣之杏仁，緩解平滑肌痙攣之厚朴，始能解表邪，定喘逆，故謂之佳。

方二桂枝加厚朴杏子湯

於桂枝湯內，加厚朴二兩，杏仁五十枚去皮尖，餘依前法。

藥解

㈥杏仁之藥效：

1. 性味：味甘苦，性溫，有小毒。

2. 成分：含苦杏仁甘，苦杏仁酵素，脂肪油等。

3. 藥理：苦杏仁素，內服分解所產生微量之氫氰酸，對呼吸中樞，有抑制作用，使呼吸運動安靜，而奏鎮咳之效。

4. 主治：為鎮咳平喘劑。主治氣枝管炎，咳嗽，喘息，急性肺炎，肺結核及兼有潤腸之副作用，但過劑有中毒之虞。

㈦厚朴之藥效：

1. 性味：性溫，味苦，無毒。

2. 成分：含精油及厚朴油素。

3. 藥理：

(1)麻痺運動神經末梢，而使全身弛緩性運動神經麻痺，故用於痙攣性之腹痛有效。

(2)對迷走神經，有一時性興奮作用，及直接作用於心臟，使血壓下降。

(3)對赤痢桿菌，傷寒桿菌，霍亂弧菌，葡萄球菌，志賀氏痢疾桿菌，均有抗生作用。

4. 主治：為苦味健胃，疏滯整腸劑；並有制菌作用。治傷寒，副傷寒，痢疾，腸胃型流行性感冒，及痙攣性腹痛，下利嘔吐，急慢性腸胃炎等均有效。

一桂枝加厚朴杏仁湯㈡

第28條（原44條） 太陽病，下之微喘者，表未解解也；桂枝加厚朴杏仁湯主之。

傳統解釋 成無已曰：「下後大喘，則為裡氣大虛，邪氣傳裡，正氣將脫也；下後微喘，則裡氣上衝，邪不傳裡，猶在表也，與桂枝湯以解外，加厚朴杏仁以下逆氣」。

科學解釋 太陽病在外，體內之自然療能趨集體表以抗毒，上衝之勢，勢所必然，如頭項強痛，較他証尤先出現，即是明証。表証雖經誤下，其自然療能，未為下劑所減弱，而病毒亦無法深入，故表証不罷，仍以桂枝湯解

外；但下後有微喘之肺病，爲下藥傷胃之所致，故加厚朴以理胃而健運，杏仁開肺定喘，則諸証悉解矣。

前賢學說 山田正珍曰：「葛根黃芩黃連湯，治太陽桂枝証，醫反下之之後，喘而汗出，無表証者；麻黃杏仁甘草石膏湯，治太陽桂枝証，發汗後，汗出而喘，無表証者，今此條之証，雖經誤下，其表証猶未解，故以桂枝湯以解外，加杏仁厚朴以治微喘也」。

前賢治驗 本事方：戊申正月，有一武臣，爲寇所執，置舟中艎板下，數日得脫，乘飢恣食，良久解衣捫蝨，次日遂作傷寒，自汗而膈不利，一醫作傷食而下之，一醫作解衣中邪而汗之，雜治數日，漸覺昏困，上喘高急，醫者愴惶失措，予診之曰：「太陽病下之，表未解，微喘者，桂枝加厚朴湯，此仲景之法也」。令急治藥，一啜喘定，再啜漐漐微汗，至晚身涼而脉已和也。醫曰：「某生平未曾用仲景方，不知其神捷如是」，予曰：「仲景之法，豈誑後人也哉，人自寡學，無以發明耳」。

二、彙神精病㈠－桂枝加附子湯證

第29條（原22條） 太陽病，發汗，遂漏不止，其人惡風，小便難，四肢微急，難以屈伸者，桂枝加附子湯主之。

傳統解釋 太陽病，本應汗解；因汗不如法，或過汗誤汗，以致表虛，衛氣不固，故漏汗不止；汗出肌疏，故惡風；汗多則體內水份少，故小便難，四肢微急，屈伸不利。用桂枝湯以解肌，加附子以溫固衛氣，而挽回逆證矣。

科學解釋 太陽病，發汗放熱毒，病本可除，而不除者，發汗過多，神經鬆弛，故汗漏不止；汗出多，體液喪失過度，以致小便難，（此小便難，非腎機能障碍，因體液缺乏故也，如春夏汗多則小便少，秋多汗少則小便多，亦同此理。）筋絡不調，則微急，同時腦神經因水份不足，而發輕度之痙攣，故難以屈伸。用桂枝湯興奮神經，解熱而止汗，加附子平腦解攣，使熱解漏止，津液內充，筋得而潤而不急，腦平而病解矣。

方三桂枝加附子湯：

桂枝湯中，加附子一枚，炮去皮，破八片。

方解 桂枝湯之方解如前，本方僅加附子一味，其效用詳下藥解，故本方方解從略。

藥解

㈥附子之藥效：

1. 性味：味麻辣，有毒。

2. 成分：鳥頭鹼。

3. 藥理：

(1)小量則能興奮心臟運動神經，故能強心；大量能痲痺心臟運動神經，並刺激迷走神經中樞，減少脉數，降低血壓。

(2)能擴張皮膚末梢血管，收縮心臟血管，解除豎毛肌痙攣，並能興奮汗腺神經作用。

(3)用於皮膚，能刺激其知覺神經，初則搔癢，刺痛，溫暖之感覺，次發劇痛與灼熱，繼則刺激狀態消失，而移於痲痺病狀。

(4)內服能刺激末梢臟器之知覺神經，先起興奮而後痲痺，故有止痛作用。

4. 主治：為強心，回蘇，興奮，利尿，止痛劑。其主要功用為四：

(1)強心回蘇作用：用於一切疾病之大吐大瀉，冷汗大出，四肢厥冷，脉搏停頓，心臟衰弱，體溫降低，急性虛脫者。

(2)興奮刺激作用：小量能興奮各部組織，各細胞，為興奮藥中，最多應用者。

(3)溫中止痛作用：專治寒濕便瀉，臍腹冷痛，泄瀉不止，腹痛，脚氣，心悸亢進，及慢性關節炎。

(4)強心利尿作用：心臟性及腎臟性之慢性水腫，脉沉細用之，皆有卓效。

5. 禁忌：凡舌赤少津，口渴心煩，體溫高，脉數有力以及孕婦，皆忌用。

前賢學說

1. 陸淵雷曰：凡發表藥，分量失當，服不如法，或藥不對症，能生二種副作用：曰傷津，曰亡陽。傷津者，血漿分泌過多，體內營養液因而不足；亡陽者，體溫被蒸散過多，細胞生活力因而衰弱也。蓋汗液出自血漿，汗出多，則血漿被分泌，而營養液之來源竭矣；細胞之生活力，須賴適當之溫度，汗出多，體溫之放散亦多，則溫度不足，而細胞之生活力衰弱矣。然營養液之來源，由於飲食水穀，須經消化吸收種種作用而後

成，此種作用，有賴各臟器組織細胞之生活力，故津傷而陽不亡者，其津自能再生；陽亡而津不傷者，其津亦無後繼。是以良工治病，不患傷津，而患亡陽；陽明病之津液乾枯，津傷而陽不亡也，撤其熱則津自復；少陰病之津液乾枯，陽亡而津不繼也，回其陽則津自生。若不知回陽，但知甘寒生津，豈知膩滋之藥，用於陽証，則不能減熱；用於陰証，則不能運化，桂枝加附子湯之証，津傷而兼亡陽也，仲景則回陽而已，學者當深長思之。

2 譚次 仲曰：發汗劑之作用，乃安靜大腦調溫中樞，使之散溫增加，產溫減少，故能收解熱之效。附子強心腦，徵之四逆白通諸方，用於出脉回厥，即附子強心之明証；真武湯用以止眩暈，即附子壯腦之明証；除此之外，附子尚有平腦之作用，茲証明如下：

惡寒，於大腦一種不安感覺，倘因身熱而惡寒者，宜用解熱劑，如麻桂大青龍湯，白虎湯等各症，是其例也，但心腦已見虛弱徵候而惡寒者，則附子最合用，故太陽篇之桂枝去芍藥加附子湯，附子瀉心湯；及少陰篇之甘草附子湯，附子湯；霍亂篇之四逆加人參湯等，皆因惡寒加附子之例也。附子能止惡風寒，即有平腦之作用，其証一也。其次疼痛，亦是知覺過敏，若屬炎症者，用活血清涼消炎劑以止痛；若虛性者，附子合用。仲景用附子止痛之例：如太陽篇風濕骨節疼痛，身體痛，用桂枝附子湯，甘草附子湯；少陰篇身體痛，骨節痛，用附子湯，腹痛四肢沉重疼痛，用真武湯；金匱桂枝芍藥知母湯，治歷節不得屈伸疼痛；薏苡附子治胸痹痛，烏頭赤石脂丸治心痛徹背，背痛徹心；附子粳米湯治腸中雷鳴切痛等，皆附子有止痛之作用，亦即附子有平腦之作用，其證二也。痙攣為腦筋發力，屬高熱之腦充血，或腦膜炎而起者，宜用寒性之解熱劑，如石膏梔子之屬；但虛性如霍亂失水，及發汗過多，與其他因腦貧血而發之痙攣，最合用附子，如霍亂篇四逆湯，治吐利汗出，四肢拘急；通脉四逆加豬膽汁湯，治吐已下斷四肢拘急；金匱竹葉湯，治項強加附子；及本節四肢微急，難以屈伸，用附子，皆附子有解掣之效，亦即附子有平腦之作用，其證三也。

前賢治驗

(1)症治摘要：其人患下疳，初與葛根加尤附湯，後與桂枝加尤附湯，不雜

他藥而愈。又一男子患下疳，陰莖腐蝕一寸半，先父與桂枝尤附湯，二十日，不用它藥，而腐蝕止，陰頭生如故。

(2)建殊錄：老人病後，肘骨突出，難以屈伸，腹皮攣急，四肢沉惰，時有上逆，與桂枝加附子湯及芎黃散，時加梅肉散攻之，數十日肘骨復故，屈伸如意。

(3)雷敩曰：附子冷酒調服，治遍身風疹，有神效。

(4)本事方：一士人，得太陽病，因發汗，漏不止，惡風，小便澀，手足曲而不伸。診脈浮大，余曰：在仲景方中，有二症，大同而小異，一則小便難，一則小便數用藥稍差，有千里之失。仲景第七証云：「發汗遂漏不止，其人惡風小便難，四肢微急，難以屈伸者，桂枝加附子湯主之」。又十六証云：「傷寒脈浮，自汗出，小便數，心煩，微惡寒，腳攣急，反與桂枝湯，欲攻其表，此誤也，得之便厥，咽中乾，煩躁吐逆」。一則漏風小便難，一則自汗小便數，或惡風，或惡寒，病各不同也，余用第七症，桂枝加附子湯，三啜而汗止，佐以甘草芍藥湯，足便得伸。

備考　錢璜曰：「此方於桂枝全方內，加附子者，故多一加字；傷寒八九日，風濕相搏條下之桂枝附子湯，芍藥已去，非桂枝全湯，乃別是一方，故無加字」。又千金方治產後風虛，汗出不止，小便難，四肢微急，難以屈伸者之桂枝附子湯，及葉氏錄驗方中之救肝湯，救陽虛自汗，均即本方（桂枝加附子湯），故歷來桂枝加附子湯與桂枝附子湯，有同名而異味者，亦有異名而同味者，不可不知。

兼神經病(二)－桂枝去芍藥加附子湯症

第30條（原23條）　太陽病，下之後，脈促，胸滿者，桂枝去芍藥湯主之；若微寒者，桂枝去芍藥加附子湯主之。

傳統解釋　太陽病，有可下之兼症而下之，下後非但表症未除，更加脈促胸滿。然本論曰：「下後脈促者為欲解」，此下後脈促，更加胸滿，故為未解也。凡胸實邪陷，則胸滿氣上衝喉不得息，脈乍緊，瓜蒂散症也；胸虛邪陷，則氣上衝，桂枝湯症也。今下後邪陷，胸滿脈促，似胸實而無衝喉不得息之症；似胸虛又見胸滿之症，故不用瓜蒂散以治實，亦不用桂枝湯以治虛，惟用桂枝之甘辛，以和太陽之表，去芍藥之酸收，以避胸中之滿，若微寒者，加附子以免亡陽之變也。

科學解釋 太陽原發症未罷，而局部續發症又急，故雖發熱惡寒之表症仍在，本急則治其標之旨，先以下劑治之。間有下後表症亦同時消失者，故現代醫學，於急性傳染病初起，往往用輕瀉劑，蕩滌腸胃，而收預期之效果。若不兼裡症，而誤下，重則變爲結胸，硬滿，或下痢不止，輕則脈變促，即本條是也。若下後續發症已緩，而僅胸中滿悶，乃瀉劑損傷胃氣所致；脈促，因誤下損傷抗力，故心臟不得不增加其搏動之力，輸血外行，與表邪抗拒，知心力尚強，故用桂枝薑棗，健胃強心調和營衞，去芍藥收斂劑，以利滿悶也。若微惡寒，則心腦同時衰弱，故再加附子強心壯腦，與奮神經，而病可解。

方四　桂枝去芍藥湯

桂枝湯中，去芍藥，將息如法。

方五　桂枝去芍藥加附子湯

桂枝三兩去皮，甘草二兩炙，生薑三兩切，大棗十二枚擘，附子一枚炮去皮破八片。

右五味，以水七升，養取三升，去滓，溫服一升，（本云桂枝湯，今去芍藥，加附子，將息如前法）

方解 上列二方，均桂枝湯內略有增減，在芍藥之減與附子之增，從該藥之效用上，可以想見，故方解從略。

前賢學說

(1)丹波氏曰：辨脈法並王氏脈經，以促爲數中一止之脈；但素問平人脈象篇曰：「寸口脈，中手促上擊者，曰肩背痛」，此促急之義，與脈訣併居寸口，促無歇止者，其義相似。仲景論促脈四條，皆爲邪盛上部，故促爲脈急促於寸口，非數中一止之義明矣。

(2)陸淵雷曰：今釋初稿，從惲鐵樵先生之說，以促爲數中一止之脈，其後臨床經體稍多，乃知其不然。西法無太陽禁下之例，於急性傳染病之初起，常用輕瀉劑蕩滌腸胃，此等被下而表症仍在者，其脈寸口特躁疾，關尺部份，幾如無脈，即脈訣所謂併居寸口也。太陽禁下，爲其逆正氣之趨向，違治療法之根本原則故也。然誤下之後，病因而逐解者，太陽下篇之太陽病，下之其脈促，不結胸，此爲欲解是也。誤下之變，爲結胸痞鞕，爲協熱下利，爲脹滿清穀，多屬下劑副作用所致，而太陽本症

，亦幾乎悉解，若是者又何也？蓋下劑，能滌除血液中代謝產物之廢料，病毒既與血液中某種物質相結，此結成之廢物，而下劑能排除之，結物既去，則毒性物質亦隨之而俱去，病因此解也。此條之症，脈促於寸口獨盛，寸主上部，是正氣猶欲上衝，猶有一部份游離不結之毒害物質，須從汗解也。胸滿雖異於結胸之劇，已非不結胸之比，脈促不結胸爲欲解，可知脈促胸滿爲未解，故猶須桂枝湯解其未盡之毒。胸之所以滿，蓋胸腔充血之故，芍藥陰藥，作用於內部，藥徵謂其主治攣急，可知能擴張內部血管；血管擴張，則愈充血，此胸痛之所以忌芍藥歟！其互結之毒，既因下而排除，所餘留之毒，不須芍藥之破結，此所以用桂枝湯而去芍藥歟！

二、兼神經病㈢－桂枝加葛根湯症

第31條（原15條） 太陽病，項背強几几，反汗出惡風者，桂枝加葛根湯主之。

傳統解釋 惡風項強，爲中風傷寒所共有，有汗用桂枝，無汗用麻黃，此定法也。今項強延及於背脊，循神經之道而下行；此延髓神經，及脊髓神經，均受風寒侵襲之徵。几几者，項背強痛不舒也；太陽病，項背強几几，法當無汗，今汗出者，故加一「反」字，以重語氣，而示辨症處治之著眼點。本症雖是太陽中風症，但加項背強几几之兼症，故非桂枝湯所能獨治，特加葛根爲主藥，俾發汗解肌，及宣通經絡之邪，有專功也。

科學解釋 太陽病之汗出惡風，爲桂枝湯主治；病理，前已述及不贅，至項背強几几，若非延脊髓神經，或背脊肌肉受病毒之刺激，而強直性痙攣，即該處神經或肌肉有炎性之機轉所致。如炎性之機轉，不宜用辛熱之桂枝劑，應用辛涼之解熱劑，有和緩刺激，消炎止痛之效爲佳，觀其用桂枝之辛熱劑，則似非炎症之機轉，確爲神經受病毒之戕刺而痙攣也，故桂枝湯之解肌，加富有澱粉而辛涼性之葛根，以和緩之，則解矣。

方六 桂枝加葛根湯

桂枝湯內，加葛根四兩，以水七升，羹取三升，溫服一升，如桂枝將息禁忌。

藥解

㈨葛根之藥效

1. 性味：味甘淡，性平，無毒。

2. 成份：含有多量之澱粉。葉有腺素．及麵筋氨基酸。

3. 藥理：有鎮靜鎮痙及解熱力強，且有略能降低血糖。

4. 主治：爲辛涼發汗解熱劑。治熱性病之煩渴頭痛，項背拘急，泄痢作嘔。並治腸炎便血。

5. 葛花：可治慢性酒精中毒症。葛子可治十年以上痢，生葛根汁，性大寒，主解溫病大熱，吐血，衄血，并解諸藥毒。

備考　查太陽篇五十二條曰：「太陽病，項背强儿儿無汗惡風者，葛根湯主之」，與本條僅「反汗出」一證之差，彼用麻黃湯加葛根以治無汗，本條以桂枝加葛根以治有汗，證治尚易辨別。而金匱云：「太陽病，其證備、身體强儿儿然，脉反沉，此爲痙（有云痙上應加一『柔』字），括蔞桂枝湯主之」，與本條雖有項背與身體，反汗出惡風，及脉沉之異。其實，以括蔞桂枝湯主之而觀，必有汗出惡風之症；而本條亦有脈浮，無可異議。至項背與身體，既有輕重之別，而脈浮與沉，更有表裏之殊，其治法，一本桂枝湯，僅葛根與括蔞一味之差；況葛根與括蔞，均爲解熱劑，主要成分均爲澱粉，且氣味色澤相類似，而一以治脈浮之項背强，一以治脈沉之身體强，其藥同而治異，殊堪玩味。故藥物之醫治效用，僅憑主要成份之性能而判斷，猶未甚然，更不易爲現代科學家所了解。

　　愚以括蔞桂枝湯以脈沉，必血少津傷，週身組織，缺乏營養液之滋潤，神經感覺不安，而使身體强儿儿然；桂枝加葛根湯以脈浮，必病毒趨集表，刺激神經而不安，故項背强。葛根助桂枝之解肌祛毒，以解神經之不安，以葛根有升提之陽性，能助表毒之解而去病；括蔞助桂枝之解肌而增液益血，以括蔞有降輯之陰性，能表裏兩解而愈疾。惟身體與項背之强儿儿，均爲神經不安之感覺，桂枝湯能緩解之，故二症得同用，一以病在表而用升提之藥以助升；一以陰虛血少，用降輯增液之品以助裏，故同用桂枝一方，略加升降之藥而愈疾，未知高明者以爲如何？

三兼裡虛症－桂枝加芍藥生薑人參湯症

第32條（原63條）　發汗後，身疼痛，脈沉遲者，桂枝加芍藥生薑各一兩人參三兩新加湯主之。

傳統解釋　發汗後，身疼痛，表未解也，故用桂枝湯以解表。脈沉遲者，汗

多亡陽血少，運行不暢，故加芍藥生薑人參等品，益血和陰，溫補胃氣，而滌津液之源也，表解血益，正氣強，而病愈矣。

科學解釋 發汗之後，身仍疼痛，肌表之病毒未淨也；脈沉遲者，因汗後津液喪失過多，血液不足，循環系統之機能減弱，不得不收縮血管，以維持血壓故也。表未解，因汗後神經鬆弛，故用桂枝湯以調和神經而解表；因脈沉遲，心臟衰弱，故加芍藥生薑以理胃舒經，加人參以強心，使元氣復，血液增、表症解，而病可除；且桂枝芍藥，有溫胃舒筋之功，活血止痛之效，用於貧血性之疼痛，尤所適宜。此仲景示人治療尺微或脈遲而有表邪者之一大法也。

方七　桂枝加芍藥生薑人參湯 、

桂枝 三兩 芍藥 四兩 甘草 二兩 人參 三兩 大棗 十二枚 生薑 四兩 右六味，以水一斗二升，煑取三升，去滓，溫服一升。

方解 詳科學解釋欄不另

前賢學說 吉益東洞曰：本方以治桂枝湯症而心下痞硬，身疼痛及嘔者爲定義。

　　　　湯本求眞曰：增加生薑，不惟使此藥獨治嘔症，亦以輔人參，促進健胃作用。

前賢治驗 吉益南涯續建殊錄：一老人，大便不通，數日，上逆頭眩，醫與以備急丸而自若，因倍加而投之得利，於是身體麻痺，上逆益甚，而大便復結，更醫診之，與以大承氣湯，一服得下利，服二帖，下利如傾，身體冷痛，不得臥，大便復結，又轉醫作地黃劑使服之，上逆尤劇，面色如醉，大便益不通，於是請治於先生，診得心下痞鞕，少腹無力，即與桂枝加芍藥生薑人參湯服之，三帖衝氣即降，大便通快，經過二三日，冷痛止，得臥，大便續通快，二旬之後，諸證去而復常。痲疹一略曰：松田萪之妻，年三十餘，發熱二三日，身熱驟退，口鼻清冷，四肢微厥，診脈難以摸索，頭出冷汗，時或嘔逆，按其腹，心下痞硬，臍腹拘急頗甚，自言經已不來兩月，因與桂枝加芍藥生薑人參湯，明日蒸蒸發熱，遍身汗出，疹從出，三四日復常。

四衆水飲症－桂枝去芍藥加茯苓白朮湯

第33條（原29條）　服桂枝湯，或下之，仍頭項痛，翕翕發熱，無汗，心下滿，微痛，小便不利者，桂枝去芍藥加茯苓白朮湯主之。（原文桂枝「去桂」，今改爲「去芍藥」。）

傳統解釋　本條諸家解釋不一，其結晶在於「去桂」二字，玆舉代表說如下，孰是孰非，請在科學解釋內說明之：

(1)成無已曰：「頭痛項強，翕翕發熱，雖經汗下，爲邪氣仍在表也，心下滿微痛，小便利者，則欲成結胸，今外證未罷，無汗，小便不利，心下滿微痛，爲停飲也，與桂枝湯以解外，加茯苓白朮，利小便而行留飲。」

(2)王宇泰曰：「此桂枝症，乃屬飲家，夫頭項強痛，既邪不在表，故去桂枝加茯苓白朮；若小便得利，水飲行，腹滿減而熱除、則頭項強痛患愈矣。且十棗湯之症，頭亦痛，乃邪熱內蓄，而有伏飲故頭痛。其水飲頭痛，不可攻表，但宜逐飲，飲盡則病安矣。」

(3)醫宗金鑑曰：「按去桂，當是去芍藥，此方去桂，將何以治頭項強痛，發熱無汗之表乎？細玩服此湯曰：餘依桂枝湯法煎服，其意自見；若去桂，則是芍藥茯苓甘草白朮，並無辛甘走營衛之品，而曰餘依桂枝湯法，無所謂也。且論中有脈促胸滿，汗出惡寒之證，用桂枝去芍藥加附子湯主之，去芍藥者，爲胸滿也；此條證雖稍異，而其滿則同，爲去芍藥可知矣。」

(4)山田宗後亦以去桂，則方無主藥，失其爲桂枝湯之名，亦以去芍藥爲是　　此條爲汗下後表不解，而心下滿有水氣者，立一治法也。服桂枝湯或下之，均非其治，故仍有頭項強痛，翕翕發熱無汗之表症，心下滿微痛，小便不利停飲之裡症，設未經汗下，則是表不解，心下有水氣，當用小青龍湯汗之；今已汗下，表裡俱虛，小青龍湯非所宜也，故用桂枝湯，去芍藥之酸收，避無汗心下之滿，加苓朮之燥滲，使表裡兩解，則內外諸症自愈矣。

科學解釋　頭項強痛，發熱無汗，宜麻黃湯；桂枝湯，非對症藥也。故服湯而病不除，或又下之，更爲不當，但汗下而傷胃之機能，故續發心下滿微痛之胃病，且小便不利，腎之機能亦生障碍。因汗下之後，神經衰弱，仍用桂枝湯以振奮神經，白朮健胃、茯苓理腎；又桂枝亦爲芳香健胃之品，不止有發汗解熱之效；與其他發汗劑，專能解熱，反害腸胃者不同。既胃受傷，似不宜除桂；芍藥爲收斂劑，有妨害利尿作用，然以除去爲宜，故

本方以桂枝去芍藥加白茯苓湯爲是。承淡安以爲太陽中濕之治法。蓋濕病在表，應用解表化濕之麻黄加尤湯，若桂枝湯或下方，無化濕之藥，當然不能收效，反致胸滿小便不利，因桂枝、白芍、爲溫通血管而行血；血行增加，血管擴張，則毛細管之滲出液愈多。是類滲出液，淋巴管不能盡量吸收，遺漏於外者，聚在心下而爲濕爲飲，愈聚愈多，則心下爲滿爲痛矣。小便不利，當從下而來，以下之血行下趨，下部血管擴張，水液盡量分泌而爲停水，腎不分泌（機能障礙），即小便不利者。

方八　桂枝芍藥加白尤茯苓湯

於桂枝湯方內，去芍藥，加茯苓白尤各三兩，餘依前法煎服，小便利則愈。（依成本）

方解　本方症，爲熱性病誤治後，續發腸胃及泌尿器官之局部症，故用桂薑以解表，連同草棗以益胃，白尤促進腸胃之吸收，茯苓調整腎臟機能而利尿，故凡腸胃機能衰弱，腎臟障碍，而引起全身病者，本方皆可用之。

藥解

㈩人參之藥效

1. 性味：味甘微苦，性微溫。

2. 成分：含人參素，人參副素，及脂肪油，鈣、鎂、糖類、皂素、粘液質，與維生素甲、乙、丙等。

3. 藥理：①能鎮靜大腦，並興奮血管運動神經及呼吸中樞，恢復神經疲勞，興旺新陳代謝，增加食慾，抑制糖尿病之尿糖。②催淹，祛痰作用。

4. 主治：爲興奮强壯劑。有鼓舞神經，恢復疲勞，促進新陳代謝作用，適應於心、肺、腦三部之急性衰弱，肢冷自汗，及一切重篤性虛脫等有卓效。

㈩茯苓之藥效

1. 性味：味甘談，性平，無毒。

2. 成分：含茯苓酶84％，植物纖維素，葡萄糖，果糖，及鉄、鈣、鎂、鉀、鈾、鏻等灰分。

3. 藥理：茯苓酶爲單純之葡萄糖酐，因其爲脫水葡萄糖，故有顯著之營養價值。

4. 主治：利尿劑；並有營養價值。有調整腎臟機能作用，故治心下悸，小便不利，及頻數，皮下水腫，睡眠不安，忡怔驚悸，嘔吐痰水，大便泄瀉，腸胃機能衰弱，消化及吸收力減退等症，凡因水毒留滯爲患無，皆主之。

㈩白朮之藥效：

1. 性味：味甘苦，性溫，無毒。

2. 成分：含揮發油，及維生素甲、丁等。但僅及蒼朮八分之一。

3. 藥理：比蒼朮稍弱，（詳蒼朮欄）

4. 主治：爲健胃、滋養、止瀉、利尿劑。治消化不良，慢性腸炎水瀉，（腸壁吸收機能不健，而致大便泄瀉者，古稱脾虛泄瀉。）止汗、安胎、及慢性關節炎等症。

㈩蒼朮之藥效：

1. 性味：味甘苦，氣香烈，性燥。

2. 成分：與白朮同，維生素甲乙之量，比魚肝含量超過十倍。（雷氏德研究院）

3. 藥理：①能減低過高之血糖，可用於糖尿糖，並可用於精神不振，肢體乏力，及健胃作用。（中藥的藥理與應用。）②含有大量維生素甲、丁、可治夜盲，軟骨病。（同前）③氣味雄厚，有發汗之功，外用燃燒，可以辟濕氣，消毒，殺蟲。（中國藥物學）④少量能輕微上升血壓，大量則下降；對呼吸系，不論劑量大小，均有發生暫時性迫促現象。（利彬氏實驗報告。）

4. 主治：爲芳香性健胃，發汗劑，並有興奮精神作用，功能燥濕，消腫，發汗。治風寒濕痹，肌肉風濕，胃弛緩，胃下垂，慢性腸胃炎，痰飲痞結，消化不良，浮腫小便不利；更爲解鬱治痿要素。

(4)兼寒邪症㈠－桂枝　麻黃各半湯

第34條（原24條）　太陽病，得之八九日，如瘧狀，發熱惡寒，寒多熱少，其人不嘔，淸便欲自可，一日二三度發，脈微緩者，爲欲愈也；脈微而惡寒者，此陰陽俱虛，不可更發汗，更吐更下也；面色反有熱色者，未欲解也，以其未得小汗出，身必癢，宜桂枝麻黃各半湯。

傳統解釋　太陽病症，繼續八九日，可能轉入陽明或少陽病期，但惡寒發熱

之症仍在，而並不潮熱蒸汗，且圊便自可，當未傳入陽明；又寒熱如瘧，日二三發，症似少陽，**但其人胸不滿**，又不嘔，又非傳入少陽，寒熱往來有定時之症；則病雖八九日，寒熱如瘧，邪仍在太陽也。寒熱一日二三度發，脈微者，病邪衰退，緩者，胃氣復健·故病欲愈也；若脈微而惡寒者，病邪雖衰，元氣已虛，故不可更發汗，吐，下也；若發汗則漏汗不止而痙急；更吐則內煩懊憹，輾轉反側矣；更下則陰虛於下，清穀厥冷，變症百出矣。又陰陽俱虛，或寒多熱少者，當面色蒼白，若面有熱色（紅赤）者，**則表邪未解**，寒束肌表，不得少汗出，而鬱熏於面也；蒸汗欲出而不能，故皮膚必癢。又因其邪微，用麻黃失之於過發，用桂枝失之於無汗，故用桂枝麻黃各半湯，取麻黃之微汗，桂枝之甘溫和胃，則病去而無損矣

科學解釋　急性熱病之經過，固有一定之日期，間因續發病，而並不完全相同者，如本條發熱惡寒等症，繼續發至七八日，依法治之而未全愈至八九日反寒熱一日二三度發作，有如瘧病症狀；但不嘔，大便如常，無胃腸之續發病，而病在太陽，故僅出現殘餘之泛發性全身病，治之以解熱可也。脈微雖心臟弱之現象，而「緩」則不緊不弛，不強不怠，已示氣血和平，代謝正常之兆徵，僅飲食適宜，恢復抗力，則病可期待而愈矣；如脈微而兼惡寒，則心臟衰弱，血運不足，有貧血之象，當用甘溫興奮之劑，強心壯腦而治之，更不可發汗以耗血，增加神經之緊張；吐傷胃液，刺激粘膜而滿悶；下增腸管之蠕動，誘發腸炎而下利。若面有熱色，為熱性病固有之狀態，並無可怪；再加無汗身癢，則知病毒或代謝產物，堆積於皮膚表層，欲出而不得，刺激神經而得之反應；因脈微，故用輕量之發汗劑而驅之，其用桂枝麻黃各半湯者，恐單用麻黃之發汗力強，而有過汗之變，故加桂枝甘溫為副藥佐之，期收平腦兼能緩神經之功果。

方九　桂枝麻黃各半湯

桂枝一兩十六銖、芍藥、生薑、麻黃去節、甘草各兩、大棗四枚、杏仁二十四枚去皮尖及雙仁者。右七味，以水五斗，先煮麻黃一二沸，去上沫，內諸藥，煮取二升，去滓，溫服一升

方解　本方既以麻桂各半名湯，而藥則桂枝佔原方之半，而麻黃僅佔原方三分之一，其間輕重，不無差別，原因脈微，心力已弱，故急用桂枝之強心為主，寒熱二三次發，更證明元氣之不克主持，必用辛甘之興奮神經，此

以重桂枝甘草之故。又因寒毒在表，神經被拘，故用辛熱之麻黃，刺激神經，以求微發其汗而驅毒，此所以輕用麻黃之故也。至桂枝方意之解釋，已前述不贅；而麻黃湯之解釋，容後另述。

藥解 麻黃藥解，容在麻黃湯條下再述。

前賢學說

(1)余無言以本條最大之誤點，即寒多熱少句，原文皆作「熱多寒少」，若果熱多寒少與後三十五條症同治異，何以別之，由此可知本條原文之熱多寒少，必爲寒多熱少之誤。蓋本條之寒多熱少，邪仍在表，故用各半湯；三十五條熱多寒少，邪已化熱，故用桂枝二越婢一湯，以清內外之熱，因越婢湯內，有石膏也。此二方之義，正與麻黃湯及大青龍湯同其例也。醫宗全鑑亦同看法。所說不無理由，似可信從而改之。敝意本條「面色反有熱色者」，亦一疑點，凡熱多寒少之症，當面有熱色，無須獨舉，因其寒多熱少，則當不然。似以慘白爲是，若反赤色，故爲未欲解之依據，高明者以爲如何。

(2)山田正珍以「清」即「圊」，圊即如廁，清穀，清血，均此義。

(3)陸淵雷曰：凡言某方主之者，方症相對，決然無疑之詞也；病症萬變，而傷寒金匱所載經方，不過三百首，以有限之方，禦無窮之病變，則方症有時不能恰合，於是選擇其比較最切近者用之，則曰宜某湯；病候有疑似，方藥有宜忌，權衡決擇，定其去取，則曰可與不可。

(4)尾台榕室類聚方廣義本條曰：痘瘡熱氣如灼，表鬱難見點；或見點稠密，風疹交出；或痘不起脹，喘咳咽痛者，宜服此湯。

又中風傷寒，棄置日久；或發汗邪氣纏繞不去，發熱惡寒，咳嗽，或渴者，宜擇用以下三方。

又瘧疾，熱多寒少肢體悸痛者，五七發後，擇桂枝二麻黃一湯，桂枝麻黃各半湯，一汗可愈；若渴者，宜桂枝二越婢一湯，三方皆截瘧之良劑。

(5)淺田宗伯勿誤藥室方函口訣本方條曰：此方可活用於外邪之壞症者，或類瘧者不必論；並宜於其他發風疹而痛者。一男子患風邪後，腰痛不止，醫作疝療，其痛益劇，一夕使服此方，發汗脫然而愈。

五、兼寒邪症㈡——桂枝二麻黃一湯

第35條（原26條） 服桂枝湯，大汗出，脉洪大，與桂枝湯如前法；若形

如瘧，日再發者，汗出必解，宜桂枝二麻黃一湯。

傳統解釋　醫宗金鑑曰：「服桂枝湯，大汗出，病不解，脈洪大，若煩渴，則表邪入陽明，白虎湯症也；今脈雖洪大，而不煩渴，則表邪仍在太陽，更當於桂枝湯如前法也；若服湯不解，病如瘧，日再發，乃風多寒少，風邪欲散而微寒持之，兩者皆不得解，故寒熱如瘧，用重解風而輕於發寒之桂枝二麻黃一湯，以取微汗也。」

科學解釋　太陽病中風症，適用桂枝湯以微汗而解，因服用不如法，而病不除，脈反洪大者，與服桂枝湯，反煩不解者，同此理。脈既洪大，若加煩渴，則內熱已甚，故可用白虎湯清內熱，今僅脈洪大，則肌表血管神經弛張之結果，仍可用桂枝湯，以振奮神經，使少汗以解；若服湯後，寒熱如瘧，日再發，無喜嘔胸脇苦滿之少陽症，大渴引飲之白虎湯症，則病仍在肌表，當知汗出仍受輕淺之風寒也。因汗已出，不必再重用麻黃之專發汗，桂枝亦數用而不痙，故改用桂枝二麻黃一湯，以麻黃發輕淺之寒，與重用桂枝以振弛張之神經，則病可解矣。

方一〇　桂枝二麻黃一湯

桂枝一兩十七銖，芍藥一兩十二銖，麻黃十六銖去節，生薑一兩十七銖切，杏仁十六枚去皮尖，甘草一兩二銖炙，大棗五枚擘。

右七味，以水五升，先煮麻黃一二沸，去上沫，納諸藥，煮取一升，去滓，溫服一升，日再服。

方解　本方桂枝用原方二分之一強，而麻黃則五分之一弱；本方桂枝與麻黃之比例，亦幾三分之一，則知脈洪大，為貧血而衰弱性之興奮，故重用桂枝湯原方之半以鎮靜神經，用麻黃湯五分之一，以略解在表之病毒。又本方與麻枝各半湯，品味全同，唯用量輕之別，而症治攸分，可見古方差多差少之間，絲毛不苟，後世醫家之任意出入者，當注意及之。

備考　日人湯本求眞，以脈洪大而用桂枝湯為懷疑；曹潁甫改「脈洪大」為脈不洪大」，以示以白虎加人參湯之區別；余無言則將「若形如瘧」以上十七字，另列桂枝湯，而本條僅自「若形如瘧」以下為一條，均有可議之處。如曹氏之改脈不洪大，究其脈何狀，緊乎數乎，緩乎弱乎，弦乎濇乎，徒使人以迷惑，此改之未當也。湯本氏以脈洪大為懷疑，固不為無理，但原文有「服桂枝湯反煩不解」，及刺風府風池之例，何不審也，其慮亦

未全是；至余氏將上段另列一條，原無不可，而本條則顯突然，其發即如是，抑由何症演變而來，使無病歷之可稽，與現代治療及診斷學上，重視病歷之宗旨，不相符合，亦未至當。況病位不變，病況稍異，亦無關治療上之基本原則，故有可用原方積增藥力而治者，或改用適當方劑而愈者；總之不離病情爲主，前三氏之說，雖於治療上，可作參考，然無決定性之依據，故本條原文如舊。

六、兼內熱症－桂枝二越婢一湯

第36條（原28條）　太陽病，發熱惡寒，熱多寒少，宜桂枝二越婢一湯，脈微弱者，此無陽也，不可發汗。

傳統解釋　太陽病，發熱惡寒，熱多寒少，乃寒邪鬱而化熱，寒未罷而熱已盛，故用石膏佐麻黃，祛寒而清熱，桂枝薑棗以和營，使表寒解，肌熱清，營衛調和，而諸症失矣。至脈微弱者，元氣已虛，故曰無陽，不可發汗而重虛之。曹穎甫以脈微弱而無陽者，惡寒甚，則用乾薑附子湯；不甚宜芍藥甘草附子湯，未若用麻黃附子細辛湯爲佳。至柯韻伯不察仲景行文倒筆之例，故疑竇百出，此亦智者千慮，必有一失也。然「不煩不渴，何以妄用石膏」補出煩躁一症，似有可取。

科學解釋　凡病發熱甚而惡寒少，必代謝旺盛，產熱劇增，若用發散解熱之劑，應考慮辛溫之品，增加熱量之可能，反增病勢而不易解，以改用辛涼之劑爲是。惟無汗惡寒，肌表緊密，非辛涼之劑，所能奏效，故於辛溫劑內，佐以辛涼之品，一助神經之興奮，使之出汗；一以寒涼之性，用以清熱，故一汗可愈，此亦即桂枝二越婢一湯，組方之精義也。其用桂枝二者，重在振奮弛緩之神經，越婢一者解肌清內熱也。因石膏有減低細胞之興奮作用，使代謝作用減低，不至過份產熱，有利於熱性病亢進期間之治療；惟有平腦壓心之副作用，應用大量時，非有實熱者，不可亂投。至脈微弱者，心力已衰，故不可再發汗，重傷心力也。

方㈡桂枝二越婢一湯

　　桂枝　芍藥　甘草各十八銖炙 生薑一兩二銖切　大棗四枚　麻黃十八銖
　　石膏二十四銖　綿裹
　　右七味，咬咀，以水五升，煮麻黃一二沸，去上沫，納諸藥，煮取二升，去滓，溫服一升。

方解 詳科學解釋內不另。

藥解

一四石膏之藥效：

1. 性味：味辛甘，性寒。

2. 成份：硫酸鈣。

3. 藥理：①鈣質能減輕骨骼肌之興奮，可用於痙攣及緊張過度者②鈣質能減少血管滲透性，而有消炎作用。③有減低細胞之興奮性，減少產熱量，故有解熱之作用，故服後有倦怠之感覺。

4. 主治：爲清涼性解熱劑。治高熱，稽留熱。不惡寒，但發熱，及發熱，煩躁、唇紫、舌焦、脈數有力、頭痛、目赤等症，以清熱降火之目的用之，有卓效；又可用於消炎，如牙齦腫脹疼痛，支氣管炎，肺炎等。

前賢學說

(1)醫宗金鑑曰：此方即大靑龍湯以芍藥易仁杏，名雕越婢輔桂枝，實即大靑龍湯之變制也。去杏仁，惡其從陽而辛散，用芍藥，以其走陰而酸收，以此易彼，裁而用之，則主治不同矣。以桂枝二主之，則不發汗，可知越婢一者，乃麻黃石膏二物，不過取辛涼之性，佐桂枝二以和表，清肌熱，則寓微汗於不汗之中，亦可識也；非若大靑龍湯，以石膏佐麻黃，而爲發汗驅肌熱之重劑也。

(2)聚類方廣義本條云：風濕、痛風初起，寒熱休作，肢體疼痛，或攣痛，或走注腫起者，以此方發汗後，可與越婢加尤附湯，兼用應鐘散（即芎黃散，大黃川芎二味），菻實丸（甘遂，芒硝，芫花，商陸，吳萸，本名平水丸）等。

備考 查大靑龍湯之用麻黃，較本方（桂枝二越婢一湯）重量超出四倍，白虎湯之用石膏，比本方超出十倍，因藥量之輕重，而藥治之結果亦異，故麻黃雖爲發汗劑，而輕者則治喘；石膏雖有壓心作用，輕量則無害，此處方分量之輕重，不可不注意也。如桂枝麻黃各半湯與桂枝二麻黃一湯，因分量稍差，而症治亦異；大靑龍湯與本方一味之差，症治大異其趣，更屬明顯。

第六節 桂枝湯禁證

一、脈緊無汗禁症

第37條（原18條） 桂枝本爲解肌，若其人脈浮緊，發熱汗不出者，不可與之，當須識此，勿令誤也。

傳統解釋 桂枝本爲解肌者，乃指桂枝湯而言，非僅指桂枝單味藥也。桂枝湯爲中風症，發熱汗出脈浮緩之主方；若病者，脈浮緊，發熱汗不出者，乃傷寒之脈症，麻黃湯之主症，非解肌之桂枝湯所能奏效，故不可與之；若傷寒脈症，而與以桂枝湯，非但不能愈疾，且有加重病勢（高熱，煩躁等）之可能，當須識此，勿令有誤也。

科學解釋 此條乃桂枝湯與麻黃湯之鑑別診斷法。蓋麻黃湯症：則皮膚密緻，神經拘緊，惡寒發熱，體痛無汗，治以發汗驅毒，緩解神經爲主；桂枝湯症；則皮膚粗疏，神經弛緩，汗出惡風，治以解熱，興奮神經爲主。其藥療作用，與藥理功效，截然不同；因桂枝能興奮神經，增進血液運行，旺盛代謝功能而增熱，如放熱機能障碍，反有加劇病勢之危，故須識別，不可有誤。

二、酒客禁症

第38條（原19條） 若酒客病，不可與桂枝湯，得湯則嘔，以酒客不喜甘故也。

傳統解釋

(1)醫宗金鑑曰：「酒客謂好飲之人也，酒客病，謂過飲而病也。其病之狀，頭痛發熱汗出嘔吐，乃濕熱薰蒸使然，非風邪也，若誤與桂枝湯服之，則嘔，以酒客不喜甘故也。」

(2)成無已曰：「酒客內熱，喜辛的惡甘，桂枝湯甘，酒客得之，則中滿而嘔」。

右二說，以成註爲是，如酒客過飲而病，係雜病而非傷寒，應列金匱而不在傷寒，所謂酒客病，乃有酒癖之人，病中風症也。凡有酒癖之人，概不喜甘，此乃事實，無可諱言。

科學解釋 酒客，係慢性酒精中毒者，其症狀：①慢性胃腸炎：嘔吐，下利

，食慾缺乏，消化吸收不良。②肝腫大或萎縮硬化。③智力減退，發狂，或抑鬱，進而震顫，譫妄，弱視，步行障碍，或痳痺。④遺傳子孫，患癲癇，白痴。⑤腎萎縮。⑥心脂肪變性，動脈硬化等症。若酒客病風寒，當行桂枝湯者，亦不可與之；因酒客心臟血管，已有變化，而胃粘膜常有炎症，因桂枝湯，味甘而壅滯，性熱而增炎，胃中濕熱瀰漫，則壅而致嘔。酒客何以不喜甘？以酒含酒精，胃神經久經酒精之刺激，成爲痳醉狀態 非經酒精之刺激，不能發揮其功用，甘味之品，更使神經緩滯，失却有消化力，故厭甘也。柯琴曰：「本症可用葛根黃連黃芩湯以解」。

三、壞病禁症

第39條（原17條） 太陽病，三日，已發汗，若吐，若下，若溫針，仍不解者，此爲壞病，桂枝不中與也；觀其脈證，知犯何逆，隨證治之。

傳統解釋 太陽病已二三日，已發汗，或已經吐下溫針，而病仍不解，乃變爲不良之症候，即所謂壞病矣，則桂枝湯不中與之。應觀其脈候與症狀，知犯何種之逆治，隨症而治之。可見此時壞病，僅不良之狀態，非敗壞至不可收拾之謂也，否則更何能隨症而救逆焉！有謂汗後不愈而吐，吐後不愈而下，下後不愈而溫針者，非也。

科學解釋 太陽病，以發熱惡寒爲主症，亦爲急性熱病之通候；病勢有因病原菌之不同，或體質之異，解熱劑雖有和緩病勢之功效，但未必實能愈疾；故有三日發汗不解，而續發雜症者，如不能用原因療法，見有是症即採用是藥之所謂對症下藥，其病原未除，勢不能痊愈；反因藥物之偏性，即所謂副作用，促成病變之加劇與複雜，故有汗，吐，下；溫針，而病仍不除者，應細辨病情，知犯前治何處錯誤而救治之，病因一誤再誤而複雜，決非桂枝湯所能奏效，故曰不可與之。

前賢學說 柯韻伯曰：內經曰：「未滿三日者，可汗而已；汗不解者，當須更汗」。吐、下、溫針之法，非太陽所宜，而三日中亦非吐，下之時也。治之不當，故病不解。壞病者，即變症也。若誤汗，則有汗漏不止，心下悸，臍下悸等；妄吐，則飢不能食，朝食暮吐，不欲近衣等；妄下，則有結胸，痞硬，協熱下利，脹滿，清穀等；火逆，則有發黃，圊血，亡陽，奔豚等。是桂枝症已罷，故不可更行桂枝湯也。桂枝湯以五味成方，減一增一，便非桂枝湯·非謂「桂枝」竟不能用也。

備考　隨症治逆法：

(1)誤汗變症：汗漏不止，小便少，四肢急，桂枝加附子湯救之；身疼痛，脈沉遲，桂枝加生薑、芍藥、人蔘新加湯救之；臍下悸，欲作奔豚者，苓桂甘棗湯救之；汗出過多，心下悸欲得按者，桂苓甘草湯救之；小便不利，微熱消渴者，五苓散救之；心下悸，頭眩，身潤動振振欲擗地者，眞武湯救之；汗出惡寒等，芍藥甘草附子湯救之。

(2)誤下變症：脈促，胸滿者，桂枝去芍藥湯救之；心下滿，微痛，小便不利者，桂枝去芍藥加茯苓白朮湯救之；下利不止，脈促，喘而汗出者，葛根黃芩黃連湯救之；心下逆滿，氣上衝胸，起則頭眩，身爲振振搖者，苓桂朮甘湯救之；心煩，腹滿，臥起不安者，梔子厚朴豉湯救之。

(3)誤吐變症：腹中飢而不欲食者，大黃甘草湯救之；不喜糜粥，欲食冷物，朝食暮吐者，吳茱萸湯救之；心煩，不欲近衣者，梔子生薑豉湯救之。

(4)溫針變症：胸滿煩驚，小便不利，讝語，一身盡重，不可轉側者，柴胡加龍牡湯救之；火熱與邪熱相薰灼而發黃者，茵陳蒿湯救之；陰虛，小便難，猪苓湯救之；衄血、咯血者，三黃瀉心湯救之；腹滿而喘，身熱而渴者，承氣湯救之；口乾咽燥者，苦酒湯救之；胃亢熱而噦者，竹茹橘皮湯救之；驚狂臥起不安者，桂枝去芍藥加蜀漆龍牡湯救之；針處被寒，發奔豚者，苓桂甘棗湯救之。

第七節　桂枝湯證預後

一、期待療法

第40條（原11條）　風家表解而不了了者，十二日愈。

傳統解釋　風家，謂太陽中風；表解，謂用桂枝湯病已解；不了了者，言服湯病解，而餘邪尚不清楚；此無大礙，稍待數日、米飲常進，精氣自復，至多不過十二日，則自愈矣。風家應指素有風病而言，爲風濕病痛等；中風爲偶有之事，不得稱以風家，故承氏直接改爲「中風」似不無可取。

科學解釋　風家，指中風感冒等時症而言；表解而不了了者，即服藥後，病邪已去而未盡也；十二日愈，謂毋須再行服藥料理，可行營養療法，待自然療能旺盛，餘毒自解。但病人體質不同，恢復之期亦異，雖十二日未必可定，則在傳染病經過定期之一二期內，當能自愈之意，然不可強拘於

日期也。查傳染病之經過，每有定期與不定期之殊，且其定期，亦有長短之異，如腸傷寒之熱型，約一週爲期而演變；肺炎經過，約十天或二週；痲痘多三日一變，自發熱至退疹，約十二日；猩紅熱約爲一週。亦有時長短，絕無一定者，如腦脊髓炎，瘧疾等，其經過皆無定期，若因病原之不同，所以發病個性亦異，其定期之長短有無，殊難概定，此本條日期之不可必。

二、吐膿血之變

第41條（原21條） 凡服桂枝湯吐者，其後必吐膿血也。

傳統解釋 本條歷賢註釋有四，以後三四說，可能性爲大，茲臚陳如下：

(1)桂枝本性溫，太陽中風，投以桂枝湯而吐者，知其人陽邪獨盛於上。因熱壅上焦，故吐而不能受也。若邪久不衰，熏灼肺胃，必作癰膿，故曰其後必吐膿血。此以不受桂枝而知，非誤用桂枝以致之。

(2)胃家濕熱素盛，更服桂枝，則兩熱相搏，中滿不行，熱必上逆作吐，熱愈滔溢，蒸而敗濁，必吐膿血也。

(3)余無言以「膿」改「濃」，并云吐膿血，非胃癰無此症；因胃內生癰而吐膿，亦必十餘日之久，方有此現象，決無服桂枝湯其後吐膿血者，此吐膿血之「膿」，乃「濃」字之誤。酒家胃粘膜，常有輕度炎症，因服桂枝湯而吐；吐之過劇，則必傷及胃粘膜，而吐出濃厚之鮮血也。

(4)本有胃癰之症，事前未曾發覺，迨感染外邪，用桂枝湯解熱後，迅速誘發胃癰出血，故其後必吐膿血也。

科學解釋 服桂枝湯後，必吐膿血，祇有二種可能：

(1)有慢性肥大性胃炎者，粘膜面呈結節狀，原可發生糜爛及出血，且多嘔吐症。因外感風寒而用桂枝湯，則亦吐而不受，桂枝辛熱，能刺激胃粘膜；且甘味變爲酸性，加強粘膜之自我消化作用，加速糜爛而出血，故其後可能變爲吐膿血症。

(2)有胃癰初起，化膿菌已在繁殖滋長，而病人與醫師，尚未發覺，因病服桂枝湯而吐；桂枝辛熱而甘，能刺激原已潛伏病菌，迅速惡化，嗣後潰敗而吐膿血也。

前賢學說 譚次仲云：「全身病與局部病併發時，醫者欲辨別其孰爲原發病，孰爲續發病，有時頗爲困難，因此中病理，往往頗爲複雜故也，本節當

屬胃之局部病，而誘發全身發熱者也」。

第八節　太陽病發汗法

一、麻黃湯正證㈠

第42條（原36條） 太陽病，頭痛發熱，身疼腰痛，骨節疼痛，惡風無汗而喘者，麻黃湯主之。

傳統解釋　此太陽傷寒之正證，表實者也。不言脈緊，汗不出者，乃承第七條，太陽病提綱，及第十二條傷寒症綱要，而省文耳。身體骨節疼痛，陰陽俱有之症，其無熱頭痛而脈沉微者，是爲陰症，附子湯，眞武湯主之；發熱身痛惡風寒，脈浮緊者，陽症也。乃風寒傷於肌表，體內正氣拒抗外侮，故皮毛閉而無汗；同時體溫不能放散，故熱頗甚；寒邪侵襲肌表，則週身均爲所傷而疼痛；侵入骨節，故骨節亦疼痛；血熱上衝，則頭痛必劇，寒邪隨呼吸而傷肺，故喘。以上諸症，均爲寒傷而發，故用辛熱之麻黃湯，驅體表寒邪，則諸症悉解矣。

科學解釋　本條病理，已詳述於第一篇第二章第五節傷寒病理概述內，不另再贅，惟有可補充者，申之如下：喘者，那呼吸迫急之謂。肺之職司，爲吸入氧氣，呼出炭酸氣，而營生理作用；而皮膚亦能略營呼吸，惟其量甚少，不過輔助之作用而已。又皮膚之職司，爲放散體溫，（當然亦有保護作用在內。）排泄水份，與代謝廢物，尤其是毒素，而肺之吸冷氣，呼熱氣，亦有放散體溫與水份之副作用。故人之吸氧排炭，放溫泄水，肺與皮膚，相輔而行。呼吸以肺爲主，散溫泄水以皮膚爲主，本症之皮膚緊閉，散溫泄水之功能障礙，肺爲營代償功能，故呼吸迫急而喘矣。再喘爲無汗之所致，桂枝湯症不言喘者，以汗出，皮膚之職司功能無礙，無求於肺之救濟代償也。

　　所謂代謝廢物，包括疲勞物質和殘廢物質。人類終日煦攘不息，筋肉百骸之運動無已；於筋肉中產生一種疲勞物質，等於煤炭燃餘之灰燼。此項疲勞物質，即從汗孔中與尿道中排泄而出。吾人勞動愈甚，此類物質之產生亦愈多，多則不及盡洩於體外，蓄於體內，於是身體感覺異常疲勞，四肢酸痛等症狀。再則吾人一日三餐，晝夜呼吸，所以維生命之不息。當

飲食消化後，其營養分由腸胃吸收，從淋巴管，微血管輸送各組織，營養各細胞，經細胞吸收，排出殘餘，即殘廢物質產生之一。又因吸入氧氣，在體內燃燒，維持體溫及細胞活力，燃燒後之殘餘物亦產生；此外，尚有血球細胞等之老廢者死滅者，一切物質之殘餘，統稱之爲殘廢物質。由皮膚小便排泄而出，若留着不泄，則阻礙水分代謝，壓迫神經而身痛。

又有氧氣吸入之燃燒熱，與飲食物產生之發酵熱，在體中不斷產生，亦不斷由呼氣及皮膚發放，以保持體溫常度，不致蓄積爲害。水毒即蒸化之水氣，亦從呼氣，皮膚，小便多處發泄，若排泄機能障礙，此項水氣即蓄積化爲毒液，稱爲水毒。

方十二　麻黃湯

麻黃三兩去節　桂枝二兩　甘草一兩炙　杏仁七十枚去皮尖

右四味，以水九升，先煑麻黃減二升，去上沫，納諸藥，煑取二升半，去滓，溫服八合，覆取微似汗，不須啜粥，餘如桂枝將息。

方解

(1)醫宗金鑑曰：名麻黃湯者，君以麻黃也。麻黃性溫味辛而苦，其用在迅升；桂枝性溫味辛甘其能在固表。症屬有餘，故主以麻黃，必勝之算也；監以桂枝，節制之師也。杏仁苦溫，佐麻黃逐邪而降逆；甘草之甘平，佐桂枝和內而拒外。飲入於胃，行氣元府，輸精皮毛；斯毛脈合精，溱溱汗出，在表之邪，必盡去而不留，痛止喘平，寒熱頓解，不須發粥而藉汗於穀也。必先煑掠去上沫者，恐令人煩，以其輕浮之氣，過於引氣上逆也。其不用薑棗者，以生薑之性，橫散於肌，礙麻黃之迅升；大棗性泥滯於膈，礙杏仁之速降；此欲急於直達，少緩則不迅，橫散則不升矣。然此爲純陽之劑，過於發汗，可一而不再，如汗後不解，便當桂枝代之，此方爲仲景開表逐邪發汗第一峻藥也，庸工不知其制在溫覆取汗，若不溫覆，則不峻矣。

(2)麻黃湯以麻黃爲主藥，桂枝爲副藥，杏仁爲輔助劑，甘草爲和緩劑。其能驅體表之病毒，發汗解熱，因麻黃之主要成分，有增強交感神經機能之功效，收縮內臟血管，擴張肌表淺在血管，使血壓增高，汗腺分泌增加而出汗；但必須佐以桂枝之興奮血行，增加代謝功能，增進體溫，始相輔而成厥功。麻黃單用以理肺爲主，必輔以桂枝，始能發汗；桂枝單

用，僅能增加體溫，溫中健胃，必輔以麻黃，始能發汗。故麻黃湯，以桂枝輔麻黃，而主發汗解熱；杏仁能解支氣管痙攣有平喘鎮咳之功，佐麻黃而益顯；甘草爲和緩劑，調和麻桂之辛熱刺激性，以免過度刺激神經而出大汗。麻黃湯爲發汗峻劑，時醫多不敢用，良爲可惜，用之得當，厥功甚傳，故有還魂湯之稱。其服湯所以不須啜粥者，因體液未失（無汗），無求水飲穀氣之助也。其所以久養（水九碗養取二碗，）者，取其味厚而效宏，與瀉心湯之漬以麻沸湯者，各有妙用，古人處方之精，養法服法之妙，非後賢所能望其脊背也。

藥解

一五、麻黃之藥效

(1)性味：味麻濇苦辛，性溫。

(2)成分：含麻黃素，及少量異麻黃素。

(3)藥理：①對交感神經作用，使氣管平滑肌弛緩，故能平喘鎮咳。②能興奮心肌和收縮周圍血管，（但能擴張冠狀動脈）引起心搏加數，血液被迫輸送於外，使皮膚血管擴張，同時汗腺分泌亦增加，故使血壓增高及出汗。③能使血糖增高，新陳代謝率加大，收縮脾臟，使紅血球增加，全身溫暖。④對大腦皮質呈興奮作用，使精神興奮。⑤收縮腸胃之血管，能阻止其蠕動，對腎臟血管先收縮後放大，故有利尿作用。

(4)主治：爲辛溫發汗，平喘，祛痰，利尿劑。適用於傷寒發熱無汗，頭身疼痛，咳嗽，肺炎，氣支管炎，百日咳，喘息，風水腫，小便不利，腎臟炎。根能止汗，用爲自汗，盜汗之止汗藥。

前賢學說

(1)柯琴曰：余治冷風哮，與風寒濕三氣成痺等症，用此輒效，非傷寒一症可拘也。

(2)外治：深師麻黃湯，療新久咳嗽，喉中水雞聲，唾膿血腥臭。

(3)朱奉議云：夏至後，服麻黃湯，量加知母石膏黃芩，蓋麻黃性熱，恐有發黃出斑之虞。

(4)千金方以此方桂枝易桂，金匱以此方去桂，皆名還魂湯，治邪在太陰，卒中暴厥，口噤氣絕，下咽卽效。

(5)湯本求眞引千金方本方主治曰：主卒忤，鬼擊，飛尸，及諸奄忽氣絕而

復甦，或已無脈，口禁拗不開，則去齒下湯立醒。所謂卒忤者，急卒忤觸生氣之義；飛尸者，從肘后方則遊走於皮膚，洞穿藏府、發每刺痛，變作無常也；鬼擊者，卒然著人，如刀刺狀，胸腹內切痛而不可俯仰，或吐血，衄血，下血，一名鬼排。然本條之所謂卒忤，飛尸，鬼擊，係內有病變，不然，惟因某種原因，突然呼吸斷絕，由皮膚之毒物急激襲擊頭腦之結果，陷於人事不省之謂，則用峻汗之本方，一掃滯鬱之病毒，則意識自恢復矣。

(6)方伎雜誌：初生兒，時發熱，鼻塞不通，哺乳不能，用此方即愈。治痘瘡見點之時，身熱如灼，表鬱難發，及大熱煩躁而喘，起脹不能者；治哮喘痰潮，聲音不出，抬肩滾肚而不得臥，惡寒發熱，冷汗如油者；合生薑半夏瀉心湯用之，則立效。

前賢治驗

(1)舒氏女科要訣：會醫一產婦，發動六日，兒已出胞，頭已向下，而竟不產，醫用催生諸方，又用催生靈符，俱無效，延余視之，其身壯熱無汗，頭項腰背強痛，此太陽寒傷營也，法主麻黃湯，作大劑投之，令溫覆，少頃得汗，熱退身安，乃索食，食訖豁然而生，此治其病，而產自順，上乘法也。

(2)方輿輗還魂湯條曰：此方為起死回生之神劑，誠不愧還魂之名也。小兒發搐至死，二三日不醒，間有起者。余通家一芽兒，曾患此症，醫生群集，投以驚藥數方，且施針灸，治法殆盡，未見一效，病勢已發極矣，余後至，初診其脈，則可謂沉絕，暫對之，則時見，而生機彷彿，因向病家曰：「此子雖病勢已危，以余觀之，全是邪熱鬱閉之極，若一得泄，庶幾可以回生，作還魂湯與之，使其母抱而被覆之，須更汗出即醒，余常值小兒發熱昏沉者，則務其汗，十不誤一。

(3)淺田宗伯橘窗書影：一婦人，臨產破漿後，振寒腰痛如拆，不能分娩，前醫與破血劑，余診曰：脈浮數而發熱，恐係外感，與麻黃湯加附子，溫覆使發汗，須臾，腰痛稍寬，而發陣痛，余謂產期將至，使坐草，俄產一女。

二、麻黃湯適應症㈠

第43條（原37條） 太陽與陽明合病，喘而胸滿者，不可下，宜麻黃湯。

傳統解釋 所謂太陽陽明合病而治以麻黃湯者，必有惡寒無汗脈緊之太陽症，與陽明之一二輕症也。太陽表症未除，故不可下，即陽明病，心下硬滿者，尚不可攻，攻之利遂不止者死，況太陽陽明合病乎，其不可下也顯然。喘而胸滿者，因汗不出，熱壅於肺故也，與麻黃湯發汗，則外症喘滿自平矣。

科學解釋 太陽與陽明合病而喘滿者，即泛發性全身病未罷，而續發局部性肺病也，其局部性續發肺病，因無汗而熱，肺臟代償機能不足所致，故用麻黃湯發汗解熱，則外症與喘滿自平矣。

前賢學說 湯本求眞曰：胸滿者，由喘而胸腔之內壓增高，壓下橫膈膜，心下與肋骨弓下部膨滿之謂。即喘爲主症，胸滿爲客症，故用本方以治喘，而胸滿亦愈。又云：何以特語此無意味之客症（胸滿）；而猶云不可下之，是亦仲景之深意也。此喘與胸滿，與大承氣湯症之腹滿而喘者，頗相似，而示其鑑別法也。詳言之，大承氣湯之腹滿而喘，由病毒充實於腹內，而成腹滿；因腹滿而迫橫膈膜上升，致成喘症，是以腹滿爲主症，喘爲客症，故以腹滿爲目的，而以大承氣湯下病毒，而腹滿與喘皆愈矣。然不能治喘而胸滿者。則暗示不可以喘而胸滿者，誤認爲腹滿而喘，以大承氣湯下之之意也。此乃決斷病症之表裡主客，爲決定汗下之重大關鍵，不可不深加留意之。

麻黃湯適應症㈡

第44條（原38條） 太陽病，十日巳去，脈浮細而嗜臥者，外巳解也；設胸滿脇痛者，與小柴胡湯；脈但浮者，與麻黃湯。

傳統解釋 太陽病，即指發熱惡寒頭痛等症而言，至十日巳後，因服藥熱退寒巳，脈不緊數洪大，而浮細嗜臥者，因正氣袪邪而虛疲，故陽虛而細，陰虛而浮，雖嗜臥而不昏瞀，安靜神清，則知外邪巳解而病除矣。若脈細而胸中滿悶，脇下疼痛，則傳少陽，本柴胡症不必悉具之原則，可與小柴胡湯以治之；若脈浮而寒熱未除，雖十日以上，有表症者，仍與麻黃湯以解，不以日數爲拘也。

科學解釋 太陽病發熱，十日以上，應由前驅期而進至進行期矣，若病勢不進而神安嗜臥，脈浮細者，既不亢熱，又非心力休克，熱微寒巳，則病毒去，正氣漸復，病自愈，故云外巳解也；若脈雖浮細，寒熱雖輕，而又有

胸滿脇痛，已續發胸肋膜症矣，則應用少柴胡湯以治之；若寒熱未已，脈但浮而不細，則表症仍在，可用發汗之麻黃劑以驅毒也。如與麻黃湯而反胸脇滿痛者，則知肋膜發炎，柴胡在所當用。

前賢學說　(1)程應旄曰：脈浮細嗜臥，較之少陰之嗜臥，脈沉則別之；較之陽明中風之嗜臥，脈細又別之，脈靜神安，症解無疑矣。

(2)譚次仲曰：肺病咳嗽，恆有脇痛，胃病絕少脇痛，有之，則惟胃潰瘍，且胃潰瘍之疼痛，仍在胃部，特有時向脇部散放而已；此外則緣於發熱，亦間有生脇痛者。又以麻黃兼為肺家喘息專藥，而柴胡則與神經性胃痛專藥，故麻黃湯能治喘而脇痛，小柴胡湯能治嘔而脇痛也。

麻黃湯適應症(三)

第45條（原47條）　太陽病，脈浮緊，無汗，發熱，身疼痛，八九日不除，表證仍在，此當發其汗，麻黃湯主之。服藥已，須臾，其人發煩目瞑，劇者必衄，衄乃解，所以然者，陽氣重故也。

傳統解釋　太陽病，脈浮緊、無汗、發熱、身疼痛、傷寒也，至八九日，病不解，表症仍在，按法用麻黃湯治之，發其汗，則病可解。服藥已，須臾，藥力行，而其人熱盛於內，藥助熱勢上竄，故其人發煩目瞑，汗出而解；若內熱更盛，必主衄血，衄出，熱隨血出，故衄後病亦解，陽氣盛，故有煩瞑衄血等現象。

科學解釋　太陽病，發熱無汗而脈浮緊，雖八九日，前驅期已過，而症狀尚未進入陽明少陽者，仍應用辛熱之麻黃湯發汗解熱劑以治之。若其人所受病毒較甚，服藥後，藥力助長自然療能，而起抗毒驅邪作用，故頭部充血，發煩目瞑，終至戰勝病毒，汗出而解。若毒甚，與抗力相持，頭部充血尤多，以鼻之粘膜最薄，而破裂出血為衄，血出熱減，毒勢亦稍殺，自然療能藉藥力之助而祛毒，病亦可愈。所謂衄乃愈，必須有衄血病之原因者，在病理上，始能成立，否則減却病勢，仍有待藥力之助驅毒也。

備考

(1)「麻黃湯主之」五字，原在條末，現改在「當發其汗」之下，以免倒筆法難讀。

(2)「微除」二字，歷來均隨文演繹，少存懷疑者，日人山田宗俊（卽正珍）氏以為「須臾」二字之誤，舉桂枝湯方後，服已須臾，啜熱粥一升

正相吻合爲證，余亦然之，故爲改正。蓋服湯後，如「微除」，則藥力已行，病勢稍殺，熱度已減，豈反增熱而至充血，破裂鼻腔粘膜爲出血之理；「須臾」者，服藥後，藥力助長抗力，與病毒抗爭，熱勢同藥力而益甚，上衝破鼻爲衄，於理尚合。按廣瀨天津，久保山等試驗，麻黃能增高血壓；據西尾重之報告，服麻黃湯後溫覆，則心臟機能亢進，脈搏增加，全身溫暖，顏面及耳邊尤甚，次即出汗。然麻黃之出汗，必先血壓亢進而頭面充血，故出汗之前發煩目瞑，充血之甚，則衄。如麻黃湯之效已達，汗已出而病微除，則久鬱之病毒與體溫，已得排泄，何至爲又衄矣，前賢如許，殆誤至今，讀書之不易，良可嘆也。

(3)成無已，方有執，喻嘉言，程應旄，張璐，張志聰，張錫駒、汪琥、吳謙，劉棟等，均謂衄後，更用麻黃湯，他症庸或有之，而本條則不然，此不明仲景倒筆法之誤也。

麻黃湯適應症㈣

第46條（原48條）　**太陽病，脈浮緊，發熱，身無汗，自衄者愈。**

傳統解釋　太陽病，脈浮緊，發熱無汗，係麻黃湯症，衄則熱隨血去，故自衄者，其病可愈。島壽曰：「衄而頭痛微止，自愈之衄也；世謂之衄汗，衄而病症仍然，不愈之衄也，可發其汗，麻黃湯主之」。

科學解釋　衄血之原因頗多，除血友病之體質者外，高熱爲唯一之主要因素。因熱甚血壓亢進，鼻粘膜最薄，最易破損而出血。然出血能愈無汗發熱之症，除衄出熱勢隨減，或可恢復常溫外；僅菌血症，毒血症。菌毒隨出血而喪失，抗力自強，自然療能克服衰弱之病毒而解外，其他殊難覓得病理上之依據。

麻黃湯適應症㈤

第47條（原56條）　**傷寒脈浮緊，不發汗，因致衄者，麻黃湯主之。**

傳統解釋　傷寒脈浮緊，當發汗；若不發汗，則失汗也。失汗則熱鬱於表，因而致衄。因寒甚而鬱熱亦甚，雖衄而表仍不解，故主以麻黃湯發其汗，以驅表邪。前條因衄而愈者，其毒較輕，本條衄而不解，其毒較甚，故須藥助也。

科學解釋　傷寒脈浮緊，必發熱惡寒，頭項身體疼痛，因失汗熱盛，頭部充血特甚，肌表病毒充斥，因而致衄；衄出不多，病勢不解，必待麻黃

湯發其汗，使體表毒素悉排於體外，熱退，血壓正常，機能恢復，而病始解，故曰麻黃湯主之。

備考　本論曰：「衄家不可發汗，亡血家不可發汗」。內經亦曰：「奪血者無汗」，皆曰奪血已多，營氣不足，血少故也，故不可再汗；今衄後主以麻黃湯重發汗，其故何也？蓋衄家與亡血家，素有失血之患，平時失血已多，營血不足，故不可汗；今因失汗而衄，所失無幾，又非積弱之體，病毒甚，必須發汗而解，故仍以麻黃湯發其汗，亦所謂有故無隕也。間有吐血不止，用麻黃湯而愈者，如下江瓘名醫類案：陶尙文治一人，傷寒四五日，吐血不止，醫以犀角地黃湯等治而反劇，陶切其脈，浮緊而數，若不汗出，邪何由解，遂用麻黃湯，一服汗出而愈，或問：仲景言衄家不可汗，亡血家不可發汗，而此用麻黃湯，何也？瓘曰：久衄之家，亡血已多，故不可汗，今緣當汗不汗，熱毒蘊結而成吐血，當分其津液乃愈，故仲景又曰：傷寒脈浮緊，不發汗，因致衄者，麻黃湯主之，蓋發其汗，則熱越而出，血自止也。

第九節　太陽病兼證發汗法

一、兼熱飲症－大靑龍湯㈠

第48條（原39條）　太陽中風，脈浮緊，發熱惡寒，身疼痛，不汗出而煩躁者，大靑龍湯主之。若脈微弱，汗出惡風者，不可服；服之則厥逆筋惕肉𥆧，此爲逆也。

傳統解釋　太陽中風，脈浮緊，前賢間以風寒兩傷爲論者、非也。柯琴傷寒附翼云：「仲景憑脈辨症，祗認其虛實，故中風傷寒，不論脈之緩緊，但以指下有力者爲實，脈弱無力者爲虛，汗不出而煩躁者爲實，汗出多而煩躁者爲虛，症在太陽而煩躁者爲實，症在少陰而煩躁者爲虛，實者服大靑龍湯，虛者不可服，此最易知也。大靑龍湯爲風寒在表，而兼熱中者設，不是有表證而無裡者設，故中風無汗煩躁在可用，傷寒無汗煩躁者，亦可用，蓋風寒本是一「氣」故也。至脈微弱，惡風汗出，陽（表）虛症，宜桂枝湯解肌固表，大靑龍湯之發汗劑，則不可服用；若誤用大靑龍湯，更發汗而徹熱，則有虛虛之變，而厥逆筋惕肉𥆧之病生也。

科學解釋 太陽病，脈浮緊，發熱惡寒，身疼痛，不汗出等症之病理，詳第一編第二章第五節「傷寒病理概述」內，麻黃湯之治療效用，亦詳論本方條上，俱不多及，至加「煩躁」一症，乃產熱中樞異常興奮高熱壅塞於內，故煩躁而手足不安也。用大青龍湯之麻桂以發汗，石膏以清內熱，則表裡兩解矣。若脈微弱，心力已衰，惡風汗出，肌表之神經與組織已弛緩，故不可用大青龍湯也。若誤用之，則石膏壓心、麻桂發汗，則神經症狀出矣，此藥不療疾，反增惡化，故曰逆也。

方十三　大青龍湯

麻黃六兩去節　桂枝二兩　杏仁四十枚去皮尖　甘草二兩炙　生薑三兩切

大棗十二枚擘　石膏鷄子大

右七味，以水九升，先煮麻黃減二升，去上沫，納諸藥，煮取三升，去滓，溫服一升，取微似汗，汗出多者，溫粉扑之，一服汗者，停後服，汗多亡陽，遂虛，惡風煩躁不得眠也。

方解 麻黃湯爲發汗之峻劑，麻黃僅用三兩，而大青龍湯亦發汗劑，而麻黃倍之，豈取微似汗之旨哉！蓋因石膏之甘寒，而制麻黃之苦熱，此化學衍化作用，減少麻黃之藥力，故必須倍之，始能完成厥功，非大青龍湯之發汗，倍於麻黃也。置薑棗於麻黃湯內者，強心健胃作用，防石膏壓心之虞，其他方意，參看麻黃湯條。

前賢學說 陸淵雷比較麻黃、桂枝、大青龍三湯症之病理曰：「桂枝症，因抗病而發熱，因發熱而自然出汗，調節體溫之生理機能未失常，其病爲輕；麻黃症，亦因抗病而發熱，雖發熱，不能出汗以自泄散毒害性之物質，使生理失其常態，而斯重矣；大青龍湯症，至表裡俱熱，而仍不能出汗，則病最重。何以故，出汗發熱，爲體溫過高時之反射作用，體溫愈高，則出汗愈多愈易，今至裡熱，體溫甚高矣，而仍不能出汗，則其毒害物質之劇烈可知，故大青龍湯，爲三症中之最重者。

　　余以陸氏對出汗之病理生理分析，尚未甚然。根據細菌學之紀載，病菌有嗜神經性，嗜內臟性，及各種親和性之不同，而其毒素刺激，雖皆能發熱，而其所感應反射之不同，故有發汗與不發之區別，不能以毒甚者，即不發汗爲訓，此其一也。又生理之發熱與出汗，及病理戕刺之發熱與出汗，截然不同。生理之發熱，必須組織細胞中，有氧氣相化合而生之一種

現象，如無氧，即在眞空中，物質不能燃燒，故在無氧場合中，自不能發熱。寒束肌表，皮膚緊急，汗竅封閉，皮膚呼吸功能缺乏，故汗腺所在之皮下組織，或眞皮中，氧氣不足，故必須肺臟代價功能，以求補償；如皮膚在無氧化合下，不能發熱，亦無能反射汗腺神經興奮以發汗。而病毒之刺激發熱，其原因雖尚未甚明；但依生理學之理論，似無須與氧之有無相關。而其發熱，或非神經作用。又依照體溫學之記載，發汗爲神經機能之反射作用，如血管之運動，腺之直接刺激，則不能引起發汗；此發汗之與否，生理與病理，不可混爲一談。此不能以受毒之輕重，爲發汗與否之依據，此其二也。反射之發汗，既係神經機能之作用，如熱雖熾，而不感應皮膚中汗腺神經，亦不能發汗，如刺激汗腺神經，雖較平時體溫稍高，亦能出汗，此出汗以感應汗腺神經爲主，不以毒之輕重爲據，此其三也。

(1)吳氏醫方考：有扑粉方，龍骨、牡蠣，糯米各等分爲末，服發汗藥，出汗過多者，以此粉扑之。陸淵雷以現時之爽身粉亦可用。

(2)類聚方廣義本條曰：治眼目疼痛，流淚不止，赤脈怒張，雲翳四圍；或眉稜骨痛，或頭疼耳痛。又治爛瞼風，涕淚稠粘，癢痛甚者，俱加車前佳。又治小兒赤遊丹毒，大熱煩渴，驚悸；或痰喘壅盛者。又急驚風，痰涎沸湧直視口噤者，當先用熊膽紫圓，走馬湯，取吐下後，大熱煩躁，喘鳴搐搦不止者。及雷頭風，發熱惡寒，頭腦劇痛如裂，每夜不能眠者，均以此湯發之。

前賢治驗

(1)生生堂治驗：一婦人，產後浮腫，腹部脹滿，大小便不利，飲食不進，其夫醫也，躬親療之，不效，年許，病愈進，短氣微喘，時與桃花加芒硝湯，無效，於是請救於師，診脈浮滑，按其腹，水聲濂濂，謂其主人曰，子之術當矣，然病猶未知，則當更求他法，夫當下不下，即更當吐之，和之，不當則發之，所謂開南窗，而北窗自通。又張子和所云，與大承氣湯不愈者，瓜蒂散主之之類也。因與大青龍湯溫覆之，其夜發大熱，汗出如流，翌日，又與之如初，三四日後，小便自通，日數行，五六日間，腹滿如忘，與前方凡有百餘帖，復原。

(2)湯本求眞曰：余亦曾以本方，速愈劇性腎臟炎。

大青龍湯(二)

第49條（原40條） 傷寒脈浮緩，身不疼，但重，乍有輕時，無少陰症者，大青龍湯發之。

傳統解釋 本條前賢註釋不一，擇其主要者，介紹如下，真實之意義，可參看科學解釋欄。

(1)成無已創風寒兩感，而無少陰證者，為大青龍湯之主證，方有執、喻昌、吳謙等均從之。

(2)馮瑞鑾引尤在涇註曰：傷寒脈緩者，為寒欲變熱之證。經曰：「脈緩者，多熱也」。傷寒邪在表則身疼，邪入裡，則身重，寒已化熱而脈緩，經脈不為拘急，故身不疼而但重，而其脈猶浮，則邪氣在或進或退之時，故身體有或輕或重之候也。是欲發其表，則經已有熱，欲清其熱，則表猶不解，而大青龍湯，兼擅發表解熱之長，苟無少陰汗出厥逆等證者，則必以此法為良矣，不曰主之，而云發之者，謂邪欲入裡，而以藥發之，便從表出，舊註傷寒見風，故並用麻黃者非。

(3)余無言曰：前條開始，即曰太陽中風，脈浮緊，身疼痛，而本條開始，則曰傷寒脈浮緩，身不疼，但重，更可見仲景之本意，從未拘拘在風寒上分別，而全在見證上以分別也。換言之，本為中風，復傷寒邪，脈浮緩變為浮緊，有汗變為無汗者有之；本屬傷寒，因抵抗力強，脈浮緊變為浮緩，無汗變為有汗者，亦有之；是則風寒之界限，又何必強為之分，而使劃然乎！祗在見證上認個明白，如表虛表實，有汗無汗，煩躁不煩躁，認此三證之如何，而定大青龍湯之用否，則絕無遺誤矣。凡表邪之襲及筋骨者，必身體骨節疼痛，表邪襲及肌肉者，則必身重，蓋氣血流行，遲滯不利，故身重也……總之，不論邪在肌肉，或邪在筋骨，祗是熱鬱於表，而增煩躁者，要以散寒清熱之大青龍治之為要，至發熱惡寒，無汗煩躁等證，雖未明言，但以大青龍湯發之一語觀之，則知其必有也。

(4)傷寒類方曰：案此條必有誤，脈浮緩，邪輕易散，身不疼，外邪已解，乍有輕時，邪入陰，又別無少陰等證，此病之最輕者，何以投以青龍險峻之劑，此必別有主方，而誤以大青龍當之也。

(5)舒詔在再重訂傷寒論集註曰：案發熱惡寒，無汗煩躁，乃大青龍湯之主

證也，有其主證，雖脈緩，身不疼，但重乍有輕時，即可用大青龍湯，然必辨其無少陰證方可用，否則不可用也。

(6)柯琴傷寒論註本條曰：寒有輕重，傷之重者，脈陰陽俱緊而身疼，傷之輕者，脈浮緩而身重，亦有初時脈緊漸緩，初時身疼，繼而不疼者，診者勿執一而拘也。然脈浮緊者，必身疼，脈浮緩者，身不疼，中風傷寒皆然。脈浮緩下，當有發熱惡寒無汗煩躁等證，蓋脈浮緩，身不疼，見表證同輕，但身重乍有輕時，見表證將罷，以無汗煩躁，故合同大青龍，無少陰證，仲景正爲不出汗而煩躁之證，因少陰亦有發熱惡寒，無汗煩躁之證，與大青龍同，法當溫補，若反與麻黃之散，石膏之寒，眞陽立亡矣，必細審其所不用，然後不失其所當用也。

(7)醫通讀論後條辨以大青龍湯作小青龍湯，謂古本皆然，程應旄亦曰：余幼讀古本，實是小青龍湯，觀其脈證，總非大青龍湯病。

(8)傷寒論集成山田正珍曰：此條承前章，論其異證者，故唯其異而不言同，雖則不言乎，其發熱惡寒，不汗出而煩躁者，含畜其中矣，古文之簡乃爾，少陰者，脈微弱，汗出惡風也。

(9)陸淵雷傷寒論今釋本條曰：發熱惡寒，不汗出而煩躁口渴者，大青龍之主證也，身疼非必見之證，因汗不出熱不減所致，與麻黃證同理，麻黃證亦有身不疼者矣。雖不疼而重，且有發熱惡寒，不汗出而煩躁口渴，則主證已具，仍是大青龍所主。然身重疑於少陽陽明之一身盡重，難以轉側，故別之曰乍有輕時；又疑與少陰之四肢沉重，故別之曰無少陰證，所以示辨析疑似之法也。論中多有但言副證，不言主證者，蓋一方必具有一方之主證，舉方名則主證可知，故可不言，言副證以辨析疑似而已。前賢或不知此理，以謂病不過脈浮緩身重，何必投大青龍險峻之劑。

(10)魏荔彤傷寒論本義云：「發」字諸家多置議，然不過發汗之義耳，不必深言之，反晦也。

(11)承淡安曰：太陽病例之中風脈浮緩、發熱、汗出、惡風；傷寒脈浮緊，發熱、無汗、惡寒；於生理病理極合。前條太陽中風，脈浮緊，發熱、惡寒、不汗出，顯係錯誤；本條傷寒，脈浮緩，亦脈證與命名相反；陳本（陳遜齋著傷寒論註）首先指出前後條倒置之誤。

科學解釋 內科病之外證，爲自然療能抗毒時所生之一時反映，故憑外證，

可測知病毒與療能之進退，亦即疾病之危吉倏關，更爲對症下藥之依據。本條之用大青龍湯險峻之劑，必有可見之主證而據之，但云脈浮緩，身不疼但重，乍有輕時之淺證，決不用如此之險劑，自可預言，則其主證，非原文殘缺遺漏，即承前條而省文耳，尤以後者之可能性爲大。蓋仲景如此文例，本論中屢見不罕，但前賢之疑慮與推測，均不失爲明智之論。陸淵雷所謂「但言副證，以分析疑似」者，尤爲有理。本條唯一之關鍵，在於「無少陰證」。因少陰證，則心腦衰弱所反映之病態，故不能用麻黃發汗，石膏徹熱，更傷心腦，而致危證百出；以無少陰證，心力尚強，病毒雖盛，尚可藥助抗力，以驅毒害而袪病，其他病理，詳如前條。

二、彙寒飲證——小青龍湯(一)

第50條（原41條） 傷寒表不解，心下有水氣，乾嘔發熱而咳，或渴、或噎、或小便不利，少腹滿，或喘者，小青龍湯主之。

傳統解釋 傷寒表不解者，謂發熱惡寒之表證未除，又見乾嘔而咳，或渴、或利等證，故知心下有水氣。仲景書，凡言心下者，實指胃脘而言，但本條之心下有水氣，非定指胃中也。王肯堂謂水留胃中則乾嘔、或噎，水射肺故喘咳，水停心下（不化）則渴，水入腸間則利，水畜下焦則小便不利、少腹滿。考王氏論，不定在胃脘，則甚明顯。且言水氣而不言飲者，以集散之不同，散則爲氣，集則爲飲。如喘嗽爲水氣射肺，嘔渴爲水飲在胃，小便不利，少腹滿，則水蓄膀胱；則因氣則散集不常，飲則凝集不化，故本論以水氣而示或有之副證也。小青龍湯以麻桂解表，薑辛去寒，半夏蠲飲，芍味歛陰，適應上項病證，故云主之。

科學解釋 凡惡液質之人，感冒風寒，恒在原發病症中，誘引局部水毒證，如急性氣支管炎、支氣管肺炎、滲出性胸膜炎、腸胃炎、腎臟炎、膀胱炎等，此因各人體質和臟器強弱之不同，故有或噎、或渴、或利、或小便不利之續發證亦異。不論其續發病爲何，凡惡液質者之有感冒太陽表證，概以小青龍湯爲主治。小青龍湯中，麻桂爲解熱發汗劑，使水毒與熱，均從皮膚而排泄於體外，促進炎證滲出物之吸收；且麻黃爲理肺專藥，兼有鎮咳平喘之功；桂枝有強心健胃之能，佐薑辛半夏，有制止分泌，健胃溫中化水之效，乾嘔可平；麻黃佐細辛以排痰，白芍五味以歛陰，全劑發表解熱，兼治肺胃之寒，故可爲急性呼吸器官滲出性兼表證之主方，如兼腎臟

膀胱之疾，隨證加減之可也。

方十四　小青龍湯

麻黃三兩去節　桂枝三兩　乾薑三兩切　芍藥三兩　細辛三兩　五味子半升　甘草三兩炙　半夏半升湯洗

右八味，以水一斗，先煮麻黃減二升，去上沫，納諸藥，煮取三升，去滓，溫服一升。

若微利者，去麻黃加蕘花如雞子大，熬令赤色。若渴者，去半夏，加括樓根三兩。若噎者，去麻黃，加附子一枚炮。若小便不利，少腹滿，加茯苓四兩。若喘者，去麻黃，加杏仁半升，去皮尖。

方解　承淡安曰：麻黃治惡寒無汗，又能疏泄水飲，擴張血管，使痰易出。桂枝合麻黃為解表發汗，合半夏為降上衝之氣。白芍合甘草以解攣，而止衝逆，逆咳可止。五味子為增液潤肺而止咳，合細辛為溫化水飲，凡肺胞中滲出之水飲，非此不散也。乾薑為增內溫化寒之用，水飲之盛者，即內溫減低，非乾薑不能根本解決，且與細辛五味子協同作用為溫中化寒，疏水潤肺，成為治咳之良方。半夏為溫降水氣、止逆、止咳、止嘔、止噎、止喘之用。故本方為治咳之主方也。

至其加減法如下：

(1)下利去麻黃、加蕘花者，以下利為腸病，麻黃肺藥，故去之，蕘花為利水峻劑，似改茯苓為妥。

(2)渴者去半夏、加括樓根，因半夏有制止消化腺分泌作用，故與渴者不宜；括樓根即天花粉，苦寒生津解渴，故加之，胃弱者，可用茅根甘平以代之。

(3)噎者去麻黃，加炮附子，因噎係橫膈膜抽搐，附子有麻醉解抽之效故也。

(4)小便不利，少腹滿，去麻黃，加茯苓者，麻黃為肺藥，茯苓有利尿作用，故加減之。

(5)喘者去麻黃、加杏仁者，杏仁為排痰理肺之藥，故加之；麻黃為定喘聖藥，似不宜減去。

附藥解

一六　五味子之藥效

(1)性味，味酸微甘，性溫無毒。

(2)成分：含植物黏液（Muoilge ），液內有阿拉伯膠及失水乳糖等（現代實用中藥）。

(3)藥理：有滋養強壯功能，並有興奮神經中樞，減退工作疲勞、收歛及調整血壓作用（中藥藥理大辭典）。

(4)主治：疲勞過度、體力減退、夏日精神困乏、慢性氣支管炎等；並治消耗熱、心臟衰弱、小兒及妊婦痢疾。惟感冒初起之咳嗽忌用。

一七　細辛之藥效

(1)性味：辛溫無毒，芳香。

(2)成分：含精油、細辛酮、軟脂酸、細辛酸、甲基丁香油等（現代實用中藥）

(3)藥理：其揮發油，對白鼠、家兔等作用，初呈一時興奮，而後陷於痲痺狀態，旋即使隨意肌運動和呼吸運動減退，反射運動也次第減退，終陷於完全痲痺，呼吸停止而死亡。

(4)主治：為鎮痛鎮靜發汗祛痰等，治咳喘、關節炎、感冒頭痛，去口中臭氣、治口舌瘡、由咽喉炎所引起之嚥下困難及慢性胃炎之吞酸嘈雜等。含嗽止牙痛有效（中藥藥理大辭典）。

前賢學說

(1)柯琴曰：兩青龍湯，俱治表裡證，皆用兩解法，大青龍裡熱，小青龍裡寒，故發表藥皆同，而治裡藥則殊也。此與五苓同為治表裡不解，心下有水氣，然五苓以治水蓄而不行，故專以滲泄利水而發其汗，使從下而去也；此方治水之動而不居，故備舉辛溫以散水，而大發其汗，使水從外出也。

(2)趙良曰：溢飲之病，金匱云：當發其汗，小青龍湯治之，蓋水飲溢於表，營衛盡為之不利，發汗以散其水，則週身水可消，故以小青龍為第一義也。

(3)御醫院方：細辛五味子湯（求真云即本方），治肺氣不利，咳嗽喘滿，胸膈煩悶，痰沫多，喉中有聲，鼻塞清涕，頭痛目眩，四肢倦怠，咽嗌不利，惡心嘔逆。

(4)百方口訣外傳云：凡治咳痰，小青龍湯者，其涎沫與咳嗽，宜法意，其

所吐之痰，如淡茶，是名痰沫，有此痰沫而喘急者，是小青龍湯之咳嗽也。

(5)醫學方要曰：腳氣上氣喘息，初起有表邪者，小青龍湯加檳榔。

(6)中國內科金鑑曰：小青龍湯，用於雜病之膚脹膚腫證，以發汗而利水為目的。

(7)方輿輗曰：初學小青龍湯為治咳之主方。然小青龍之專效，為發汗逐水，蓋此咳嗽，以水與邪相激而發，故用此湯以發邪，則咳自止矣。沈宗明註此方，乃為寒風挾飲而成咳嗽之主方也。可謂得方意矣。余又讀吉益氏建殊錄曰，長門瀧鶴臺貽書於吉益東洞曰：凡中風寒邪，有水迎之，則其候頭痛、惡寒、汗出、痰湧、目淚、鼻涕、一身走痛等，逐水則邪除，故汗出而愈。

(8)勿誤藥室方函口訣曰：此方治表不解，而心下有水氣者；又可用於溢飲之咳嗽，其人咳嗽喘急，至於寒暑必發，吐痰沫而不得臥，喉中如結，心下有水氣也，宜此方。又於胸痛頭痛，惡寒汗出，與發汗劑，雖為禁劑，然喘而汗出證，仍用小青龍湯，與麻杏甘石湯之用於汗出者同意。一老醫云，此證汗出，必臭甚，可為一徵。

(9)古今錄驗沃雪湯，即本方去芍藥甘草，治上氣不得息，喉中如水雞聲。

(10)陸淵雷曰：由今日之病理言，急性喘咳之病，多有細菌為病原，水氣不過為病變之產物。然治法，宜以殺菌為主，次則消炎，而逐水為末務；然中醫古方之法，如慢性腸胃炎之多黏液者，胸膜炎膜囊積水者，皆以逐水為主，不但小青龍湯而已，而試用皆極效。蓋滌除此等產物，直接可免炎證之刺激與增長，間接即所謂助正氣而消炎。

小青龍湯證(一)

第51條（原42條）　傷寒心下有水氣，欬而微喘，發熱不渴，小青龍湯主之。服湯已渴者，此寒去欲解也。

傳統解釋　傷寒病初起，即咳而微喘，發熱不渴，不待發汗而後形成，自始即可認定心下有水氣，故仍以小青龍湯主之。服湯已渴者，水氣已解，勿治之，候津回，其渴自止，陳修園所云再服小青龍湯者誤也。

科學解釋　詳上條不另述。

備考　本條「小青龍湯主之」，原在條末，今改在「服湯已」之上，方與文

義相配合，如在條末，難免有如陳修園之誤耳。

三、兼神經病－－葛根湯

第52條（原32條）　太陽病，項背強儿儿，無汗惡風，葛根湯主之。

傳統解釋　太陽病，項背強儿儿，反汗出惡風者，表虛中風證，用桂枝以解肌，加葛根以緩强；無汗惡風者，表實傷寒證，桂枝湯加麻黃以發汗，加葛根以解强，項背強儿儿，乃是腰部沿脊柱內側，向後頭結節處，上走肌肉群，强直痙攣之意。

科學解釋　太陽病，無汗惡風者，爲傷寒證，應用麻黃湯以發汗，而項背強儿儿，乃係延脊髓神經，感受風寒之侵襲，而該部肌肉痙攣之結果，故重用葛根爲主藥，而解拘急也。其所以用桂枝湯加麻黃倍葛根，而不用麻黃湯加葛根者，因桂枝湯內有芍藥，能佐葛根以緩和痙攣也，麻黃湯以發汗爲主，緩和作用不大故也。

方十五　葛根湯

葛根四兩　麻黃去節三兩　桂枝二兩　甘草炙二兩炙 芍藥二兩　生薑切三兩　大棗擘十二枚

　右七味，㕮咀，以水一斗，先煮麻黃葛根減二升，去上沫，納諸藥，煮取三升，去滓，溫服一升，覆取微似汗，不須啜粥，餘如桂枝法將息及禁忌

方解　葛根湯，乃桂枝湯加麻黃倍葛根，則其方之組合與功用，已昭然矣。因無汗惡風，爲傷寒證，故用麻黃佐桂枝以發汗，項背肌肉痙攣，芍藥佐葛根以緩解，薑棗甘草，乃健脾和胃劑，雖發汗而無損於消化吸收功能，培養自然療能，裨早日恢復生理常態也。下痢之用葛根湯者，亦因其發表驅毒之外，有理腸胃之功效，現用於流行性感冒，均有良效。

前賢學說

(1)陸淵雷曰：流行性熱病，以流行性感冒爲多，其證分三型，若發熱、若咳嚏、若吐利，葛根湯皆治之，故臨床施治，葛根湯之應用最廣。

(2)方機：痘瘡自初熱至見點，投本方兼用紫丸下之；自起脹至灌膿，葛根加桔梗湯主之；自落痂以後，葛根加大黃湯主之；若惡寒劇，起脹甚，而一身腫脹，或疼痛者，葛根加朮附湯主之，兼用紫丸，桃花散；寒戰咬牙而下利者，兼用紫丸，俱加朮附湯；頭痛加大黃湯；小瘡，葛根加梓藥湯；諸患惡腫，加朮附湯；小兒赤遊風丹毒，皆加朮附湯兼用紫丸。

(3)陰症百問：梅毒淋病，出膿或血而疼痛，葛根加大黃湯甚效；梅毒身如枳皮者，與葛根加大黃湯，若兼喘者，麻黃杏仁苡米甘草湯，時以梅肉散攻之有效；擠出膿水者，葛根加大黃湯則治；梅毒腐爛，焮痛甚者，葛根加尤附湯，兼芎黃散；婦人陰腫，癢不可忍，一身瞤動，發熱，心下至少腹右方，拘急而大硬，以蛇床子洗之，與葛根加尤附湯，兼芎黃散可也。

(4)叢桂亭醫事小言：夫達表載毒溫散，以桂枝湯為上，非桂枝不能達於四肢以解肌。桂枝合於溫補之藥，主四肢厥冷者，未讀古書之誤也；欲達肌表，當以葛根湯為佳。近時發驚，亦單用葛根湯；又於下利最妙。

(5)陸淵雷曰：凡麻疹、猩紅熱、天花等，毒害物質，必須排洩於肌表者，皆當與汗俱出，故葛根湯為必用之方，惟斑疹傷寒忌發汗，則不用麻黃，而葛根仍所不廢。

(6)聚類方廣義：葛根湯，主治項背強急，故善治驚癇、破傷風、產後感冒、卒痙、痘瘡初起等之弓角反張，上弔搐搦，身體強直，宜隨兼證用熊膽紫丸、參連湯、瀉心湯等。

又疫痢初起，發熱惡寒，脈數者，當先用本方，溫覆發汗，若嘔者，加半夏。取汗後，將大柴胡湯，厚朴七物湯，大小承氣湯，桃核承氣湯，大黃牡丹皮湯等，隨證處之，以疏蕩裡熱宿毒。咽喉腫痛，時毒痄腮，疫眼焮熱腫痛，項背強急，發熱惡寒，脈浮數者，擇加桔梗大黃石膏，或瀉心湯，黃連解毒湯等。

前賢治驗　經方實驗錄：封姓縫匠，病惡寒無汗，循背脊之筋骨痛不能轉側，脈浮緊，此邪襲皮毛，深及背輸經絡，比之麻黃湯更進一層，處以葛根湯，服後頃刻，覺背內微熱，再服背汗遂出，次及周身，安睡一宵而瘥。又葛根湯取效之捷，與麻黃湯略同，且此證兼有渴飲者。近治夏姓婦，太陽穴劇痛，微惡寒，脈浮緊，口燥，用葛根湯去生薑加天花粉四錢，夜半得微汗，證已全愈矣，余因其口燥渴，參用括樓桂枝湯意，顧讀經方者，臨證化裁也。

又袁姓少年，臥病四五日，昏不知人，形無寒熱，項背痛，不能自轉側，脈右弦緊而浮，左按之則緊，雖知太陽傷寒，而左脈不類，疑其沉溺於酒色，陰分不足，詢之果然，與葛根湯加粳米酒一杯，服後微汗出而愈。

又屠工三人，一日同病，均頭痛、惡寒、項背強、脈浮數，二人無汗，一人有汗，無汗者同與葛根湯，有汗者去麻黃，服後皆愈。

(2)漫遊雜記：一兒約五六歲，病天行痢，二日而發驚癇，直視攣急，醫將用三黃湯，余止之曰：癇發於痢之初起，其腹氣堅實，雖危不至於死，今外證未散，而用三黃湯，則痢毒鬱結，將延數十日而不愈，數十日後，腹氣虛竭，若癇再發，則不能救矣。今日之治，唯有發散一法耳，乃以葛根湯發之，兼用熊膽，經五日痢愈癇不再發。又一僧三十許，寓居卒感外邪，寒熱往來，頭痛如割，腰背疼痛，四肢困倦，脈洪數，飲食不進，全與傷寒類，急作大劑之葛根湯，一日夜進五帖，襲被褥以取汗，如是者三日，惡寒稍減，餘證如前，脈轉緊，五日紅痘點滿面，有是，則無他故也；翌日，熱去食進，經二十日而復原。可知年邁患痘，難以透達，而葛根桂枝拯其誤死也。

(3)古方便覽：一男子面發腫毒，漸及兩目，或破流膿汁，狀如癩瘡，臭穢難近，余以此方，兼用梅肉散即愈。

(4)生生堂治驗：老婦人，六十許，一朝無故，覺頭項強痛，延及全身，四肢攣屈，不能轉側，及昏，迎師診之，脈緊急，即舉其手指，刺取黑血，即有效。又有一青筋結喉旁，即刺血出，由是四肢得屈伸，因與葛根加大黃湯（求其云：宜桂枝茯苓丸，或桃仁承氣湯，）三日復原。

(5)尾台榕堂方伎雜誌：一男子，右眼瞳子處，年年生星翳，三年，目之星翳胞腫潰，其痕白色如痘痕，視物不見，眼淚不出，不痛癢，亦無赤脈，但破潰之跡，如新月形覆腫子，問其經過情形，云三歲時，曾患痘瘡，余思其毒未淨盡，潛伏痼滯，而為星翳胞腫之禍胎，告以難治，以葛根湯加桔梗，兼用紫丸，使日日通利二三行，與前方一月，白色漸淡薄，凹處亦少淺，仍尚前方，稍能見物，又二十日，能見論語之本文，再二十日，已能讀註文，其時白色已極薄，凹處亦高矣，再一月眼復常。

第十節　麻黃湯禁證

一、咽乾禁汗

第53條（原87條）　咽喉乾燥者，不可發汗。

傳統解釋 咽喉乾燥，當包括口舌在內，係陰虛液少，津不上承，故咽喉乾燥，若再發汗，重傷津液，必生他變，故不可發汗。

科學解釋 人身之組織成分，水佔四分之三，故水份對人身生理機能之重要，可知矣。咽喉乾燥，由於水分不足，分泌減少者，則雖病應汗解，亦不可發汗，重傷津液也。因發汗消耗水分殊大，若失水過多，循環功能受礙，血液運送減少，組織營養不足，則腦證首先發作矣。

前賢學說 陸淵雷曰：肺結核，喉頭結核，咽結核，皆咽喉乾燥之例，病結核者，營養不良，津液少，故在禁汗之例。

二、淋家禁汗

第54條（原88條） **淋家不可發汗；發汗則便血。**

傳統解釋 淋家，熱蓄膀胱，腎水必虧，更發汗以渴其液，迫血從小便出耳。凡遇可汗之證，應顧津液，不可孟浪從事，發汗致變也。

科學解釋 淋家，即患膀胱炎，尿道炎之人。炎熱液乾故亦在禁汗之例。若再發汗，激蕩周身血液，血流加速運行，則炎證黏膜破損處之血管，必被激破，而為小便出血。凡刺激之劑，亦在禁例，非僅汗劑也。

前賢學說 傷寒補亡常器之曰：宜豬苓湯。

三、瘡家禁汗

第55條（原89條） **瘡家，雖身疼痛，不可發汗；汗出則痙。**

傳統解釋 瘡家，即久患瘡瘍之人，去膿血已多，則必血虛液少，雖身疼痛，有可汗之表證，亦不可發汗。發其汗，血液愈虛，經絡失養而痙急拘攣矣。

科學解釋 瘡家，係指久患潰瘍之人，去膿血已多，組織營養不良，甚者神經失調，往往有痛覺，若誤認表證而汗之，則益虧體液，神經緊張，則痙攣拘急矣，故亦在禁汗之例。原文「痓」，義不合，應改「痙」為是，故改之。

備考 經曰：「汗之則瘡已」，而此則曰：「瘡家不可汗」，何其矛盾也？然「汗之則瘡已」，乃指癰疽初起，漫腫無頭，惡寒發熱，氣血未衰，病毒正盛，故可發汗驅毒，一汗可愈。若瘡家，乃久患潰瘍之人，膿血去多，正氣已虛，再汗失液而益重病變，故不可也。

四、衄家禁汗

第56條（原90條）　**衄家不可發汗，汗出必額上陷，脈急緊，直視不能眴，不得眠。**

傳統解釋　衄家，經常鼻出血之人，其上焦血虛，若再發汗，則上焦津液枯竭，經絡乾澀，故目系緊急，直視而不能轉動，並額有空虛之感。陰虛液少，胃中不和，則不眠矣。

科學解釋　衄家，即素患鼻出血之人。有血友病體質之人，常患衄，屬生理變態，非太陽證之衄血，仍得用麻黃湯者可比擬。此生理變態之衄血，其血液必虛，腦部勢必貧血，若再發汗，則腦貧血愈甚，必有空虛昏暈之感。所謂額上陷，非額上骨骼陷落，實顖門內空虛之自感耳。又直視目不眴，不得眠，乃腦貧血甚，而神經失常所致之病症，應以附子劑救之。

五、亡血家禁汗

第57條（原91條）　**亡血家，不可發汗，發汗則寒慄而振。**

傳統解釋　亡血家，乃統吐血、衄血、便血、溺血、崩漏、及瘡瘍出血等而言，凡此等血虛者，間多發熱，因血本虛，再發其汗，則陰陽俱虛，體溫不足而寒慄且振矣，與下後復發汗，必振寒者，同一義也。

科學解釋　亡血家，有血友病者，亦有偶而大失血者。血液不足之人，循環必遲，代謝功能亦稍遲。若因有熱而發其汗以解熱，則更傷心腦，影響代謝功能，產溫不足，而神經則有寒慄不安之感覺，宜以芍藥生薑附子湯以救之。

前賢治驗　曹穎甫曰：余嘗治宋姓婦人血崩，惡寒蒙被而臥，用大熟地四兩，生黨蔘三兩，陳皮五錢，一劑手足溫，二劑血崩止，初未嘗用附桂之屬，蓋血分充，則陽自復，意寒慄而振者，亦當為是。又予亡友丁甘仁，常用附子理中湯以治血證，非深明此理者，不足與亡血之治法也。

六、脈尺遲禁汗

第58條（原51條）　**脈浮緊者，法當身疼痛，宜以汗解，假令尺中遲者，不可發汗，何以知之，然以營氣不足，血少故也。**

傳統解釋　脈浮緊者，當病傷寒而身疼痛，按法應以麻黃湯發其汗而病可解；若尺中脈遲，則知血少營氣不足，則不可發汗矣。李東垣曰：當頻予小建中湯和之。

科學解釋　浮緊之脈，依照「傷寒病理概述」，知為寒氣外束，血管收縮，

應用麻黃湯發汗解熱而病解。然脈遲，則知血液不足，不克以應發汗之需，且心力不足，故不可發汗。蓋發汗，乃重失水分，更傷心力，病固未除，而正氣更傷也。

七、汗家禁汗

第59條（原92條） **汗家重發汗，必恍惚心亂，小便已陰痛，與禹除糧丸（方闕）**

傳統解釋 汗家，係平素多汗之人，其表本不固，其津液本損虧，若重發汗，則重虛其陽，而恍惚心亂，氣機利，小便已而痛，禹餘糧丸已闕，無從查考，諸說亦難吻合，從略。

科學解釋 汗家，平日多汗，水份已虧，若表熱而重發汗，則益損體液，腦神經營養不足，而恍惚心亂；膀胱括約肌强力收縮而疼痛，此均失液所致也。應以補血平腦之强壯滋養劑而治之。

八、胃寒禁汗

第60條（原93條） **病人有寒，復發汗，胃中冷，必吐逆。**

傳統解釋 病人素虛寒，陽氣不足，往往外有寒形，若誤爲表有寒邪，而發其汗，則虛寒殊甚，陽氣益不足，飲食不消，則吐逆之證發矣。有作吐蚘者，似不合理，蓋吐蚘，祇有在特殊情形下，偶而有之，故改作吐逆爲是。

科學解釋 病人有寒，是指心力衰弱，胃消化不强，代謝功能減退，體溫亦低，故寒基於內，而形於外。若誤認表寒，而用解熱發汗之劑，胃更受損，消化力益衰，初或脹滿，終至吐逆。蚘，乃寄生蟲，非人人有之，所謂有寒發汗吐蚘者，非必然之證，乃在偶有寄生蟲之病者，因食物不消，食臭行蚘，上入於胃，擾動而吐之，故本條應作吐逆解爲是。

第十一節　太陽病吐法

一瓜蒂散證(一)

第61條（原174條） **病如桂枝証，頭不痛，項不強，寸脈微浮，胸中痞鞕，氣上衝咽喉，不得息者，此爲胸有邪也，當吐之，宜瓜蒂散。**

傳統解釋 頭項強痛，發熱惡寒，汗出惡風，脈浮緩，乃爲桂枝證；今頭不痛，項不強桂枝證不全具也，故曰如桂枝證。況胸中痞鞕，氣上衝咽喉不

得息，病不在肌，不得以證似桂枝而解肌。氣上衝，亦不可下。此病在胸中，有上出之勢，因勢利導，當用吐法；然吐亦有發汗之意，胸中之邪可去，而肌亦可解，誠一舉兩得之法也。惟吐最傷胃氣，非有實邪，不可用吐。本證胸中痞鞕，氣上衝喉，則實邪上逆，吐之無疑也，故曰當吐之。傷寒吐法，僅瓜蒂散一方，梔子豉湯，非一定用於吐也。三聖散，鹽湯探吐，皆後世之法。然吐為病人所惡，亦醫者所不樂為，除張子和外，甚少用吐法也。今之醫者，雖知有汗、吐、下三法，而實際常用者，僅汗下而已。故特將吐法之宜與調理，詳加介紹於後。至胸中有寒之「寒」字，前賢多作痰字解，然可吐之證，非僅痰也，故「寒」字以改作「邪」字為妥，故今改之。

科學解釋　病如桂枝證，而頭不痛，項不強，寸脈微浮，雖肌有病毒，而上部並未充血，毋須解熱以平血壓；且胸中痞鞕，上氣衝喉而不得息，係病毒結積胸中，壓迫肺臟，使呼吸機能痺礙所致。凡胸中痞鞕阻塞而至呼吸迫促，甚至喘息者：有因血壓失常而胸痞，心臟性喘息是也；亦有因肋膜炎滲出液留積，壓迫肺臟氣泡，使呼吸機能障礙，而痞鞕喘息者；更有因支氣管炎哮喘者。以吐有衰弱心臟之虞，心臟性之痞鞕喘息，決不可再用吐劑；則此證非肋膜炎性之證，即氣支管喘哮之證，其用吐劑，乃為誘導療法，使加強組織之吸收作用，至與積滯胃中之吐法，為直接作用者，其效果相差甚遠。

方十六　瓜蒂散

瓜蒂一分 熬黃　赤小豆一分

右二味，各別搗篩為散，已合治之，取一錢匕，以香豉一合，用熱湯七合，煮作稀糜，去滓取汁，和散溫頓服之，不吐者，少少加，得快吐乃止，諸亡血虛家，不可與瓜蒂散。

方解　本散以瓜蒂為主藥，味苦寒，能刺激胃神經，經反射而使嘔吐中樞興奮而起，為催吐劑。赤小豆有緩和解毒利尿作用，香豉有和胃之功，共為佐，以制瓜蒂之損胃而緩和刺激，使吐去病，而減少正氣之衰弱。

藥　解

十八　瓜蒂之藥效

(1)性味：味苦、性寒。

(2)成分：含苦味質甜瓜蒂毒素。

(3)藥理：其嘔吐作用，基於刺激胃知覺神經，使嘔吐中樞興奮而起，並不起吸收作用，故無虛脫及中毒等流弊，對於傷食之胃炎，有催吐粘痰之效，亦可用作服毒之催吐劑。

(4)主治：為催吐祛痰劑。適用於食物停滯，痰涎壅盛，誤服毒物，喉痺窒息等證。嘔吐時，汗腺氣道分泌增加，故有發汗祛痰之副作用。

(5)附記：散劑每次二～六分，煎劑一～二錢，每隔二十分鐘，再服一次。

十九　赤小豆之藥效

(1)性味：甘淡微酸。

(2)成分：含蛋白質、脂肪、灰分及植物皂素。

(3)主治：為緩和解毒利尿劑。適用於心臟性水腫，腳氣浮腫，黃疸等，以消腫利尿為目的而用之，應多服久服有效。

二十　豆豉之藥效

(1)性味：甘平無毒。

(2)成分：含蛋白質及酵素。

(3)主治：辛涼性解熱消炎劑。適用於熱性病之胸脘不舒，泛噁欲吐，及痘疹等透發不快者。

前賢學說

(1)傷寒論辨吐曰：病胸上諸實，胸中鬱鬱而痛，不飲食，欲使人按之，而反有涎唾，下利日十餘行，其脈反遲，寸口脈微滑，此可吐之，吐之利遂止；宿食在上脘者，當吐之；病人手足厥冷，脈乍結，以客氣在胸中，心中滿而煩，欲食不能食者，病在胸中，當吐之。

(2)張子和曰：咳嗽痰厥，涎潮痞塞，口眼喎斜，半身不遂者，當吐之；又上喘中滿，酸心腹脹，時時作聲，痞氣上下，不宣暢者，當吐之；又小兒三五歲，或自七八歲至十四歲，發驚搐搦，涎潮如拽鋸，不省人事，目瞪喘急將死者，可吐之；又癲癇者，可數吐之。

(3)永富獨嘯庵吐方考：汗吐下並行者，古道也。今能汗下，而不能吐，則其技能，不亦難乎！古方書之學，汗下之術，數於四方，至於吐方，千數年來，尚艱澀難行也。夫汗吐下者，異途而同歸者也，學者若能冥會

其機，則吐豈獨難哉。古人謂病在膈上者吐之，是爲吐方之大法，然其
變，不可勝數，若非沉潛研久而經事多，則難得而窮詰，約而言之：胸
中有停痰宿水爲諸證者；禁口痢，水藥不得入口者；五十以內，偏枯痰
涎，胸滿而腹氣堅實者；龜胸龜背者；黃疸煩喘欲吐者；皆可吐之。狂
癇者，可數吐之；淋病諸藥不效者，詳其證而吐之；反胃諸嘔再宜吐；
諸氣病，諸積聚，心下痞鞕，臟腑上迫者，問其生平，無吐血咳血衄血
之患者，悉可吐之；傷寒用承氣湯下不下者，吐之再下，月事積年不下，
心下痞鞕，抵當諸藥不驗者，吐之再服；口吐大便者，先吐，後服附子
瀉心湯，生薑瀉心湯，半夏瀉心湯之類數日；瘰癧初發，暨欲發者，按
其心下，痞則吐之。傷寒用吐法，不可過三四回，得一快吐則止，用瓜
蒂不過三五分，其治一逆，則急者促命期，緩者爲壞證。凡用吐方之法
，先令病人服吐劑，安臥二時許，勿令動搖，若動搖而吐速，則但吐藥
汁，藥氣不得透徹病毒也；待胸中嗢嗢，上迫咽喉，乃令病跂足蹲坐，
前置吐盆，一人自後抱之，以鳥羽探喉中，則得快吐，而後病方盡。凡
服吐劑欲吐時，先飲沸湯一碗，則易吐；旣吐之後，則令安臥休息，更
飲沸湯取吐，數次而後，與冷粥或冷水一碗以止之。諸緩證宜吐者，先
用烏頭附子之劑，以運動其鬱滯之毒，時時用瓜蒂散吐之。

(4)惲鐵樵曰：凡病日淺，正氣未虛，邪熱內攻，胃不能容，生理之反應而
嘔者，皆可吐也。其要點病在陽證，否則禁吐，此爲鄙人歷十次之經驗
，無一或誤者，用以治嬰兒之病，奏效尤捷，而無流弊也。

（以上爲可吐法）

(5)永富獨嘯庵曰：病在床褥者（指困頓者）不可吐；凡腹氣虛者，決不可
吐；凡危急短氣太甚者，平居患吐血者，或是證候有吐血者，決不可用
吐，犯之則促命期；初學遇妊娠，產後瘀血、咳血、梅毒血崩、亡血虛
家，暨年過六十者，均不可吐。

（以上不可吐證）

又曰：傷寒吐後，腹脹滿者，與調胃承氣湯，夫古人用吐之方，後必
用通和之劑，戴人用舟車丸，奧村氏用瀉心湯，我國（日本）於吐後，雖
無腹脹之證，必用調胃承氣湯，以通和其逆氣。凡用吐方後，精神昏冒者
，宜服瀉心湯，吐中或吐後，煩躁脈絕，不知人事，四肢厥冷者，勿駭，

是乃瞑眩也，以冷水潠面，或飲之，則醒；或以冷水和麝香飲之亦佳，吐中有死黑血者佳，若眞生血者危，宜急用麝香，以消其藥毒，語曰：瓜苗聞麝香則死。吐後三五日，當調飲食，省思慮，不可風，不可內，不可勞動。

（以上吐後調理）

(6)湯本求眞曰：吐法爲治病之要術，應用頗廣，如永富氏之說，然因尊信過甚，以致下劑適應證，不無猶且行之弊，故不可盡信。例如大柴胡湯之嘔不止，心下急，鬱鬱微煩者，與瓜蒂散之胸中痞鞕，心中嗢嗢欲吐者混同，是宜大柴胡湯者，常處以瓜蒂散之例不少。

(7)吐方考：扁鵲望桓公之色而走。故從事於斯者，知死與不治爲第一義，世醫不能知此者，誤施汗吐下，而取凶暴之名，非古方之罪也。決生死，欲定治不治者，當候腹，以審腹氣之虛實。此事雖易而實難，其故何哉？因如虛而有實者，如實而有虛者，有邪來虛而邪去實者，有邪來實而邪去虛者，此在得心應手，父不能以喻子也。人之有脈，猶戶之有樞，微乎微乎！感而能通，思不可得，如水陸草木之花實不一，有急開急落者，有忽花而隨萎者，有花盛而實者，有實而無花者，有花少而長存者，染病之人，亦猶此也，當察其開落之機，而僅艾割之期。

(8)古今醫統引朱丹溪曰：小兒急驚風熱，口瘡手心伏熱，痰嗽痰喘，並重用湧法，若以瓜蒂散爲輕，則用赤小豆，苦參末。

(9)生生堂醫談：以瓜蒂爲吐劑第一，宜精察病人之虛實。其分量從病人之病位，及毒之多寡，不可預定。大概用瓜蒂末自二分至一錢，煎湯亦可用，又可自三分至一錢，或三聖散同湯、或一物瓜蒂散同湯，或瓜蒂赤小豆研末等分，或豆汁、或韭汁、或蘿蔔葉煎汁等送下，當隨宜用之。胸膈中之毒，他藥難拔者，亦可拔之。其服法，通例散劑與煎湯無異，服畢須臾，有催嘔氣者，或有催於一日半日之後者，其遲速因人而異。若雖嘔氣，而吐來遲者，則團綿如棗大，中央縛以系吞之，飢下咽，則倏然曳出，乃忽嘔甚，而得快吐矣。如是行之，其瞑眩甚輕，乃有紫丸十粒許者，余用吐法數百人，無有一人誤事者，且未見以麝香止吐之瞑眩者，如是用法，輕者一吐而愈，劇者數吐而治也。

前賢治驗　生生堂治驗：一婦人因纏喉風，絕食欲死，衆治無效，余作三聖

散，吹入咽中，忽吐粘痰升餘，病頓愈。又一女子，年二十許，狀如癲癇，卒倒不省人事，暫自蘇而愈，年四五發，自幼即有此證，百療無效，余用瓜蒂末五分，以韭汁送下，吐粘痰一升餘，其臭莫名，病頓愈，不復發。

又一僧癇證，發則亂言，或欲自縊，且足攣急，困於步，來請治，余知不以吐劑不能治，因被同道阻難，不肯治，他醫以四逆散加吳萸牡蠣，服半年，無寸效，於是再請余，用瓜蒂赤小豆末，以韭汁服之，吐粘痰許多，癇不復發，足攣急頓治。

一婦人，發狂癇，發則欲把刀自殺，或投井，終夜狂躁不眠，間有脫然謹厚，女事無誤者，先生以瓜蒂散一錢五分，其痰上湧二三升，再服白虎加人參湯，不復發。一男子，年三十，全身麻木，目不能視，口不能言，其人肥大，性好酒，先生診脈澀而結，心下急喜嘔，使服三聖散六分，不吐而暴瀉五六次，越三日，又使服，湧出三升許。由是目能視，口能言，兩手亦漸能動，後與桃花湯百餘帖而愈。

一男子，年二十，晚飯後半時許，卒然腸痛，入於陰囊，陰莖挺脹，其痛如割，身為之不能屈伸，狂叫振伏，脈弦，三動一止，或五動一止，四肢微冷，腹熱如燔，囊大如瓜，按之石硬，病者昏憒中，愀然告曰：心下有物，如欲上衝咽喉者，先生聞之，乃釋然撫掌而謂之曰汝言極當，以瓜蒂散一錢，湧出寒痰一升餘，次以紫丸三分，瀉五六行，及夜半，熟睡達天明，前病頓失，（此腸嵌頓，以內服藥，而奏偉效，此中醫之可貴也）一婦人，年五十，胸痛引少腹，倦臥支持，猶不堪其苦，初醫與藥，反嘔逆，遂藥食不下，又以脾虛，與歸脾湯及參附之類，疾愈篤，師以瓜蒂散五分吐之，翌日，與梔子豉加茯苓湯，數旬而愈。

一婦人，年三十許，每交接則少腹急痛，甚則陰門出血，而月事無常，腹診脈候，亦無他異，醫藥萬方，一不見效，先生曰：所謂病在下，當吐於上，乃與瓜蒂散六分，吐粘痰升許，更為大柴胡湯緩緩下之，後全愈。

瓜蒂散證(二)

第62條（原厥陰篇366條）　　**病人手足厥冷，脈乍緊者，邪結在胸中，當須吐之，宜瓜蒂散。**

傳統解釋　醫宗金鑑曰：病人手足厥冷，若脈微而細，是寒虛也。寒虛者，可溫可補。今脈乍緊勁，是寒實也。寒實者，宜溫宜吐。時煩吐蚘，飢不

能食，乃病在胃中。今心中煩滿，飢不能食，是病在胸中也。實飲寒邪，塞壅胸中，則胸中陽氣，爲邪所遏，不能外達四肢，是以手足厥冷，胸滿而煩，飢不能食也。當吐之，宜瓜蒂散湧其在上之邪，則滿可消而厥可回矣。

金鑑之說，雖尚平允，惟胸中在胃之辨非是，其可吐而祛痰者，其邪毒在胃，亦可在胸，而本條乃心下煩滿，而非心中，邪在胃中也。又吐蚘，乃有蚘蟲之患者始有，豈他人均有之，誤矣。至山田、湯本、陸氏等，本條均作三段看，以邪結胸中以上爲上段，爲他覺證，以下爲下段，爲自覺證，同爲邪結胸中，同此一方可吐，故併列之。其實仍非妥善，蓋手足厥冷，脈乍緊，爲外感寒證之普通證狀，必待心下煩滿，飢不能食，始知病邪在胃，而可吐之。

科學解釋　手足厥冷，脈乍緊，爲外感寒毒常有之徵，亦爲病證之反應，不可一概而論；心下（即胃部）滿而煩，飢不能食爲胃病；若胃中乍受病毒侵襲，生理上爲求自救，則血液必集趨於患部，故體表血液減少，而見厥冷，心臟因胃病之反射，或過早收縮而脈歇止，或收縮血管而脈緊，故胃病亦能脈緊而厥冷也。本條之厥冷脈緊，由於胃病之原因，故以治胃爲主，心下滿而煩，飢不能食，爲胃粘液充塞於胃腔，非溫劑所能奏效，故以瓜蒂散，吐胃中粘液爲最宜。吐後未必全愈，可與健胃劑善後之。

第十二節　吐後變證

一、內　煩

第63條（原129條）　太陽病，吐之；但太陽病，當惡寒，今反不惡寒，不欲近衣，此爲吐之內煩也。

傳統解釋　醫宗金鑑曰：太陽病吐之，表解者，當不惡寒，裡解者，亦不惡熱；今反不惡寒，不欲近衣者，是惡熱也。此由吐後表解裡不解，內生煩熱也。蓋無汗煩熱，熱在表，大青龍湯證也；有汗煩熱，熱在裡，白虎湯證也；吐下後心中懊憹，無汗煩熱，大便未鞕，熱猶在裡，梔子豉湯證也；有汗煩熱，大便已鞕，熱悉入腑調胃承氣湯證也；今因吐後內生煩熱，是氣液已傷之虛熱，非未經汗下之實煩，已上之法，皆不可施，惟宜竹葉

石膏湯，於益氣生津中，清熱寧煩可也。

　　山田正珍曰：太陽病吐之句下，似有闕文。

科學解釋　太陽病，法當惡寒，吐後，寒已解，而反不欲近衣者，表解而內熱也。因吐傷胃機能，神經亢進，現內煩之腦證狀，如心力未衰弱，應用清涼劑以安撫神經而清之可也。然亦有虛弱之熱證，當惡寒而反不惡寒，不欲近衣，面有赤色，或更汗出者，必陰虛津液少，虛性興奮，或為虛脫之先兆，不可與清涼降輯之劑，若誤認虛弱性發熱為實熱而治之，則禍不旋踵也。

二、飢不欲食

第64條（原128條）　**太陽病，當惡寒發熱，今自汗出，反不惡寒發熱，關上脈細數者，以醫吐之過也。一二日吐之者，腹中飢，口不能食；三四日吐之者，不喜粥糜，欲食冷食，朝食暮吐；以醫吐之所致也，此為小逆**

傳統解釋　此條劉棟謂後人攙入，山田宗俊謂前條註文，宜刪，陸淵雷謂文辭及稱關上脈，恐非仲景之文；然病理尚可分析，故仍列之。

　　太陽病，自當惡寒發熱，今自汗出，反不惡寒，似屬陽明證；但陽明證，當身熱惡熱，今反不發熱，且關上脈細數而不洪大，則又非陽明之脈證矣。詢之，始悉前醫以吐治之誤也。然太陽病，邪在表，未入裡，祇宜汗解，不應妄吐；吐之則傷胃氣，因吐得汗，表邪既解，寒熱亦除，惟吐傷胃液少，內必虛熱，故關上脈細數，虛熱不消穀，故雖飢而口不能食。一二日者病淺，三四日者病深，病深而吐傷胃氣亦甚，虛熱亦甚，則不喜粥糜；因胃熱，則喜冷食；食既入胃，胃虛不能消食，積而吐逆，故朝食暮吐。此雖吐以致變，而外邪已解，胃雖虛熱而未被邪侵，清補可復，期待亦可愈，故稱小逆。常器之云此證可與小半夏湯，半夏乾薑湯，郭白雲謂大小半夏湯可選用，而元堅則云單驅水飲，恐非對症，應選用橘皮竹茹湯，千金竹葉湯等，陸淵雷亦以丹波氏之說為是。

科學解釋　太陽病惡寒發熱，病毒在於肌表，未入於胃，治宜解熱發汗，驅毒外出，不宜用吐。因吐得汗，則表證亦解，故自汗出，不惡寒發熱；然誤吐而傷胃中津液，兼害心力，且致神經緊急，所以關上脈細數，中醫所謂邪熱不殺穀者，即虛熱之類也。一二日吐，腹中饑，不能食，乃胃機能因吐而衰弱也；三四日吐者病甚，胃粘膜充血發炎，故喜冷；朝食暮吐，

則胃之環動機能不全，食物未能全部輸入腸中，停留在胃，自朝至暮，起腐敗作用，故後將所留吐出也。

三、胸中痛

第65條（原 131 條） **太陽病，過經十餘日，心下溫溫欲吐，而胸中痛，大便反溏，腹微滿，鬱鬱微煩；先此時，自極吐下者，與調胃承氣湯；若不爾者，不可與；但欲嘔，胸中痛，微溏者，此非柴胡湯証；以嘔，故知其極吐下也。**

傳統解釋 太陽病，過經十餘日，當在陽明少陽之期，心下溫溫欲吐，與柴胡證之喜嘔不同；胸中痛，與柴胡證之胸脇滿痛又不全；腹微滿，大便溏，與柴胡證之上吐下利又不同。其病似柴胡而又非，似陽明而又不實，錯綜複雜，難以捉摸。若詢其病歷，如醫以藥極其吐下者，則脾胃受傷，氣逆胸痛，胃熱未淨，故可與調胃承氣湯，微和胃氣而愈；若非吐下所致，雖腹滿便溏，承氣不可用；胸雖痛欲嘔，而脇不滿痛，柴胡亦非所宜。

科學解釋 本條證狀，至爲複雜，用藥處治，極宜斟酌，若不細考病歷，難以措手也。如文太陽病，過經十餘日，欲吐不吐，胸中痛，腹微滿，心中煩熱，大便溏，此爲腸胃病乎？抑爲感冒，或其他急性傳染病之變證乎？究用解熱劑歟，理腸胃或消炎劑歟？若腸胃炎證，雖有發熱吐下等證，不應有胸痛；如肋膜炎證，果有發熱胸痛，不應有下利；如熱性病之誘發，究何因而機轉。查其病歷，有極吐下之原因者，乃腸胃病無疑矣；乃可與調胃承氣湯，以和腸胃；若不爾，承氣湯不可與也。柴胡雖有解熱及理胃之功能，但病之機轉，非由熱性病之自然誘發，乃藥物損傷胃腸所致，故柴胡亦非所宜也。

第十三節　發汗後變證

一、陽虛無聞

第66條（原 76 條） **未持脈時，病人叉手自冒心。師因敎試令欬，而不欬者，此必兩耳無聞也；所以然者，以重發汗，虛故如此。**

傳統解釋 本條辭氣，與本論原文不合，恐爲後人攙入，劉棟、陸淵雷、山田宗俊等，均作如是觀。

歷來醫者，均以汗多亡陽，上氣虛，兩耳無聞也為釋。

科學解釋　發汗乃水分大量外泄，則體液損，血濃而少；同時體溫外散，細胞活力減退，心力亦衰，血少即陰虛，而脈不充則細；心力衰即陽虛，則脈無力而遲。

　　欲救陰虛液少，則必加強細胞活力，而促進代謝功能，故有賴心臟加強收縮、輸送充分血液，以營生理之救濟，故感心悸不寧，雙手自冒以求安。若重發汗，心力與體液益傷，腦神經失液而刺激尤甚，輕則蟬鳴，重則無聞也。而其他如中耳炎，每致耳聾，即中醫所謂之邪盛經閉；全身病之經過中，少陽耳聾，與恢復期中之腎虧耳聾等，尤為習見；此由知覺中樞受害而起，未必盡為發汗使然。

二、飲水作喘

第67條（原77條）　**發汗後，飲水多必喘；以水灌之亦喘。**

傳統解釋　發汗後，胃中乾，渴欲水，應少少與之飲，以和胃氣則愈。若恣飲無度，胃弱不運，水冷難消，停蓄不滲，水氣凌肺，呼吸不利，氣逆而喘急。若用冷水潠灌，皮膚得冷而急閉，體溫改由呼吸器放散，亦令作喘。本論雖未出方，喻氏、張氏、魏氏，並以麻杏甘石湯，柯氏主以五苓，汪氏主以茯苓甘草湯加厚朴。

科學解釋　發汗劑，雖不及吐下劑傷胃之甚，但減弱其機能，則可斷言。汗後，體液喪失過多，自欲求外水以自救，故渴欲飲水；但胃機能失健，應少少與之以和胃燥，則渴可解；若過飲，則胃之吸收輸送力不及，水停胃中，因刺激胃粘膜內神經之反射作用，而發生喘息。至以水灌之亦喘，其病理現尚未明。

　　喘有肺局部病變，及心臟性之異；更與其他臟器影響所及者，各異其治。喘而與咳者，病在肺；喘而不咳者，即心臟性喘息，其證危急，古所謂腎喘者，即指此耳。肺病喘咳，可能發生於肺循環障礙，遂成心臟衰弱，而致不良之機轉，但不如心喘之甚；此外，百病之生，均能影響於胃，而致消化不良，加甚病之遷延及不良之機轉，本節之喘，即其例證之一。

三、吐　逆

第68條（原78條）　**發汗後，水藥不得入口，為逆；若更發汗，必吐下不止。**

傳統解釋　錢璜曰：「誤汗則胃中陽氣虛損，胃本司納，因胃中虛冷，氣上

逆而不受，故水藥不得入口，以主納而不納，故曰逆；然水逆證之水入口即吐不同也。」喻氏、魏氏、張志聰氏、周俊揚氏等，皆以水逆，以五苓散主之；汪琥、常器之等，則以小半夏加茯苓湯主之。若更發汗，益損胃陽，則必吐下不止矣。

科學解釋　發汗後，水藥不得入口，而無他證，又未處方，究係何病，因各人體質之不同，殊難判斷；故前賢有五苓散與小半夏加茯苓湯之異，亦難論其宜否。惟發汗損傷胃機能，消化不良，當可確認。以水飲不消，而成吐逆者有之；食物不化，積滯中滿，不得入者亦有之；胃粘膜為藥物所傷，疼痛嘔吐者亦有之；惟有慢性胃炎之病人，其胃粘膜節結原已充血紅腫，因發汗藥物之刺激，益增其敏感性，不能稍受刺激，故水藥不得入口之可能性最大。因普通體質遭受發汗劑而致此等證狀者，百不一見，唯有特殊體質，或疾病內外素因之湊合，間或有之。此證治法，以減少過敏性，鎮靜健胃為主，若治不出此，更發其汗，則益傷胃機能，至完全不能接受與消化，上吐下利之證發矣。本條之宗旨，其示治病，必顧胃氣，免致不良之轉歸，用心良苦。發汗如此，吐下更無論矣。

四、胃虛冷吐

第69條（原130條）　病人脈數，數為熱，當消穀引食，而反吐者，此以發汗，令陽氣微，膈氣虛，脈乃數也；數為客熱，不能消穀，以胃中虛冷，故吐也。

傳統解釋　錢璜曰：「發熱自汗之中風證，誤發其汗，致令衛外之陽，與胃陽俱微，膈間宗氣大虛，故虛陽浮動，而脈乃數也。若胃脘陽氣盛，則能消穀引食矣；然此數，非胃氣盛而數，乃誤汗之後，陽氣微，膈氣虛，虛陽外越所致；非其胃脘之真陽，故為客熱。其所以不能消穀者，以胃中虛冷，非唯不能消穀，抑且不能納穀，故吐也。」

科學解釋　陸淵雷曰：「發汗太多，或不當汗而汗之，體溫放散過多，是為陽氣微（即體溫低）。內臟者，體溫之策源地，既以自溫，又隨血液傳送，以溫肌表；今肌表之體溫，因汗而放散過多，於是內臟之體溫，隨汗勢而浮越於表，則表熱裡寒。表熱故淺在之脈數，裡寒（即胃機能衰弱）故膈（胃）氣虛，胃中虛冷，不能消穀而吐也。客熱，猶言非固有之熱（即非生理上之機能，因藥物影響之反射狀態）；膈氣，即指膈間臟腑之機能

（以胃爲當）。

五、動悸證－－桂枝甘草湯

第70條（原65條）　發汗後，其人叉手自冒心，心下悸，欲得按者，桂枝甘草湯主之。

傳統解釋　發汗過多，外亡津液，內虛正氣，氣血兩虛，中空無依，動惕而悸，不能自主，所以叉手自冒心，欲得按者，以求庇護而定也。故用桂枝甘草，斂陰補陽，陽盛陰生，動悸自定矣。

科學解釋　發汗多，體內水份喪失過甚，血液少而稠，且汗後肌表血管鬆弛擴充，需血量較大，必須增高血壓，始能血液暢行，故心肌收縮加强，而感動惕不安；且血液不足，漸趨腦貧血之現象，神經營養不足，心腦均行衰弱，惕動不安加甚，故欲按其心部，以求安定，桂枝爲興奮强壯劑，甘草爲緩和劑，故可治之。

　　　　再心悸，有因心臟本體病而成者，曰心臟之器質性病；由神經異常興奮而發生者，曰神經性心悸亢進。大抵心悸一證，屬神經性者多，屬器質性者少，因神經之感應，影響心臟脈搏最爲顯著故也。

方十七　桂枝甘草湯

桂枝 四兩　甘草 炙二兩

右二味，以水三升，羨取一升，去滓頓服。

方解　心悸，既有器質性與神經性之別，而治法亦異；器質性者，適用於强心興奮劑，輔以强壯滋養劑；神經性者，適用平腦劑，輔以强壯劑；惟平腦劑中，又有應用熱性者，如附子姜桂等；寒性者，如石膏知母等。本條發汗多而心悸，神經性之感應爲多，故屬神經性虛弱者，本方以桂枝强心平腦，甘草和緩緊張，故可治之，其不用附子者，證不甚故也。

前賢學說

(1)證治大還：桂枝湯，治生產不快，或胎死腹中，桂枝一握，甘草三錢，水煎服。

(2)方極：桂枝甘草湯，治高衝急迫者。

六、奔豚證－－苓桂甘棗湯

第71條（原66條）　發汗後，其人臍下悸者，欲作奔豚，茯苓桂枝甘草大棗湯主之。

傳統解釋 發汗後，腎氣動，欲上奔，故臍下先動悸。奔豚者，腎之積名，發於少腹，上至心下，休作無時；欲作者，將發未發也，故以桂枝降衝，茯苓培胃，甘草緩急，大棗斂氣而治之。前賢多以水氣爲言者，未盡然也，此實神經之作用耳。

科學解釋 臍下爲小腸之位，悸者動也。所謂奔豚，爲氣自小腹上逆衝心之證狀，實即腸蠕動過盛而發之疝痛也。故湯本求眞謂其痙攣，不在肌表，而在腹底，按之有痛者是。至發汗後，旣傷心力，亦妨害腎臟功能，何以誘發腸蠕動過盛，雖知爲神經反射作用，但不明其病理之所以然！

方十八　茯苓桂枝甘草大棗湯

茯苓半斤　桂枝四兩　甘草炙二兩　大棗擘十五枚

右四味，以甘瀾水一斗，先煮茯苓減二升，納諸藥，煮取三升，去滓，溫服一升，日三服。作甘瀾水法，取水二斗，置大盆內，以杓揚之，水上有珠泡五六千顆相逐，取用之。

方解 茯苓，含茯苓酶百分之八四，爲單純之葡萄糖，有顯著之營養價值，且能鎭靜神經興奮，及利尿作用，本方用爲主藥，顯係汗後失液，神經虛性興奮而痙攣；桂枝爲辛熱芳香劑，有強心及緩解平滑肌痙攣作用，甘草及大棗，亦有緩和與利尿作用，故本方組合之精義，在於茯苓之滋養強壯，桂枝之緩解痙攣，甘草與大棗，佐桂枝茯苓，強壯其功能，緩解其痙攣，而動悸與奔豚可除。

前賢學說

(1)甘瀾水，諸說不一，成氏云：揚之有力，取不助腎邪。徐氏云：甘而輕，取其不助腎邪，而益脾土。柯氏云：甘瀾水將似奔豚，而性則柔弱，故又名勞水。錢氏云：動則其性屬陽，揚則其性下走故也。張氏錫駒云：揚之無力，以其不助水氣。徐大椿云：大約取其動極思靜之意，以上均爲臆說，且今人亦鮮注意及斯，姑書以示古人之用意耳。

(2)傷寒類方曰：先煮茯苓者，凡方中專重之藥，法必先煮。

(3)譚次仲曰：健胃理腸之品，大抵皆利用藥物有苦味，芳香，辛辣之氣味爲之，惟三者之中，以芳香與辛辣劑，更能緩解平滑肌痙攣，鎭靜胃腸蠕動，故於胃腸蠕動過盛所發生之疼痛，最有卓效。桂枝爲芳香健胃劑，故本方用爲治奔豚之主藥，茯苓大棗甘草爲調緩藥，用以減緩桂枝之

戟刺，爲應用熱劑必要之條件。

(4)湯本求眞曰：本方但以苓桂朮甘湯，去朮加大棗而已，但本方獨存茯苓，而不佐白朮，則利尿作用相差甚遠，然有大棗，則治攣急作用過之，此本方之所以治奔豚也。於腹證上，前方（桂苓朮甘湯）爲右腹直肌之攣急微弱，而本方有明顯，按之則痛之證；但與芍藥之攣急，浮於腹表而强硬者異，此沉在腹底，有軟弱觸覺，而攣引也。又云：治腹痛衝胸者，有屢用屢驗之效。

(5)勿誤藥室方函口訣曰：此方主臍下之動悸，大棗能治臍下之動也。此方原治奔豚之屬於水氣者，然運用之而治飲游（即胃擴張），亦有特效。

(6)時還讀我書續錄云：古方之妙，殆不可思議，苓桂甘棗，治游囊（胃擴張）累年不愈，爲余數年所實驗，應如桴鼓，妙不可言。

前賢治驗

(1)生生堂治驗：一男子，年三十，奔豚日發一次或二次，甚則牙關緊急，人事不省，百治不效，先生診之，臍下悸，按之痛，使服苓桂甘棗加大黃湯，兼反胃丸二十丸，每日一次，旬餘愈。

(2)橘窗書影：一婦人，年三十餘，少腹有塊，時時衝逆於心下，顏色青慘，身體微腫，前陰漏下污水，雖經醫治療，藥汁入口即吐，余診曰：病非難治，藥力不達也，誓服藥，必可治。病者大悅，因與苓桂甘棗湯加紅花，始得胃納，乃連服數月，上衝止，腫氣去，兼用龍硫丸（龍骨硫磺二味爲丸），污水減，塊大安。

又一女子，二十許，臍下有動悸，任脈道拘急，時時衝逆於心下，發則弓角反張，人事不省，四肢厥冷，呼吸如絕，數醫療治不驗，余診曰：奔豚也，與苓桂甘棗湯，使服數旬，病減十之七八，但腹中尙拘急，或手足拘急，因兼用當歸建中湯，數月全愈。

七、腹脹滿證——厚朴生薑半夏甘草人參湯

第72條（原67條）　發汗後，腹脹滿者，厚樸生薑半夏甘草人參湯主之。

傳統解釋　發汗傷其胃氣，致失健運，故腹脹虛滿，用厚朴以去滿脹，人參甘草生薑以補胃理氣。

科學解釋　發汗後，損傷胃機能，消化力不足，故曰胃寒，食物消化不盡，發酵而成氣體壅盛，故脹滿。用厚朴生薑促進腸胃之消化機能，而排除氣

體，人參甘草，健胃補脾，半夏減少分泌，制止發酵，則虛滿可除。脹滿有胃病與腸病之殊，譚次仲云鼓腸，陸淵雷與丹波元堅以為胃寒，所幸理胃之劑，亦即理腸之劑，治無分別，無庸斤斤於此也。

方十九　厚朴生薑半夏人參甘草湯

厚朴半斤去皮炙　生薑半斤切　半夏半升洗　人參一兩　甘草一兩炙

右五味，以水一升，羹取三升，去滓，溫服一升，日三服。

方解　厚朴生薑半夏，味辛性溫，有行氣溫中之效，對虛寒脹滿之證，確能寬中消滿作用，人參甘草，味甘微溫，有興奮強壯之功，對衰弱之胃腸，有恢復其機能作用，故本方胃腸機能衰弱，而致脹滿者，有殊功。即慢性腸胃炎之痞脹鼓腸，及十二指腸潰瘍皆可治之。

藥解

二十一　半夏之藥效

(1)性味：辛溫香燥，有小毒。

(2)成分：含植物固醇、精油、脂肪、及揮發性生物鹼。

(3)藥理：①能降低嘔吐中樞之興奮，故能止吐。用於妊娠惡阻，及因慢性胃炎，或胃潰瘍而致嘔吐者有效；並治頭痛、痰咳、脚氣、慢性腎炎、肝胰膿瘍等。②其揮發性生物鹼，能麻痺末梢性運動，並對獨立性神經系有似菸鹼作用。③解除支氣管痙攣，使咳嗽輕微，間接有減少分泌作用。

(4)主治：為止吐劑，並有祛痰平喘作用。為治噁心嘔吐之要藥，並治咽痛肺痛、痞滿、痰飲、慢性胃粘液性胃炎、咳逆痰湧。外用生搗敷、消腫、止瘡傷出血、瘡毒、足皰等。

前賢學說

(1)陸淵雷：其病當為胃炎，胃擴張之類，急性胃炎初起，往往惡熱頭痛，類似傷寒，本非發汗所能愈。似此湯，此等病，舌苔常垢膩，其邊尖常紅，口涎常多，常作嘔，大便秘結或自利，以此得與傷寒鑑別。

(2)譚次仲曰：中醫腹滿，所包範圍至廣，腹膜炎、盲腸炎等，其腹滿緣於鼓腸者，至為習見；乃腸內積氣所致，積氣因腸加答兒所致，亦即腸粘膜炎也。腸加答兒之證狀頗多，若大腸炎特重者，為水瀉腹痛，因大腸吸水至多，而泌水亦無限也；直腸之炎特重者，為下痢，裡急後重而腹

痛，因直腸泌水不多，且該部紅腫，壓迫直腸神經，頻頻催起便意也；小腸炎特重者，即鼓腸與便秘，因小腸主吸收，既病則吸收障礙，輸送力弱，腸內容物起發酵還元作用，而成氣體，氣體積蓄而成鼓脹也。

又云：治腸胃不離苦味芳香辛辣劑，中醫治大腸水瀉，習用白朮，微芳微香微苦之劑；生薑之辛辣健胃，亦理腸胃，半夏辛辣之劑，習用胃病止嘔劑。腸病亦用之，有制消化腺分泌作用；人參甘草爲調緩藥，人參微苦，亦有健胃作用。本證有發熱者，用柴胡桂枝湯甚佳，如用熱療，則理中四逆輩多效，芩連輕量用之亦好，此皆氣味之功，爲理胃腸之正法。

(3)聚類方廣義：本方治霍亂吐瀉後，腹猶滿痛，有嘔氣（即乾嘔）者，腹滿非實滿也。

(4)張氏醫通：治胃虛嘔逆，痞滿不食。

(5)喻昌傷寒尙論：治泄後腹滿，果有驗。

(6)聚類方辨：治血氣外行，腹有留飲，不能消化者。又發汗後，氣血外行，腹脹滿者。

前賢治驗

(1)證治大還：孫召治一女子，心腹脹滿急不變，經曰：「三焦脹者，氣滿皮膚，硜硜然石堅。」遂以仲景厚朴生薑半夏甘草人參湯，下保和丸，漸愈。

(2)張氏醫通：石頑治總戎陳孟庸瀉利腹脹作痛，服黃芩白芍之類，脹急愈甚，其脈洪盛而數，按之則濡，氣口大三倍於人迎，此濕熱傷脾胃之氣也。與厚朴生薑半夏甘草人參湯，二劑痛止脹減，而瀉利未已，與乾薑黃芩黃連人參湯二劑，瀉利止，而飲食不思，與半夏瀉心湯二劑而安。

八、惡寒證－－芍藥甘草附子湯

第73條（原69條） 發汗後，病不解，反惡寒者，虛故也，芍藥甘草附子湯主之。

傳統解釋 發汗病不解，反惡寒者，歷來有下列三學說，若照文意解釋，當以第一說爲佳，第二三兩說之「反」字，釋頗勉強。

(1)醫宗金鑑以發汗病不解之「不」字，當是衍文，蓋發汗病不解，則當惡寒，今日「反惡寒者」，正所謂病解之義也，病解惡寒，始謂之虛。方有執亦同此意。

(2)陳修園唐容川、余無言、徐彬、曹穎甫等，均照原文解釋，以病解，而惡寒獨盛，故曰「反」。

(3)或言「病不解」，就大體言之，因仍有惡寒在，足見營衛俱虛，體不復元，非謂表不解也。

科學解釋 既云發汗，則當有表證，如病不解，自當惡寒，無用「反」字之必要，所云「反惡寒者，虛故也」正因病解，頭痛發熱等證已去，而反有惡寒之證。此非表邪仍在，乃因汗後，放溫過多，體溫降低，故惡寒也。

但亦有因病理之戰刺，引起生理機能反常者，如勞倦過甚，能發熱、頭痛，一身盡痛；傷食亦能發熱、頭痛、腹痛、氣逆、肢冷；精神上猝受刺激，亦能發熱、頭痛、氣逆、肢冷等，如誤認感冒而發汗，藥不對症，故病仍不解，反而損其陽氣而惡寒。

本條發汗之後，反見惡寒，可見其病原不惡寒，亦非表邪，其病不解，亦原非外感，但本論以外感熱性病論列，謂非外感，其孰信之。總之，汗後反惡寒者，示機能之衰退，**辨虛實之法**也。

汗後津液已虧，故用芍藥之微苦微酸，以歛陰和血，附子辛溫，促進體溫之增進，故虛寒之證可愈。

方二十　芍藥甘草附子湯

芍藥　甘草炙各三兩　附子一枚炮去皮破八片

右三味，以水五升，養取一升五合，分溫三服。

方解 虛寒之症，為心力衰弱，血液供應缺少，代謝功能不足，產溫量少，故惡寒；而惡寒，同時為腦神經不安之感覺。若用興奮強壯之劑，增加心力，加強血液運行，則各細胞代謝機能旺盛，產熱增多，體溫恢復，而大腦亦無不安之感覺矣。故以附子之興奮及強壯劑，用強壯心力而平腦；用芍藥甘草，調和血液，使恢復正常生理之狀態。

前賢學說

(1)陸淵雷曰：此湯及乾薑附子湯，俱為陽虛之候，惟彼則汗下逆施，表裡之陽俱虛，故用生附以配乾薑；此則過汗，虛其表陽，而有肌攣之證，故用炮附以配芍藥。病不解，反惡寒，為陽虛之故；然但以惡寒而用此湯，則證候不備，吉益氏之說，而後方（茯苓四逆湯）可施用。

(2)張氏醫通：芍藥甘草附子湯，治瘡家發汗而成痙者。

(3)類聚方：此方加大黃，名芍藥甘草附子大黃湯，治寒疝，腹中拘急，惡寒甚，腰脚攣痛，睪丸腫，二便不利，有奇效。

(4)勿誤藥室方函口訣：本方不僅治發汗後之惡寒，並治芍藥甘草湯證之屬於陰位者，又附子代以草烏，而有治蟲積之妙。凡下部之冷，專於腰以下者，苓薑尤甘湯也，專於脚部者，此方也。

(5)湯本求眞曰：本方之適應證，爲腰部神經痛，坐骨神經痛，關節強直證等。

九、亡陽證――眞武湯

第74條（原86條）　太陽病，發汗，汗出不解，其人仍發熱，心下悸，頭眩，身瞤動，振振欲擗地者，眞武湯主之。

傳統解釋　太陽病，應發汗而解，汗雖出而病不解，反增心下悸、頭眩、身瞤動，振振欲擗地者，以汗多亡陽；上虛則眩，中虛則悸，經虛則身瞤動，振振欲擗地也。以眞武湯溫經復陽而治之。按上文「發汗病不解，反惡寒者，虛故也。」又有「發汗後，惡寒者，虛故也；不惡寒，但熱者，實也。」是以汗後惡寒，定其虛，則本節汗出不解，仍發熱，豈不可認爲實乎？奚作虛而治之！蓋不惡寒但熱，所以爲實者，是轉屬陽明之漸；本節仍發熱，兼見心下悸、頭眩、身瞤動等虛證迭現，故定其爲虛。凡辨證當以全盤推斷，不可偏執一證而論也。

科學解釋　太陽病，即泛發性熱病之意。發熱，應用解熱劑，汗出爲驅熱之最佳方法；但用解熱劑，汗出而熱不解，間有服二三劑者，桂枝湯方後，即有明註？此即證明解熱，未必一劑即能退熱也。若服一劑後，汗出而症仍不變，故可再服；若服後，熱仍不解而反見心臟衰弱，强用力之悸動，及腦貧血之眩暈，神經緊張之身瞤動，而不能坐立欲臥者，則不可再服；應以强心壯腦之劑以治之，故用附子生薑之强心壯腦而平悸定眩，更加芍藥以調和血液，緩和神經，茯苓白尤之健胃，恢復生理性能而治之。少陰篇，亦有眞武湯證以治水氣者，因茯苓以利水，生薑白尤附子以健胃，證雖不同，藥能兼治，故亦主之。（方在少陰篇）

前賢學說

(1)黎祕留云：「頭暈而不兼心悸者，多實症（即腦充血）；頭暈而兼心悸者，則必虛證」（即腦貧血）。實經驗之談也。

(2)傷寒緒論曰：不得眠者，皆爲陽盛，切禁溫劑；惟汗吐下後，虛煩，脈浮弱者，因津液內竭，則當從權，用眞武湯溫之。

(3)易簡方：眞武湯，不惟陰證傷寒可服，若虛勞之人，憎寒壯熱，咳嗽下利，皆宜服之，因易名固陽湯。但湯本求眞則云，不是陽虛證，不可漫然服本方。

前賢治驗

(1)醫史櫻寧生傳曰：宋可與之妻，暑月身冷，自汗、口乾、煩躁、欲臥泥水中。伯仁診其脈，浮而數，按之豁然而虛數，曰：此陰盛隔陽，得之於飲食生冷，坐臥風露者，煎眞武湯使冷服之，一進汗止，再進煩躁去，三進平復如初。

(2)醫學綱目：孫兆治太乙宮道士周德眞，患傷寒，發熱汗出多，驚悸目眩，身戰掉欲倒地，衆醫有欲發汗，有作風治者，有用冷藥解者，病皆不除，召孫至曰：太陽經病，遂作眞武湯服之，三服，微汗自出，遂愈。

十、陽虛誤汗變證——甘草乾薑湯‧芍藥甘草湯

第75條（原30條）　傷寒脈浮，自汗出，小便數，心煩微惡寒，脚攣急，反與桂枝湯，欲攻其表，此誤也；得之便厥，咽中乾，煩燥吐逆者，作甘草乾薑湯與之，以復其陽；若厥愈足溫者，更作芍藥甘草湯與之，其脚即伸；若胃氣不和，譫語者，少與調胃承氣湯；若重發汗，復加燒鍼者，四逆湯主之。

傳統解釋　傷寒脈浮，自汗出，中風證也；微惡寒，表虛也；心煩，脚攣急，陰液不足，水火不濟也，應用桂枝加附子湯，固表止汗，回陽解熱爲治。反僅用桂枝湯，則更亡其陽，更刼其液，故得之外則手足厥冷，內則咽喉乾燥，津液少，不足自奉而煩躁；元氣微，飲食不化而吐逆。夫胃爲後天之本，故先用甘草乾薑湯，溫中而復胃之陽，則厥愈足溫；再用芍藥甘草湯，以和陰救液，則足伸；若胃中稽熱而不和，上衝於腦則譫語，則稍與調胃承氣湯，以和胃氣；若治不識此，重發汗而復燒鍼，則陽精陰液俱虧，急以四逆湯以先回陽也。

科學解釋　傷寒，指發熱而言，脈浮自汗出，微惡寒，乃太陽中風證，桂枝湯所主治也；惟小便數、心煩、脚攣急爲異耳。此乃內熱液少，神經虛性興奮之所致，而桂枝湯亦興奮神經，增加體溫，加劇腦證，故不可與之。

若反與之，則熱熾傷津，分泌少而咽中乾；熱擾胃脘，感覺過敏而煩躁吐逆；熱甚則心臟過度興奮而衰弱，又四肢距心較遠，心力不足，血流量少而厥冷。熱性病之不良轉歸，爲心臟衰弱，故治療學上，解熱劑中，恒佐以強心之藥，以免心力之休克。惟本證厥而未逆，心力雖有衰竭之機，而減退不甚，故不用附子之強心，僅以甘草乾薑湯以溫胃，興奮血液循環，則厥愈足溫矣。而體液未復，神經之興奮未除，再用芍藥甘草湯之苦甘寒安撫劑，緩和神經，鎮靜大腦，則攣解而足伸矣。若腸胃爲熱性藥之戟刺而燥結，發出譫語，則用緩下之調胃承氣湯，瀉熱平腦，則熱除譫語止矣。設病不了了，重發汗而復燒鍼，一誤再誤，心臟衰竭，神經錯亂，則應以四逆湯強心平腦，救逆回陽，非此不治，故曰主之。

方二十一　甘草乾薑湯

甘草炙四兩　乾薑炮二兩

右二味，以水三升，煮取一升五合，去滓，分溫再服。

方解　炮薑爲鎮痛興奮劑，治心臟衰弱，虛性興奮等證；乾薑爲健胃興奮劑，治虛寒厥冷，反胃嘔吐等證。本方之用炮乾薑，取其強心健胃，以愈厥增溫，甘草取其調緩薑性之刺激，而求藥效之全功。

前賢學說

(1)外臺引備急方：療吐逆，米水不下，甘草乾薑湯。

(2)直指方：甘草乾薑湯，治腹中冷痛，嘔吐不食；男女諸虛出血，胃寒，不能引氣歸元，無以收約其血。

(3)朱氏實驗方：二神湯（即本方），治吐血極妙。治男子婦人，吐紅之痰，蓋是久病，或作急勞，損其營衞，壅滯氣上，血之妄行所致。若投以藕草生地等涼劑治之，必求其死矣。每遇患者，用藥至簡，每服二錢，水一中盞，煎至五七沸，帶熱呷，空心日午進之，和其氣血營衞，自然安痊，不可不知。

(4)類聚方廣義：甘草乾薑湯之厥，只是誤治，一時激動急迫之厥也，不比四逆湯之下利清穀，四肢拘急，脈微，大汗厥冷也。甘草倍乾薑者，所以緩其迫急也。觀咽中乾，煩躁吐逆之證，可知其病情矣。

(5)吳遵程方法：甘草乾薑湯，即四逆湯去附子，辛甘合用，專復胸中之陽氣，其夾食夾陰，面赤足冷，發熱喘咳，腹痛便滑，外內合邪，難以發

散，或寒藥傷胃，合用理中，不便參朮者，並宜用之，眞胃虛挾寒之聖
劑也。若夫脈沉畏冷，嘔吐自利，雖無厥逆，仍四逆湯證。

方二十二　芍藥甘草湯

　　芍藥四兩　甘草炙四兩

　　右二味，㕮咀，以水三升，煑取一升半，去滓，分溫再服。

方解　本方藥味簡單，方意照然，故不申述。

前賢學說

　　(1)魏氏家藏方：六半湯（即本方），治熱濕脚氣，不能行步。

　　(2)朱氏集驗方：本方止腹痛如神，脈遲爲寒，加乾薑，脈洪爲熱，加黃連。

　　(3)古今醫統：本方治小兒熱腹痛，小便不通，及痘疹肚痛。

　　(4)類聚方廣義：本方治腹中攣急而痛，小兒夜啼不止，腹中攣急甚者，亦
　　　奇效。

前賢治驗

　　(1)吉益東洞建殊錄：雲州醫生祝求馬，年可二十，一日，忽苦跟痛，如錐
　　　刺，如刀割，不可觸近，衆醫莫能處方，有一瘍醫，以爲當有膿，刀劈
　　　之，無效，於是迎先生診之，腹皮攣急，按之不弛，爲芍藥甘草湯飲之
　　　，一服，痛卽已。

　　(2)中神琴溪生生堂醫談：一翁，年五十許，閒居則安靜，聊勞動則身體痛
　　　不可忍，家事坐廢，殆三十年，醫藥無一效，來請余診之，周身有靑筋
　　　，放之，迸出毒血甚夥，卽與芍藥甘草湯，約十次而復常，任耕稼矣。

　　(3)大倉麻疹一哈：伊勢某，丙申夏，患麻疹，疹後數十日，自舌本左邊至
　　　牙齦，腫痛如刺，又自耳根至右額，痛楚殆不可忍，呻吟震屋，四鄰來
　　　進醫，更醫十一人，與芎黃散梅肉散（卽梅肉，梔子霜，巴豆，輕粉
　　　）輩，不知，或緩或急，遷延自若，至戊戌春三月，請予診治，舌本强
　　　直，且腫痛不能言，妻爲告其苦狀，因按其腹，自臍下至心上，腹皮攣
　　　急甚，又無他異，乃作芍藥甘草湯與之，下利日二三行，痛楚減半，二
　　　十日所，腫痛全愈，能言語，再詳其腹候，胸腹微滿，時或微痛，時以
　　　紫丸攻下之，每服下利如傾，十日一次，凡五六次無慮百日所，諸證全
　　　治，健食倍故。

備考　調胃承氣湯列陽明篇，四逆湯列少陰篇。

第十四節　下後變證

一、挾熱下利證——葛根黃連黃芩湯

第76條（原35條）　太陽病，桂枝證，醫反下之，利遂不止，脈促者，表未解也；喘而汗出者，葛根黃連黃芩湯主之。

傳統解釋　太陽病，桂枝證，應解肌而反下之，此誤治也。下傷胃腸，遂利不止。如邪已入裡，脈當沉遲弱濇，今反急促者，知邪仍在表也；又喘而汗出，知邪逆於胸，猶欲上出，內亦有熱也；則解表清熱而喘利自止矣。然表不解而內熱甚，故用辛涼發汗之葛根爲主藥，芩連苦寒清熱止利者爲佐。惲鐵樵、余無言謂喘而汗出之下，應加「表已解也」句，誤矣。夫喘而汗出，既用芩連爲治，當內熱可知，內熱則血液暢通而脈搏急促，乃爲一般之現象，故喘而汗出，與脈促，其理一貫，而且相關；促既表未解，則喘而汗出，表仍未解，此其一也。喘而汗出，有虛實之分：虛喘虛汗，即所謂陰證，未有不心力衰弱者，其能用芩連，心力當不衰弱可知；證既屬陽，喘汗既非裡陰之證，當屬表證未解，此其二也。且葛根之藥，可發汗解熱，其有表證也明矣，此其三也。如表解，僅內熱，何不用麻杏甘石湯，或白虎加人參湯之清熱平喘，其用葛根者，因表仍未解，此其四也。

科學解釋　太陽病，桂枝證，即發熱汗出之謂，治應解肌。若誤下之，原病未除，又新傷胃腸，腸炎之滲出物刺激腸間神經使腸管蠕動加速，致利遂不止。因裡病急，外證反不顯著，似表已解。但病仍在表未除，抗力集湊肌表以拒毒，故脈急促，始知表未解。喘而汗出，因支氣管痙攣，反射汗腺神經興奮而出汗，所以喘者，因胃腸神經受刺激，反射作用有以致之。應用苦寒降輯之劑，以清熱平喘，始能奏效，故用辛涼發汗止利之葛根爲主藥，苦寒消炎之芩連爲佐，甘草之甘平以和胃，則熱解利止喘平而愈矣。

方二十三　葛根黃連黃芩湯

葛根半斤　甘草炙二兩　黃芩三兩　黃連三兩

右四味，以水八升，先煮葛根減二升，納諸藥，煮取二升，去滓，分溫再服。（近用葛根六錢黃芩三錢黃連二錢甘草一錢）

方解　葛根含大豆素，有解痙及抗組織胺和乙醯膽鹼之腸管痙攣，對痢疾桿

菌尤爲顯著，並能增强白細胞及網狀內皮細胞之吞噬功能；黃芩亦有抗菌力，與黃連配伍，不僅增强抗菌功能，且可避免單用黃連之較易產生抗藥性缺點；葛根、黃芩均有較明顯之解熱作；黃芩與甘草尚有抗炎、解毒作用；綜觀全方，四藥配伍，既可增强對痢疾桿菌、大腸桿菌之抗菌作用，又可加强機體之抗病能力及解毒效能，對退熱以及緩解腹痛亦有較好效果。因葛根甘淡輕揚，辛涼解表，更爲治腸胃虛弱泄利之聖藥，佐芩連清熱治利，甘草抗毒和中確爲熱利之主方也。故現代用於急性腸炎，急性菌痢及腸傷寒等，確有療效。

藥解

二十二　黃連之藥效

(1)性味：味大苦，性寒。

(2)成分：小柏鹼佔5％，其他黃連鹼，川連鹼，爲本味之特有成分。

(3)藥理：刺激腸粘膜，及腸淋巴腺，使淋巴增殖以消炎；更刺激腸胃神經，促進消化與吸收，故有止瀉作用，亦即中醫所謂之「厚腸」。②有收歛性，能收縮子宮及膀胱，對眼、胃、及腸之炎證，因其制止發酵，及收歛作用，故有效。③能降低血壓，故可減輕上部充血，用大量則影響血液循環，脊髓運動中樞，受其抑制。④對金黃色葡萄狀菌，有直接制菌作用；溶血性鏈球菌A、B，抗生力最強；肺炎雙球菌、葡萄球菌、霍亂弧菌、傷寒菌、白喉菌較強，對細菌性痢疾，效果良佳，不亞於磺胺劑。

(4)主治：爲苦味健胃及制菌消炎劑，並有解熱作用。治急慢性胃炎、消化不良、瘧疾脾腫、急性腸炎、泄瀉腹痛、細菌性赤痢、傷寒黃疸等傳染熱病、子宮炎、陰道炎、及上部充血病證；如目赤腫痛、口鼻生瘡、唇舌腫痛、上部出血、大腦興奮等症狀。藥用少量二三分，爲苦味健胃劑，外用可治一切化膿性疾病，作眼藥，可點治結合膜炎。

(5)附記：配黃芩、黃柏、知母、甘草，治急性胃炎；配槐花、枳壳、乳沒，治初期赤痢；配黃芩、茯苓、白朮、大黃、枳實、澤瀉，治胃酸缺乏消化不良證；配菊花、桑葉，治漏膿眼。

二十三　黃芩之藥效

(1)性味：味苦，性寒。

(2)成分：含黃芩素，黃芩配糖體，水解後產生黃芩次素，與葡萄醛酸。

(3)藥理：①有解熱作用，②對腸胃炎證，均有相當功效，③對白喉菌、溶血性鏈球菌、葡萄球菌、霍亂弧菌、傷寒菌，均有抗生作用，④能降低血壓，唯對惡性高血壓無效。

(4)主治：為消炎、解熱、制菌、健胃劑，並有平血壓作用。治胃腸炎、胸悶下利、肺炎、咽喉炎、膀胱炎、尿道炎、傷寒、副傷寒、發熱性黃疸、上呼吸道感染性發熱，及急性傳染病發熱、高血壓、吐血、衄血、咯血、尿血、子宮出血、月經過多、陰道炎、常習性流產、及化膿性外證等。

(5)附記：黃芩之用有五：①瀉熱，②清上焦風熱，皮膚風濕，③除脾經瘀濕，④婦人產後，養陰退熱，⑤安胎。

前賢學說

(1)方輿輗：下利初起，用葛根湯，表證雖解，脈益促，熱猶盛者，可用葛根芩連湯。

(2)元堅曰：此方移治滯下有表證，而未要攻下者，甚效。

(3)類聚方廣義：此湯治平日項背強急，心胸痞塞，神思悒鬱不得舒暢者，或加大黃。

(4)勿誤藥室方函口訣：此方治表邪內陷之下利有效。尾洲之醫師，用於小兒疫痢，屢有效云，余用於小兒下利，經驗亦多。此方之喘，乃熱勢內壅所致，非主證也。

(5)橘窗書影：凡大熱下利，挾驚者，葛芩連也。昏睡不醒者，為重證，下痢劇者，亦葛芩連也，緩者，葛根加黃連。

(6)承淡安曰：本條分作二節看，利遂不止為一節。以桂枝證誤下，下劑刺激腸蠕動，於是奔集於肌表之血即向下趨，表分之熱亦隨之而入，遂引起腸中發炎而為利下不止；方書所謂「表熱下陷、協熱下利」；此時用葛根芩連湯主治之。脈促至表未解又為一節，誤下之後，脈見浮數急促，則因血向下趨，心臟則加強搏動，鼓血外行，血壓亦高，助血與熱向外奔放，於是症見喘而汗出，此時宜桂枝加葛根湯助正氣之向外拒抗以解之。觀表未解一句，即知應解表，葛根芩連湯非解表之劑，治表熱下陷而利之劑，應置於利遂不止之下解乃合。

本條原文「喘而汗出者」，在「表未解也」之下，可改為「脈促，喘而汗出者，表未解也」，明顯通順。

前賢治驗 經方實驗錄：李孩，疹發未暢，下利而臭，日行二三十次，舌質絳，而苔白腐、唇乾、目赤、脈數、寐不安，宜葛根黃芩黃連湯，加准山藥、升麻，服後，其痢漸稀，疹透有增無減，逐漸調理而安。

二、虛寒下利證——桂枝人參湯

第77條（原171條） 太陽病，外証未除，而數下之，遂協熱下利，利下不止，心下痞鞕，表裡不解者，桂枝人參湯主之。

傳統解釋 太陽病，表證未解，不可下，下之為逆，而醫反數下之，則表未解，而裡氣已損，因而作利，利下不止；裡虛氣脹，故心下痞鞕，外證未除，而裡又下利痞硬，故曰表裡不解，用桂枝以解表退熱；理中湯溫裡止利，陰陽並治，正氣旺而邪自去矣。但本論曰：「太陽病，桂枝證，醫反下之，利遂不止，脈促，喘而汗出者，葛根黃連黃芩湯主之。」，而此則與桂枝人參湯，溫涼異治者，何也？蓋彼則下之，此則數下；彼則喘而汗出，此則心下痞鞕，虛實之勢自異，溫涼之治法亦殊也。但協熱下利，間多以陽邪陷入下焦，挾表熱而利也，果爾，則尚可用辛熱之理中乎？程知（應旄）曰：「利有寒熱二證，但表邪不罷者，皆為協熱利也」誠然。

科學解釋 泛發病未解而下之，因人體質之異，續發病亦各不同。凡消化器官薄弱之人，下之益損其機能，若迭次瀉下，其機能益減退，有因藥物之刺激而發炎（有輕重之別），有因胃肌緊張失力而擴張，弛緩，下垂，本條係後者之續發證，故用辛辣之理中劑以健胃止利，桂枝以解熱；若前者炎證有熱，故用黃芩黃連之消炎，葛根以退熱，此素因各異，病變不同，而處治亦殊也。豈可以協熱之利，概云寒耶，熱耶！

方二十四 桂枝人參湯

桂枝四兩 甘草炙四兩 白尤三兩 人參三兩 乾薑三兩

右五味，以水九升，先煑四味，納桂，更煑取三升，溫服一升，日再，夜一服。

方解 本方應名人參湯加桂枝，而今反名桂枝人參湯者，以示先解表之意耳，且桂枝除解表之外，兼有溫中健胃之功，有助理中湯之理胃腸也，故為主藥。理中湯之主證，為胃腸機能衰弱，消化與吸收，均感不足，故消化

不足而發酵脹滿痞硬，吸收不足而痛瀉不止，用乾薑白朮，增強腸胃機能，促進消化與吸收作用，人參能興奮強壯腸胃組織與神經，甘草甘緩，協調諸藥，故全方爲胃腸衰弱者之主劑，加桂枝者，以有表邪故也。

前賢學說

(1)方極：桂枝人參湯，治人參湯（主治心下痞硬、小便不利、或迫急、或胸中痺者。）而上衝迫急者。

(2)方輿輗：初起泄瀉痢疾混同者；或泄瀉一二日，膿血下，遂爲痢者，宜用此方。（應辨寒熱，不可混治。）

(3)類聚方廣義：頭痛發熱，汗出惡風，肢體倦怠，心下支撐，水瀉如傾者，秋夏之間多有之，宜此方。按人參湯主吐利，此方主下利有表證者。又素有裏寒，挾表熱而下利不止，主以桂枝人參湯者，桂枝解表，尤薑蜀寒飲，止下利，人參解心下痞鞕，甘草緩其急，加損一味不得，古方之簡約而得其妙如此。

三、表裏救治緩急法－－桂枝湯－－四逆湯

第78條（原95條）　**傷寒，醫下之，續得下利，清穀不止，身體疼痛者，急當救裏；後身疼痛，清便自調者，急當救表。救裏宜四逆湯，救表宜桂枝湯。**

傳統解釋　病有表證未解，而裏證又急，有不得不先下者，此即傷寒，醫下之之理。下後裏急未除，反下利不止完穀不化，則陽虛陰盛，生機僅一綫矣，雖有表證發熱身痛等，當以救裏爲急。至圊便自調，則裏已和，陽已復，乃可解表。病既裏邪除，清便自調，胃陽復，表邪雖未解，當亦不甚，不必用麻黃之大發汗，因下津液已虛而未復也，故用桂枝湯解肌可也。

有云：應改麻黃湯者，非也！本論中，下後攻表，概用桂枝湯，豈盡傳寫之誤歟！

科學解釋　本條以發熱下利並見，須分輕重緩急，而定救治之先後也。如發熱特重而裏證較輕，則當先用解熱劑以退熱，熱退而利亦可止，葛根湯之治發熱而下利者，此其例也。若下利不止，完穀不化，則腸胃機能衰竭營養無法吸收，有虛脫之虞則裏證危急，應急用四逆湯之薑附辛辣與奮劑，強心健胃，挽救垂危之生機，即本條之例也。救裏之後，生理機能恢復，清便自調，但身體仍痛，則可用桂枝湯以助肌表之抗毒力，驅毒外出而症

可全癒。蓋中醫之治病，非如西醫之特效療法，直接用藥物撲滅病菌，乃以輔助正氣（即抗力，亦謂自然療能），以達祛毒為目的。若正氣不足，不先予恢復，則藥力無所憑藉，非但難以解疾，但因藥之副作用，且有害於其他生理機能，愈陷病於嚴重之地；胃腸為一切營養供給之主要機構，恢復腸胃機能，即是恢復抗力，故中醫以「有胃則生」，「以胃為本」之說，洵屬千古名言，凡我醫者，祈三復斯言。

四、虛脫下利證──赤石脂禹餘糧湯

第79條（原 167 條）　傷寒服湯藥，下利不止，心下痞鞕，服瀉心湯已，復以他藥下之，利不止，醫以理中與之，利益甚；理中者，理中焦，此利在下焦，赤石脂禹餘糧湯主之；復利不止者，當利其小便。

傳統解釋　傷寒病而誤用下劑，表邪內陷，腸胃虛弱，下利不止，心下痞硬，按法應服瀉心湯。服湯已，痞鞕雖愈，而利仍未止，或疑腸中有積，又以他藥下之，利仍未止，疑以中焦虛寒，與理中湯養脾胃，反利益甚；此利在下焦滑脫，非中焦虛寒故也。故以赤石脂禹餘糧湯之收濇劑以固脫；若利仍不止，則利其小便，使腸中水分減少，以作疏導之治法也。

科學解釋　傷寒服湯藥後，下利不止，心下（胃中）痞硬，均為腸胃病，理腸之劑，應首先考慮。若胃腸有炎證灼熱之感覺者，理應用苦味之瀉心湯，消炎解痞；若胃腸機能衰弱，消化吸收不足者，應用芳香辛辣之理中湯，以健胃整腸；若大腸失力而滑脫者，則宜收濇之赤石脂禹餘糧湯，以吸著之；若腸中有燥屎而下利者，應用承氣湯而下之；若胃中食滯痞滿噯臭者，亦可用消化劑以消導之，此理腸胃病之大概也。本條傷寒誤下，損傷及腸胃，故心下痞滿，下利不止，如表邪（寒熱）仍在者，可用桂枝人參湯，或大柴胡湯，以表裏兼治；如寒熱已，而以瀉心湯消炎解痞；如病重藥輕，其病未盡，醫以瀉心無效，而又以他藥下之，利仍未止。一誤再誤，腸胃機能益弱，吸收之力益減，利下仍不止；至是，醫以虛寒，而與溫補之理中以健胃止利，仍亦未止，反而益甚，則知非胃中虛寒，乃大腸滑脫也，故用赤石脂禹餘糧湯吸著之劑，以濇滑固脫。若服湯已，利仍未止，則必泌尿機能障礙，水分不得排泄，腸部起代償性之下利也，當調整泌尿系統，利其小便，去其病原，則下利自止矣。

方二十五　赤石脂禹餘糧湯

赤石脂碎一斤　禹餘糧碎一斤

右二味，以水六升，羮取二升，去滓，分三服。

方解　赤石脂，禹餘糧二味，味均酸濇，有收斂作用兼有吸著功能，對於腸管失力之久瀉久痢，有斂腸止利之功，故滑脫利者宜之。

藥解

二十四　赤石脂之藥效

(1)性味：甘溫酸濇，性平、無毒。

(2)成分：矽酸鋁，及少量之鐵、鈣、鎂、錳等元素。

(3)藥理：本品酸濇，含有醻酸，故有腸收斂作用；并有吸著功效，故內服能吸著腸內之毒物，及食物發酵之異常產物，對腸炎之創面，有局部披覆保護作用，止痛止血之功能，即在此。

(4)主治：為收斂性吸著劑。適用慢性痢疾及腹瀉，無炎性之腸出血；能保護胃腸粘膜，故對出血，赤白帶下，月經過多等證用之。並可用於中毒，以限制毒性之吸收，有吸著解毒之效。

二十五　禹餘糧之藥效

(1)性味：甘濇、性平、無毒。

(2)成分：氧化鐵，及粘土。

(3)主治：為收斂止瀉劑。治慢性之久瀉久痢，又為止血藥，能制止分泌，治子宮出血、腸胃出血帶下等。

前賢學說

(1)幼科發揮：下利自大腸來者，則變化盡成屎，但不結聚，所下皆酸臭，宜禹餘糧湯（即本方）。

(2)內科摘要：赤石脂禹餘糧湯，治大腸府發咳，咳而遺尿。

(3)百疢一貫：有滑腸之證，續自下利，腸胃失其常職者，此證非有病毒，以臍下微痛為目的，宜赤石脂禹餘糧湯。

(4)類聚方廣義：此方治腸澼滑脫，脈弱無力，大便粘稠如膿者；若腹痛乾嘔，宜桃花湯，又二方合用，亦妙。

第十五節　汗吐下後變證

一、自愈證㈠――汗出自愈

第80條（原50條） 脈浮數者，法當汗出而愈；若下之，身重心悸者，不可發汗，當自汗出乃解；所以然者，尺中脈微，此裡虛，須表裡實，津液自和，便自汗出愈。

傳統解釋 脈浮數，勢必發熱，按法當發其汗，熱退而解。汗後脈仍浮數，宜桂枝湯；未經發汗而脈浮數，宜麻黃湯。若誤下之，則陽虛而身重，陰虛而心悸，陰陽俱虛，當不可更發汗，更吐更下也；宜用溫中之劑，使自汗出而病乃解。所以然者，因尺中脈微，爲裡虛血少，須待表裡陰陽和，津液調，自汗出，必愈。

科學解釋 脈浮數，爲熱病所常有，故應以解熱之法，發其汗而愈。若誤下之，則傷腸胃，而損心腦，因神經鬆弛而身重，心力衰弱而悸動，故不可更發汗而益病勢，當用強壯興奮之劑，恢復心力，使自然療能增強，積溫釀汗，驅毒袪病，故曰「當自汗出乃解」。脈微，爲心力衰弱，故稱裡虛，待元氣強，津液足，自汗出而病愈。所以然者，解釋之詞也。故疑於後人攙入，不爲無因。

自愈證㈡――陰陽和而愈

第81條（原59條） 凡病，若發汗、若吐、若下、若亡津液、陰陽自和者，必愈。

傳統解釋 凡病，不論傷寒、中風，及一切雜病，經汗吐下亡血等，皆傷津液。雖傷津液，而病毒已去，氣血自和，正氣恢復，其病必愈，無待藥療也。若陰陽不和，病必不解，而當施救耳。然何以知陰陽自和，蓋脈微而緩，神安氣清，飲食自調，無病態也。

科學解釋 人體各種機能之發揮，端賴水份輔助，所謂津液，即生理之水份。若發汗吐下失血，均失其水份，對生理之影響頗大，而病理之變化亦多。生理所需於水者：一則能柔軟組織，使有彈性；再則濡潤組織而免膠粘；三則爲新陳代謝之媒介。若在病理上言：水份缺少，則血液粘稠而失其暢行；血管萎弱而失其彈性；則血行立生障礙，心力即見衰弱，而汗出厥冷脈絕等虛脫之證生矣。此外如分泌減少而燥結，神經失潤而失常，則譫妄痙攣等證，不一而足。

　　但津液亡失，有急慢性之分別，急性者以水瀉狀下利爲最，故霍亂吐

瀉，因失水而致心臟衰竭，或休克，醫多以生理食鹽水注射者，即補充水分，以暢血流故也。發汗吐下，失水雖不多，因有害腸胃，由藥理之刺激，病理之反射，神經之傳導，而間接影響心腦衰弱，亦甚顯著。如本節所謂汗吐下後，雖亡津液，而病毒已去，各臟器組織神經等，無不良影響，飲食自甘，精神清爽，脈象和緩，則消化、吸收、排泄、及分泌等機能，均正常，即所謂氣血自和，病必自愈矣。

若亡津液之結果，而影響嚴重，則必須救治其續發證，如心臟衰弱者，則用興奮強壯劑，急救心腦，切不可用增液湯輩，反害腸胃而絕生機，千萬至要。

自愈證㈢――小便利而愈

第82條（原60條）　**大下之後，復發汗，小便不利者，亡津液故也；勿治之，得小便利，必自愈。**

傳統解釋　大下之後，復發汗，重亡津液，小便當少，以水分內竭故也。勿利其小便，俟其津液回，小便利，必自愈矣。

科學解釋　小便不利之證，其原因有二：一為腎機能障礙，泌尿器病也；另一則體內水份不足，泌尿器無恙也。若泌尿器病，當用茯苓等利尿劑治之，非泌尿器病，而水份缺少者，則利尿劑不可用，用之重亡津液，則病變更甚矣。本條大下之後，又發汗，而小便少者，因水份缺乏，非泌尿器有病，故勿以藥強通之。若「少少與之飲」，體內水份足，則少便利，病必自愈。

備考　小便不利者，有頻數而短少，有赤澀而短少，有點滴俱無之分。總為腎或膀胱之病，膀胱充盈而急脹者，為膀胱病；若膀胱不脹滿者，為腎病，當分而治之。

自愈證㈣――冒家自汗而愈

第83條（原97條）　**太陽病，先下之而不愈，因復發汗，以此表裡俱虛，其人因致冒；冒家汗出自愈，所以然者，汗出表和故也；裡未和，然後復下之。**

傳統解釋　太陽病，應汗而反先下之，徒傷津液，損正氣，而病不愈；因復發汗，重傷其表，此表裡俱虛，邪雖解而不澈，頭昏目眩，蒙冒不清。凡因虛而昏眩者，雖不藥，待正氣復，津液充，自汗出而病愈。所以然者，

表邪解而自和也；設裡未和，然後復可下之。

科學解釋　暈眩之輕者曰「冒」：有因發熱、腦充血，而致之；有因虛損、腦貧血而致之；更有因腸胃吸取穢濁毒素而致之。充血者，退熱則冒止；貧血者，溫補則冒亦止；穢濁者，非用下劑不可。本條汗下頻施，當屬腦貧血之冒；冒既暈眩之輕證，若飲食自調，生理機能恢復，則期待療法可施，毋須急以藥治；待自然療能旺盛，津液自和，汗出體表，微羔可解。若因腸胃不潔而致之冒，則下之以和胃氣可也。

前賢學說

(1)山田宗俊曰：本條爲王叔和所攙入，非仲景之言，凡稱「所以然者」，均叔和言也。

(2)丹波元堅曰：此條爲汗下先後之例而設，以意測之，此本有表裡證，醫以裡急而先下之，後見表證仍在，以發其汗。然被下之際，表邪不陷，亦似表裡之熱，從汗下而解，乃知其病俱輕，但以汗下過當，與先後失序，而致表裡俱虛也。

(3)陸淵雷曰：此條，文不雅馴，理亦柄鑿，非仲景言也。表裡俱虛而冒，爲急性病過程中一種證候，不得稱冒家，謬一矣。冒家汗出自愈，此必表裡已解，惟餘冒證，乃能不藥自愈，而下文云，汗出表和，則是未汗之時，表未解也；又云裡未和，然後復下之，則是既冒之後，裡亦未解也。正氣則表裡俱虛，邪氣則表裡未解，如此正虛邪盛，豈有汗出自愈之理，謬二矣。若謂汗出自愈，是愈者冒，非謂其表裡，則表裡俱虛而病不解者，急當救裡攻表，豈可坐待冒愈，延誤病機，謬三矣。以是觀之，非仲景之言甚明。（至其三謬是否可信，試與「科學解釋」之病理分析而比較之，則有所得矣，編者附及。）

(4)舒馳遠曰：原文云太陽病，則必頭項強痛、惡寒發熱也；曰下之而不愈，是太陽病未解可知矣；因復發汗，不可謂不當。其病之不解，置而不言，乃曰「以此表裡俱虛」、「其人因致冒」，則其冒因汗而致明矣；何又曰「冒家汗出自愈」？又曰「所以然者，汗出表和故也」，其先已發汗矣，其表何以不和？且太陽未兼陽明腑證，何以憑空插出二句曰「得裡未和，然後下之」？況早已下之矣，其裡何不和？叔和僞撰，不通之至。

⑸陳遜齋改正本條爲：「太陽病，其人冒，先下之而不愈，因復發汗，以此表裡俱虛。因冒症汗出自愈，所以然者，汗出表和也。得裡未和，然後復下之」。承淡安認爲條明理清，似可信之。

二、汗出而喘證㈠－－麻杏甘石湯㈠

第84條（原64條）　**發汗後，汗出而喘，無大熱者，不可更行桂枝湯，可與麻黃杏仁甘草石膏湯主之。**

傳梳解釋　承淡安謂本條乃風濕症，與原八條不同。發汗後，再用桂枝湯，本論已有明文，此之所以不可再用者，以病變汗出而喘，無大熱故也。「不可更行桂枝湯」句，應用「無大熱者」之下，文意始合，故改之，以免滋誤。

醫宗金鑑曰：發汗後，汗出而喘，身無大熱，而不惡寒，知邪已不在太陽之表；且汗出而不惡熱，知邪亦不在陽明之裡，是邪在肺中，肺氣滿而喘也。故不可更行桂枝湯，以麻杏甘石湯利肺平喘而解之。

科學解釋　以解熱發汗之後，續發肺炎，雖外熱不高，而肺熱實盛，故喘熱喘汗等，是即局部病，影響全身病也。桂枝湯不能理肺平喘，故不可用，麻黃爲肺家專藥，石膏有清熱解肌之功，麻黃石膏合同，則不發汗而有平喘利肺之效，杏仁佐利肺氣，甘草緩痙攣也。

方二十六　麻黃杏仁甘草石膏湯

麻黃四兩去節　杏仁五十枚去皮尖　甘草炙三兩　石膏半斤碎綿裹

右四味，以水七升，先羮麻黃減二升，去上沫，納諸藥，羮取二升，去滓，溫服一升。（譚次仲云：按習慣用法，石膏七錢，麻黃三錢，炙草二錢，杏仁四錢。）

方解　麻黃爲苦溫發汗劑，然必需配合桂枝，始有效；同時麻黃亦理肺專藥，肺寒則配細辛乾薑，肺熱則配以石膏黃芩。凡喘而汗出，身不惡寒者，乃肺熱也，故以麻黃配石膏，理肺平喘解熱消炎，杏仁苦溫，解肺支氣管之痙攣，而助利肺之功，甘草緩和爲用。故炎熱之肺病，功效良佳。但無抗菌作用，如有細菌感染，應配合抗菌藥使用，則可顯著提高療效，故時人用治急性氣管炎、肺炎，均加黃芩銀花、魚腥草等清熱解毒之品。

前賢學說

⑴陸淵雷曰：汗出而用麻黃，無大熱而用石膏，或疑經文有誤，今考本論

，麻杏甘石湯兩條，皆云汗出而喘，無大熱；越婢加尤湯證云：腠理開汗大泄；千金內極門解風痹湯，西州續命湯，皆君麻黃，其證皆云大汗泄。是知汗出者，必不禁麻黃；無大熱者，不必禁石膏矣。凡言汗出禁麻黃者，懼其放散體溫，汗多亡陽也；無熱禁石膏者，懼其過制造溫也。今考仲景用麻黃諸方，欲兼放散體溫者，必合桂枝，不合桂枝，則但治咳嗽水氣；用石膏諸方，欲壓制造溫者，必合用知母或麻桂，不合知母麻桂，則但治煩渴。方藥之用，因其配合而異，豈可拘拘乎一味之宜禁乎？吉益猷氣血水藥微云：麻黃合杏仁，則治疼痛及喘；合桂枝，則治惡寒無汗；合石膏，則治汗出，斯言得之。

(2)仁齋直指附遺：五虎湯（本方加細茶），治喘急痰氣。

(3)張氏醫通：多日咳嗽，寒痰結於咽喉，語音不出者，麻杏甘石湯主之。

(4)千金方貝母湯（本方加貝母、桂心、半夏、生薑），治上氣咽喉窒塞，短氣不得息，腰背痛，胸滿不得食，而面色萎黃。

(5)方輿輗：雖用小青龍湯以解表，然喘猶甚者，水熱結也，此時以麻杏甘石湯，為必效之主方也。

(6)類聚方廣義：麻杏甘石湯，治咳喘不止，面目浮腫，咽乾口燥，或胸痛者。又治肺癰發熱喘咳脈浮數，臭痰膿血，渴欲飲水者，宜加桔梗，時以白散攻之。

(7)傷寒今釋曰：麻杏甘石湯之主證，為煩渴喘咳。凡支氣管炎、支氣管喘息、百日咳、白喉、爛喉痧等證，悉主之。白喉用此湯，輕者，數小時，重者一晝夜，熱退身和，腫痛悉去，取效較速。夫麻杏甘石湯治白喉，惲鐵樵在傷寒研究中，野津猛在漢法醫典中，均載之，似屬可信。

汗出而喘證㈠ —— 麻杏甘石湯㈠

第85條（原 170 條）　**下後不可再行桂枝湯，若汗出而喘，無大熱者，可與麻黃杏仁甘草石膏湯。**

傳統解釋　與前條僅發汗與下後之別，餘證均同，故有疑下為汗之誤而重出者，其實則不然。余無言曰：「此兩條之證，在未汗未下之前，其邪熱已入肺，雖汗下，其邪熱不能盡出，以致餘熱壅遏於肺；故呼吸喘促，而外無大熱，即所謂「續發性肺炎」。「原發性肺炎」熱度甚高，此其不同點，不論原發性及續發性肺炎，麻杏甘石湯，頗有特效，可依其證之緩急，

而定其量之輕重耳。

科學解釋 本條與前條證同，而治法亦同，本毋再贅，惟肺炎之證，治不得法，預後多不良，故專就肺炎之證狀，而略述之

肺炎，是一種重要傳染性發炎之證狀，由病原菌所引起，在解剖學上，及病因學上，各有不同之分類，此二種分類法，均爲一般學者所採用。如大葉性肺炎、小葉性肺炎、間質性肺炎等，爲解剖學上之分類法；肺炎球菌性肺炎、溶血鏈球菌性肺炎、流行性感冒桿菌性肺炎、病毒性肺炎、及各種特殊感染等，爲病因學上分類法，更有原發性及續發性之分別。就一般而論，肺炎甚少原發，以續發爲多。而病證之輕重，因感染類型之不同，與各人素質之各殊而異。流行性感冒桿菌肺炎之傳染，則較輕，熱度亦低；肺炎球菌性肺炎之感染，則病劇，寒熱亦甚；而併發肺炎球菌性腦膜炎者，過去死亡率，幾乎是百分之百，最爲可怕。所謂續發性肺炎，熱度較低，亦不可一概而論，大致過濾性病毒所感染之肺炎，爲一般急性肺炎之可能性爲最大，而肺炎球菌之感染而發者，亦復不少，詳細研究，容待內科學中，再與申述。

三、水飲眩動證－－苓桂朮甘湯

第86條（原68條） 傷寒，若吐、若下後，心下逆滿，氣上衝胸，起則頭眩，脈沉緊，發汗則動經，身爲振振搖者，茯苓桂枝白朮甘草湯主之。

傳統解釋 傷寒病，吐下後，損傷胃氣特甚，胃中氣機不利而悶；若有水飲則脹滿。氣上衝胸、目眩、脈沉緊，爲金匱水飲之常證常脈，故宜以桂枝甘草以健胃，白朮茯苓利水而治之。若不此治，而誤發其汗，則內傷經氣，外虛表陽，故振振而搖矣。

科學解釋 吐下之傷胃，較發汗尤甚，故胃之消化機能衰弱而覺虛滿。若有水飲，亦爲吐下而暫去，決不能逆滿上衝。頭眩，乃吐下後，腦貧血所致；氣上衝胸，乃胃脘受傷，刺激神經而逆上，爲腦性胃病之正常現象；脈沉緊，乃血液衰少，血壓增高，心力衰弱所致。故用芳香辛辣之桂枝，強心健胃，併鎭靜大腦而緩解痙攣；白朮茯苓，亦爲健胃理腸之品；甘草有調緩之用，則眩止而氣衝平，逆滿消矣。若再誤汗，吐下之後，組織水分已少，復蒸汗而出，則體表組織，及神經營養不良而發腦證，神經刺激振振而搖矣，非有強力之附子劑，則不能鎭腦，故後有眞武湯之救逆也。

方二十七　茯苓桂枝白朮甘草湯

茯苓四兩　　桂枝三兩　　白朮二兩　　甘草二兩炙

右四味，以水六升，養取三升，分溫三服

方解　本方為健胃利尿劑，凡腸胃機能衰弱，胃肌失力而消化不良，所引起
之痞滿噯酸，中氣虛寒之證，皆以健胃之功而治之；又因胃肌失力，胃擴
張、下垂、積水而引起之眩暈、氣逆等，因有利尿之功而可治。以桂枝辛
辣，除溫運血行，增加體溫，適應於內寒者外，更能直接興奮胃肌，收健
胃之功；白朮茯苓，均有增加吸收及疏導之效，故亦為健胃利水及鎮靜之
劑；甘草緩調，亦有甘補之用，合用為健脾滲濕、溫化痰飲之良方也。
現代用於心臟病水腫、營養不良性水腫、慢性支氣管炎（常加乾薑、細辛
、五味子、或與陳湯合用）、肺氣腫（加黃芩、黨蔘）、神經衰弱之眩暈
、心臟神經官能症等。

前賢學說　陸淵雷曰：所謂飲，其病不一，此則指慢性胃炎之蓄水，由所飲
湯水之不降，與胃壁所分泌之過量粘液，相合而成。故金匱以本方治飲，
彼自然而發，此乃新病乍愈，正虛而發，其病證藥法則一也。心下指胃，
胃有蓄水，故自覺滿悶，按之亦有滿狀。腸胃以下降為職，不下降則停蓄
，若上泛，皆為逆，故曰逆滿。氣上衝胸，即蓄水上泛所致。胃病易發腦
證，起動則蓄水震盪，故頭眩；沉緊與弦，則水飲之常脈也。本條上四句
，為苓桂朮甘湯本證，下二句，為誤治變證，屬眞武湯證。

(2)譚次仲曰：水停胃中，抵觸胃粘膜神經，確有造成或助長眩暈之可能，
故佐以健胃之白朮，利尿之茯苓，頗收奇效。身振振，亦為腦證狀之一
種，謂宜注意於脈云爾。按眩暈一證，有急慢性腦充血、腦貧血、腦出
血之別：凡卒然倒地，眩暈不省人事，間或抽搐瘈瘲；若面赤脈洪、身
熱、鼾臥、體健者，為急性腦充血（如醒後偏枯、癱瘓者，腦出血）；
若面白、脈微、肢冷、息微、於產後、體弱、不鼾者，為急性腦貧血；
而慢性腦充血與腦貧血，其來也漸，時或難辨，惟注意其病因，亦非困
難。急性腦貧血之治，應用興奮提神之劑，如發虛脫者，非通脈四逆湯
不為功；急性腦充血，應用降輯劑，甘寒苦寒，均在所宜。慢性腦充血
，亦有降輯劑，或平腦劑，逍遙散加減殊有良效；即腦充血貧血疑似之
際，亦可應用。腦貧血，本方及眞武湯均佳，強壯劑參芪亦可加用。

又云：麝香，確有強心腦，救虛脫之效，一切急慢性之心腦衰弱，皆可救治，其效不亞於通脈四逆湯，每服厘半至三厘，日可二三服，滾水沖服，小兒減半。

(3)方極：治心下悸，上衝，起則頭眩，小水不利者。

(4)類聚方廣義：治飲家目生雲翳，昏暗疼痛，上衝頭腦，臉腫，移淚多者，加車前子，尤有奇效。當以心胸悸動，胸脇支滿，心下逆滿等證為目的，治雀目證亦奇效。

(5)湯本求眞云：此方治眩暈之聖劑也，仲景雖言起則頭眩，宜善為推用，不必拘於起臥也。

前賢治驗

(1)建殊錄：僧某，請診曰：貧道眼目非有外障礙明，然望物不能久視，或強之，則無方圓大小，須臾漸殺，最後如錐芒刺目中，痛不可忍，如此者凡三年。先生為診之，上氣煩熱，體內瞤動，為苓桂朮甘湯，及芎黃散（一名應鐘散，即大黃 10 克，川芎 6 克，每服 2.4～2.8 克，以酒服之，不知加至 4.6 克，以下為度。）服之，數十日，其視稍眞，無復錐芒。

又某女，初患頭瘡，療後兩目生翳，卒至失明，先生診有上逆心煩，有時小便不快利，作苓桂朮甘湯及芎黃散雜進，時以紫丸（巴豆、赭石、石脂各一克，杏仁二克米糊丸）攻之，障翳稍退，左目復明，於是其族，或以古方家多用峻藥，雖障翳退，恐至有不虞也，乃謝罷。更醫服緩補之劑，久之更生翳，於是復謝罪求先生診甚懇。給藥前方數月，而目復明。

又涼山僧，年七十許，耳聾數年，嘗聞先生之論，百疾生於一毒也，深服其理，因求診治，心胸微煩，上氣殊甚，作苓桂朮甘湯及芎黃散服之，數月未見其效，乃謝罷，居數日，復謁曰：謝先生來，幸得通聞，意者上焦邪毒將盡耶，先生診之曰：未也，設再服湯藥，當復不能聽，然後更得能聽，其毒始除，因復方數月，果愈。

又一女子，患痿癖，諸治無效，先生診之，體內瞤動，上氣殊甚，為苓桂朮甘湯飲之，須臾，坐尿二十四行，乃忽然起居。

(2)成績錄：某婦，鬱冒上逆，居恒善驚，聞足聲蛩然，則驚悸怵惕，以故不欲見人，常獨居深閨，家富，衆人咸舖氈而步，俾不聞席音，攝養修

治，無所不至，不見寸效，荏苒在床者數年，於是請先生，與苓桂朮甘湯，積年之痼，以漸而愈。

(3)生生堂治驗：一男子腰痛，大便每下血合許，面色鮮明，立則昏眩，先生作苓桂朮甘加五靈脂湯，頓愈。

(4)橘窗書影：某臍下動悸，時時迫於心下，眩冒卒倒，頭中常如戴大石，上盛下虛，不得健步，醫盡無效，於是求治於予，與苓桂朮甘湯兼妙香散（丁香荳叩）服之，積年之痼，數旬脫然而愈。

四、陰陽俱虛煩躁證──茯苓四逆湯

第87條（原70條）　發汗，若下之，病乃不解，煩燥者，茯苓四逆湯主之。

傳統解釋　未經汗下之煩躁，體力未損，多屬實證，如大青龍湯證之煩躁；既經汗下後之煩躁，因體力已傷，多屬虛證，如乾薑附子湯證之煩躁。而煩躁有陰陽俱虛，及陽虛陰虛之不同，而見證亦異。本條之煩躁，陰陽俱虛，而陽虛殊甚，故以四逆湯救陽，人參茯苓以補陰，煩躁可解。

科學解釋　煩為心中悶熱，躁為擾動不寧，且有虛實之不同。所謂實，即高熱之撓攘，形色脈證，多粗壯充實，應治以解熱劑，佐以沉降之品；所謂虛，即心力衰弱，苦悶不安之煩躁，形色雖或似熱，而脈則無力無神，即中醫所謂之僞熱，應處以辛熱之興奮強壯劑。本證為發汗及下後之煩躁，雖其脈證不全，則血液虧損，心力衰弱之虛證，當可想見，故用四逆湯之辛熱，以強壯心力，人參茯苓之甘溫，以健胃生津，其所以不用乾姜附子湯者（見下條），以損及血液，必須以人蔘茯苓而兼顧之。

方二十八　茯苓四逆湯

茯苓四兩　人參一兩　附子一枚生用去皮破八片　甘草炙二兩　乾薑一兩半

右五味，以水五升，羨取三升，去滓，溫服七合，日二服。

方解　汗下之後，腸胃機能減退，組織水分缺乏，最能影響心腦健全；煩躁為心腦不安之感覺，本證因汗下後，則心腦衰弱可知，故以強壯劑為主治。茯苓之主要成份為 84％之茯苓酯，係單純之脫水葡萄糖，有顯著之營養價值，且本草云；茯苓，主煩躁也，故用為主藥。人參為興奮滋養強壯劑，對虛熱貧血衰弱等證，有積極之治療作用，故人參佐茯苓，則健胃腸而生津；佐四逆則強心壯腦，安撫神經，故本方治虛熱性之煩躁，厥功甚鉅。

前賢學說

(1)聖濟總錄：治霍亂臍上築悸者。

(2)方機：治手足厥冷，煩躁者；肉瞤筋惕，手足厥冷者；心下悸，惡寒，腹拘急，下利者。

(3)類聚方廣義：治霍亂吐瀉後，厥冷筋惕，煩躁，不熱不渴，心下痞硬，小便不利，脈微細者，可用此方，服後小便利者效。又治諸久病精氣衰憊，乾嘔不食，腹痛泄瀉，面部四肢浮腫，產後失調者，多有此證。又治慢驚風，搐搦上竄，下利不止，煩躁怵惕，小便不利，脈微數者。

(4)丹波氏曰：千金方婦人產後，淡竹茹湯後云：「若有人參，入一兩，若無，用茯苓一兩半亦佳」，蓋茯苓人參，皆治貧血及衰弱與虛熱之煩躁也。前人均以利水爲訓，反失其功用，觀上述後加之意，則其功用顯然矣。

前賢治驗 橘窗書影：尾池治平女，患疫八九日，汗大漏，煩躁不得眠，脈虛數，四肢微冷，衆醫束手，後延余診之，投茯苓四逆湯，服之一二日，汗止，煩悶去，足微溫。

又某婦，年四十許，經水漏下，一日，下血塊數箇，精神昏憒，四肢厥冷，脈沉微，冷汗如流，衆醫束手，余與茯苓四逆湯，厥愈，精神復常。

五、陽虛煩躁證──乾薑附子湯

第88條（原62條） **下之後，復發汗，晝日煩燥，不得眠，夜而安靜，不嘔不渴，無表証，脈沉微，身無大熱者，乾薑附子湯主之。**

傳統解釋 汗下之後，陰陽俱虛，不嘔不渴，無表證，脈沉微，自愈之兆；但身尚有熱，則病未全愈，晝更煩躁不安，夜則寧靜，此陰陽不和，虛陽外擾也。用薑附回陽，陰陽和而病解也。

科學解釋 汗下之後，心力衰弱，而脈失其緊張性，故沉微。不嘔不渴，腸胃及分泌機能，未生變性，身無大熱，無表證，病毒已解，惟晝日煩躁不寧者，乃腦衰弱而知覺中樞之紊亂耳，應用強心平腦之劑以療之。平腦之劑，有寒熱之分，本證不渴，身無大熱，不得用寒劑，故用辛熱之乾薑附子，強心平腦，唯嫌其過於辛熱，故必須身無大熱者，始能用之，否則非所宜也。

夫熱性病，大多晝日煩躁，夜則安靜，應治以解熱之劑，而此則與以

興奮強壯之辛熱劑，似出常情之外，山田正珍（即宗俊）氏曰：晝日煩躁
，夜而安靜，乃表裡俱虛之候，如其所以然者，不可知也。」余亦有同感
焉！

方二十九　乾薑附子湯

乾薑一兩　附子一枚生用破八片

右二味，以水二升，養取一升，去滓，頓服。

方解　本方乾薑附子二味，均爲辛辣溫性藥，適用於衰弱之證，但陰虛貧血
者，則非所宜，古人云，乾薑配生附，守中有發，故對風寒濕痺之外證，
多用之。但本方單用者甚少，而四逆輩均由本方所化，則其關係，亦復不
少。

前賢學說

(1)類聚方廣義：乾姜附子湯，因汗下誤施，致變此證，與甘草乾薑湯煩躁
略似。彼因誤治，致病勢激動急迫，此病雖誤治而不加重，又無急迫之
證，唯精氣脫甚，所以甘草與附子相易，身無大熱一句，以其頭面而至
四肢，可見皆無大熱也。宜與梔子豉湯參看，以見其異。

(2)山田宗俊曰：所謂晝日煩躁，夜而安靜者，乃表裡俱虛之候，如其所以
然者，則存而不論，非不論也，不可知也；不渴不嘔，示裡無邪熱也；
蓋對煩躁之似裡熱而言。如桂枝附子湯條，不嘔不渴，桂枝麻黃各半湯
條不嘔皆然。煩躁專屬陽證，而今無少陽主證之嘔，陽明主證之渴，太
陽主證之身熱，而其脈沉微，其非陽證之煩躁明矣。此條煩躁與茯苓四
逆湯，及吳茱萸湯之煩躁，皆亡陽虛寒之煩躁；大青龍湯方後所謂，汗
多亡陽，遂虛，惡風，煩躁不得眠者，是也。與梔子豉湯之虛煩不得眠
，不可混也。（以上二條，對本條均有參考價值。）

(3)外台祕要：治傷寒病，㿀不止也。

(4)和劑局方：治暴中風冷，久積痰水，心腹冷痛，霍亂轉筋，及一切之虛
寒，並治之。

(5)三因方：治中寒，卒然暈倒，或吐逆涎沫，狀如暗風手足攣搐、口禁、
四肢厥冷、或復躁熱者。

(6)名醫方考：治寒痰反胃者。

(7)聖劑總錄：治小兒凍足爛瘡，以附子二枚，干姜二兩搗篩爲散，入綿中

，裝如轆，若有膿，以豬脂塗之。

(8)痘證寶筏：痘出傳風，眼直斜視，牙關緊閉，不可用驅風藥，應服此方以解之。

(9)雉間煥曰：治下利乾嘔者；下利煩躁惡寒者；晝日煩夜則安眠，實能治之，大奇也。

第十六節　蓄水證

一、五苓散證㈠

第89條（原72條） 太陽病，發汗後，大汗出，胃中乾，煩燥不得眠，欲得飲水者，少少與飲之，令胃氣和，則愈；若脈浮，小便不利，微熱，消渴者，五苓散主之。

傳統解釋 太陽病，發汗後，汗大出，津液損失過多，則胃中乾燥，經云：「胃不和，則臥不安」，不安則煩躁矣。胃乾故欲飲水以自救，惟病後胃弱，不可恣飲以致變，故少少與飲之，令乾者潤，而煩躁自解矣。若脈浮，微熱，表證尚未全解；小便不利而消渴，乃水飲之患，非因熱而渴也。故用解熱利水止渴之五苓散以治之。

科學解釋 大汗出後，體液消耗必多，故分泌不足，口渴，胃中乾，神經亦失水分滋養，故煩躁不得眠；各組織需水以救濟，故口燥欲飲水，此時少少與飲，則胃潤津生，煩躁不眠之證自解矣。但病人之胃，當不如常人之健，生理機能亦較衰弱，故雖渴欲飲水，亦宜少少與之，以免恣飲生變。若脈浮，身有微熱，則外證尚未全解；消渴，乃飲水多而仍不能止渴，此非因熱之渴，飲之可解；乃水分代謝功能障礙，多飲之水，積於腸胃，不能吸收輸送於各組織器官，以致分泌不足，雖飲亦無益；若再飲水，勢必胃無力受納而吐逆矣。飲水多，小便亦應多，而今反不利者，可知非水分少，而腎臟分泌機能障礙也。用五苓散治之者，以桂枝解脈浮微熱之外證，并佐白朮以刺激腸胃之機能，增加吸收與輸送作用；茯苓豬苓澤瀉，理腎解除機能上之障礙，疏濬膀胱尿道之不利，則內外分消，胃健，機能恢復，則病悉愈矣。

方三十　五苓散

猪苓十八銖去皮　澤瀉一兩六銖　茯苓十八銖　桂半兩　白朮十八銖

右五味爲末，以白飲和服方寸七，日三服，多飲暖水，汗出愈。

方解　本方爲治腎臟功能障礙之主方，有外證者用桂枝，無外證而腸胃衰弱者，應用肉桂。桂有解熱幷强心健胃作用，凡有水毒證者，胃腸機能，多不健全，桂與白朮可謂治本之品；猪苓、茯苓、澤瀉，功在調整泌尿器官機能。水毒之形成，因腎臟分泌障礙，無法排泄水毒於體外，故苓澤爲本方之主藥；茯苓旣能利尿，又能健胃，佐桂朮則使水分代謝功能正常，佐苓澤則能理腎而去水毒，合之爲健胃利尿之劑，其功甚偉。現代常用本方加減治慢性腎臟炎水腫及肝硬化腹水，亦治腦積水（加腹皮車前牛膝）。

二十六　猪苓之藥效

⑴性味：味淡甘平，無毒。

⑵成分：含燐脂質及蘋果酸。澱粉、蛋白質、精油等。

⑶藥理：利尿作用最强。且能促進鉀鈉氯等排泄，主要由於抑制腎小管對電解質和水之重吸收所致。

⑷主治：爲緩和辛凉性利尿劑，兼有解熱作用。治熱性病小便不利、赤澀熱痛，以及新陳代謝障礙，水分停滯，不能吸收，不能排泄，水腫，脚氣，淋病，糖尿病之口渴，及熱性病煩熱口渴等。

二十七　澤瀉之藥效

⑴性味：味甘淡微苦，性寒，無毒。

⑵成分：含蛋白質、澱粉、灰分、精油及樹脂等。

⑶藥理：①能增加健康人之尿量、及尿素、氯化鈉等排泄量。②能降低血壓持續若干小時。③有降低血糖作用。④有抑制血中膽固醇之輕度作用，能緩和粥樣化之傾向。⑤其成分中之膽鹼及磷脂爲抗脂肝藥效。

⑷主治：爲利尿劑，治水腫，或吸收力不足而停水眩冒，及煩渴、嘔吐、便瀉、停痰、蓄飲、腎臟炎、淋病、口渴、糖尿病、小便不利及頻數等。

前賢學說

⑴譚次仲曰：渴因高熱之刺激者，當用解熱降輯劑；若渴因胃之消化不良，則雖有發熱，仍當用解熱理胃之法行之。故不妨用桂枝白朮健胃之品，胃健，則解渴即在其中，所謂藥理間接作用，即舊說之輸脾也。

⑵陸淵雷曰：亡津液之渴，由體內水竭，其皮膚必乾燥，五苓散之渴，由

於體內積水，其皮膚必鮮明，甚至浮腫，似有參考之價值。

(3)三因方：己未之年，京師大疫，汗之則死，下之亦死，服五苓散即愈。此無他，溫疫也。又云：治伏暑飲熱，暑氣流入經絡，壅溢發衄；或胃氣虛，血滲入胃，停飲不散，吐出一二升許。

(4)傷寒百問八十四經：五苓散治瘴氣溫瘧，不服水土，及黃疸或瀉者。

(5)羅謙甫曰：春夏之交，人病如傷寒，汗自出，肢體重痛，難以轉側，小便不利，此名風濕，非傷寒也。陰雨之後，感受水氣，或引飲過度，多成此證，若多服五苓散，使小便通利，濕去則愈。虞初世曰：醫者不識，作傷寒治，發汗而死，下之亦死，己未之年，京師大疫，正因此也，羅得其說，救人甚多。

(6)書世榮曰：小兒驚風及泄瀉，並宜用五苓散，以瀉丙火，滲濕土，因其有桂，能抑肝風，助脾土也。

(7)類聚方廣義：霍亂吐下後，厥冷煩躁。渴飲不止，而水藥共吐者，宜禁湯水菓物，每欲飲水者，與五苓散一帖分二三次服佳。不過三帖，嘔吐煩渴必止，吐渴若止，必復發熱，身體惰痛，仍用五苓散，則必黐黐汗出，諸證脫然而愈。

(8)吳遵程方論：五苓散，逐內外水飲之首劑，凡太陽表裡未解，頭痛發熱，口燥咽乾，煩渴飲水，或水入即吐，或小便不利，並宜服之。若津液損傷，陰血虧損之人，作渴而小便不利者，再用五苓散，利水刼陰之藥，則禍不旋踵矣。

前賢治驗

(1)醫方口訣集：余治一人，傷風發熱，口渴與水即吐，後服湯藥亦吐，諸醫束手，余診脈浮數，遂以五苓散末白飲和服一七知，三七已。

又治一人，消渴經年，胸脇支滿而眩暈，與五苓散加甘草，水煎服，不三劑，諸證悉治。

(2)續建錄：一男子，年五十許，從未有疾，矍鑠如常，飲食倍於少壯，自以為昔日好角抵之戲，故氣血如是周流，自客歲飲食又三倍於少壯，至今而添渴，未嘗滿腹，近頗自警，以數合為度，如是能飲能食，理當漸肥，而反日瘦，他亦無所苦，先生診之，知腹皮麻痺，小便頻數，乃與五苓散服之，不日而渴愈。

(3)成績錄：一男子，患消渴，日飲水數斗，小便亦多，食倍平日，先生與
五苓散，服月餘，奏全效。

五苓散證㈡

第90條（原73條）　發汗已，脈浮數，煩渴者，五苓散主之。

傳統解釋　本條五苓散脈證不全，如發汗已，脈浮數而煩渴者，表證未罷也
，必兼有微熱與小便不利等證始合；否則，石膏證也，安得冉用五苓散
以利水。

科學解釋　同上條。

五苓散證㈢——茯苓甘草湯

第91條（原74條）　傷寒汗出而渴者，五苓散主之；不渴者，茯苓甘草湯
主之。

傳統解釋　此條以汗出而渴與不渴，辨五苓散與茯苓甘草湯之異，較之本論
有關條文，似有闕遺。蓋五苓散之治水飲，必渴而小便不利，有表裡證；
茯苓甘草湯之治水飲，有心下悸，或嘔吐者。雖五苓散，承上二條而言，
或省文耳；而茯苓甘草湯，直至厥陰篇始見，非闕文而何？故柯韻伯曰：
當有「心下悸」三字，陳遜齋增「心下悸」三字於「不渴」之下。東洞氏
曰：當有衝逆而吐。續藥徵生姜條曰：心下悸，上衝而嘔者，此方主之，
屢試屢驗。

　　醫宗金鑑曰：傷寒發汗後，脈浮數，汗出，小便不利，煩渴者，五苓
散主之，今惟曰汗出者，省文也。渴而不煩，是飲盛於熱，故亦以五苓散
主之，利水以化津也；若不煩不渴，惟見脈浮數，汗出，小便不利，是表
裡未和，故主以茯苓甘草湯，和表以利水也。

科學解釋　本條五苓散證，解釋如前，茯苓甘草湯，證亦不全，其大意即汗
出，熱未罷，仍以桂枝以解熱，茯苓以利水，生姜以健胃止嘔，全方之用
，端在健胃而利水，使熱解而水去嘔定而已。（本條湯證不合，依方釋之
如上，難作肯定之辭也。）

方三十一　茯苓甘草湯

　茯苓 三兩　　桂枝 二兩　　甘草 一兩炙　　生薑 三兩切

　　右四味，以水四升，養取二升，去滓，分溫三服。

方解　本方雖亦治水飲，但較五苓散為輕證，因方內無豬苓澤瀉白朮，利水

之功不著，用生薑則有嘔逆之證，加甘草，多和中之意，故五苓散治腎機能障礙為主，而本方治胃機能衰弱為主。以桂枝生薑，健胃溫中，茯苓甘草，利水益胃，期胃強，水飲不停滯，代謝功能正常，則水不止漬胃為留飲矣。況桂枝有解表作用，茯苓有利尿之能，則內外分消，而中健，則外表之熱，與不利之溺，從可治矣。

前賢學說

(1)淺田宗伯雜病辨要：痘瘡放點，稀朗紅潤，心下悸者，急須治其悸，否則，小便不利，水氣滿於皮膚，結痂必遲，宜茯苓甘草湯。

(2)方輿輗：心下悸，大率痼與飲，此方加龍骨牡蠣絕妙。又此證有不眠者，酸棗仁湯，歸脾湯，皆不治，余用此方，屢奏奇效。

(3)陳遜齋曰：五苓與苓甘皆治水之劑。水在下焦，故小便不利。苓甘症水在心下，故心下必悸。五苓散水結少腹，故不上濟，胃乾而口渴。苓甘症水在心下，故胃不乾而不渴。

前賢治驗

(1)東洞家配劑鈔：幾右衞門，年五十，自七年前，患痼症，月四五發，發則顛倒不知人事，與茯苓甘草湯，芎黃散及紫丸。

(2)方輿輗：一婦人，自心下至膈上，動悸甚劇，眩暈不能起，夜則悸煩目不合，如此者數年，更醫而不愈，余最後診治，謂家人曰，群醫方案不一，今姑置其病因，止投一神方，服之勿怠，可以收功起身，即用茯苓甘草湯加龍骨梅花蠣與之，日漸見效，淹久之病，半年而愈，病家欣悅不已，夫非奇藥異術，能起沉疴痼疾，其惟漢以上之方藥歟！

五苓散證(四)

第92條（原75條） 中風發熱，六七日不解而煩，有表裡証，渴欲飲水，水入卽吐者，名曰水逆，五苓散主之。

傳統解釋 中風發熱，當以桂枝湯解肌，經六七日而病仍不解，反增煩渴，表裡證狀俱現，若係桂枝湯甘辛增熱，當喜飲水自救，今水入卽吐，則非熱鬱，乃水積胃中，再入則滿溢而吐矣，故名水逆，以解熱利尿健胃之五苓散而治之。

科學解釋 中風證，發熱六七日不解而煩渴，似趨高熱之症候；但水入卽吐，則非熱甚汗多，而胃中乾燥相適應，當別有病理。此係胃中積水，

由於代謝功能障礙，吸收排泄功能失常，水毒充斥腸胃之中，水入滿溢所致。所謂表，即指中風發熱而言；所謂裡，即煩渴而吐也。此證雖不言小便不利，但當在意中耳。用五苓散之桂枝，排泄水毒以解表熱；佐白朮促增胃之生理功能，使積水得消；以二苓澤瀉，調整腎機能，去障礙而利尿，則內外分消，水毒去，表裡邪解，腸胃健，而病自愈。

前賢學說　陸淵雷曰：腎臟炎、糖尿病，多併發，或續發於他種急性傳染病，故中風發熱，六七日不解，多有五苓散證。

前賢治驗　北山友松醫方口訣：予治一人，傷風發熱，口燥而渴，與水即吐，後服湯藥亦吐，諸醫束手，請治於予，脈之浮數，依傷寒論水逆條，遂用五苓散末，白飲和服，一七知，三七巳。

五苓散證㈤

第93條（原164條）　**本以下之，故心下痞；以瀉心湯，痞不解；其人渴而口燥，小便不利者，五苓散主之。**

傳統解釋　太陽病而誤下之，表邪陷入胃中，而致心下痞，是即大黃黃連瀉心湯之所主也。與瀉心湯而痞不解，且煩渴小便不利，非表邪之陷，乃水飲成痞，故用五苓散利水健胃而治之。

科學解釋　痞證，有因胃炎而致者，炎證充血，故用芩連苦寒之劑，消炎以解痞；亦有因胃積水而成者，如胃擴張證即是，此非苦寒消炎之劑，所能奏效，用健胃利水之五苓散，確為對症療法。胃炎之痞證，與胃積水之痞證，其鑑別法：胃炎之痞，雖按之作半硬狀，但叩診無水漾聲；積水之痞，則必有水漾聲，且濁音亦隨側臥之體位不同而異。其他釋如上各條不另。

二、文蛤湯證

第94條（原149條）　**病在陽，應以汗解之，反以冷水潠之，或灌之，其熱被却不得去，彌而益煩，肉上粟起，意欲水，反不渴者，服文蛤湯若不差者，與五苓散。**

傳統解釋　病在陽，即發熱惡寒之表證也。表證應以汗解，而治不及此，反以冷水噴之潑之，迫其表熱入而不得外出，故煩熱更甚；寒水相觸，故皮聚毛束，肉上粟起；熱在肌，故欲得水；胃腸無熱，故不渴；服文蛤散，乃文蛤湯之誤，故改之。文蛤一味，豈能解外束之寒熱哉。若服

文蛤湯，而煩熱欲飲而不渴之症不差，再與解熱健胃利水之五苓散，以表裡而解之。

科學解釋 所謂陽，可作發熱惡寒泛發性之表證解，亦即心力旺盛，抗力強大之象徵。凡傳染性急性熱病之泛發期，大法應處以發汗解熱之劑，使體表淺在之病毒，隨汗出於體外。若誤以冷水灌澆以解熱，則肌表之知覺神經感冷，遂使肌膚收縮，豎毛肌拘緊，汗腺閉塞，表熱反不得放散，蘊積於內，故煩熱更甚，肉上粟起；意欲得水者，肌熱欲外水以自救；反不渴者，熱在表而未入裡，分泌無不足之現象也；文蛤一味，主治渴而貪飲者，此熱甚而渴，自非對症藥也。金匱文蛤湯（方見後）有麻石以解肌熱，似較文蛤散為妥，故改服文蛤湯，但服湯後，症仍不差，此非僅熱拟不出之證，而有胃弱蓄水之可能，故與五苓散解熱利水健胃，俾內外上下兼治之也。

方三十二　文蛤湯

麻黃三兩　杏仁五十枚　大棗十二枚　甘草　石膏　文蛤各五兩　生薑三兩

右七味，以水六升，羹取二升，溫服一升，汗出則愈。

方解 本方係麻杏甘石湯加文蛤大棗生薑而成，其意在治理肺胃兼病，以麻杏甘石湯治喘咳肌熱，以解肺部及肌表之壅熱，薑棗治胃弱而恢復吸收及排泄機能，而無蓄水之患，文蛤化痰利水而消積水，故本方較文蛤散更適應於是證。

藥解

二十八　文蛤之藥效

(1)性味：鹹平無毒。

(2)成分：鈣質。

(3)主治：為解熱利尿藥，治口渴，利小便；又為眼窠神經痛之鎮靜劑。

前賢學說

(1)柯琴曰：文蛤一味為散，以沸湯和服方寸七，服滿五合，此等輕劑，恐難散濕熱之重邪，彌更益煩者，金匱要略云：渴欲得水而貪飲者，文蛤湯主之，兼治微風脈緊頭痛，審證用方，則移彼方補入於此而可也。

(2)丹波元堅曰：冷水潠灌，水邪鬱表，故主以驅散之劑，此方從柯氏作文蛤湯，證方始合，且金匱渴欲得水而貪飲者，豈發散所宜，一味文蛤，自似恰當。

(3)方極：文蛤湯，治煩滿而喘咳急者；文蛤散，治渴者。

(4)傷寒今釋：文蛤，本經云：味鹹平，無毒，主惡瘡，蝕五痔。別錄云：咳逆胸痺，腰痛脇急，鼠瘻大孔出血，女人崩中漏下。此皆與本條之證不合，惟時珍云：能止煩渴，利小便，化痰軟堅。金鑑襲三因方之說，謂文蛤，即五倍子者，非也。

三、蓄水證——胃與膀胱之辨證法

第95條（原 135 條）　太陽病，小便利者，以飲水多，必心下悸；小便少者，必苦裡急也。

傳統解釋　小便利，而心下悸者，蓋水飲蓄積胃中所致；小便少，而不心悸，必苦裡急者，水停膀胱也。此條原編在血證之後，以小便利與不利，蓄血蓄水之辨證法也；而山田氏以小便利爲不利，作爲蓄水心下之理由，其水蓄心下，未必小便不利也，未可信從。

科學解釋　小便利，則泌尿系機能無恙，然胃擴張及胃蠕動機能不全，則不能將所飲之水液，盡輸入腸，積停胃中，壓迫胃粘膜神經，而起心悸、頭痛、嘔吐等反射作用；故小便利，飲水多，而心悸者，爲胃中停飲也，應用健胃滲泄之劑，如苓桂朮甘湯，茯苓甘草湯之類。五苓散之類，皆可擇用。

第十七節　結胸與藏結

一、結胸證病因

第96條（原 138 條）　病發於陽，而反下之，熱入，因作結胸。病發於陰，而反下之，因作痞。所以成結胸者，以下之太早故也。

傳統解釋　本論曰：「發熱惡寒者，發於陽也；無熱惡寒者，發於陰也。」，發於陽者，正氣實；發於陰者，正氣虛，當可想見。本條病於陽，應以汗解，而反下之，徒傷正氣，外邪乘虛入內，因正氣強，尚能拒於胸，而作結胸；若病於陰，正氣本虛，而復下之，正氣益虛，脹滿作痞

。結胸之證，正氣尚強，故可用大小陷胸湯以攻之；痞證正虛，僅能瀉心湯以清之。所以成結胸者，以下之太早故也，則示痞證之成，非皆由於下也。

科學解釋 結胸證，頗似肋膜炎，詳情參後再述，肋膜炎，有因肋膜披覆諸臟器之疾病感染而得者，故多爲續發證，亦可謂下之故也。但尚有不明原因，原發性之肋膜炎，實非誤下而致之，痞證亦同。痞爲胃擴張證，胃環動機能不全，胃肌弛張，而成痞滿之現象，果有因下而損傷以致之者，亦有吞酸嘈雜之胃弱證，而非由下而致之者，本條之意，在示人不可輕用下劑之旨也。

二、似結胸證

第97條（原147條）　太陽病，二三日，不能臥，但欲起，心下必結。脈微弱者，此本寒也。反下之，若利止，必作結胸；未止者，四日復下之，此作協熱利也。（原文「此本有寒分也」，今照玉函改之）

傳統解釋 太陽病，發熱惡寒等證，經二三期候而未解，反增不能臥，但欲起之煩躁證，似病及陽明矣。其脈應浮大洪滑，而反微弱，又非陽明實熱，而有陰躁之嫌。若診得心下結痛，則確定胃不和，致臥不安也；脈微弱，故知胃有寒邪，按法當溫中驅寒。若醫不審，據證用下藥，胃本虛寒，下之又傷中氣，遂而下利。如利自止，則腸之傷不甚而自復；而胃則本虛兼傷，其勢必劇而重痛，故曰必結胸，其實胃傷脹痛，疑爲結胸也。若下之利遂不止，而胃中痛，醫以積未盡下，四候之期，而復下之，一誤再誤，中氣大傷，遂作協熱利矣。桂枝人參湯條云：太陽外證未除，而數下之，利下不止，心下痞硬，表裡不解，即此之謂也。其治法可知矣。

科學解釋 病見發熱，而精神興奮者，瀉下之劑，未嘗不可，但仍辨其體質因素，本條脈微弱，爲體力不足，心臟衰弱之徵兆，雖因精神興奮，乃虛性之興奮，不可用苦寒降輯之品以瀉下，應用興奮強壯解熱之劑以療治。所謂有寒者，即胃機能衰弱，消化不良，食物留滯，故曰心下（胃中）必結。若醫者不顧慮體質之因素，見有發熱煩躁之掀發性證狀，即用苦寒瀉下之劑以攻之，胃機能本已衰弱，下之更傷，利雖自止，胃機能難復，且因過度損傷而發炎，因放射性性而疼痛，故誤爲結胸證。

若下之胃腸兩傷，自利不止，醫誤認胃炎之脹滿爲實滿，而重又攻下，則腸粘膜過度刺激而發炎，成慢性之下利，即所謂協熱利矣。可見脈候，在診斷處治上，確有其重要處，非若現代醫學家所謂之蔑不足道也。

三、結胸危證

第98條（原158條）　**太陽少陽併病，而反下之，成結胸，心下硬，利下不止，水漿不下，其人心煩。**

傳統解釋　太陽與少陽併病，應以柴胡桂枝湯，以和解兼表汗，醫不按法而下之，故曰反也。此誤下而變結胸，心下硬，尚可與陷胸湯救之，今下利不止，水漿不下，爲陰虛，不任攻伐矣。且其人心煩，豈結胸證悉具，煩躁者死歟！故前賢多以爲死證，不堪藥效爲訓，若能救其陰而利止，健其胃而食進，則未甞不可救治也。治應理腸胃，先固其本；次攻結胸，而求全功，用藥施治，當視醫之學識與經驗耳。

科學解釋　此爲太陽之發熱頭痛，與少陽之胸脇苦滿併發病證，按法當以柴胡理少陽之滿，兼桂枝解太陽之熱，若誤下之，反傷胃氣與心力。若僅血壓失常而胸滿，胸膜發炎而結胸，尚堪以結胸之法而治之。今下利不止，水漿不下者，乃胃粘膜發炎，神經過敏，故水漿不入；腸粘膜遭藥物刺激，成慢性炎證而下利不止。若不清理腸胃，養分無法吸取，則各組織機能益衰，病勢益劇，預後勢將不良。心煩爲心下灼熱之感覺，乃胃粘膜炎證常有之現象，非必死之證也。應參且脈象，以測心力之強弱，採擇苦溫或苦寒之健胃劑，以救根本，次治結胸之標，運用之妙，存乎一心，非言可宣也。

四、大陷胸湯證㈠

第99條（原142條）　**脈浮而動數，浮則爲風，數則爲熱，動則爲痛，數則爲虛，頭痛發熱，微盜汗出，而反惡寒者，表未解也。醫反下之，動數變遲，膈內拒痛，胃中空虛，客氣動膈，短氣煩燥，心中懊憹，陽氣內陷，心下因鞕，則爲結胸，大陷胸湯主之。若不結胸，但頭汗出，餘無汗，劑頸而還，小便不利，身必發黃也。**

傳統解釋　本條措辭，不無可議之處，如浮則爲風，數則爲熱，動則爲痛，數則爲虛，酷似叔和之語，故山田宗俊氏刪之，不爲無理。

太陽病，脈浮而動數，乃表邪盛，有內傳之趨勢；頭痛發熱，表證

也；盜汗雖似陽明，而反惡寒，則非陽明也；萬無下之之理。即太陽陽明合病，亦必先解其表，故本證以發汗解表爲準。醫者孟浪，祇見發熱盜汗，便認陽明病而下之，致使表邪內陷，胃氣受傷，而感空虛，邪結於內而脈變遲；正氣拒邪而疼痛及膈；邪結胸膈，氣機不利而短氣；熱結胸中，故煩悶擾亂而不安；邪熱陷入胃中，心下硬滿，則結胸證具，以大陷胸湯主之。若誤下而不結胸，頭汗出，餘無汗，而小便不利者，熱邪未結蓄於局部，充斥散漫於體內，而無出路，則鬱蒸而發黃矣。

科學解釋　肋膜炎（即結胸證）之發生有二：一爲心肺疾病之感染而來，另一爲不明原因之原發病。但與誤下、甚少關係。若心肺胃等近肋膜之臟器，原有宿疾，因誤下而加甚，以致感染肋膜，亦非不可能，陸淵雷云：「曾見之」，故對誤下而成結胸者，仍應深刻注意之。

　　唯太陽病（泛發性全身病）未解，大法應處以發汗解熱劑，不可遽然瀉下。否則徒傷心力與胃機能，加重疾病之不良機轉。攻下之後脈遲，爲心力衰弱，神經無力之徵象；膈內拒痛，爲胸膜炎發作硬痛之表現；短氣乃肺臟擴張受阻之所致；心下硬，乃胃機能衰弱，食物腐散發酵，積氣所致；斯時胸骨突出，精神苦悶極矣，亦即所謂煩躁懊憹是也。用大陷胸湯之大黃芒硝以峻下，加甘遂之逐水，而期加強吸收炎證之滲出液，而取消炎止痛之效。若攻下後，不發結胸證，而使胃腸及膽管發炎，使膽管阻塞，膽汁不能輸入十二指腸，反吸入血管，循環周身，則眼球之鞏膜，及皮下組織，染成黃色，即發黃疸。同時排泄於尿中，小便成赤濁色；大便因缺乏膽汁，而成白色，古人以小便不利而成黃疸，實乃倒果爲因之說法，蓋不明人體生理功能之所致，亦無可厚非。

方三十三　大陷胸湯

大黃六兩　芒硝一升　甘遂一錢

右三味，以水六升，先煮大黃取二升，去滓，納芒硝，煮一二沸，納甘遂末，溫服一升，得快利，止後服。

方解　大黃爲苦味峻下劑，能刺激腸胃神經，加速蠕動使腸內各物減少被吸收之時間，加速排除於體外；芒硝爲鹽類瀉下劑，在腸內吸收腸之分泌物與水份，稀釋腸內滓渣，藉大黃力，得瀉下之功，凡腸內燥結者宜之；甘遂爲峻屬逐水劑，使胃腸組織之水份，盡被吸收，得大黃芒硝之

力，迅速瀉下。全方係調胃承氣湯減甘草，加甘遂，除瀉下之功外，兼有逐水之效。因瀉下胃腸組織間水份，俾加強吸收炎證滲出物，減少炎證之刺激，而收消炎之效，乃誘導療法。本草所云甘遂逐五臟六腑之水飲，其意在此。

藥解

二十九　甘遂之藥效

(1)性味：味甘苦，性寒，有毒。

(2)成分：含無水酸，大戟酮及松醇等（柳田昌）

(3)藥理：能刺激腸管，引起腸蠕動亢進，產峻下作用。

(4)主治：為利水峻瀉劑，消腫破癥，功專逐水，主治各種水腫，面目浮腫，水腫腹滿，腳氣腫痛，及濕性胸肋膜炎等，然性峻，用者慎之。

(5)附記：用量半分至二分，研末用。

三十　大黃之藥效

(1)性味：苦寒，無毒，有特異芳香。

(2)成分：含二類化合物，一類是瀉下性之蒽醌配糖體，水解後產生大黃酸，大黃瀉素，及蘆薈配糖體等，另一類是收斂性之醻酸，樹脂等。

(3)藥理：①緩下作用：瀉下作用起於大腸，所以作用緩慢。因含收斂及緩下作用，如使用少量（0.05－0.2）為醻酸所制，起收斂作用而便祕，或瀉下後，往往有繼發性便祕；用大量（0.5－2.0克）時，經六～十小時後，排出稀便，且伴有微痛，或完全不痛。因其作用和緩，故可用於衰弱者、貧血者、及恢復期患者，及小兒等。對慢性便祕者，亦有效。但大黃劑服用過多時，因各人體質之異，有惡心、嘔吐、腹痛、發熱等證狀，甚者發生急性腸胃炎。②制菌作用：大黃煎劑，對黃金色葡萄球菌、赤痢桿菌、傷寒桿菌、大腸桿菌、人型結核桿菌、霍亂弧菌，均有殺菌作用；對志賀氏痢疾桿菌，有抗生作用。③苦味健胃作用；小量健胃，每配合煆製鎂，或重炭酸鈉。

(4)主治：為苦味瀉下劑，有消炎、健胃作用。對腹痛便祕、黃疸、瘀血腫毒等有效；並治傷寒、痢疾初起、便通不暢、癰腫、目疾、腸炎發熱。用中量適用下列各症：①急性熱病發熱，腹痛拒按。②各急性炎證。③高熱侵腦，神昏譫語，經瀉下後，能退實熱，行積滯，奏誘導

，消炎，平腦之效。

(5)用量：健胃劑三分，中量緩下劑一錢半，大量峻下劑三錢，生用峻，酒製較緩。

三十一　芒硝之藥效

(1)性味：苦鹹，大寒，無毒。

(2)成分：含水硫酸鈉，屬硫酸鹽類。

(3)藥理：①溶於水後，其硫酸離子非但不為粘膜所吸收，反令腸腺分泌增加，成高滲壓鹽溶液，使腸內水分增加，引起機械刺激，促進腸蠕動，排出稀釋糞便；但頑固性之便祕，須與植物性瀉下劑合用始效。②本品以極小量，配入嗎啡或雅片劑中，即不致瀉，能呈利尿作用。③本品可用於熱性病患者，或其臟器有炎證之患者，有誘導作用；唯腸壁本身有炎證時，則非所宜。

(4)主治：為鹽類瀉下劑，瀉實熱潤燥，治急慢性消化不良，食積堅痞，大便祕結，少腹堅痛，粘液性胃炎等均有效。外用作漱口及洗眼藥，並可敷腹消食積。

前賢學說

(1)柯琴方論：大陷胸湯丸，若比大承氣湯則更峻，治痢疾及水腫初起者，甚有捷效。然必視其身體強實者而施之。若平素虛弱，或病後不任攻伐者，當慮有虛虛之禍。

(2)古方便覽：胸高起，或踢背，成痀瘻狀者；或腹內陷下而濡，引連於背，腳細軟，羸瘦不能行，手臂不遂者，此方頗佳。

(3)類聚方廣義：肩背強急，不能言語，急然而死者，急以針放血，并與此方，以取峻瀉，可回一生於九死之中。求眞亦云，當用此方，用於此證，而得奇效。

又云：腳氣沖心，心下石硬，胸中大煩，肩背強急，短氣不得息者；或小兒急驚風，心下石硬，咽喉痰湧，直視攣痙，胸動如奔馬者；或眞心痛，心下鞕滿，苦悶欲死者，以上數證，若非治法神速，方劑峻快，則不能救，宜用此方，是摧堅應變之兵也，惟能得其肯綮，執其樞機者，勿能用之。

前賢治驗

(1)勿誤藥室方函口訣：此方爲實熱結胸之主藥，其他胸痛劇者，有特效
　。一士人胸背徹痛，晝夜苦楚不可忍者，百治無效，自欲死，用大陷
　胸湯三帖而霍然。又腳氣冲心，昏悶欲絕者，服此方而蘇。凡醫者臨
　危證，若無此手段，則不可。又因留飲而凝於肩背者，有速效。又小
　兒欲成龜胸者，早用此方，則可效。

(2)橘窗書影：一男孩，年十一，腹滿而痛，嘔吐甚，不能納藥，醫作疝
　治，增劇，胸腹脹痛，煩躁不可忍；余作大陷胸湯，使淡煎冷飲，須
　與吐利如傾，腹痛煩躁頓愈。後與建中湯，時時兼用大陷丸而平復。

　　又一人，患腹痛，一日大發，腹堅痛，自心下至小腹，刺痛不可近
　，舌上黃苔，大小便不利，醫以寒疝，服藥反增嘔吐，晝夜苦悶難堪，
　余診之，以爲結胸，與大陷胸湯，因嘔氣不能下利，乃以嘲筒自穀道灌
　入蜜水，爾後大便快利數十行，腹痛頓減，後與建中湯而全愈。

(3)陸淵雷曰：昔在浙中，見某署携有更夫，偶患中風，遽飲皮硝半碗，
　遂成結胸，醫以大陷胸湯下之，病即良已，此絕無可疑者。（證明誤
　下而成結胸證）

(4)經方實驗錄引醫界春秋：王季寅曰：民國十八年四月某日，狂風大作
　，余因事外出，當時冒風，腹中暴痛，余原有腹疼病，每發作，吸芙
　蓉，其病立止，不料竟不見效，服當歸芍藥湯加生軍一劑，亦不應，
　時已初更，疼忽加劇，家人勸延鍼醫，余素拒針，未允所請，至午夜
　，痛如刀絞，轉側床頭，號痛欲絕，乃自飲小便一杯，始稍安，已而
　復作，狀乃如前，黎明家人已延醫至矣，遂針中脘及各穴，凡七針，
　行針歷五小時，痛始止，據該云，腹部堅硬如石，針雖止痛一時，而
　堅結未開，非藥力不克奏功，因擬順氣消導之方，余不欲服，家人再
　三慫恿，勉進一劑，痛不稍減，翌日，家人欲延前醫，余堅辭曰：腹
　堅如石，決非順氣消導所能奏效，惟大承氣湯或可見功，因自擬生軍
　三錢，枳實二錢，厚朴三錢，芒硝五分，服後時許，下積物甚多，胸
　腹稍暢，明日，胸腹仍滿悶硬痛，又進二劑，復下陳積數次，元氣頓
　形不支，因改服六君子湯三劑，後元氣稍復，而胸腹滿痛仍自若也，
　更服大承氣湯二劑，不惟疼痛，絲毫未減，腹中滿硬如故，而精神衰
　憊，大有奄奄欲斃之勢，因念攻既不任，補又不可，先攻後補，攻補

兼施，其效猶復如此，生命至是，益已絕望矣，談次，忽憶傷寒小結胸病，正在心下，按之始痛，大結胸則從心下至少腹硬滿，不待按，即痛不可近，余之初病，即胸腹堅硬如石，號痛欲絕者，得毋類似，惟大結胸，以大陷胸湯為主治，此湯之藥，僅大黃芒硝甘遂三味，硝黃余已頻服矣，其結果如上述，加少許甘遂，即能却病回生耶？興念及此，益旁惶無以自主，既思病勢如此，不服藥即死，服之或可倖免，遂決計一試，方用生軍二錢，芒硝五分，甘遂末一分，服後，頗覺此藥與前藥不相同，蓋前藥下嚥，即覺藥力直達小腹，今服此藥，盤旋於胸膈之間，一若尋病者然，逾時，急下黑色棉油者碗許，頓覺胸中豁然，苦痛大減，四五劑後，飲食倍增，精神煥發，嗣後又守服十餘劑而全愈。

大陷胸湯證㈠

第一○○條（原143條） 傷寒六七日，結胸熱實，脈沉而緊，心下痛，按之石鞕者，大陷胸湯主之。

傳統解釋 外感寒邪，經一候六七日之期，而病不解，寒已成熱，邪熱傳裡，熱結於胃，而為陽明症；熱結胸脇，仍屬少陽證候；脈沉，邪入裡之徵，緊為痛之候；心下，胃之部；按之石鞕者，熱邪堅結也。正珍謂心下乃胸中之誤，容或不誣，然結胸證，恒有胃腸證狀，亦未必胸中之誤也。此係結胸而兼胃腸病，用大黃芒硝以蕩滌胃腸實熱，甘遂逐飲，則水熱之積可除也。川越衡山曰：「水熱結實於胸脇，而為結胸，有寒實，熱實之分，是故熱多水少者，單名熱實；水多熱少者，單名寒實；然寒實不能無熱，熱實不能無水，惟是欲指水熱之多少，與主客之別耳。」此言誠不我誣也。而程應旄則曰：「結胸一證，雖曰陽邪陷入，然陰陽二字，從虛實寒熱上區別，非從傷寒中風上分別，表熱盛實，轉入胃府，則為陽明症，表熱盛實，不轉入胃府，而陷於膈，則為結胸證，故不必誤下始成。」其言亦是，此正所謂結胸之原發症也。

科學解釋 此論肋膜炎之原發性者。肋膜炎不能無浸潤、腫脹、滲出液，故腫痛石鞕，為其主證。滲出液多，而組織不能自然吸收，積為水漾，則為濕性肋膜炎；如出液少，時被組織吸收，未停蓄於膜腔者，為乾性肋膜炎。此即熱實結胸，與水實結胸之謂。熱實結胸，以大陷胸湯為主

劑，實寒結胸，可選擇大陷胸湯白散與十棗湯之類，但二證均在胸脅，大柴胡湯亦可選用。本條所謂熱實，脈沉緊，硬痛者，示實證實脈，故用峻下劑，不虞休克，而促進水液之自然吸收，及收消炎之效也。

大陷胸湯證㈢

第1O1條（原144條）　**傷寒十餘日，熱結在裡，復往來寒熱，與大柴胡湯；但結胸，無大熱者，此以水結在胸也；但頭微汗出者，大陷胸湯主之。**

傳統解釋　傷寒十餘日，而見熱結在裡之胃腸證，或煩渴引飲之內熱證，則病當傳入陽明矣。而復見寒熱往來之少陽證，則陽明少陽之合病也明矣。凡太陽陽明合病，應先從太陽之解表；陽明少陽之合病，應從少陽之和解，故本證應與大柴胡湯以治二陽合病。但有結胸之硬痛，而體表無大熱者，熱在胸內而偏甚，往往手足發冷，此即中醫所謂內真熱而外假寒也。但一捫胸口，則熱必熾灼，此以水與熱，蘊結於胸內，必煩躁不安，呼吸迫促也；但頭汗出者，邪在胸，熱蒸汗出耳；但頭微汗出，水液無出路，故用大陷胸湯以瀉之。錢璜云：「若是水飲，必不與熱邪並結。」非也，否則大陷胸湯，何必有逐水利痰之甘遂乎，上條川越衡山氏之說，確有至理。

科學解釋　傷寒十餘日不解，病機轉歸，不一而定，有續發陽明之內熱，及胃腸之燥結證者；亦有見少陽之胸脅苦滿，寒熱往來證者；亦有見少陰之脈微細但欲寐證者，因感染病菌之不同，與體質素因之各異，實有以致之。本條上段，陽明內熱，與少陽間歇熱，同時出現，故用大柴胡湯而解之（大柴胡湯之解釋，在少陽篇）。若但見胸脅硬痛之結胸證，而無體表之寒熱證者，實非不熱，因發炎之熱甚於內，表不甚熱耳，故曰無大熱；因炎熱甚，而炎證之滲出液亦多，而成滲出性之肋膜炎，此即所謂水結胸也。水積胸膜，因神經之反射，頭則出汗，汗而微，不能促進滲出液之大量吸收，故用大陷胸湯之峻下，使組織大量失水，而促進滲出液之加強吸收此誘導療法也。

大陷胸湯證㈣

第1O2條（原145條）　**太陽病，重發汗而復下之，不大便五六日，舌上燥而渴，日晡所小有潮熱，從少腹至心下鞕滿，而痛不可近者，大陷胸湯主之。**

傳統解釋 太陽病，重發汗而復下之，體內津液喪失過多，故不大便五六日，舌燥而渴；兼之日晡所少有潮熱，從少腹至心下鞕滿，而痛不可近，則陽明堅痛結熱之證顯然，按法治以大承氣湯而無疑也；然本論主以大陷胸湯者，則本條必有闕文也，雖前賢有云：「少有潮熱，及痛不可近」，與陽明小別，此不過隨文演繹，強詞自圓耳！此證失液於前，燥結於後，豈有仍用逐水最峻之甘遂者乎！其中必有胸脇堅痛，呼吸困難之證；否則，何以知其內必有水飲積滯，而用甘遂也。有志研究中國醫學者，於是等處，應多做工夫也。

科學解釋 本條為陽明證之劇者，如無肋膜炎證之徵象，為大承氣湯之的症，不得以本論大陷胸湯主之而遽用，殆無窮之後患。況肋膜炎在胸腔，斷無硬痛及於少腹之理。譚次仲曰：「疼痛每不於患部感覺，此為醫者最易疏忽之事也。且腹肌每發反射性緊張，有此二者，故硬痛誤以為在小腹，是則非真在小腹，特由病人神經反射作用之結果，致有自覺（痛），與他覺（硬）之錯誤耳。」此說似尚有參考價值，惟仍以胸脇硬痛，呼吸困難，暨發熱為主證而處治之。

五、大陷胸丸證

第103條（原139條） 結胸者，項亦強，如柔痙狀，下之則和，宜大陷胸丸。

傳統解釋 金匱曰：「太陽病，發熱無汗，反惡寒者，名曰剛痙；太陽病，發熱汗出，而不惡寒者，名曰柔痙。」結胸者，發熱汗出，邪毒上衝而項強，一如柔痙之狀，而實非柔痙也。下之以大陷胸丸者，以葶藶杏仁而利氣，大黃芒硝清熱，甘遂逐水，丸者，取其緩下之義也。

科學解釋 胸膜炎之痛，有放射至肩頸者，故云項強如柔痙狀，大陷胸丸較大陷胸湯多葶藶杏仁，降氣逐水之功尤勝，故放射性之肋膜炎所宜，惟藥量較輕，瀉下之力，則不如大陷胸湯遠甚，若積液多，仍以十棗湯為宜。

方三十四 大陷胸丸

大黃半斤 葶藶熬半斤 芒硝半升 杏仁半升去皮尖熬黑

右四味，搗篩二味，納杏仁芒硝合研如脂，和取如彈丸一枚，別搗甘遂末一錢，上白蜜二合，水二升，煮取一升，溫頓服之，一宿乃下，如不

下，再服，取下爲效，禁如藥法。

方解 本方較大陷胸湯多葶藶杏仁，降氣利水之力較勝唯藥量輕，而加蜜，仍有和緩瀉下之效，慢性痼疾，不宜用大陷胸湯峻下者，以用丸爲宜。

藥解

三十二　葶藶之藥效

(1)性味：味辛苦，性寒，無毒。

(2)主治：祛痰、瀉下、利尿劑。治水腫、慢性氣管炎、喘息、咳嗽、滲出性肋膜炎、胸肋膜腔積水、呼吸困難、肺水腫、及浮腫性脚氣、面目肢體浮腫、小便不利等證。

(3)用量：八分至二錢。

前賢學說

(1)和久田氏曰：胸骨高起，心下按之，亦硬而不痛，項背常强，俗稱鳩胸者，即龜胸也。此證多得自胎毒，非一時之劇證也，故無伏熱，及手不可近之痛，宜大陷胸丸。凡攻自胎受病，或血塊等陳痼之證者，湯藥反不能專攻其結毒，故以丸藥治之爲佳。是故龜胸龜背，及痙癎之得於胎毒者，其毒漸增成爲傴僂廢疾之類。此證在奇覽，爲葛根湯證，恐非也。旣云結胸項亦强，或成龜胸者，其結胸之毒大矣，皆大陷胸丸之所治也。雖然，因此方攻擊之劑，不可日日用之，當審外證，間用小陷胸湯，旋覆花代赭石湯，或半夏厚朴湯，厚朴生薑半夏甘草人參湯等，隔五七日，大陷胸丸攻之。

(2)醫宗金鑑：大陷胸丸，治水腫腸澼初起，形氣俱實者。

(3)類聚方廣義：東洞先生，晚年以大陷胸丸而用之，猶抵當理中二丸例，瀉下之力頗峻，如毒聚胸背，喘鳴咳嗽，項背共痛者，此方爲勝。

　　又治痰飲疝癥，心胸痞塞結痛，痛連項背，臂膊者，或隨宜用湯藥中，兼用此方亦良。

六、小陷胸湯證(一)

第104條（原146條）　**小結胸，正在心下，按之則痛，脈浮滑者，小陷胸湯主之。**

傳統解釋 成無已曰：心下鞕滿，手不可近者，結胸也；正在心下，按之則痛，是熱氣猶淺，謂之小結胸。結胸脈沉緊，或寸浮關沉，今脈浮滑

，知熱未深結，與小陷胸湯，以除胸膈上實熱也。

科學解釋　心下係胃脘之部，按之則痛，想係胃炎。本條所示，無一結胸之現象，而小陷胸湯之黃連括樓，皆爲清熱消炎之品，而半夏又有限制分泌之功，有助消炎之作用，其所以謂小結胸者，有類於上條心下之硬痛耳，故澤亦以小陷胸名之。然黃連習用於上焦（心肺），黃柏習用於下焦（膀胱、子宮、大小腸），括樓習用於胸肺，則胸脇肋之炎證用之，亦有效。

方三十五　小陷胸湯

黃連一兩　半夏洗半升　括樓實大者一個

右三味，以水六升，先煮括樓三升，去滓，納諸藥煮取二升，去滓，分溫三服。

方解　汪昂曰：黃連苦寒以泄熱，括樓寒潤以滌垢，半夏辛溫以散結，結胸多由痰熱結聚，故用三物以除痰去熱也。

此肥厚性胃炎，有灼熱感之現象時，用黃連以殺菌消炎，括蔞清涼解熱生津，半夏抑制炎性之滲出物，而共收消炎解熱之功。

藥解

三十三　括蔞之藥效

(1)性味：味甘微苦，性微寒，無毒。

(2)成分：根含多量澱粉、樹膠、糖類。子含脂肪油。

(3)主治：爲清涼生津劑，有解熱消炎解渴之作用。根解熱，止渴，催乳。子解熱、鎮咳、袪痰。全瓜蔞治胸膜炎、胸痺氣塞、短氣、胃痛、脇痛、痰多不利、口渴、便祕等證。

前賢學說

(1)丹溪心法：此方治食積及痰壅滯而喘急者爲末糊丸服之。

(2)醫方集解，劉心田曰：結胸多挾痰飲，凝結於心胸，故陷胸瀉心，用甘遂、半夏、括蔞、枳實之類，皆爲痰飲而設也。

(3)張氏醫通：凡咳嗽面赤，胸腹常熱，惟手足有涼時，其脈洪者，熱痰在膈上也，小陷胸湯。

(4)勿誤藥室方函口訣：此方治痰飲結於心下而痛者，因瓜蔞實主痛也。以金匱胸痺諸方可徵，故名醫類案以此方治孫主簿之胸痺，張氏醫通

治熱痰之在膈上，其他或治胸滿而氣塞不通，或嘈雜，或腸鳴下利，或胸痺者。

前賢治驗

(1)醫學綱目：工部郎中鄭忠厚，因患傷寒，胸腹滿，面黃如金色，諸翰林醫官雖商議，但不定，推讓曰：胸滿雖可下，但恐脈浮虛，召孫兆至曰：諸公雖疑不用下藥者，鄭之福也，下之則必死。某有一二服藥，服之必瘥，遂下小陷胸湯，尋利，其病良愈。

又孫主簿述，其母患胸中痞急，喘不得息，按之則痛，脈數且滑，此胸痺也。與小陷胸湯，一劑知，二劑愈。

(2)赤水玄珠：徐三泉先生之令郎，每於下午發熱，直至天明，夜熱更甚，右脅脹痛，咳嗽即痛，座臥俱痛，醫作瘧治，罔效，余診左弦大，右滑大搏指，曰：內經云「左右者，陰陽之道路也」，據脈則必肝膽之火，為痰所凝，而用功作文，遇思不決，鬱而為痰也；夜甚者，肝邪實也，乃以仲景小陷湯為主，加前胡青皮各一錢使水煎飲之，夜服當歸龍薈丸，微下之，夜半痛止，兩帖全安。

(3)建殊錄：一人年十三，生而病癥，先生診之，胸肋脹煩，如有物支之，乃作小陷胸湯，及滾痰丸與之，月餘，又作七寶丸，使飲之數日，如是者九次，出入二歲許，乃無所不言。

(4)成績錄：一男子，六十許，時時飲食窒於胸膈而不得下，狀如噎膈，咳嗽有痰飲，與小陷胸湯兼南宮丸而愈。

又一獵夫，一日入山逐獸，中鳥槍，獸僵，投槍欲捕，獸忽蘇，因與之鬥，克而捕之，最後無所苦，兩肘屈而不伸，先生診之，胸滿頗甚，他無所異，乃與小陷胸湯，服之而愈。

(5)生生堂治驗：一婦人，產後嘔吐不止，飲食無味，形容日衰，精神困倦，醫者皆以為產勞。師診之，正在心下，酸痛不可按，曰水飲也，與小陷胸湯乃已。

(6)方伎雜誌：一男孩，年十四五，伏枕已三年，藥餌無所不求，而病患加重，至於羸憊瘦削。余診之，薄暮發寒熱，胸骨呈露，肌膚無澤，身面黧黑，眼胞微腫，腹滿而臍四週引痛，以指觸之，立即驚痛，且每夜發腹痛微利，其狀腹脹，四肢柴瘦，恰如乾蝦蟆，不能起床，不

思飲食，舌上黃苔，小便色白，脈沉微數，若仰臥，則臍邊攣痛，告之曰：此疳勞之重證，余不能治。其父懇垂矜恤，余不能辭，乃用小陷胸湯與四逆散合方，每日兼用䗪蟲丸五分，日下雜穢二三行，飲食少進，父母大悅，自冬迄春，均用前藥，其間數日，用鷓鴣湯，下蛔蟲數條，由是腹痛截然止，腹滿攣急，亦皆大和，能自動上厠矣。又用前藥半歲許，舉動略如意，於是服藥更不怠，至初秋停藥，此兒得治，真意外也。（求真云，此乃結核性腹膜炎之重證）

(7)橘窗書影：一人因心氣過勞，致胸痺痰飲證，客多外感之後，邪氣不解，胸痛更甚，項背如負板，屈伸不便，倚息不得臥，飲食減少，脈沉微，衆醫作虛候治之。余診曰：雖屬老憊，現邪氣未解，脈尚帶數，先宜治邪，後治本病不遲，因與柴陷湯加竹茹，兼用大陷胸丸服之，而邪氣漸平，本病隨而和緩，數日，連服二方而全愈。

　　又一婦人外感後，熱氣不解，胸痛氣短，咳嗽甚，脈數，舌上白苔，食不進，侍醫療之，數日，病益重，因遣使召余，診爲飲邪併結之證，然因其虛弱，未至結胸，與柴陷湯加竹茹服之，四五日痺痛大減，咳嗽亦隨安，後但胸部拘急，因痰餘未除也，以四逆散合茯苓杏仁甘草湯服之而愈。

小陷胸湯證㈡

第１０５條（原147條）　**寒實結胸，無熱証者，與三物白散。**

傳統解釋　寒實結胸，係對前熱實結胸而言。無熱證者，外無大熱，非內亦無熱，不過熱少寒多耳。小陷胸湯用黃連瓜蔞之苦寒，恐與寒實結胸者所不宜，故山田氏謂「陷胸湯」，「亦可服」六字爲衍文，故改爲「與三物白散」。又陸淵雷曰：白散所治，即近世所謂急喉痺，乃白喉及小兒急性喉炎之類，不必無熱，亦不必大便不通。其證喘鳴氣促，肢冷汗出，窒息欲死，故曰寒實，無熱證。此其所結，上迫咽喉，與大陷胸證絕異，是知結胸之名，所包亦廣，凡胸部以上閉塞疼痛者皆是。

科學解釋　寒實結胸，爲滲出性胸膜炎，小陷胸湯之黃連瓜蔞，雖有消炎作用，但不能利水；半夏雖有制止分泌之用，亦難減已滲出之水液，故小陷胸湯之藥理，確無治寒實結胸之效。前賢刪之，不爲無因，白散係桔梗巴豆貝母，爲熱性瀉下藥，能促進吸收作用，而促炎證減退。

方三十六　三物白散

桔梗三分　巴豆一分去皮心熬黑研和　貝母三分

右二味爲散，納巴豆於臼中杵之，以白飲和服，強人半錢七，羸者減之。病在膈上必吐，在膈下必利，不利進熱粥一杯；若利不止，進冷粥一杯，腹中痛，與芍藥三兩煎服。

方解　本方爲熱性瀉下劑，雖藥用量甚輕，但有毒之峻下劑，用時仍應愼之，如腸胃有炎證者，則禁用。本方以巴豆爲主藥，味辛性熱有大毒，對寒實閉結，確有特效，桔梗爲刺激性袪痰劑，貝母爲鎭咳化痰劑，全方對寒飮痼結，確有逐寒破結袪痰吐下之效，故寒實結胸，誠爲主劑。

藥解

三十四　巴豆之藥效

(1)性味：味辣，性溫，有大毒。

(2)成分：爲巴豆油，及巴豆毒性蛋白質。

(3)藥理：①巴豆油本身，對皮膚粘膜，並無刺激作用，但在鹼性腸液中，分解產物，即巴豆酸，對皮膚粘膜，有強烈之刺激作用，藥用巴豆油中常有游離巴豆酸，所以口服 $0.5 \sim 1.0$ 滴之小量時，口腔及喉頭，有灼熱感，並有局部性催吐作用，服後 $30 \sim 180$ 分鐘內，因巴豆油在腸內分解，引起劇烈腹瀉。巴豆油塗抹於皮膚，有發赤作用，並能引起水腫及水泡，至膿疱形成。人之至死量，二十滴，先呈急性腹瀉，遂至虛脫而死。②巴豆毒性蛋白質，對動物毒性甚大，能溶解赤血球，使局部細胞壞死，但遇熱即破壞而喪失原有毒性。③巴豆油在胃以上無刺激，至小腸內，發生作用，此時鹼性腸液，尤其胰液，顯著增加，巴豆酸析出，而呈強烈峻瀉作用，使腸發炎，其蠕動旺盛強烈，有時惹起腸嵌頓。

(4)主治：爲猛烈之瀉下劑，有大毒，須愼用。用於急性喉頭腫閉，及白喉窒息時，能吐粘痰假膜，並治鉛毒疝痛，及腸胃內無發炎證之腹滿、便祕，及寒積冷滯、通便不暢。凡頑固性便閉，他藥無效者，能奏特效。

三十五　貝母之藥效

(1)性味：微甘稍苦，辛平，無毒。

(2)成分：含甲、乙、丙三種貝母鹼，及輪繖鹼。

(3)藥理：①乙種貝母鹼能麻痺中樞神經系統，起呼吸及自發運動障礙，減

少脈搏，降低血壓；對呼吸中樞，咳嗽中樞，抑制作用顯著，故有鎮咳之效。⑵小量現呼吸受刺激作用，大量減少呼吸之氣量和速度。

(4)主治，為鎮咳祛痰劑，兼有止血作用。治慢性氣管炎，支氣管炎，支氣管喘息，孕婦咳嗽，乳腺炎，咯血，肺癆，胸痛痰多等證；又可用於乳癰疼瘇等。

三十六　桔梗之藥效

(1)性味：辛苦微甘，性涼，無毒。

(2)成分：含桔梗石鹼草素，植物固醇，及葡糖等。

(3)藥理：①石鹼草素內服時，對咽喉、喉頭粘膜、及胃粘膜，造成某種程度之刺激，引起呼吸道粘膜產生反射性之分泌亢進，使游留於支氣管中痰液稀釋和排出。⑵石鹼草素，有溶血作用，但口服時，在消化道中，進行加水分解而破壞，其分解產物，無溶血作用，所以口服石鹼草素，無破壞赤血球之危險。

(4)主治：為刺激性祛痰劑，並有催吐排膿作用。治氣支管炎咯痰不爽，及肺膿瘍，扁桃腺炎，咽喉炎，其他化膿性疾病；對胸脇痛如刀刺腹滿腸鳴亦有效。

前賢學說

(1)方極：桔梗白散，治病在胸咽，或吐下如膿汁者。

(2)方機：有積毒而濁唾吐膿者；毒在胸咽而不得息者。

(3)湯本求眞：如實斯的里（即白喉）性呼吸困難，此方之適應證也，余治一小兒，用本病血清無效，將窒息，與本方，得速效。

(4)外台祕要：仲景桔梗白散（即本方），治咳而胸滿，振寒脈數，咽乾不渴，時出濁唾腥臭，久久吐膿，如米粥狀者，為肺癰。

(5)陸淵雷：桔梗排膿，貝母除痰解結，二者皆胸咽上焦之藥，巴豆吐下最迅烈，合三味，以治胸咽閉塞之實證也。和語本草云：巴豆生者，有毒甚猛，炒熟則性緩，巴豆須炒熟用之，是純由經驗而得之成績，頗爲當時之學理一致。

前賢治驗

(1)成績錄：巽屋之家人，卒然咽痛，自申及酉，四肢厥冷，口不能言，如存如亡，眾醫束手，及戌時，請治於先生，脈微欲絕，一身盡冷，呼吸

不絕如縷，（此時不用四逆回陽者幾稀矣）急用桔梗白散二錢，調白湯灌之，下五六行，咽痛始減，厥回氣爽，乃與五物桂枝桔梗加大黃湯（桂枝、地黃、黃芩、桔梗、石膏、大黃），須臾大下黑血，咽痛盡除，數日而平。

(2)古方便覽：一男子，咽喉腫痛，不能言語，湯水不下有痰飲，痛不可忍，余飲以白散一撮，吐稠痰數升，病遂愈，愈後用排膿湯而全愈。

(3)橘窗書影：野村之子，一夜，咽喉閉塞，不得息，手足微冷，自汗出，煩悶甚，走急使迎余，診之曰：急喉痺也，不可忽視，製桔梗白散，以白湯灌之，須臾發吐瀉，氣息方安，因與桔梗湯而全愈，世醫不知此症，緩治而急斃者，見數人焉！

七、十棗湯證

第106條（原160條） 太陽中風，下利嘔逆，表解者，乃可攻之。其人漐漐汗出，發作有時，頭痛，心下痞，鞕滿，引脇下痛，乾嘔，短氣，汗出不惡寒者，此表解裡未和也，十棗湯主之。

傳統解釋 太陽中風，下利嘔逆，按本論，應以葛根加半夏湯以解表；若表解而中風之證已除，嘔利未除，乃係裡證，非表邪也，故可攻裡。但以何藥攻之，則當審其證狀而別；若其人漐漐汗出，頭痛，似中風之表證，但以發作有時而異，故知非表證之常規；心下痞滿而硬，痛引脇下，為結胸證之主證；則知證係結胸而反應頭痛汗出也，結胸證應用陷胸湯以治之，而用十棗湯者何也？因下利而嘔，知水飲所結，非熱結也，故取十棗湯之逐水，而不取大陷胸之滌熱也。

科學解釋 凡泛發性全身病，而兼局部性腸胃病（吐利），應先用解熱劑以治表，熱除而吐利自止者，如葛根加半夏湯證（解釋在後）；今表證雖解，而裡證未和，故再用下劑攻之。其人頭痛汗出，發作有時，乃係局部證之反射影響，而現似全身病證者，治其局部病，則全身病亦愈，此即中醫所謂治本之義。本證心下硬滿，痛引脇下，為結胸之主證，亦胃潰瘍常有之病狀；而短氣，即呼吸困難，因胸膜炎之劇證，胸膜積水過多，壓迫肺臟，必然之結果，而胃潰瘍則無之，故本證診斷為結胸證，亦即肋膜炎證，按上述結胸證之治法，似應用大陷胸湯，而今主以十棗湯者，唯嘔與下利耳。因心胸積水，生理機能，自然加強吸收，謀求自救，故胃中積水則

嘔，腸中多水則利；惟積水多，非自然機能所能清除，故必藉十棗湯之瀉水峻劑，瀉腸胃組織間之水份，俾加強病區水液之吸收作用耳。大陷胸湯雖爲苦寒瀉下劑，但逐水之功，不及十棗湯遠甚。爲滲出性肋膜炎之輕症，大陷胸湯仍可用；而劇證，則非十棗湯不爲功。

方三七　十棗湯

甘遂　大戟　芫花等分　大棗十枚

右三味，各別搗爲散，以水一升半，先煮大棗肥者十枚，去滓，納藥末，取八合，强人服一錢七，羸人半錢，溫服之，平旦服，若下少，病不除者，明旦更服加半錢七，得快利後，糜粥自養。

方解　甘遂，大戟，芫花三味，均爲逐水峻劑，使消化器官內與組織間之水份，驅逐殆盡，故腸胃之刺激亦劇，用肥棗十枚者，緩和刺激之用，但此劑，往往喉頭麻痺，燥乾難耐，而甚至暫時失音者；因水分缺乏，組織失其滋潤耳，其逐水之烈，可想而知。現代都以三藥等分研末膠囊裝第一天1.5克，以後每天加0.3克，至3克爲止，六天爲一療程，以大棗30克，煎服空腹吞送。

藥解

三七　大戟之藥效

(1)性味：苦辛，有小毒。與甘草同用，則增加毒性，故云反甘草。

(2)成分：大戟素，及一種膺鹼。

(3)主治：爲逐水峻瀉劑，治水腫，腹水，胸肋膜積水，濕性肋膜炎，浮腫性腳氣，及食物中毒，腹痛急痛，以行水、通便、通經爲目的而用之；外用消癰腫及頸項淋巴腺腫。

(4)用量：煎劑六分至一錢，散劑半分至二分。

三八　芫花之藥效

(1)性味：味苦鹹，性寒，有毒。（或云氣味辛溫）

(2)成分：芫花素，洋芹子素，及安息酸等。

(3)主治：爲逐水峻劑，適用證與大戟略同。醋炒用。

前賢學說

(1)和久田氏曰：心下痞硬而滿，引脇下痛，若以指頭稍觸心下及脇之邊，卽驚恐而痛；或咳則引連腹脇；或動身舉手，則胸乳痛；卽呼吸時，亦

無不如是，因水飲留在胸間心下而所致也，故名懸飲。

(2)三因方；十棗湯藥末，用棗肉爲丸，治水氣四肢浮腫，上氣喘急，大小便不通。

(3)勿誤藥室方函口訣：此方主懸飲內痛，懸飲者，外邪內陷，而胃中水飲舉於胸，胸有蓄飲之謂也。又有其勢伸張於外表，而兼汗出熱發頭痛等證者，然裡水爲主，表證爲客；故胸下痛，乾嘔短氣，或欬煩，水氣浮腫，上氣喘急，大小便不利者，此方之目的也。痛引盆缺者，亦用之。其脈沉而緊，或弦也。此方雖爲峻劑，然欬家因於水飲者，逡巡失治，則變勞瘵；即無引痛之證，而見水飲之候，亦可直用此方。前田長庵之經驗，一人手腫，他處不腫，元氣飲食如故，用此方，得水瀉而速愈，可謂運用之妙。

(4)湯本求眞曰：用本方，以心下痞鞕滿之腹症，弦或沉弦之脈爲主證，頻發咳嗽，或牽引痛爲副證。咳嗽之原因，不問其枝氣管，胸脇心臟；神經痛，不問其肋間或四肢，本方悉主之。

前賢治驗

(1)明張三錫醫學大要：一人飲茶過度，且多憤懣，腹中常瀝瀝有聲，秋來發寒熱似瘧，以十棗湯料煮黑豆，晒乾研末，棗肉和丸芥子大，初服五分，不動，又治五分，無何腹痛甚，以大棗湯飲之，大便五六行，皆溏屎無水，夜半乃大下數斗積水，而疾平，當其下時，眩瞑特甚，手足厥冷，絕而後蘇，舉家號泣，咸咎藥峻，嗟乎，藥可輕乎？

(2)成績錄：一婦人，心胸下鞕滿，而痛不可忍，乾嘔短氣，輾轉反側，手足微冷，其背急如板狀，先生與十棗湯，一服而痛頓止，下利五六行，諸證悉愈。

(3)生生堂治驗：一婦，年三十，每咳嗽，則小便涓滴下污裳，醫以下部虛，或以爲蓄血，萬般施技，均無效，先生診其腹微滿，心下急，按之痛引兩乳及咽，至欬不禁，與之十棗湯，每夜五六分，五六日而瘥。

(4)橘窻書影：一人時時肩背急痛，脇下如刺，呼吸迫促不得動搖，醫以爲痰飲，治之不愈，余以爲懸飲，與十棗湯得大效。

(5)經方實驗錄：張君，心悸，脇下痛，胸中脹，脉雙弦，乾嘔短氣，其爲十棗湯證無疑，與十棗湯略煎和服，後用溫化，及大柴胡湯加厚朴芒硝

而愈。（文長述意。）

八、結胸脈浮禁下證

第107條（原140條） **結胸証，其脈浮大者，不可下，下之則死。**

傳統解釋 結胸證，其脈沉，若浮大者，表證尚多，下之重傷其裡，使結愈甚，故不可下，下之則死，喻嘉言、張兼善、余無言，醫宗金鑑等，均宗是說。方有執、程應旄、錢璜等，皆以浮大爲虛脈，虛故不可下也。

科學解釋 浮大之脈，爲精神興奮之表現；然過度興奮，往往使心力衰弱而休克。且心力有餘之興奮，脈必浮而有力；若無力而浮大，即有心力不繼之預兆。瀉下之劑，摧殘心力，無可避免，況結胸之證，肋膜接近心肺，最易惹起心臟衰弱，故肋膜炎之有浮大脈，則不可下，下之即不死，亦成危證矣。若能以發汗利水劑，以促滲出液之吸收，及炎證之消退，爲最平穩之良法也。張兼善謂柴胡加桂枝湯以和解，不無見地，然加茯苓則更佳。

九、結胸證預後

第108條（原141條） **結胸証具，煩燥者死。**

傳統解釋 結胸證悉具者，外如柔痙，內而硬滿結痛，自小腹而至胸脇，無不硬痛也，其證已劇矣；再加煩躁不寧，神機將滅，下之亦死，不下亦死，故斷之曰死。

科學解釋 肋膜炎，亦稱胸膜炎，分乾性與濕性，更有原發性（原因不明），和續發性（肺炎、肺梗塞，敗血證、肺膿瘍、肺結核，和放線菌疾病期中所感染）之區別。其證狀以疼痛、發熱、呼吸困難爲主。心肺與胃，不能行其正常生理機能，呼吸異常困難，心力衰弱，食慾不振，甚至腦遭刺激，而煩躁不寧，汗下難施，治療乏術，故曰「死」。

十、藏結死證

第109條（原175條） **病脇下素有痞，連在臍旁，痛引少腹，入陰筋者，此名藏結，死。**

傳統解釋 藏結之證，本論中，共計三條，一條與結胸之比較，證甚不類，無法解釋（入刪編），下條脈證不詳，難以解釋，僅本條可以理解，但歷賢缺乏生理常識，各憑臆說，不切病理，間有一二傑出者，如柯琴以爲疝氣，永富氏以爲寒疝，山田氏以爲積疝，差堪近似，迨余無言譚次仲二氏，始以現代學理，證明藏結即腸嵌頓。噫！中國古醫學，數千年來，能澈

底貫通者，究有幾人，必待現代科學之佐證，方得其義，中醫科學化之必要，其可緩乎？！

余無言曰：此條之臟結，與西醫學所稱之嵌頓脫腸，絕相類似。所謂嵌頓脫腸者，其人體弱，素有脫腸之習慣，一經外感風寒，則必因體弱而脫腸，其在平時，若靜臥揉按，常能復還，至感寒而脫，而按亦難入腹，故曰嵌頓脫腸，尤以大汗大下，或感寒後又行房，或行房後感寒，更易致此。其證狀，腹內之小腸，折而下陷，在男子則經鼠蹊部內，睪丸精系之孔道，而脫入陰囊之內；在女子，則脫入股靜脈與Gimber nat靱帶之間。此種證候，非內服藥所能治，必用外科手術，方有治愈之望。當脫出之際，腹內疼痛，牽及陰囊，大便不通，發熱嘔吐，甚至吐糞，若不施手續割治，則結而不通，發生爛腸，或腹膜炎而死，或卒發心臟麻痺而死。據此，則本條所謂連在臍旁，痛引少腹，入**陰**筋者，此名臟結，即西醫學家之嵌頓脫腸，毫無疑義也。末曰「死」，因我國古代外科手術未精故也。

科學解釋　本證為腸嵌頓，在下條，亦有補充說明。腸嵌頓為腸閉塞證中之險證，若醫治時機稍縱，即腸爛而死，且古代外科手術未精，幾為必死之證。在西塞爾時代，雖有外科術而死亡率恒為 70％左右，目前尚在 24％左右，其危險程度，可想而知。查腸閉塞（或腸塞絞痛）之原因甚多，前余氏所說，不過其原因之一耳。在生理上之反應，其腸管蠕動亢進，腸內因部份或完全閉塞，正常流動多遭機械性阻礙，致使停止，甚或倒流。（便秘或嘔吐之原因，即此）。而其阻塞之因素，約可分為三大類：

(1)機械性阻塞：①屬腸管內者，如膽石、毛糞石、腸結石、寄生蟲，及異物等。②屬腸壁者，如先天性閉鎖、狹窄、粘連、套叠（嵌頓），贅瘤等。③屬腸外者，如疝脫、扭結、壓迫等。

(2)機能性阻塞：無力性（痲痺性）腸塞後痛；動力性（痙攣性）腸塞後痛。

(3)血管性阻塞：腸系膜血栓形成；血栓及梗塞形成；出血等。雖腸阻塞分三類，但實際上，往往因數種原因之連帶關係而促成，其一般證候，為疼痛，嘔吐，膨脹、便秘、脈細數，四肢濕冷等。

疼痛：疼痛之發作，屬於機能性者少，但並非全無，如痙攣性之腸阻塞，即是一例。而屬急性機械性者尤甚，尤以疝脫者為最多。其他為腸扭結，腸套叠（即腸嵌頓），粘連性腸塞絞痛等，均有劇烈之疼痛；亦有輻

射至腹中部者，而陣發性絞痛，尤爲機械性阻塞之特徵。

嘔吐：嘔吐發作之先後輕重，因阻塞部位之高低，及型別有關。如阻塞部位高，嘔吐發作早而甚，最初因反射作用而乾嘔，或吐膽汁之胃液，次則嘔吐灰色蛋白樣之物質。阻塞在下部時，嘔吐較遲，初嘔物常霉臭，後則爲屎氣臭。

便秘：凡屬腸阻塞，早晚總有便秘發生，在急性阻塞發生後，立即有一二次通便，後則秘結不通；如不完全閉塞，亦可發生少量瀉下；若大便帶血，即有絞窄現象；大便帶血及粘液，即係腸嵌頓之證候。

膨脹：膨脹雖必有之現象，但上部之阻塞，初期却未發現；在下部阻塞，則甚明顯，甚至腹皮有梯狀痕跡，此可爲腸阻塞部位之辨別。其腸內膨脹之物質，以吞入之空氣，及食物發酵之瓦斯暨水液等。

腸閉塞之處治，因型證不同，而有所別，在原則上，以：

(1)矯正腸阻塞所產生之局部和全身紊亂現象。

(2)除去引起阻塞之因素，恢復正常機能。但中醫之治療，機能性者，可用苦寒之瀉下劑，與苦溫之興奮劑以通便；機械性者，因證而異，大多不堪攻下；血管性者，絕對不得用瀉下劑，否則促進腸管蠕動，加劇苦痛，增進充血，提早腐爛，故藏結證之不可攻下，爲千古至理，宜應證而施以強心劑以防脫，辛辣劑以緩痛，甚則用麻醉劑以止痛。譚次仲以爲先用四逆湯等興奮劑，不效後用鴉片，如此則收大效。本條之證狀，似以小腸氣爲原因，亦卽腸疝。凡有腸疝之因素者，不論輕重，亦能變成腸嵌頓證，前賢所謂疝氣、積疝、寒疝者，所以近似也。

前賢學說 柯韻伯曰：今人多有陰筋上衝小腹，而痛死者，名曰疝氣，即是此類，然痛止便蘇，有治以茴香，吳萸等味而痊者，亦可明藏結之治法也。

前賢治驗 顧君，年三十餘，素有脫腸之患，於房後感寒，寒熱發即予腹痛，此即俗稱夾陰傷寒也。俗醫以腹痛下之，脫腸而復發，自小腹左鼠蹊部，脫入腎囊，腫大如瓜，惟平時可揉按而上，而此次無效，即所謂腸嵌頓也。醫見腹痛嘔吐，又以爲寒，溫以理中四逆，其痛更甚，大便不通，小溲短少，二三日後，即化熱，煩躁口乾，大渴思冷，時靜時躁，腹痛嘔吐，均劇甚，有時昏譫時作，又越二日，始嘔吐綠水，繼則吐出糞水，此時始延余診，余見其吐糞水，知爲不可治，令其立送醫院，速行剖腹，施納

還手術；詎解剖後，一面將脫腸內還小腹，一面發現小腸，繞右腎二匝，爛截小腸三寸，手術完畢，病者後虛脫而死。

十、藏結不可攻證

第110條（原137條） 藏結無陽証，不往來寒熱，其人反靜，舌上胎滑者，不可攻也。

傳統解釋 陸淵雷曰：古人以府爲陽，以藏爲陰，病名藏結，示陰痛也。陰證，故曰無陽，不往來寒熱；陰症本靜，而曰反靜者，蓋結胸藏結，皆疼痛甚劇，痛則易躁擾，藏結雖痛而不躁，故曰反靜；痞硬疼痛之病，非攻不可，舌苔滑者，爲極虛不能攻下之象，故上條（即刪條）曰難治，此條曰不可攻。金鑑程知云經言藏結白胎滑者，不可攻，未言藏結有熱，舌胎不滑者，亦不可攻也。意者，丹田有熱，胸中有寒之證，必有和解其熱，溫散其寒之法，俾內邪潛消，外邪漸解者，斯亦良工之苦心乎？

科學解釋 結胸爲肋膜炎，必有熱痛，藏結依據上條明文之證狀，爲腸阻塞中之腸嵌頓，或扭後，始有必死之轉歸，至於其他結石，燥屎，狹窄之阻塞，尚可通便緩下之劑以療之，非至於必死也。唯腸嵌頓及扭後之腐爛者，勢必發熱痛甚，至腸穿孔後，始有體溫急降，痛減虛脫之現象，所謂無熱，無陽證，其人反靜者，其於斯時乎？腸阻塞間有嘔食吐屎等現象，刪條所謂飲食如常者，殊非事實，此等條文，總不可盡信也。

第十八節　虛煩證

一、梔子豉湯證㈠

第111條（原79、80條） 發汗吐下後，虛煩不得眠；若劇者，必反覆顛倒，心中懊憹，梔子豉湯主之；若少氣者，梔子甘草豉湯主之；若嘔者，梔子生薑豉湯主之。

傳統解釋 若發汗，在外之邪解；若吐，在上之實除，若下，在裡之結去。大邪雖除，而正氣暴虛，胃氣未復，經曰：「胃不和，臥不得安」，此所以虛煩不得眠也。若劇者，必變不眠爲反覆顛倒，變虛煩爲心中懊憹，不論微劇，均宜用苦寒之梔子以清內熱，香豉甘寒以解外熱，而病可除；若少氣，加甘草以補中氣；若嘔吐，加生薑以止嘔，此病邪除後，不求峻劑

，但平劑可也。

科學解釋　發汗吐下後，雖內外之證候已除，而餘熱未淨，但自然療能尚薄
　　弱，非期待療法所能奏效也；因汗吐下後，胃腸受藥物之刺激影響，機能
　　減弱，食物營養，因吸收及輸送之功能尚未恢復，勢難充分供應；而心腦
　　亦遭受刺激，尚未平息，故現虛煩不眠等證候。應除餘熱，平心腦，藉藥
　　力以治之。梔子豉湯為甘寒降輯劑，有解熱和胃平腦作用，故為主劑；若
　　少氣不足息，加甘草以緩肺之迫急　　；若嘔吐，加生薑健胃而止嘔。

方三十八　梔子豉湯

梔子^擘四十枚　香豉^{綿裹}四合

右二味，以水四升，先煮梔子得二升半，納豉煮取一升半，去滓，分溫二服。

方解　梔子苦寒，能鎮靜溫熱中樞，有解熱平腦抗菌之功，則不眠之證可除
　　；豆豉本為酵母製劑，有解熱、和中、健胃作用，則煩熱應解，故本方為
　　治病後虛煩不眠之主劑。若少氣，則短氣，呼吸困難之意，乃肺痙攣所致
　　，故加甘草以緩和肺之痙攣；若有嘔吐，加止嘔聖藥之生薑以鎮嘔。

方三十九　梔子甘草豉湯

　梔子四十枚　甘草二兩炙　香豉四合

　右三味，以水四升，先羨梔子甘草取兩升半，納豉羨取一升半，去滓，分
　溫二服。

方四〇　梔子生薑豉湯

　梔子四十枚　生薑五兩　香豉四合

　右三味，以水四升，先羨梔子生薑，取二升半，納豉羨取一升半，去滓，
　分溫二服。

藥解

三九　梔子之藥效

　(1)性味：味苦性寒，無毒。

　(2)成分：含苦味梔子黃色素，蕃紅花色素，及揮發油酥酸等（藥理的生藥
　　　學）。

　(3)藥理：能鎮靜溫熱中樞，有解熱平腦之功，故可解煩熱及腦不安，如不
　　　眠等症狀。又對血中之膽色素，有抑制作用，故可治黃疸；並有抗菌消
　　　炎止血之效。

(4)主治：爲消炎解熱劑。適用於急性膽道炎所致之黃疸，胃及食道發炎，而懊憹煩躁欲吐，上部充血之炎證。並對各種熱性病，呼吸器病，皆有消炎解熱之效。內服止吐血、衄血，急性尿道炎，血尿淋痛。外用消炎，退腫，對打仆挫傷腫痛，用生梔子研粉調和麪粉，鷄子清，塗敷患部作罨包有卓效。

四十 香豉之藥效

(1)性味：味甘、性平、無毒。

(2)成分：蛋白質及酵素。

(3)主治：爲辛涼性解熱消炎發表劑。適用感冒發熱及熱性病伴發之呼吸器，及消化器炎證，如胸脘不舒，食道狹窄，泛惡欲嘔，及痘疹透發不快者。

(4)附記：豆豉本爲酵母製劑，有和中健胃之效，配蔥則發汗，得鹽則能吐，得酒則治風，得殕則治痢，得蒜則治血，炒熱則能治汗。

前賢學說

(1)湯本求眞曰：虛煩不得眠者，因發汗吐下後，諸毒患被驅逐，但欲示僅有殘餘熱毒留遺，刺激大腦皮質，因已汗吐下，腹內空虛，無病毒之阻滯，雖有不眠煩悶之證狀，故曰虛煩，又反覆顚倒，即輾轉反側，因不眠之甚，而邃致此。

(2)陸淵雷曰：虛煩不眠，非由毒害性物質，乃由心腦之充血，陽證機能亢進之餘波也。何以知爲充血，以其用梔豉而知之。梔豉皆稱苦寒藥，用抑制機能亢進作用，故知其病爲充血也。

(3)千金方：梔子豉湯，治少年房多而氣短。

(4)葛洪肘后方：梔子豉湯，治霍亂吐下後，心腹脹滿。

(5)聖濟總錄：豉梔湯（即梔子豉湯），治蝦蟆黃（黃疸之一種），舌上起靑筋，晝夜不眠。

(6)小兒藥證直訣：梔子飲（即梔子豉湯），治小兒蓄熱在中，身熱狂躁，昏迷不食，大梔子仁七個，槌碎，豉半兩，用水三盞，煎至二盞，看多少服之，無時，或吐，或不吐，即效。

(7)方機：治心中懊憹者；煩熱，胸中窒者；身熱不去，心中結痛者；下後煩，心下濡者。此煩與桂枝湯發汗後之煩，不可混。

(8)類聚方廣義：此方僅梔子香豉二味而已，**然施之其證，其效如響**，設非親試之於病者，焉知之。

前賢治驗

⑴名醫類案：江應宿治都事靳相主，患傷寒十餘日，身熱無汗，怫鬱不得眠，非躁非煩，非寒非痛，時發一聲，如嘆息之狀，醫者不知何證，迎余診曰，懊憹也。投以梔子豉湯一劑，十減二三，再以大柴胡湯下燥屎，怫鬱除而安臥，調理數日而起。

⑵和久田腹證奇覽：松川世德治一婦人，年二十五，血下數日，身體倦怠，心煩微熱，服藥無效，余與梔子豉湯二帖，血下減半，婦人喜乞藥，與前藥數帖全愈。

又某君，蹟而損腰，下血少腹微痛，服藥無效，余以此病，由於轉仆驚惕所致，乃進本方數帖全愈。

又一婦人，年七十餘，鼻衄過多，止血諸方無效，余問其狀，頗有虛煩之象，卽作本方與之，卽已。

又一老人，年八十許，一日衄血過多，鬱冒恍惚，乃與本方而愈。（本草綱目：梔子治吐血，衄血，血痢，下血，血淋，損傷瘀血，松川氏諸案均驗，足證其不我誣也，但世醫知之不多，特附而標之。）

⑶千金方，梔子甘草豉湯，食宿飯，陳臭肉，及宿羹荣發者。

⑷時還讀我書續錄：梔子甘草豉湯，治膈噎，食不下。

⑸松川世德曰：伴藏之妻，產後下血過多，忽唇舌白色，，氣陷如眠，脈若有若無，殆將死，乃以梔子甘草豉湯，加川芎苦酒與之，半時許，盡五大帖，遂愈。

又一男子，便血數月，雖服藥漸愈，但身體無色，面上及兩脚浮腫，心中煩悸，頭微痛，時嘔，脈微，乃與梔子生薑豉湯而愈。

梔子豉湯證㈠

第112條（原81條）　**發汗，若下之，而煩熱，胸中窒者，梔子豉湯主之。**

傳統解釋　發汗，下之，表裡之邪雖解，而津液過損，餘熱留在胸腔而煩躁，食道乾燥，吞嚥不利而窒塞，仍用梔子豉湯清熱驅煩，兼解食道之乾澀，而窒塞可通矣。

科學解釋　發汗喪失肌表組織之水份，下之喪失胃及內臟之水分，故內外皆

乾燥矣。窒爲食管狹窄之自覺證，因熱毒致粘膜乾燥，食物不滑利也。故用苦寒解熱之梔子豉湯治之，諸症均息矣。

梔子豉湯證㈢

第113條（原82條）　**傷寒五六日，大下後，身熱不去，心中結痛，未欲解也，梔子豉湯主之。**

傳統解釋　傷五六日，病仍在太陽，有急下之證，故未待外證罷，而大下之。下後身熱不去，表證不因之而解，仍在於表；且心下結痛，雖輕於結胸，而甚懊憹矣。結胸邪在胸膈，故用陷胸湯清熱逐水；此乃熱結胃脘，故用梔子豉湯清火解鬱也。

科學解釋　傷寒五六日，尚在熱性病前驅期，有頭痛發熱惡寒等證，宜以辛溫發汗解熱劑，但腸胃裡證已急，故用峻瀉劑下之。下後，裡證雖寬，而表毒未淨，故身熱不去；且因峻瀉之後，腸胃受藥物刺激，發生胃炎，覺心中結痛，此非反射性神經作用，實乃食管下口近胃處感應而發炎所致。蓋食管當心中之部位，心下乃胃也。俗稱黃連梔子清心火，即快利心胸之作用，故仍以梔子豉湯，清利胸膈，去心中結痛，豉亦能解熱和胃，確爲標本兼治之良劑也。

二梔子厚樸湯證

第114條（原83條）　**傷寒下後，心煩腹滿，臥起不安者，梔子厚樸湯主之。**

傳統解釋　傷寒有可下之證，而下之過甚，內虛氣滯，在上則心煩，在下則腹滿，治以梔子厚樸枳實者，以表解裡未和也。故去豉之發表，佐以健胃消滿之枳樸，而裡和矣。

科學解釋　傷寒表已解而裡未和，則病毒已集趨於內，故用下藥而治之。下劑首傷胃腸，間接衰弱心腦；腦衰則有不安之感覺；胃腸機能損害，則消化力不足而脹滿，梔子解熱平腦而除煩躁，厚樸枳實味苦芳香，理腸胃而消脹滿。此下後腸胃機能失健，旨在重振其機能，非有實積可除，故不用大黃芒硝瀉下劑也。

方四十一　梔子厚樸湯

梔子擘十四枚　厚樸炙四刄　枳實四枚水浸去穰炒

右三味，以水三升水半，煮取一升半，去滓，分二服，溫進一服。（習用三

味，今秤俱三錢，厚樸似可稍減。）

方解　參看科學解釋欄，說略。

藥解

四十一　枳實之藥效

　(1)性味：味苦，性微寒，無毒，有特異芳香。

　(2)成分：有檸檬精油，橙葉香油，醋酸橙葉香脂，及黃鹼體（健胃劑）。

　(3)藥理：有矯正平滑弛緩之功，故對脫肛，子宮下垂或膣道脫出等有療效。

　(4)主治：為芳香性苦味健胃劑，並有瀉下，袪痰，利尿作用。治胃部脹滿
　　　，壓重，腸胃無力性消化不良，水腫，便秘，瀉下不暢，積飲宿食等證
　　　，以疎導之目的而用之；對子宮下墜，及內臟弛緩無力、脫肛等亦有效。

前賢學說

　(1)類聚方廣義：下後心煩腹滿，臥起不安者，世醫則謂病不盡，猶有用三
　　　承氣湯誤治者，長沙氏所以有是等方法也。措詞之間，最宜法意。

　(2)藥徵：枳實主治結實之毒也，旁治胸痺胸滿，腹滿脹。

　(3)湯本氏曰：主治結實之毒，謂治心下肋弓下及腹直肌之結實也；作用有
　　　如芍藥結實拘攣，枳實則結實較甚，拘攣較劣也。旁治胸滿腹滿，又似
　　　厚朴，而枳實以結實為主，脹滿為客；原朴以脹滿為主，結實為客，至
　　　於治食毒，水毒，則枳實與原朴共之。

前賢治驗　皇漢醫學：某氏曰：一男子患黃疸數日，東京淺田氏療之不驗，
　　其證腹硬滿，呼吸促迫，遍身黃黑色，晝夜臥起不安，予以梔子厚朴湯加
　　朮；與硝黃丸互進，不日而胸腹煩悶減，益投前方，三十餘日，而痛減半
　　，後百餘日，與前方不止，遂全愈。

三、梔子乾薑湯證

第115條（原84條）　**傷寒，醫以丸藥大下之，身熱不去，微煩者，梔子
乾薑湯主之。**

傳統解釋　傷寒大法，有表證者，當先解表，而後議下，今以丸藥大下之，
　　非其治也，大下之後，其裡已虛，而表邪不解，成上熱下寒之勢，故身熱
　　不去而微煩。其所不用梔子豉湯者，以大下之後，裡虛較甚，非香豉之寒
　　所能治，故改用乾薑以溫健中氣而理胃也。

科學解釋　大下之餘，胃腸必傷，故用乾薑辛辣健胃之劑以理胃，興奮其功

能；身熱微煩，熱證未解也。以裡虛不用發汗解熱劑，以免重傷津液，致虛虛之變，故僅用梔子清熱平腦而除煩也。金鑑所云之以豉易乾薑之說法，未解大下裡虛之甚故也，不可從之。

方四十二　梔子乾薑湯

梔子擘十四枚　乾薑二兩

右二味，以水三升半，煮取一升半，去滓，分二服，溫進一服。

前賢學說

(1)楊氏家藏方，二氣散（即本方），治陰陽痞結，咽噎塞如梅核，妨礙飲食，久不愈，即成反胃。

(2)湯本求眞曰：楊氏用二氣散治食管狹窄者，恐着眼於仲景所說梔子頭湯之胸中窒，與乾薑之治嘔吐噁心也。

(3)聖惠方：治赤白痢，不問日數老少，乾薑散方（即本方加薤白七個，豉半合煎服。）

(4)成績錄：己未之秋，疫痢流行，其症多相似，大概胸滿煩躁，身熱殊甚，頭汗如流，腹痛下痢，色如塵煤，行數無度，醫療之，皆入鬼籙，先生取桃核承氣湯，梔子乾薑，相互爲治，無一不救者。

四、梔子湯禁證

第116條（原85條）　**凡用梔子湯，病人舊有微溏者，不可與服之。**

傳統解釋　梔子湯爲苦寒下泄之劑，病人舊有微溏者，中下二焦已虛寒，不堪再以苦寒之劑虛其虛，致生他變，故不可與服之。內經曰：「先泄而後生他病者，治其本」，本條即此意耳！

科學解釋　微溏，即大便稀薄，胃腸已有宿恙，故雖有梔子湯之煩熱證，應顧念胃機能衰弱，不可再與苦寒降輯之劑，重傷胃腸，致生他變。凡腸胃功能衰弱者，苦寒之品，均須注意，非僅梔子湯而已。

第十九節　痞證

一、氣痞證

第117條（原157條）　**脈浮而緊，而復下之，則作痞。按之自濡，但氣痞耳。**

傳統解釋 脈浮而緊，係太陽傷寒，頭痛發熱，惡寒體痛無汗等證，按法應以麻黃湯汗解；而反下之，則邪氣乘虛入裡，續發心下痞滿之證。雖痞滿而中空無物，故按之軟，曰濡。特標之氣痞者，則別與結胸之硬耳。原文在「而復下之」之下，有「緊反入裡」四字，若緊入裡，爲寒爲痛，豈僅痞耳，故從山田氏之說，將「緊反入裡」四字刪之。

科學解釋 脈浮而緊，爲泛發性初期病之證候，當用辛熱興奮神經之劑，以發汗解熱，使彼拒在肌表之病毒，由汗液排泄於體外；若反以苦寒之瀉下劑攻之，則病毒既未外出，而胃先受傷，消化不良，抗力減退，胃肌失力，而爲痞證。因體質較強，病毒無多，胃粘膜未因藥物刺激而發炎，故不硬痛，按之如棉而軟；若粘膜發炎，則未有不硬痛者，所謂氣積者，而胃空無物，僅積氣耳。此病尚有病毒未消，而仲景所以不處方者，希醫家，明辨兼證，而隨證處治也。

前賢學說 陸淵雷曰：古人以痛爲結胸，無痛爲痞，是也。至若以按之硬者爲結胸，按之濡爲痞，則似不盡然。因胃擴張而成痞，視診可見胃部脹大，觸診有種抵抗，如按氣枕，成半硬狀態也；若按之濡，則非胃擴張而爲胃弛張耳。又肋膜炎而成結胸，多見肌肉腫脹，肋溝消失，皮既緊張，則觸之稍堅，亦不至於如石之硬也，此乃行文過甚其詞。又結胸證之心下痛，係膈膜爲炎證所累，實非胃炎證之心下爲胃病也。且胃迫膈膜，其病實難分別。而肋膜炎有放射性疼痛，胃炎亦有散發性疼痛，非按胃部硬痛，實不易辨胃痛與膈膜炎之痛，醫者當仔細腹診，不可忽略也。

二、大黃黃連瀉心湯證㈠

第118條（原162條） **心下痞，按之濡，其脈關上浮者，大黃黃連瀉心湯主之。**

傳統解釋 傷寒之稱心下，大抵以指胃部而言。心下痞，即胃中膨滿不快之自覺；按之濡，乃積氣所致，非由水飲也。故棉軟而無力。以熱邪在胃，故脈浮，用大黃黃連，以麻沸湯漬汁，取其味薄，清其熱而不損胃也。

科學解釋 心下痞，爲胃擴張證常見之現象，按之呈半硬之態，即湯本氏所謂淺按則軟，深按必有抵抗也。脈浮，表示陽性掀發之現象，故可用大黃黃連之苦味健胃劑以療之。若脈沉遲，則當用辛辣芳香之薑桂木香等健胃劑矣。故脈象雖西醫所忽視，在中醫診斷學，確應注意，至寸關尺之分，

其中或有理由，但當以整體而論，不必鑿過分甚也。

方四十三　大黃黃連瀉心湯

大黃二兩　黃連一兩　黃芩一兩

右三味，以麻沸湯二升漬之，須臾，絞去滓，分溫再服。

方解　本方三味，均爲苦味解熱消炎殺菌劑，但一般習用，均以黃芩清肺熱，黃連清心火，大黃瀉胃與大腸之火，其所以不煮，而麻沸湯漬汁者，取其味薄，輕清之意，不使苦寒厚味，損傷胃腸也。醫宗金鑑林億等曰：「詳大黃黃連瀉心湯，諸本皆二味，又後附子瀉心湯，用大黃黃連黃芩附子，恐是前方中，亦有黃芩，但後加附子也，故後云，附子瀉心湯，本云加附子也。」又陸淵雷曰：諸瀉心湯，皆芩連並用。千金翼註，亦云本方必有黃芩；金匱驚悸吐衄篇之瀉心湯，大黃二兩，芩連各一兩；藥徵謂黃連旁治心下痞，黃芩主治心下痞；然則此方當有黃芩，即金匱瀉心湯也，故改增之。

前賢學說

(1)肘後方，惡瘡三十年不愈，大黃黃連黃芩各三兩爲散，洗瘡淨粉之，日三，無不愈。又治乳中起澡癃痛者。

(2)千金方：巴群太守奏三黃丸，治男子五勞七傷，消渴不生肌肉，女子帶下，手足寒熱。

(3)外台秘要：集驗，療黃疸，身體面目皆黃，本方等分爲散，先食服方寸七，日三，亦可爲丸。

(4)聖惠方：治熱蒸於內，不得宣散，先心腹脹滿，氣急，然後身面悉黃，名爲內黃。

(5)和濟局方：三黃丸，治丈夫婦人，三焦積熱，上焦有熱，攻衝眼目赤腫，頭項腫痛，口舌生瘡，中焦有熱，心膈煩躁，不美飲食；下焦有熱，小便赤澀，大便秘結；五藏俱熱，即生瘡癤及五痔，肛門腫痛，或下鮮血，三味等分爲丸，如梧桐大，每服三十丸，開水下。

(6)活人書：三黃瀉心湯：婦人傷寒，六七日，胃中有燥屎，大便難，煩躁譫語目赤，毒氣閉塞不通。

(7)聖濟總錄：金花丸（三味等分爲末蜜丸），治急勞煩躁羸瘦，面色痿黃，頭痛眼澀，困乏力少者。

⑻松原家藏方：瀉心湯，治卒倒不知人，心下痞鞕，痰喘急迫者。又卒倒痿痿，不知人事，手足厥冷，脈沉遲或狂癇癲癇，痴癇，皆主之。

⑼芳翁醫談：凡癇家，雖有數百千證，治之莫如三黃瀉心湯，其眼胞惰而數瞬，呼吸促迫如唏之類，用之最彰，如欲令其長服，宜作丸與之，然其效稍緩。又癇家，自汗甚者，本方加牡蠣主之。

⑽方輿輗：瀉心湯治子癇，發則目弔口噤，痰涎壅盛，昏暈不省，時醒時作者。又墜打損傷，昏眩不知人，及血出不已，大宜此湯，此方不但吐血衄血，即下血尿血，齒衄耳衄，一身九竅出血，無不治，真治血之玉液金丹也。

⑾用方經權：火氣上逆，衝於心胸，惡心嘔吐，肩背疼痛，頭旋目眩，舌焦口乾者；或諸氣憒厥，百思轇集，神情不安，通宵不寐，默默面壁，獨語如見鬼神，惴惴而羞明，避人有潔癖；或狂傲妄言，自智自尊，無因憂悲，如遇大故，發狂叫號，欲伏叉而投井者；或卒倒口噤，人事不省，湯水不下，半身不遂，手足拘攣，氣上衝胸，痰涎壅盛，眼戴口喎，面如塗朱，脈弦而數，甚者直視不瞬，針灸不覺者，東洋先生以此方療上列諸症，不惑於他藥，其如氣狂癇偏枯者，使服此方一月二月，或二年三年，以持重為要，能妙應如神也。

⑿三因方：三黃丸，治骨實極熱，耳鳴，面色枯焦，隱不利，膀胱不通，牙齒腦髓苦痛，手足酸痛，大小便秘。

⒀腹證奇覽：三黃瀉心湯，治心氣不定，心下痞。不定者，覺心中急無著落，跳動而塞於胸中，若以手按之，却不似跳動，此氣血之熱也，故有吐血，衄血等證；或成痔疾，下血，便血等證；或狂亂者，是由心氣不足也。若氣血上衝，而眼目生赤翳，或頭項腫熱，或產血崩，便秘脈數，心下痞鞕；或小兒丹毒積熱，或天行下利膿血等證，為腹證之準據，而可用之。

前賢治驗

⑴芳翁醫談：江州候某，患失精數歲，與人並坐，不自知其漏精，諸醫盡其技而不治，因遠道迎師，將診之，候問曰；我之病，可治乎，便乃屈一指，尋又問如初，曰可治，又屈一指，如斯不已，遂盡十指，抱劍而去。師云：是癇也，與三黃瀉心湯，乃全治，候不惰，服至三歲。

又候夫人嘗患哮喘，平居喜忘，而嫌忌診治，亦知其癇也，與同方，至五歲而全愈。今後又有癇疾，近吐血，久不止，作三黃湯，以芩連各六分，大黃一錢二分，芒硝一錢爲一劑，以水一合半，小便半合，煮一沸，日服二三劑，三日而全止。

又一男子，牙齦出血，每旦起則出，頃刻即止，雖午睡寢後亦必出血，別無他證，但舌上少有褐色，每勞思則更甚，治方百計，不見寸效。一歲餘，來請治，曰：此癇也，下則可治，與三黃加芒硝湯，三十日許而全愈。

(2)漫遊雜記：一婦，每年一產，皆不育，或死於母腹，或產畢而死，乞治於余，按其腹有亙塊，而中脘之築，乃與瀉心湯寬其中，每月灸七八輸及十八九輸五十壯，使堅制房事，日佐薪炊，如此十日，臨產腹痛，一無他故，唯新產兒，面色青黃，呱呱不發，急取大黃甘草黃連三味服之，下黑屎一日夜，面色變赤，啼聲徹於四鄉，遂至不死。

又五十歲以上之人，患偏枯，四肢不如意，言語澀蹇，常流涎沫，其腹候堅實，大便秘者，宜用瀉心湯，凡病此證，如形同木偶者，雖愈，斷然不能全愈。

(3)麻疹一哈：一人年二十許，疹收後，衄血不已，四五日，心下痞悶，身熱不退，與瀉心湯，瀉下數十行而衄止，後兩目微痛，至黃昏，不能見目，如雀盲然，仍守前方，至十四日，諸證全退。

(4)建殊錄：某年二十餘，積年患吐血，大抵每旬必一動，丙午秋，大吐，吐已氣息頓絕，迎衆醫救之，皆以爲不可爲也，於是家人環泣，謀尋葬事，先生適至，亦使視之，則似未定死者，鼻息微，腹微動，急作三黃湯飲之，須臾腸中雷鳴，下利數十行，即寢，出入二十日所，全復後，後十餘歲，不復發。

(5)古方便覽：一男子，年三十餘，患熱病一月許不愈，背惡寒殊甚，皮膚燥熱，不欲飲食，腹內濡，唯心下滿，按之不鞕，與瀉心湯，汗大出，諸證頓退，十五六日而全愈。

(6)方伎雜誌：一人下血，周身面色青白，爪甲白，舌亦無色而乾燥，脈沉弱，胸動悸，息強切，飲食不進，大便晝夜數次，皆血也。且有數血塊，日日如是。因嚴多寒烈，風寒難堪，血氣耗脫，故身體手足逆冷，余

與瀉心湯合四逆加人蔘湯三帖，交互服之，服後血少減，身體手足溫，至春血止，大快，但尚有虛熱之候，一身手足蒸熱，因轉柴物湯，三十餘帖而復舊。

大黃黃連瀉心湯證㈠

第119條（原172條）　傷寒大下後，復發汗，心下痞，發熱惡寒者，表未解也，不可攻痞，當先解表，表解，乃可攻之。解表宜桂枝湯，攻痞宜大黃黃連瀉心湯。

傳統解釋　傷寒治法，雖有表裡同治之大柴胡、大青龍、桂枝加大黃、桂枝人蔘湯等證例；亦有當先救裡，而後解表之四逆湯證例。此係病勢使然，但一般情形，當以先表後裡爲法。傷寒大下後，復發汗，治法爲逆。所幸心下痞，裡證不劇；發熱惡寒，表證依然；既不如大柴胡湯，桂枝人蔘湯之嘔吐腹痛，下利不止；亦不如大青龍湯之煩躁不安，桂枝加大黃湯之腹中實痛；故按常法，先解其表，而後攻其痞。山田尾台二氏以本條惡寒一證，與附子瀉心湯之惡寒汗出，證殊近似，難以定其表之解否；而惡寒汗出，亦爲桂枝之證，難以認爲表解，此必脫「發熱」二字也；以其發熱惡寒，例爲表證，用桂枝治之，無熱惡寒，多爲虛寒，用附子爲宜。故本條在惡寒之上，加「發熱」二字，誠屬至當，故從增之。高明者以爲如何？

科學解釋　心下痞爲胃病，係傷寒汗下後之續發證，非因胃病而影響發熱也。況仍有泛發性證狀在，故先用桂枝湯以解表，其不用麻黃者，恐汗下之後，水分缺乏，不再傷津液也。此痞用大黃黃連瀉心湯，而不用理中者，必有胃中灼熱之感覺，否則外惡寒，而內胃肌失力，豈能再用大黃黃連之苦寒乎。但此痞而不硬，雖或有炎證，亦必不甚，故用大黃芩連之漬湯，以消炎而足矣，毋須瀉下，誘導炎證滲出物之吸收，減少炎證之刺激也。

三、附子瀉心湯證

第120條（原163條）　心下痞，而復惡寒汗出者，附子瀉心湯主之。

傳統解釋　余無言曰：前「太陽病，發汗，遂漏不止，其人惡風，桂枝加附子湯主之」，當與此條參看，彼此發汗漏不止，而致衞氣大虛；此亦汗出過多，而致衞氣大虛，故虛加附子也。本條之汗出過多，於何見云？於一復字，而測知之；此言心下痞，而復惡寒汗出，則知未下成痞之前，必自惡寒汗出，屬太陽中風證也。未下成痞之前，其惡寒汗出，必兼發熱，故

屬於表未解，旣下成痞之後，復惡寒汗出，必不兼發熱，甚或體溫降低，故病屬衛虛也。」此其說明瀉心湯加附子之理由，與辨證之方法，實可與上條參看。

科學解釋 痞證，旣認爲胃擴張或輕證胃炎，故用苦味健胃劑爲前同，而加惡寒汗出，乃體溫降低而惡寒，機能衰弱，神經弛張，不能收攝汗腺而出汗，故用辛熱之附子，强心壯腦，興奮神經機能，以袪寒收汗。

方四十四　附子瀉心湯

大黃一兩　黃連　黃芩各一兩　附子一枚炮去皮別煮取汁

右四味，切三味，以麻沸湯二升入漬之，須臾，後去滓，納附子汁，分溫再服。

方解 大黃黃連瀉心湯之炎消解熱，已述同前，加附子者，强心壯腦，興奮神經，增加體溫，袪寒止汗也。

前賢學說

(1)芳翁醫談：中風卒倒，最難治，與附子瀉心湯，間得效，然亦多死。

(2)方輿輗：附子瀉心湯，治瀉心湯證，而欲寢甚者，可以飲食與藥同進而睡；又手足微冷者。

(3)類聚方廣義：老人停食瞀悶暈倒，不省人事，心下滿，四肢厥冷，面無血色，額上冷汗，脈伏如絕，其狀如中風者，謂之食鬱食厥，宜附子瀉心湯。

(4)尤在涇曰：此證邪熱有餘（陸註以局部充血，是病理機轉，故稱邪熱），而正陽不足，設治邪而遺正，則惡寒益甚；或補陽而遺熱，則痞滿愈增。此方寒熱補瀉，並投互治，誠不得已之苦心，然使無法以制之，鮮不混而無功矣。方以麻沸湯漬寒劑，別煮附子取汁，合和而服，則寒熱異氣，生熟異性，藥雖同行，而功各奏，乃先聖之妙用也。

四、半夏瀉心湯證

第121條（原157條）　**傷寒五六日，嘔而發熱者，柴胡湯証具，而以他藥下之，柴胡証仍在者，復與柴胡湯，此雖已下之不爲逆，必蒸蒸而振，却發熱汗出而解。若心下滿而鞕痛者，此爲結胸也，大陷胸湯主之。但滿而不痛者，此爲痞，柴胡不中與之，宜半夏瀉心湯。**

傳統解釋 傷寒五六日，嘔而發熱者，病邪已傳少陽，本論曰：「柴胡證，

見一證便是，不必悉具」，故發熱而嘔，即曰柴胡湯證具，應以小柴胡湯治之；若心下急，亦應以大柴胡湯下之，醫反以他藥下之，誤治也；若其人正氣充實，雖下之不生他變，故不爲逆；若柴胡湯證仍在者，可復與柴胡湯，但因下傷正氣，故服藥後，須蒸蒸而振（即寒戰），發熱汗出而解；若下後心下滿而鞕，此爲結胸之證，宜大陷胸湯以治之；若下後，心下雖滿而不痛，非爲結胸，此爲痞，熱氣之病也，宜半夏瀉心湯以治之。

　　湯本求其曰：此條示柴胡證，大陷胸湯證，半夏瀉心湯證之鑑別法也。心下膨滿而硬，有自覺他覺（即壓痛）之疼痛者，名曰結胸，大陷胸湯所主治也；但心下膨滿，無他覺之疼痛者，稱痞；柴胡劑主治胸脇苦滿，不主治心下滿，非治痞適中之方，宜用半夏瀉心湯。以上爲三湯之鑑別法，臨床上甚爲緊要，故更詳論之：柴胡劑主胸脇苦滿，不主心下，大柴胡湯證，雖有心下急，必別有胸臟苦滿；若結胸及痞，則與肋骨弓下無關，可以區別。結胸證，心下部必膨滿而硬，有自覺他覺之疼痛；痞謂，心下部膨滿，有自覺發痛，但不堅鞕，且無壓痛，是三者之別也。

科學解釋　胸脇苦滿，寒熱往來而嘔，爲柴胡證；胸滿硬痛，爲結胸，（即胸膜炎），大陷胸湯證；心下（胃）滿而不痛爲痞，瀉心湯證；本條亦三證之鑑別法也。所謂「心下」滿而硬痛者，按病應爲「胸中或心中」之誤，痞證滿而不痛之上，加「心下」二字較妥，唯傷寒部位及省文，間多成例，故仍其舊而不爲之改。柴胡與大陷胸證，均有胸脇苦滿之證，硬而痛者爲結胸，亦即胸膜炎。蓋胸膜炎，無論乾性與濕性，均有發炎而痛，其痛在胸脇，間亦輻射至肩頸部；而柴胡證雖滿不痛，此其別也。而痞之滿，在心下，即胃脘，不在胸脇，苟不兼粘膜發炎，則祇滿而不痛，且胃擴張，如按氣枕，亦有半硬，未必全無硬狀，且扣診有鼓音，此與柴胡陷胸證，自有區別。至柴胡證之用柴胡湯，陷胸證之用大小陷胸湯，痞證之用瀉心湯，自爲定法；但瀉心湯，有三物瀉心湯，附子瀉心湯，半夏、甘草、生薑瀉心湯之別，本條之所以用半夏瀉心湯者，其證尚嫌不全，似與大黃黃連瀉心湯無甚分別。其證狀應以太陽病，下之，心下痞滿，腹中雷鳴，嘔而利者爲妥。

方四十五　半夏瀉心湯

半夏洗半升　黃芩三兩　乾薑三兩　人參三兩　甘草炙三兩　黃連一兩

大棗擘十二枚

右七味，以水一斗，煮取六升，去滓，再煮取三升，溫服一升，日三服。

方解　半夏瀉心湯，爲傷寒腸胃炎證之主方，嘔而腹鳴下利爲主證。半夏理
胃止嘔專藥，且有制止炎證分泌之功能，黃連黃芩爲苦味健胃藥，且能解
熱殺菌消炎，故對細菌性下利有殊功；乾薑爲辛辣性健胃藥，有戟刺胃機
能，增加消化之功效；大棗甘草爲調味和緩藥，亦有營養之價值，有壯強
胃機，及緩和辛辣及苦寒藥味過度刺激之功；人參爲強壯興奮劑，對衰弱
性疾病有殊效，故本方對衰弱性胃腸炎證之嘔吐下利，胃中痞滿，腸中雷
鳴者，最爲適應。加生薑者以食積，倍甘草者以緩急也。

前賢學說

(1)和久田氏曰：此方以黃芩解心下之痞，黃連去胸中之熱，故名瀉心，然
其餘諸味，多以治水，故主半夏以去水，與乾薑爲以散結，與人參爲伍以
開胃口，甘草和其攣急，相將以退胸中之熱，逐水氣，治嘔，去心下之痞
也。金匱云：嘔而腸鳴，甚有水氣可知，故不下利，亦可用此方。

(2)陸淵雷曰：胃炎之富有粘液，或有停水者，古人謂之痰飲，此方治胃腸
之炎證，故淺田氏云爾：惟西醫所謂胃炎者，不皆是痰飲；古人所謂之
痰飲，亦不皆是胃炎，不可不知。

(3)千金方：虛實門：瀉心湯，治老少下利，水穀不消，腸中雷鳴，心下痞
硬，乾嘔不安，煮法後云，並治霍亂，若寒加附子一枚，渴加括蔞根二
兩，嘔加橘皮一兩，痛加當歸一兩，客熱以生薑易乾薑。

(4)三因方實熱門：瀉心湯（卽本方無大棗），治心實熱，心下痞硬，身重
發熱，乾嘔不安，腹中雷鳴，溲溲不利，水穀不消，欲吐不吐，煩悶喘
急。

(5)芳翁醫談：休息痢，世皆以爲難治，蓋亦穢物不盡耳，宜服篤落丸（大
黃一味爲丸），兼用半夏瀉心湯。

　又下利如休息，而無膿血，唯水瀉，時或自止則腹脹，瀉則爽然，而
日漸羸瘦憊，面色痿黃，惡心吞酸，時腹自痛者，半夏瀉心湯兼用篤落丸
爲佳，且宜長服。

(6)類聚方廣義；痢疾腹痛，嘔而心下痞鞕，或便膿血者；及飲食湯藥下腹
，每漉漉有聲而泄者，可選三瀉心湯。又半夏瀉心湯，治疝瘕積聚，痛

侵心胸，心下痞鞕，噁心嘔吐，腸鳴或下利者，若大便秘，加滑塊丸等。

(7)勿躁藥室方函口訣：此方主飲邪併結，心下痞硬者，故支飲或僻飲之痞鞕者亦效。凡飲邪併結，致嘔吐，或噦逆，或下利者，皆運用之，有特效，千金翼加附子，即附子瀉心湯意，乃溫散飲邪之成法也。

前賢治驗

(1)漫遊雜記：一賈豎，患大便燥結，平生十餘日一行，下後肛門刺痛不堪，經數月不愈，余診脈沉勁臍右左有結塊，連及心下，余曰：此病在腹，不在肛門，服藥不能持久，則不愈，賈豎曰諾，乃作半夏瀉心湯加大黃三分與之，令日服數帖，數日之後，便利，肛門不痛，凡經三月，腹便漸穩，灸背數百壯，遂全治。

(2)成績錄：一賈，年十八，嘗患癇，發則鬱冒，默默不言，但能微笑，惡與人應接，故圍屏風，垂蚊帳，避人蒙被臥，其時方大汗出，渴而引飲飲湯水數十杯，小便亦如之，續服半夏瀉心湯，久之，癇減七八，後怠不服，不知所終。

(3)古方便覽：一男子，嘔吐下利，四肢厥冷，心中煩躁，氣息將絕，一醫云霍亂，用附子理中湯，吐而不受，煩躁益甚，余用此方，（半夏瀉心湯），三服而愈。

(4)山田業廣曰：渡邊之妻，腹滿經閉數月，氣宇鬱甚，診之，以爲經閉急不得通，不如先瀉其心下痞鞕，用半夏瀉心湯，七八日，經水大利，氣力快然而全愈。

五、生薑瀉心湯證

第122條（原165條） 傷寒汗出，解之後，胃中不和，心下痞鞕，乾噫食臭，脇下有水氣，腹中雷鳴，下利者，生薑瀉心湯主之。

傳統解釋 胃中不和，實非起傷寒汗解之後，當其未解時，胃已不和，但爲傷寒證候所掩，醫者病者，皆不注意耳。噫，即飽食息也，俗作噯氣，噯有吐酸水者，今無之，僅食臭，故曰乾噫食臭；脇下有水氣者，胃中停水也。湯本求眞與陸淵雷均是說。此條純爲腸胃之病，傷寒之時，胃已不和，發汗後，外邪雖解，而胃病益顯，中陽不足，食物不消，停積腐敗發酵，故胃中痞鞕，噫臭上逆，食毒下降，腸亦病累，而雷鳴下利矣。主以生薑瀉心湯者，用生薑半夏散水氣，黃芩黃連以清熱，薑棗人蔘甘草以健

胃，一方備乎虛、水、寒，熱之治，確實神乎其技也。

科學解釋 心下為胃，脇下為腸，生理學上，可得明證；胃之機能，分泌胃液，溶解食物，使成糜粥狀，間亦吸收炭水化合物，但為量甚微，故水分吸收不多，積水之證，大都在胃，尤以胃擴張，胃下垂為甚。乳糜既為流質，進入腸後，加腸液分泌，故水分尤多，脇下有水氣，乃生理之現象，並非病態。但小腸職司吸收養分，故水份吸收亦多，及至大腸，尤其降結腸時，水分幾完全被吸收，成固形之屎。至腸中雷鳴，乃胃肌肉弛張，空氣隨食物吞下，尤加食物消化不良，在腸中發酵，產生大量瓦斯，刺激腸壁神經，加速蠕動，或促成腸炎等，均減弱吸收作用，而水液氣體互相激蕩，而成雷鳴下利等證。本條純係胃腸炎證，使胃消化機能衰弱於先，腸吸收機能減退於後，故在胃則乾噦食臭，在腸則雷鳴下利。方用辛熱之品以健胃，苦寒之味以消炎，甘平之劑以調緩，備攻補之法，療寒熱之證，此中醫處方學獨技之精華也。

方四十六　生薑瀉心湯

生薑四兩　甘草炙三兩　人參三兩　乾薑一兩　黃芩三兩　黃連一兩
半夏洗半升　大棗擘十二枚

右八味，以水一斗，煮取六升，去滓，再煮三升，溫服一升，日三服。

前賢學說 程知曰：汗多亡陽，人皆知云，然人身之陽，部分各有所主。有衛外之陽，為周身營衛之主，此陽虛，遂有漏汗不止，惡寒身疼痛之證；有腎中之陽，為下焦真元之主，此陽虛，遂有發熱眩悸身胸動欲擗地之證；有膻中之陽，為上焦心氣之主，此陽虛，遂有叉手冒心，耳聾及奔豚之證；有胃中之陽，為中焦水穀化生之主，此陽虛，遂有腹脹滿，胃中不和，而成心下痞之證；雖皆從發汗所得，然救誤者，須觀脈證，犯知何逆，以法治之，不得以汗多亡陽一語，混同漫及之也。

(2)施氏續簡易方：生薑瀉心湯，治大病新愈，脾胃尚弱，穀氣未復，強食過多，停積不化，心下痞鞕，乾噦食臭，脇下有水氣，腹中雷鳴，下利發熱，名食復，最宜服之。

前賢治驗

(1)醫事或問：余前治京師某，病泄瀉，心下痞鞕，水瀉嘔逆，瀕死矣。余知其病，非大瞑眩不治，作生薑瀉心湯三劑與之，是日七時，大吐瀉，

病人氣絕，於是家中騷動，集諸醫診之，皆曰已死，因急招余，則脈色呼吸皆絕，然去死不足一小時，以藥灌其口中，仍能通下，其夜九時，病人如夢初醒，開目見族人相集，驚疑莫定，乃言晝間因大吐瀉，乏氣力，自覺神疲入睡，固不知其他也，既而呼饑，食飯三小碗，脈息如常，病已霍然，翌朝更康復。

(3)成績錄：一男子，年三十餘歲，心下痞塞，左脇有凝結，腹中雷鳴，過食則必下利，如此六年，先生用生薑瀉心湯而愈。

六、甘草瀉心湯證

第123條（原166條） 傷寒中風，醫反下之，其人下利，日數十行，穀不化，腹中雷鳴，心下痞鞕而滿，乾嘔，心煩不得安，醫見心下痞，謂病不盡，復下之，其痞益甚；此非熱結，但以胃中虛，客氣上逆，故使鞕也，甘草瀉心湯主之。

傳統解釋 陸淵雷曰：素有胃擴張及慢性胃炎之人，往往舌上苔厚，大便難；值新感傷寒中風，醫以苔厚便難，而誤下之，則胃機能衰弱，擴張益甚，內陷邪熱，乘之而下利無度矣。穀不化，非謂下利清穀，謂消化力衰弱之甚耳；若下利清穀，宜四逆湯，非瀉心湯所主也。誤下後，胃腸炎證愈劇，故下利日數十行；水氣流走，故腸中雷鳴；時或上逆，故乾嘔；表熱內陷，故心煩不得安。醫以病不盡，而復下之，痞則益甚。此非熱結糟粕之鞕滿，但以胃機能衰弱，邪熱挾水飲而上逆，故使痞硬也。治胃擴張，胃炎之痞鞕，宜瀉心湯；今下利無度，乾嘔心煩，則證頗急迫，故於半夏瀉心湯中，增甘草之量，而作甘草瀉心湯以主之。（此說新舊參半，中西合璧，為中醫科學化先期必有之現象，無可厚非。）

科學解釋 傷寒中風之發熱惡寒，醫皆知用解熱發汗劑，而今反下之者，必有疑似可下之證故也。凡慢性胃炎之人，苔多厚膩，通便不整，醫以苔厚便秘，疑腸有積滯，故用瀉下劑以攻之。其人本無積滯，故藥不中病，反傷胃機能，促使炎證加重；則在胃而不消化，在腸而不吸收。腸胃機能銳減，而蠕動因藥物之刺激而加劇，故穀不及化，而瀉下頻仍；水與氣激盪奔流，故腸中雷鳴之聲而聞於外；胃炎加甚，故心下硬滿，灼熱不安；氣滿胃中，上出乾嘔。醫以心下痞，腸中尚有積滯未盡，而復下之，胃益傷，炎證益劇，孰知此非熱結，乃炎證所致，故用半夏瀉心湯加甘草之緩急

者以主之。

方四十七　甘草瀉心湯

甘草炙四兩　黃芩三兩　**乾薑**三兩　半夏洗半升　黃連一兩　人參三兩

大棗擘十二枚

右七味，以水一斗，煮取六升，去滓，再煮取三升，溫服一升，日三服。

（原方無人參，今依金匱瀉心湯例增之。）

前賢學說

(1)山田宗俊曰：大黃黃連瀉心湯，治心氣痞結而不硬者；附子瀉心湯，治大黃瀉心湯證而挾陽虛者；半夏瀉心湯，治大黃瀉心湯證加一等重，按之硬滿者，生薑瀉心湯，治半夏瀉心湯證而挾飲者；甘草瀉心湯，治生薑瀉心湯證,而挾胃虛者，證方雖各有異,至其外已解，而中毒結，則一也。

(2)溫知醫談：甘草瀉心湯，治走馬牙疳，特有奇驗。

(3)張氏醫通：痢不納食，俗名噤口。如因邪留胃中，胃氣伏而不宣，脾氣因而滯溢者，香連枳朴陳皮茯苓之屬；熱毒衝心，頭痛心煩，嘔吐不食，手足溫暖者，甘草瀉心湯去大棗易生薑，此證胃口有熱，不可用溫藥。

前賢治驗

(1)橘窗書影，某女，年二十五六，產後數月，下利不止，心下痞硬，飲食不進，口糜爛，兩眼赤腫，脈虛數，羸瘦甚，乃與甘草瀉心湯，服之數十日，下利止，諸證全愈。

　　又松平妻，年二十五六，妊娠有水氣，至產後不去，心下痞硬，雷鳴下利，口中糜爛，不能食鹽味，僅啜淡粥，噫氣，吐酸水，醫多以不治，余以口糜，為胃中不和之證，與甘草瀉心湯，數日而硬去，食少進，益連服之，口中和，酸水止，而水氣下利，仍然存在，乃與四苓散加車前子，旬餘兩證全愈。

(2)生生堂治驗：某人求診曰：小女年方十六，已許人，然有奇疾，其證無所聞也。每夜待家人熟睡後，竊起跳舞，其舞也，俏妙閑雅，天將明，罷而就寢，余間窺之，每夜異曲，從曲之變，而奇也不可名狀，日中動止，無異於常，亦不自知其故，告之則愕然，竟怪而不信，不知是鬼所憑乎？抑狐所惑耶？若他人聞之，恐害其婚，是以陰祝祈禱，但無效果，聞先生善治奇病，幸來診之。先生曰：此證蓋有之，所謂狐惑病也，

診之果然，與甘草瀉心湯，不數日，夜舞自止。（此夢遊病）

又一婦，有奇疾，初不知貓在櫃中，誤蓋之，二三日後，開之，貓飢甚，瞋目嚇且走，婦人大驚，遂以成疾，呼號臥起，其狀如貓，亦以甘草瀉心湯而愈。

(3)青州治譚：前泉州一病男，初起風寒，發為痰喘，或以痰喘為急，以十棗湯下之，瞑眩甚而吐下，故四肢微冷，食餌不進，看者甚以為危篤，前醫頻用茯苓四逆湯，微冷不得復，乞師診之，心下有痞滿之氣味，但因吐而逆上故也，乃調甘草瀉心湯五帖，自五更至黎明飲盡，微冷漸復，逆上漸降，遂愈。

(4)山田廣業曰：余好用甘草瀉心湯，曾治一男子，四五日許，夜間卒昏冒，其狀如癲癇而吐涎沫，或以為癇，諸治一年餘，均無效，乞余治，投甘草瀉心湯一次不發。

又一人，脾虛無食氣，羸瘦，晝夜吐涎沫，諸治無效，反側勞瘦，始招余治，以甘草瀉心湯二十日，愈其大半歸京後，微發腫，處以香砂六君子湯全愈。

(5)溫知堂雜著：一男孩八歲，自春間，面色青白，神氣不振，但別無所苦，因家貧，未醫治，後感時氣，發熱下利與血。及大暑，全身水腫，腹滿甚，二便不通，大渴煩熱，繼發下痢，與四苓湯加車前子，雖不難治，但下利不止，腹滿雷鳴，右肋下見癖塊，漸漸膨大，且面色青白，神氣不振等證依然。余因身體衰弱不甚，與甘草瀉心湯加陳皮茯苓，下利雖略止，諸證仍舊，適為八月之醫會期，試招患兒出，使眾醫診按，與會之西醫，或云心病，或云肝臟肥大。因肝臟肥大過甚，故先治肝臟為宜，但頗難治耳。余曰：治法是矣，然肝臟肥大，與貧血，及心臟病，但此證腸胃之患多，假令與他藥，恐予肝臟有不利，故宜先研究腸胃之藥，後治他病，姑與甘草瀉心湯，因此癖塊，初由腸胃運化不足而生，若得腸胃健運，則肝大或隨而治之，請先從余之治法，若無效，請從諸君之良方，因是連進前方，漸有起色，癖塊漸消，色澤亦復。

七、旋覆花代赭石湯證

第124條（原169條）　傷寒發汗，若吐，若下解後，心下痞鞕，噫氣不除者，旋覆花代赭石湯主之。

傳統解釋　張錫駒曰：傷寒發汗，則在表之邪解；若吐若下，則中下之邪亦解；而心下痞鞕，噫氣不除者，此因汗吐下後，中氣傷，而虛氣上逆也。旋覆花主治結氣，故能解痞塞之氣，代赭石之重以鎮之，人參甘草大棗所以補中氣，半夏所以旋轉而散逆者也。

科學解釋　傷寒發汗吐下後，病雖解，而胃因藥物之刺激，胃肌失力，環動不全，故消化不良，食物發酵，氣塞胃中，而痞硬，且時時上逆而噫氣不除。故用人參、甘草、薑棗，以健胃而助運化，旋覆花，代赭石以降逆鎮嘔，半夏利水解結健胃；其所以不用芩連者，無炎證灼熱之感，無須消炎解熱，相反地須興奮胃肌，促進消化故也。凡慢性，衰弱性之胃炎，而有此證者，皆可用之。

方四十八　旋覆花代赭石湯

旋覆花三兩　代赭石一兩　人參二兩　生薑五片　大棗擘十二枚

甘草三兩　半夏半升

右七味，以水一斗，煮取六升，去滓，再煮取三升，溫服一升，日三服。

方解　本證痞硬噫氣不除，爲胃肌失力，環動不全，食物失其下降之生理機能，在胃中發酵積氣，故噫氣不除而時之上逆也。本方取生薑半夏之刺激胃神經，起興奮作用；人參甘草大棗，且具強壯利水之效，以營養胃機；旋覆花祛痰除噯氣，代赭石重鎮降逆有特效，其用意在健胃祛痰化結，而從生理之下降作用，凡胃弱之噯氣痞脹者，用之良效。

藥解

四十二　旋覆花之藥效

(1)性味：味鹹苦辛，性溫，無毒。

(2)成分，含菊糖及黃色素，用爲健胃藥。

(3)主治：爲健胃祛痰劑，結胸中痞悶，胃部膨脹，噯氣咳嗽，嘔逆，有強力之寬胸消炎作用，專治老痰堅硬，濕性肋膜炎，水腫等。

四十三　代赭石之藥效

(1)性味：苦寒，無毒。

(2)成分：氧化鐵。

(3)藥理：有鎮靜中樞神經，止嘔止吐之效，鐵質入血，能供給血色素之原料，並刺激紅血球之新生，因此有補血之效。

(4)主治：爲鎭嘔止吐收歛劑，用於胃病嘔吐，噯氣有特效，兼有止吐，止咳，止帶、止痢，補血作用，又用於力兒有鎭靜安神之功。

前賢學說

(1)醫療雜話：此方亦治心下痞硬，大便秘，噫氣不除者；然三黃湯治熱秘，此方治虛秘，須當切記。至於反胃噎膈，則屬不利之證；當其元氣尙未大虛時，用順氣和中加牡蠣；若大便秘，用大黃甘草湯以通之，雖一時寬快，反傷元氣；其大便秘而吐食者，脾胃大虛，虛氣聚於心下也，此時不宜用大黃劑，取快一時，反促命期，可用此方。以代赭石鎭壓墜虛氣，半夏旋覆花逐飮爲妙。此非余之創見，周俊揚曰：此方治反胃噎膈，氣逆不降者神效。余歷數人，果得小效，畢竟不治。傷寒論曰：噫氣不除，不除字妙，意謂已用生薑瀉心湯，而噫氣不除者，虛氣之逆，宜用此方鎭墜之，古人用字，一字不苟如此。

(2)勿誤藥室方函口訣引：醫學綱目曰：病解後，痞鞕噫氣，不下利者，此方；下利者，生薑瀉心湯。今用於嘔吐諸證，大便秘結者效；下利不止，嘔吐宿水者亦效；旣宜於秘結，又宜於下利，妙在不拘表裡，又治噦逆屬水者。

(3)傷寒三註（周俊揚著）：旋覆花能消痰結，軟痞，噫氣；代赭石治反胃，除五臟血脈中熱，健胃，乃痞而噫氣者用之，誰曰不宜。於是佐以生薑之辛以開結，半夏逐水飮，人參補正，甘草大棗益胃，予每借以治反胃噎食，氣逆不降者，靡不神效。

(4)寓意草：治一人膈氣，粒食不入，始吐清水，次吐綠水，次吐黑水，次吐臭水，呼吸將絕，一晝夜，先服理中湯六帖，不令其絕，來早轉方，一劑而安。金匱有云：噫氣不除，旋覆花代赭石湯主之。余於此證，分別用之，有二道：一者，黑水爲胃底之水，此水一出，則中之津，久已不存，不敢用半夏以燥胃也；一者，將絕之氣，止存一系，以代赭墜之，恐其立斷，必先以理中，分陰陽，始氣易於下降，然後代赭得以建奇勳。乃用旋覆花一味煎湯，調代赭石末二匙與之，纔入口，即覺入丹田矣，但困倦之極，服補藥二十劑，將息二月而愈。

第二十節　蓄血證

一、桃核承氣湯證

第125條（原112條） 太陽病不解，熱結膀胱，其人如狂，血自下，下之則愈；其外不解者，尚未可攻，當先解外，外解已，但少腹急結者，乃可攻之，宜桃核承氣湯。

傳統解釋 歷賢對本條之解釋，以山田氏爲詳確，正珍曰：下者愈三字，脈經作「下之則愈」四字，宜從改之；否則下文「尚未可攻」一句，無所照應也。其大意：太陽病不解，小腹急結不通，其人如狂，血自下者，邪氣結於下焦膀胱之地，鬱結之甚也。結於頭，則頭痛項強衄血；鬱於胸，則胸悶心煩嘔吐；結於胃，則大便不通，瘀氣上乘於心（實則大腦之感應），令人爲狂；令邪結下焦，血氣不行，停而爲瘀，是以瘀氣上而乘心，令人爲狂；雖則如狂，其血自下，而小腹不急結者，不藥而愈，因血下則邪熱隨血而解也。如太陽病，脈浮緊，發熱身無汗，自衄者愈，及婦人熱入血室，譫語如見鬼神，無犯胃氣及上中二焦，必自愈，皆是也。今此證，雖其血自下，然急結不散，故非下之則不愈。雖然，其外證頭痛寒熱等仍在，則不可妄行攻下，當先與桂枝湯（金鑑云麻黃湯，曹潁甫謂小柴胡湯，內臺方議謂葛根湯，千金、脈經、傷寒類方，活人書等，均作桂枝湯）以解其外，外解已，但熱結膀胱之證不去，乃可攻之，宜桃核承氣湯。

科學解釋 太陽病，乃指泛發性之全身病而言。熱結膀胱，其人如狂，是邪熱與瘀血，瘀結於膀胱之部分，非專指膀胱也。攻下蓄血各條，當可知之。瘀血乃無生理功能之血液，且能遺害於全身，此則化爲毒質，刺激腦神經，使之發生錯亂不安之如狂狀態。若其血自然而下，血毒與熱俱去而神經安，則爲狂之病可愈，如血不自下，留於體內，遺害無窮，故必攻而去之。若外證未解，按中醫之大法，必先解，乃可攻之。然亦有急則治其標者，究其實，全身與局部疾病之療效，均有互爲因果之關係，治其泛發病，對局部亦有優良之機轉；治局部病，對泛發性病亦同。本條之熱結膀胱，自血下，乃膀胱炎之可能性爲大，但承淡安云蓄血症之瘀血從無由小便出者，亦不甚然。治以桃核承氣湯者，用調胃承氣以瀉熱實之邪，桃仁佐大黃破血瘀，桂枝通血氣且降冲逆，芒硝則軟堅化結，甘性緩急，於是小腹急結之瘀血與熱毒蕩滌無餘矣。

方四十九　桃核承氣湯

　　桃仁去皮尖五十枚　桂枝二兩　大黃四兩　芒硝二兩　甘草炙二兩

　　右五味，以水七升，煮取二升半，去滓，納芒硝，更上火微沸，下火先食，溫服五合，日三服，當微利。

方解　芒硝爲鹽類瀉下劑，主腸內燥結，大黃爲植物性瀉下劑，協同芒硝，有瀉熱破瘀逐積之效，甘草爲緩和劑，三味合爲調胃承氣湯，主治爲熱實燥結而致之譫語狂躁，本方加桃仁之活血破瘀通經劑，桂枝之解熱興奮健胃劑，主治熱結下焦，膀胱蓄血，爲破血行瘀之輕下劑。抵當湯則爲逐血之峻劑。

藥解

四十四　桃仁之藥效

　(1)性味：味苦，性平，有小毒。

　(2)成分：苦杏仁苷，以水氣蒸溜，得揮發性苦扁桃油，並含酕酸，配糖體等。

　(3)藥理：能治高血壓，及慢性闌尾炎，及婦人子宮血腫。且與杏仁同有鎮咳作用。

　(4)主治：爲活血、破瘀、通經劑，並有鎮咳作用。治經閉、經痛、跌打損傷疼痛、高血壓、慢性闌尾炎、及咳嗽等。

　(5)附記：配大黃，治瘀結便秘，有誘導性兼治上部充血，如目赤、牙痛、頭痛等證；配歸尾、紅花，治經閉；配三稜，莪朮，治癥瘕；配白芍五靈脂，治心腹痛；配乳香沒藥，治跌打損傷；配當歸川芎芍藥桂心乾漆等，治產後腹痛；配大黃芒硝䗪蟲等，治婦人經閉便秘，腹痛拒按。

前賢學說

　(1)柯氏方論：此方治女子月事不調，先期作痛，與經閉不行者，最佳。

　(2)總病論：桃仁承氣湯，又治產後惡露不下，喘脹欲死，服之十差十。

　(3)三因方癥門：兼金丸（即本方五味爲末，蜜丸爲梧子大，米飲下五七丸至十丸。），治熱入膀胱，臍腹上下兼脇肋痛疼，便燥欲飲水，按之痛者。婦人血閉疼痛，亦宜服之。

　(4)儒門事親：婦人月事沉滯，數月不行，肌肉不減，急宜服桃核承氣湯，加當歸，大作劑料服，不過三服立愈，後用四物湯補之。

　(5)醫史攖寧生傳：馬萬戶妻，體肥氣盛，自以無子，嘗多服煖子宮藥，積

久火甚，迫血上行爲衄，衄必數升，面赤脈躁疾，神恍恍如痴，醫者猶以上盛下虛，丹劑鎮墜之，滑濤曰：經云上者下之，今血氣俱盛，溢而上行法當下導，奈何實實歟，即與桃核承氣湯，三四下，積瘀既去，繼既濟湯，二十餘帖而愈。證治準繩攖寧生曰：血溢血泄，諸畜血妄證，其始也，予以桃仁大黃行血破瘀之劑，折其銳氣，而後區別治之，雖往往獲中，猶不得其所以然；後來四明遇故人蘇伊舉，問論諸家之術，伊舉曰：吾鄉有善醫者，每治失血蓄妄，必先以快藥下之，或問失血復下，虛何以當？則曰：血既妄行，迷失故道，不去蓄利瘀，則以妄爲常，曷以禦之；且去者自去，生者自生，何虛之有？予聞之愕然曰：名言也，昔日之疑，今釋然矣！

(6)傅心尤易方：治血淋，桃仁承氣湯，空心服之效。

(7)證治大還：吐血勢不可遏，胸中氣塞，上吐紫黑血；此瘀血內熱盛也，桃仁承氣湯加減下之。

(8)張氏醫通：虛人雖有瘀血，其脈亦芤，必有一部帶弦，宜兼補以去其血，桃核承氣湯加人蔘五錢，分三服緩攻之，可救十之二三。

(9)名醫方考：桃仁承氣湯，痢疾初起，質實者，此方主之。若初起失下，反用固澀之藥，以致邪熱內蓄，血不得行，腹痛欲死者，急以此湯攻之。

(10)瘟疫論：大小便蓄血，便血者，不論傷寒，時疫，盡因失下，邪熱久羈，無由以泄，血爲熱搏，留於經絡，敗爲紫血，溢於腸胃，腐爲黑血，便色如漆，大便反易，雖爲結屎，得瘀血潤下，結屎雖行，眞元已敗，多至危殆。其有喜笑如狂者，此胃熱波及血分，仍從胃治。胃實失下，至夜發熱者，熱留血分，若更失下，必致瘀積；初則晝夜發熱，日晡熱甚；既投承氣湯，晝則熱減，至夜發熱者，瘀血未行也，宜桃仁承氣湯；服湯後，熱除則愈。或熱時前後縮短，再服再短，蓄血盡，熱亦盡矣。大熱已去，亡血過多，餘燼尚存者，宜犀角地黃湯調之。然至夜熱，亦有溫瘧，有熱入血室，非均爲蓄血證，可下不可下，宜審之。

(11)青州醫譚：婦人久患頭痛，諸藥不效者，與桃仁承氣湯，兼用桃仁散，有效。又大患頭瘡，藥無效者，同上。

(12)類聚方廣義：本方治痢疾，身熱，腹中拘急，口乾唇燥，舌色殷紅，便膿血者。又治血行不和，上衝心悸，小腹拘急，四肢痲痺，或痼冷者。

又淋家小腹急結，痛連腰腿，莖中疼痛，小便涓滴不通，利水劑不能治者，若用此方，則二便快利，苦痛立除。小便閉癃，小腹急結而痛者；或打扑痛疼，不能轉側，二便閉溜者，亦良。

(13)勿誤藥室方函口訣：此方治傷寒蓄血，小腹急結外，亦可運用於諸血證。如吐血，衄血不止，不用此方，則無效；又走馬牙齦，出血不止者，非此方不能治，癰疽及痘瘡紫黑色欲內陷者，以此方快下之，則能向外發揮；又婦人陰門腫痛，或血淋有效。

(14)和久田氏論本條腹證曰：由左臍旁，天樞邊，上下二三指間，以三指深按，得有結，痛甚上引，為桃核承氣湯之腹證也。或臍上，臍下，亦有結，按之痛，但得於左臍旁者為正證；而達於臍上下者，可知其結之甚也。但按之雖得結，不痛者，非急結也。又按之雖痛甚，但其結處指頭覺軟者，雖為血結，非此方證也。且結有大小，不能一定，不可草率診過。此結因瘀血而逆上胸腹，甚者迫於左脇下，自胸脇徹於背，發作有時，不問男女，均稱肝積，攻左肝經；此證多因血氣上衝，而迫急，性情急暴不堪，或白眼多，其人為狂，觸事易怒，或擲器物，洩其怒之類；常使心腹間急，或頭痛頭重，衄血齦血等患，或毒及下部，有痔瘡，脫肛，婦人經水不利之患；或劇甚則胸脇逆滿攣急而痛，甚至口噤、斷齒，卒倒者；或有攻於心胸，胸背徹痛，時時吐酸水者。此證似水氣上衝左脇下，轉下左臍旁，治之以熱酒，或牡蠣末，雖即能見效，然經時再發，似有留飲，但留飲止於心下，此證則留在左臍旁，以分辨之。動氣在左亦效。

(15)湯本求真曰：仲景曰：熱結膀胱，又稱小腹急結。然由於余多年之經驗，此急結存在臍部位者較少，而常位於下行結腸部。即以此部，沿其橫徑，向腹底，以指頭按之，而觸知堅結物，訴急痛者，當以之為小腹急結。甚者，時上迫左季肋下，心下部，使上半身亦有病；下降至左腸骨窩，及膀胱部，不無使下半身病者，故診時必須用意周到也。

前賢治驗

(1)諸證辨疑：一婦人，長夏患痢，痛而急迫，所下黃黑色，諸以薷苓湯倍加枳殼黃連，其病益劇，余診兩尺脈緊濇，知寒傷營也，詢知行經之時，飲冷水，遂得此證，始悟血被冷水所凝，瘀血歸大腸，熱氣所以墜下

，遂用桃仁承氣湯，加馬鞭草，玄胡索，一服次早下黑血數升，痛止臟清，次用調脾活血之劑，其患遂痊。今後治痢，不可不察，不然，則誤人多矣。

(2)成績錄：一男子，年六十五，喘息咳唾，不得安眠，已數十年，近時身熱，或休或作，數日不愈，遂吐痰血，一日，齒縫出血，其色黑如敗絮，以手引之，或一二尺，或三四尺，劇時鼻耳悉出血，大便亦下黑血，如是三日夜，絕穀好飲，有精神，如無病然，平日患喘頓息，得以安眠，而不能轉側，乃與桃仁承氣湯，不日而愈。

又一男子，惡寒發熱，汗出後，卒發腹痛，臍旁殊甚，自小腹至脇下拘急，二便不通，食即吐，舌上白胎，劇則痛至胸中如刀割，頭汗流出，與桃仁承氣湯而愈。

又一婦人，好飲酒，一日大醉，忽然妄語，如狂人，後卒倒直視，四肢不動，呼吸少氣，人事不省，手足溫，脈滑疾，不大便已十餘日，額上微汗，面部赤，自胸部至小腹硬滿不能食，與桃核承氣湯，服五六日，瞳子小動，手足得伸屈，至七八日，大便通而呻吟，十餘日，諸證漸退。

又一人患疫，脈微細，身熱煩躁，時時譫語，口燥而渴，大便秘閉，乃與桃仁承氣湯，後大下血，家人驚悸，益使服前方，不日全愈。

(3)續建錄：一婦人，小產後，胞衣不下，喘息促迫，正氣昏冒，人事不知，自汗如湧，眾醫以為必死。因迎先生診之，心下石硬，而小腹濡，眼中如注藍，乃與桃核承氣湯，須臾胞衣下，爽快如常。

又一童子，年八歲，大吐，食後發熱，微汗出，明日無熱，譫語咬牙，煩躁尤甚，嘔不能食，四肢僻地，胸肋煩脹，按之無腹力，兩便不通，與桃仁承氣湯，神氣復常，諸證悉退。

(4)古方便覽：一婦人，陰門腫痛如剜，上衝頭痛，日夜號泣不愈，數日後，余診之，腹硬滿，小腹急結，用此方三劑，夜痛益劇，及天曉，忽下膿血，病頓愈。

(5)青州醫譚：一男子入井，上井時，井石自上下，其人頗有力，以手承之，幸未受傷，出井後，忽精神昏憒，而失人事，四肢痿弱，請南涯翁治之，投以桃仁承氣湯數帖，神氣恢復云。蓋此人雖未受傷，初受石時，有意努力，損其經絡，又因變動，血阻經絡，故四肢痿弱。

(6)生生堂醫談：一婦人，初吐瀉如傾盆，狀似霍亂，全身冰冷，厥逆脈絕，半日許，煩躁棄衣，不食大渴，飲水則吐，四五日許，仍然不死，請余治，見前醫所與之附子理中湯，尚剩一二帖於爐邊，診其腹，臍下如石硬，余曰；是血證也，理中不可與之，作桃核承氣湯，下臭穢甚多，三日內，厥回諸證退而全愈，經二年，又發如前，又與前方而愈。

又一婦，三十餘歲，全身肉胝，而腳巨大，四體不仁，苦於起居，已有年矣。請余治，余乃放疹，每日二三合至四五合，約三十日許，血幾八九升，且與桃核承氣湯而全愈，求眞云：由此治驗，可知知覺痲痺之多因於瘀血者。

又一婦，護夫於毆，被人扼其喉而斃，先生命汲水盈盆，灌之於頸，半時許，刺之即蘇，再使安臥，又以巾浸水數頸，覺溫即換，不使瘀血凝結，與桃核承氣湯加五靈脂而去，明日復往視之，咽喉已無恙，唯胸肋體彎，有微痛耳，師復以巾灌冷水，匝脇肋如初，經三日愈。

(7)經方實驗錄：沈石頑之妹，年未二十，體頗羸弱，一日出外市物，驟受驚嚇，歸即發狂，逢人亂毆，力大無窮，數日後，乃邀余診，病已八七日矣，狂仍如故，病者經事一月未行，脈沉緊，小腹似胝，此蓄血證也，下之可愈，遂疏桃核承氣湯而愈。

（本條前賢學說治驗頗多，因限於篇幅，多所割愛，特此附及。）

二、抵當湯證㈠

第126條（原132條） 太陽病，六七日，表証仍在，脈微而沉，反不結胸，其人發狂者，以熱在下焦，少腹當鞕滿；小便自利者，下血乃愈。所以然者，太陽隨經，熱瘀在裡故也。抵當湯主之。

傳統解釋 太陽病，六七日，惡寒發熱之表證仍在，法當脈浮，今反微而沉，則非表證之脈也。若病入裡而脈沉，當爲結胸，大陷胸湯條曰；「脈沉而緊」，可見結胸，其脈多沉。今反不結胸，其人發狂，當別有所因，復診其小腹硬滿，則熱邪隨經，結於下焦也。若小便不利而小腹硬滿，尚有蓄水之證，今小便利，則知非蓄水證，而斷爲蓄血也。攻下其血，則愈矣。宜破血之抵當湯以主之。劉棟曰：所以然者以下十四字，乃後人之註釋，誤入本文也，殊有可能，併附及之。

科學解釋 太陽病，六七日，或發汗，或下之，寒熱之表證仍在，再加發狂

，小腹硬滿之證狀，爲全身病而續發局部病也。其原因，或因誤下，或因病人素質所致。發熱惡寒，有因局部病之反應者，若局部病愈，泛發性證狀亦可解，如癰疽瘡瘍，卽其例也。本條亦同。小腹硬滿，必有結積，蓋小腹爲體腔之最下，血與水，均易停蓄，若水毒結於膀胱，則小便不利；今小便利，則蓄血證無疑矣。脈之微沉，亦因結積之故，非心力衰弱也；發狂爲精神興奮異常之表現，爲血毒反射作用之結果，故用破血祛瘀炎消之水蛭䖟蟲桃仁，與苦寒瀉下之大黃以治之，此卽中醫所謂急則治其標之法也。雖未云血自何出，但以小便利觀之，泌尿系當無恙，其血當從後陰出而無疑矣。又微沉之脈，決非心力衰弱之故，爲結血反應之現象，故用攻血瀉下之劑，否則，豈堪設想。

方五十　抵當湯

水蛭熬二十個　䖟蟲去翅足三十個熬　桃仁去皮尖三十個　大黃酒浸三兩

右四味爲末，以水五升，煮取三升，去滓，溫服一升，不下再服。

方解　水蛭䖟蟲，有水蛭素，能阻礙血液凝固，且爲破血消瘀之猛劑，得桃仁之活血經，大黃瀉下，使瘀血結硬者，均得劑餘，較桃核承氣湯，猶猛一層。

藥解

四十五　水蛭之藥效

(1)性味：味苦鹹，性寒，有毒。

(2)成分：爲水蛭素，含有阻礙血液凝固作用之要素。

(3)藥理：口腔泌液中，含有一種阻礙血液凝固作用之要素，用水蛭前半體作浸膏，有使血液凝固時間緩慢之效。

(4)主治：爲抗血凝劑，有破血消瘀、通經，利水道之功用。治月經不調，月經困難，充血性及癲癇之因於月經障礙而起者，並跌撲損傷之疼痛有效。活水蛭外用，爲炎腫局部充血之吸血劑，治癲癇炒炭用，能墮胎，孕婦忌服。

四十四　䖟蟲之藥效

(1)性味：性寒，味鹹，氣腥，有毒。

(2)主治：爲祛痰，通經，鎮痛劑，適用於瘀血停積，經閉不行，血瘕血癥，跌打損傷等證。性能與水蛭雷同。

前賢學說

⑴金匱要略本方小註：亦治男子膀胱滿急，而有瘀血者。

前賢治驗

⑴漫遊雜記：一婦人，三十餘，月事卽斷，年年肥大，腰帶數圍，每月必發大頭痛一二次，藥食皆吐，不能下咽，余診之腹候堅實，心下痞塞，推之難以徹底，與抵當丸，乾漆丸數百帖，血亦不來，乃以瓜蒂末一錢，大吐一日，翌日，按心下硬塞減半，又作抵當湯與之，數日，大便溏瀉，日五六次，十日後，再與瓜蒂散五分，又與抵當瀉如前，腹痛劇烈，代用以丸，日三五分，三十餘日，經水來如常，頭痛亦除。

⑵經方實驗錄：余嘗診一周姓少女，年十八九，經事三月不來，面色萎黃，小腹微脹，證似乾血勞初起，與大黃䗪蟲丸，每服三錢，日三次，盡月可愈。越三月，忽一中年婦人，扶一女來醫，面頰以下，幾瘦不成人，背駝腹脹，兩手自按，呻吟不絕，詢之卽前診女子，爲之駭然，深愧前藥之誤，然病已奄奄，尤不能不一盡心力。第察其情狀，皮骨僅存，小腹脹硬，重按痛益甚。此瘀血內積，不攻其瘀，病焉能除，又慮其元氣已傷，恐不勝攻。思先補之，然補能戀邪，尤爲不可，於是決以抵當湯予之。明日母女偕來，知下黑瘀甚多，脹痛減半，惟脈虛甚，不宜再下，乃以地黃當歸等活血行氣，導其瘀積而愈。

又一男子，小腹脹滿，小便清長，且目不識物，論證確爲蓄血，而竊疑之，乃姑投以桃核承氣湯，服後片時，卽下黑屎，而病症如故，再投二劑，加重其量，病又依然，心更驚奇，因思此證若非蓄血，服下藥之劑，亦宜變成壞病，若果是證，何以不見小差，此必藥輕病重之故也。時門人章次公在側，曰：與抵當丸何如？余曰：考其證，非輕劑可瘳，乃決以抵當湯下之，服後，黑屎挾宿血齊下，更進一劑，病者卽能伏榻靜臥，腹脹平，痛亦安，知藥已中病，仍以前方輕其量，由章次公調理而愈。

又丁卯新秋，無錫華宗海之母，經停十月，腹大甚而脹，始由丁醫用疏氣行血藥，卽不覺脹滿，飲食如常人，經西醫考驗，則謂腹中有胎，被腐敗之物壓住，不得長大，欲攻而去之，勢必傷胎，宗海邀余赴錫診之，脈濇不滑，不類妊娠，當晚與丁醫商進桃核承氣湯，晨起下白物如膠痰，更進抵當湯，下白物更多，脹滿悉除，而腹忽大，月餘生一女，母子俱安。

抵當湯證㈡

第127條（原133條）　太陽病，身黃，脈沉結，少腹鞕，小便不利者，爲無血也；小便自利，其人如狂者，血証諦也，抵當湯主之。

傳統解釋　傷寒病不解，而熱結在裡，無汗，小便不利，邪熱無所出，故脈沉結，小腹鞕，身發黃也。此與前條脈證悉同，而唯身黃爲異也。因身黃中辨其不同治法；小便不利者，濕熱而黃，宜茵陳五苓散，利水退黃；小便自利，其人如狂者，爲瘀血結熱在下焦，爲溶血性黃疸，故用破瘀逐血之抵當湯以攻之。

科學解釋　本條與上條脈證相同，唯一身黃爲異耳，蓋身黃，統名之曰黃疸，在中醫學上，有穀疸，女勞疸，酒疸之別，更有陰黃陽黃之分；研究其病理，有肝胆炎證，致胆汁反流血管，循環於周身，染色於體表皮膚組織所致；亦有因熱溶血證，使赤血球破壞過多，色素染著於體表者，故有治其炎證而愈者，亦有逐其血熱而解，其證雖同，其因自殊，故治法亦異也，餘參看上條解釋。

三、抵當丸證

第128條（原134條）　傷寒有熱，少腹痛，應小便不利，今反利者，爲有血也，當下之，不可餘藥，宜抵當丸。

備考　本條證狀與前同，處方丸湯亦無分別，祇分量稍輕，故不再解釋。

方五十一　抵當丸

水蛭熬二十個　䗪蟲去翅足二十個　桃仁去皮炙二十個　大黃酒浸三兩

右四味，杵分爲四丸，以水一升，煮一丸，取七合，服之，晬時當下，若不下者，更服。

第二十一節　火劫證

一、火劫譫語證

第129條（原116條）　太陽病，二日，反燥，反熨其背，而大汗出，火熱入胃，胃中水竭，躁煩，必發譫語；十餘日，振慄自下利者，此爲欲解也。故其汗，從腰以下不得汗，欲小便不得，反嘔、欲失溲、足下惡風；大便鞕，小便當數，而反不數，及不多，大便已，頭卓然而痛，其人足心必熱，穀氣下流故也。（「反躁，反熨其背」，玉函脈經作「反燒瓦熨其背」）。

傳統解釋　太陽病二日，病當在表，應不躁亂，而反煩躁者，可用大靑龍湯兩解表裡；醫不知此，反以火熨其背，使大汗出，火氣入胃，胃中液竭而燥，故必發譫語；斯時尙可用白虎加人蔘湯以淸裡熱，如不治之，待十餘日，火氣消，津液回，正氣漸盛，正邪相戰，正勝，其病爲解也。若十餘日不下利而汗出，亦津液復而解。若汗出僅及於腰，腰以下無汗，則病邪集中於上半身，正氣抗拒之，故僅上身汗出；而腰以下無汗者，津液仍少，小便不得；下元虛，故欲失溲，足下惡風；若非如此偏勝，則大便硬，理當小便頻數，今不數亦不多，因津液偏滲於上部也。及戰汗已畢，津液下達，而得大便，陽氣下達，上乃虛，故頭卓然而痛；下盛，故兩足亦不復惡寒，而足心反熱矣。

科學解釋　本條文義錯雜，所說病理，亦未甚相符，故劉棟，山田氏，丹波氏，湯本氏均刪而不釋，誠非過錯，玆就其主要證候，於理尙通者分述如次：

(1)譫語煩躁，爲一種神經作用，爲大腦錯亂不安之現象，在高熱之期中，爲常見之證候。本條大汗出，而體液耗損過多，神經失養，火氣竄入神經，反射大腦所致。當其病高熱煩躁之時，可用發汗解熱而愈，大靑龍爲對證之藥；迨熱甚譫語之時，可用白虎加人蔘湯以解熱平腦；若內有結熱，則當用三承氣湯瀉下淸熱而愈。經十餘日，飲食自調，津液回復，正氣漸盛，與邪相抗，則振慄正勝而自愈。

(2)腰以下無汗，爲週身汗腺神經作用，局部脫失，及水份上昇所致；旣熱在乎上，上部神經過度興奮，而下部神經反應不靈；熱氣迫液於上，下部水分減少，無法供作蒸汗，及小便不得；上熱則神經興奮，下寒則神經衰退，膀胱括約機無力而欲溲，足亦惡風寒。

二、火刧發黃證

第130條（原 117 條）　太陽病中風，以火刧發汗，邪風被火熱，血氣流溢，失其常度，兩陽相熏灼，其身發黃。陽盛則欲衄，陰虛則小便難；陰陽俱虛竭，身體則枯燥。但頭汗出，劑頸而還，腹滿，微喘，口乾，咽爛，或不大便，久則譫語。甚者至噦，手足躁擾，循衣摸床；小便利者，其人可治。

傳統解釋　太陽中風，本桂枝湯證，而誤用火刧發汗，風邪未去，火熱入內，邪風併火熱，故血氣流行，失其常度。風爲陽邪，火亦陽邪，兩陽相併

，薰灼氣血，故發黃；此黃與黃疸之發黃者不同。黃疸之黃，濕熱相蒸，其色明潤；風火之灼黃，其色枯燥，此為氣血兩竭之兆。兩陽熏灼不解，必炎上而為衄；若衄而解，為一良好之機轉：若陰虛液少，則小便難矣。又陰陽俱虛，則血氣衰少，而風火熏灼不已，則身體必少潤色而枯槁。但頭汗出，劑頸而還者，此火熱上攻之甚，迫液出外，但津少於內，故項下無汗，此比上條腰下不得汗者更甚。自「腹滿微喘……循衣摸床」，此極言火熱之甚，神志已亂，危岌之極也。但病至於此，津液內耗已極，不下亦死，下之亦死，與其坐而待斃，不如含藥而期萬一耳。末言「小便利者」，為辨生死之一大關鍵，蓋小便利，其津液尚未全竭，終不難一下而愈，故曰可治。

科學解釋 此泛發性全身病，因誤治而成溶血性黃疸證也。條文雖甚繁冗，其理尚合，自不應以非仲景之文，因人而廢之也。

太陽中風，本有發熱汗出之證，而不用桂枝湯以興奮神經，解熱止汗，而反用火刼發汗，則水液大出，火熱內熾，體溫愈高，循環加快，失其常度；火熱內熾，血液中赤血球於是崩壞，血色素游離於血漿中，因代謝作用堆積於皮下組織，著色而身發黃也。陽盛熱甚，勢必炎上而為衄，水少液缺，陰虛則小便難。熱甚體液缺少，故身被熱熏灼而枯燥乾槁。頭汗出而劑頸還者，為熱甚液少之正常現象；口乾咽爛，而不大便者，亦熱甚而液少之故。又熱甚水分不足，各組織器官，生理機能失常，於是胃腸生理不健而消化不良，氣積為腹滿，肺臟不能適量交換炭氧氣而微喘；神經受熱灼而見譫語狂躁，循衣摸床之腦證，火逆之證，至此最為危急，若其人小便利，則津液未竭，而腎機能無恙，血中毒素，得以排泄，故可用苦寒大劑以瀉熱，故曰可治。

三、火刼汗出而愈證

第131條（原119條） **形作傷寒，其脈不弦緊而弱，弱者必渴，被火必譫語。弱者發熱，脈浮，解之，當汗出愈**

傳統解釋 此條文辭，不無瑕疵，故歷賢多有刪改，但所說病理，亦無獨特之處，故劉棟謂後人攙入，良有以也。而方有執、汪琥、張璐、周俊揚、張志聰、張錫駒等，均以弱為風脈；程知、汪琥乃為大青龍湯證；金鑑改弱為數，當汗出，宜大青龍湯，沈數發熱，宜調胃承氣；渴而譫語，宜白

虎加人蔘湯，黃連解毒湯。以上諸說，似均未有明據，唯錢璜傷寒溯源集所註，似稍允當 其註曰：此溫病之似傷寒也。形作傷寒者，以有頭痛項强，發熱惡寒，體痛無汗之證候，而實非傷寒也。因其脈不似傷寒之弦緊而反弱（弱者細軟無力之謂，亦即余無言所謂營血虛之象），如今之發斑者，每見輕軟細數無倫之脈，其實口燥唇焦，齒垢目赤，發熱譫語，乃脈不應證之病也。故弱者必渴，以脈雖似弱，而邪熱則盛於內，故胃熱而渴也。以邪熱之證，又形似傷寒之無汗，故誤用火刧以取汗，必至溫邪得火，邪熱愈盛，胃熱神昏而語無倫，遂成至劇難治之病矣。若前其脈不弦緊而弱者，身發熱又見浮脈，爲邪氣還表，而復將於太陽也，宜用解散之法，常汗出而愈。

科學解釋 有傷寒之泛發性全身病證，而脈不弦緊，反弱者，非傷寒之常規脈象，故曰形作傷寒。脈弱爲心力衰弱，而血液不足之現象，發汗應忌，攻下更不當，以汗下，均能損傷心力也。況用火刧乎？火刧汗出，血液益稠，水液益少，分泌不足，故口渴，神經失養，錯亂譫語矣。斯時應處以解熱與平腦劑，使熱解腦平而病可解。若脈弱變浮，足見抗力集中體表，有驅毒外出之勢，用發汗解熱劑，因勢利導，驅毒隨汗而出，故曰解之當汗出而愈。

四、火邪證

第132條（原120條）太陽病，以火熏之，不得汗，其人必躁，到經不解，必清血，名爲火邪。

傳統解釋 古人治病俗法，有用水法，有用火法，其法不一而足，火熏之而得汗者，如前舉諸條是也；有不得汗者，本條是也。此不得汗，邪無出路，更加火熱熏灼，熱必損血傷氣，其人發躁，經云：壯火食氣，熱極傷陰，陰陽俱虛，營衞不調，其不躁可乎？到經者，太陽盡而到陽明之期也，若津復火消，而病可除，若不除，火熱之邪，傳入陽明，入於胃腸，血迫下注，而圍血也。見火休治血，唯去其火毒耳，故特表而出之，曰火邪。

科學解釋 太陽病，誤用火刧，有得汗者，有無汗者，有發黃者，有煩渴躁亂者，此因火刧之微甚，而尤重在素質之異也。本證火熏汗不出，火毒深入血脈，而不外泄，必隨血液循環而內行，積久不解，腸粘膜遭受刺激而破裂，故大便下血。按法應解其火邪，仲景雖未處方，但血以下出爲順，

似可用降輯涼血之劑,黃連解毒湯之類,清之。常器之用救逆湯者,恐非所宜。

五、火刦吐血證

第133條（原 121 條）　脈浮熱甚，反灸之，此爲實，實以虛治，因火而動，必咽燥吐血。

傳統解釋　脈浮熱甚，表實有熱也。艾灸所以治陽虛，功效等於薑附，陽實之證，非所宜也。誤用艾灸，則所謂實實之弊，火熱熾盛，陽性炎上，故咽燥而吐血。仲景雖未處方，當在清解內熱，兼發表邪中求之，常器之所謂依救逆法者，誤也。

科學解釋　凡病之演變，恆因各種因素之不同而異，如上條之火熱下迫腸胃而圍血，與此條火熱炎上而吐血，雖失血則一，而上下異趣，亦即所謂體質之不同，而機轉有異也。然火熏之全身俱及，血液易於波動，艾灸限於局部，神經最易興奮，原因熱甚脈浮，抗力集中體表故火熱上出而爲吐血也。

六、火刦傷筋焦骨證

第134條（原 122 條）　微數之脈，愼不可灸。因火爲邪，則爲煩熱，追虛逐實，血散脈中，火氣雖微，內攻有力，焦骨傷筋，血難復也

傳統解釋　脈微爲血少陰虛，脈數爲熱，此熱正由陰虛，即所謂虛熱，與陽盛之熱大異。陰虛發熱，當益其陰，其熱自止，景岳滋陰諸方，最爲相宜；若因熱而清之，則脾胃敗而不可收拾矣。尤不可用陽虛之法，以艾灸之。灸之則火熱傷血，虛者愈虛，熱者愈熱，愈熱愈虛，愈虛愈熱，勢將殆矣。即所謂焦骨傷筋，血難復也。此際宜大劑甘寒以救之，甚至甘溫以除大熱，苦寒之劑，法所當禁，千金方用甘草瀉心湯者，誠非所宜。若實熱之症，而陰不虛，血不少者，實熱經火熏，則邪熱盛，故成熱溶血證，或發黃；或圍血，吐血；此則陰虛血少，艾灸之火，亦不似熏之之甚，故不爲溶血證。但陰虛血少，致形骸枯槁，難以治救，故陰虛之患，尤宜注意。

科學解釋　微數之脈，多虛勞之人，神經衰弱，血氣少薄，精神易於激動，生理機能減退，爲一般常有之現象。凡治病不顧體質，見病治病，最易誤治而引起不良轉歸，如本條之火灸，盆損體液，興奮精神，發生虛煩惡熱等證，陷於惡性貧血之境地。所謂火氣雖微，內攻有力者，乃血液衰少，生血機能不足，更加火熱催殘，貧血之證，更難恢復矣。

七、火逆汗解證

第135條（原123條）　脈浮，宜以汗解；用火灸之，邪無從出；因火而盛，病從腰以下，必重而痺，名火逆也。欲自解者，必當先煩，乃有汗而解。何以知之？脈浮，故知汗出而解。

傳統解釋　本論曰：「脈浮者，病在表，可發汗」，故脈浮，宜以汗解也；若用火灸之，反傷營血，無以作汗，故邪無從出，反因火氣而加甚，火勢炎上，陽氣俱從火而上騰，不復下行，故病從腰以下，必重而痺也。經曰：「真氣不周，名曰痺」。如因火而逆，以致真氣不能周而痺，故曰火逆。欲自解者，津液復，元氣強，邪正相爭，煩熱悶亂，正勝邪，則汗出而解矣。何以知之，以脈浮，氣機仍欲外達，故知汗出而解也。

科學解釋　脈浮，為抗力拒毒在表之徵兆。將汗未汗之際，助以藥力，則病隨汗而解矣。今治不出此，而用火灸之；灸雖然興奮神經，但其影響不能普及於全身肌表之汗腺神經，故未能出汗。而自然療能，未得藥力之助，亦不能排除病毒於體外，勢必堆積體表組織間，故身重而麻木不仁。熱勢親上，故痺在腰以下。若其人消化機能無礙，營養情形日益良好，自然療能增強，仍能驅逐毒性物質隨汗而解。此是抗力初復，汗出必難，必藉生理機能之加緊產溫，蒸汗而出，故先有煩熱之現象。何以知其煩熱而汗解，以其脈浮，知抗力拒於體表，而得以解也。

八、桂枝去芍藥加蜀漆牡蠣龍骨救逆湯證

第136條（原118條）　傷寒脈浮，醫以火迫，刧之亡陽，必驚狂，起臥不安者，桂枝去芍藥加蜀漆牡蠣龍骨救逆湯主之。

傳統解釋　傷寒脈浮，應以麻桂解熱，而誤以熏熨燒針迫汗，致陽氣隨大汗而喪亡，故起臥不安，如驚狂之狀。但未至於汗出惡寒，四肢厥冷，故無取乎薑附四逆輩，而以桂枝回陽，龍牡鎮驚，蜀漆解熱也。

科學解釋　傷寒火灼，神經為火熱所侵，因反射作用，而發驚狂不安之腦證，故治以解熱鎮靜為主，桂枝去芍藥加蜀漆龍骨牡蠣救逆湯，以蜀漆為主藥，取其解熱降逆之功，龍骨牡蠣，安靜神經而止驚狂，桂枝甘草薑棗，健胃而制蜀漆之引吐，唯甘草似可刪去，因甘草佐蜀漆，尤易使嘔故也。

方五十二　桂枝去芍藥加蜀漆龍骨牡蠣救逆湯

桂枝三兩　甘草炙二兩　生薑切三兩　大棗擘十二枚　牡蠣五兩

蜀漆去腥三兩　龍骨四兩

右七味，以水一斗二升，先煮蜀漆，減二升，納諸藥，煮取三升，去滓，溫服一升。

方解　蜀漆爲解熱抗瘧劑，且有催吐作用。本劑用爲主藥、取其解熱强心作用，與附子之强心作用，其病因恰相反。龍骨牡蠣爲收斂安神劑，收浮散之火氣而平腦；桂枝湯去芍藥者，取其健胃之功，以制蜀漆之苦寒，傷胃催吐也。本劑適於亡陽之驚狂，而亡陰失血者，則非所宜，在所當別，前賢多以火刦救逆四字之誤，而混用之，惜哉。

藥解

四十七　蜀漆之藥效

(1)性味：味苦，性寒，有小毒。

(2)成分：含甲、乙、丙常山鹼。

(3)藥理：有强心及解熱作用。對呼吸器官無影響，對隔日瘧原蟲有效，對惡性瘧蟲之有性生殖體無效，其副作用爲嘔吐，合甘草用則更甚。（中央政治學校研究報告，中藥藥理大辭典引用。）

(4)主治：爲抗瘧及解熱劑，並有催吐作用，治良性及惡性瘧疾，及發熱性疾病，其效較常山尤佳。續藥微云：主治胸腹及臍下動劇者，故兼治驚狂火逆。

四十八　龍骨之藥效

(1)性味：味淡、性平、無毒。

(2)成分：炭酸鈣，燐酸鈣等。

(3)藥理：炭酸鈣不溶於水，遇胃中鹽酸後，即變爲可溶性鈣鹽，鈣離子能促進血液凝固，並能減弱血管之滲透性，減少血球及血清滲出血管之外，有消炎及緩解滲出性搔癢之效。又能減輕骨骼肌之興奮，有安靜作用故亦只可用於破傷風及驚狂等證。

(4)主治：爲收斂劑，兼有鎮靜作用，治神經不安，驚悸、盜汗、遺精、遺尿、崩漏、帶下、久痢、失血等證，外用撒布劑，止血收卓效。

四十九　牡蠣之藥效

(1)性味：鹹平，無毒。

(2)成分：含炭酸鈣，燐酸鈣，及矽酸鹽水分，礦物質，肝糖，維生素甲、乙、丙、丁、庚及灰分。

(3)藥理：鈣鹽有制酸及止血作用，維生素有營養價值。

(4)主治：為收斂劑。兼有解酸、鎮靜、鎮痛作用。功能潛陽斂汗，濇精止帶，治久咳、久瀉、盜汗、遺精、失血、胃酸過多、帶下、崩漏、精神不安、心悸、嘔吐、及小兒鈣質缺乏、與肺結核等。外用於陰囊濕癢，凍瘡及其他皮膚病，為收斂目的用之。

前賢學說

(1)方輿輗：不寐之人，徹夜不得一瞑目，及五六夜，必發狂，當亟服此方。

(2)勿誤藥室方函口訣：此方主火邪，故湯火煩悶疼痛者；又灸瘡發熱者皆有效。牡蠣一味為末，麻油調塗湯火傷，火毒即去，其效可推知也。

九、桂枝加桂湯證

第137條（原125、127條） **太陽傷寒者，加溫針，必驚也。燒針令其汗，針處被寒，核起而赤者，必發奔豚，氣從少腹上衝心者，灸核上各一壯，與桂枝加桂湯。**

傳統解釋 太陽病傷寒證，寒邪外束，應以麻黃湯發汗解邪，而反用溫針發汗，外寒未去，而火熱反內攻，故必發驚也。溫針者，即燒針也，既針之，又在上針燒艾，抽針之際，不慎被寒邪所侵，則針處起核而赤，引氣上衝心下，名為奔豚。今灸核上各一壯，以驅新寒，與桂枝加桂湯，以降奔豚之氣，此表裡兼施，故可一鼓而解矣。（刪去「更加桂二兩也」）

科學解釋 太陽傷寒，即病毒在表，原可發汗而解。況外寒入侵，神經緊急，而頭項充血強痛；若用溫針，火氣入內，徒使神經盆受刺激，因而知覺中樞，感受驚悸不安之腦證。若刺針之際，消毒不週，針處為細菌感染，則發炎赤腫；所謂必發奔豚者，其病理不明（雖中醫歷有解釋，未能善合人意，故略而不取），惟奔豚之狀，有氣塊自小腹突起，上衝至心下，至橫膈膜而止，疼痛甚烈，捫之可得，氣悶欲絕，甚至額流冷汗，手足發冷，在此痛無可忍之時，忽然消散，苦痛立解，此係上衝神經性之劇症，為腸蠕動過盛所致，故用緩解平滑肌以鎮靜腸胃蠕動及止疼痛功效之芳香、辛辣劑、桂枝加桂湯以治之。

方五十三　桂枝加桂湯

桂枝三兩　芍藥三兩　生薑切三兩　甘草炙二兩　大棗擘十二枚　桂二兩

右六味，以水七升，煮取三升，去滓，溫服一升。

方解 桂枝湯原爲調和營衞，解肌止汗之劑，亦卽興奮神經，强心健胃之解熱發汗劑，使在肌表之病毒，得辛溫藥力之效而驅之於體外，唯本證表病未除，內有平滑肌之攣拘與神經性上衝，故加肉桂辛辣芳香氣味俱厚之品，抑制神經之上衝，緩解平滑之拘攣，而表裡兩解之，灸核上各一壯者，消毒殺菌之意耳。

前人治驗 余無言曰：有趙姓婦人，年四十許，以產後三日，體虛受寒，始則陣陣腹痛，繼則氣由小腹上衝，群醫以爲惡露未盡，多用行瘀散結之品，不效。其痛益劇，發則氣暴起，由臍下直上衝心，粗如小臂，硬如木棍，病者咬牙閉目，氣息俱停，手足發冷，如此四五分鐘，腹中氣散，氣息復舊，神情漸安，一日夜中，約發七八次，延一星期之久，始延余診，余決以奔豚證，因欲試桂枝是否有此能力，乃用桂枝六錢，芍藥四錢，他藥準此比例，與服一劑，不效，再劑不效，而病者痛更加劇，體更憊甚，米飲且亦不進，余思不能再以病者爲試驗品矣，乃將桂枝減爲四錢，加頂上油桂五分，囑將油桂另行燉冲，與服一劑後，其痛大減，脘腹之積氣四散，時之噯氣，或行濁氣，繼服二劑，甚病若失。余經此試驗，適足證明桂枝無此能力，讀者之疑，可以決矣。桂枝氣味俱薄，散表之力爲專，肉桂氣味俱厚，溫裡之力爲大，今用桂枝以代肉桂，何濟於事。

十、桂枝甘草龍骨牡蠣湯證

第138條（原126條） **火逆，因燒針，煩燥者，桂枝甘草龍骨牡蠣湯主之。**

傳統解釋 陸淵雷曰：此條舊註，有以先火復下，又加燒針，凡三誤者，成無已、程應旄、汪琥、張志聰、張錫駒、和久田氏等是也；有以燒針取汗，卽爲火逆，燒針與下之兩誤者，吳謙、吳儀洛、錢璜、丹波氏等是也。夫傷寒脈浮，以火迫刼，不過一誤，猶必驚狂，起臥不安，今兩誤三誤，乃止煩躁，斯必無之理也，故從山田宗俊之說，刪「下之」二字。火逆因燒針煩躁，謂火逆證中，有因燒針而煩躁者，蓋火逆爲提綱，燒針則本條之子目也。此說甚爲有理，可信而從之。刪「下之」二字。

　　又魏荔彤云：誤治之故有三：而煩躁之變證旣一，則惟立一法以救三誤，不必更問其致誤之何由矣。此說亦甚通達，得仲景憑證用藥之旨矣。

科學解釋 傷寒表證未解，誤用火治，非唯無益於病，反增其勢，本條僅煩躁者，較前之火刼驚狂者爲輕，故用桂枝甘草以强壯神經，龍骨牡蠣以平

腦安神即可也。

方五十四　桂枝甘草龍骨牡蠣湯

桂枝一兩　甘草炙二兩　龍骨二兩　牡蠣二兩

右四味，以水五升，煮取一升半，去滓，溫服八合，日三服。

前賢學說

(1)魏荔彤云：煩躁即救逆湯驚狂起臥不安之漸也，故用四物，以扶陽安神爲義，不用薑棗之溫補，不用蜀漆之辛快，正是**病輕藥輕**也。

(2)柯琴云：近世治傷寒者，無火熨之法，而病傷寒者，多煩躁驚狂之變，大抵用白虎承氣輩，作有餘之治；然此證屬實熱固多，而虛寒者，亦間有之，則溫補安神之法，不可廢也。更有陽盛陰虛而見此證者，當用炙甘草湯加減，棗仁、當歸，遠志等味，又不可不擇。

第二十二節　風濕證

一、桂枝附子湯證

第139條（原182條）　**傷寒八九日，風濕相摶，身體疼煩，不能自轉側，不嘔不渴，脈浮虛而濇者，桂枝附子湯主之；若其人大便鞕，小便自利者，去桂加白朮湯主之。**

傳梳解釋　本條風濕證，山田氏以中濕之病，非傷寒也，以本文列入金匱痙濕暍篇中爲證；醫宗金鑑及丹波氏等，則以傷寒感染爲言。然風濕病，爲Ａ簇溶血性鏈球菌之傳染病，且多有上呼吸道之炎證爲前驅期，故以傷寒或感冒之傳染爲是。蓋傷寒八九日，不見陽明之渴，與少陽之嘔，唯見身體痛甚，不能自轉側，爲邪仍在表而不解，並未傳變入裡。脈浮虛，爲表陽衰弱，濇爲血氣不暢；氣血不周於身體，知爲濕滯肌表所致也。所謂風濕者，必有發熱汗出之證；發熱汗出，水濕應外泄而無留滯；但仍身重不可轉側者，水濕重滯不爲汗解故也。故用桂枝附子湯，以振奮陽氣，排泄濕氣外出，則身體重痛可愈矣。若其人服桂枝附子湯後，或未服即見大便硬，小便利（多也），乃汗後失液，利多缺水，故去桂，不需其發汗，加朮以調整腸胃機能，加強吸收，使水不外失，體內津液自生，而大便硬則愈矣，生薑、草棗，皆用益胃之功，且富調和作用，故皆用之。陳遜齊改

大便硬爲溏，始爲尤附證相當似亦有理。

科學解釋　風濕病，現代醫學上，名爲風濕熱，急性多發性關節炎等。其病原尚未完全確定（實用內科學），但與溶血性Ａ簇鏈球菌之傳染關係，頗爲密切，且常有上呼吸道炎證爲前驅期，潛伏期間，二至四週不等，則風濕病爲傳染性病，毫無疑義。其病有虛實二證，實在皮膚汗孔阻塞，腎臟泌尿機能不足，血液中之尿酸不能排泄，留滯於骨肉組織之間而爲發熱疼痛；虛者營養不足，勞動過度，新陳代謝功能不良，殘廢物質積蓄過多，滯留組織間，亦能發熱疼痛。其證狀爲全身發熱，及局部關節之疼痛，灼熱、腫脹、潮紅等，中西治法，均以發汗解熱爲主要原則，佐以鎮靜神經之品。本條係虛證，而桂枝附子湯，則兼有上二項作用，以桂枝發汗解熱，附子平腦，鎮靜神經，且加強細胞活力；白尤附子湯，則健胃整腸，加強吸收，調整泌尿機能爲主。附子爲神經系疾病之要藥，凡虛寒性之風濕病，習慣上，恆應用之。其目的，在安撫神經之外，更有振衰起疲之強壯作用。陸淵雷云：加尤，則尤附相配，治風濕流注，黴毒痛風等證甚效。風濕病之預後，以併發心內膜炎者爲最劣。

方五十五　桂枝附子湯

桂枝 四兩　附子 二枚炮去皮破八片　生薑 切三兩　甘草 炙二兩
大棗 擘十二枚

右五味，以水六升，煮取三升，去滓，分溫三服。

方五十六　桂枝去桂加白尤湯

白尤 四兩　甘草 炙二兩　生薑 切三兩　附子 三枚炮破八片　大棗 擘十二枚

右五味，以水六升，煮取二升，分溫三服。初服其如身如痺，半日許，後服之，三服盡，其人如冒狀，勿怪，此以附子白尤走皮肉，逐水氣，未得除，故使之爾，法當加桂四兩，此本一方二法也。

方解　風濕熱證，濕阻肌表，神經弛張，一身重痛，故一般治療，以發汗解熱爲主，但欲得微汗，不欲爲水之淋漓，故用桂枝湯以興奮肌表神經，促使發汗，排除濕毒，因芍藥有收斂作用，故除去之，又脈浮虛而濇，神經弛張之徵兆，故加附子以興奮神經，強心壯腦，則身重不可轉側之症可解。本方（桂枝附子湯）與前桂枝去芍藥加附子湯，藥味完全相同，唯本方分量稍重耳；前方以胸滿去芍藥，微寒加附子；本方以濕多去芍藥，身重

加附子，其禁酸收，與壯腦之用意相同。唯症有輕重，用量故輕重不同耳。又大便鞕，小便自利而多者，風濕在外未解，內而腸胃腎臟亦病，故去桂枝之發汗泄水，加白朮之整理腸胃，與調整腎臟也。使體液充，而後汗以解之。

前賢學說

(1)陸淵雷曰：附子中毒與草烏頭中毒酷似，唯附子毒性不强，草烏頭毒極，過量中毒，實爲危險。曾見用草烏頭一錢，煎治風濕，中毒痺冒，幾二十小時，而病仍不瘳，可見藥不瞑眩，厥疾不瘳之理，完全非是。又見用草烏頭四錢，治脚痛，脚痛稍減，竟無絲毫中毒現象，可見個人體質問題，最難解云。如在急性關節炎，當有桑枝、茅根、絲瓜絡、防己、防風、石膏等可用，即所謂熱性體質者宜之；在慢性者，則延胡，馬胎、狗脊、杜仲、牛膝亦佳；苟寒性者，則鹿茸、黃芪，附子等，均可用。

(2)雉間煥曰：桂枝附子湯，今稱痛風者，及上衝難降者主之。皆宜加朮，陸氏亦曰：朮附相配，爲治風濕流注，梅毒痛風等病之特效藥。

(3)蘭軒醫談：清川玄道家，有中風（腦出血）奇藥，方爲桂枝附子湯，或烏頭桂枝湯，加大黃棕葉用之，初發不論虛實，皆可用，有奇效。

二、甘草附子湯證

第140條（原183條） **風濕相搏，骨節煩疼，掣痛不可屈伸，近之則痛劇，汗出短氣，小便不利，惡風不欲去衣，或身微腫者，甘草附子湯主之。**

傳統解釋 風濕相搏者，其人本弱，先傷於濕，後又感冒風邪，正氣不足以驅邪外出；兩邪相搏，風濕侵及骨節，故骨節灼熱疼痛。節爲樞轉之所，動則掣引而痛甚，因屈伸而痛甚，爲避免劇痛而不欲屈伸也。按之則接觸風濕之傷，故痛劇；風邪在肌則汗出；濕邪內滯而短氣；惡寒不欲去衣者，表陽虛，惡寒之甚也；身腫、小便不利，爲水氣內蓄，此爲風濕病之重者。其用白朮附子，溫胃燥濕爲主，佐以桂枝甘草，驅肌表之風濕，此即甘草附子湯之效用也。千金云，體腫者，加防已四兩；小便不利者，加茯苓三兩，則利濕之功尤著。三因之六物附子湯，即原方加防已茯苓也，當有卓效。

科學解釋 本條證狀，即急性風濕熱，及多發性關節炎也。因痛劇身腫，爲濕傷重，汗出短氣惡寒，神經衰頽甚，故雖痛劇不得屈伸煩躁等證，不以消炎爲治，而以辛熱强壯劑爲用。桂枝解肌熱，附子安神經而止痛，白朮

健胃利濕，甘草緩和掣痛，均爲强壯興奮之品，至加防已茯苓者，利尿消腫之功尤勝。

方五十七　甘草附子湯

甘草 炙二兩　白朮二兩　附子 二枚炮破八片　桂枝 四兩

右四味，以水六升，煮取三升，去滓，溫服一升，日三服，初得微汗即解，能食汗止復煩者，將服五合，恐一升多者，宜服六七合爲妙。

方解　詳科學解釋內不另贅。

前賢學說

(1)雉間煥曰：治後世所謂痛風，節歷風，手近之痛劇者。

(2)和久田氏曰：汗出短氣，乃表證而衝逆急迫，故用桂枝甘草；又有惡風骨節疼痛，小便不利等，故用朮附；附子分量多者，以其外證劇，有內寒也。凡內寒者，右小腹結聚，腹皮必軟弱。

(3)陸氏曰：外臺第十卷風濕門，引古今錄驗附子湯，即本方，主治亦同，方後云：驃騎使吳諧，以建元元年八月二十六日，始覺如風，至七日，卒起便頓倒，髀骨及手皆不隨，引腰背疼痛，通身腫，心滿，至九月四日，服此湯一劑，通身流汗，即從來所患，悉愈。本方不用生薑，既有附子，今加生薑三兩。

第二十三節　裡虛證

一、小建中湯證

第141條（原108條）　傷寒二三日，心中悸而煩者，小建中湯主之。

傳統解釋　傷寒裡虛時悸，邪擾時煩，故初起二三日，未經汗下，即有此證，雖有表邪，亦不可發汗，更惶論攻下。但與小建中湯，溫養中氣，中氣建，則邪自解。方輿輗云：疝癥有此證，可仿此方治之。曹穎甫則云：二三日爲二三候，十四日則當少陽，脾陽不振，太陽水氣與標熱，並陷中脘，水氣在心下則悸，熱在心下則煩，此證但用桂枝湯，不能發肌理之汗，必加飴糖以補脾臟之虛　然後太陽標本內陷者，乃能從肌理外達而爲汗，此用小建中湯之旨也，陳修園誤以爲補中之劑，而以悸爲虛悸，煩爲虛煩，殊失本旨，不然，桂枝湯本發汗之劑，豈加一味全失其發汗作用乎？究其實，曹氏所疑，反爲專實，桂枝固爲解熱劑，其功效則在健胃，興奮胃

功能，正曹氏所云振脾陽也。加芍藥，重用飴糖，以佐桂之辛熱芳香，正是補中，桂枝果能發汗，實乃健胃之結果。仲景方劑之神妙，每在偶一增減之際，功用各殊，本論事實俱在，豈容懷疑。

科學解釋　心悸，乃心力衰弱，血糖量不足，血液不充，故心肌强力收縮，加强壓力，維持血液正常循環，心尖振動加大，故有悸動現象。若用小建中湯之桂枝芳香辛熱，與奮胃機能，加强消化，吸收營養分；重用飴糖，提高血糖量，充實血液，加重芍藥，舒張血管，減輕心肌收縮力，則血液循環正常，悸動自止；煩雖熱型乃苦悶之現象，亦即心臟影響神經不安之反映；故心力復，心臟安，則煩悸均止。然心悸屬神經性者多，尤其神經衰弱之心悸，類皆畏忌戟刺性藥物，故小建中湯中之桂枝，必制以大量之芍藥與飴糖，用其健胃之功，制其戟刺之獘，此中國藥物調配之妙用，非單味劑之效能，所可比擬者。

方五十八　小建中湯

桂枝三兩　甘草炙二兩　生薑切三兩　芍藥六兩　大棗擘十二枚

飴糖一升

右六味，以水七升，煮取三升，去滓，納飴，更上微火消解，溫服一升，日三服。

方解　詳本條解中，不另贅

二、炙甘草湯證

第142條（原185條）　**傷寒脈結代，心動悸，炙甘草湯主之。**

傳統解釋　成無已曰：「結代之脈，動而中止，能自還者，名爲結；不能自還者，名曰代，由氣血虛衰，不能相續也」。金鑑曰：心動悸者，謂心下（實在虛里，即心尖之處）築築惕惕，動而不能自安，若因汗下者多虛；不因汗下者多熱，欲飲而小便不利者屬飲。今病傷寒，不因汗下，而心動悸，又無熱飲寒虛之證，但據結代不足之陰脈，即主以炙甘草湯者，以其人平素血氣衰微，不任寒邪，故脈不能續行也；此時雖有傷寒表證未解，亦在所不顧，總以補中出血復脈爲急，通行營衞爲主。

科學解釋　心動悸，即所謂心悸亢進，有屬於神經性者，有屬於心臟器質性者，脈結代，由於心悸亢進之結果。屬於神經性者，預後良好；屬於器質者，則頗危險。所謂神經性心悸，以神經衰弱者，最爲常見，此外一切慢性疾病，因神經系之生理交感作用，及病理戟刺之反射作用，多發心悸，

甚則結代之脈，亦隨之。所謂器質性者，則心臟本質起變化，與機械之損害，如脂肪心，心臟瓣膜症等，皆易發生，其治療原則，除去其病原，神經性者，佐以平腦劑，器質性者，佐以強心劑。本證治以炙甘草湯，爲甘潤強壯劑，稍具興奮作用，爲平腦強心兼而有之。

方五十九　炙甘草湯

甘草炙四兩　　生薑切三兩　　桂枝三兩　　人參二兩　　生地黄一斤

阿膠二兩後下　　麥門多半升　　麻仁半升　　大棗擘十二枚

右九味，以清酒七升，水八升，先煮八味，取三升，去滓，納膠烊消盡，溫服一升，日三服，一名復脈湯。

方解　柯氏方論曰：仲景凡於不足之脈，陰弱者，用芍藥以益陰，陽虛者，用桂枝以通陽；甚則加人參以生脈。此以中虛脈結代，用生地黄爲君，麥多爲臣，峻補眞陰；然地黄麥多味雖甘，而氣寒，非發陳蕃秀之品，必得人參桂枝，以通陽脈；生薑大棗，以和營衞，阿膠補血；甘草之緩，不使速下；清酒之猛，捷於上行；內外調和，悸可寧而脈可復矣。酒七升，水八升，祇取三升者，久煎之則氣峻，此虛家用酒之法，且知地黄麥多，得酒則良。此證當用酸棗仁，肺痿用麻子仁可也，如無眞阿膠，以龜板代之。實則桂枝、生薑、強心而健胃；生地麥多，強心而益陰；人參棗草，亦強心而增液；阿膠棗仁，補血而甯心；更加酒同煎，通陽而行血；故心臟衰弱者，可恢復生理機能而復脈，故又稱復脈湯。

藥解

五〇　地黄之藥效

(1)性味：甘寒，無毒。

(2)成分：含地黄素，甘露醇，糖質，鐵質等。

(3)藥理：用中等量，有顯著強心作用，對衰弱性之心臟，其效尤著；但用大量，反使心臟中毒。亦有利尿，緩下作用，經化驗能減低血糖量，並抑制碳水化合物所起血糖之效。

(4)主治：爲清涼性滋陰強壯劑，用於虛弱者，有補血強心作用；用於熱性病之鼻衄、吐血、下血、崩血，及神經衰弱，陰虛內熱，糖尿病等證。及有出血傾向者皆有效。

(5)附記：惟有妨礙消化作用，多用尤甚，故間多佐砂仁之類，以去其滯。

五十一　阿膠之藥效

(1)性味：甘溫，微腥。

(2)成分：含組織氨基酸 20％，蛋白氨基酸 7％，離氨基酸 10％。

(3)藥理：①影響鈣之新陳代謝：口服後，能改良動物體內鈣之平衡，使血清鈣量增加，滯性不變。②對肌變性症之療治：從尿酸及肌酸酐之分析，可證明治愈肌變性病，如營養性變病，如跛狀，及癱瘓，治療百天後，完全消失。③補血作用。④創傷休克之救治，瘡傷休克危急期，至注射生理鹽水仍難挽救時，用阿膠有效。

(4)主治：爲止血劑；兼有滋養強壯作用。宜用於吐血，咳血，婦人產前後之出血，肺結核咳血，消化性潰瘍出血，腎結核出血，腸出血。凡體液消耗之消耗性疾病，病後衰弱，及貧血性疾病，均以強壯目的而用之。

五十二　麥門多之藥效

(1)性味：甘寒，無毒。

(2)成分：含有粘液質，有鎭咳祛痰作用。

(3)主治：爲緩和、清涼、滋養、祛痰、鎭咳劑。宜用咳嗽口燥，乾性氣支氣管炎，咽喉炎，咳血，吐血，婦人乳汁稀少等證，更有潤肺生津，解渴之功。

五十三　麻仁之藥效

(1)性味：甘淡微香，無毒。

(2)成分：含蛋白質 19％，脂肪 30％，灰分 5％，精油，維生素 E，卵磷酸，植物素，植物固醇，次亞麻子油酸，胡蘆巴鹼等。

(3)主治：爲緩下潤腸劑，治津液不足及病後，產後便秘。

前賢學說

(1)雉間煥曰：炙甘草湯，治行動如常，而脈結代，心中動悸，如驚悸者，非此方不能治。

(2)方輿輗：此仲景治傷寒脈結代，心動悸之聖方也。孫眞人用以治虛勞，王刺史用以治肺痿，凡仲景之方，通變如此。然此方之妙用，在於脈結代，故一名復脈湯，不論何病，但脈結代者，當先用此方。析言之，脈來緩時一止復來者，結脈也；結者，止而卽還，不失至數，但稍有間

歇耳。代者，止而不還，斷而復動，此絕彼來，相代之義也。二者相似而少異，然治則唯此一方，故結代連稱。此脈大病得之，可畏殊甚，平人有時見此脈，此無害，亦不須服藥，昔人有言曰：有病見而難治者，若氣逆得之則無憂，確言也。

(3)丹波氏曰：案名醫別錄：甘草通經脈，利血氣。證類本草，傷寒類要，治傷寒心悸，脈結代者，甘草二兩，水三升，煮一半，服七合，日一服，由是觀之，心悸脈結代者，專主甘草，乃是取乎通經利血氣，所以命方曰灸甘草也，諸家厝而不釋者，何也？

(4)餐英館治療雜話：治癲癇，此方主之，老人虛人，津液少，大便秘，此湯主之。虛勞，動履如常，脈至虛數，又細而若有無者，所謂脈病人不病，平人雖視爲不死，但必死也。或發寒熱，或咳嗽，自汗盜汗，胸中痞鞕，或眩暈耳聾，或夢中獨語，見種種異證者；其腹中自心下至小腹，兩脇，腹之一邊，悸動甚，虛里動高，以及於肩；若動在左者，不可惑種種見證，唯以脈動悸爲標準也。

(5)類聚方廣義：骨蒸勞嗽，抬肩喘息，多夢不寐，自汗盜汗，痰中血絲，寒熱交發，兩頰發赤，巨里動甚，惡心憒憒而欲吐者，宜此方；若下利者，去麻子仁，加乾薑，水煮爲佳。

(6)勿誤藥室方函口訣：此方以心動悸爲目的。凡心臟之血不足時，氣管動搖而悸，是心臟之血，不能運於動脈，時而間歇，故致脈結代也。此方滋養心臟之血，潤流脈絡，不僅治動悸，即人迎邊之血脈凝滯，氣迫促者，亦有效，是余之經驗也。又肺痿之小氣而胸動甚者，用之亦有一時之效，龍野之秋山玄端，用此方加桔梗，爲肺痿之主力，蓋根據於金匱也。

前賢治驗

(1)衛生寶鑑：許伯威五旬餘，中氣本弱，六月中，傷寒八九日，醫者見其熱甚，以涼劑下之，又食梨三四枚，而傷脾胃，四肢冷，時昏憒，請余治，診其脈，有時動而中止，而自還，乃結脈也。心亦動悸，吃噫不絕，色青黃，精神減少，不欲開眼，倦臥，惡與人言，余以灸甘草湯治之，減生地者，恐損陽氣也。剉一兩，使服之，不效。再於市舖選嗜氣味厚者，再使煎服之，其病減半，再服而愈。

(2)靜儉堂治驗：一婦人，心中悸，胸中痞鞕，臍上動悸，失音不能開聲，

不大便，六七日，時復頭眩，脈沉細，飲食不進……雖諸證稍快，惟聲音不發，悸動不止，十九日改用炙甘草湯，八九日，悸動止，聲音開，得以復常。

(3)橘窗書影：一婦人消渴，數日不愈，一醫認爲胃熱，屢下之，消渴止，舌上赤爛，至於齒齦亦糜爛，不能飲食，脈虛數，濁吐有腥臭，余以肺痿之一證，與炙甘草湯加桔梗，病漸愈。

又一婦人，年四十餘，傷寒後，心中動悸甚，時時迫於咽喉而少氣，咽喉之外內壅腫如肉瘤，脈虛數，身體羸瘦如枯柴，腹部凹陷，飲食不進，其又延余議方，余曰：舍炙甘草湯加桔梗，無適方，乃大服，連服其方數旬，動悸漸安，肌肉大生，咽喉壅腫，自然減退，氣息寬快，而得閑步。

三、結代脈辨

第143條（原186條） 脈，按之來緩，而時止復來者，名曰結；又脈來動而中止，更來小數，中有還者，反動，名曰結，陰也；脈來動而中止，不能自還，因而復動者，名曰代，陰也。得此脈者，必難治。

傳統解釋 李瀕湖曰：「須知諸伏新邪閉，還識結成鬱氣間」，故結，爲邪結也。爲脈來停止暫歇之名，此因氣虛血濇，邪氣間隔經脈之間耳。虛衰則氣短力淺，偶因阻隔，不得暢流而止歇也。又動而中止，非柯氏、周氏、張氏等所謂陰陽相搏之動，乃脈來應指之動，謂緩脈正動之時，忽然中止，若有所遏而不得動也；更來小數，以一止之後，有若干搏動特別加速，若補償歇止之至數，乃鬱而求伸之象。中有還者反動，義不可解。此上脈象，乃陰虛氣濇而結，故曰結，陰也。曹穎甫余無言等，所謂陽者，非也。若果爲陽，則促脈爲何？又脈來動而中止，不能自還，因而復動者，名曰代；乃氣血衰竭，中斷不能相續，爲虛脫危岌之候，故曰難治，脈訣曰：「結者生，代者死」，此所謂難治者，乃僅指代脈也。

科學解釋 脈之遲數，屬於神經性者，因興奮則數，衰疲則遲，屬於心臟器質性者，心肌之强盛則數，衰弱則遲。而脈之歇止，屬於衰弱性者多，故治以强心補血爲主，亦因心肌之衰弱，其張縮力不足，偶有休息時間之延長而現歇止；或因張縮力微弱，偶有不均血液，不能隨每次收縮而輸送至脈口；或因大動脈口之瓣膜閉鎖不全，心張時偶有少量血液逆流左心室，

因而影響脈搏。此等病因，均能造成結脈；至於代脈，心臟衰疲之極，近於休克狀態，故或二三次收縮後，即須休息，或四五次收縮後，即須休息，大都心臟器質性損壞已甚，無法療復，故曰難治。

第二十四節　誤治壞證

一、久而成痿

第144條（原168條）　傷寒吐下後，發汗虛煩，脈甚微，八九日，心下痞鞕，脇下痛，氣上衝咽喉，眩冒，經脈動惕者，久而成痿。

傳統解釋　尤在涇曰：「心下痞鞕，氣上衝咽喉，眩冒者，邪氣搏飲，內聚而上逆也」，歷來亦均以水飲爲釋。敝意爲不然，豈有汗吐下後，尙有水飲留者乎？傷寒之病，疑寒實在胸而吐之；吐而病不盡解，復疑其內實而又下之；吐下之後，胃腸雖已受傷，而裡證得解，然表證未除，又復汗之；汗亦傷津，此時雖內外之邪已解，而表裡內外上下之津液均失，胃腸與元氣憊乏，故虛煩而脈微甚；至八九日，元氣未復，腸胃之損傷益劇，故心下痞硬，脇下疼痛；邪氣上逆，衝咽喉；陽虛於上，故眩冒；津液不生，經脈失養而動惕。若不設法而治，久則成痿躄矣。曹穎甫以爲柴胡加龍骨牡蠣湯，最爲近似，柴胡湯散心下之痞，通脇下之痛，龍骨牡蠣以收暴發之浮陽，然後養陰補血，以善其後，亦千慮一得耳，此說似可聽從。

科學解釋　痿即癱瘓，爲神經系疾病之一種，有屬內因者，有屬外因者，本條乃係一再誤治失治，營養不良，神經失養而致之，所謂久而成痿，乃慢性之不良轉歸。若有細菌毒素之感染，如腦膜炎，白喉、神經炎，敗血症等，則爲急性之外因；如因腦出血之卒然暈倒，醒後成痿，乃爲血栓梗之內因所致，其病原不同，治法亦異。

　　本條之大意，傷寒因疑寒實而吐之，病不盡解；又疑內實而下之，裡證輕而表熱又盛，故又發汗解熱，故爾內外之病雖瘥，而吐下則傷胃腸，而損心腦，汗又傷津，心力腦力，均爲衰弱，以致消化不良，營養不足，神經失調，致形成虛煩，脈微甚。此時若失於調治，八九日後，胃肌益弱，擴張、無力收縮而痞鞕，肝脾生理機能失健而脇痛，上走性神經興奮而

氣上衝喉，腦貧血眩冒，血液灌溉不週神經失養而筋惕動，若此種種虛弱變化之素因，而無良好之機轉，久之胃腸惡性變化，血液枯涸，神經局部麻痺或失力，則偏枯痿躄之症成矣。（太陽篇完）

第三章　陽明篇

第一節　陽明病提綱

一、陽明證狀㈠

第145條（原190條）　**陽明之為病，胃家實也。**

傳統解釋　此為陽明病之提綱。內經以陽明指胃腸，本論沿用之，亦曰陽明病。所謂實，則包括熱字在內，而又有數義焉，一為食物積滯而實者，一為熱毒燥結之甚者，均為承氣湯證也；一為表熱傳裡，實而未結者，白虎湯證也。實熱之有輕重，故方治亦異，但總不離於實與熱耳。古之所謂胃家實，即概括胃腸實熱而言，若腸胃之虛寒，則屬三陰之範圍矣，故陽明之病，以胃家實為提綱也。

科學解釋　陽明病症雖多，但不外乎實與熱耳。陽明之熱，為弛張熱型，為熱之極，其病勢之自然發展，不出於減退之恢復期，即入於高熱之虛脫期，故在陽明高熱之際，審其機轉之勢，適時與以清涼解熱，或苦寒瀉下劑則熱解而病愈。若轉入虛脫期時，即陷入少陰之範圍，身雖大熱，仍當以甘溫之劑之救逆；故陽明之病，僅以腸胃之實熱而言，此所以胃家實，為陽明之提綱也。

陽明外證㈡

第146條（原192條）　**問曰：陽明外証云何？答曰：身熱，汗出，不惡寒，反惡熱也。**

傳統解釋　此條設問答，與仲景之體制不同；且陽明篇中，如日晡所，發潮熱，不惡寒，反惡熱；汗出不惡寒，有潮熱者，可攻也。言之甚詳，故劉棟、山田、陸淵雷諸氏，概以後人所攙而刪之。但留之，以作陽明外證之提綱，未嘗不可。

科學解釋　發熱汗出，爲太陽陽明共有證，惟太陽之發熱汗出，病毒在表，與肌表之抗毒力相拒，生理上營旺盛之代謝作用，因表之神經感覺異常，故有惡寒之現象；而陽明之發熱汗出，其病毒不在肌表，因內熱甚而蒸汗，故皮膚之神經，無特殊之感覺，而不惡寒。內外皆熱，故惡熱；若熱勢深入，則有煩熱；或熱勢潛伏，而反外無大熱；或汗少，或僅手足濈然汗出，但決不惡寒。故惡寒惡熱，爲太陽陽明之重要鑑別法也。

二、陽明脈候

第147條（原197條）　**傷寒三日，陽明脈大。**

傳統解釋　自本條以下共十八條（原編次序），山田、劉棟、諸氏以爲後人之言，非仲景原文。但陽明脈大，確是事實，不論其文，係否仲景之舊，而在醫學上，自有其價值，不可一概抹殺。又原文傷寒三日，與熱論曰：傷寒二日，陽明受之。似不合又少陽篇曰：傷寒三日，少陽脈小，似有抵觸，故有改之。惟傷寒日數，不可爲拘，條文中屢見不罕，似毋庸改之。唯陽明脈大者，陽明熱病也，寒則縮而脈小，熱則擴而脈大，此自然之理也，毋待申述。

科學解釋　血管上，有收縮擴張二神經，遇寒則收縮神經興奮而縮小，遇熱則擴張神經興奮而擴大，此乃生理上之現象，亦即自然之規律。陽明爲高熱之病名，故心力亢奮，血壓隨溫之增加而增高，血管隨體溫增高而擴張，故陽明證以脈擴大與蒸熱爲診斷之依據也。

三、辨陽明三證

第148條（原187、188、189條）　**問曰：病有太陽陽明，有正陽陽明，有少陽陽明，何謂也？答曰：太陽陽明者，脾約是也；正陽陽明者，胃家實是也；少陽陽明者，發汗，利小便已，胃中燥、煩、實，大便難是也。**

傳統解釋　傷寒集成引劉棟曰：此後人之所記也，舉陽明之三證，非古義也。若有此說，則合病，及轉屬之目，皆無謂也，故不采用矣。余無言刪陽明篇問答五條曰：本篇問答五條，與太陽篇問答二條，均屬僞文，且經文已無剩義，故均刪之。然金鑑、錢璜、九芝先生（傷寒今釋引），丹波氏等，按三陽之轉屬變證爲釋：所謂太陽陽明者，太陽之邪，乘胃燥熱傳入陽明，不更衣無所苦，名脾約是也；所謂正陽陽明者，太陽之邪，乘胃府宿食與燥熱結，不大便，內實滿痛，名曰胃家實也；所謂少陽陽明者，太

陽之邪，已到少陽，法當和解，而又發汗，利小便，**傷其津液**，少陽之邪，復乘胃燥，**轉屬陽明**，大便澀而難出，名大便難者是也。汪琥氏曰：大抵太陽陽明，宜桂枝加大黃湯；正陽陽明，宜三承氣湯；少陽陽明，宜大柴胡湯，此爲不易之法也。本條體制，雖非仲景之例，但其示三陽之**轉屬陽明也**，亦甚有理，對陽明之**辨證與治療**，均有參改價值，姑仍存之。

科學解釋　陽明爲一證候群之名稱，非一臟器之疾病也。所謂太陽陽明，少陽陽明者，皆續發之腸胃病，正陽陽明，大都爲原發性之腸胃病。本條所謂之陽明三證，亦僅陽明熱性證候群之一，非概括胃腸病，或熱性病之全貌也。茲將有關陽明病之鑑別法，約述如下。

(1)以熱型而論：陽明爲潮熱，亦即弛張熱，有別於太陽之寒熱並作，即稽留熱；及少陽之寒熱往來，即間歇熱此應鑑別者一也。

(2)以熱度而論：陽明爲高熱，即所謂蒸蒸發熱，其熱甚於內，往往外無大熱，故有譫語脈大之現象；太陽爲肌表熱，亦即所謂翕翕發熱，其熱在外，故無口渴譫語，此應鑑別者二也。

(3)以心臟之衰弱而論：陽明因高熱而心臟衰弱，與太陽非高熱而心臟衰弱，治法不同，如太陽脈沉遲，可逕用強心通脈之四逆湯；若陽明高熱之心臟衰弱，強心劑，每難逕用，此應鑑別者三也；以便溺而論：太陽之熱在表而裡無熱，故便調溺清；陽明熱甚，內外皆熱，故便秘溺赤，此應鑑別者四也。總之陽明證，以腸胃之實熱性者爲主，若虛寒之腸胃病，則入太陰矣。故食穀欲嘔之吳茱萸湯證，編入太陰；煩渴引飲之白虎湯證，則在陽明，其同爲腸胃之病雖一，因處治不同，而出處則分列於兩篇矣。

四、轉屬陽明證㈠

第149條（原195條）　**本太陽病，初得時發其汗，汗先出不徹，因轉屬陽明也。**

傳統解釋　歷來對「徹」字，有二種不同之解釋，其一，「徹」，除也，太陽初病時，發其汗，汗雖出，而病不除，邪氣入胃，因轉屬陽明，以厥陰篇，傷寒脈遲，六七日，而反與黃芩湯，徹其熱爲證；另一，「徹」，透也，太陽初病，雖發其汗，或病重藥輕，或汗不如法，邪未盡出，而辛熱藥性反內留，助其燥熱，因轉屬陽明，以辨脈篇汗多則熱愈，汗少則便難

；及二陽併病，太陽初得病時。發其汗，汗先出不徹，因轉屬陽明為證。惟無論汗之徹與不徹，則太陽之邪，勢必為汗衰；已衰之邪，尚能轉屬陽明，乃不發汗之盛邪，更易轉屬陽明也。故所以轉屬陽明者，乃病勢之盛，非汗出不徹之罪也。驗之事實，有太陽病；發汗後，熱退身和，而一日半日之間，復發熱而轉屬陽明者，此非汗之不當或不透，乃病勢盛，自然之發展也。惟不發汗，體內水份充足，病邪亦盛，外無出路，勢必亦轉屬陽明也。已發汗，水分失，病邪亦衰，陰邪乘燥熱，亦多轉屬陽明，故轉屬陽明，乃病勢自然之發展；不得僅以汗出徹否為論斷也。

科學解釋　發汗為解熱方法之一，但往往發其汗，而熱不退，甚至一再為用者，此病勢自然之演變，非汗之不當與汗之不徹也，溫病即其例證。古人所謂汗出不徹，而病增惡，或多汗傷津而病增，果有其理，但未必盡然。因表證之發汗，對驅毒外出，確有療效，故不能使熱病有增惡之趨向，其所以增惡者，病毒勢盛，滋長蔓延之勢，未為汗衰，自然之趨勢所致也。其所轉屬陽明者，即是之故。

轉屬陽明證㈠

第150條（原196條）　**傷寒發熱無汗，嘔不能食，而反汗出濈濈然者，是轉屬陽明也。**

傳統解釋　傷寒當有惡寒體痛等證，再加發熱無汗，嘔不能食，為傷寒太陽的證，應以麻黃湯發汗；然不待發汗，而即汗出不絕，故曰反也。是熱盛於內，蒸汗而出，當轉屬陽明之證也。山田、湯本及陸氏等，均為少陽而轉陽明，恐有未是，仍以太陽併陽明為是。

科學解釋　「嘔」為太陽少陽共有證；太陽之嘔逆，當不能食，少陽之喜嘔，亦不能食。其能分別太陽與少陽者，在其同中求異，太陽之惡寒發熱，與少陽之寒熱往來，自有不同；太陽之體痛，與少陽之胸脇苦滿，亦有區別。至於出汗，中風證與陽明症所共有；中風之汗，惡風寒，心中不煩；陽明之汗，惡熱不惡寒，亦有所別。則本條當係陽明早有積滯伏熱，唯熱尚未盛，故祇有發熱而無汗，胃中有熱則嘔，更有積滯，故復不欲食。及熱勢向外擴散，故濈然汗出，水液蒸散，體液缺少，則陽明燥熱之證暴露無遺矣。

轉屬陽明證㈢

第151條（原198條） 傷寒脈浮而緩，手足自溫者，是爲繫在太陰；太陰者，身當發黃，若小便自利者，不能發黃，至七八日，大便鞕者，爲陽明病也。

傳統解釋 太陰篇中，亦有此條文相若者，惟彼重在太陰，故七八之下，不同於陽明之大便鞕也。歷賢以爲脈浮緩，外證僅有手足自溫，而無頭痛發熱惡寒等證。若果如此，則何云乎傷寒哉。其手足自溫，雖不同於太陽，陽明之手足熱，何據而繫在太陰，此皆不可理解者。前賢多隨文演繹，因五行之說爲祟耳，未可信從。而陸淵雷傷寒今釋註曰：文雖不類仲景，讀之可知三事焉！太陰陽明，部位本同，所異惟在寒熱，昔人以太陰爲脾，陽明爲胃，乃沿襲內經之誤，此其一。黃疸病之治愈，黃色素必以小便爲依歸，此其二。同一脈象，有數種病，故診病不得僅憑脈，此其三。此條有陰寒證候，而手足不冷，大便微利者，故不屬少陰而繫太陰；手足自溫者，言不逆冷也；至七八日大便鞕，明七八日之內，本微利也。寒證微利，例稱太陰；其實是小腸發炎，蠕動過速，腸內容物不及吸收之故，若炎證延及十二指腸，常發黃疸；以十二指腸以容受胆汁之處也。故曰太陰身當發黃。排除血液中之有毒物質，職在腎臟，觀乎黃疸人之小便奇黃，以茵陳利小便治疸，可以知矣。若使胆汁混入血液之初，其小便本自通利，則胆色隨入隨泄，不致瘀滯於肌肉而發黃，故曰小便自利者不能發黃。七八日後，或由藥力，或由正氣自復，寒證化熱，大便因鞕，病雖仍在小腸，然寒在太陰，熱則陽明，故爲陽明病。脈浮緩者，金匱黃疸篇，亦以寸口脈浮而緩，爲瘀熱黃疸之脈，與此條契合；是知浮緩之脈，或屬太陽，或屬太陰，不憑外證，何由識別，自叔和作俑於前，俗師盲從於後，相矜以三指識病，可嘆也。

科學解釋 傷寒證例，三陽爲熱，三陰爲寒，無可疑議。但陽明太陰，均係消化器官疾病，以熱性者屬陽明，寒性者屬太陰。本條實腸胃之局部病，而影響及全身也。腸管發炎，有因病菌之誘發，有因胃機能不健，未消化食物之中毒，均能致之；腸管發炎，勢必滲出物刺激腸粘膜神經，加強腸之蠕動，而排除之，故有下利之現象。原文云七八日後大便鞕，則足見七八日之內，有便溏或下利之證。更因腸炎，影響全身，有如傷寒之外證。脈浮緩者，因炎症而微有內熱，故脈緩也，張景岳云脈緩多熱，誠不我誣

也。如炎證發展至十二指腸，形成胆管阻塞，則胆汁反入血液，輸送皮下組織，使染色而成黃疸，同時尿中亦見黃色素。所謂小便自利者，不能發黃；然小便不利，乃黃疸之結果，非原因也，此古人不明生理之狀況，倒果為因之說法也。若七八日後，大便鞕而不下利，則腸胃實熱之證，而非虛寒也，故曰陽明病。

轉屬陽明證(四)

第152條（原199條）　**傷寒轉繫陽明者，其人濈然微汗也**

傳統解釋　醫宗金鑑曰：凡傷寒，不論三陰三陽，若轉屬陽明，其人必有濈然微汗之證，始為轉屬陽明也。蓋陽明為內熱證，其所發外證，雖不一定，但必有內熱蒸汗之證，始可認為轉屬陽明。而舒馳遠曰：但據濈然微汗出一端，即是轉屬陽明，不能無疑。誠然，但汗出，有陰陽之分；陽之汗，熱汗也，其體必熱；陰之汗，冷汗也，其體必冷，故汗出雖為轉屬陽明之的證，但應參以他證，而決之始可。本論定其必然之趨勢，舒氏作為辨證之參考，立場不同，所說各是。

科學解釋　汗出雖非要症，但在診斷學與治療學上，殊為重要。蓋汗有因熱而出者，可用清涼解熱而愈；有因虛脫冷汗如流者，非強心壯腦不為功，即所謂四逆回陽法也。陽明為熱性病之代名詞，其演變機轉，多趨於實熱，故有蒸熱汗出，雖所出之汗而微，但連絡不絕者，亦內熱之徵耳。本條證雖簡單，且文亦重出，但立意甚善，故為之釋。

轉屬陽明證(五)

第153條（原太陽篇102條）　**服柴胡湯巳，渴者屬陽明，以法治之**

傳統解釋　柴胡係少陽症主藥，渴為少陽陽明所共有，惟少陽之渴，服柴胡湯則巳，陽明之渴，胃中乾燥，大渴引飲，非若少陽之輕，故服柴胡，少陽證解，而渴尤甚，乃胃中液燥所致，故屬陽明，亦即所謂少陽陽明也，當按其全證，而依法治之。

科學解釋　渴：有因胃機能不良，水分代謝功能失調，水飲停蓄者；亦有體液不足，胃液缺少，熱氣充斥，故治法迥異，如五苓散治水蓄之渴，白虎湯治熱化之渴，調胃承氣湯　治腹滿之渴等。而柴胡湯有疏通乳糜管，及淋巴管，幫助水分代謝功能，此服柴胡湯，而少陽證罷，渴反甚者，乃屬胃熱，故屬陽明症，視其他證候，而依法治之可也。

第二節　陽明病中風證

第154條（原200條）　**陽明中風，口苦咽乾，腹滿微喘，發熱惡寒，脈浮而緊，若下之，則腹滿，小便難也。**

傳統解釋　此三陽合病也。陽明中風，謂熱在表也；腹滿微喘，熱邪雖入裡而尚淺；發熱惡寒，脈浮緊，太陽脈症，表邪猶盛也；口苦咽乾，少陽症也。查三陽合病，雖陽明極重，亦不可下，況表邪尚甚乎？下之，則三陽之邪入裡，則腹滿益甚，失液而熱盛，則小便難矣。

科學解釋　此泛發性全身病中，續發消化系，呼吸系之局部病，症狀複雜，處治爲難。其中口苦咽乾，腹滿微喘，恐係消化中腸與肝膽炎症之反應；且病毒尚滯體表（發熱惡寒），不能單獨消腸與膽肝與炎，況腹滿而喘，病累及肺，而腸中尚無實痛之症，似有外趨體表之勢，故不可下。若下之，抗力減弱，病勢益張，勢必滿益甚；炎症甚，滲出液多，大便溏，則腎臟因代償作用，小便難矣。此病應發汗以解熱，佐以苦寒消息之品而治之。

第三節　中風與中寒辨證

第155條（原201條）　**陽明病，若能食名中風，不能食，名中寒**

傳統解釋　陽明病，陽明之自發病，非由太陽少陽等傳變而來。若能食，必脾胃強，熱能消穀。風字習慣上指爲陽邪，陽即熱，胃以裡言，裡有熱，故曰中風。若不能食，則必脾胃虛寒，不能消穀，故曰中寒。程氏，柯氏，余氏等，均同是說；但前賢有以陰陽舊說爲釋者，亦有以由中風傳來者爲中風，以傷寒傳來者爲中寒，皆未甚妥。

科學解釋　凡病之發，有原發及續發之分，但不必盡由傳變而來；而所發之病，更有由感染，中毒，及不明原因等之不同。故同爲胃病，有機能亢進，而能食貪食者；亦有機能表弱，而不食惡食者，此即中醫所謂寒熱虛實之原因也。能食者，胃機能旺盛，亦即所謂陽，熱；不能食者，亦即所謂虛，寒。至中風與中寒，乃中醫學上之術語，視爲寒熱虛實可

也。中寒，乃腸胃失健，太陰病也，此乃舉以示陽明太陰之鑑別法。

第四節　陽明病審下法

第156條（原219條）　陽明病，脈遲，雖汗出，不惡寒者，其身必重，未可攻也；短氣腹滿而喘，有潮熱，此外欲解，可攻裡也；手足濈然汗出者，此大便已鞕也，大承氣湯主之；若汗多微發熱惡寒者，外未解也，其熱不潮，不可與承氣湯；若腹滿大便不通者，可與小承氣湯，微和胃氣，勿令大泄下。

傳統解釋　山田氏所謂本條「雖」字，當在「陽明病」下，否則文法不穩者，非也。蓋本論曰：「陽明病，脈遲，汗出多，微惡寒者，表未解也。」則本條「雖汗出，不惡寒者，其身必重。」乃示陽明外症雖具，因身重表邪尚未全解，亦未可攻之意耳。則「雖」字不宜改，而「其身必重」之下，應加「未可攻也」，始能上下有所照應，待其腹滿短氣而喘，有潮熱者，陽明內熱已現，始認為外症欲解，可攻裡。但解曰欲，猶恐尚未全解；攻曰可，仍恐尚未全實，故又待手足濈然汗出，熱聚於胃，胃中燥而邪熱盛，大便鞕，始定以大承氣湯攻之。其慎重如此，乃示人不可孟浪，濫用攻下之劑也。若汗多微惡寒者，外未解也，與其熱不潮，不可與承氣湯，更示以不可攻下之症例耳。若發熱惡寒，有太陽表症，法不當下；潮熱為陽明實症，其熱不潮，便非陽明實症，即調胃承氣湯亦不與也。若腹中滿，上不為嘔，下不為利，且便亦不通，似已胃實，但非潮熱堅痛之比，不可用大承氣湯之峻攻，宜小承氣湯而和胃氣，因無胃實之症，故重叮嚀曰：勿令大泄下，其旨微矣。

科學解釋　脈遲為心力不足之現象，身重為神經失力之反應，故雖有汗出不惡寒之陽熱症，仍不得用瀉劑，以防壓心虛脫之虞。故曰未可攻也。短氣而喘，既不咳，未必盡是肺病；又無脈微肢冷，亦未必為心臟性之喘息，況加腹滿有潮熱，乃腸胃熾熱旺盛，皮膚放溫不足，肺為代償作用而喘也，故可攻熱；但大承氣湯之峻瀉，以大便鞕，腹堅痛為要件，何以知大便鞕，以手足濈然汗出為斷（何以手足濈然汗出，為腸胃燥結，大便硬，其理不詳）。茲手足濈然汗出，故主之以大承氣湯。蓋大便

鞕而不通，則病毒積於腸胃而不去，勢必生理機能益衰．以去毒為急，所以用大承氣湯而無疑也。若其熱不潮，腹滿大便不通，而無堅痛之症，則其毒尚輕，僅用小承氣湯以緩下可也，故曰勿令大泄下。其虞衰弱心力，喪失生理機能之意，昭然若揭，濫用者．可不懼歟！

二、矢不矢氣辨

第157條（原220條）　**陽明病，潮熱大便微硬者，可與大承氣湯，不硬者，不與之。若不大便六七日，恐有燥屎，欲知之法，少與小承氣湯，湯入腹中，轉失氣者，此有燥屎，乃可攻之。若不轉矢氣，此但初頭鞕，後必溏，不可攻之；攻之必脹滿不能食也。**

傳統解釋　陽明病，身熱而潮，則熱已盛，大便雖微硬而不溏，便可與大承氣湯以攻之。若大便不硬，則熱雖盛而裡未實，尚不可攻。若六七日不大便，疑有燥屎，欲知之法，少與小承氣湯以試之；服湯後，小承氣湯藥輕勢緩，且無芒硝之寒鹹軟堅作用，雖能疏其氣，無法滌其積，故僅矢氣，是以知其有燥屎，可與大承氣湯以攻之；若不矢氣，則裡無積，雖初硬，後必溏，不可與大承氣湯；若與之，無積可瀉，徒傷胃氣，且令下部充血，則必腹脹虛滿，而不能食也。原文尚有「欲飲水者，飲水則噦；其後發熱者，必大便復硬而少也，以小承氣湯和之；不轉矢氣者，慎不可攻也」三十七字，係後人所攙入，故刪而不議。蓋大承氣湯下後，飲水者，未必則噦，不能偶一現象，而垂法於後人也，故刪之為是。

科學解釋　三承氣湯，同為苦寒降輯之劑，非但藥味稍有增減，即分量與煎法，亦有不同，其輕重緩急，自有區別，不得以同為瀉下劑而互用，重證用輕劑，尚無大誤，而輕證用重劑，則益使危殆。大承氣湯有芒硝，使腸內水分增加，稀釋屎便，且加大量之大黃，促進腸蠕動，故有燥屎阻塞腸管者，非大承氣湯不為功。小承氣湯，僅大黃，厚朴、枳實三味，較大承氣湯少芒硝。雖有健胃之功，而無峻下之效。調胃承氣湯為大黃芒硝甘草，雖有通便之功而無健胃散痞滿之效，此三承氣湯之療效分別，故不得互用也。本證便硬，為用下劑之標準，亦即大承氣湯之症。欲知是便硬，故用小承氣湯試探之，此即示大承氣湯峻下之劑，不得孟浪濫投之意。至不大便日久，屎便水分，為腸吸收殆盡，輸送至降結

腸時，結如羊矢，按左脇下累累然，即本文所謂之燥屎；且亦有久不大便，仍然軟屎者有之，初硬後溏者亦有，此其人體質之不同，有以致之。轉矢氣，即俗云放屁，乃腸內積氣之下泄，傷食腹滿時，爲常有之現象，服湯後，雖加強腸蠕動，但無充分之水液，足以浸潤屎便，使稀釋排出，故僅下泄積氣，此時大承氣湯，方爲對症。然用瀉藥，往往有不瀉者，亦無矢氣之現象，此因腸管麻痺，脫力，失其輸送內容物之作用，雖投多投，仍無濟於事，反而壓心引起虛脫；斯時僅有健胃強心，間接促進腸之蠕動，而漸收通便之效，是故對矢氣之有無，乃爲腸管機能如何之明證，亦即能否用瀉藥之依據。

三、脈弦濇生死辨

第158條（原224條）　傷寒若吐，若下後不解，不大便五六日，上至十餘日，日晡所發潮熱，不惡寒，獨語如見鬼狀；若劇者，發則不識人，循衣摸床，惕而不安，微喘直視；脈弦者生，濇者死。微者，但發熱譫語，大承氣湯主之，若一服利，止後服。

傳統解釋　傷寒，若吐，若下後，津液已傷，而病不解，又不大便五六日，上至十餘日，仍不大便，日晡所，陽明氣旺之期，發潮熱，不惡寒，此乃表症悉罷，裡熱已深，及時以大承氣湯蕩滌熱邪，以存陰津，其病可愈。若因循失下，以至獨語如見鬼狀，病勢劇者，病發則不識人，循衣摸床，驚惕不安，微喘直視，見一切陽亢陰微，孤陽無依，神明擾亂之象，去死無幾矣。若脈弦勁者，元氣尚強，可下而愈，故曰生；脈濇爲血虛難下則死。若病勢微者，但見發熱譫語，不大便之症，宜大承氣下之，若一服得利，即止後服，恐其過而反損正致變也。

科學解釋　此爲陽明腦症之劇者。初病經發汗吐下後，病仍未除，亦非誤發汗，誤吐，誤下而變壞症，乃係熱性病自然之趨勢，至發展爲陽明潮熱不大便之熱結症。因先經若汗，若吐，若下之喪失水份，體液缺少，不禁熱勢之消耗，故腦症特劇；且因不大便，燥屎積於腸，毒素刺激神經，則發獨語如見鬼狀。劇則發不識人，循衣摸床，直視譫語等腦神經紊亂症。喘屬肺；若加脈濇，則血少心力衰弱；又加潮熱，則三臟（心、肺、腦）四變之症盡出，萬無生理，故主死。若脈尚弦，爲血管神經緊張所致，心力亦未甚衰弱，且脈症符，尚可背城一戰，以大承氣湯下

其燥熱積屎，病猶可救，故主生。若腦症微，僅譫語發熱不大便，大承氣湯通其大便，則熱解，腦症亦罷，一服利，止後服者，杜過劑之害也。

前賢學說

(1)醫宗金鑑：循衣摸床，危惡之候也，大抵此症多生於汗吐下後，陽氣大虛，精神失守，經曰：四肢，諸陽之本也，陽虛，故四肢擾亂，失所倚也，以獨參湯救之；汗多者，參芪湯；厥冷者，參附湯治之，愈者不少，不可概謂陽極陰竭也。（此係指陰症者言，非本節之症也。）

(2)本事方：有人病傷寒，大便不利，日晡發潮熱，手循衣縫，兩手撮空，直視喘急，更數醫矣，見之皆走，此誠惡候，得之者十中九死，仲景雖有症而無法，但云脈弦者生，濇者死，已經吐下，難以下藥，（有是症，必須用是藥，不因已下而難用下藥，誤也。）謾而救之，若大便得通而脈弦者，庶可治也，與小承氣湯（應與大承氣湯，則不待半月而愈矣），一服而大便利，諸疾漸退，脈且微弦，半月愈。予嘗觀錢仲陽小兒直決云：手尋衣領，及撚物者，肝熱也。此症在玉函，列在陽明部，蓋陽明者，胃也；肝有熱邪，搖於胃經，故以承氣湯瀉之，且得脈弦，則肝平而胃不受尅，此所謂有生之理，讀仲景論，不能博通諸醫書，以發明其隱奧吾未之見也。

四、經過可下症

第159條（原229條） 汗出譫語者，以有燥屎在胃中，下之則愈，宜大承氣湯。

傳統解釋 本條原文，不無可議，故各家見仁見智，自成一說，約而可分為下列各派。

(1)以成無已為首之隨文演釋者，有王三陽，程和，錢璜，方有執，醫宗金鑑，湯本求其，山田正珍等，成氏曰：胃中有燥屎則譫語，以汗出為表未罷，故云風也。燥屎在胃當下，以表未和，則未可下，須過太陽經，無表症，乃可下之；若下之早，燥屎雖除，則表邪乘虛復陷於裡，為表虛裡實，胃虛熱症，語言必亂，與大承氣湯，卻下胃中邪熱，則止。

(2)魏荔彤以內經胃風腸風；汪琥以風燥症為說，牽強尤甚。

(3)金無言以風字為熱字解，且駁成無已「表未罷，故云風也」為大謬：並

謂過經乃可下以次四句，乃叮嚀後學。必俟病過太陽經，至陽明經，乃可下之：不得以過經二字，並謂汗出爲風，爲太陽表症之未過經也。

(4)陸淵雷曰：「此爲風也，須下之，過經乃可下之，下之若早，語言必亂，以表虛裡實故也」二十八字，蓋後人傍註，傳寫誤入正文，當刪」。故亦而刪之，以免諸說之紛紜。

綜上諸說，以陸氏刪之爲妥，余氏改風字爲熱及叮嚀之之意，亦可參考，餘則未敢苟同。

科學分釋 汗出譫語，爲熱毒內壅，刺激腦知覺神經，知覺紊亂所致，以大承氣湯苦寒降輯之劑，排除熱毒爲正治。過經乃可下，以示不可漫投下劑之意。其實則不然；凡急性傳染病，雖全身泛發症未罷，而燥熱結滯腸胃，往往下之，而表症亦解者，以積毒去，而病勢衰也。防風通聖散之治法，即是一例。

五、裡虛不虛辨

第160條（原249條） 陽明病下之，心中懊憹而煩，宜梔子豉湯；胃中有燥屎者，可攻；腹微滿，初頭鞕，後必溏，不可攻之；若有燥屎者，宜大承氣湯。

傳統解釋 陽明病下後，心中懊憹而煩者，虛煩也，宜梔子豉湯；若腹大滿硬痛拒按等症，則腸中有燥屎、可攻之以大承氣湯；若腹微滿，而無堅痛等症，況初頭硬，後便溏，仍屬裡虛症，不可攻之。故本條應在「心中懊憹而煩」之下，加「宜梔子豉湯」一句。

科學解釋 本條燥屎可下，其義已詳前，故不另及。

六、試虛實法㈠

第161條（原263條） 得病二三日，脈弱，無太陽柴胡証，煩燥心下硬；至四五日，雖能食，以小承氣少少與微和之，令小安；至六日，與承氣一升；若不大便六七日，小便少者，雖不能食，但初頭鞕，後必溏，未定成鞕，攻之必溏，須小便利，屎定鞕，乃可攻之，宜大承氣湯。

傳統解釋 得病二三日，脈弱者，不浮緊實大，而熱未甚也，無太陽柴胡症者，方中行云：太陽不言藥，以桂枝麻黃之不同也；柴胡不言症，以專和解少陽也。而躁煩心下鞕，病傳陽明所致；至四五日，雖能食，陽明尚未成實，以小承氣三四合，少少與之，而微和胃氣，使少安；至五

六日，煩躁心下鞕未除，邪熱已深入，與小承氣湯一升，使緩下；若仍不大便，六七日，小便**少**，腸中雖熱而便仍未燥結，症　雖似有胃實而不能食，仍不可攻，若攻之，仍頭初鞕，後必溏，以未一定成鞕，不敢用大承氣湯也。須待小便利，津液外泄，腸中燥結，屎乃鞕，始可以大承氣湯攻之。

科學解釋　腸胃病，雖有可下之症，但亦應分輕重而議下也。本條初得病，無太陽柴胡症，暗示症屬陽明胃病也。煩躁心下硬，係急性胃炎，就其症之輕重，而擇用大黃黃連瀉心湯，或調胃承氣湯，以消炎除痞；至四五日，煩躁心下硬未除，而病勢自然演變，勢必加甚，雖能食而胃之機能未全失，因日久病甚，亦應以消炎清熱健胃之小承氣湯，少少與飲，以觀後效，而不大量遽予者，實寓試探之旨。至五六日，而病不稍解，乃可與小承氣一升；若六七日不大便，不能食，以腸胃炎症加甚，機能紊亂，但小便少，水液偏滲大腸，屎未硬，仍不可攻，待小便多，則大腸水分少，故定為屎硬，始可用大承湯峻下之。

試虛實法㈠

第162條（原226條）　**陽明病，譫語，發潮熱，脈滑而疾者，承氣湯主之。因與小承氣湯一升，腹中轉矢氣者，更服一升，若不轉矢氣，勿更與之。明日又不大便，脈反微濇者，裡虛也，難治也，不可更與承氣湯也。**

傳統解釋　尾台氏曰：陽明病云云，脈滑疾者，大承氣湯症也。脈經、千金俱無小字為是。而山田氏亦以小字為衍文；而成氏魏氏，則以脈滑而疾，為裡熱未實，故主以小承氣，若沉實沉遲為實，可用大承氣。按金匱宿食篇云：「下利脈滑者，當有所下，大承氣湯主之」；則脈滑可用大承氣湯也甚明。故本條以刪「小」字為妥。但云承氣湯，而不言大小者，要在隨症辨用，故有先用一升之試探法，否則先與一升，反為多事矣。夫陽明病，譫語，發潮熱、脈滑而實者；當有不大便之症，可與大承氣湯；然未見濈然汗出，而大便硬否，尚無明症，故用小承氣湯一升先行試之；若服湯後，腹中轉矢氣者，腹中中燥屎，再服一升以瀉下；若不轉矢氣，恐無燥屎，不可更與之。雖服一升，明日又不大便，脈若滑疾，仍可再下；今脈反濇者，此裡虛也，不任攻下，故難治，不可更與承氣湯也。又本條前舉譫語，潮熱，而不及大便，此舉不大便，而不

及譫語潮熱者，乃本論文法之錯綜，讀者當以意會，不應拘泥於句下也。

科學解釋　陽明熱病。發譫語而潮熱，脈又滑疾，爲熱毒刺激神經，心力緊張，故血流急而有力。可用苦寒之劑，以促進排便作用，使熱毒隨大便而去，而病勢或解或緩，若腸管麻痺，雖用大黃，亦不能促進腸蠕動，則雖有燥屎，亦無濟於事，故不可更服。曹穎甫所謂投皂礬半斤於開水半桶中，坐而薰之，屎卽化水而下，尚可一試。若不便而脈微濇，爲心力衰疲之徵，故不可更用苦寒之劑，以防壓心而虛脫也。

第五節　陽明病攻下法

一、調胃承氣湯症㈠

第163條（原260條）　太陽病，三日發汗不解，~~蒸蒸發熱者~~，屬胃也，調胃承氣湯主之。

傳統解釋　太陽病，二三日矣，發其汗而病不解，反內熱甚，蒸蒸然發熱汗出膚潤，此屬陽明熱盛便硬也。所謂屬胃者，卽「陽明之爲病，胃家實」之意也。因無滿痛之症，故以調胃承氣湯，通其便，泄其熱，爲釜底抽薪法也。

科學解釋　蒸蒸發熱，係內熱甚，蒸汗而出，屬陽明高熱也。所謂胃者，指熱甚口渴，體液缺少之症，非直指胃病也。用苦寒緩下之劑，以通便泄熱而治之。

方六〇　調胃承氣湯

大黃四兩酒浸　甘草二兩炙　芒硝半劬

右二味，㕮咀，以水三升，煑取一升半，去滓，納芒硝，更上火，微煑令沸，少少溫服之。（習用今秤黃四硝三草二錢。）

方解　調胃承氣湯，治腹中有燥屎，由於熱盛液燥，結積不通，而胃不痞滿者，故以芒硝之鹽類緩下劑爲主藥，佐以大黃之植物性瀉下劑以通便，甘草之緩和劑以益胃。蓋芒硝有吸取水分，稀釋屎便之能，但機械性之刺激腸管，增加蠕動情況不大，故必須佐以大黃之苦寒，戟刺腸管神經，迅速蠕動，排便於體外。芒硝在胃中，雖不起作用，但大黃劑量，已超出健胃劑之範圍，苦寒損胃，故仍甘草之緩和劑，用調和藥味而益

胃。

前賢學說

(1)醫壘元戎：調胃承氣湯，治實而不滿，腹如仰瓦，腹中轉矢氣，有燥屎，不大便而譫語，堅實之症宜用之。

(2)衞生寶鑑：調胃承氣湯，治傷寒發狂煩躁，面赤脈實。

(3)經驗良方：調胃承氣湯，治熱留胃中，發斑，及服熱藥過多，亦發斑，此藥主之。

(4)口齒類要：調胃承氣湯，治中熱，大便不通，咽喉腫痛，或口舌生瘡。

(5)試效方：調胃承氣湯，治消中，渴而飲食多。

(6)玉楸微義：調胃丸，治齒痛，血出不止，以調胃承氣湯料爲末，蜜丸服。

(7)活人書：大抵發斑，不可用表藥，因表虛裡實者，若發汗開泄，則更增斑爛矣。可下之，宜調胃承氣湯。

(8)傷寒緒論：脈浮而大，心下反硬，有熱屬臟者，可攻之，調胃承氣湯。

(9)外科樞要：破棺丹（即本方爲丸），治瘡瘍，熱極，汗多，大渴，便秘，譫語，發狂者。

(10)症治準繩：破棺丹，治疔瘡之氣，入腹而危者。

(11)湯本求眞曰：本方治化膿性腦膜炎者，事實也。

(12)方機：因汗吐下，譫語者；發汗後，熱而大便不通；服下劑，下利不止，心煩或譫語者；吐下之後，心中溫溫欲吐，大便溏，腹微滿，鬱鬱微煩者；吐後，腹脹滿者，皆治之。

前賢治驗

(1)漫遊雜記：一老人，過經十餘日不解，手足冷，心下滿，口不能食，舌上焦黃，晝間微煩，頭汗出，脈細沉無力，余診之，與調胃承氣湯，得燥屎八九枚，脈變遲緩，乃與竹葉石膏湯，數十日而解。

(2)成績錄：一男子，腹脹，脚下浮腫，小便不利，不大便，十餘日，舌上黑胎，唇口乾燥，心煩嘔吐，飲食如故，先生與調胃承氣湯，穢物大下，小便快利，諸症悉去。

(3)生生堂治驗：一婦人，年二十，大便點滴不通者，三年矣，但飲食行動如常，約費巴豆、大黃、芒硝等數斤，皆不應，先生按其腹，雖甚

硬，但燥屎及塊物等，無一應手，卽與調胃承氣湯加蔥白，便利遂大
利，復常。

(4)十形三療：一小兒，小溲不通，號跳旋轉，下則成砂石，大便秘，
肛門脫出一二寸，戴人曰：此下焦塞也，不吐不下，則何以開，令不
飲水，小溲何以利，以調胃承氣湯一兩，加牽牛頭末三錢，河水煎養
，又用瓜蒂末爲丸，芥子許六十丸，上吐下瀉，一時齊出，有膿血，
通泄旣定，令飲新水二三十次，每次飲一杯，其病若失。

調胃承氣湯㈡

第164條（原261條）　**傷寒吐後，腹脹滿者，與調胃承氣湯。**

傳統解釋　傷寒吐後，脾胃受傷，消化不良，腸中積氣爲腹脹滿。且胃腸
以輸送下出爲順，吐則逆而滿，故用調胃承氣湯緩下腸中積滯，而順其
性則安矣。

科學解釋　腹脹滿之原因甚多，本證係吐後，腸胃消化機能衰弱，腸內食
物發酵，積氣而滿脹。因積氣，腸粘膜之刺激減少，蠕動緩慢，輸送作
用衰弱，故便秘而脹滿，用調承氣湯緩下，則脹滿消而覺安矣。

調胃承氣湯症㈢

第165條（原218條）　**陽明病，不吐不下，心煩者，可與調胃承氣湯。**

傳統解釋　陽明病，指發熱汗出，不惡寒，反惡熱也。而熱病之外表悉具
矣。未經吐下，而心煩者，胃有燥熱，但未至硬滿實痛，故可用調胃承氣
湯；若經吐下，當作虛煩治之，此所以特舉「不吐不下」，以示非虛症
也。

科學解釋　煩，是一種神經不安之感應，如惡人多言，不欲見生客，不耐
久所事，似慍非慍，似怒非怒等現象，亦爲熱性病普通症候之一，故宜
以清涼安撫神經之品爲治。調胃承氣湯，有瀉下清熱作用，亦卽間接安
靜神經之效，故曰可與，而非主之。

調胃承氣湯㈣

第166條（原太陽篇111條）　**傷寒十三日不解，過經讝語者，以有熱也
，當以湯下之。若小便利者，大便當鞕，而反下利者，脈調和者，知醫
以丸藥下之，非其治也。若自下利者，脈當微厥，今反和者，此爲內實
也，調胃承氣湯主之。**

傳統解釋　傷寒至十三日不解，已過太陽病之歷程，進入陽明症候之期。發生譫語者，此爲腸胃有熱，當以承氣湯等寒涼之藥以下之，則腸胃熱去，而譫語自止矣。陽明熱病，熱勢充斥於體內，一爲熱迫汗多，水液外泄，體內缺液而大便硬；一爲水液偏走水道，小便多而大便硬。今小便多，而大便自利，且陽明本脈相應，並未因利而變微，此病態反常；細考其故，知前醫以辛烈之丸藥下之，非其治之道，故結屎未去，旁流而利也。若內寒自利，則脈必微，手足厥冷；今反手足溫和，陽明數大之脈不變，此陽明熱實之症也，因曾誤下，損傷胃氣，故主以調胃承氣湯，而和緩下劑，以滌熱結。

科學解釋　凡發熱，便硬而致譫語者，均應用苦寒瀉劑，蕩滌熱結而平腦，便通熱解而譫語自止矣。所謂小便利而大便當硬，於生理病理上，雖有可能，但非必然之現象。蓋水份之吸收，爲大腸之職司，若大腸機能正常，水份之供應亦不踰量，則大便得保通潤；若大腸機能障礙，水份吸收減力，則大便溏泄，甚至水瀉；若大腸吸收功能亢進，水份吸收過多，則大便必乾燥；同時血液中水份過多，必使泌尿器滲出多量之水份，使血液濃度適可，則小便多利，而大便硬，在生理病理學上，屬可能之現象。惟泌尿之機能障礙，則有崩尿與癃閉之現象。若泌尿器官機能障礙之自利，非爲大腸吸收之過多，則未必大便當硬，故云非必然之現象也。況吐與利，均能促進心臟衰弱，故多見微弱之脈，而用吐下之劑亦然。惟用辛熱之瀉下劑，間因熱性之刺激與興奮，使心臟不致衰弱，此卽本條丸藥下之內實之謂也，其丸藥必爲巴豆等熱性藥無疑矣。

二、小承氣湯症㈠

第167條（原225條）　陽明病，其人汗多，以津液外出，胃中燥，大便必鞕，鞕則譫語，小承氣主之。若一服譫語止者，莫更服。

傳統解釋　陽明病，熱甚而汗出多，水份外泄，胃中燥，大便因硬，熱毒上攻而譫語，因其症堅而不滿者，故用小承氣湯主之。若一服譫語止，則熱毒已解，雖便未通，亦不再服，以免過傷津液也。

科學解釋　便硬與秘之原因甚多，汗多與小便利，未必爲便秘之唯一素因，但亦爲諸素因中之一。秘與硬之基本原因，爲小腸分泌不足；大腸吸收亢進；或腸蠕動緩慢，留在大腸之時間過久，增加吸收之時間與分量

等等。此可因生理機能之紊亂，亦可能爲病毒影響之所致。本條即病毒之因素，故以小承氣湯，除其熱毒，腸胃減少刺激，而腦神經平復，故譫語自止。且小承氣湯有大黃之苦寒，能促進腸蠕動，使排便外出，兼之厚朴枳實之健胃疎氣，大便雖不卽出，但亦不久自可排出矣，故毋再服，而待其自然療治也。

方六一　小承氣湯

大黃四兩　　厚樸二兩炙去皮枳實三枚大者炙

右三味，以水四升，煑取二升二合，去滓，分溫二服，初服湯，當更衣，不爾者，盡飲之；若更衣者，勿服之。

方解　本方以大黃爲主藥，因大黃爲苦味芳香性瀉下劑，刺激膽汁，催進腸壁蠕動，有瀉下作用；佐以辛溫微苦之厚朴，有寬中下氣之效，化滯消脹之功；及芳香苦寒之枳實，對腸胃脹滿痞硬，瀉下不暢等，均有療效。故本方對腹滿譫語，大便雖秘，尚未硬堅至甚者，或熱結燥實在於胃及小腸者，爲的症。

前賢學說

(1)成無已曰：承者順也，傷寒之邪氣入胃，則謂入府；府猶聚也。胃爲水穀之海，營衞之源；水穀會聚於胃，變化而爲營衞。邪氣入胃，胃中之氣鬱滯，糟粕秘結，壅而爲實，是以正氣不得舒也。本草曰：通可去滯，洩可去邪。若塞而不利，閉而不通，則以湯盪滌之，使塞者利，閉者通，故正氣得以舒順，是以名之爲承氣也。

(2)醫學綱目：順利散（卽小承氣湯），治消穀善飢爲中消，熱在胃而能食，小便黃微利者，至不欲食爲效，不可多利。

(3)入門良才：小承氣湯，治痢疾初起，精氣盛甚，腹痛難忍，或作脹悶，裡急後重，數至圊不能通，窘迫甚者。

(4)傷寒緒論：少陰病，手足厥冷，大便秘，而小便赤，脈沉滑者，小承氣湯主之。

(5)小青囊：小承氣湯，治痘因冷飲食傷，而腹痛甚者。

(6)方機：小承氣湯，治腹滿而大腹不通者；汗多而大便鞕，譫語者；發潮熱，大便初頭鞕，後必溏者；煩微，小便數，大便鞕者；下利譫語者；大便不通，噦而譫語者。

(7)類聚方廣義：子炳曰：本屬同症，若去芒硝，則爲鈍刀，不可用矣。甚矣，子炳之不辨方法也。夫方有大小，以病有輕重緩急也。豈特大小之制哉。凡長沙之方，雖一味之去加乘除，則異其義，因而效用，亦無不異；故是醫之臨病也，見是症，能審其輕重緩急，愼密處方則能得長沙之矩度，而後可得其治期；若粗心武斷，輕試漫投，徼倖其治，而不殺人者，罕矣，可不愼哉！傷寒噦逆症，有屬熱閉邪實者，有屬寒飲精虛者。又有因蚘動者，宜精於甄別以措方，庸醫皆懼呃逆，故一見噦症，即爲胃寒虛脫，概用治噦之劑，可謂粗矣。王肯堂用瀉心湯，小承氣湯，調胃承氣湯，桃核承氣湯；龔廷賢用黃連解毒湯，白虎湯等，可謂獨具隻眼。

(8)經方實錄錄：史左，關上痛，胃中氣機不順，前醫投平胃散不應，當必有停滯之宿食，納穀爲減，殆以此也，擬小承氣湯以和之，服之應手。

小承氣湯症㈡

第168條（原262條）　太陽病，若吐，若下，若發汗，微煩，小便數，大便因鞕者，與小承氣湯和之，愈。

傳統解釋　若吐、若下、若發汗、均爲失液；又小便頻數，上脫下泄，津液枯涸；微煩，內熱也；內熱而津少，大便因硬，與小承氣湯以和胃淸熱，則便解而愈矣。

科學解釋　人身水份之代謝，在生理上，必須保持一定之常度，所以渴而飲者，體內水份不足，求外水以補充也。如夏日汗多而尿少，多日汗少則尿多，均爲保持體液於一定標準之生理作用。若吐、下、發汗，均爲喪失水份之突變，小便多，亦爲喪失水份之一原因；若吐下發汗及小便利，同時發生，則喪失水份實甚嚴重，則如霍亂之上吐下瀉，而至休克者，即此之故。本條發汗或吐，液失於上；下利小便多，水泄於下，則體液奇缺，小腸分泌不足，大腸吸改加强，故內熱而便硬，宜用苦寒之大黃，淸熱通便，枳朴之苦辛，健胃以治之。

小承氣湯症㈢

第169條（原386條）　下利譫語者，有燥屎也，宜小承氣湯。

傳統解釋　醫宗金鑑曰：下利裡虛，譫語裡實，若脈滑大，症兼裡急，知

其中必有宿食也，其下利之物，又必稠臭穢，知熱與宿食合而爲之，此可決其有燥屎也。宜以小承氣湯下之。於此推之，可知燥屎，不在大便鞕與不鞕，而在裡之急與不急，便之臭與不臭也。

科學解釋 下利爲胃腸消化不良，蠕動亢進，故水液不及吸收，而大量排泄於外；譫語乃腦神經刺激而錯亂。若下利屬於虛弱性腹瀉之一種，故神經不遭刺激，而決無譫語發生；若腸管爲毒素結滯，雖下利而不能掃數排除，則被吸收，自家中毒，刺激腦神經中樞，而生譫語。故下利而譫語者，必有毒素結滯在內，故可用大黃劑之小承氣湯，排其毒素於體外而愈疾，其不用大承氣之芒硝者，此雖毒滯，而未燥結成堅，故不用溶解堅塊之芒硝也。本條所云之燥屎，實病毒與腸炎滲出物等膠結也，若其眞結成堅塊，則非大承氣湯不能治，豈宜小承湯哉。

三、大承氣湯症㈠

第170條（原227條） 陽明病，譫語有潮熱，反不能食者，胃中必有燥屎五六枚也，宜大承氣湯之下之。若能食者，但鞕耳。

傳統解釋 本條「反」字，歷賢爭論紛紛，莫衷一是，然長沙據症立法，按法處方，其他均枝節耳。若夫陽明熱病，譫語潮熱，腹中有燥屎，或便鞕，按法均以大承氣湯，毋以能食不能食，及反字上做文章也。山田氏以「反」字爲「煩」字之誤，似可從。

科學解釋 胃納之佳否，因人及病毒侵害之程度爲殊，若熱病神經過度興奮，便結不通，而心力尚強者，以通便去毒爲第一要著，其人能食固佳，不能食亦無妨害。若熱甚而心力疲倦，雖能食，亦不宜用苦寒壓心峻下之劑，深恐熱毒去，而心力亦隨之虛脫矣、本條有燥屎之不能食，乃惡臭之氣，影響胃神經，而減少食慾耳；能食者，便硬結於降結腸，惡臭之氣，遠在下而罕及於胃也。

方六二 大承氣湯

大黃四兩酒浸　厚樸半斤灸　枳實五枚灸　芒硝三合

右四味，以水一斗，先羹二物，取五升，去滓，納大黃，羹取二升，去滓，納芒硝，更上火，微一兩沸，分溫再服。得下，餘勿服。

方解 醫宗金鑑曰：諸積熱，結於裡，而成痞滿燥實者，均以大承氣湯下之也。滿者，腹脇滿急膹脹，故用厚樸以消氣壅；痞者，心下痞塞硬痛

，故用枳實以破氣結；燥者，腸中燥屎乾結，故用芒硝潤燥軟堅；實者，腹痛大便不通，故用大黃攻積瀉熱。考本方之藥理：以大黃含大黃素，大黃酸，鞣質及沒食子酸等成分。當大黃酸至大腸後，刺激腸平滑肌，增強蠕動，促使排便；而鞣質及沒食子酸具收歛作用，故使用本劑時，有先瀉下而後便秘現象。若久煮，則瀉下成分破壞，而收歛功能增加，致使瀉下功能減弱，甚至不僅無瀉下之功，反而便秘不通，故本方後入，深合藥理。芒硝含結晶硫酸鈉，其硫酸根離子不被腸粘膜吸收，形成高滲溶液留在腸內。由於滲透壓作用，抑制腸道水分吸收，並促進腸壁水分滲出，引起機械刺激，增強腸管蠕動，將稀釋之屎便排出。厚朴對腸平滑肌有興奮功能；枳實亦能使胃腸收縮力增強。四藥共奏瀉下實熱，消痞除滿之效。

據報導，本方用於腸套疊，有還納效果，對腸梗阻、急性傳染病或非傳染性急性熱病如乙腦，大葉性肺炎，肺膿瘍，敗血症等病之極期，皆可收頓挫之效。

前賢學說

(1)湯本求眞曰：本方之腹症，以臍部正中及於上下左右堅滿，而以心下及下腹部（少腹堅滿爲例外）無變化爲常。若有心下硬時，雖疑似大柴胡湯之心下痞硬，但此外必有胸脇苦痛，而本方則無此症，可以判別。若此二方症併發時，宜斷其劇易緩急，應先處以本方，而後用大柴胡湯乎？或先處大柴胡湯，而後用本方，或二方合用，神而明之，存乎其人。又本方除燥屎，決非特能，調胃承氣湯亦能之，故僅由腹堅滿，有燥屎一症，不可慢投。

(2)外台方義：仲景用大承氣湯，有二十五症，症雖各異，法即下泄也。用法雖多，不外大滿大熱大實，脈沉滑或實者，用之無不當矣。

(3)傷寒蘊要：大抵用下藥，須切脈沉滑或沉實，沉疾，而有力者，可下也。再以手按臍腹，而鞕者，或叫痛而不可按者，則下之，可無疑義。凡下後不解者，再按臍腹，有無鞕處，如有不可以手按者，下之未盡也，復再下之。若下後腹中虛軟，而腹無力者。此爲虛也。

(4)總病論：凡脈沉細數，爲熱在裡。又兼腹滿咽乾，或口燥舌乾而渴者；或六七日不大便，小便自如者；或目中瞳子不明，無外症者；或汗

後脈沉實者：或下利三部脈皆平，心下堅者；或連發汗已，不惡寒者；或已經下，其脈浮沉按之有力者，宜大承氣湯。

(5)理傷續斷方：大承氣湯，一名大成湯，治損傷瘀血不散，腹膨脹，大小便不通，上攻心腹，悶亂至死者，急將此藥，通下瘀血，方可服損藥。

(6)直指方：熱厥者，初病身熱，然後發厥，其人畏熱，揚手擲足，煩渴飲水，頭汗，大便秘，小便赤，怫鬱昏憒，蓋當下失下，氣血不通，故四肢逆冷，所謂熱深厥亦深．所謂下症悉具，見厥逆者．此也，與大承氣湯。

(7)小青囊：大承氣湯，治舌四邊微紅，中央見灰黑色，此由失下所致，用本方退之。又治舌見黃苔，黑點亂生者？其症必渴而譫語。又治舌見灰黑色，有黑紋，脈實者。

(8)吳又可瘟疫論：瘟疫發熱一二日，舌上白苔如積粉，早服達原飲一帖，午前舌變黃色，隨現膈滿痛，大渴煩躁，前方加大黃下之，煩渴少減，熱去六七，午後，復加煩躁發熱，通舌變黑色生刺，鼻如烟煤，此因邪毒最重，瘀復到胃，急投大承氣，傍晚大下，至夜半，熱退，次早，鼻黑胎刺如失。此一日間三變者，是數日之法，一日行之，因其毒甚，傳變亦速，用藥不得不緊也。設此症不服藥，或投緩劑，而稽延二三日，則必死。雖不死，服藥亦不及．嘗見瘟疫一二日即死者，乃其類也。若邪已入胃，則非承氣不愈，誤用白虎湯，既不能逐邪，徒因剛悍而伐胃氣，反抑邪毒，因脈不行而致細小，又認陽症得陰脈，而妄言不治，醫見脈微欲絕，益不敢議下，日惟雜進寒涼以為穩當，愈投愈危，至死不悔，此當急投大承氣湯，而緩緩下之，六脈將自復矣。

　　瘟疫下後，二三日或一二日．舌上復生胎刺者．邪未盡也，再下之；胎刺雖未去，已無峯芒而軟，然熱渴未除，則更下之；熱渴減，胎刺脫，日後更熱，又生胎刺者，宜更下之。

　　按三承氣湯之功用．因熱邪傳於裡也．但上焦痞滿者，宜小承氣湯，中焦有堅結者，加芒硝以軟堅潤燥，病久失下者，雖無燥屎，然多粘膩惡臭物，得芒硝，則大黃有蕩滌之能，設無痞滿，惟存有宿積瘀熱者

，調胃承氣湯宜之。三承氣之功用，俱在大黃，餘皆爲治標之品，不耐湯藥，或嘔或畏者，當以細末蜜丸，可以湯下。

(9)方機：大承氣湯，治發潮熱，大便硬者；腹滿難解者；腹滿而喘，而便不通，一身面目水腫者；潮熱譫語，大便硬，或有燥屎者；腹滿痛，大便不通者；大便不通，煩而腹滿者；目中不了了，睛不和，大便硬者；自利清水，心下痛，口乾燥者；胸滿口噤，臥不著席，腳攣急咬牙者；腹中有硬塊，大便不通者；痘瘡，腹大滿，而便不通，或譫語口乾咽燥者；痢疾譫語，或腹中痛而不能食者；食滯腹急痛，大便不通，或嘔利者。

(10)類聚方廣義：大承氣湯治腳氣，胸腹硬滿，一身浮腫，胸動如怒濤，短氣而嘔，二便閉澀者，衝心之基也，非此方，不能折衝其迅邃之勢，蕩滌結轖之毒。

瘰癧，腹中有堅塊，便秘口燥，脈實有力者，非此方不能治，與附子湯，眞武湯等，交替用亦佳。

治痢疾，大熱，腹滿，而痛如錐刺，口舌乾燥，或破裂，大便日數十百行，或便膿血者。

治疝積，留飲，痛不可忍，胸腹煩滿，心下堅硬，二便不利，或時吐下黑物者。

急驚風，心下堅，腹痛，口噤，肢體強急，脈數實者，宜此方。

平居便秘，腹滿上逆者；或冒酷暑奇寒，或鹹飲過度，則眼目昏暗，赤脈四起，有忽然失明者，急宜與此方，下之速愈。

(11)陸淵雷曰：初學但知腹痛拒按，爲實症可下，然腸熱病（濕溫），將出血穿孔時，亦腹痛拒按，腹膜炎，附子粳米湯症，痛至手不可觸近，皆禁下者，故拒按可下之說，大可商榷。

前賢治驗

(1)經方實驗錄：方左，延病二候，關上痛，渴飲，大便八日不行，脈實，雖今見心痛徹背，要以大承氣湯主治，下後胸膈頓寬，惟餘邪未盡，頭尚暈，乃去芒硝，再劑卽愈。

又若華，忽病頭痛，乾嘔，服吳茱萸湯，痛益甚，眠則稍輕，坐則滿頭痛劇，咳嗽引腹中痛，按之，則益不可忍，身無熱，脈微弱，但惡

見火光，口中燥，不類陽明府實症狀，但病不專係腸中。而所重在腦，此張隱庵所謂陽明悍熱之氣，上循入腦之症也，即西醫所謂腦膜炎之類，及其身無熱，脈微弱之時，而急下之，所謂釜底抽薪也，若身有大熱，脈大而實，然後論治。晚矣，服大承氣湯後。約二小時，即下，所下非燥矢，蓋水濁也，而恙乃悉除。

又嘗診江陰街吳婦。病起已六七日。壯熱，頭汗出，脈大，便閉，七日未行，身不發黃，胸不結，腹不脹滿，惟滿頭劇痛，不言語，眼張，瞳神不能瞬，人過具前，亦不能辨，症頗危重，余曰：目中不了了，睛不和，燥熱上衝，此陽明篇三急下症之第一症也。不速治，行見腦膜爆裂，病不可為矣，於是書大承氣湯與之。一劑而愈。蓋陽燥氣上衝顛頂，故頭汗出，滿頭劇痛，神識不清，自不辨人。其勢危在項刻，今一劑而下，亦如釜底抽薪，洩去其熱，胃熱一平，則上衝燥氣因下無所繼，隨之俱下，故頭目清明，病逾霍然。非若有宿食積滯，腹脹而痛，壯熱譫語，必經數劑方能奏效，此緩急之所由，是故無形之氣，與有形之積，宜加辨別，方不至臨症茫然也。

又陳姓少年，年十六，幼喪父。惟母是依，終歲勤勞，尚難一飽，適值新年，販賣花爆，冀博微利，飲食失時，飢食冷飯，更受風寒。逾病腹痛拒按，時時下利。色純黑，身不熱，脈滑大而口渴；家清寒。無力延醫，經十餘日，始來求診，察其症狀，知為積滯不利，逾疏大承氣湯，憐其貧，去厚樸，書竟，謂其母曰：倘服後暴下更甚於前，厥疾可瘳，其母異曰：不止其利，反速其利，何也？余曰：服後自知，果一劑後，大下三次，均黑屎，乾濕相雜，利止而愈，此金匱所謂宿食下利，當有所去，下之乃愈，宜大承氣湯之例也。

(2)瘟疫論：朱海疇妻，四十五歲，患疫，得下症，四肢不舉，臥床如塑，目閉口張，舌上胎刺，問其所苦，不能答，因問其子，二三日所服何藥，云進承氣三劑，每劑投大黃兩許，不效，更無他策，惟待日耳，但不忍坐視，更祈一診，脈尚有神，下症悉具；藥淺病深也，先投大黃一兩五錢，目稍動，更投之，舌刺無芒，口漸開而能言，三劑舌胎少去，神思少爽，四日服柴胡清燥湯，五日復生芒刺，煩渴又加，再下之，七日投氣養營湯，熱少退，八日仍用大承氣湯，肢體稍能動

，計半月，共進大黃十二兩而愈，又數日，始進糜粥，調理兩月而平復，凡治千人，遇此等症，不過二三人耳。

(3)醫學正傳：治一人，六月涉深淵取魚，至深秋而雨涼，夜半少腹痛甚，大汗出，脈沉細實，重取如循刀責責然。夫腹痛之脈，微弦細實，如循刀責責然者，爲陰邪固結之象，不當有汗，今大汗出，此必有瘀血留結，營氣不能內守，而滲泄於外也。且脈弦，亦爲肝血受邪之候，與大承氣加桂、使二服，微利而痛減，連日復於申時，堅硬不可近，與前藥加桃仁坭，下紫血升餘而痛止。脈雖稍減而毒然猶存，又以前藥加以附子，下大便四五行，有紫黑血如破絮者二升而愈。

(4)吳氏勉學彙集單方：治一少年腹痛，目不見人，陰莖縮入，喊聲徹天，醫方灸臍而愈痛，欲用附子理中湯，余偶過其門，使諸親友邀入，余曰，非陰症也，陰症聲低小，止呻吟耳，今宏厲有力，故以爲非，脈之伏而數且弦，爲肝甚，外腎爲筋之會，肝主筋，肝大盛也。肝脈絡於莖，肝開竅於目，故目不明，用承氣，一服立之，可知有結屎在下也。凡痛須審其寒熱虛實，諸症皆然，腹痛久，多有積，宜消之。

(5)建殊錄：一人，年十三，患天行痢，裡急後重，心腹刺痛，口噤三日，苦楚呻吟，四肢仆席，諸治無效。先生診之，作大承氣湯飲之，少頃，蒸振煩熱，快利如傾，即愈。

一婦人，積病五年，初病腹痛，諸症雜出，復無定症。其族有醫，久治無效，以爲必死，因謝退。於是請先生，作大承氣湯與之，尚未服，前醫復至，聞先生方，因謂其夫曰：嗟乎，殆欲其速死矣！夫承氣之烈，猶發火銃於腹內，豈可服乎？其夫以爲久治無效，不聽，連服數劑坐廁後，心腹頓安，但胸中尚覺喘滿，先生又作控涎丹與之，夜服之，翌晨吐下如傾，胸腹愈安，數日後全愈。

(6)方伎雜誌：一人患傷寒請治，病人妄言，時欲起走，家人恒抱持之，按臥床上。其症腹滿大渴，舌上乾燥，齒齦黑色，錯語不已，二便不利，脈沉微，因與大承氣湯三帖，下臭穢黑便甚多。至第三日，精神頗爽，但夜間驚恐。不得安眠，與柴胡加龍骨牡蠣湯，凡三十餘日而瘳。

某婦，以大疫乞診，夜漏將殘，急往診之，年三十許，病過十日，

大熱大渴，雖讝語錯亂，而口舌乾燥卷縮，所言殊不分明，神氣昏冒，脈洪數，眼中眊眊，便閉已八九日，余與大承氣湯，穢物雜下，每日七八行，經四五日，神氣稍復，自言尻痛，看護人以爲褥瘡，令側臥視之，則鶴口疾已成膿矣，時邪熱尙盛，故猶以大承氣湯，並貼膏藥，內服大黃牡丹皮湯及伯州散，三十餘日疫與疽俱愈。

(7)橘窗書影：一婦人，因痔瘡，不大便月餘，燥結不通，肛門如火，且痛甚。余用大承氣湯加黃芩乳香使服，另以猪膽汁和醋灌肛門，且塗腫處，一晝夜，下燥屎七八枚，痔痛亦安，後數年不發云。

(8)淺田宗伯曰：亡友尾台良作屢稱治脚氣衝心腫滿，莫如大承氣湯，余初未信，其後中橋一商人，年二十四五歲，患脚氣麻痺微腫，服藥四五日，脚疾爲失，其人大喜。慢於食禁，動作五六日，忽腹爲鼓，大小便不利，氣急促迫，兩脚滿腫，脈洪數，余診而驚駭，以爲衝心在瞬息間也。欲與降氣利水之劑；繼思此人適恣飲啖，或當有積滯在胃實之症，須先去宿滯而後治衝心，乃急令服大承氣湯二帖，小便稍利，腹滿稍減，連服五六帖，大便漸通，證症漸皆安，十餘帖，大患霍然而愈。據是，余始服良作之說。

大承氣湯症㈡

第171條（原250條）　病人不大便五六日，繞臍痛，煩燥，發作有時者，此有燥屎，故使不大便也，宜大承氣湯。

傳統解釋　不大便五六日，繞臍作痛，而又煩躁不安，時時發作，此大便已燥結在橫結腸也，橫結腸當臍，故繞臍作痛，必有拒按之症，宜大承氣湯瀉之。

科學解釋　病人不大便五六日，繞臍痛，而煩躁時發，乃因腸內燥屎結熱，無法排出，刺激腸神經，反射而發之腦症狀。腹痛由於燥屎，宜除去其原因，則諸症悉除，宜用峻下之大承氣湯，本條雖不言方治，而處以大承氣湯，則無疑耶，故條尾補以「宜大承氣湯」。

大承氣湯症㈢

第172條（原252條）　大下後，六七日不大便，煩不解，腹滿痛者，此有燥屎也；所以然者，本有宿食故也，宜大承氣湯。

傳統解釋　陽明病，下症悉具，而大下之；下後六七日不大便，若中無所

苦，小便減少，則大便當自下，無待藥治；惟煩熱不解，腹滿者，則腸胃實熱未除。既六七日未大便，當有燥屎，宜大承氣湯再下之。

科學解釋　大下之後，往往腸管失力，數日不大便；待腸胃機能復元，大便自然得下，若雖下而熱毒與食積未盡，津液喪失過多，燥熱結實，腹滿而痛，結有燥屎，雖已下而不嫌再下，仍以大承氣湯峻下之。且宿食之腹滿痛下利，用消導止瀉，往往不能收效，此症小兒再多，下青色者，必用下劑，除其食滯，下利自止，反易奏效，此即中醫所謂通因通用是也。

前賢學說　舒馳遠再重訂傷寒論曰：此症雖經大下，而宿食隱匿未去，是以大便復閉，熱邪復熾，則煩不解，而腹為滿為痛也。所言宿食者，即胃家實之互辭，乃正陽陽明之根因也。若其人本有宿食，下之隱匿不去者，固有是症，且三陰寒症，胃中隱匿宿燥，溫散之後，而傳實者，乃為轉屬陽明也。予內弟以采者，患腹痛作泄，逾月不愈，薑附藥服過無數，其人稟素盛，善啖肉，因自恃強壯，病中不節飲食，而釀胃實之變，則大便轉閉，自汗出，昏憒不知人事，譫語狂亂，心腹脹滿，舌胎焦黃，乾燥開裂，反通身冰冷，脈細如絲，寸脈更微，殊為可疑。余細察之，其聲烈烈，揚手擲足，渴欲飲冷，且夜不寐，參諸腹滿舌胎等症，則胃實無疑矣。于是更察其通身冰冷者，厥熱亢極，膈陽於外也；脈微者，熱結阻中焦，營氣不達於四末也，正所謂陽極似陰之症，宜急下之，作大承氣湯一劑投之，無效。再投一劑，亦無效，服至四劑，竟無效矣。默思此症原因三陰而來，想有陰部未盡，觀其寸脈，其事著矣。竟於大承氣湯中加附子三錢，以破其陰，使各行其是，而共成其功，服一劑，得大下，寸脈即出，狂反大發。予知其陰已去，附子不可再用，乃單投承氣一劑，病勢稍殺，復連進四劑，共計十劑矣，硝黃各服半斤，諸症漸以愈。可見三陰寒症，因有宿食，轉屬陽明，而反結燥者，有如是之可畏也。

大承氣湯症㈣

第173條（原253條）　病人小便不利，大便乍難乍易，時有微熱，喘冒不能臥者，有燥屎也，宜大承氣湯。

傳統解釋　陽明病，小便利，大便鞕，當有燥屎在裡；今反小便不利，大

便乍難乍易，爲津液枯燥，則利尿不多，新屎得潤而旁流則易，燥屎結滯而不動則難；微熱喘冒而不得臥者，爲熱壅於裡，而蒸於上；胃不和，則臥不安也。錢璜曰：若驗其舌苔黃黑，按之痛，而脈實大者，有燥屎故也，宜大承氣湯瀉其燥屎則愈。

科學解釋 腸胃疾病之人，每有腸胃機能紊亂，通便不調者；乍難乍易，即所謂通便不整，總由燥屎刺激腸管而起。凡習慣性及老人便秘，恆有非用緩下不可者；但注意攝生，行適當運動，改善飲食，多食蔬菜，亦有良好之效果者。至小便不利，而大便乍難乍易，又時熱喘冒不得臥，乃係腸胃機能紊亂，兼內熱津少，燥結阻膈所致，故用苦寒之大承氣湯，去腸內積滯而解燥熱；但仍當注意腹診脈候，鄭重而下之，不得孟浪也。

大承氣湯症(五)

第174條（原264條） 傷寒六七日，目中不了了，睛不和，無表裡証，大便難，身微熱者，此爲實也，急下之，宜大承氣湯。

傳統解釋 余無言曰：傷寒六七日，乃太陽之末期，而即目中不了了，睛不和，此危候也。所謂目中不了了，即兩目昏糊，視物不明之謂，亦即不識人之漸；睛不和，即火眼閃發，轉動遲滯之謂，亦即直視之漸。病祇六七日，而見此種現象，其爲腸胃肝膽積熱，上攻於腦，傳於神經也可知。所謂無表裡症者，言外無惡寒發熱之表症，內無燥矢拒按之裡症，故下文又曰：大便難，身微熱。難者，僅是大便硬，津液乾燥；下行不易，非燥矢之結而不通，僅腹脹滿之可比，所謂無裡症者指此。微者，有熱不甚也，熱結在裡，往往表熱甚微，如熱結胸症，往往手足發冷，其一例也。所謂無表症者指此。此均屬血枯津涸之確兆，而外氣血，交通滯遲，在裡之積熱，不能蒸發於外，必循上行之大動脈及神經，而上達於頭目，蓋火曰炎上，其勢使然。裡熱既如此，便是胃實之一種，故曰，此爲實也。末曰：急下之，宜大承氣湯，其症情危險可知。若不急下，則必進而爲昏不知人，目睛直視之惡候矣。本條之用大承氣湯，其目的在乎攻熱，而不在攻滯食；痞症之用瀉心湯，汗後但熱之用調胃承氣湯，其目的，皆在藉大黃以瀉熱，更足爲症也。

科學解釋 目中不了了，睛不知，爲神經系疾病，亦即腦症之外候，腦神

經十二對中，有視神經，動眼神經，滑車神經，外旋神經四對，繫之於目，故腦症易顯於目。惟腦症之發，原因頗多，如腦貧血，腦充血之暈眩，腦積水，腦腫瘤之視力障礙，其他如病菌之侵襲，毒素之間擾莫不有所影響。本條目不了了，睛不和，乃腦溫增高，眼神經失養，故視不清，而旋動滯濇；又因便難，熱勢無法下泄，勢必增進熱勢猖獗，故急用峻瀉之劑，使熱去而腦之刺激減少，則便解而目亦和矣。

大承氣湯症(六)

第175條（原265條）　陽明病，發熱汗多者，急下之，宜大承氣湯。

傳統解釋　程應旄曰：發熱而復汗多，陽氣大蒸於外，慮津液暴亡於中，雖無實滯之兼症，亦宜急下之，皆爲救陰而設，不在奪實。奪實之下可緩，救陰之下不可緩。歷賢均同是說，惟陸淵雷曰：陽明病，謂胃實可下之症也，否則發熱汗多，與白虎症何別。程氏金鑑等，謂雖無內實，亦宜急下救陰，非也。本有可下之症，復發熱汗多，則胃愈燥，津愈竭，故宜急下，二百二十一條（原編）云：陽明病，其人汗多，以津液外亡，胃中燥，大便必硬，可以互參。尾台氏曰：雖發熱汗多，若仍惡寒者，可更發汗，陸氏尾台氏之說爲是。

科學解釋　陽明爲熱勢最高之症，熱高汗多，乃生理機能散熱之常態・如腸中無熱毒積滯，則不宜用大承氣湯峻下之劑，仍以白虎湯加人參爲宜。如本條僅以發熱汗多，而用大承氣湯，一反傷寒症治之例，必有其他陽明實症實脈可參爲是。

大承氣湯症(七)

第176條（原266條）　發汗不解，腹滿痛者，急下之，宜大承氣湯。

傳統解釋　太陽病，發其汗，而表不解，邪迅入陽明，熱結腸胃而腹滿又痛，其勢甚捷，若不速下，恐有糜爛穿孔之虞，故急下之，以大承氣湯。

科學解釋　腹滿痛之症，其原因殊多，腹膜炎，腸熱病，盲腸炎等，均不宜於峻下者，不得以滿痛拒按爲實，概以大承氣湯而下之。此病有個性，不可不知。本條發汗不解，腹滿痛者，恐係急性腸胃炎，故可以大承氣湯而下之。

大承氣湯症(八)

第177條（原267條）　腹滿不減，減不足言，當下之，宜大承氣湯。

傳統解釋　余無言曰：此承上條而言也，舊上文腹滿痛者，急下之。從一
急字觀察，必須用承氣之大量，乃能濟事，醫不知此，雖用大承氣，而
藥量太少，不能中病，當然腹滿不能減，即減亦不足言，故乃當下之以
大承氣湯，且必須重量。余氏所說，雖不無道理，然僅腹滿而無堅痛，
一般慣例，大都不用大承氣湯，用調胃承氣，或用小承氣，或厚朴七物
湯之類。至下之而腹不減，或減亦無幾，若下之而病不變，則下劑尚無
不合，特病重藥輕耳，故宜用大承氣湯。

科學解釋　腹滿而不痛，恐非腸炎，或係鼓腸（積氣）之所致；減不減，
乃病勢之微甚，與趨勢之轉變。宜擇用緩下峻下之劑，而適合病情為治。

大承氣湯症(九)

第178條（原232條）　二陽併病，太陽証罷，但發潮熱，手足漐漐汗出
，大便難而讝語者，下之則愈，宜大承氣湯。

傳統解釋　程知曰：併病者，一經症多，一經症少，有歸併之勢也。太陽
症罷，邪熱全入陽明，則不能仍謂二陽併病，應屬陽明也。發潮熱，一
身汗出為熱越，今僅手足漐漐汗出，熱聚於胃也，故大便難而讝語，胃
家實之陽明症已具，故下之以大承氣湯則愈。

科學解釋　惡寒之表症已罷，入陽明高熱之期。便難讝語，熱毒盛於內，
故用峻下之大承氣湯，其義詳前。

第六節　陽明病忌下證

一、嘔多忌下

第179條（原215條）　傷寒嘔多，雖有陽明証，不可攻之。

傳統解釋　醫宗金鑑曰：傷寒三陽，多有嘔症，以其風寒之表未除，胸中
陽氣為寒所鬱，故皆不可攻下，其乾嘔而惡寒發熱者，屬太陽；喜嘔而
寒熱往來者，屬少陽；今雖有惡熱不惡寒之陽明症，而嘔多，亦不可攻
之，其氣上逆而未斂為實也。

陸淵雷曰：嘔多不可攻，固因嘔為少陽症。少陽禁下之故；亦以正
氣有驅毒向上之勢，不可逆正氣以為治也。然而論所謂攻者，概指大
承氣湯而言，其他硝黃之劑，則稱下，不稱攻。下文云；少與小承氣湯

，湯入腹中，轉矢氣者，有燥屎也，乃可攻之；若不矢氣者，此但初頭硬，後必溏，不可攻之。夫既與小承氣湯矣，猶商量其可攻不可攻，是知小承氣非攻劑也。則大柴胡，調胃承氣之類，亦非攻劑可知，故本條所謂不可攻者，禁大承氣湯，非禁一切硝黃之劑也。

　　按陸氏攻下之說，非也。若謂攻指大承氣湯，下爲調胃等硝黃劑，何以陽明篇，汗出譫語者，以有燥屎在胃中 … 下之則愈，宜大承氣湯；又傷寒六七日，日中不了了 … 此爲實也，急下之，宜大承氣湯，發熱汗多者，急下之，宜大承氣湯等等，故所謂「攻」指大承氣湯，「下」指硝黃劑者，未必盡然；況太陽篇，有傷寒脈浮，自汗出，小便數，心煩，微惡寒，脚攣急，反與桂枝湯，欲攻其表，此誤也。則攻非僅指苦寒下劑，即發汗解肌之劑，有驅毒作用者，亦包括在內，不可不知也。

科學解釋　嘔爲胃病，有神經性嘔吐，及器質性嘔吐之別，凡急性傳染性之泛發病，以神經性嘔吐爲多，而器質性嘔吐，亦不能全無。器質性之嘔吐，以胃局部性病爲主，間亦有全身性者，而治法，則大有區別。攻下之劑，大多指苦寒沉降之品，嘔吐多者，間多不可用。但當察其他症狀，而不得一概而論。如神經性之嘔吐，應主治泛發病；器質性之嘔吐，應治其胃病，亦有因症狀不同，而間有兼治者。但嘔多，藥物不得吸收，以止嘔爲先，嘔止，始能議及其他。

二、心下硬滿忌下

第180條（原216條）　陽明病，心下鞕滿者，不可攻之；攻之，利遂不止者，死；利止者，愈。

傳統解釋　陽明病，發熱汗出，而胃部硬滿，醫者易認實熱而攻下之；但胃中硬滿者，亦有虛病痞硬之症，故特曰不可攻之。若攻之而利不止者，以胃中虛寒，攻之益寒而利不止；若是實熱，攻之雖利，利不久即止，而病亦愈，此仲景示胃病之有虛實，不得一概而論，濫用下劑也。

科學解釋　胃病間有因神經反射作用而發熱者，即所謂陽明病也。胃病有急慢性炎症，胃痙攣，胃肌失力，及藥物中毒而起者；硬滿之症，除胃肌失力之下垂，與弛緩擴張外，均能發生。故能否用苦寒降輯劑，因其症狀而異；大都苦味健胃之劑，多所適用。但苦味健胃劑，與苦寒降輯劑之區別，不在藥味而在份量。苦寒之劑，輕量小量，可以消炎退熱；

而大量重量，則爲過度刺激胃腸膜神經，起蠕動亢進，而致瀉下。因瀉下腸膜受傷，繼續發炎下利。故有利不止，而營養無法吸收。虛脫致死者。若利止毒去，而胃腸機能復常，故可愈。

三、面赤忌下

第181條（原217條）　陽明病，面合赤色，不可攻之，必發熱色黃，小不利也。

傳統解釋　成無已曰：合者通也。陽明病，面色通赤者，熱在經也，不可攻下；下之虛其胃氣，耗其津液，經中之熱，乘虛入胃，必發熱色黃，小便不利也。

　　汪氏謂二陽合病，面色緣緣正赤相同，而主桂枝加葛根湯，以微汗解其肌表，甚有見地。余意果爲二陽合病之面赤，斯可用耳。若僅爲陽明之面赤，甚至周身皆赤，而大煩大渴，索飲冷水不休者，又當以白虎加人蔘湯治之矣。總之，當細察其他脈症而施治。若誤攻之，傷其胃腸津液，裡熱更甚，蒸迫膽汁入血，散走表肌而發黃；又津液被刼，故小便不利也。

科學解釋　面色紅赤，爲陽明熱病常有之現象，不能僅此而論治，本條當有闕遺耳，至次之必發熱色黃，小便不利，亦有舛誤；豈未攻之前而無熱乎？無熱無實，其何以成陽明病？亦何據而攻之？至於發黃，小便不利，或有因瀉下而使病菌感染膽管發炎而致之。綜之，本條文義，在病理上，殊難解釋，故劉棟等以爲後人攙入，刪而不議，良有以也。

第七節　陽明病解熱法

一、白虎加人參湯症㈠

第182條（原太陽篇27條）　服桂枝湯，大汗出後，大煩渴不解，脈洪大者，白虎加人參湯主之。

傳統解釋　太陽病，中風症，服桂枝湯以解表，服不如法，反大汗出，而病未除，後則大煩大渴，久而不解，脈浮緩變爲洪大，病已轉屬陽明肌熱也，適用白虎加入參湯，兩解表裡之熱，加人參者，汗出液少，生津止渴也。

科學解釋 服桂枝湯以解熱，大汗出後，外寒雖去，因產溫過盛，放溫不足，肌熱未清，而內熱反熾；故心臟益形興奮，張縮力強，脈變洪大而數；熱盛津少，分泌不足，故大煩渴不解；病勢已進入陽明蒸熱之地，但雖熱盛而未結，故用辛涼解散之白虎湯，以清內外之熱，而安定心腦，加人蔘之強壯滋養藥，以生津止渴也。

方六三　白虎加人蔘湯

石膏一斤 碎綿包　知母六兩　甘草二兩 炙　粳米六合　人蔘二兩

右五味，以水一升，煮米熟湯成，去滓，溫服一升，日三服。（譚云：今秤石膏四兩八錢，知母一兩八錢，炙甘草六錢，粳米三兩六錢，人蔘六錢為全劑，更作三次服，即減三分之一便合）

方解 石膏含硫酸鈣及小量雜質，能減低細胞活力，抑制神經應激機能，減弱骨骼肌之興奮，緩解肌肉痙攣，又能降低毛細血管通過性，故有解熱，鎮痙，消炎作用，故有主藥。知母亦有顯著解熱作用，且能降低神經系統之興奮而起鎮靜，故可治熱病之腦充血和神經興奮所引發之心煩失眠；甘草具有腎上腺皮質激素之反應，抑制體溫中樞對內熱原之反應，因而有助於高熱下降，共為佐藥。硬米有營養份，養成粥液，保存石膏之有效成分，不使沉澱而丟失，且防止因服大量石膏而導致嘔吐及腹瀉。人蔘能恢復細胞活力，強壯心力，以免大量石膏之壓心，又能生津止渴。又本方治糖尿，實驗症明，療效卓著。

藥解

五四、知母之藥效

1. 性味：味苦，性寒。

2. 成分：含皂鹼素。

3. 藥理：

　(1)對體溫增高時；有顯著之退熱作用，中等量，使心臟麻痺而衰弱，大量則停止其活動。

　(2)對傷寒桿菌，葡萄球菌，抑制作用較強，赤痢桿菌，霍亂孤菌，亦有抑制作用。

4. 主治：為清涼解熱劑，兼有解渴，消炎，利尿，潤腸作用。適用於發熱，口渴、心煩，水腫，乾咳等症，治傷寒，斑疹結核潮熱等，均有

良效。

5. 附紀：標準藥物性大辭典曰：知母之功用有四：瀉無根之腎火，療有汗骨蒸，止虛勞之熱，滋生化之陰。

五、粳米之藥效

1. 性味：味甘淡，性平。

2. 成分：澱粉。

3. 主治：爲滋養强壯劑，有淸涼解熱止渴作用。亦有調腸胃，利小便，去溫熱之功，應以晚收白色者，養淡湯飲之良。

前賢學說

(1)活人辨疑，化斑湯（即本方），治赤斑，口燥，煩渴，中渴。（皇漢醫學引）

(2)徐同知方人參白虎湯（即本方），治伏暑發渴，嘔吐身熱，脈虛自汗。

(3)保赤全書：人蔘白虎湯，治暑盛煩渴，痘出不快。又麻痘，斑疱等熱毒。

(4)有持桂里方輿輗：本方之正症，爲汗大出，有微惡寒，身大熱，大渴引飲也。余凡與白虎加人參湯症，脈當洪大；但在喝，却多虛微狀，是喝與傷寒所不同也。由是觀之，素問曰：脈虛身熱者，得之傷暑。甲乙經曰：熱傷氣而不傷形，所以脈虛也。金匱云：弦細芤遲，芤即虛豁也，弦細遲，即熱傷氣之應也，由諸古訓，可知病暑之脈矣。

(5)類聚方廣義：本方治霍亂吐瀉後，大熱煩渴，大渴引飲不歇，心下痞鞕，夜間肢體煩熱更甚，肌肉漸消瘦者。治瘧疾大熱如烙，譫語煩燥，汗出淋漓，心下痞硬，渴飲無度者。

前賢治驗

(1)龜井魯道載病因備考：消渴經年，雖五十以上，間有得治者，白虎加人蔘湯治之。世醫多以此病爲難治，畏石膏故也。

又一男子，年六十許，鼻不聞香臭者四年矣。來請治，余曰：病已積年，藥無益也，翁曰：某少壯卽苦氣上逆，幸得治逆氣足矣，余漫作參連白虎湯與之，六十餘日，忽聞香臭，旣而平復。

(2)永富獨嘯庵漫遊雜紀：一男子，患惡疾，兩脈洪數，心下痞硬，大便燥結，寤寐不安，語言失理，稱帝稱王，余以三聖散吐之，二回後，與參連白虎湯，三十日而全愈。

(3)生生堂治驗：七旬老翁，病消渴，引飲無度，小便白濁，周彊百治，額敝日加，家人以爲不愈，病者亦囑辦後事矣。先生診之，脈浮滑，舌燥裂，心下硬，曰：可治，與白虎加人參湯百餘帖，全愈。

白虎加人參湯症㈡

第183條（原太陽篇176條）　**傷寒病，若汗，若吐，若下後，七八日不解，熱結在裡，表裡俱熱，時汗惡風，大渴，舌上乾燥而煩，欲飲水數升者，白虎加人參湯主之。**

傳梳解釋　醫宗金鑑曰：『傷寒之下，一本無病字，今依成本加病字。當有「若汗」二字；又時時惡風，當是「時汗惡風」』。考之本論文例，有「已發汗、若吐、若下」；「更發汗、更吐、更下」，「若發汗、若吐、若下」；則若吐之上，以有若汗二字爲佳。又時汗惡風，與時時惡風，大有區別。汗出時之惡風，卽經常惡風，桂枝湯症也；出汗時惡風，乃爲陽明蓋汗出爲惡風，故醫宗金鑑改之爲是，本條均從增改之。至山田氏所謂「不然」者，非也。凡病傷寒，用發汗已解表，或吐下已解裡，汗吐下三法雖不同，而其損傷津液則一。吐下兩法，乃直接傷腸胃之津液，因津液在體內，常保持其平衡狀態，當汗傷體表之津液，必取給於內以補償，故亦煩渴，引水自救。故欲飲水數升者，不論發汗吐下，傷其津液，欲飲水，少少與之，令胃氣和則愈。若七八日而熱不解，則爲熱結在裡，故煩渴舌上乾燥，熱蒸外出，故表有熱而汗時出，汗出肌腠開而惡風，故曰表裡俱熱，用白虎湯以清熱，加人參以生津止渴，故曰主之。

科學解釋　高熱之原因不一，有爲產溫機能亢進，放溫機能障礙，生理狀態紊亂之現象；亦有爲病毒之刺激，調溫中樞麻痺之結果。高熱而致人於死亡者，雖有因心力過度興奮而陷於虛脫，但尤以腦溫昇高爲最急，故高熱時，亟宜清涼之劑。如白虎湯症之熱勢，體內甚於肌表，故內則煩渴引飲不止，外則汗多體無大熱，若以體溫器檢查，當知其高熱之程度矣。白虎湯爲清涼解熱劑，對無結實之熱症最佳；人參解渴，且爲提神健壯劑，用於高熱而有心力衰弱之趨勢者，尤佳。

白虎　加人參湯症㈢

第184條（原太陽篇177條）　**傷寒無大熱，口燥渴，心煩，背微惡寒者，白虎加人參湯主之。**

傳統解釋 白虎湯之正症，本爲身熱汗出，煩渴飲冷，脈洪大浮滑，不惡寒，反惡熱。但因表裡俱熱，蒸汗散溫，故肌表之熱度，反不甚高，故曰無大熱，若以體溫器檢查，熱度必高，此中醫應採用簡單儀器以助診之理由也，口燥渴，心煩者，內熱甚也。背微惡寒者，因汗出肌疎，故時時灑然而惡寒，與太陽症之惡寒，輕重自異。此爲白虎之症也。若汗多津傷，或心下痞鞕者，加人參。

科學解釋 口燥渴，心中煩悶而身熱，爲內熱缺水性熱型疾病，治以清涼解熱劑，白虎湯中之石膏，味辛甘，性寒，知母苦寒，以清表裡之熱；人參粳米炙草，爲緩和生津强壯藥，以免多汗之衰弱；背微惡寒，及時汗惡寒，爲熱極之神經不安感覺，與泛發性之全身惡寒體痛，在生理上之反應，自有不同，不能一概而論。

前賢學說 醫宗金鑑曰：傷寒身無大熱，不煩不渴，口中和，背微惡寒者，附子湯主之，屬少陰病也；今傷寒身無大熱，知熱漸去表入裡也，口燥渴，心煩，知熱已入陽明也。雖有背微惡寒一症似少陰，但少陰口中和，今日燥渴，是口中不和也，背惡寒，非陽虛惡寒，乃陽明內熱熏蒸於背，汗出肌疎，故微惡寒也（此白虎湯，與附子湯之鑑別診斷法也，宜法意）。

白虎加人參湯症㈣

第185條（原太陽篇128條） **傷寒脈浮，發熱無汗，其表不解者，不可與白虎湯；渴欲飲水，無表証者，白虎加人參湯主之。**

傳統解釋 傷寒脈浮不去，且發熱惡寒無汗等症，則表症未解，邪未入裡，宜麻黃湯以解表；若表不解而煩燥者，宜大靑龍湯；若表不解而渴者，宜五苓散；皆非白虎湯所宜，故曰；白虎湯不可與之。此白虎湯與麻黃湯之鑑別法也。若內有渴欲飲水之熱症，外無惡寒頭疼身痛之表症，乃可與白虎加人參湯，以散裡熱，加人參者，補中益氣，止其燥渴也。

科學解釋 此白虎湯之鑑別法也。表不解，而雖煩燥，亦不可用白虎，表解而渴欲飲水者，始可與之。所謂表不解，即指惡寒頭痛身疼等未除，病毒與抗力集趨體表，應興奮神經，使產熱發汗而解。而白虎爲清涼劑，有降體溫，減弱產溫功能，直接衰弱抗力，使病毒不得外出，勢至內陷而變劇，故戒人以不可與。

二、白虎湯症

第186條（原太陽篇184條）　**傷寒脈浮滑，此表有寒，裡有熱，白虎湯主之。**

傳統解釋　醫宗金鑑曰：按前篇云：熱結在裡，表裡俱熱，白虎湯（係白虎加人蔘湯之誤）主之，又云：其表不解者，不可與白虎湯，而此處之脈浮滑，表有熱，裡有寒，必表裡二字之互差也。又陽明一症云：脈浮而遲表熱裡寒者，四逆湯主之；又少陰一症云：裡寒外熱者，通脈四逆湯主之，因是表裡互差也明矣。

　　程應旄曰：讀厥陰篇中，脈滑而厥者，裡有熱也，白虎湯主之。據此，可知表裡二字，爲錯簡也。

　　山田正珍曰：林億，程應旄二說，考證明備，援引詳確，宜拳拳服膺焉！張璐纘論遵奉之，可謂見善徙善者矣。表有惡寒，時時惡風，及厥冷等症而言；裡有熱者，以脈滑大，發熱汗出，身重而喘，咽燥口苦等症而言。綜上諸說，本條故改爲「表有寒，裡有熱」爲妥。

科學解釋　中西醫學，所謂對症下藥者，以症爲治療之依據，無可或疑矣。間或雖見外症，而不明其病因，故用望、聞、問、切之外，更佐以儀器之檢查，藥物之化驗，以求確定其病因而處治之可謂愼矣，本條憑脈而治，捨望、聞、問三診而不用，四診缺其三，除崇拜脈法外，未見其是處。夫脈，確有可徵處，然亦不能全憑也。脈搏與形象，果可測知心力之強衰，血液之多寡，病情之退進，以作治療之緩急先後，處方攻補寒熱之依據；兼可卜其預後之良否，脈法於診斷學上之價值，誠屬重要。然一脈，兼數病，一病亦兼數脈，如腸熱病之脈搏，每不與熱度而並增，且間有一日之內，脈搏與形象，亦有數變者，即健康之人，脈各不同，憑脈而治，其可憑乎？故曰可徵，而難全憑也。

方六四　白虎湯

石膏一斤碎綿裹　　知母六兩　　甘草二兩炙　　粳米六兩

右四味，以水一斗二升，煑米熟，去米納藥，煑取六升，去滓，分六服，日三服。

方解　詳前白虎加人參湯方解下。

備考　中醫之解熱法，旣有太陽，陽明，少陽之分，又有表虛表實之異，更有兼飲兼熱兼食之殊，頭緒紛紜，豈云解熱爲易事哉！如表實寒盛者，用

辛熱輕揚之麻黃湯，以發汗解熱；表虛寒輕者，以辛溫之桂枝湯，以微汗解肌；表裡俱有微熱而兼水飲者，用辛平之五苓散，以解熱滲濕；表症罷而裡熱甚者，以辛寒之白虎湯，以清裡熱；裡熱甚，而汗出液少者，用白虎加人參湯，以解熱生津止渴；裡熱甚而燥結者，以苦寒之三承氣湯，瀉熱救陰；表實與裡熱者，用大青龍湯發汗，兩解表裡之熱邪；表實而兼裡有寒飲者，用小青龍發汗，兩解表裡之寒邪，此中醫解熱之大概也。此外尚有虛熱之症，非甘溫之劑，而熱不解，與西醫之僅用水囊及以解熱為目的之解熱劑，單純之運用者，不可同日而語也。

前賢學說

(1)錢氏曰：若胃實者，為有形之邪，當以承氣湯下之；此但外邪入裡；為無形之熱邪，故用寒涼清肅之白虎湯，以解陽明胃府之邪熱。

(2)集驗良方：白虎湯，治中暑，口渴、飲水、身熱、頭暈，昏眩等症。

(3)方極：本方主治，手足厥冷，或惡寒而自汗出，譫語者；手足厥冷，胸腹劇熱者；大煩渴，舌上乾燥，飲水數升者；無大熱，心煩，背微惡寒者；暑病，汗出惡寒，身熱而渴者；胸腹劇熱，或渴如狂者。

(4)勿誤藥室方函口訣：此方治邪熱散漫於肌肉之間，發為大熱大渴，脈洪大，或滑數。成無已云：此方為辛涼解表，清肅肌表之劑。今邪散漫於肌表之際，欲成汗而不能發者，用辛涼之劑，清肌肉之分，使成發勢而出汗，是故白虎與承氣，以表裡之劑，同陽明之位，故云表裡俱熱，或云三陽合病，用於胃實近表之方也。

(5)方輿輗：白虎湯，治赤斑，口渴，煩燥。又云發斑，咽乾渴甚，煩躁悶亂症，宜用此方。今時發斑劇者，雖用白虎湯，但余用此湯之前，恐有大青龍湯症，而寒熱劇，煩躁口渴者，當用大青龍湯，用之熱猶不解，渴益甚，煩躁者，宜用白虎湯。又治痘熱毒甚，不能起漿灌膿，或雖起脹灌膿，然因痘擦破，而熱益甚，大渴引飲，煩躁者。又白虎湯，治痘純紅，臉赤，眼赤，口氣熱，唇口腫痛，煩躁悶亂，循衣摸床，小便赤，大便秘，身如火，發斑，譫語，實熱等症，并主口臭。

(6)類聚方廣義：傷寒，脈滑而厥者；及無大熱，口燥渴、心煩、背微惡寒等症。西醫不用白虎，遂使病者，致於不起，可勝嘆哉，嗚呼！仲景諄諄垂躋壽域之法，後人不能從而奉行之，反逞私見，捏造方劑，弊及於今，詢可慨嘆！又治眼目熱痛如灼，赤脈怒張，或頭腦眉稜骨痛，煩渴

者，俱加黃連良，兼用應鐘散。

前賢治驗

(1)成績錄：一大丈夫，患疫，經二十日餘，讝語不識人，舌上有黑苔、遺尿、不大便、午後煩熱，悶亂、絕食數日、兩脚痿弱、足生微腫，先生診之，與白虎湯，兼用黃連解毒湯，不日全愈。以遺尿有微腫，故不與承氣湯也。

(2)醫學綱要：孫兆治一人，自汗，兩足逆冷，至膝下，腹滿，人事不省，孫診，六脈小弱而急，問其所服藥，取視之，皆陰藥也。孫曰：非受病重，藥能重病耳，遂用五苓散，白虎湯十餘帖，病少甦，再服全愈。或問治法，孫曰：病人傷者，始則陽脈微，脈小無力，醫謂陰病，遂誤藥而病厥，用五苓散，利小便則腹減，白虎湯解利邪熱，則病愈矣。凡陰病脛冷，即臂亦冷，今病脛冷，而臂不冷，則非下厥上行，是以知其陽微厥也。

(3)生生堂治驗：某兒，因中暑，身灼熱，煩渴，四肢懈惰，一醫與白虎湯，二旬除，猶未效，先生曰：某氏治法，非不當也，然不愈者，劑輕故也，即倍前藥與之，須臾，發汗如流，翌日索食，不日全愈。

(4)經方實驗錄：吳婦病四五日，脈大身熱大汗，不讝語，不頭痛，惟口大渴，與白虎湯，渴稍止，後增石膏至二兩，五劑而愈。

又繆女，偶感風寒，惡風自汗，脈浮，而太陽穴痛，投以輕劑桂枝湯，汗出頭痛差，寒熱亦止。一日後，忽又發熱，脈轉大，心煩亂，因與白虎湯。服後病如故，又服白虎湯，身熱更高，煩躁更甚，大渴引飲，汗出如漿；又增重藥量，為石膏二兩，大鍋煎，口渴即飲，共飲三大碗，神志略清，頭不痛，壯熱退。盡劑後，煩躁不安，口渴大減，翌日停服，至第三日，熱又不退，且加劇，周身骨節疼痛，思飲冰涼之品。因思此症乍發乍止，發則加劇，熱又不退，症大可疑。論症情，確係白虎，其勢盛，則用藥亦宜加重，第就白虎湯原方，加石膏至八兩，餘仍其舊，仍以大鍋煎汁冷飲，服後，大汗如注，濕透衣襟，諸羔悉除，不復發。

第八節　陽明病潤導法

一、汗多宜潤症㈠

第187條（原257·256條）　陽脈微而汗出少者，爲自和也；汗出多者爲太過。陽脈實，因發其汗出多者，亦爲太過。太過，則陽絕於裡，亡津液，大便因鞭也。

傳統解釋　醫宗金鑑曰：脈陽微，爲脈浮無力而微；陽脈實，爲脈浮有力而盛，自和爲欲解也。陸氏亦云文意固當如是，按病從汗解者，無論自汗發汗，皆取遍身槷槷，不宜大汗如水流漓。過汗之變，爲傷津亡陽，太陽篇中業已述及，今亡津液大便鞭，則爲傷津而已，所謂陽絕於裡，實即亡陽之互詞而已，至魏氏以爲盛阻絕其陰，實屬無稽之談，不可信也。

科學解釋　病淺藥甚，病輕藥重，均有過汗過下之嫌。凡過傷體液，分泌不足，吸收加强，故有燥結，此自然之勢也，本條不過暗示麻仁丸症之病因耳。

二、脈芤宜潤症

第188條（原258條）　脈浮而芤，浮爲陽，芤爲陰，浮芤相搏，胃氣生熱，其陽則絕。

傳統解釋　浮爲陽邪熱盛，芤爲失血陰虛，浮芤兩脈兼見，足見血少熱盛液津內亡也，與上條同謂傷津便鞭，用麻仁丸之理也。此條憑脈論症，酷似叔和語氣，深信確非仲景原文。承淡安以其「陽」則絕之「陽字」，爲「陰」字之誤。

科學解釋　浮爲心力亢進，芤則浮而中空，已兆衰弱之徵。陰陽二字，即心力强弱之代名詞。脈浮既爲心力亢進，芤爲浮之極，而兆衰弱之趨勢，顯示心力過度興奮，即趨衰弱也。爲高熱而將變虛脫之危機，此時苦寒之壓心劑不可用，而辛熱之興奮劑亦當禁忌，以示麻仁丸潤腸緩下，去燥熱也。

三、麻仁丸症

第189條（原259條）　趺陽浮脈而濇，浮則胃氣强，濇則小便數，浮濇相搏，大便則難，其脾爲約，麻仁丸主之。

傳統解釋　趺陽，即陽明衝陽穴（在大趾次趾間），足背上五寸，動脈應手處，古人以候脾脈也。汪氏曰：推其意，以胃中邪熱盛爲陽强，故脈浮；脾家之津液少爲陰弱，故脈濇。陸氏曰：古書所謂脾，本指小腸之吸收作用，推而廣之，一切臟器組織之吸收毛細血液以自養，淋巴管之吸收組織液，莫不爲脾焉！脾約云者，腸部吸收水分之力强，故小便數而大便鞭，然其吸收動脈血能分泌粘液，以滑潤其大便，似乎約束也。山田氏以上四

條，叔和所攙，當刪之。但以脈論治，似出叔和手筆，非仲景原文，惟麻仁丸滑潤緩下之劑，對於老年便秘，及久病不堪攻下者，確有療效，故不當因人而廢法也，故仍存而釋之。

科學解釋 濇脈艱濇不前，爲血少液虧之候，熱病逢之，而小便又數，則水份喪失過多，體液不足，可以斷言。在生理機能上，則小腸分泌不足，太腸吸收亢進，故屎如羊矢，年老及久病傷液者，恆有之。所謂脾約者，體液不足，熱盛便結之代名詞而已。此症多腸管失力，雖峻劑下之，亦未必能通，故用麻杏油質以滑腸，大黃枳朴以清熱健胃，而收緩下瀉熱之效。

方六五　麻仁丸

麻子仁二升　芍藥半斤　大黃一斤　厚樸一斤炙　枳實半斤炙　杏仁一斤熬作脂

右六味，爲末，煉蜜爲丸，梧子大，飲服十丸，日三服，以知爲度。

方解 本方係小承氣湯加麻仁杏仁芍藥也。藥量頗輕，小承氣無瀉下之效，僅收苦味健胃之功，麻杏均含油質，有潤滑緩下之能，芍藥歛陰益血，故本方通便而不損正，老弱便秘，及久病傷津便難者，用之良佳。

前賢學說

(1)方極：麻子仁丸，治平日大便秘者。

(2)尾台氏：謹案此章，非仲景仁辭氣，方意亦不明，疑非仲景方也，外台引古今錄驗，而不引傷寒論，亦可以證。雖然，賦質薄弱之人，或久病虛羸及老人血液枯燥者，以此方令緩緩轉泄亦佳。

四、土瓜根或蜜煎導法

第190條（原244條）　陽明病，自汗出，若發汗，小便自利者，此爲津液內竭，雖鞭不可攻之；當須自欲大便，宜蜜煎導而通之，若土瓜根，及與大豬胆汁，皆可爲導。

傳統解釋 陽明病，本多汗。若又誤發其汗，則體液喪失過多，小便必少，今反常而小便多，則體液益耗，以致體液涸竭，大便因硬。成氏曰：此非熱結，故不可攻。醫宗金鑑云：雖大便硬，而無痛滿之苦，不可攻之。陸氏曰：此腸燥便難，非胃家實也，大病恢復期中，往往見之。以上三說均是。當俟病者有便意時，乃以蜜煎導，或土瓜根，大豬膽汁誘導之。

科學解釋 發熱大汗之後，多渴飲症，蓋因體液喪失，求外水以補充故也。陽明熱病，本多汗出，又發汗，小便多，則體液益缺，腸上部分泌不足，

，腸下部吸收過甚，故便硬難出。雖用大承氣之峻下，有大黃加强蠕動，促進排便；芒硝保持水液，不被吸收，但水份不足，不克以稀釋而達排便作用。又有腸失力者，用之亦無益；暨心力衰弱而便秘者，亦不可用壓心之苦寒瀉下劑，必待硬便已至直腸，因神經反射作用而起便意時，乃可用煎導之，或土瓜根及大猪膽汁，皆可用之。若用現代之通便器，則當較蜜煎導等古法便利多矣。

方六六　蜜煎導

蜜七合，一味納銅器中，微火煎之，稍凝似飴狀，攪之勿令焦著，欲可丸，併手捻作挺，令頭銳，大如指，長二寸許，當熱時急作，冷則硬，以納穀道中，以手急抱，欲大便時，乃去之。

方六七猪膽汁方

大猪膽一枚，瀉汁和醋少許，以灌穀道中，如一食頃，當大便出。

藥解

五六　土瓜根之藥效

(1)性味：苦寒、無毒。

(2)主治：爲利尿通便劑，兼有通經作用，兼治黃疸。

五七　猪膽汁之藥效

(1)性味：味苦、性寒。

(2)成分：含膽鹽，膽汁酸，膽色素，蛋白質，脂肪等。

(3)藥理：①膽汁酸有溶血作用，對心臟有妨害。②膽鹽有促進膽汁分泌作用，加强脂肪之消化與吸收，可減少腸內易予腐敗之物質。

(4)主治：苦味健胃劑，適用於消化不良，慢性胃炎，及肝分泌機能障礙等症。

前賢學說

(1)葛洪肘后方：治小便不通，及關格方，生土瓜根，搗取汁，以少水解之，，管中吹下部取通。

(2)類聚方廣義：傷寒熱氣熾盛，汗出多，小便利，津液耗竭，肛門乾燥，鞕便不得通者；及諸病大便不通，嘔吐藥汁不入者；老人血液枯燥，大便秘結，小腹滿痛者，皆宜此方。

(3)傷寒準繩：凡多汗傷津，或厥汗不解，或尺中脈遲弱，元氣素虛入，便

欲下而不出者，並宜導法。但須分津液枯者，用蜜導；邪熱盛者，用膽導；濕氣痰飲固結，姜汁麻油浸括樓根導；惟下旁流水者，導之無益，非諸承氣攻之不效。至於陰結便秘，宜於蜜煎中，加薑汁生附子末導，此皆善於推廣仲景之法也。

第九節　陽明病旁治法

一、秉表解肌——桂枝湯症

第191條（原245條）　陽明病，脈遲，汗出多，微惡寒者，表未解也，宜桂枝湯。

傳統解釋　陽明病，當有熱，故金鑑云加發熱二字，大可不必。若表邪全入於裡，當無惡寒，今尚微惡寒，故表而未全解，不可攻裡，因有脈遲汗出，故宜桂枝湯治之。

科學解釋　陽明病，汗出多，熱必甚。雖熱甚，汗出多，而尚感微寒，則肌表之病毒尚未盡，況脈遲，則有心力不振，神經弛緩之現象，故用辛溫之桂枝湯，強心壯腦，興奮神經，產溫驅毒，而不用辛熱發汗解表也。

二、無汗發汗法——麻黃湯症

第192條（原246條）　陽明病，脈浮，無汗而喘者，發汗則愈，宜麻黃湯。

傳統解釋　脈浮，無汗而喘，為麻黃湯症，雖有陽明之熱症，而邪尚未全入裡，仍宜麻黃湯發汗解表為治。

科學解釋　無汗如皮膚因寒而緊急，淺在血管收縮所致；喘則肺為感寒，神經性攣痙，呼吸不利也，雖有高熱，宜以麻黃湯，興奮汗腺，平靖神經性痙攣為治也。

三、胸滿不去和解法—小柴胡湯症(一)

第193條（原241條）　陽明病，發潮熱，大便溏，小便自可，胸脇滿不去者，小柴胡湯主之。

傳統解釋　本條雖曰陽明病，但胸脇滿不去，是少陽陽明合病也，所謂陽明者，以潮熱耳。若陽明胃實，則當潮熱便鞕，小便利；今大便反溏，而小便自可，乃腸胃虛寒也，雖有潮熱之陽明症，仍不可攻。其傷寒中風，有柴胡症，但見一症便是，不必悉具；況陽明少陽合病，亦以和解為先，則

本症主以小柴胡湯，無可置議矣。

科學解釋　胸脇苦滿而潮熱，恐係胸膜炎所致，大便溏，則腸吸收功能不足，內無結熱可知矣，故用少柴胡湯解熱健胃，為對症療法。

前賢學說　湯本求眞曰：本條說明本方治腸傷寒性之下痢作用，然余之實驗，則本方不特限於此病，凡一般急性，亞急性，慢性胃腸炎，尤以小兒之疫痢，消化不良等症，最有奇效。若效力微弱時，宜加芍藥；有消化之便，粘血便時，宜加大黃，有口舌乾燥，發熱煩渴等症時，當更加石膏。蓋余根據本條及下利而嘔發熱者，少柴胡湯主之，及黃芩湯，黃芩加半夏生姜湯，白虎湯諸條，潛心精思，綜合玩索而得之者也。

三、和解法－－小柴胡湯症㈡

第194條（原242條）　**陽明病，脇下硬滿，不大便而嘔，舌上白胎者，可與小柴胡湯，上焦得通，津液得下，胃氣因和，身濈然而汗出解也。**

傳統解釋　脇下硬滿而嘔，舌上白胎，此為柴胡症。雖表有陽明外症，裡有不大便之燥症，但舌胎白，陽明無裡熱症也。本柴胡見一症便是之原則，故可與小柴胡湯以治之。上焦不通而胸脇硬滿，中焦不通逆上而嘔，下焦不通而不大便，小柴胡湯，解胸脇硬滿而上焦通；健胃而中焦和；上焦通，中焦和，而津液調，大便亦通。三焦通暢，氣機旋轉，遍身濈然汗出而解矣。本條雖曰陽明病，實少陽陽明合病，而不下利者，故不用黃芩湯，而用柴胡也。

科學解釋　本病為胸脇淋巴腺運行障礙，而影響及於腸胃也。用小柴胡湯解除淋巴障礙，而胸脇部臟器組織機能恢復，生理正常，則胃自和，脇下硬與白胎及嘔諸症悉除。枯燥之腸，得正常之分泌而滋潤調和，則大便通。津液疎通之 結果，抗力增強，得以發汗，而熱亦解，故諸症悉治。非下劑之小柴胡湯，反有緩下作用者，職是之故也。

前賢學說　程氏傷寒後條辨曰：脇下硬滿，不大便而嘔自是大柴胡湯症也，其用小柴胡湯者，以舌上胎白，猶帶表寒也。

四、虛煩治法－－梔子豉湯症

第195條（原240條）　陽明病，下之，其外有熱，手足溫，不結胸，心中
懊憹，飢不能食，但頭汗出者，梔子豉湯主之。

傳統解釋　陽明熱病，下之後，結實已去，則無脹滿之症，尚有餘邪未淨，
故外有熱而手足自溫；並非誤下邪陷，故不結胸，但胃有邪熱，則心中懊
憹，飲不欲食；頭汗出，乃勢向上湧也，故以梔子豉湯，清其除熱可也。

科學解釋　熱症下後，實熱已解而餘熱未淨，故仍外有熱，手足溫，頭汗出
胃機能受傷不甚，故心中煩擾而不食，宜以解熱健胃之輕劑以治之。梔子
清熱利尿，香豉健胃發汗，使熱勢上下分消，心中懊憹可解，胃健則飲食
復常，餘熱清而病可解矣。

五、解表攻裡法－桂枝湯大承氣湯症

第196條（原251條）　病人煩熱，汗出則解，又如瘧狀，日晡所發熱者
，屬陽明也；脈實者，宜下之；脈浮虛者，宜發汗。下之與大承氣湯，發汗
宜桂枝湯。

傳統解釋　錢璜曰：病人有熱，至汗出而解，後又如瘧狀，日晡所發熱者，
即潮熱也。如此則邪氣已屬陽明矣，若脈實者，為邪在陽明之裡，而胃家
實，宜攻下之以大承氣湯，若脈浮虛，為風邪猶在太陽之表而未解，宜汗
解之以桂枝湯。

科學解釋　潮熱汗出，為陽明內實，若脈洪大而實，則為陽明熱病之的症確
脈，故可以苦寒之大承氣湯，通便解熱；若脈浮而虛，則病毒尚滯體表，
未全入於胃腸，故仍因勢利導，而用桂枝湯驅毒從汗而解。

六、和解及發汗法－－麻黃湯，小柴胡湯症

第197條（原243條）　陽明中風，脈弦浮大，而短氣，腹都滿，脇下及心痛
，久按之氣不通，鼻乾，不得汗，嗜臥，一身及面目悉黃，小便難，有潮
熱，時時噦，耳前後腫，刺之小差，外不解，病過十日，脈續弦者，與小
柴胡湯；脈但浮，無餘証者，與黃麻湯，若不尿，腹滿加噦者，不治。

傳統解釋　此條雖曰陽明中風，但症見陰陽錯雜，表裡混淆，殊難捉摸，歷
代註家，多以三陽合病為言，惟曹穎甫另有其說。茲分述如下。

夫脈浮為太陽，大為陽明，弦為少陽，浮大弦三陽之脈兼見，故曰三
陽合病。況腹滿為太陰陽明共有症，脇下及心痛為少陽症，鼻乾及潮熱為
陽明症，不得汗為太陽症，嗜臥為少陰症，面目悉黃為太陰陽明症，小便

難爲太陽膀胱症，噦爲陽明胃敗症，短氣及按之氣不通爲太陰肺症，耳前後腫爲少陽症，名爲陽明中風者，除有熱外，當以陽明症獨多爲言。有症而不處方者，以陰陽表裡，錯綜複雜，大有顧此失彼之概；故先刺其腫上，以泄其毒，期其少差，以待病機之轉歸，趨於明朗，以便診治也。若外症之熱不除，病過十餘日，脈續得弦（原文浮，金鑑改爲弦，適合病情，故從之）者，邪在少陽而未變劇，汗下之不可，故用小柴胡湯以和解之。若十餘日，陰陽複雜之症已解，僅脈浮發熱，則邪還太陽，故用麻黃湯以汗解。若十餘病勢不減，旣不歸於表而可汗，亦不集於裡而可下，腹滿如故，更加不尿而噦，則後天之本已敗，胃絕必死之徵，故曰不治。

　　夫曹穎甫則以風陽外吸，濕熱內阻，隔塞不通之症，病機外出太陽則生，內陷太陰則死。脈浮弦則爲風，脈浮弦而兼大，則爲陽明中風。中風爲病，本肌腠不開，脾陽不能外達，觀夫桂枝一方，辛甘發放，皆所以開發脾陽，此可見不獨陽明中風，繫之太陰也。（標本中氣之見，玄之又玄，爲時代所詬病，此說不足以定論。）張隱庵，黃坤載均以此節爲三陽合病（其實歷代註家，無不以三陽合病爲說，豈祇張黃二氏矣），則固不然。濕熱傷氣，則短氣；濕阻太陰部份，故腹滿；太陽寒水（仍是標本之見）不能作汗外泄，流於脇下（何以僅流於脇下），則脇下痛；壅於心下，則心痛。久按之氣不通者，氣爲濕阻故也（不按則不阻乎）；氣閉於上，故鼻乾不得汗，（氣閉於上，熱壅於內，應頭痛，汗出劑頸而還，豈僅鼻乾而已），嗜臥者，濕困脾腸，肌肉重滯故也（嗜臥者，熱壅於腦，神經紊亂非肌肉重滯之所致）；汗津不外泄，濕邪不從外解；小便難，濕邪不從裡解；表裡壅塞，故一身面目悉黃。此熱潮不必日晡時，以地中蒸氣乘陽衰而上出，與身內之濕氣，併居而益劇，胃中濕熱滯阻，不能受吸入之清氣，故時時呃逆。又按以上諸症，若見譫語則易治，以太陰之濕，已從燥化，便當用茵陳蒿合大承氣下之，若不見譫語，猶未可攻。但太陰濕邪，從太陽外解，便無餘事，故所謂病機外出太陽則生；若太陽之氣，不泄於膀胱，太陰濕邪，併參於腹部，陰霾四塞，眞陽外脫，遂至呃逆不止，此時雖用四逆湯以治滿，五苓散以導水，吳茱萸湯以止呃，亦必有臍，故所謂內陷太陰必死者此也。

　　以上二說，以三陽合病者，不言病理，以症分屬各經；曹說病理，亦

多不合，無一可服人心，姑摘之以資參考，但本條混雜至極，大非仲景體裁，劉棟謂後人所說，誠屬可信。但於辨症上，不無借鏡之處，故存之。

科學解釋 陽明爲熱病，故多汗，但熱病未必均出汗。以汗腺神經麻痺故也。腹都滿，爲腹膜炎之症候；脇下及心痛，短氣久接不通，爲胸膜炎，壓迫肺及心臟所致；嗜臥爲運動神經失力，知覺神經疲乏；鼻乾，爲熱灼鼻腔，分泌不足；一身面目悉黃，爲熱溶血症，或肝臍炎；耳前後腫，爲顋腺炎；小便難，爲黃疸病之結果，以上諸症，爲體腔披膜炎，及淋巴系統障礙，影響心肺肝腎膀胱及橫膈膜（時時噦，爲橫膈膜痙攣所致），一派熱勢，故治以解熱爲先，熱解，淋巴系統平復，各臟器之不良影響減息，諸症自已。辛熱發汗，果可解熱，但有加甚炎症之虞；但淋巴之障礙，亦無何幫助，故以辛涼之小柴胡湯，解除淋巴障礙，并解除胸腹之熱，及調整胃功能。若無淋巴障礙，及胸腹膜之炎症，僅發熱無汗，故可用麻黃湯，以興奮汗腺神經，發汗驅毒則足矣。若胸腹體腔披膜炎症不消，各內臟次第病果加深，神經紊亂，生理共濟失調，呃逆有加，病無可療，故曰不治。

前賢學說

(1)湯本求其曰：先輩多以本條非仲景正文，余亦然之，今特列之者，以其不無可資於治術，即作注文，亦無不可，本時時噦句，以本方（小柴胡湯）配用橘皮，治呃逆及惡心嘔吐，乾咳頻發；因耳前後腫句，以本方加石膏，治耳下腺炎，耳後及頸部淋巴腺炎，乳突炎等；又活用此意，療睪丸炎，得卓效，學者試之。

前賢治驗 方伎雜誌曰：某家人，年五十餘，患大疫，惡熱譫語，腹痛便閉，渴而舌黑，脈沉實，余用大承氣湯，下利日七八行，熱漸解，而精神復常。一日，又發大熱，譫語如前，無端耳前發腫，所謂發頤是也。隆起約一寸，根腳及二寸餘，於是用小柴胡加石膏湯，三四日見赤色，後破潰調理而愈。

七、上熱下寒－黃連湯症

第198條（原太陽篇181條） 傷寒胸中有熱，胃中有邪氣，腹中痛，欲嘔吐者，黃連湯主之。

傳統解釋 醫宗金鑑曰：傷寒未解，欲嘔吐者，胸中有熱，邪上逆也；腹中

痛，胃有寒邪內攻也。湯本氏以胸有熱，即煩熱在胸中，胃中有邪，即熱毒與水飲在胃中，腹中痛，即此二毒刺激胃之粘膜結果；欲嘔吐，即熱毒水毒激而上迫也。而陸淵雷以病機轉變，上部易以熱，下部易以寒，胃上腸下，故胃多熱，腸多寒，胃熱則嘔，腸寒則痛，不云胃熱而云胸中熱，不云腸寒而云胃中邪，古人於內臟之部位，猶未能確知故也。按上三說，各有所偏，金鑑不知腸寒而用桂薑以緩痛，故云胃有寒邪之內攻；湯本氏以腸中痛，水熱刺激胃膜之結果，則桂枝干薑之辛熱，加重刺激，其能緩痛乎？陸氏不知黃連解胸熱，置胸中煩熱而不議，故曰各有所偏，合三者之長而捨其偏，方爲本條之眞義。

科學解釋　本條病症，如係感冒而起，當有發熱心煩（即胸中有熱）之症，更見欲嘔（胃病）而腹中痛（腸病）者，故用苦寒之黃連（習用於上焦，即所謂瀉心火），以除胸中及胃裡之熱；芳香之桂枝，與辛辣之干薑，以緩解腸平滑肌之痙攣而鎮痛，與有健胃解熱作用；人參草棗有緩痛健胃調味之效，故本方純爲腸胃劑，與半夏瀉心湯，小柴胡湯等，僅一二味之易，故其症狀，亦不無相似之處。

方六八　黃連湯

黃連三兩　甘草二兩炙　乾薑三兩　桂枝三兩　人參二兩　半夏半升　大棗十二枚擘

右七味，以水一斗，煮取六升，去滓，溫服一升，日三服，夜一服。

方解　此治上下寒熱交錯，藥兼陰陽，分途而治，以健胃爲機樞也。因於熱，主以黃連之苦寒解熱消炎，半夏之抑制分泌；因於寒，主以乾薑之辛熱、溫中散寒；桂枝以調和營衞；用人參以提神益氣，草棗之安中健脾，則寒熱去而脾胃健，嘔吐腹痛之症可除，混雜不淸之邪可解。與半夏瀉心湯，同爲胃腸疾病之主方也。

前賢學說

(1)保赤全書：黃連湯，治痘瘡，熱毒在胃，而致腹痛，甚時欲嘔吐者。

(2)東洞氏口：治心煩，心下痞鞕，腹痛，嘔吐，上衝者。

(3)方輿輗：此方治腹痛，有嘔氣者；蓋此腹痛，自心下至臍上部分痛也，臨症時，宜明察痛處而處劑。

(4)傷寒論述義：此方治霍亂之吐瀉腹痛，應效如神。

⑸類聚方廣義：治霍亂，疝瘕，攻心腹痛，發熱上逆，心悸而欲嘔吐．以及婦人血氣痛．嘔而心煩，發熱頭痛者。

⑹勿誤藥室方函口訣：此方本文．雖云胸中有熱，胃中有邪氣，然從喻嘉言，濕家下之，舌上如胎者，丹田者熱，胸中有寒也，仲景亦用此湯治之之說。舌上如胎四字，可爲一徵，此症胎形，舌奧處，以胎厚之關係，小帶黃色，舌上有潤滑之胎，假令雖無腹痛，但有雜症乾嘔，諸藥無效者，決有效，若腹痛，則更效也。又此方雖爲半夏瀉心湯去黃芩，代之桂枝之方，但其效用大異，其組合甘草，乾薑、桂枝，人蔘之意，也於桂枝人蔘湯，但彼用於恊熱利，此則用於上熱下寒，所以用黃連爲主藥也。又按此桂枝主腹痛，與千金生地黃湯之桂枝同旨。

八、水熱症－五苓散症

第199條（原255條）　太陽病，寸緩，關浮，尺弱，其人發熱汗出，復惡寒，不嘔，但心下痞者，此以醫下之也。如其不下，病人不惡寒而渴者，此轉屬陽明也。小便數者，大便必鞕，不更衣十日無所苦也，但依法救之。渴欲飲水，少少與之；小便不利而渴者，宜五苓散。

傳統解釋　本條刪「如其不下者」之「者」字，及改編「但依法救之」句，於「不更衣十日無所苦也」之下．增「小便不利而」五字於渴者之上，文義始合。

　　太陽病，脈浮緩弱，發熱汗出而惡寒，中風桂枝症也。不嘔，但心下痞爲異耳。此必誤下，太陽表邪入胃爲痞也。按法先以桂枝湯解表，瀉心湯除痞。如未經誤下，病者漸不惡寒而渴，爲太陽之邪轉屬陽明也。如渴而小便快利，津液內竭，大便必鞕；如腹滿腹痛，可與小承氣湯和之，若僅欲飲水．則少少與之，而解其渴熱可也；今不大便十餘日無所苦，內熱不甚，待津回液足，大便自出矣，毋庸藥療，若小便不利而渴，乃水蓄膀胱，氣不上津，宜五苓散健胃利水以處治。

科學解釋　發熱汗出惡寒，脈浮緩弱，爲太陽中風症．亦卽泛發性熱病之初期症候．今兼不嘔而心下痞，乃推知下劑傷胃所治，胃雖發炎而未甚，依法可用桂枝湯及瀉心湯解表除痞。若未經攻下，其病症漸不惡寒而渴，乃熱性病之自然發展趨勢，進入陽明蒸熱自汗渴飲之期矣，當審症按法而處治：如陽明發熱、汗出、口渴，心下痞，可與白虎加人參湯；若僅發熱，

汗出，口渴欲飲水者，少少與之飲，使體液充，則熱渴可解；若渴飲而小便復利，水分大量損耗，則大便必硬，如腹滿脹痛，可用小承氣湯和而解之；如不大便十餘日無所苦，雖津液內竭．在本論有「雖硬不可攻之」之例，似可與增液輩；若渴而小便不利，乃腎功能障礙，水分代謝失常，應用五苓散解熱利水健胃而治之。

九、誤下救治－梔子豉，白虎加人參，豬苓湯症

第２００條（原233-5條） 　陽明病，脈浮而緊，咽燥口苦，腹滿而喘，發熱汗出，不惡寒，反惡熱，身重。若發汗，則躁，心憒然及讝語　若加燒鍼，必怵惕煩躁不得眠；若下之，則胃中空虛，客氣動膈，心中懊憹，舌上胎者，梔子豉湯主之；若渴欲飲水，口乾舌燥，白虎加人參湯主之；若脈浮，發熱，渴欲飲水，小便不利者，豬苓湯主之。

傳統解釋 　曹穎甫謂本條係三陽合病．「陽明病」係前條錯束，不無理由，否則脈浮而緊，在病理上，殊難解釋，因太陽之提綱，有脈浮緊，少陽症之提綱，有口苦咽乾，陽明病之症．發熱汗出，不惡寒，反惡熱等症，故應以三陽合病爲是。但本條陽明症多，不可汗下溫針，均以失液爲重，將合陽明熱病之治法，故歷代醫家，均置「陽明病」三字而不議，亦非無故。夫咽燥口苦，腹滿而喘，發熱汗出，不惡寒反惡熱，身重，均爲陽明散漫熱病，應以白虎湯清熱爲治。若脈浮緊而發熱，症似太陽，用辛熱之劑發其汗，則津液外越，胃中乾燥，故心煩便輒讝語，斯時尙可以承氣救逆；若誤加溫針，則火邪乘熱，營血受損，故驚惕煩躁，臥不得安，似可用桂枝去芍藥加蜀漆龍骨牡蠣救逆之；若因腹滿而喘，身重惡熱，以陽明內熱而下之，則損傷腸胃，胃中空虛，心中懊憹，舌上白胎者，乃下後虛煩，以梔子豉湯去胸熱而健胃；若腹滿而喘，汗出惡熱，渴欲飲水．口乾舌燥．乃熱蒸表裡，以白虎加人參湯清熱生津；若但脈浮發熱，渴欲飲水，小便不利者，水熱鬱於裡，應以豬苓湯利尿潤燥爲治。陸淵雷云本條脈浮發熱，渴飲飲水，小便不利，與五苓散症無異，雖各家有以太陽陽明爲辨，或以氣血爲分，皆徒空言，未能確指其症候者，惟日醫謂豬苓湯治淋病膿血，今所試效，則五苓散病在腎臟，雖小便不利，而小腹不滿，決不見膿血（此不一定，如腎臟炎則有血尿，即其例症）；豬苓湯，病在膀胱水道，其小腹必滿，又多膿血，此說可爲兩湯之區別也。

科學解釋 腹滿而喘，發熱汗出，不惡寒，反惡熱，口苦咽乾，乃一派熱性病狀，累及消化、呼吸器官也。應以清熱解肌之白虎湯以治之，其所以不用苦寒之承氣者，以熱氣散漫雖廣，尚未燥結於腸胃，無實可瀉也。若誤發其汗，喪失水份，熱勢益熾，腸胃分泌不足，燥結勢甚，則知覺中樞紊亂而發譫語。若加溫針，神經受灼，刺激過甚，則煩躁不安而不得安眠矣。若下之，徒使排便失液，更損胃機能，至心中虛煩，食不消化，舌上白苔，故以梔子豉湯，解熱安胃而治。若前症未經汗下溫針，更加渴欲飲水，口乾舌燥，乃熱甚耗水，故用白虎湯加人蔘湯清熱生津。若更加小便不利，則非僅熱勢充斥，而膀胱亦已病累，故用清熱利尿之苓澤滑石，更加甘潤之阿膠以上渴也。

方六九　猪苓湯

猪苓　茯苓　阿膠、滑石碎　澤瀉各一兩

右五味，以水四升，先煮四味，取二升，去滓，納下阿膠，烊消，溫服七合，日三服。

方解 汪昂曰：淡能滲濕，寒能勝熱，茯苓甘淡，滲脾肺之濕；猪苓甘淡，澤瀉鹹寒，瀉腎與膀胱之濕，滑石甘淡而寒，體重降火，氣輕解肌，通行上下表裡之濕；阿膠甘平潤滑，以療煩渴不眠；要使水道通利，則熱邪從小便下降，而三焦俱清矣。故本方以治膀胱，尿道炎，血淋、石淋之主劑。

藥解

五八　滑石之藥效

(1)性味：甘寒，無毒。

(2)成分：矽酸鎂（含氧化鎂 64％，矽酸）。

(3)主治：為緩和性清熱利尿，及腸管保護劑，適用於膀胱結石，膀胱炎，尿道炎性之小便澀痛，腸炎，尿道出血等，有披覆粘膜，止血消炎作用；并治水腫，暑熱，煩渴，及胃酸過多症。

前賢學說

(1)方機：脈浮發熱，渴欲飲水者，此其正症也。又治下利欬嘔，渴而心煩，不得眠者；小便淋瀝，或便膿血者；兼用滑石礬甘散（滑石礬石各二分，甘草一分），或應鐘散。

(2)和田東郭導水瑣言：滿身洪腫，雖力按之，放手即脹起如故，其腫如是

之甚，曾不礙其呼吸，氣息如常者，豬苓湯症也。又一種，腫勢如前，雖腰以下腫，而看臂胸背絕不腫，呼吸如常者，亦可用豬苓湯，不必問渴之有無。

(3)陸氏曰：腫而呼吸如常，謂非鬱血性水腫也。身半以下腫，身半以上不腫，殆因膀胱積尿過多，致胲大稀鬆，水氣滲透於隣接組織之故，此等病變機轉，中醫觀察，亦得大體。

(4)類聚方廣義：豬苓湯，治淋病點滴不通，陰頭腫痛，少腹膨脹作痛者；若莖中痛，出膿血者；兼用滑石礬甘散。又孕婦七八月已後，陰戶焮熱腫痛，不能起臥，小便淋瀝者，以三稜針刺腫處，放出淤水，後用此方，則腫痛立消，小便快利；若一身盡腫，發前症者，宜越婢加朮湯。

(5)勿誤藥室方函口訣：此方為下焦蓄熱，利尿之專劑。若邪在上焦，或有表熱者，為五苓散症。凡利尿之品，皆主泌別津液，故二方俱能治下利，但病位異耳。此方主下焦，故治淋病與尿血，其他水腫之屬實者，及下部有水氣，而呼吸如常者，用之皆奏效。或加車前大黃，治血尿之重症，兼用黃連解毒湯。

前賢治驗

(1)古方便覽：一男子，患血淋二三年，一日血大出，痛不可忍，頃刻二三升，目眩不知人，余卽與此方，漸收效，不再發。

(2)東郭醫談：一男子，下血，大小便不通，腹滿欲死，醫與四物湯加山梔黃柏之方，腹滿仍甚，余與豬苓湯加大黃，小便始漸通。

第十節　發黃證

一、無汗小便不利症

第201條（原210條）　陽明病，無汗，小便不利，心中懊憹，身必發黃。

傳統解釋　陽明病，無汗，熱不外散；小便不利，濕不下泄，濕熱交蒸，鬱於胸中則心中懊憹，鬱於肌表，故身必發黃。醫宗金鑑云：宜麻黃連軺赤小豆湯，外發內利可也；若經汗吐下後，或小便利，而心中懊憹者，乃鬱熱，非濕瘀也，便硬者　宜調胃承氣湯下之；便軟者，梔子豉湯湧之。

科學解釋　黃疸，在中醫學上，有陰黃陽黃之分，更有穀疸，酒疸，女勞疸

之殊；在現代醫學上，更分阻塞性黃疸，肝原性黃疸，急性傳染性肝炎黃疸，中毒性肝炎黃疸，黃色肝萎縮性黃疸．無膽色尿性黃疸．先天性溶血性黃疸，滯留性黃疸，溶血性黃疸等等。除溶血性黃疸，無膽色尿性黃疸，及中毒性黃疸外，幾均為阻塞之結果。當膽汁自肝小葉，沿管流向十二指腸過程中，遭受炎症，及機械之阻礙，膽毛細血管因膽汁停積而擴張破裂，膽汁因而流入肝小葉周圍之淋巴管，反流入血液中，因血液循環之結果，易染色於皮膚及鞏膜，而成黃疸。至所謂汗與小便．乃新陳代謝之終極產物，凡黃疸之存在，而尿色濃厚，汗色亦如之，此乃膽汁排泄之明症，實為黃疸之一種症狀。古人錯以無汗及小便不利，而成黃疸之主因，實乃倒果為因之說法。實則膽管阻塞，紅血球破壞，與泌尿系及皮膚之排泄功能，在生理上．無甚相關；惟汗之蒸散熱度，與利尿之喪失熱度，均有減輕炎症之機轉，雖功能甚微，亦不能全無作用，仍宜注意及之。

二、誤火小便不利症

第202條（原211條）　**陽明病，被火，額上微汗出，小便不利者，必發黃**

傳統解釋　喻嘉言曰：陽明病，濕停熱鬱，而煩渴有加，勢必發黃。然汗出，熱往外越，則黃可免；小便多，熱從下泄．則黃亦可免。若誤下之，其熱愈陷，津液愈傷．而汗與小便，不可得矣；若誤火之，則熱邪愈熾，津液上奔，額雖微汗，而周身之汗與小便．愈不可得矣，發黃之變，安能免乎。

科學解釋　陽明熱病，本耗津液，更誤之火薰，則熱愈熾，而體津愈傷，熱盛上炎，則額上微汗，津傷，故身無汗而小便不利，本條發黃，乃溶血性性之黃疸也。

　　黃疸病因，上條已略述及，今復申而述之如下：

　　黃疸：有以熱性溶血，而致赤血球破裂，血色素經循環排泄．而使皮膚染色者．但有先後天之不同；有膽原質病變，膽汁流入血液而成者；有因炎症阻塞膽總管，及膽小管，而致膽毛細管破裂，膽汁被吸入血液而成者；有膽管因機械性阻塞不通．如膽結石阻塞，使膽汁逆流血液而成者；有因藥物中毒，肝小葉損害，肝細胞廣泛壞死而成者，其症狀鑑別，至為重要，治療方法．亦有差別。

(1)阻塞性黃疸：本病發生．由於膽汁自肝小葉，沿管輸送十二指腸途中，

遭受阻礙，致膽毛細血管擴張而破裂，膽汁反流入肝小葉周圍淋巴管，進入血流．染色於皮膚及鞏膜．而發黃疸。本病特徵，全身瘙癢，及心動過慢（卽脈遲）。至其阻礙之原因：①有肝以外之阻塞性。此種阻塞，常由輸膽總管，遭膽石或胰腺頭部癌腫，胰腺炎，與膽管急慢性發炎，狹窄，膽管內腸寄生虫，膽管外之壓迫，或十二指腸炎症及贅瘤性等病變而發生。

(2)肝原性黃疸：本病乃由肝實質細胞發生損害所致。因古否氏細胞所排出之膽紅質，直接流入肝小葉周圍淋巴間隙，從而流入血液之故。其由病毒．原虫，細菌所引起者；如傳染性肝炎，黃熱病．瘧疾，變形虫病，回歸熱，黑熱病，肺炎，傷寒各種膿毒症．吸血虫病等：亦有由藥品所引起者：及原因不明之損害，如雷克氏性肝硬化；及有全身性反應者，如懷孕時之毒血症，甲狀腺中毒，灼傷，缺氧症等。

(3)急性傳染性肝炎．亦稱急性傳染性黃疸，或急性卡他性黃疸，是由一種過濾性病毒所引起，其臨床特殊症狀，爲食欲缺乏，全身不適，疲勞．頭痛，畏寒，惡心．嘔吐，瘙癢．大便色淡，右上腹不舒．便秘及腹瀉，多無發熱現象。肝臟微腫大而壓痛．脾臟，後頸淋巴腺亦腫大．黃疸開始出現後，諸症狀尚有數天之增劇．而後迅速減退。

(4)中毒性肝炎，亦稱非傳染性肝原性黃疸．本病可能毒物直接發生急性中毒，肝細胞有廣泛壞死現象，其外症．因所中毒性之輕重，與損傷範圍之大小而異。

(5)黃色肝萎縮，分急性、亞急性，及慢性三種。急性黃色肝萎縮，常用於傳染性及中毒性肝炎之嚴重型，肝臟迅速縮小．多角形細胞廣泛死壞．以及肝臟機能不全之症狀，均爲本症之特徵。初發時，其症狀，與傳染性及中毒性，無特殊分別，但數日後，黃疸繼續加重，並有出血現象，昏睡，震顫；搐搦，預後多不良。而慢性機解不全者，則絕佳。

(6)無膽色尿性黃疸：尿液內無膽汁，可能由①滯留性之結果，肝細胞，或古否氏細胞之紊亂，致使血中色素代謝之自然產物，從血液中移走時，份量減少．或②體內赤血球破壞過多，致使胆紅質複體在量方面．形成超出肝所能排出者，此種黃疸，常屬輕微．通常僅出現在鞏膜帶綠色而已，且無搔癢，及心動過緩現象。

(7)留滯性黃疸：凡生理或病疾因素之可使肝排膽紅質閥，發生足量之增高者，都可誘發，無膽色尿黃疸，嬰兒出世從第一週所患之初生兒黃疸，即是通例，而後隨年歲增高而減退。

(8)溶血性黃疸：無膽色尿性黃疸，可能由體內紅血球破壞過多而發生，但黃疸輕重，一方面固視紅血球破壞速率而變，但亦須視組織轉變血色素爲膽紅質之能力，及膽排出色素之能力而定。惟溶血性黃疸之特殊症狀，除血清內有延遲，尿液內無膽汁外，尚有貧血，脾肝腫大，大便黑色等。溶血性黃疸之發生原因殊多，有因吸收大血腫，急性傳染，藥物中毒等。

三、强食榖疸症

第203條（原206條）　陽明病，脈遲，食難用飽；飽則微煩，頭眩，必小便難，此欲作榖疸，雖下之，腹滿如故，以所然者，脈遲故也。

傳統解釋　陽明病，爲熱病，脈遲則中寒，此表有熱，而裡有寒也。食難用飽，非不能飽，因苦於飽則微煩，頭眩，故不願飽食耳。脈遲中寒，則脾胃陽衰，穀不化而寒濕壅滯，鬱而成熱，飽則增其濕熱而煩，薰於上則眩，滯於下則腹滿。小便利，濕去則不發黃；若小便不利，濕氣內壅，終必成黃。此爲穀氣作熱，故名穀疸。此腹痛非實熱結滯，故下徒傷中氣，腹滿如故，所以下之腹滿不去者，以脈遲，中寒故也。

科學解釋　脈遲，爲心力衰弱，血壓降低，血流緩慢所致，故汗吐下等衰弱心力之劑，均不可用。食難用飽，飽則微煩頭眩，乃胃機能衰弱，消化不良，且胃粘膜感應過敏，稍食卽飽，飽則血液湊集，因感覺過敏而煩熱，頭部代償性而貧血，故頭眩。且消化不良，食物發酵，刺激腸胃粘膜發炎，久之累及膽道，流注不暢，膽汁入血；又因小便難，排泄機能阻礙，膽色素不能悉數排出體外，由血液循環而發黃疸。胃機能衰弱之黃疸，爲慢性炎所引起，苦寒之劑，更有害於心力及腸胃消化吸收功能，故不可用。用之非但無益，且能加重病勢，下之腹滿如故者，卽此之故。宜用辛熱之品，興奮腸胃機能，强心壯腦而治之。穀疸爲中醫黃疸中之名詞，無多研究之必要，故從略。

四、茵陳蒿湯㈠

第204條（原247條）　陽明病，發熱汗出，此爲熱越，不能發黃也。但頭

汗出，身無汗，劑頸而還，小便不利，渴引水漿者，此爲瘀熱在裡，身必發黃，茵陳蒿湯主之。

傳統解釋　曹穎甫曰：發潮熱而多汗，則濕隨汗去，肌肉皮毛，略無壅滯，斷然不能發黃，此正與小便利，不能發黃，症情相似。若頭汗出，身無汗，劑頸而還，則濕邪內蘊而不泄，加以小便不利，渴飲水漿，濕熱壅積於三焦，外溢於皮毛肌肉，而周身發黃。茵陳蒿湯之茵陳以去濕，生梔子以清熱，生大黃以通瘀，而濕熱乃從小溲外泄，而諸症悉除矣。此症與太陽篇微結於心下，小便不利，渴而不嘔者略同，故皆有但頭汗出之症也。

科學解釋　此急性傳染而發黃疸病也。黃疸之病理與症狀，在前三條內，已有申述，其原因不離肝膽病變，及熱溶血症二大類。本條所云之發熱汗出者，不能發黃，頭汗身無汗者，必發黃，雖與今日之病理，未盡吻合，但事實上，關係甚大，則汗之與黃疸，當有因果作用。陸淵雷所謂陽明熱型，本較太陽少陽爲高，身無汗，則其熱，無從蒸散，所謂瘀熱在裡也。肝臟爲體溫最高之處，肝臟瘀熱，則發急性炎症，腫大而障礙其細胞機能，故陽明發黃，實因汗之不出所致之。惟發黃之治，概以茵陳爲主，分瀉下劑，解熱劑，及健胃利尿劑，故發黃而不發汗利尿，非其治也。查陸氏之說，雖有其理，但亦未免視該病過於單純耳。

方七〇　茵陳蒿湯

茵陳蒿六兩　梔子十四枚擘　大黃二兩

右三味，以水一斗，先煮茵陳蒿六升，納二味，煮取三升，去滓，分溫三服，小便當利。尿如皂角汁狀，色正赤，一宿腹減，黃從小便去也。

方解　黃疸病，除溶血性外，均係肝膽病變，而茵陳蒿爲利膽解熱滲濕專藥，且有芳香健胃功能，其所含精油，對健康及中毒性肝炎者，均能促進膽汁分泌，同時收縮膽囊，使膽酸和膽紅素增加排出，且有抗菌作用，並對肝細胞腫脹，氣球樣變性及壞死現象，均有明顯減輕。故有減輕肝臟病理損害，降低血清谷丙轉酶活力。對傳染性肝炎、病毒性肝炎，均有抑制之效；梔子亦有利膽清熱，促進膽紅素代謝。大黃有抑制乙型肝炎作用，且能逐瘀開結，故全方利膽與抗肝損傷作用均十分顯著，並有抑制乙型肝炎抗原及抗菌，瀉下、解熱、鎮靜、利尿，止血等多種作用。其治療肝炎之功，主要減輕肝細胞損害，修復肝細胞結構及改善肝功能之結果。亦與抑制

乙型肝炎抗原，抑制腸道細菌繁殖，糾正便秘，減少毒性分解物吸收，以及解熱，鎮靜等治療有關。據報導，以本方治急性傳染性肝炎，及病毒性肝炎，效療達 95 ％，有效率爲百分之一百。

五九　茵陳蒿之藥效

(1)性味：苦辛微寒，有特芳香

(2)成分：含揮發性精油，其主要成分有6,7—二甲氧基香豆素，尚有茵陳酮，綠原酸及咖啡酸等。

(3)藥理：有亢進膽汁分泌，減輕肝細胞損害，降低血中膽固醇，並抑制B型肝炎抗原。

(4)主治：解熱利膽劑，兼有健胃利尿作用，治黃疸，結膜炎，各種傳性熱病之稽留熱，弛張熱，肝膽諸疾患腹水，浮腫，小便不利等。

前賢學說

(1)勿誤藥室方函口訣：此方治發黃之聖劑也。世醫於黃疸初發，輒用茵陳五苓散，非也。宜先而攻下（不可一概而論，若陰黃，宜用茵陳四逆湯，不可用此方），後與茵陳五苓散。茵陳以治發黃爲專長，蓋有解熱利尿之效，故蘭室秘藏之拈痛湯，醫學綱目之犀角湯，亦用此品，不拘發黃也。栀子與大黃爲伍，則有利水之效，方後云：尿如皂角汁狀是也。後世加味逍遙散，龍膽瀉肝湯等之栀子，皆主清熱利水。但此方治黃，當以陽明部位之腹滿小便不利爲主；若心下有鬱結者，不如大柴胡加茵陳，反效。

(2)方輿輗：按茵陳蒿湯，云腹微滿；大黃硝石湯不云微，而單曰腹滿，因是可分二湯之劇易也。

前賢治驗

(1)生生堂治驗：一男子，年三十，心中懊憹，水藥入口即吐，經日益甚。先生診之，眼黃，心下滿，按之痛，乳下扇動，曰：此瘀熱在裡也，不日當發黃，乃以食塩三七，使白湯吞之，大吐冷水，更與茵陳蒿湯，身果發黃，而圊黑屎，使仍服前方，十五日復常。

(2)續建殊錄：一男子，胸中煩悶，反覆顛倒，溫溫不能食，腹微滿，小便不利，一身微發黃色，與以茵陳蒿湯，而便快利，諸症悉愈。

(3)古方便覽：一男子，年三十餘，多月旅行，逗留海邊，恣食魚肉，又感

寒氣，歸家未幾，面目身體浮腫，發黃如橘子色，小便亦如柏汁，心胸苦煩，腹滿不能飲食，余乃與此方，時以紫丸下之，十二三日全愈。

(4)生生堂醫談：一婦人，每次經候，十七八日不止，時已三年，醫藥無效，請余治。脈細數，身色青白，起則作喘。小便漏，亘里如奔馬，幾瀕於死，余作茵陳湯與之，其夫業藥，稍知藥能，問曰：荊妻之病，固由血症，非發黃症也，然不與補血調血之劑，却與茵陳湯，豈無虛虛之弊乎。願聞其故。余曰：犀角地黃等歸膠艾之屬，前醫已用，方症雖對，實未的當也。豈有服對症方藥，三年而不愈乎。今所用之方，非一朝一夕所能見效，維令解悟。恐不能悟，總之鬱熱若除，血症自治矣，其人信服五十日許，諸症退而復常。

茵陳蒿湯症(二)

第205條（原271條）　傷寒七八日，身黃如橘子色，小便不利，腹微滿者，茵陳蒿湯主之。

傳統解釋　傷寒七八日，已入陽明熱病之期，黃如橘子色者，黃而鮮明，即所謂陽黃也。小便不利，腹微滿，濕熱結於內，故用大黃梔子茵陳蒿，利濕泄熱爲治。千金云：七八日下有「內實瘀熱結」五字，玉函腹上有「少」字，此爲陽黃兼胃實者。

科學解釋　本條病理參照上茵陳蒿湯條，茵陳蒿治黃，大黃消滿，梔子解熱利尿，爲肝膽炎症之黃疸治法也。

五、梔子柏皮湯症

第206條（原272條）　傷寒，身黃發熱，梔子柏皮湯主之。

傳統解釋　醫宗金鑑云：傷寒身熱發黃者，設有無汗之表，宜用麻黃連翹赤小豆湯汗之可也；若有成實之裡，宜用茵陳蒿湯下之亦可；今外無可汗之表症，內無可下之裡症，故惟用梔子柏皮湯治之。

科學解釋　黃疸之成因頗多，而治法亦各殊。發汗之麻黃，內實之茵陳，此黃疸症之重者也。本症黃疸之輕症，故僅用梔子解熱利水，黃柏除膀胱之結滯，即可也。

方七一梔子柏皮湯

梔子十五個　甘草一兩炙　黃柏二兩

右三味，以水四升，煮取一升半，去滓，分溫再服。（習慣用今秤梔子三

錢，黃柏二錢，炙甘草一錢。）

方解　梔子瀉三焦火而利小便，有清解肌熱及利膽之功；黃柏消炎利膀胱，亦爲利膽之品．故黃疸之內無蘊結，外無劇症，故僅以梔子柏皮之清熱利尿爲治，以免重傷無辜也。

藥解

六〇黃柏之藥效

　(1)性味：苦寒，無毒。

　(2)成分：結晶性黃柏酮，及軟脂等，又含黃柏內脂。

　(3)藥理：黃柏對蚯蚓之毒力，較山道年爲強；對蛔虫之毒作用，則不如山道年，對膽汁分泌稍有增加，並有利尿消炎作用；對大腸菌．傷寒菌，霍亂孤菌等，有殺菌作用。

　(4)主治：爲消炎殺菌劑，有苦味健胃防腐及收歛血管之作用。治傷寒、赤痢，腸炎泄瀉，口瘡，口腔炎、黃疸，腎臟炎．膀胱炎，尿道炎，皮下溢血，結膜炎，陰道炎．子宮出血，及其他化膿性疾病．傳染性熱病．各種神經炎，關節炎等；又爲性慾亢進之鎮靜劑。外用傅小兒頭瘡，及一切化膿性炎症，並用點眼藥，扑跌，皮膚外傷腫毒等。

前賢學說

　(1)宣明論：梔子柏皮湯，治頭微汗出，小便利而微發黃者。

　(2)全嬰方論：柏皮湯，治小兒衄血一二升悶絕。（陸氏曰，黃疸病，多兼出血者，故黃疸方，亦兼止血之效，可以移作鼻衄，此等治法，古今中外一貫。）

　(3)類聚方廣義：梔子柏皮湯，洗眼球赤黃熱病甚效。又胞瞼糜爛痒痛，及逗瘡落痂以後．眼又不開者，加枯礬少許洗之爲妙。

　(4)方極：梔子柏皮湯，治身黃發熱心悶者。

六、麻黃連軺赤小豆湯症

第207條（原273條）　**傷寒瘀熱在裡，身必發黃，麻黃連軺赤小豆湯主之。**

傳統解釋　丹波元堅傷寒述義引王仲潛曰：此二條症方互錯，瘀熱在裡。理不宜發表，必是梔子柏皮湯症，身黃發熱，即爲表候，迨即赤小豆湯症，此說雖不無理由，然未確當，前條金鑑之說，可資參照。傷寒身黃而用赤小豆湯，雖有瘀熱在裡．則必有表寒外束．無汗惡寒之症，否則，何所據

而用麻黃。金鑑云：傷寒表邪不解，適逢其人陽明素有濕邪，熱入裡而與濕合，濕熱蒸瘀，外薄肌表，身必發黃也。若其人頭有汗，小便不利，大便鞭，則或清或下，或利小便，自可愈也。今乃無汗小便利，是裡之瘀熱未除，表之鬱過猶甚，故用麻黃連軺赤小豆湯，外發其表，內逐其濕也。

科學解釋 此症雖僅曰瘀熱在裡，也有無汗之表，故以麻黃發汗，助黃染之排泄，合連軺爲解熱，生姜健胃，赤豆梓皮利水，棗草和緩，爲內外分消之對症療法也。

方七二 麻黃連軺赤小豆湯。

麻黃二兩　赤小豆一升　連軺二兩　杏仁四十個　大棗十二枚擘　生薑二兩　生梓白皮一升　甘草一兩

已上八味，以潦水一斗，先煑麻黃再沸，去上沫，納諸藥，煑取三升，分溫三服，半日則盡。

方解 濕熱壅滯而發黃，發汗利小便，爲中醫正宗治法。且濕久滯，由於氣之不化，與中陽失運。故本方以麻黃發汗，赤小豆利水，內外分消以去濕；杏仁佐麻黃以開肺氣，清肅化源而利水；連軺梓皮消炎殺菌，清肝膽而除瘀熱，生薑草棗，健胃和中，調整後天之本而復中陽之運，則熱解炎消，濕去黃退，諸症悉愈矣。

藥解

六一　赤小豆之藥效

(1)性味：甘淡微酸。

(2)成分：蛋白質，脂肪，灰分，植物皀素等。

(3)主治：爲解毒利尿劑，治水腫，脚氣，黃疸，以多服長服有效。

六二　連翹之藥效

(1)性味：苦寒，無毒，有收歛性。

(2)成分：連翹苷，皀鹼素，富維命他P。

(3)藥理：功似銀花，有解毒，消炎作用。且能抗毛細血管脆性，防止毛細血管破碎出血，並清除病灶，增強免疫力，對抗不同因子所致肝臟損害，促進受損組織病變之修復。濃縮煎劑，對傷寒，霍亂，大腸菌，葡萄狀菌，白喉菌抗生力最強，赤痢桿菌，副傷寒桿菌，變形菌，綠膿菌，溶血鏈球菌，肺炎雙球菌，次之。又爲瘡家聖藥，對一切炎性病患，如

膿疱瘡，淋巴腺炎，淋巴管炎，丹毒，瘡癤，及多種急性傳染病，口服，及洗滌瘡口，有防腐消炎之效。

(4)主治：為變質解熱消炎劑，兼有排膿解毒，殺菌，及平降血壓之作用。治瘡癤癰腫，發背，各種傳染性熱病，化膿性炎症，蜂窩組織炎，淋巴腺腫，產褥熱，痘瘡，斑疹，疥瘡，丹毒，皮下溢血，並治尿道炎，小便不利等。

方六三　梓白皮之藥效

(1)性味：苦寒，無毒。

(2)主治：為解熱，殺菌，消炎劑。主熱毒，殺虫，煎湯洗一切瘡疥，皮膚瘙癢，均以消炎殺菌為用。

前賢學說

(1)淺田氏：今試之傷寒累日，或瘡瘍濕毒之人，浮腫發黃，或小便不利，而瘀熱在裡者，其效如神。

(2)類聚方廣義：本方治疥癬內陷，一身搔癢，發熱喘欬，腫滿者，加反鼻奇效。生梓白皮不易採用，今權以乾梓葉，或桑白皮代之。

(3)湯本氏曰：以本方兼用伯州散，治濕疹內攻性腎臟炎。

(4)伊澤信恬云：連軺即連翹，本草經所載之物，而非其根也。千金及翼，並作連翹。陸氏曰：連翹如諸瘡瘍消腫排膿之藥，兼利水，本方用連翹者，一以消腸胃之炎症，一以排除黃色素也。日醫有用以鎮嘔者，牛山活套曰：大人小兒嘔吐不止，於對症方中加連翹，此余家不傳之秘也。生生堂治驗亦以連翹三錢，治小兒後驚風後吐乳，一服即止。

七、陰黃症

第208條（原270條）　傷寒發汗巳，身目俱黃，所以然者，以寒濕在裡不解故也。以為不可下也，於寒濕中求之。

傳統解釋　傷寒病，按法發其汗，而反身目俱黃，此非熱不越，鬱而為黃也，乃寒濕在裡，未因發汗而解故也。所以不可以苦寒之茵陳蒿湯下之，當在寒濕中求其治法，此所謂陰黃也。王海藏曰：陰黃之症，身冷汗出，脈沉，身如薰黃，色黯，終不如陽黃之明如橘子色。治法；小便利者，尤附湯；小便不利，大便反快者，五苓散。柯琴曰：當溫中散寒而除濕，於真武五苓輩求之。

科學解釋 此黃疸初起之有表症者，卡他性黃疸，及威爾氏病皆如此，卽中醫所謂之陰黃也，應用寒熱療法，用辛熱之健胃利尿劑爲對症。不得概用菌陳湯以治黃也。

第十一節　蓄血證

二、熱入血室——刺期門症

第209條（原228條）　陽明病，下血譫語者，此爲熱入血室，但頭汗出者，刺期門，隨其實而瀉之，濈然汗出則愈。

傳統解釋 傷寒論內，熱入血室四條。其中三條，均冠以婦人病。唯本條無，故歷賢或男或女，引經據典，各是其說。況熱入血室四條，俱入金匱婦人雜病脈症篇，所說本條僅屬婦人病者，誠有其根據；惟爭論之前提，在於血室。血室定，則男女之爭止矣，若血室爲肝，則男女皆有之，熱入血室之病，男女亦各有之。無謂僅在婦人也：若血室爲子宮，則所謂熱入血室者，非婦人莫屬。故血室定，男女之爭止矣。血室究何，容在少陽篇中，再爲申論。

　　夫陽明病，熱不外泄，鬱於經（血管），迫血下泄；血下則經脈空虛（貧血，抗毒力弱），熱邪乘虛入其室，肝火夾陽明之熱，循經上迫於腦，故神昏而譫語；若熱勢上迫不甚，但頭汗出而不譫語；血又不下，則熱在肝經，刺其穴（期門），隨其實而瀉之，餘邪隨汗出濈然而愈矣。

科學解釋 本症恐係毒血症之一。陽明熱甚，腦溫增高，知覺中樞紊亂，而發譫語；尤以毒素之刺激爲甚。肝脾機能，因毒素猖獗，窘於溶毒，而反遭損害，則毒素循環於血液，擇其親和處而侵害，如腎與膀胱，子宮被侵害，則前陰出血。如腸胃粘膜血管破裂，則後陰出血。斯時應以清涼殺菌消毒解熱之劑而治之。若熱勢不甚，但頭汗出而無譫語，腦症狀輕，病毒在肝腺二臟，可用刺法，針二臟部位之期門穴，瀉其熱勢，並促進二臟生理機能，加强溶毒作用，並影響汗腺神經，濈濈然汗出而解也。否則，以小柴胡湯利肝膽之劑，亦可殺菌消炎解熱而愈之。

前賢學說 承談安曰：陽明下血，當爲腸中鬱熱過甚，一部份微血管破裂出血，同時肝靜脈以腹腔有鬱熱，上腸系膜動脈之血栓或血塞，門靜脈不

及廻流，致使肝靜脈亦發生鬱血，血瘀薰腦，遂爲譫語。此與腸中有燥屎之譫語不同，故刺期門，以疏通門靜脈及解腹腔之氣機；靜脈流通則譫語止，血分散則腸中之血壓減而出血止，腹腔之氣機疏通，生理之自然驅邪機能恢復，而汗出病解矣。

二、抵當湯症

第210條（原248條） **陽明証，其人喜忘者，必有畜血；所以然者，本有久瘀血，故令人喜忘；屎雖鞕 大便反易，其色必黑，宜抵當湯下之。**

傳統解釋 此條歷代註家，所爭論者，惟一「忘」字，依照字面解釋者，自成無已以降，錢璜、柯琴、鄭重光，喻昌，陳修園、唐容川，張隱庵、橘南溪、醫宗金鑑等皆從之，張錫駒謂善忘，山田正珍謂數忘，仍宗前說；唯余無言，曹穎甫，以太陽篇畜血症之如狂發狂爲證，證「忘」爲「妄」。但忘爲健忘，妄爲狂妄，雖在病理上，同屬腦症，但有衰弱與興奮之不同，但何以太陽症之蓄血，如狂發狂，而陽明症之久瘀血，始狂妄，其理殊難解釋。但事實上，祇有長期之健忘，而無長期之狂妄（除癲狂症外），故仍以「忘」字爲妥。

　　夫陽明病，其人健忘者，必久有瘀血，使血液循環阻礙，腦貧血，神經衰弱以致之。其大便鞕，故云陽明病，而排出反易，其色黑者，因瘀血浸潤於腸管故也，宜用抵當湯，下其瘀血，其病可愈。

科學解釋 瘀血，即失去生理效用之污穢血液，至其形成，除女子因月經不調，產後惡露排除障礙，滯留或瘀外；以目前可知者，約分三端：其一爲遺傳，其二爲跌撲外傷溢血，留滯於皮膚肌肉之中，其三爲熱性病之熱溶血症。因高熱而致血球崩壞，溶血留滯。而瘀血症，多在腹部，且尤以少腹爲甚者，蓋腹腔爲體中特大之腔洞，而受大量之血液，且離心臟較遠，血壓減低，運動又少，若有瘀血，極易沉著，形成血塞。其次因門靜脈，有司腹腔內諸臟器組織之靜脈血，與腸管所吸收之乳糜，轉送肝臟之機能；然門靜脈無如其他靜脈之瓣膜，因之不僅不能促血液之前進，且不能阻止其逆流；兼之此靜脈之進入肝臟，必須通過爲數甚多，而分歧又充實之肝實質內，其抵抗面積極大，血流甚緩，門脈之血壓又低，極易於起始部即行逆流。如有瘀血，將呈無血壓狀態，或生陰壓，即逆流於此靜脈本源之諸臟器組織血管內，瘀著而成血塞。腸系膜靜脈之起端，即下腹部，與

門靜脈經路成一直綫，故下腹部易發生瘀血，且爲強度之血塞。此所以少腹爲瘀血最多沉著之原因也。致瘀血形成以後，即脫離血液循環系統，失其生理效用，且具有毒性，因其本身失去抗菌作用，適足以爲侵入細菌繁殖之溫床，使誘發各種炎症；若再留滯過久，可沉著於生殖器，腸管，腸系膜，淋巴腺等血管內，其中一部，并能藉生理血液循環於全身，沉著於各臟器組織內，而生血塞；若於肝肺脾腎，則成出血性梗塞；於腦則生血栓凝著；於心及血管壁，則引起心臟瓣膜炎，狹心症，動脈腫瘤，血管變硬等。更有進者，由此續發種種病症，爲頭痛，頭重，眩暈，瘀血之毒上衝於腦也；耳鳴，耳聾，頭昏，健忘，血栓阻塞，腦貧血也；生翳，血管怒張、疼痛羞明，瘀血波及於眼球也；青盲，瞪視，血栓阻塞目系，目失營養也；手足麻痺，腰脚疼痛，甚至發狂，瘀血侵入腦中樞神經也。本條陽明病之瘀血症，爲熱溶血之畜血也，故大小便黑色，宜抵當湯之驅瘀劑以治之。

第十二節　陽明病辨證法

一、久虛症

第211條（原207條）　**陽明病，法多汗，反無汗，其身如蟲行皮中狀者，此以久虛故也。**

傳統解釋　魏荔彤曰：陽明病，法當多汗，今反無汗，但見身如虫行皮中狀者，此邪熱欲出表作汗，正氣衰弱，而不能達也。千金翼云：身如虫行皮中，謂身癢也，大病恢復期中，往往有此症，此說可從。

科學解釋　身如虫行皮中狀者，即癢是也，此係一種神經感覺，何以有此感覺，現代科學上，尚無解答；但事實上爲神經喪失知覺後，重行感覺之一種現象，如瘡家將愈時，周圍發癢，亦即俗云「疤癢欲散」之事實，所謂大病恢復期，往往有此症者，可信。

二、厥不厥症

第212條（原208條）　**陽明病，反無汗而小便利，二三日嘔而欬，手足厥者，必苦頭痛；若不欬不嘔，手足不厥，頭不痛。**

傳統解釋　此論陽明中寒胃弱症也。陽明熱病，當多汗今無汗，故曰反也。

陽明病，無汗小便不利，濕熱蘊蒸於內，必發黃；今小便利，故無疸症。因小便利，熱有出路，應內無蘊熱。二三日嘔而欬者，寒邪在胃上逆，有外出之勢。嘔則逆於胃，欬則逆於肺，手足厥冷，則寒邪阻塞上中二焦，而元陽不達四肢也。邪不下泄而上逆故必苦頭痛。若不嘔不欬，邪不上進，不厥則陽氣得申，故手足溫而頭不痛。此等說法，均係牽强，於治療上，無甚裨益，故前賢有刪之者。林瀾亦曰：此類數條，最爲難解，信不誣也。

科學解釋　陽明病，本由熱甚，刺激汗腺神經，而發汗，今無汗，非神經痲痺，則內外無熱，故疑爲胃弱之中寒症。即有熱，亦未達足以感應汗腺神經之程度，故不出汗。至二三日嘔而欬，手足厥冷，則胃症變劇，致使胃機能共濟失調，逆轉神經叢過敏感應，而生嘔。因嘔而影響肺呼吸機能而欬。胃脘病變，消化不良，營養欠佳，因而貧血；又因四肢距心臟較遠，血液輸送量不足，局部體溫降低而厥冷。腦部亦因血養不良，特殊感覺而覺痛。若胃脘雖弱而病不變劇，則胃粘膜無反常之感應，則不嘔；更不累及肺之呼吸功能而不咳；消化正常，營養良好，無貧血之趨勢，故不厥不痛，此乃胃弱之變，並非人人如此，臨床之際，仍應注意及云。

三、欬不欬症

第213條（原209條）　**陽明病，但頭眩，不惡寒，故能食而咳，其人必咽痛；若不欬者，咽不痛。**

傳統解釋　此陽明中風也。陽明病，本不惡寒，此所以特舉不惡寒者，即有反惡熱之意在焉。能食係中風熱症，非胃寒也。頭眩，熱在上，腦充血之輕症；欬而咽痛，爲喉及氣管發炎，爲胃熱上炎之結果也。此純係陽明熱症，謹防熱結，輕症可從常器之桔梗湯治，重症可從曹穎甫大黃黃蓮黃芩瀉心湯治之。

科學解釋　此係喉頭炎及氣枝管炎症也，均有發熱不惡寒症，故曰陽明病，應用清涼解熱及消炎祛痰劑以治之，毒重者可加銀花連翹等。

四、衄血衄㈠

第214條（原213條）　**陽明病，口燥，但欲漱水，不欲嚥者，此必衄。**

傳統解釋　周俊揚曰：邪入血分，熱甚於經，故欲漱水；熱未入府，故不欲嚥，使此時以葛根湯汗之，可以奪血而無汗，此必衄者，仲景正欲人早爲治耳。周氏所謂邪入血分，熱甚於經者，即正氣拒毒於上，部份熾熱而充

血，口鼻粘膜乾燥，故欲漱水而潤之，但胃不燥，故不欲飲；鼻腔粘膜最薄，不勝充血之高壓，則破裂而衄。鑒麻黃湯之自衄者愈，則上部充血，可以發汗退熱，使血壓正常，不致於衄。今雖陽明熱病，而毒趨於頭部，仍可以用發汗劑，驅毒解熱。若表症輕，熱毒重者，可選用犀角地黃湯，桃仁承氣湯，必有良效。

科學解釋 衄爲鼻出血，其原因頗多，如鼻粘膜炎，頭部鬱血，急性傳染病，心臟病等熱性之症候，皆能爲衄；而婦人月經閉塞不通，亦有代價性之鼻衄，故鼻衄一症，其內容頗爲複雜，且不能以單獨症狀而論治。所謂口燥，其原因亦不簡單，有爲唾腺機變，分泌不足；有爲熱熾需要異常，亦當測其原因而論治。本條則以熱性病之口燥而衄，當以解熱爲主治。

衄血症(二)

第215條（原239條） 脈浮發熱，口乾鼻燥，能飲食者，則衄。

傳統解釋 脈浮發熱，太陽表症尚未全解；口乾鼻燥，陽明之內熱已盛；能食者，熱能消穀，胃氣有餘也。此非腸胃熱結，故不曰便鞕；實緣內熱上炎，頭部充血，鼻爲之衄耳。衄則熱毒隨血而去，其病可解，故太陽篇，衄者愈，衄乃解，不一而足，即此症也。

科學解釋 此乃陽症素有熱者而言。衄爲鼻出血，除外傷者外，上身熱甚，頭部充血者，多有之。若陰虛血少，熱灼乾枯，血液供應不足，神經失調，脈管變硬，微血管破裂而出血，間多見於齒衄，此乃不足之症，頗爲難治，故鼻衄多陽明症，清其熱而血自止；齒衄多少陰虛損之症，非塡補眞陰不爲功，此臨床家所應注意者。

五、大小便問診法

第216條（原214條） 陽明病，本自汗出，醫更重發汗，病已瘥，尚微煩不了了者，此大便必鞕故也，以亡津液，胃中乾燥，故令大便鞕。當問小便日幾行，若本小便三四行，今日再行，故知大便不久出；今爲小便數少，以津液當還入胃中，故知不久必大便也。

傳統解釋 曹穎甫曰：此節當屬太陽症，發端便言陽明病者，實編纂者，以此條在陽明篇而改之。太陽之爲病，除太陽傷寒外，往往見發熱汗出之症；則自汗出，原不定屬陽明。況旣屬陽明熱症，重發其汗，必昏不知人，豈有發汗而病久瘥之理。曰重發汗已瘥者，明爲太陽病也。曰尚微煩不了

了者，明其太陽之表已解，尙有微邪未徹也；既爲太陽病後餘邪．仍在太陽求之。此症無潮熱，無讝語，無煩滿頭痛，不見陽明症象．雖不大便無所苦，蓋亦勿治之必自愈之例也。

惲鐵樵曰：本條眞絕妙文字．本自汗出，不可汗也，重發汗，津液驟少，則胃燥腸亦燥．而屎塊堅，堅則腸起反應．以祛除此障礙物，其祛除之法，即蠕動之外．更分泌體液以潤之，小便本日三四行，今忽減少者，則挹彼注玆故也。雖屬誤汗，未至大壞，體功自起救濟，故見小便減少，而知大便之將下。大便既下．則微煩不了了，當自除，心知其故，則不啻見恒一方，注家之言．去眞際遠矣。

按曹氏之說，以屬太陽者，穎脫歷來註家，不無理由。

科學解釋 水分排泄過多，體液缺少，分泌不足，故腸爲之燥，而大便堅。便鞭微煩．乃生理之常，不獨病爲然也。今病已瘥，則調節其機能，足以自起救濟，使腸粘膜增加分泌而潤下，此時血中水分爲留供腸粘膜之分泌，則小便自少，蓋人身生理機能之共濟作用，有不可思撰之神秘也。

六、胃中冷症

第217條（原202條） 陽明病，若中寒不能食，小便不利，手足濈然汗出，此欲作固瘕，必大便初鞭後溏；所以然者，以胃中冷，水穀不別故也。

傳統解釋 陸淵雷曰：此承前言陽明中寒之症治，雖非仲景語意，意猶可取，既云陽明病，知是胃實之便秘。便秘主承氣，若寒秘（陽明爲熱病，寒秘者，太陰病也，以秘，誤認陽明也），則宜理中湯之類，後世亦有以半硫丸之類。而承氣反在所禁。固瘕即內經大瘕泄，以其深固不易愈．故曰固瘕。始本便秘，繼則初硬後溏，是以欲作固瘕，胃中冷，水穀不別，即小便不利，與初鞭後溏之原因。腸胃虛寒，而消化吸收俱減退，則營養液與滓渣併入結腸，於是大便溏，小便少，即所謂水穀不別也。胃腸寒，當屬太陰，而非陽明，註家以首句有陽明病，遂多曲解。余向疑本條及次條．皆誤太陰爲陽明也，及讀元堅述義．乃知前人已先余言之。元堅曰：太陰篇不過僅僅數條，而陽明篇中反多本病症候，此以其病雖有寒熱之異，而部位與壅實則同，故恐人錯認，對舉以明之也。曰不能食．名中寒，曰欲作固瘕，曰攻其熱必噦，曰欲作穀疸，曰飲水則噦，曰食穀欲嘔，曰寒濕中求之等皆是也，然以此條猶冠之陽明二字，故諸家未之察。

按元堅之說甚是，惟本條歷來註家，隨文臆說，罕能體切眞意，即陸氏所註，亦未完善，蓋條文乖舛，無法理解，强爲之說，則益牽强耳。

科學解釋　固瘕，非習用病名，有謂大瘕泄，深痼難愈，曹云痢疾，程云屎矢，究屬何症，尚難確認。但以不能食，大便初硬後溏等症視之，則爲慢性腸胃炎也無疑。若急性腸胃炎，或吐或瀉，其勢甚劇；惟慢性腸胃炎，旣不能食，而大便亦時秘時溏。所謂中寒，即腸胃機能衰弱，胃不能消，腸不能吸，而成便溏或瀉之原因。不能食而便溏，水分吸收少而排泄多，體內缺水，腎小管過濾後加强吸收水份，以應體內需要，故輸送膀胱者不多，而小便難。若慢性腸胃炎不痊，則上項症狀，雖久亦不易愈，所謂固瘕者，諒即此也。

八、譫語症

第218條（原230條）　**傷寒四五日，脈沉而喘滿，沉爲在裡，而反發其汗，津液越出，大便爲難，表虛裡實，久則譫語。**

傳統解釋　傷寒四五日，應在太陽病期，脈不浮緊而沉，同時又見喘滿，則病邪已入陽明矣，於此可見傷寒傳經，未定爲七日一候也。脈見沉而喘滿，病入陽明，已無表症，則不當發汗，余無言以爲調胃承氣湯，山田氏以爲白虎湯，陸淵雷以爲大柴胡湯治之者，恐均非適當。蓋喘，病邪有上出之勢，滿而未云在腹，喘滿相連，在胸可知，用白虎湯，嫌無煩渴；用調胃承氣湯，嫌無便硬熱結；用大柴胡湯，嫌無心下痞硬。不若麻杏甘石湯，或越婢湯，以治喘滿，而引在裡之邪外出爲妥。麻黃雖有發汗之慮，配石膏則功在喘滿，可無虞發汗也。若以脈沉爲寒，喘滿爲寒邪在肺，而以辛熱之麻桂發汗，則體液外出，胃腸分泌不足，大便必難。若喘滿未解，則用小承氣以治之；喘滿已解，調胃承氣可和。若上症般誤再誤，因汗虛其表，津傷燥實於裡，久則大便不通，結爲燥屎，熱毒上攻，神明昏亂，而生譫語，可按症狀輕重，以三承氣湯審愼下之。仲景所以不處方者，欲醫者，隨機應變，圓滑運用也。

科學解釋　喘滿爲肺交感神經緊張，或橫隔膜痙攣所致，麻黃有弛緩作用，並能興奮心肌，收縮周圍心管，增高血壓，故配石膏以辛涼，有除喘之效。便難譫語，爲熱毒刺激腦神之結果，用苦寒瀉下之劑，通便瀉熱平腦，則厥疾可瘳，如無堅痛，仍以不用峻劑爲妥。

九、豬苓湯禁症

第219條（原236條） 陽明病，汗出多而渴者，不可與豬苓湯，以汗多，胃中燥，豬苓湯復利其小便故也。

傳統解釋 陽明病，汗出多而渴者，為白虎加人參湯症，因陽明病煩渴，係高熱持久，體液涸竭，若用奪取水分之豬苓湯，則體液益失，病反增惡，故不可與之。

科學解釋 汗多致渴，在生理上已甚明顯．尿多致渴，在糖尿病，腎萎縮，腎臟澱粉變性，老人性單純性尿崩症中，亦為屢見之事實，總由水分喪失，體液缺少．故不可與利尿之豬苓劑。

十、吐膿血自愈症

第220條（原厥陰篇388條） 嘔家，有膿血者，不可治，膿盡自愈。

傳統解釋 金鑑云：心煩而嘔者，內熱之嘔也；渴而飲水嘔者，停水之嘔也；今嘔有膿血者，必內有癰膿也。蓋癰膿腐穢，欲去而嘔，故不當治，若治其嘔，反逆其機，熱勢內壅，阻其出路，使無所泄，必致他變，膿盡熱隨膿去，而嘔亦自止。

科學解釋 嘔而有膿，為胃癰，症多難治。體表腫瘍，若潰膿外出，其害較少，內臟膿潰，留積體腔，則危險甚多。胃癰內潰，則藉嘔以自療，故不可抑止之，且宜暫時絕食，以期膿盡瘡口自愈，雖活血清涼劑亦不可妄投。以飲食入胃，必起蠕動而營消化，則瘡口不易癒合，當膿未盡之時，可用排膿湯，助其排膿。

第十二節　陽明病預後

一、汗出自解症

第221條（原203條） 陽明病，欲食，小便反不利，大便自調，其人骨節疼，翕翕如有熱狀，奄然發狂，濈然汗出而解者，此水不勝穀氣，與汗共併，脈緊則愈。

傳統解釋 此承陽明病，若能食，名中風條，釋其自愈之症也。曹穎甫以為風濕在肌．故小便不利，大便自調，骨節疼；能食正氣強，無待藥助，戰勝邪氣，翕熱發狂而汗出自愈。其實則不然，風濕病之骨節疼痛，為經常

之痛，非待發熱發狂時而痛，與本條文義，未能吻合，對脈緊則愈，亦仍陰陽營衞之老調，難如人意。而成無已以爲客熱初入，熱氣散漫，胃雖熱能消穀而未實，故大便自調，小便不利；更引內經食入於陰，氣長爲陽，陽熱消津而水少；又引水入於經，其血乃成；及引金匱陰氣不通則骨疼，說明此骨節疼痛，即水少血弱，陰氣不通之故（此說與生理不合），及陰不勝陽，故狂熱汗出而解；汗出陽氣衰，陰生則脈緊，陰陽氣平則愈。其說脈與骨節痛，亦均未是。但本條既承陽明能食中風而來，其病又大便調，小便反不利，乃邪熱在肌，腸胃無恙，故大便調；熱在肌，熱則耗液，腎臟因節管輸尿以維持體液供應而小便不利；能食正氣强，必待鬱熱發汗而解。發狂者，或作「煩」，鬱熱之甚也。肌附骨節，肌肉有邪，累及骨節，故有骨節痛；狂熱汗出，驅邪於體外，故病解而骨痛亦愈，所謂穀氣勝水，即正氣勝邪之義；脈緊乃愈者，即戰汗時，神經緊張而脈亦緊也，戰慄爲汗出之預兆，故脈緊亦即汗出病解之先聲，故曰脈緊則愈。

科學解釋 陽明本爲熱病，然亦有所謂中寒不能食之胃弱症。故欲食，顯示有不能食之症候；大便調，無痞滿等現象，則雖有胃腸病，亦屬輕微；骨節痛，病毒累及筋骨，其病重在筋骨，而勢趨體表，應以發汗驅毒爲治療原則。若腸胃機能無礙，則營養情形日佳，自然療能日强，產溫積增，內熱甚而精神興旺，故發狂汗出而毒解病愈。發狂汗出，與戰慄增熱汗之作用相同，惟體質之强弱爲異耳。水不勝穀，即邪不勝正之意耳。脈緊則愈，乃戰汗時應有之脈象，生理自救之機能表現也。

二、直視讝語喘滿死症

第222條（原222條） 直視讝語，喘滿者死；下利者，亦死。

傳統解釋 內經曰：邪氣盛則實，精氣奪則虛，讝語者由於邪氣盛，陽明熱甚，上乘於腦，亂言無次，出聲粗壯；鄭聲者，由於精氣奪，心神不能自主，言語重復，聲輕音短也。盛則瀉其邪，虛則補其正，病雖凶而無險。直視者，陽明熱甚，目不灌精，即瞪視也；讝語直視，均係熱盛於內而迫於上，更加喘滿，氣將上脫，故曰死；熱甚於上，津泄於下，陰陽離厥，上脫下竭，故下利者亦死。

科學解釋 譚次仲曰：三臟四變，爲生死輕重之診察法，所謂三臟，即心、肺、腦，所謂四變，即呼吸、脈搏、體溫、腦狀四者之變態。脈搏以候心

，呼吸以候肺，腦狀以候腦，體溫則心肺腦三者均有關。蓋體溫之發生，基於全身細胞之代謝作用，而主宰於腦之調溫中樞，及肺之呼吸，及血液循環。故三臟四變之診察，乃決定萬病生死輕重之唯一要著。呼吸以每分鐘十八次，脈搏以每分鐘七十餘次，體溫以華氏98.6度為常，過與不及則病，甚則危。腦司知覺、運動，亦有常態。若知覺中樞神經之知覺脫失，則為昏睡失神；若過於興奮，則狂妄譫語，而病亟矣。運動中樞神經之失力，則為癱瘓；發力，則瘈瘲，瘈攣、搐搦、而病亦亟。凡病亟，恐不免於死矣。故病侵及心、腦、肺，則不必死；侵及心腦肺，發生四變之太過與不及者，則或死、或不死，因損害之程度而定。本條既有陽明之高熱，累及直視譫語之腦知覺運動二神經，病已危岌，但治得其法，或不至於死；若再加喘滿之肺症，則三臟已累其二，四變已有其三，故曰死。陸淵雷所謂，三者見其一，病則難治；見其二，病則危岌；三俱見，其病則百無一生。故醫學上，有三臟為死門者，良非虛言。然三臟均有機能性病、與器質病之區別。機能性者輕，器質性者重。本條之譫語與直視：譫語多數為腸有燥屎，或高熱，而起之機能性病，下其燥屎，清其熱，譫語則自止；直視則為視神經，動眼神經，滑車神經等麻痺，常因腦底有病灶而起，為器質性病，雖均為腦病，而直視尤危於譫語。但下利為腸胃病，生死之間，甚有出入，且亦未必至死，如本條直視譫語，而更加下利者，則死無疑。

三、亡陽譫語脈短死症

第223條（原223條）　發汗多，若重發汗者，亡其陽，譫語，脈短者死，脈自和者，不死。

傳統解釋　汪琥曰：此係太陽病、轉屬陽明譫語之症。本太陽病，發汗多，轉屬陽明；重發其汗，而亡陽。汗本血之液，陽亡則陰亦虧，津血耗竭，胃中燥實而譫語。脈當弦實洪大為自和；自和者，言脈與症不相背，病雖甚不死。若譫語脈短，為邪熱盛，正氣衰，乃陽症見陰脈也，故主死。或以亡陽為脫陽：脫陽者見鬼，故譫語，以四逆湯急回其陽，大誤之極。柯韻伯曰：亡陽，即津液外越之互辭，誠然。

科學解釋　發汗多，則體內組織間體液喪失亦多，若再發汗，更損其水分，故產溫無法迅速放散，腦溫因之亦高，知覺神經遭受刺激，過度興奮而譫

語；若脈短，心力衰弱，熱甚而心衰，虛脫在卽，興奮强壯之劑不可用，
苦寒解熱之劑亦不可用，故主死。若心力尙强，卽所謂脈自和，尙可以苦、
寒之劑以解熱，故脈自和者不死。

第四章 少陽篇

第一節 少陽病提綱

一、少陽病之主證

第224條（原274條） 少陽之爲病，寒熱往來，胸脇苦滿，口苦，咽乾，
目眩也。

傳統解釋 本條原文，僅「口苦，咽乾，目眩也」，古爲少陽之提綱，其實
則未甚恰當，試觀下列正反二派學說，則可知其梗概矣。

醫宗金鑑云：口苦者，熱蒸胆氣上溢也；咽乾，熱耗其津液也；目眩
者，熱熏眼發黑也。此揭中風傷寒，邪傳少陽之總綱。凡篇中少陽中風傷
寒，卽其此證之謂也。柯琴曰：太陽主表，頭項强痛爲提綱；陽明主裡，
胃家實爲提綱；少陽居半表半裡之位，仲景特揭口苦、咽乾，目眩爲提綱
。蓋口、咽、目三者，不可謂表，又不可謂裡，是表入裡，裡之出表處，
所謂半表半裡也。苦、乾、眩者，人所不知，惟病人獨知，診家所以不可
無問法也。

（以上爲中醫傳統之正面觀念與學說。）

山田正珍曰：少陽篇提綱，本亡而不傳矣。王叔和患其闕典，補以口
舌，咽乾，目眩也。按陽明篇云：陽明病，脈浮而緊，咽燥口苦，腹滿而
喘；可見口苦咽乾，則是陽明屬證，非少陽之正證也。若夫目眩，多逆治
所致，如桂苓朮甘湯，眞武湯證是也，亦非少陽之正證也。況目眩之文，
六經文中，無再見乎？又況柴胡諸條，一不及此等證候乎？蓋少陽者，指
半表半裡之號，如其病證，則所謂寒熱往來，胸脇苦滿，默默不欲食，心
煩喜嘔是也。凡傷寒陽症，其淺在太陽，其深在陽明，其在淺深間者，此
爲少陽，是少陽篇，當在太陽之後，今本論次於陽明後者，依素問之次序

也。

陸淵雷曰：六經病篇之首，各有之為病一條，說者相承，以為本經病之提綱，今覆考之，惟太陽太陰二條，足以賅括本經病狀，堪當提綱之名，其餘四經，頗不為然。陽明之提綱，「胃家實」，是但舉承氣府病，遺却白虎經病。少陰之提綱，「脈微細，但欲寐」，亦不足以盡少陰之病狀，觀其本篇及論中用薑附諸條，可以見矣。厥陰病，自分二種：其一上熱下寒，其一寒熱勝復，提綱亦僅舉其一，遺其一。本條少陽之提綱，則舉其近似之細者，遺其正證之大者，於諸提綱中，尤為無理。夫柴胡湯為少陽正證，說者無異辭，論中柴胡諸條，一不及口苦咽乾目眩等證；驗之事實，柴胡證固有此等證者，然陽明篇中云：「陽明中風，口苦咽乾」；又云：「陽明病，脈浮而緊，咽燥口苦」；苓桂朮甘湯證云：「起則頭眩」，真武湯證云：「頭眩身瞤動」；是口苦咽乾，目眩者，非少陽所獨有，安得為少陽之提綱。

余無言：少陽之病，完全為胸膜，肋膜、膈膜間事，病在胸脇膈膜間，則外有胸骨肋骨，內而胸膜、肋膜、橫膈膜、縱膈膜，皆為病邪侵犯地帶，即中醫所謂之半表半裡也。甚則胸脇間附近之內臟，亦被波及。如侵及脾，則發脾腫，侵及肝膽，則發黃疸。中醫以口苦，為膽氣上溢所致，故以口苦為少陽病。若以半表半裡之義言之，則膽寄肝葉之內，明是內臟，而謂半表半裡，其說不通矣。如以小柴胡湯諸候，所舉之往來寒熱，胸脇苦滿，皆邪在胸脇膈膜之特徵，解剖學上，胸內及兩脇疼痛，因胸膜及肋膜發炎之故，惟此之乾性肋膜炎，與小青龍湯之濕性肋膜炎不同。其發炎部之疼痛，多因深呼吸及咳嗽而加劇，呼吸障礙，患側之呼吸運動緩而且淺，並發無痰之乾咳；倘延及膈膜發炎，則呼吸時劇痛，上列證狀，與中醫所謂之胸脇苦痛正同。而本經文中，不以此類證狀，為少陽胸脇之提綱，而取以口苦，咽乾，目眩三證為提綱，誤矣。須知口苦咽乾二證，非少陽所獨有，凡有寒熱，惡熱者，皆有之。病在太陽，其邪淺，故口苦咽乾微，病在少陽，其邪較深，故口苦咽乾甚；病在陽明，亦有口苦咽乾。若口苦咽乾，為膽氣上溢，則何以不發黃疸，而陽明發黃證，則何以不說少陽病，是口苦咽乾，不得為少陽專有病，亦非純係膽氣上溢也明矣。古醫發黃證，謂濕熱蘊結而成，而言不及膽，但徵之於解剖實驗，確內膽管

發炎，胆汁逆行入血所致。但胆汁與消化系，有莫大之關係，是胆囊之不屬於少陽也，又可知。目眩一證，凡屬於往來寒熱者，皆有之，故瘧疾之寒熱往來，亦有是證，故此三證，均不能認爲少陽胸脇膈膜之主徵，故以往來寒熱，胸脇苦滿爲提綱，方爲合理，故特補之。

以上爲糾正錯誤，反對派之學說。

科學解釋 少陽證，即胸脇膈膜間病炎證及淋巴運行障礙之代名詞，以柴胡湯爲主治，可以明證。故少陽之提綱，應改以「寒熱往來，胸脇苦滿」爲當，口苦，咽乾，目眩，爲熱性病常有之證狀，尤以高熱時爲甚，實不足以爲少陽獨有之徵，上陸余二氏之說可參。改本條增補「寒熱往來，胸脇苦滿」

二、傳陰證

第225條（原280條） **傷寒六七日，無大熱，其人躁煩者，此爲陽氣入陰故也。**

傳統解釋 本條註家，約分二派，其一爲太陽病，轉入陽明，陰陽二字，作表裡解，謂胃承氣湯證也；另一爲少陽證，進入三陰，躁煩者，陰躁也，陽病入陰，故謂陽去入陰也，參考下條三陰不受邪也而論，本條當以後說爲是。

科學解釋 煩爲心中灼熱，躁爲手足擾亂，爲苦悶不安之現象。熱病苦悶者，若非高熱，即爲心力衰弱，此證身無大熱而躁煩，諒非高熱之所至，而是心力衰弱之結果，心力衰弱即是陰證，所謂陽去入陰者，即陽性病，機轉爲陰性病也。

三、不傳陰證

第226條（原281條） **傷寒三日，三陽爲盡，三陰當受邪，其人反能食而不嘔，此爲三陰不受邪也。**

傳統解釋 傷寒三日，三陽爲盡，三陰當受邪，此雖素問熱論篇之語意，然事實上，亦有如此者。傷寒三日，可作三候而論，第一候屬太陽，第二候進至陽明，第三期進至少陽病期。三候期盡，當參其現證，以察病變，若其人嘔而不能食，則病傳太陰；若其人脈微細，但欲寐，則病傳少陰也。若其人反能食而不嘔，乃陽明少陽之證罷，而不傳變爲虛寒之證，故曰三陰不受邪。玉函無此條，劉棟謂後人所攙，亦不爲無理。

科學解釋 按日傳經，註家多非之，惟熱性病之發展，恒有定期，現代醫學上，咸公認之。凡熱病之終結，非必有衰弱之趨勢，即所謂入陰也，然亦多熱而自愈者，即所謂三陰不受邪也。能食而不嘔，顯示消化機能已恢復，病毒已去，而不致於不良之轉歸也。

四、脈小自愈證

第227條（原282條） 傷寒三日，少陽脈小者，欲已也。

傳統解釋 成氏曰：大則邪至，小則平，傷寒三日脈當弦緊，今脈小，邪氣微而病欲已也。三日可作三候看。

科學解釋 熱性病，進至少陽證第三期，熱勢已微，而脈搏亦細弱者，邪熱之毒已去，而心力亦衰，若消化吸收機能無恙，營養情形，日見良好，則正復而病欲去矣。若熱甚而脈小，則病毒盛而心力衰，勢有不良之轉歸，豈能欲已也哉，臨證之際，尚須熱察。

第二節　少陽中風證

第228條（原275條） 少陽中風，兩耳無所聞，目赤，胸中滿而煩者，不可吐下，吐下則悸而驚。

傳統解釋 少陽中風，山田正珍以中風為外邪之總稱，非傷寒中風之中風也；余無言以少陽病，兼惡風發熱自汗之謂；金鑑喻昌等，亦均謂從中風中得來。千古以來，無出以上三派學說；其均干介難通，適於彼而教於此，均非確論也。考傷寒論六經篇，每經均有中風一條，若謂外邪之總稱，則三陰為直中外邪耶？抑由三陽傳變而至耶？若謂直中，則證均欲愈，豈直中反欲愈矣？非也。若謂傳變，乃由體質與病變之不同，無固定之特徵，何以必曰中風，此說亦不通。若謂即中風證，或從中風中得來；則在太陽，果有傷寒中風之殊；在陽明亦有中寒中風之分；在少陽亦有傷寒中風之名；唯三陰證，則邪隨體質而異，何則專為中風之特徵，事實上，有所不能，亦前所未言也。且三陰病，例少發熱惡風自汗之表證，治罕發汗解表，則所舉中風，究何所指焉！熟思所謂中風者，即熱性病之代名詞而已。故太陽中風，其症尚輕，可用桂枝以釋表；陽明中風，其熱已深，故用苦寒泄熱；少陽中風，其熱勢在太陽陽明之間，故僅用柴胡以清解，而不發

汗攻下也。太陰中風，少陰中風，厥陰中風，均爲虛寒衰弱之陰性病證，轉爲熱性，正氣恢復之陽性病症，有向愈欲解之表徵也。試觀三陰中風三條，均曰欲愈，即可明證也。至兩耳無所聞，目赤，乃熱勢冲於上，而乘於空竅也；胸中滿而煩，亦胸脇苦滿之輕症耳，此乃胸肋膜炎證之所致。其病邪不在胃腸，故不可吐下，吐下均傷腸胃，兼損心，腦，故虛則悸而驚矣，言外之意，以小柴胡湯治之可也。

科學解釋　本條少陽中風證，爲胸脇膜炎之熱性病。以胸肋膜發炎，故胸中滿而心煩；兩耳無聞，目赤，爲炎證之餘波，累及耳目組織所致。其病原在於胸肋膜，而不在腸胃，故不可吐下。吐下徒傷腸胃機能，衰弱心力，神經不安，而發悸驚也。

第三節　少陽病和解法

小柴胡湯正證㈠

第229條（原200條）　**傷寒五六日中風，往來寒熱，胸脇苦滿，默默不欲飲食，心煩喜嘔；或胸中煩而不嘔，或渴，或腹中痛，或脇下痞硬，或心下悸，小便不利，或不渴，身有微熱，或欬者，小柴胡湯主之。**

傳統解釋　傷寒或中風，五六日間，病發熱止而惡寒來，寒熱交作。因病入少陽半表半裡，正勝則發熱，邪勝則惡寒；邪自表入裡，結於胸脇之膜間，中氣不舒，故心煩喜嘔，精神鬱悶，默默不欲食，此爲少陽之主證。或字以下，則爲不必悉具之兼證，或邪結於胸中較輕，不及於胃，故胸中煩而不嘔；邪爲熱化，故或渴；病及腸胃，故腹中痛；邪結於脇下，故脇下痞硬；邪及心腎二臟；故心下悸而小便不利；邪輕出於表，故不渴，身有微熱，邪迫於肺，故咳。總之，邪在少陽半裡半表之間，不可吐下，僅以小柴胡湯和解爲治也。

科學解釋　傷寒或中風，均爲急性熱病，五六日，爲第一定期屆終，將進入第二定期之時，病見發熱已惡寒作，寒熱交替出沒，爲病入少陽之現象。即所謂半表半裡，不可汗下之證，瘧疾其代表型。但有稍異者，即發作不如瘧疾之有定時。胸脇苦滿，即肋骨弓下，有困悶之自覺症，或觸診時，覺肋骨弓下有抵抗之他覺證？胸脇之所以苦悶，不在肝脾胰三臟腫大，而

在胸脇淋巴腺之腫硬，乾性胸膜炎，即其代表性（但滲出性胸膜炎，爲十棗湯證，非小柴胡湯證，切宜注意）；嘿嘿不欲食，心煩喜嘔，皆因病毒蓄積於胸肋膈膜之間，且有炎證，影響心神及胃機能之故；以上爲小柴胡湯之主證，以下列舉或然證，而示本方應用之廣，雖有兼證，稍爲增減對證之品，亦可應用也。胸中煩而不嘔，其炎證尚輕，毒勢未延及胃脘，故加苦寒之括蔞實，以助黃芩以消炎；不嘔故去制分泌之半夏，健胃之人參；渴爲熱盛而津液少，加人參及括蔞實，因人參有增加消化腺分泌作用，括蔞實爲苦寒劑，中醫慣用二味以止渴，半夏有制分泌作用，故去之；腹中痛，病毒涉及腸胃神經，加芍藥以活血，並和緩腸粘膜刺激，黃芩苦寒無止痛作用，且有害於腸胃故去之；脇下痞鞕，即肝脾腫大，肋弓下觸診可得，加牡蠣，以收歛之，牡蠣屬鈣質，於慢性瘧疾及炎腫等證，頗有效，去大棗，以其壅滯也；心下悸，小便不利，病在泌尿器，故加茯苓以整理腎臟機能，水利則心悸自止，黃芩苦寒，恐益弱心力，故去之；不渴，身有微熱，而無寒熱往來，病毒輕，集於體表，故加桂枝以解熱，內臟毒微，且不渴，毋須人參之生津提神，故去之；咳證，仲景治法有二，一爲辛溫祛痰法，以干薑爲主；一爲甘潤降輯法，以麥多葦莖爲主，本方去人參大棗生薑，加五味子乾薑者，用第一法。

方七三　小柴胡湯

柴胡半斤　黃芩三兩　人參三兩　甘草炙三兩　半夏洗半升　生薑切三兩
大棗擘十二枚

右七味，以水一斗二升，煮取六升，去滓，再煮取三升，溫服一升，曰三服。

加減法：若胸中煩而不嘔，去半夏人參，加括蔞實一枚。

若渴者，去半夏，加人參，合前成四兩半，及括蔞實四兩。若腹中痛，去黃芩，加芍藥三兩；若脇下痞鞕，去大棗，加牡蠣四兩；若心下悸，小便不利者，去黃芩，加茯苓四兩，若不渴，身有微熱，去人參，加桂枝三兩，溫覆取微汗愈。若欬者，去人參大棗生薑，加五味子半升，乾薑二兩。

方解　柴胡配黃芩清解表裏寒熱，保肝抗炎爲本劑主藥，半夏、生薑輔主藥以健胃止嘔；人參補氣，扶正以祛邪；炙草、大棗健脾和胃，故可祛邪與扶正兼顧。柴胡有解熱抗炎作用，既能減少炎性滲出，又能抑制肉芽腫

，疏解淋巴壅滯；黃芩解熱功效顯著，亦能抑制流感病毒及抗菌，並能降低毛細血管之通透性，抗過敏性浮腫及炎證；人蔘能興奮中樞神經，減輕疲乏感，增強網狀內皮系統之吞噬功能，提高機體抗病能力，共奏減輕機體對入侵病原體產生反應，又能促使紅細胞，及血色素增加。生薑促進消化，增加食慾，製半夏有較強之鎮吐功能；柴胡、甘草、黃芩均有明顯之抗實驗性肝損害作用，故能保肝。則本方有廣泛之抗菌抗炎功能，及緩解機體對入侵病原體產生之反應，有明顯之解熱、抗炎及健胃、鎮吐、保肝、利胆、鎮靜等多種功能。爲廣泛應用於臨床之藥理依據。故不論感冒、流感、急慢性枝氣管炎、瘧疾、肺結核、急性菌痢、急性腸胃炎、泌尿感染、急性中耳炎、神經衰弱、腦震盪後遺證、潰瘍病、肝脾腫大等，以證屬少陽爲準，隨證加減，均有療效。

藥解

六四　柴胡之藥效

(1)性味：味苦、微寒、無毒，有特異芳香。

(2)成分：含肥皂草素，柴胡酮和植物固醇等。

(3)藥理：大劑量、能急速退熱，並阻止瘧疾原蟲之發育而撲滅之。對流感病毒，結核桿菌及鈎端螺旋體，均能抑制。更有抗炎，既能減少炎性滲出。又能抑制肉芽腫。

(4)主治：爲清涼性解熱劑，適用於寒熱往來，胸脇苦滿，瘧疾及潮熱，並治傷寒等傳染病之弛張熱。此外用於神經官能性疾病，抑鬱易怒，婦女官能性月經不調，精神不安寧。

(5)備考：以本品配黃芩、甘草爲基礎，加荊芥、防風，可治感冒；加銀花、連翹、板藍根治流感；加茯苓、陳皮、紫菀、多花治慢性枝氣管炎；加地骨皮、胡黃連、百部治肺結核；加枳實、白芍、茵陳、金錢草治黃疸型肝炎及胆道感染；加葛根、木香、黃連治急性菌痢或急性腸胃炎；加白芍、龍骨、牡蠣、赭石治神經衰弱及腦震盪後遺證等。

前賢學說

(1)湯本求眞曰：但自往來寒熱，至心煩喜嘔止，爲本方之正證，或字以下，即其所兼證，不問其兼與不兼，皆得以小柴胡湯主之。蓋人體有虛有實，有老有少，有宿疾，無宿疾，故邪氣所留之處雖同，而所兼各證不

一，故其種種不同有若此者。

(2)陸淵雷曰：仲景之三陽，皆視抗病力所在而爲之界說，太陽爲在表在上，陽明爲在裡在下，而少陽自昔稱爲半表半裡。所謂半表半裡者，非半表半裡之謂，謂在表裡上下之間；故太陽證在頭項，在軀殼、頭項爲上，軀殼爲表；陽明證在腸在腑，腑爲裡，腸行大便爲下；而少陽證在胸脇，在胸膜，若膈膜，胸脇與膈膜，爲上下之間，胸脇爲表裡之間也。腹膜不屬少陽者，位已近下，雖在表裡之間，不在上下之間故也。

(3)島壽曰：半表半裡者，不表不裡，正在表裡之間。又有表裡俱見者，不與此同。夫表裡兼見者，有頭痛發熱惡寒之表證，而復有口舌乾燥，腹滿之裡證，非若半表半裡，寒熱往來，胸脇苦滿等證也。

(4)蘇沉良方曰：此藥（即本方）傷寒論主數十證，大要其間有五證最的當，服之必愈。一者，身熱，心中逆，或嘔吐，可服；若渴飲水而嘔者，不可服，身體不溫熱者不可服，二者，寒熱往來可服。三者，發潮熱可服。四者，心煩脇下滿，或渴，或不渴，皆可服。五者，傷寒已瘥後，復發熱者可服。

(5)醫方口訣：小柴胡湯，余常用之，其口訣凡六：傷寒半表半裡證，加減而用之，此其一也；溫瘧初發，增減而用之，其二也；下疳瘡，又便毒囊癰等類，凡前陰之疾，皆用爲主劑，其三也；胸脇痛，寒熱往來，因怒爲病之類，凡屬肝胆者，皆用爲主劑，其四也；寡尼室女，寒熱往來，頭痛胸脇牽引，口苦，經候失常者，似瘧非瘧，似傷寒非傷寒，此熱入血室也，以此方爲主藥，隨見證而佐使用之，其五也；古書治勞瘵骨蒸，多以本方加秦芃必甲等藥主之，此其六也。

(6)古今醫統曰：張仲景著傷寒論，專以外傷爲法，其中顧及脾胃元氣之秘訣，世醫鮮有知者，觀其少陽證之小柴胡湯，用人蔘，則防邪氣之入三陰，或恐脾胃稍虛，邪氣乘入，必用人蔘甘草因脾胃以充中氣，是外傷未嘗非內因故也。可見仲景之立方，神化莫測，或者只以外傷是其所長，內傷是其所短，此誠瞽論也。

(7)柯氏曰：小柴胡湯，爲脾家虛熱，四時瘧疾之聖藥。

(8)直指方：小柴胡湯，治男女諸熱出血，血熱蘊隆，於本方加烏梅。

(9)陸氏曰：人以柴胡爲升提發汗之峻劑，不敢使用，此風自潔古東垣至今

，天下滔滔皆是。夫大論以目眩爲少陽證，孫眞人，以柴胡治產後得風頭痛，楊仁齋以柴胡湯治諸熱出血，由是觀之，柴胡豈升提藥哉。仲景於少陽禁汗而獨任柴胡，則柴胡豈發汗藥哉，耳食盲從，不學不思，良可嘆也。又曰：傷暑發大熱，頭痛自汗，咽痛，煩躁，腹中熱，諸藥無效者良佳。又曰：咽乾，喉塞，亡血家，淋家，衄家，瘡家，動氣，並不可汗等證，皆用此湯，用以發汗禁證之救治。

(10)傷寒緒論：傷寒盜汗，責在半表半裡，爲胆有熱也，專用小柴胡湯。或加石膏。

(11)得效方：小柴胡湯治挾嵐嶂溪源蒸毒之氣。自嶺以南，地毒苦炎，燥濕不常，人多患此狀，血乘上焦，病欲來時，令人迷困，甚則發躁狂妄，亦有瘂不能言，皆由敗毒瘀心，毒涎聚於脾所致，於此藥中，加大黃，枳売各五錢。

(12)陰濟綱目：小柴胡湯，治婦人風邪，帶下五色，係熱入血色之變態。

(13)正體類要：小柴胡湯，治一切撲傷等證，因肝胆經火盛作痛，出血、自汗，寒熱往來，日脯發熱，或潮熱身熱，咳嗽發熱，脇下作痛，兩胠痞滿者。

(14)湯本求眞：小柴胡湯以胸脇苦滿爲主證，診察之法，令病人仰臥，醫以指頭從其肋骨弓下，沿前胸壁裡面，向胸腔按壓，觸知一種抵抗物，而病人覺壓痛，即是小柴胡湯之腹證。然則胸脇苦滿之者，當是肝脾胰三臟之腫脹硬結矣。然肝脾胰並無異狀，而肋骨弓下，仍有抵抗物觸知者，臨床上所見甚多，是必有他種關係。以理推之，殆該部淋巴腺之腫脹結硬也。何則？凡以肋骨弓下抵抗物爲主證，而用小柴胡湯，治腦痛，五官器病、咽痛、呼吸器病，胸膜病，心臟病，腸胃病，以及肝、脾、胰、腎、子宮等病，其病漸愈，則抵抗物亦從而消縮，據經驗之事實，以推其病理，除淋巴系統外，無可說明。蓋上述諸臟器中，一臟乃至數臟之原發病變，其毒害性物質，由淋巴及淋巴管之媒介，達於膈膜上下，引起該部淋巴腺之續發病變，使之腫脹硬結也。仲師創立小柴胡湯，使原發續發諸病，同時俱治，而以續發之胸脇苦滿爲主證者，取其易於觸知故也。

(15)陸淵雷：藥治之原則，在利用人體之天然抗病力，而順其趨勢，症在上

在表者，勿抗力欲外達，故太陽宜發汗；證在下在裡者，知抗力欲下奪，故陽明宜攻下；至於證在表裡上下之間，則抗力之趨勢不可知，故汗吐下諸法，皆禁施於少陽。夫陽病祛毒之治，除汗吐下，更無他法；汗吐下俱禁，則少陽之藥法，幾於窮矣。獨有柴胡一味，專宜此病，徵諸實驗，若服柴胡劑之當，有汗出而解者，有微利而解者，非柴胡兼有汗下之功，特能扶少陽之抗力，以祛除毒害物質耳。亦有不汗不利，潛然而解者。昔賢因稱柴胡爲和解劑，意者，柴胡特能產生少陽之抗毒力，與毒害物質結合，而成無毒之物，故不假祛毒，而病自愈歟！小柴胡湯之主藥柴胡，專治胸脇部及胸膜膈膜之病，又能抑制交感神經之興奮，能疎滌淋巴之壅滯。神經證，古書稱肝，其興奮過度者，又稱爲胆，肝胆藥，又稱少陽藥。主藥柴胡，及不足輕重之副藥，甘草大棗而外，芩蔘薑夏，皆胃藥，胃隣按胸膈，受胸膈病之影響最大故也。然其與柴胡相任，必有特殊之效，愧余未能探索耳。

(16)餐英館治療雜話：此方應用極廣，不僅傷寒半表半裡證而已，萬病寒熱往來者，古人亦云價值千金·應用之目的，即胸脇苦滿是也。瘧疾，寒熱各半者，與桂枝湯合用有效。風勞證，寒熱往來，或祗發熱咳嗽，自汗或盜汗等證者，加秦艽鱉甲誠妙。婦人經水不調，發寒熱爲瘧，或因怒而病者，加香附子青皮木香妙，徐春甫合四物湯，名柴物湯，余曾經驗，治一婦人，月事不順，小腹結塊，時痛時止，三四年不愈，迭用攻血之劑無效，余用柴物湯下穢物而愈。又婦人耳鳴，手足麻痺疼痛之證，以小柴胡加桂枝湯，再加大黃，有大效。又小兒感風，表證已去大半，餘熱未清，大便不利，煩渴者，用小柴胡湯加大黃。夜靜晝熱者，熱在氣分，小柴胡湯加山梔黃連知母地骨皮。晝夜俱熱者，熱在血分，小柴胡合四物湯。又伏暑發熱，汗出而渴，不語者，暑入心胞絡也，小柴胡加茯苓等有特效。

(17)傷寒蘊要：小柴胡湯之近代名醫加減法曰：若胸膈痞滿，或胸中痛，或脇下痛者，去人蔘，加桔枳各二錢，名柴胡枳殼湯；若胸中痞滿，按之痛者，去人蔘，加蔞仁三錢，桔枳各二錢半，黃連二錢，名柴胡陷胸湯；若弦虛，發熱口乾，或大便不實，胃虛不食者，加白朮芍藥茯苓各一錢半，名參胡三白湯；若發熱煩渴，脈浮弦數，小便不利，大便泄利者

，加四苓散而用之，名柴苓湯；若內熱頗甚，錯語心煩不眠者，加黃連黃柏山梔仁各一錢，名柴胡解毒湯。

(18)本草權度：玉莖挺長者，亦濕熱也，加連於小柴胡。

(19)萬病回春：小柴胡加靑皮山梔，治胸肋脹痛，喘咳吐痰。

前賢治驗

(1)醫方口訣集：坂陽一室女，病瘧，熱多寒少，一醫投藥而吐，一醫投藥反泄，請余治時，瘧利並作，且嘔，脈之但弦，投以本方加芍藥，未至五帖，諸證並瘳，此瘧與腸胃炎，故有速效。

又一寡婦，不時寒熱，脈上魚際，此血盛之證也，本方加地黃治之而愈。

又一室女，年十四，天癸未至，身發赤斑而癢痛，左關脈弦數，此因肝大盛，以本方加生地山梔丹皮而愈。

(2)建殊錄：一賈人，面色紫潤，掌中肉脫，四肢癢痛，衆醫以爲癩疾，處治皆無效。先生診之，胸脇煩脹，心下痞硬，作小柴胡湯及梅肉丸雜進，數十日掌肉如故，紫色始退。

又京師某孩，年十四，通身洪腫，心胸煩滿，小便不利，脚殊濡弱，衆醫無效，先生診之，胸脇苦滿，心下痞硬，四肢微熱，作小柴胡湯飲之，盡三服，小便快利，腫脹隨減，未滿十劑而全愈。

(3)成績錄：一男子，患耳聾，脇下鞕，時時短氣，發則冒昏不能言，兩脚攣急，不能轉側，每月一二發，先生診之，投小柴胡湯，兼以硫黃丸而愈。

(4)古方便覽：一男子，年四十餘，初手背發毒腫，愈後，一日忽發寒熱，一身面目浮腫，小便不通，余診之，心下痞硬，胸脇煩脹，乃以小柴胡湯及平水丸雜進，小便快利而愈。

又一婦人，心中煩亂，口燥，胸脇苦滿，不能食，數日，兩目盲，余作小柴胡湯及芎黃散與之，月餘漸復明，諸證全退。

又一女子，年十八，咳嗽吐痰，氣上衝，頭目昏眩，四肢倦怠，心志不定，寒熱往來，飲食無味，日就瘦而不愈，一年所，衆醫皆以爲勞療，余診之，胸肋煩脹，乃令服小柴胡加桂湯，及滾痰丸，三月許而收功。

又一男子，年三十，患傷寒，四肢逆冷，攣急而惡寒，其脈沉微，欲

斃。諸醫投以參附劑無效，余診之，胸脇苦滿，乃與此方二三劑而應，其脈復續，服二十餘劑，全愈。

(5)原南陽曰：瘰癧亦爲勞形，蓋合病者，同爲死證也。此亦瘀血之因，雖不與勞倂病，亦有死者。馬刀瘡，瘰癧之形狀，耳下及頸項處，累累歷歷凝結於皮膚之內，此凝結，俗名痰核同，無底根淺，此非因痰之故，皆由瘀血結於絡中，小柴胡加石膏湯有神效。

(6)生生堂治驗：一男子，年三十餘，患咳嗽吐血，經數醫不愈，其證寒熱時作，咳逆不止，時時吐血，倚床高枕，不得仰臥安眠，脣燥舌白，脈浮數大無力，精力脫乏，胸部動甚，余以小柴胡湯，小陷胸湯合方，加桔梗，晝夜使服六帖，十日許，血止，寒熱咳嗽大減，又一旬，至近邊散步，再發寒熱，咳嗽，吐血頗多，此次復發，恐不能治愈，仍用前方瀉心湯，交互服之，咳嗽漸減，熱亦漸退，血亦漸止，五旬許全癒。

小柴胡湯正證㈡

第230條（原太陽篇104條）　**傷寒四五日，身熱惡風，頸項强，脇下滿，手足溫而渴者，小柴胡湯主之。**

傳統解釋　錢璜曰：身熱，頸項强，皆太陽表證也；脇下滿，邪傳少陽也；手足溫而渴，知邪未入陰（亦即柴胡證之渴有微熱也）。以太陽表證言，似當汗解，然脇下已滿，是邪氣已入少陽，仲景原云：傷寒中風，有柴胡證，但見一證便是，不必悉其。故雖有太陽未罷之證，汗之則犯禁例，故仍以小柴胡湯主之。但小柴胡湯，當從加減例用之，太陽表證未除，宜去人蔘加桂枝；脇下滿，當加牡蠣，渴則去半夏加括蔞根爲是。又外台引傷寒論本條亦云：小柴胡湯主之，而其方，則柴胡桂枝乾薑湯也。蓋從加減例而改易者，與錢氏相符。

科學解釋　身熱惡風頸項强，適用解熱劑，脇下滿，則必用柴胡之特效藥，不得以桂枝、麻黃、梔子、石膏，地骨皮等所能代替。手足溫而渴，爲發熱證之常有現象，若熱退，則諸證悉除矣。故以小柴胡湯主之。惟柴胡不中與條之脇下苦滿，係二三下後，誤傷胃氣，因病理戟刺之所致，故不得以柴胡湯爲治；此未經汗下，病勢自然之轉變，故雖無柴胡必具正證，仍得用柴胡湯以治之。

前賢學說

⑴丹波元堅曰：身不熱而手足溫者，非柴胡證；身熱而手足溫者，乃柴胡證。

⑵湯本求眞曰：頸項强者，乃自肩胛關節部，沿鎖骨上窩之上緣，而顳顬骨乳突起部攣急之謂也。故與葛根湯之項背强，大有區別，此臨床上重要之點，不可忽他。

⑶陸氏曰：手足溫，手足熱也，乃病人自覺證也。

小柴胡湯正證㈢

第231條（原厥陰篇391條）　嘔而發熱者，小柴胡湯主之。

傳統解釋　成無已曰：嘔而發熱者，柴胡證具。且本論曰：有柴胡證，但見一證便是，不必悉具，故本條見嘔而發熱，即主以小柴胡湯也。劉棟曰：柴胡正證中，寒熱往來爲一證，胸脇苦滿爲一證，默默不欲食爲一證，心煩喜嘔爲一證，四證中，但見一證，即當服柴胡，其他各證，不必悉具。而湯本氏增嘔而發熱爲證，諸黃腹痛而嘔者，亦爲一證，而諸證中，尤以胸脇苦滿爲確。

科學解釋　柴胡具解熱理胃之功，故嘔而發熱者，用之爲當，其他詳前數條。

二、小柴胡湯適應證㈠

第232條（原太陽篇105條）　傷寒，陽脈濇，陰脈弦，法當腹中痛者，先與小建中湯；不差者，小柴胡湯主之。

傳統解釋　汪琥傷寒辨註曰：此條乃少陽病兼挾裏虛之證。傷寒脈弦者，弦本少陽之脈，宜與小柴胡湯，玆以陰脈弦，而陽脈則濇，此陰陽以浮沉言，脈浮取之則濇而不流利，沉取之亦弦而不和緩，濇主氣血虛少，弦主寒痛，法當腹中急痛，與建中湯者，以溫中補虛，緩其痛而兼散其邪也。先溫補矣，而弦脈不除，痛猶未止者，爲不差；此爲少陽經有留邪也，後與小柴胡湯去黃芩，加芍藥以和解之。蓋腹中痛，亦柴胡證中之一候也。

　　發秘曰：傷寒不嘔而腹中急痛者，宜先與小建中湯，以緩其急；傷寒嘔而腹微痛者，宜小柴胡湯，故曰：嘔家不可用建中湯是也。先字有試意，權用之義也。

科學解釋　腸中急痛之原因雖多，不外乎病毒之直接刺激神經，而使腸蠕動過盛；或因組織間毒害物質之阻塞，循環障礙，間接刺激神經所致。小建中湯爲芳香辛辣及甘味熱性劑，有和緩平滑肌痙攣作用。依據中醫脈學之

觀念，瀰爲氣血衰弱，弦主寒痛，顯示腹內虛寒，故腹中急痛。可能爲病毒直接刺激於腸神經，使之蠕動加甚；用小建中湯，直接和解平滑肌之痙攣以止痛。如不差，或係毒害物質，間接影響所致，故用小柴胡湯，清除腸系間淋巴之障礙，通暢循環，而病痛自止。同時小建中湯爲健胃劑，柴胡湯亦有健胃作用，故均可用於腹痛耳。（小建中湯方見太陽篇）

小柴胡湯適應證㈠

第233條（原太陽篇107條）　**凡柴胡湯病証而下之，若柴胡証不罷者，復與柴胡湯，必蒸蒸而振，却復發熱汗出而解。**

傳統解釋　凡柴胡湯證，而醫者不與柴胡湯以和解，反以他藥下之；若不變生他證，而柴胡證仍在者，雖下之、不爲逆，可復與柴胡湯以解之。但因誤下，正氣已傷，藥力必藉正氣而抗邪外出，正氣弱，故必先寒而慄，然後復發熱汗出而解，此即所謂戰汗而解者，虛故也之意耳。

科學解釋　古云：：少陽症，在半表半裡，不可汗下，只宜和解，以小柴胡湯爲主劑。其實，柴胡亦爲解熱發汗之劑，如本條復發熱汗出而解，即是明證。惟解熱劑藥理雖同，而藥性各異，更因配佐不同，雖同爲解熱之劑，而其作用亦殊、此所以往來寒熱之多宜柴胡劑之故也。至前人所謂柴胡爲寒熱往來之特效者，亦言過其實。本條之柴胡證，不因下後變壞，柴胡證仍在，故仍可與柴胡湯以解熱。視其復發熱，可見中有間歇，即爲間歇熱型甚明。得湯蒸蒸而振，復發熱汗出而解者，證之於生理學，確乎符合。當人罹疾，必有部份機能失調，更加誤下，以損胃腸，營養分吸取不足，生理上代謝功能衰減、病勢之蔓延滋長，反將盆烈，雖得藥力之助，以撲滅或和解毒素，但機能衰弱，自然療能不足，肌表之病毒，在體內既不能完全和解，勢必藉產熱蒸汗而驅毒於體外。衰憊之機能，雖得藥力，仍不足產足量之體溫，蒸發水分作汗，則必藉生理上自然之反射，使全身肌肉之收縮振動，加強產熱之機能，若產熱足量自然蒸汗而解。如生理上寒振之結果，仍不足以產熱發汗，則病毒之在體內，永無排泄之機會，毒氣盆烈，生理機能盆弱，終至完全喪失而死亡，古醫所謂「戰而汗不出者死」，確有至理。

前賢學說

　(1)傷寒證治明條：凡傷寒疫病戰汗者，病人忽身寒鼓頷戰慄，急與薑半湯

熱飲，以助其陽，須臾戰定，當發熱汗出而解。或有病人惡熱，盡去衣被，逆閉其汗，不得出者，當以生薑豆豉紫蘇等發之。有正氣虛，不能勝邪，作戰而無汗者，此爲難治。若過半日，或至夜而有汗，又爲愈也。如仍無汗而神昏，脈漸脫者，急以人蔘薑棗煎服以救之。又有老人虛人，發戰而汗不行，隨戰而昏悶，不知人事，此正氣脫，而不復甦也。又云：余見疫病，有五六次戰汗者，不爲汗也，盍邪氣深，不得發透故耳。又有二三次復舉者，亦當二三次作戰，汗出而愈。

(2)醫林繩墨：應汗而脈虛弱，汗之必難，戰不得汗，不可强助，無汗卽死，當戰不得用藥，用藥有禍無功，要助其汗，多用薑湯。

(3)疫溫論：應下失下，氣消血消，卽下亦作戰汗，但戰而不汗者危。以中氣虧微，但能降陷，不能上升也。次日當期復戰，厥回汗出者生，厥不回，汗不出者死，以正氣脫，不勝其邪也。戰而厥回無汗者，眞陽尙在，表氣枯也，可使漸愈。凡戰而不復，忽痙者，必死。痙者身如尸，牙關緊，目上視。凡戰不可擾動，但可溫覆，擾亂則戰而中止，次日當期復戰。又云狂汗者，伏邪中潰，欲作汗解，因其人禀賦充實，陽氣冲擊，不能頓開，故忽然坐臥不安，且狂且躁，少頃，大汗淋漓，狂躁頓止，脈靜身涼，霍然而愈。

(4)證治要訣：病六七日，至寒熱作汗之頃，反大躁擾，復汗而解，蓋緣候至之時，汗已成而未澈，或當其躁擾，誤用冷藥，爲害非輕，不可不審也。

前賢治驗

(1)續醫說引王止仲文集云：一人病傷寒碁月，體兢兢而振，齒相擊不能成語，仲賓以羊肉斤許熟之，取牛大欑，別以水煮良久，取汁一碗，與病人服，須臾戰止，汗大出而愈。

小柴胡湯適應證(三)

第234條（原 277、278 條） 本太陽病不解，轉入少陽者，脇下鞭滿，乾嘔，不能食，往來寒熱，尚未吐下，脈沉弦者，與小柴胡湯，若已吐下發汗溫鍼，讝語，柴胡証罷，此爲壞病，知犯何逆，以法治之。

傳統解釋 太陽病不解，而傳少陽，脇下鞭滿，乾嘔，不能食，往來寒熱，未經吐下，爲病證自然演變，小柴胡湯證也，故可與小柴胡治之。脈沉係

太陽之邪入裡，緊當從金鑑之說，以弦爲妥。若已經發汗吐下，柴胡證不復存在，而發譫語，則病入陽明，可用承氣下之；若變其他壞證，按其證，知犯何逆，按法治之，不能以陽明少陽等病目之，其意即隨變而救逆也。

科學解釋　少陽證，應用小柴胡湯治之，若濫用汗吐下溫針，則變證紛起矣，柴胡證未罷者，仍可以柴胡湯治之，若壞證已見，應隨其證而救治，不可膠柱鼓琴，固執成見也。

小柴胡湯適應證㈣

第235條（原太陽篇 156 條）　**傷寒五六日、頭出汗、微惡寒、手足冷、心下滿、口不欲食、大便鞕、脈細者，此爲陽微結，必有表，復有裡也。脈沉亦在裡也，汗出爲陽微，假令純陰結，不得復有外証，悉入在裡；此爲半在裡，半在外也。脈雖沉緊，不得爲少陰病，所以然者，陰不得有汗，今頭汗出，故知非少陰病也，可與小柴胡湯。設不了了者，得屎而解。**

傳統解釋　傷寒五六日，而證見，微惡寒，手足冷，心下滿，口不欲食，脈細者，似屬少陰之證；但大便鞕，頭汗出，又似陽明證，兩相參照，則知陽氣微，而結寒在裡也。所謂表，頭汗微惡寒也；所謂裡，心下滿，大便鞕也。脈雖細而沉緊，與少陰之脈相類似，但少陰證，無單獨頭汗及大便鞕之證，故又非少陰也。觀其證，則半在表，半在裡；治法應醖酌病情緩急，攻表救裡，今以小柴胡湯和解於半表半裡，似非對證之治，但小柴胡湯有升陽解表，和胃調中之功，則輕微之表證可除，而虛寒之裡證，恐難全治，故有不了了之設。若裡得和，屎下而解，此即先用柴胡，而後專救裡之旨。前賢多以本條脈細以下，可與柴胡湯以上，所說病理，殊多乖誤，恐係後人誤入而刪之，其說理不符之處，如「陰不得有汗」，查少陰篇，脈陰陽俱緊，反汗出者，亡陽也；汗出不煩；嘔而汗出。厥陰篇，大汗若大下利；有微熱汗出；汗出而厥；皆是陰證汗出之明文，何得謂陰不得有汗也。且此證用小柴胡湯，亦未適當，故疑者多之。

科學解釋　傷寒五六日，發熱惡寒汗出，爲傳染病初期之通候；心下滿，口不欲食，大便鞕，爲續發腸胃證，脈細者，爲心力衰弱也；理宜桂枝湯解熱而健胃，並強壯心力，其所以用小柴胡湯者，因大便鞕，非虛憊衰竭之兆，且柴胡亦有調胃之功。否則，有心力衰弱之傾向而不用辛熱強壯之桂枝劑，而用清涼之柴胡劑，豈不懼壓心之副作用乎？但即須用小柴胡湯主

治，仍應從加減法爲用。但本條見證處治，仍多可議之處，容後再詳考正。

前賢治驗

(1)本事方：有人患傷寒，五六日，頭汗出，手足冷，心下痞悶，大便秘結，或者見四肢冷，又汗出滿悶，以爲陰證，予診其脈，沉而緊，此證誠可疑，然大便結，非虛結也，安得以陰脈，雖沉緊爲少陰，多是自利，未有秘結者，此正半表半裡，投以小柴胡湯得愈。仲景稱傷寒五六日，頭汗出云云，此疾證候同，故得屎而解也。

(2)古方便覽：一男子，年三十，患傷寒，四肢逆冷攣急，惡寒，其脈沉微，已垂斃矣。經投參附劑無效，余診之，胸脇苦滿，乃與小柴胡湯二三劑而應，其脈復續，服之二十餘劑而全愈。

前賢學說 陸淵雷曰：觀以上二案，知傷寒經過中，往往有此證候，非偶然一見者，仲景特出此條，所以啟發後人者，周且至矣。雖然頭汗出至脈細者，無一句是柴胡證，仲景何所據而用柴胡也，曰：用藥從主證，小柴胡湯之主證，爲胸脇苦滿，吉益東洞言之諄諄，確不可拔，仲景書不舉主證者，省文耳。抑維其主證，然後可省，省主證而詳他證，所以別嫌疑，定猶豫也。明乎此，然後可讀仲景書，不然，傷寒論三百九十七法，設以熟讀強記爲事，安能泛應萬病而確當哉。

三、柴胡認證法

第236條（原太陽篇106條） **傷寒中風，有柴胡証，但見一証便是，不必悉具。**

傳統解釋 不論傷寒或中風，凡有柴胡正證中之一證，便可用柴胡湯治之，不必諸正兼各證悉具也。所謂正證，劉棟與山田正珍均以爲「寒熱往來，胸脇苦滿，默默不欲飲食，心煩喜嘔，嘔而發熱，寒熱如瘧」等六項。而湯本氏尤以胸脇苦滿最爲的證。然成無已錢璜諸氏，則以所見客證言之，如胸中煩而嘔，渴，腹中痛，脇下痞鞕，心下悸小便不利，不渴身有微熱，欬，各爲一證。程應旄則以少陽卷首之口苦，咽乾，目眩中求之。均非確論。考本論有以胸脇苦滿而施者；胸脇滿不去而施者；脇下硬滿，不大便而嘔而施者；嘔而發熱而施者；寒熱如瘧而施者，則但見一證，確指正證，而非兼證者明矣。

科學解釋 古人缺乏生理病理學識，故僅就疾病之現狀，對症下藥，因便於

學習應用，時有以湯名證，如桂枝證，柴胡證等即是。但對於辨證施法，確有方便之處。所謂見柴胡一證便是，即使人熟習柴胡之主要證狀，不使續發現象，而惑亂處治之方法，殊為重要。但柴胡證之主藥柴胡，兼治之範圍甚廣，除解熱外，尚有理胃平腦之功，佐以他藥，各盡其妙。何以「但見一證便是」，因少陽為樞，外透內侵之地，病見少陽一症，則知病已內傳，即可乘其進行之際，而助少陽之機能，預先疏通三焦淋巴，使裡氣不滯，本身抗力增強表邪自易外透而解矣，故不必柴胡症皆具而後用之。唯柴胡有助嘔之副作用，故用柴胡時，應佐以薑夏等止嘔劑，始能達成功效。

第四節　少陽病禁證

一、少陽病禁證

第237條（原276條）傷寒脈弦細，頭痛發熱者，屬少陽。少陽不可發汗；發汗，則譫語，此屬胃。胃和則愈，胃不和，則煩而躁。

傳統解釋　本條頭痛發熱，當有惡寒無汗等太陽表證，惟其脈不浮而弦細，則太陽之邪，已傳少陽，故見少陽脈也，所謂屬少陽者以此。少陽法禁汗下，長沙恐人僅見太陽之表證，而忽視少陽之脈以汗之，故曰少陽不可汗。山田氏曰：斯時宜與柴胡桂枝湯。若用麻黃湯發汗，則津液內竭，腸胃枯燥，熱勢加劇，下則便結，上則譫語，此為屬胃也。按法以小承氣湯微和胃氣；若病重藥輕，而胃氣不和，則更煩躁矣，可用大承氣以下之。山田氏曰：「悸」作「躁」字為是，煩而悸，乃小建中湯證，非胃實證也。屬字，為轉歸未純之辭，此說可從故改「悸」為「躁」。

科學解釋　頭痛發熱，為傳染性熱病之一般通候，所謂屬少陽者，必有胸脇苦滿之證，此僅以脈弦細，而謂少陽者，必有闕遺。少陽為胸脇膈膜病症之代名詞，汗之雖能解肌表之熱，但辛熱之藥，對炎證反有刺激妨害之副作用，故所謂少陽禁汗也。若以辛熱之麻桂以發汗，使水份喪失，熱勢亢進，炎證加劇，則神經過度興奮而發譫語。所謂屬胃者，乃高熱傷津，腸胃燥結，影響神經之紊亂也。法宜苦寒緩下之劑，消炎泄熱，以鎮靜神經；煩悸或煩躁，為神經不安之象徵，亦熱勢亢進，神經過度興奮之所致。

若心力未衰，可用峻下之劑治之；若心力衰弱，而高熱未已，虛脫堪虞，病入險境矣。

二、柴胡不中與證

第238條（原太陽篇103條）　得病六七日，脈遲浮弱，惡風寒，手足溫，醫二三下之，不能食，而脇下滿痛，面目及身黃，頸項強，小便難者，與柴胡湯，後必下重，本渴而飲水嘔者，柴胡不中與也，食穀者噦。

傳統解釋　得病六七日，為病勢機轉之際，脈浮弱，惡風寒，脈證均似桂枝；唯身不熱，僅手足溫，更兼脈遲，則又非桂枝湯證也。本論云：手足溫，繫在太陰，則及於裡矣，脈遲為寒，浮弱為虛，證屬虛寒，按法應溫中散寒而治之。醫反二三誤下，則胃氣傷而食不下；中氣不利，則脇下滿痛；曹穎甫云：脇下滿痛之下，漏「小柴胡主之」者，非也。此脇下滿痛，在二三誤下之後，非柴胡證之脇下滿痛可比；面目及身黃，頭項強，小便難者，即濕土鬱結，水液不通，壅熱之現象；柴胡為半表半裡之主劑，病入於太陰，非柴胡能治。若與柴胡湯，更損胃腸之氣，而成滯下後重之變矣。如本渴飲水而嘔者，胃中停水，五苓散證，柴胡不中與之；食穀者噦，則益示胃病，而非胸脇之症，更明不得用柴胡也。

科學解釋　傳染病在六七日之際，尤其傷寒症，正在病勢轉變之時，惡風寒身不熱，脈遲而浮弱，顯示體力薄弱，病勢入裡之兆，治應強壯興奮之劑。而誤以二三下之，胃機能受傷，不能消化，故不能食。脇下為肝脾二臟，因胃病戰刺，而脇下滿痛；膽汁因胃腸炎證，誘使膽管發炎阻塞，不能輸入十二指腸，反吸入血液，循環全身，故面目及全身皆黃。本渴飲水而嘔，及食穀者噦，後必下重等證，皆消化器疾病，應以理腸胃之劑而治之，非柴胡之解熱劑所宜，故不中與之。

第五節　少陽病兼證治法

一、兼表證㈠——柴胡桂枝湯

第239條（原太陽篇154條）　傷寒六七日，發熱微惡寒，支節煩痛，微嘔，心支結，外証未去者，柴胡加桂枝湯主之。

傳統解釋　傷寒六七日，雖發熱微惡寒，支節煩痛之太陽症仍在，而病邪已

傳少陽，故見微嘔，心下支結（求眞云：不云胸脇苦滿者，省文耳，非無此證之意也。）等證，此爲太陽少陽合病也。按法應先治少陽，惟微嘔，不似柴胡證之喜嘔，足見少陽之病尙淺，故用柴胡桂枝之合方以治之，以柴胡冠方者，亦示治少陽之意耳。

科學解釋 發熱微惡寒，支節煩痛，爲熱性病之一般通候；微嘔，心下支結妨悶，爲胃證，故用解熱之桂枝柴胡黃芩芍藥，與健胃之生薑大棗人參半夏以治之，其法不外解熱健胃止吐之對證療法也。

方七四　柴胡桂枝湯

桂枝一兩半　黃芩一兩半　人參一兩半　甘草炙一兩　半夏洗二合半

芍藥一兩半　大棗擘六枚　生薑一兩半　柴胡四兩

右九味，以水七升，煮取二升，去滓，溫服一升。

方解 本方取桂枝湯之半，與柴胡湯之半，合而成一方。其證治，亦以桂枝湯證與柴胡湯證併發爲主，但以泛發病證狀重，而腸胃局部病證狀較少爲鵠的，如局部病重，則必療治局部爲主，兼治泛發病爲輔，甚則局部病愈，而泛發病不治亦愈也。至桂枝與柴胡湯方義，詳原方解，玆不再述。

前賢學說

(1)外臺：仲景傷寒論，療寒疝腹中痛者，柴胡桂枝湯。

(2)證治準繩：柴胡桂枝湯，治瘧，身熱汗多者。（但亦有宜石膏劑，不可執一而用之。）

(3)類聚方廣義本方條曰：發汗期已失，胸脇滿而嘔，頭痛，身疼，往來寒熱，累日不愈，心下支結，飮食不進者；或汗下後，病猶未解，亦不增多，但熱氣纏繞不去，胸滿微惡寒，嘔而不欲食，過數日，若愈若不愈者，間亦有之，當其發熱之初期，宜用此方，重覆取汗。

又婦人無故憎寒壯熱，頭痛昏眩，心下支結，嘔吐噁心，支體酸軟；或麻痺鬱鬱，惡於應對；或頻頻久伸，俗謂血道，宜此方或兼用瀉心湯。

又治疝家，腰腹拘急，痛連胸膺，寒熱休作，心下痞鞕而嘔者。

(4)勿誤藥室方函口訣：此方，雖世醫風藥之套方，然尙不誤，而以結胸之類證，心下支結爲目的之藥也，因有表之殘遺，故用桂枝也，金匱有用於寒疝腹痛，即今之所謂疝氣也。又腸癰將生，腹部一面拘急，肋下牽強，其熱病似傷寒而非者，宜此方。（湯本氏曰：不僅闌尾炎初期腹痛

有效,其經過中,用大黃牡丹皮湯等便不通,而腹痛,噁心,嘔吐,上衝,發熱者,與之有速效。)又此方加大黃,用於婦人心下支結而經閉者。

(5)溫知堂雜著:風濕,肢節疼痛者,柴胡加蒼朮,有效者多,不必拘於風濕內諸方也。初起時宜葛根加蒼朮者。烏附薑麻之類無效者,大抵宜此方。蓋柴胡桂枝湯條,有支節煩痛,外證未去者爲目的故也,余屢以此方得奇效。

兼表證(二)──柴胡桂枝乾薑湯證

第240條(原太陽篇155條) **傷寒五六日,已發汗而復下之,胸脇滿、微結、小便不利,渴而不嘔、但頭汗多、往來寒熱、心煩者,此爲未解也,柴胡桂枝乾薑湯主之。**

傳統解釋 此爲小柴胡湯之變證也。汪琥傷寒辨註曰:據原方加減法云:胸中煩而不嘔者,去半夏人參,加括樓實;若渴者,去半夏,茲者,心煩,渴而不嘔,故去人參半夏,加括樓實。若脇下硬滿,去大棗,加牡蠣;茲者,胸脇滿,微結,即痞鞕也,故去大棗,加牡蠣。若心下悸而小便不利者,去黃芩,加茯苓,茲者小便不利,而心不悸但煩,是爲津液少而躁熱,非水畜也,故留黃芩,不加茯苓。又云欬者,去人參大棗生薑,加五味乾薑,茲因不欬,而以乾薑易生薑者,何也?蓋乾薑味辛而氣熱,其用有二,一以辛散胸中之微結,一以熱濟括樓黃芩之苦寒,使陰陽和而寒熱已焉。

科學解釋 寒熱往來,即間歇熱,爲急性熱病之一熱型。胸脇滿微結,爲胸膜炎之特徵。此證發汗吐下之後,乃心力衰弱,血壓失常之反應。小便不利而渴,確爲失液之故。心煩爲汗吐下之後,胃中乾燥虛熱也。不嘔而頭汗多,胃機能無不良之變性,熱壅胸中,薰蒸頭上出汗也。故用清涼解熱之柴胡以去肌熱;黃芩括樓苦寒以去胸熱;桂枝乾薑興奮以强心力而調血壓;牡蠣以散結,諸證可平矣。唯熱解而胸脇滿結自愈,牡蠣可不用;又胃機能既無衰頹之見證,乾薑辛熱,不如生薑爲佳。

方七五 柴胡桂枝乾薑湯

柴胡半斤　桂枝三兩　乾薑二兩　括樓根四兩　黃芩三兩　牡蠣二兩熬
甘草二兩灸

右七味，以水一斗二升，煮取六升，去滓，再煮取三升溫服一升，日三服，初服微煩，復服汗出便愈。

方解　本方解，詳小柴胡湯及本條科學解釋內，不另述。

前賢學說

(1)山田正珍曰：柴胡桂枝乾薑湯，蓋叔和因小柴胡加減之法所製成，決非仲景氏之方，何以言之？柴胡方後，叔和加減之法云：不嘔者，去半夏；渴者，加括樓根；脇下痞鞕，加牡蠣；外有熱者，去人參，加桂枝，今皆加減之。由是考之，此方必叔和所製．況方名亦不合他方之例，一掃除之可也。

(2)陸淵雷：柴胡桂枝乾薑湯之證候，爲胸部疼痛，乾欬，肩背强痛，寒熱往來，其病古人謂之水飲，蓋亦濕性胸膜炎，惟其硬痛，不若大陷胸證之甚耳。本條所舉，殊與用法不合，蓋後人因小柴胡湯後之加減法，以意爲之，山田氏併其方而刪之，則不知此方確能取效故也。學者姑置其原文，留意方後所引用法治驗可也。

(3)惲鐵樵曰：凡用桂枝乾薑，皆病之感寒，而未化燥，若已化燥，不可用。今見傷寒五六日之後，罕有不化燥者，此或因氣候關係，或由於飲食起居關係，若不問已否化燥，僅據經文疑似之間，率而用之，無不敗事

(4)類聚方廣義：凡勞瘵、肺痿、肺癰、癥疽、瘰癧、結毒、梅毒等證，經久不愈，漸就衰憊，胸滿乾嘔，寒熱交作，動悸煩悶，盜汗自汗，痰唾乾咳，咽乾口燥，大便溏泄，小便不利，面無血色，精神困乏，不耐厚味者，宜此方。

(5)金匱要略附方：外台柴胡桂薑湯，治瘧疾寒多微有熱，或但寒不熱，服一劑如神。

(6)活人書：乾薑柴胡湯（即本方無黃芩），治婦人傷寒經水方來初斷，寒熱爲瘧，狂言爲鬼。

前賢治驗

(1)建殊錄：某生嘗讀書苦學，有所發憤，遂倚几廢寢者，七晝夜，已而獨語妄笑，指摘前儒，罵不絕口，久之人覺其發狂，先生診之，胸脇煩脹；臍上有動氣，上氣不降，作柴胡薑桂湯使飲之，時以紫丸攻之，數日復常。

⑵又一賈人，每歲發病時，頭面必熱，頭上生瘡，癢極而搔之，則腐爛，
　至凋落之候，則不藥而自己。數年來矣，先生診之，心下微動，胸脇支
　滿，上氣殊甚，用柴胡薑桂湯及芎黃散，一月許，諸證全愈，後不復發。
⑶古方便覽：一婦人，平生月經不調，氣上衝，兩脇急縮，腰痛不可忍，
　其經將行時，臍腹疼痛，下如豆汁，或如米泔水，纏一日或半日卽止，
　如是者已十二三年，余診之，胸脇苦滿，臍上動甚，乃作此方，又硝石
　大黃圓（大黃、硝石、人蔘、甘草。）雜進之，時時下泄赤黑膿血，服
　數月，前證得以全愈。
⑷成績錄，遠州一農夫，三十餘歲，自去年起，鬱冒時發，時小吐血，盜
　汗出，往來寒熱，微渴，臍旁動甚，就先生請治，與柴胡姜桂湯而愈。
　　又一女子，素有癇證，一時患疫，諸醫療之無效，迎先生乞診治，其
　腹有動，但頭汗出，往來寒熱，大便燥結，時時上衝，昏不識人，日夜二
　三發，乃與柴胡桂薑湯及紫丸攻之，不一月，諸證悉除。
　　又一男子，恒易驚恐，胸腹動悸，攣急，惡寒，手足微寒，雖夏日，
　亦須複衣，若驚後，必下痢，得大黃劑，必利甚，十餘年不差，就先生診
　治，與柴胡桂薑湯而愈。
　　又一男，平居鬱鬱不樂，喜端坐密室，不欲見人，動則直視，胸腹有
　動氣，六年許不愈，先生診之，與柴胡桂枝乾薑湯而愈。
　　又一人，居恒口吃，乞先生診治，問口吃日日相同否，曰否，是有劇
　易，若心氣不了了時，則必甚，先生曰可，乃診之，心胸之下無力，胸腹
　動甚，因與柴胡薑桂湯，告之曰；服之勿惰，士受劑後，貽書謝曰！積年
　之疾，隨得復原矣。
⑸蕉窗雜話：某老人，患閉尿證，頻用八味丸料，然滴點不通，經數日，
　病人極苦，求治於余，余卽用柴胡薑桂湯加與茱萸茯苓，得以頓愈，唯
　因左脇下有悸動，因是水飲上逆，故成前證。
　　又一婦人，胎前患脚氣痿弱，小水不利，三四日漸一行，因其腹候，
　用薑桂加苓黃，使久服前方，小便漸利，日約四五行，其足得以立。
⑹方輿輗：一高僧，病證多端，其最苦者，爲肩背強痛，日使小沙彌按摩
　之，甚用鐵錘鐵尺擊之，如是者，二三年矣；服藥，刺絡，灼艾等法，
　無所不便，而無一效。余診之，其病全是柴胡薑桂湯之所主，余謂肩背

之患，無智術，即有薑桂湯以治其本，肩背或可安，即作劑與之，服僅七日，諸證十去六七，經久，肩背強痛，不治自愈，其功效，實出於意外也。

(7)橘窻書影：一產婦，產後惡露盡後，時時惡寒面熱，舌上赤爛，但頭汗出，心下微結，腹滿，小便不利，腰以下微腫，醫以爲蓐勞，或爲黃胖，衆治不驗，余診爲血熱挾飲，與柴胡薑桂湯加吳茱萸茯苓，自秋至明春，舊疴已愈過半矣，仍守前方，邃得全愈。

又一婦人，年四十餘，臍旁有塊，已數年矣，時時衝逆，心下動悸，不能步行，腰以下有水氣，而面色痿黃，經水不調，治宜先行其水，並行其血，與柴胡薑桂湯加吳茱萸茯苓，兼用鐵砂丸，服數日，小便夜中快利五六行，臍旁之塊，次第減少，數旬，諸證全愈。

又一婦人，外感不解，日日有定時，寒熱如瘧，汗出不止，治之月餘無效，或謂風勞，或謂血熱，議論不一，余診之，脈沉弦，心下微結，有蓄飲，有動悸，恐係水邪熱飲並鬱之證，與柴胡薑桂湯加鱉甲茯苓，因時時氣鬱乾嘔，兼用三黃瀉心湯加香附檳榔紅花，作泡劑飲之，二三日，諸證減半，不數日而全愈。

又一婦人，年五十餘，外感後，熱不解，時時發熱如瘧，盜汗出，胸腹動悸，目眩耳鳴，或肩背強痛，頭上如戴大石，耳如聞撞大鐘，經衆醫一年餘，無寸效，余用柴胡薑桂湯加黃芪鱉甲，數十日，熱減，盜汗止，因去黃芪鱉甲，加吳萸茯苓，兼用六味丸，諸證全愈。

又一婦人，年二十七八，產後發頭痛目眩，一西醫治之反劇，胸脇微結，小便不利，腹中有動悸，飲食不進，時發寒熱，或身振振而搖，每頭眩，不能開目，夜間驚惕，不得眠，或身如坐舟中，不得片刻安，每使二人抱之，衆醫雜投滋血，鎮肝，抑肝等劑，凡二年，依然無寸效，余診曰：病沉痼，不當急事，宜先利其胸脇，鎮其悸動，使心氣旺，則上下之氣得以交通，頭眩身搖得以自安，主人深以爲然，因與柴胡薑桂加吳萸茯苓，夜間使服朱砂安神丸，時正嚴寒，其證確有動靜，但使其主人，確守前方而服之，至翌春而愈。

又一婦，產後頭眩，身不能動搖，即臥蓐，亦如坐舟中，若欲維持其身，須使人扶持，且心下動悸，足心冷汗濈濈然出而浸蓐上，診之爲貧血

之候。飲食如故，脈亦和平，經事亦不失期，因與柴胡薑桂湯加吳萸茯苓，兼用妙香散，數日後，雖頭汗止，心下動收，但目眩未止，惟起居無需人扶持矣。然身體血氣枯瘦，頭重如戴百斤之石，與聯珠飲，間服辰靈散，頭眩日減，一日，右足股間腫起，逐逐如流注狀，余以爲頭中之瘀濁下流，爲腫瘍，必佳地也，因貼膏，以俟膿期，使瘍醫刺之，瘡口收後，頭眩隨止，前後歷年而愈。

(8)湯本求眞曰：右二證，當以本方與茯苓桂枝白朮甘草湯，當歸芍藥散之合方，或兼用黃解丸，及第二黃解丸也。因前治驗之胸脇滿結，小便不利，胸中有動悸，時發寒熱者，本方證也。身體振振動搖，每因頭眩，不能開目者，茯桂朮甘證也。身如坐舟中，不得片刻安，使人扶持者，即澤瀉湯之冒眩也。但因此病，發於產後，故當被推測爲貧血，不能治眩冒以外無作用能力之澤瀉湯，則宜處以冒眩與貧血兼治之當歸芍藥散矣。後之治驗，產後頭眩，身體不能動搖，蓐臥亦如坐舟中，須使人扶持，及頭重如戴百斤石者，是茯桂朮甘湯證，與當歸芍藥散雜出也。心下動悸，足心冷汗濈濈然出，浸及蓐上者，即本證也。故此二病，初起即當與本方及茯桂朮甘湯，當歸芍藥散之合方。淺田氏不知此理，濫用本方加吳萸茯苓，故輕證雖能漸以收功，然逢重證，雖經數月，僅得小效而止，終至聯珠飲而得已。

二、兼裡證㈠——柴胡加芒硝湯

第241條（原太陽篇109條）　傷寒十三日不解，胸脇滿而嘔，日晡所發潮熱，已而微利；此本柴胡証，下之以不得利，今反利者，知醫以丸藥下之，非其治也。潮熱者，實也，先宜小柴胡湯以解外，後以柴胡加芒硝湯主之。

傳統解釋　湯本求眞曰：傷寒經十二三日不解（原文不治），胸脇滿而嘔吐，至日沒所時潮熱，不間斷微利者，此本柴胡湯證，故雖與普通之下劑，亦不下利，今自反下利觀之，則明知醫者與以峻烈之丸藥，而失其治法，姑置而不論。然自尚有潮熱觀之，則爲實證也明矣。故先與小柴胡湯，治其少湯之邪；尤其嘔證，後宜以柴胡加芒硝湯爲主治也。

又潮熱者，取其充實之義。海水若潮，則海隅、江曲、空穴、岩隙之水，無所不充。潮熱若發，則身體，手足胸腹各處之熱，無不充滿，故曰

潮熱者，實也。

又所謂以丸藥下之者，凡傷寒熱病，有可下之證，必以苦寒湯藥下之，非但通便，旨在排除熱毒；若以巴豆等辛烈藥爲丸，如備急丸，紫丸等，其便雖通，而熱勢益熾，故利自利，潮自潮。本條恐人疑下利爲虛，故特明示，潮熱者，實也。

科學解釋　譚次仲曰：胸脇滿，因發熱所致，用小柴胡湯退熱，而胸滿自除；此外肺、胃、心病，而致胸脇苦滿者，其證亦多，治法用理肺胃及強心藥。若人以胸脇苦滿爲小柴胡之證，眞所謂不求甚解者也。須知胸滿不過爲胸中不快之感覺而已。有兼發脇苦滿者，有不兼脇滿者。若由血壓之升降，及隣近臟器有病，與神經系之反射作用，皆能致之。治法宜進求其原因病理，豈可拘執柴胡湯乎！仲景對胸脇苦滿，或單胸滿，其治法皆本解熱健胃理肺強心之意，如太陽篇以麻黃湯治胸滿，此與本節及上節用小柴胡湯治胸滿相同，爲解熱法也。蓋此之胸滿，乃由血壓亢進所致，解熱血壓自平，胸滿自愈，此當知者一也。金匱嘔吐下利篇，嘔而胸滿，用吳茱萸湯，苦辛理胃法也，此當知者二也。痰飲咳嗽篇之支飲胸滿，及胸脇支滿，用苓桂尤甘湯，則辛芳理肺胃法也；此胸滿，因與有病臟器之肺胃相近，故治胃肺而胸滿自愈；本節用柴胡加芒硝湯，亦以瀉藥加健胃劑，爲理胃腸之意，因本節兼有嘔吐下利之症故也，此當知者三也。又太陽篇，因發熱脈微胸滿，用桂枝加附子湯，以附子救脈微，是壯心法也；因脈微血壓下降，故至胸滿，用附子壯心，則血壓復而胸滿自愈，此當知者四也。但神經衰弱之人，亦每有胸滿之症，因神經之反射作用所致，柴胡解熱外，兼有平腦平胃之功，故胸滿應用柴胡之機會較多，如逍遙散爲神經性胃病之良方，而奏治胸脇苦滿之大效者，不能不以柴胡爲首功，此當知者五也。

方七六　柴胡加芒硝湯

柴胡二兩十六銖　黃芩一兩　人參一兩　甘草炙一兩　生薑切一兩

半夏二十銖　大棗擘四枚　芒硝二兩

右八味，以水四升，煮取二升，去滓，納芒硝，更煮微沸，分溫再服，不解，更作。

方解　本方係小柴胡湯減輕藥量，加芒硝，爲有小柴胡湯證，而兼裡實者。

前賢學說

(1)方極：柴胡加芒硝湯，治小柴胡湯證，而苦滿難解者。

(2)方機：若潮熱不去，大便不通，柴胡加芒硝湯主之。

(3)類聚方廣義：小柴胡湯，有堅塊者主之。

(4)承淡安曰：本條原文爲「傷寒十三日，胸脇滿而嘔，日晡所發熱潮，已而微利，此本柴胡證，下之而不得利，今反利者……，至微下利而曰此本柴胡證，首先不合，以胸脇滿爲柴胡證，潮熱爲承氣證，雖有微利，亦不能祗用小柴胡，應用大柴胡。又曰下之而不得利，小柴胡非下劑，其義費解。各家都以爲「下之而」爲衍文，上述亦不通，故陳遜齋爲之改正如條文，則方證符合。陳氏改條文如下：傷寒十三日不解，胸脇滿而嘔，已而微下利，日晡所發潮熱，此柴胡證，本不得利，今反利者，知醫以丸藥下之，非其治也。潮熱者，實也；先宜小柴胡湯以解外，後以柴胡加芒硝湯主之。（究其實，所改條文，亦未通暢，符合方證。）

兼裡證㈡――大柴胡湯證㈠

第242條（原太陽篇109條）　**太陽病，過經十餘日，反二三下之；後四五日，柴胡証仍在者，先與小柴胡湯；嘔不止，心下急，鬱鬱微煩者，爲未解也，與大柴胡湯下之則愈。**

傳統解釋　經者，證候也，太陽病證候，已過十餘日，應進入少陽陽明證候時期；有少陽證而不和解，誤認有可下之證，而二三下之，後四五日，柴胡證之寒熱往來，或胸脇苦滿，或嘔而發熱等證仍在時，雖有可下之兼證，仍先用小柴胡湯以和解之。服湯後，嘔當止而不止，兼有心下急，亦即胃中滿脹，而煩熱不安者，此病未解，少陽陽明合病，故用大柴胡湯下之。以柴胡黃芩解少陽未盡之邪，以大黃枳實泄胃中熱悶，則二陽之病可愈。

科學解釋　太陽病，爲傳染病之前驅期，亦即稽留熱型病期，如稽留熱型已罷，即所謂過經，十餘日而病不解，證疑陽明之胃實，而二三次用瀉下劑以治之，後四五日，柴胡證之發熱而嘔之證候仍在，則應先用小柴胡湯治之，不得以日數多而用瀉下也。服湯後，柴胡證若解，當嘔止熱退；若嘔不止，而兼有胃中脹滿煩熱，故病仍未解也，當用小柴胡以解熱，加大黃枳實以通便而泄積熱，半夏生薑以止嘔吐。

但大黃黃芩枳實，雖爲苦味健胃劑，但本方用量，已爲瀉下劑；瀉下

劑本不利於嘔證，蓋瀉藥入胃，未至腸，胃卽起蠕動反應，則無嘔而起嘔，既嘔則更恐有暫時加劇之患，故本論有「嘔多，雖有陽明症，不可攻之」，併金匱稱吐者，不可下，皆此意也。然本條以瀉下劑而治嘔者，則以其證發熱而心下急，恐係宿食便秘，非通便則腸胃之病毒不除，病無已時，況有生薑半夏之健胃鎮嘔，足以制其副作用，故用之而無虞也。

方七七　大柴胡湯

柴胡半斤　黃芩三兩　芍藥三兩　半夏半升　生薑五兩　枳實炙四枚
大棗擘十二枚　大黃二兩

右八味，以水一斗二升，煮取六升，去滓，再煮取三升，溫服一升，日三服。

方解　本方治傷寒發熱，汗出不解，陽邪入裡，心下痞鞕，嘔而下利，或寒熱往來，煩渴譫語，腹滿便秘，表證未除，裡證又急者，故用柴胡黃芩以退熱，而解表證；大黃枳實攻裡，以除熱實；半夏生薑和胃鎮嘔，甘草大棗、芍藥和緩調中，此表裡交治，下劑之緩者也。

前賢學說

(1)直指方：大柴胡湯，治下痢，舌黃口燥，胸滿作渴，身熱腹脹譫語，此必有燥屎，宜下，後服木香黃連苦堅之。又治瘧熱多寒少，目痛多汗，脈大，以此湯微利為度。

(2)傷寒緒論：傷寒斑發已盡，外勢已退，內實不大便，譫語者，小劑涼膈散，或大柴胡湯微下之。

(3)方機：治嘔吐不止，心下急，鬱鬱微煩者；心下痞鞕而痛，嘔吐下利者；心下滿痛，大便不通者；胸脇苦滿，腹拘攣，大便不通者。

(4)漫遊雜記：瘂病太陽證，其手足拘攣，類癱瘓者，以葛根湯發汗，表證既去，拘攣癱瘓不休者，與大柴胡湯四五十日則愈。

(5)和田東郭蕉窗雜話：應用大柴胡湯，大柴胡加芒硝湯之證，若概用承氣湯，則瀉下雖同，未足寬緩兩脇，及心下之痞鞕，是二證之所以別也。蓋承氣湯之腹候，心下自寬，而臍上至臍下脹滿特甚者也。

(6)方輿輗：以所謂疝癇留飲，胸腹滿急者，大柴胡之的證也。夫柴胡之主治，在胸脇，而庸醫以為寒熱藥；寒熱者，少陽之一證；少陽之位，在於胸脇；故以柴胡治胸脇，則寒熱隨治；不然，太陽表熱，陽明裡熱，

何以用之不效耶，此義非熟讀傷寒論者，不知。凡患在左胸者，用柴胡，若鼓應浮；若在右胸者，與數十劑，如石投水，是長沙所未及論，余數十年得心應手之訣也。

(7)類聚方廣義：大柴胡湯，治痲疹，胸脇苦滿，心下硬塞，嘔吐，腹滿痛，脈沉者；又云：治狂症，胸脇苦滿，心下硬塞，膻中動甚者，加鐵粉奇效；又平日心思鬱結，胸滿少食，大便二三日，或四五日一行，心下時時作痛，吐宿水者，其人多胸肋煩服，肩背强痛，臍旁大筋堅軔，上入胸肋，下連小腹，或痛或不痛，按之必攣痛，或兼吞酸嘈雜等證者，俗稱疝積留飲，宜常服此方，當膈五十日，用大陷胸湯，十棗湯等攻之。

(8)湯本求眞：大柴胡之胸脇苦滿，視小柴胡證尤甚，常從肋骨弓下左右相合，而連及心下，所謂心下急也；其餘波，左右分歧，沿腹直肌，至下腹部，所謂腹直肌之結實拘攣也。方中柴胡治胸脇苦滿，而黃芩枳實大黃副之；枳實芍藥治心下急，而大棗大黃佐之；腹直肌之結實拘攣，則枳實芍藥大棗之所治也，故精究此等藥效，即爲意會腹診之捷徑也。

前賢治驗

(1)名醫類案：傅川治一人，脈弦細而沉，天明時發寒熱，至晚，二腿汗出，手心熱甚，胸滿拘急，大便實而能食，似勞怯，實因怒而得，用大柴胡湯，但胸背拘急不能除，後用二陳加羗防紅花黃芩煎服。

(2)漫遊雜記：某僕，患疫，經十五日不解，請余診之，面赤微喘潮熱舌强，狂吼，脈數急，胸腹鞕滿，時有微利，醫與麻杏甘石湯，數日，病益劇。余曰：是受病之初，發汗不澈，邪氣鬱蘊入裡，作大柴胡湯與之，翌日，大便再行，胸滿浸減，下利自止，乃作小柴胡湯加枳實與之，日進二帖，服之三日，大便秘而不通，後與大胡湯，又秘則又與，如此者，三十日而愈。

(3)續建殊錄：一男子，卒然氣息迫，心下硬滿，腹中攣痛，但坐不得臥，小便不利，與之大柴胡湯而愈。

(4)成績錄：一男子，每飲食，覺觸掠胸上，心下結鞕，大便易秘，經久不治，請先生，飲以大柴胡湯。

又某人，恒怵惕悸怯，凡目之所觸，蟲書畫器物，悉如鳥首，或如鬼怪，以故不欲見物，然有客訪之，則一見如故，其人歸去，則戀戀悲哀，

瞻望不止，如此數日，百事咸廢，於是求治於先生，診之，胸腹有動，心下硬滿，大便不通，劇則胸間如怒濤，其勢延及胸肋，築築然現於皮外，乃與大柴胡湯加茯苓牡蠣，服數帖後，屢下穢物，病減十之七八，既而頭眩頻起，更與苓桂尤甘湯，不日舊痾如洗。

(5)蕉窗雜話：樺山某，寄居薩州，病右脚將十五年，每騎馬步行，未及二里，必痲痺不用，自六月上旬，求治於余，與大柴胡湯，病人自云：先服巴豆，甘遂，大黃多矣，初則下利，二三日以後，則不知，何況單用大黃，今見藥中有大黃，是以不欲服也。余解說百端，始勉服之，其月中旬，病人來告，因感風邪而發熱，診之，熱雖壯，殊無風邪之候，令仍服原方。自服大柴胡，一日卽下利二三行，經二月，腹大痛，下污物如敗布，長八九寸者甚多，如是者半月，熱痛乃解，而足之痲痺，亦霍然若失。

(6)古方便覽：一男子，年四十餘，卒倒不知人事，醒後半身不遂，舌强不語，諸醫無效，余診之，胸脇痞滿，腹滿甚，且拘攣，按之痛澈手足，乃作大柴胡湯飲之，十二三日，身體略能舉動，又時時以紫丸攻之，二十日許，乃得全愈。

又一酒客，年五十餘，久患左脇下鞭滿，大如盤，腹皮攣急，時時發痛，煩熱喘逆不得臥，面色痿黃，丙申之春，發潮熱如火，五十日不愈，余乃作大柴胡湯飲之，凡五十劑，其熱稍退，又時以紫丸攻之，病者信服前方，一年許舊痾盡除。

又一婦人，年三十四五，患熱病十八九日，譫語煩躁不安，熱不減，不欲飲食，諸醫以謂必死。余診之，胸肋煩脹，腹滿拘攣，乃與大柴胡湯，六七日而腹滿去，思食，出入二十日許而收全效。

(7)生生堂治驗：一老翁，卒倒不知人事，半身麻木，先生刺口吻及期門卽蘇，而後與大柴胡湯，兼敷瀄散，三年後，復發竟死。

(8)橘窗書影：海老原保，年四十餘，小腹左傍有堅塊，時時衝逆心下而刺痛，或牽腰股痛，不可屈伸俯仰，大小便不利，醫以爲寒疝，療之盆甚，余診之，脈沉緊，舌上黃苔而乾燥，與大柴胡湯加茴香甘草，大小便快利，痛大減，霍然而愈。

大柴胡湯證㈡

第243條（原太陽篇 173 條）　**傷寒發熱，汗出不解，心下痞鞕，嘔吐而下利者，大柴胡湯主之。**

傳統解釋　傷寒汗出，惡寒罷而發熱未除，病機趨於陽明熱證矣。且續發心下痞鞕而嘔吐下利者，係邪熱內實之證，較之心腹濡軟，嘔吐而下利，爲裡虛者，自有不同，與汗吐下後，心下痞鞕，表解者可攻之，其勢又殊。此所以不同理中湯者，以本證未經吐下，熱實在內，溫補所不許；又不用瀉心湯者，以內有結滯，寒熱雜陳者，亦非對症；再不用十棗湯者，以雖痞硬而不滿痛，無結胸證狀者，瀉水峻劇所不中與。故用小柴胡之去人蔘甘草者，防其益病：柴胡除解肌之外，又有謂整腸胃之功；更加大黃枳實者，去其結熱也。前賢多以下利改爲不利，或不利，雖引經據典，大多偏普之詞，而不切病情，未敢苟同。陸氏曰：若謂不下利爲下證，則下證當爲不大便，或大便難；今僅云不下利，猶之清便自調耳，未得謂下證也。若謂下利爲禁下之證，大柴胡下劑而之下利，故如脫不字，則尤不然；下利儘多可下者，但當辨其寒熱虛實耳。且本條不舉不大便，而舉下利，亦自有故，夫不大便之用下劑，粗工所優爲，無須詔告，惟下利之可下者，往往遲疑失下，故仲景於此叮嚀也。雖然，下利之寒熱虛實，於何辨之？一曰辨之於腹證，腹硬滿拒按臍下熱者，陽證可下；腹不滿，或雖滿而軟，不拒按，臍下清冷者，陰證不可下，二曰辨之於屎：屎色焦黃而熱臭，或稀薄水中雜小結塊，或下利清水，色純青，皆爲陽證可下；屎色淡黃，或白，或青黑，或完穀不化，或如米泔水，其氣不甚臭，皆陰證不可下。三四辨之於小便：小便赤澀者，陽證可下，清白不澀者，陰證不可下；更參以脈舌氣色好惡，雖不能洞垣一方，亦可以十得八九。（此說殊有參改價值，臨床時切宜注意。）

科學解釋　此爲急性腸胃炎，因局部而影響全身發熱也。心下鞕痞，爲急性胃炎滲出粘液所致；因粘液之刺激胃神經叢而嘔吐；又腸炎充血，毒素刺激腸神經而蠕動加速，故下利。治以大柴胡湯者，以柴胡解熱而理胃，大黃枳實苦寒，瀉結熱而消炎滅菌，半夏制炎證滲出，生薑止嘔，黃芩助柴胡以清熱，全劑均有健胃作用，故湯本氏以暴食狂飲而致急性胃腸炎，大腸炎，赤痢等，本方多適用之，詢屬經驗之談也。

三、兼神經證——柴胡加龍骨牡蠣湯

第244條（原太陽篇113條）　傷寒八九日，下之，胸滿煩驚，小便不利，譫語，一身盡重，不可轉側者，柴胡加龍骨牡蠣湯主之。

傳統解釋　歷來對本條註釋，均未如人意，惟余無言所說近似，余曰：傷寒八九日，醫以邪傳陽明而下之，但陽明本身未結爲實，邪亦未傳陽明，誤下之，則邪微結半表半裡，故胸滿煩驚，小便不利也；譫語者，胃燥水竭之象，一身盡重，不爲轉側者，因下後經脈血氣俱虛，失於濡養之故，方以柴胡桂枝，和解肌表三焦之邪，龍牡鉛丹，鎮撫以止煩驚，大黃攻下，瀉熱以止譫語，半夏化痰降逆，以散胸滿，人參薑棗，補下後之不足，庶幾表裡錯雜之邪，一鼓可清矣。

科學解釋　傷寒八九日，已過第一候期，若非熱勢亢進，即發腸胃證候，故醫以快利之劑下之。若病輕藥重，或應汗誤下，徒傷胃氣，兼損心力與腦神經，故使血壓失常，而胸煩滿。知覺神經衰弱而驚悸譫語；運動神經失力而身重不可轉側等神經性疾病叢生；兼之瀉下失液而小便不利。故仍用柴胡桂枝以解熱，人參薑棗以健胃龍骨牡蠣鉛丹以安靜神經而定驚，大黃一二沸，取其味薄，去煩熱止譫語，更有健胃之功，茯苓調整腎臟機能而利水，以治小便不利，雖藥味攻補雜陳，表裡兼施，但仍不失於兼顧並籌，對證療法也。

方七八　柴胡加龍骨牡蠣湯

柴胡四兩　半夏洗二合　人參一兩半　生薑一兩半　大棗六枚

桂枝一兩半　茯苓一兩半　龍骨一兩半　牡蠣煅一兩半　鉛丹一兩半

大黃 二兩後下

右十一味，以水八升，煮取四升，納大黃，切碁子大，更煮一二沸，去滓，溫服一升。宋版有黃芩一兩半。

方解　本方能調和氣血，安神鎮驚，故主治胸滿煩驚，身重譫語，以龍骨牡蠣鉛丹茯苓，調節高級神經活動而鎮驚等作用；柴胡以解熱調胃，抑制神經，亦有安神之功；人參薑棗，興奮中樞神經，防止大量鎮靜，催眠以致嗜睡疲乏之感，大黃以除內熱而止譫語，半夏散逆除滿，以制止分泌之功也。本方有謂小柴胡湯加牡蠣鉛丹龍骨桂枝茯苓也，治小柴胡證，而兼胸腹有動，煩躁驚狂，大便難，小便不利者；有謂大柴胡湯加龍骨牡蠣，治大柴胡湯證，自胃口至胸中，多蓄飲，而欲鎮其飲之激勁藥也。其實本

方證與大小柴胡證，均有所別，不必牽強於大小柴胡湯之變方也。

藥解

六五　鉛丹之藥效

(1)性味：味辛、性涼、微毒。

(2)成分：鉛之氧化物，體重而性沉。

(3)主治：爲滅菌消毒劑，外用者多，治結膜炎，腋臭、切傷、湯火傷。內服者少，主吐逆反胃，驚癇癲狂，現多用赭石代之。

前賢學說

(1)傷寒類方：柴胡加龍骨牡蠣湯，能下肝胆之驚痰，而以之治癲癇，必有效。

(2)經驗實錄：本方治小兒連日壯熱，實滯不去，寒熱往來，而驚悸者。

(3)方輿輗：此方以胸滿煩驚爲主證，其餘皆客證也。徐氏傷寒類方等，以各藥配各證，似屬詳審，而實非也。學者唯以胸滿煩驚四字上用工夫可也。

(4)餐英館治療雜話：此方用於癇證及癲狂屢得效。今世病氣鬱及肝鬱者，十有七八。肝鬱者，爲癇症之漸，婦人尤多肝鬱與癇症，若能知此，當今之雜病不難治療矣。傷寒論用於胸滿煩驚，小便不利者，此數證中，似胸滿爲主證，煩驚與小便不利爲客證。是因胸滿，則胸中自煩，煩則心神不安，觸事而驚也；氣上行於胸膈而結，故鬱而不行，因此小便不利。故此，用此方之標準，爲胸滿也。若用大小秘而煩驚者，則正面之證矣。又癇證之證候不一，因病或夜寐時，日見種種形色者，或水氣由下上攻，呼吸短促，發如脚氣之狀，手足拘急，甚者如痓病之反張；夜若偶眠，則見種種夢，雖所見之證候不同，若胸滿煩驚，小便不利者，則必當用此方。癲狂證，加鐵粉，有卓效。又一種癇證，別於臍下而悸動，上攻心胸，發則呼吸迫促，手足拘急，一日七八次，或十餘次，當用苓桂朮甘湯，或苓桂甘棗湯之類。其中由小腹至心下，水氣上衝，臍下動悸者，苓桂甘棗湯爲佳。病人似有容體自下，上迄於胸中，每發則暈眩，宜苓桂朮甘湯。此證有用奔豚湯，有用五苓散者。金匱瘦人臍下有悸，吐涎沫而癲眩者，此水也，腎水侮心火而上行者，宜選用此四方中之一。金匱曰：證中小便不利，宜以渴爲目的然而不見癇證，因肝鬱

證，而次第增劇，心腹膨脹，或痞塞而胸中，大便不利，肩背氣塞等病人，男子雖少，婦人爲多，世醫用順氣和中，沉香降氣之類，亦不動，此證非氣鬱肝鬱也，柴胡加龍骨牡蠣湯，甚有效。只宜以胸滿爲標準。又有一訣，灸後發煩熱證，用小柴胡加山梔牡丹艾葉黃連之類，煩熱不退者，此火邪入心經，迫亂神明，見煩驚等證者，柴胡加龍牡之效速也，此亦以胸滿爲標準，有起死之效焉。

(5)類聚方廣義：本方治狂證，胸腹動甚，驚懼避人，兀坐獨語，晝夜不眠，或多猜疑，或欲自殺，不安於床者。又治癇證，時時寒熱交作，鬱鬱而悲愁，多夢少寐，或惡於接人，或屏居暗室，殆如勞瘵者，狂癇二證，亦當以胸脇苦滿上逆，胸腹悸動爲目的，癲癇居常胸滿上逆，胸腹有動，及每月二三發者，常服此方不懈，則無發之患。

(6)勿誤藥室方函口訣：此方爲鎮墜肝胆鬱熱之主藥，故不僅傷寒之胸滿煩驚而已。凡小兒驚癇，大人驚癇，均宜用之。又有一種中風，稱熱癱者，應用此方佳；又加鐵砂，以治婦人發狂。此方雖於傷寒，亦不相左，至於雜病，與柴胡薑桂湯，雖同爲主治動悸之方，但薑桂取虛候，此方宜實候而施之。

前賢治驗　生生堂治驗　一婦人，幼患癲癇，長而益劇，立則昏倒，少時乃甦，日一二發，如是者三十餘年，醫治無效，其主人偶聞先生之異術，乃來請治，往視之，脈緊數，心下硬滿，乳下悸動，謂先生曰：心神惘惘，飲食亦不安，數十年如一日也。視其顏色，愁容可憐，先生慰之曰：可治，婦人實不信之，乃使服柴胡加龍骨牡蠣湯，精神頗旺，使調服瓜蒂散五分，吐粘痰數升，臭氣衝鼻，毒減過半，於是僅五六日發一次，周年全愈。其間行吐劑十六次，彼病未愈時，性忌雷聲，聞即發病，用瓜蒂散後，雖迅雷震動，彼仍不畏。

又一老婦，有奇疾，每見人面有疣贅，屢經醫治，無寸效，先生診之，脈弦急，心下滿，使服三聖散八分吐之，後與柴胡加龍骨牡蠣湯，由是不復發，時年七十矣。

又一婦人，五十餘，恚怒時，則小腹有物，上衝心而絕倒，牙關緊閉，半時許自甦，月一二發，先生診之，腹胸悸動，與柴胡加龍骨牡蠣湯，數旬而愈。

又一婦人，年五十，右半身不仁，常懶於飲食，月事不定，每行必倍於常人，先生以三聖散一錢，約吐冷粘痰二三升，由是飲食大進，切其腹，胸滿，自心下至小腹，悸動如奔馬，與柴胡加龍骨牡蠣湯，數月全愈。

第六節　熱入血室

一、刺期門證

第245條（原太陽篇151條）　婦人中風，發熱惡寒，得之七八日，經水適來熱除而脈遲身涼胸脅下滿，如結胸狀，譫語者，此爲熱入血室也，當刺期門，隨其實而瀉之。

傳統解釋　山田氏謂「經水適來」四字，當在七八日之下，又隨其實而取之，成本，玉函，脈經等作隨其實而瀉之，皆是，故從而改之。本條言婦人中風，發熱惡寒，得之已七八日，經水適來，則表邪內陷，故外表熱去而身涼，浮數之脈亦變遲。遲脈，即胸脅下滿，如結胸狀之應徵也。胸脅下滿如結胸狀者，自左肋骨弓下，沿同側腹直肌至下腹部，緊張攣急之謂，所謂其血必結是也。譫語者，血熱侵頭腦故也。刺期門者，刺期門左穴，隨其瘀血充實之所而瀉之。湯本氏謂此證，用小柴胡湯桂枝茯苓丸合方，或加大黃，或加石膏，隨證選用，不兼刺絡，猶能奏實效。此法本諸吳錢二氏，吳氏瘟疫論曰：婦人傷寒時疫，與男子無異，惟經水適斷適來，及崩漏產後，與男子稍有不同。夫經水之來，乃諸經血潮歸於血室，下泄爲月水；血室者，一名血海，即衝任脈也，爲諸經之總會。經水適來，疫邪不入於胃，乘勢入於血室，故夜發熱譫語；蓋衛氣晝行於陽，不與陰爭，故晝則了了，夜行於陰，與邪相搏，故夜則發熱譫語，至夜只發熱而不譫語者，亦爲熱入血室，因有輕重之分，不必拘於譫語也。經曰：無犯胃氣，及上中二焦，必自愈，胸膈併胃無邪，勿以譫語爲胃實而妄攻之，但熱隨血下，則自愈。若有結胸狀者，血因邪結，當刺期門以通其結，活人書治以柴胡湯，然不若刺期門之效捷。錢乙氏曰：小柴胡湯中，應量加血藥，如牛膝桃仁丹皮之類；其脈遲身涼者，或少加薑桂，及酒製大黃，取效尤捷。即所謂隨其實而瀉之也；若不應補者，人蔘亦當去之，尤不可執方以治也。湯本氏曰：按小柴胡湯加牛膝、桃仁、丹皮，不若小柴胡湯合用

桂枝茯苓丸爲正。其謂脈遲身涼，加薑桂，且大黃以酒製，又小柴胡湯中去人蔘，皆誤也，不可從。

科學解釋 發熱惡寒，抗力強，拒病毒於體表，至七八日不解，病勢正在轉變之期，而婦人月經適來，子宮排經器官，起劇烈之生理變化，血液下充而泄，則他部有貧血之趨勢。凡排經期之婦女，間多頭目昏眩，食慾減少者，皆上部貧血之故，因之體內抗力減退，病毒蔓延，首先組織間之淋巴受侵，白血球不足以噬毒，致有胸脇脹痛之現象。繼則由淋巴系統而入侵血液，肝有溶毒之功能，脾亦能產則白血球以噬毒，二臟亦因貧血，而抗毒力不足，而反爲病毒侵蝕，甚至發炎腫大，故現如結胸之證狀。斯時，肌表病毒，入於淋巴或血液，故熱罷而身涼，脈遲。病毒波及神經系統，故發譫語，子宮由排經而起生理之劇烈變化，故病毒易侵入，故有小腹滿，小便難之後條症狀，其所謂熱入血室者，理想之辭也。然血室者肝也，中醫謂肝臟血，脾統血，現代醫學上，亦之肝臟血最多，故刺期門穴，以瀉肝之血熱，則病可解，言之成理，若血室爲子宮，則刺肝何益也。期門爲肝經要穴，且亦肝胆脾三臟器之部位，刺其穴，直接瀉其血熱，與服小柴胡湯者，同一理也。

二、小柴胡湯證

第246條（原太陽篇152條） 婦人中風，七八日，經水適斷，續得寒熱，發作有時者，此爲熱入血室，其血必結，故使如瘧狀，發作有時，小柴胡湯主之。

傳統解釋 張隱庵曰：經水適斷，當在七八日之下，文義可通，故改之。湯本氏曰：治熱入血室，如師論，當用小柴胡湯，然溫疫論曰：經水適斷，血室空虛，其邪乘虛傳入，邪勝正虧，經氣不振，不能鼓散其邪，爲難治，且不從血泄，邪氣何由即解，與適來者，有血虛血實之分。據此，則此病有血虛血實之別，若但用本方，不兼貧血或多血之驅瘀劑，則難收全效，余之經驗，前者當本方加地黃，或本方合當歸芍藥散，或仍加地黃；後者則本方合桂枝茯苓丸，酌加石膏大黃。

陸淵雷曰：註家多以經水適來爲血室空虛，適斷爲血結，惟湯本氏反之，從瘟疫論之說，以適來爲實，適斷爲虛，推其立言之意，蓋謂本非經來之時，因病而來，則逼血離經而爲虛；本非經斷之時，因病而斷，則血

瘀胞宮而爲實，此程氏方氏等之意也。本是經來之時，與病相值，則經必不暢而爲實，本是經斷之時，與病相值，則胞宮無血而爲虛，此吳氏湯本氏之意也。今味經文適字，是經水之來若斷，適與病相值，非固病而來若斷也，則以後說爲是，然病變萬狀，非常理所能繩，雖適來適斷，俱熱入血室，而血之結否，仍當視其證候，但從適來適斷上懸揣，猶執一而無權也。

科學解釋 得中風寒熱證，已七八日，而經水適斷者，故經來三四日之前（婦女排經期約三四日），已病中風也，至經盡血虛，病始轉變，則貧血之勢，較上條尤甚，故病毒之蔓延，亦較上條爲烈。上條因血不甚虛，肝脾溶毒之力尚強，而病毒侵蝕僅及於肝，此則貧血更甚，抗毒力尤弱，病毒進入血液循環矣，且生殖器官，發生劇烈之生理變化，而尚未復元，則更易感染，所謂熱入血室者，即此意耳。病毒在血液中繁殖或休止，則寒熱發作或間息。故如瘧疾狀，有成毒血證之傾向矣，非僅刺期門，泄肝經之血熱，所能奏效，故用小柴胡湯以治之。蓋柴胡有治療婦女月經官能性及退熱殺菌之效，若其血結者，恐非小柴胡湯功力所能及，楊士瀛云：應加五靈脂以泄血，當可參考。

備考 血室爲何，當爲貯血之所，無可疑議！然究指何器官而言，則歷來見仁見智，所說不一，實成中醫界之謎。今日科學倡明，大都言之有物，故何爲血室，而致此病，亟有探討之必要。查本論熱入血室計太陽篇三條（今改列少陽篇），陽明篇一條，共計四條。歷賢對各條之解釋及闡述者，約可分爲四類如下：

(1)血室者，即衝脈也。成無已引內經之旨，創之於先，其在明理論曰：「人身之血室，榮血停止之所，經脈留會之處，即衝脈也」，並定其位置爲「衝脈者，奇經八脈中之一脈也，起於腎下，出於氣衝，並陽明經夾臍上行，至胸中而散」而王冰亦以衝爲血海，男子運行生精，女子則上爲乳汁，下爲月水。其他陶華全生集則曰：「男女俱有此血氣，亦俱有衝脈」；喻昌嘉言氏亦曰：「蓋血室者，衝脈也，下居腹內，厥陰肝之所主也；而少陽之膽，與肝相連，腑邪在上，臟邪在下，期門者，肝之募也」；張介賓景岳全書則以「血室者，即衝任血海也，亦即血分也」，較之成氏而擴及任脈與血分矣。陳修園亦曰：「衝任厥陰之脈，內未

入臟，外不在表」；日人橘南溪傷寒綱要亦以「經脈謂之血室」，則擴及全身之血循環系統矣。川越衡山更斷然曰：「熱入血室，言邪氣入血道也，後世以子宮論之者，殊不知本論之旨趣也，不可從矣。」綜上諸氏之說，衝脈創之於前，任脈擴之於後，終廣及全身血脈也。

(2)血室即子宮，程式醫彀曰：「子宮即血室也」，巢氏病源亦曰：「胞門子戶，張仲景謂之血室」，日人丹波元堅傷寒述義曰：「熱入血室者，婦人月事與邪相適，熱乘子戶是也」，其兄弟丹波元簡傷寒輯義亦曰：「「然不知血室，即是胞，殊可惜耳」。其以經水適來適斷，有見於子宮之排經狀態，故作是說。

(3)血室，即下焦油膜中一大夾室：唐容川中西滙通曰：「血室者，即下焦油膜中，一大夾室也，上連兩脇之板油，又上連胸膈間之油膜」。其對人體之解剖，謬訛之處甚多，所謂下焦夾室，似爲子宮，但在油膜中，上連兩脇之板油，或即卵巢，不曰子宮，而曰夾室，不知於意何云？！

(4)血室，即肝臟也。柯琴傷寒論註曰：「血室者，肝也，肝臟血，故爲血室」。汪琥傷寒辨註曰：「熱入血室，而瘀積必歸於肝，故隨其經之實，而用刺法以瀉之也。」

綜之：所謂血室，既非下焦之夾室，又非子宮，乃血液受邪，病及肝脾二臟器也。中醫所云肝臟血，脾統血，知爲血液聚會之所，云爲血室，誰曰非宜。西醫亦以肝脾二臟，貯血最多，且肝能製造肝糖，供應全身之營養，兼有溶毒功能；脾藏能增產白血球，富抗毒滅菌之功能，此二臟對血液之供應，與疾病之抵抗，關係至大，其成爲血室，實屬相當。且其治法，刺期門，爲肝脾之部位；其方小柴胡湯，亦疏肝理脾之劑；雖病及子宮，而柴胡爲月經官能性疾病之主劑，用之亦無不效。

三、自愈證

第247條（原太陽篇153條） 婦人傷寒，發熱，經水適來，晝日明了，暮則譫語，如見鬼狀者，此爲熱入血室，無犯胃氣及上中二焦，必自愈。

傳統解釋 婦人傷寒發熱，爲普通之證候，至晝則明了，暮則譫語，如見鬼狀，乃事出異常，考其原因，厥爲經水適來，邪入血室所致。邪既不在表，亦不在胃，故不可因其發熱而汗之，亦不可因譫語似承氣證而下，否則汗之則傷血，下之則損胃，反將加甚病勢，故有無犯胃氣及上中二焦之戒

，必自愈，待經行邪隨血出而愈矣，再歷賢對於無犯胃氣及上中二焦，必自愈，見仁見智，所說不一，而以湯本氏，陸氏與惲鐵樵氏所持態度較爲中肯。

湯本氏曰：若不施汗吐，又不以大承氣而下，一任自然，則熱毒伴經血排出於體外，故必自愈。然此以月經通順爲前提；若不然者，當準用前條施治。」

陸淵雷曰：「考熱入三條，熱除脈遲身涼，熱入最深，其病最重，如瘧狀最輕，此條譫語如見鬼狀，故當重於如瘧狀者：如瘧狀者，猶須小柴胡湯，而謂譫語可以弗藥乎？且說醫之書，載諸空言，不如見之行事，余嘗遇婦人傷寒，起病僅二日，熱不甚高，脈不甚數，舌色腹脈俱無異，而譫語不知人，因問其家人，是否適行經，揭被視之，床席股紅矣，與小柴胡湯一啜而愈。」中神琴溪氏，亦有治驗，則方、程、山田之說，不可信也。

惲鐵樵曰：晝日明了，暮則譫語，蓄血證固如是，陽明府證亦如此，若問何以如此，諸家以陰陽爲說，未能絲絲入扣，余亦不能言其所以然之故，就經驗言之，涉及血分者，恒多夜劇也。

科學解釋　婦人傷寒，因經水適來適斷而變證，其間病毒之輕重，病勢之深淺，因體質及內外各素因而異。如表證未除，固可解發，但時值排經之期，體內生理變化正加劇中，當因兼證而治之，毋一以表汗爲主也。譫語爲腦神經之證狀，或毒素之直接刺激，或其他器官，因血熱壓迫器官神經之反射作用所致。其基本治療，袪其病原，故技術上，亦有因汗吐下和解之不同。本條無高熱之刺激，亦無胃腸燥結之見證，故汗吐下法，均非所宜，此所以毋犯胃氣及上中二焦之戒，必自愈，乃良好之機轉，但不可一概而論。治以柴胡劑，容爲確當，至大小柴胡之辨，當因見證而異，不可鑿分。至所謂熱入血室，在中醫上，已無確實所在，而現代醫學上，亦未曾討論，譚次仲氏所謂古人理想之辭，不無見地。總之，以經水適來適斷，故有此辭耳。

前賢治驗　生生堂治驗：某婦，傷寒，經水適來，譫語如見鬼狀，且渴而飲水，禁弗與，病勢益甚，邀先生診之，脈浮滑，是熱入血室，兼白虎湯證也。即與水勿禁，而投小柴胡湯曰：「張氏所謂其人如狂，血自下，下者

愈是也」，雖病勢如此，猶自經水而解，果五六日而全愈。

第七節　合併證

一、太陽陽明全病下利－－葛根湯證

第248條（原太陽篇33條）　**太陽與陽明合病，自下利者，葛根湯主之。**

傳統解釋　合病者，二三經同時發病也。太陽與陽明合病，乃發熱惡寒頭痛無汗之太陽證，與煩熱不得眠之陽明病，同時發現也。至下利之由，各人所說不一：陳修園以兩經熱並盛，不待內陷而胃中之津液，為其所逼而不守，必自下利；李東垣以胃氣下陷而下利；成無已謂裡陰不實而下利；金鑑以表裡之氣，升降失常而下利；曹穎甫以寒水陷於胃而下利；唐容川以陰邪內合陽明，陷於大腸而下利。承淡安以為水飲下趨腸中，與熱邪下陷之利不同，以上所說，似無一是，但「必」字，殊為不當，本條既曰太陽與陽明合病，必自下利，則次條又太陽與陽明合病，不下利但嘔者，既上條有「必」字，則下條不應有「不」，豈非自相矛盾乎，故改為「太陽與陽明合病，自下利者」為妥。

科學解釋　太陽病為全身性之泛發病，因人體質之異，和病毒之親和性，往往在其親和之組織，及器官誘發局部病，本條即此情況。下利之原因頗多，有因血液異常而下利者（譚次仲說），或腸管因病毒刺激，蠕動亢增，吸收功能減退而為下利者；亦有惡液質之人，水毒不能因汗出而排於體外為下利者；本條病況，似以病毒之刺激腸管為多，故麻黃佐桂枝以發汗解熱，驅大部病毒於體外，加葛根理腸胃，和緩腸管，抑制蠕動之亢進而止下利，故汗出熱解邪祛，下利亦止矣。

二、葛根加半夏湯證

第249條（原太陽篇34條）　**太陽與陽明合病，不下利，但嘔者，葛根加半夏湯主之。**

傳統解釋　此條與上條同，不下利但嘔者，病胃而不及腸也，因嘔，故葛根湯加半夏以止嘔而治之。

科學解釋　上條為病毒刺激腸管而下利，此則誘發胃局部，而嘔吐；以半夏為鎮嘔祛痰鎮靜劑，為治噁心嘔吐之要藥，故加之。

方七九　葛根加半夏湯

葛根四兩　麻黃去節三兩　桂枝二兩　甘草炙二兩　芍藥二兩　生薑切三兩　大棗擘十二枚　半夏洗半升

右八味，以水一斗，先煮葛根麻黃減二升，去白沫，納諸藥，煮取二升，去滓，溫服一升，覆取微似汗。

三、汗出不徹證

第250條（原太陽篇49條）　**二陽併病，太陽初得病時，發其汗，汗出不徹，因轉屬陽明，續自汗微出，不惡寒；若太陽証不罷者，不可下，下之為逆，如此可小發汗。設面色緣緣正赤者，陽氣怫鬱在表，當解之薰之，若當汗不汗，其人煩躁，不知痛處，乍在腹中，乍在四肢，按之不可得，其人短氣，更發汗則愈；若發汗不徹，不足言陽氣怫鬱不得越，何以知汗出不徹，以脈澀故知也。**

傳統解釋　本條原文，當解之薰之之下，原為「若發汗不徹，不足言陽氣怫鬱不得越，當汗不汗，其人煩躁，不知痛處，乍在腹中，乍在四肢，按之不可得，其人短氣，但坐以汗出不徹故也，更發汗則愈，何以知汗出不徹，以脈澀故知也」一段，因與病理不符，故改之如今條文。夫二陽併病，乃太陽病，以麻黃湯發其汗，汗微不足以祛邪，因熱加自汗出，乃轉屬陽明；若不惡寒者，太陽證罷，可以承氣湯下之，或白虎湯清之；若仍惡寒者，太陽證未罷，不可下，下之於法為逆，仍可用桂枝二越婢一湯，或麻黃桂枝各半湯，小發其汗而愈。設面赤緣緣，為陽氣怫鬱在表，乃失汗所致，非汗出不徹之故，因熱盛於內，而生煩躁，邪居於經，而行走無定，故痛無定處，如此可以麻黃湯更發其汗而愈；若脈澀者，血液不足，知前以汗出奪血所致，病仍不解，故推知為汗出不徹也。

科學解釋　二陽者，太陽陽明也，此乃古醫之術語，太陽代表發熱惡寒，陽明代表惡熱自汗。當太陽發熱惡寒之時，應用麻桂等解熱劑，發汗驅毒而解熱；服藥後，雖小汗出，而熱未解，反增其勢，續自汗出，不惡寒，則病已進入陽明證矣，當用苦寒降輯之劑，以瀉下解熱。若惡寒之證未解，則尚有太陽之表，當再發其汗，以解在外之病毒，外毒去，內熱未清，再擬瀉下，以解陽明之熱，蓋陽明病，多指腸胃而言也。若其人面赤緣緣，則面部充血，其所以充血之故，乃失用發汗解熱之劑，使熱勢益張，心力

興奮，血壓亢進，故不能謂其初發汗太少，汗出不澈。初期熱性病，大多用發汗解熱之法，初期失汗，熱鬱益盛，故大腦知覺神經不安，而現煩躁不安，痛不知處等現象。肺因代償熱毒之發放，而喘急形似短氣。濇為脈行滯濇艱難之象，熱病血運暢行，勢無濇象，經曰：「濇者，陽有餘，血少故也」，故推而知為先已汗失體液，今已熱耗水份，血不充而脈濇也。

前賢學說

(1)金鑑曰：面赤一證，勞損顴紅，發於午後，骨蒸陰虛也；格陽浮赤，兼厥利脈微者，陽虛也；赤色深重，潮熱便硬，裡實也；赤色淺淡，惡寒無汗，表實也。

(2)譚次仲在本條疏四內有曰：「但體質可以不講，而病理不可不明」，余僅同意其半。蓋中醫治病，僅憑「寒熱虛實」四字，亦即西醫所謂之體質也，病理固不可不明，而體質亦不可不講，因體質之因素，對病毒之抗拒，關係甚大；若不明寒熱虛實，則面赤有充血貧血之分，判斷殊為困難。面赤之因，有如金鑑所云，陰陽表裡虛實之殊，藥治當有所別，非僅病理之充血貧血所能了然也。

四、太陽少陽合併病㈠

第251條（原太陽篇158條） **太陽與少陽併病，頭項強痛，或眩冒，時如結胸，心下痞鞕者，當刺大椎第一間，肺俞、肝俞，慎不可發汗；發汗則譫語，脈弦，五六日譫語不止，當刺期門。**

傳統解釋 醫宗金鑑曰：太陽與少陽併病，故見頭強痛，或眩冒，或時如結胸，心下痞鞕之證，而曰或，曰時如者，謂兩陽歸併未定之病狀也。病狀未定，不可以藥，當刺肺俞，以瀉太陽，以太陽與肺通也，當刺肝俞，以瀉少陽，以肝與膽合也。故刺以俟之，以待其機也。苟不如此，而發其汗，兩陽之邪，乘燥入胃，則發譫語，設脈長大，則猶為順，可以下之；今脈不大而弦，五六日譫語不止，是土病而見木脈也，慎不可下，當刺期門，直瀉其肝可也。

　　山田氏曰：此條王叔和敷演之文，非仲景之言也。陸淵雷亦以為然。夫太陽與少陽，本論有柴胡桂枝湯方，或眩冒，或時如結胸，亦柴胡桂枝湯之所主，今云當刺，似非湯液所能治也，故後賢多以不可藥治為語；又

誤汗而發譫語，無非津傷熱結，亦有可用之方，今云刺期門，亦似非湯藥所能治者，皇甫謐謂仲景治主湯藥，今不用湯而用刺，疑非仲景之文，與山田氏所見雷同。

甲乙經云：大椎在第一椎陷中，三陽督脈之會，刺入五分；肺俞在第三椎下，兩傍各一寸五分，刺入三分，留七呼；肝俞在第九椎下，兩傍各一寸五分，針入三分，留六呼，金鑑謂大椎第一間，即肺俞者，非也。

科學解釋　太陽證之頭項强痛與發熱，及少陽證之眩冒，時如結胸，心下痞鞕，同時出現，謂之合病；太陽證未罷，少陽證又發現而甚劇，謂太陽與少陽併病。太陽表證既未解，雖微，亦當以解表，而少陽較劇，故同時亦應注重而兼治，柴胡桂枝湯，可謂的方。所謂慎不可發汗者，不得獨治太陽之表證，而遺少陽之時如結胸證也。若不太陽少陽並治，僅發太陽之表汗，汗後失液，麻桂之刺激較甚，神經興奮而譫語，按病之輕重，猶可與大柴胡湯，或調胃承氣湯以下之。

本條雖僅言刺，而不及藥，但仍可以藥治，決無疑義矣。然刺之能瘳疾，古今爲然，惜余對針灸未精，未敢妄議。

太陽與少陽併病㈠

第252條（原太陽篇179條）　太陽少陽併病，心下鞕，頸項强而眩者，當刺大椎，肺俞，肝俞，慎勿下之。

傳統解釋　太陽少陽併病，按例應先治少陽而後治太陽，亦可二陽同治，如柴胡桂枝湯證，今太少併病，而兼心下鞕，頸項强而眩者，與結胸之有「心下石鞕」，「項亦强」之證，「下之則愈」者，頗相似，但既不滿且痛，決非結胸證，愼者，戒也，禁勿下之，當用刺法。本論雖未處方，但核於病理，柴胡桂枝湯當有效。

科學解釋　太陽寒熱强痛之證，與少陽胸滿眩暈之證併發，且兼心下硬之胃病，實在三陽併病矣。心下雖鞕而不痛，胃病不甚，治可從緩；太陽寒熱强痛爲急性傳染病之初期，少陽胸脇苦滿，爲熱性病之進行期，治當抑其進行爲主，故太陽與少陽併病，應先治少陽之例，實治療之法則。本證雖未處方，當在柴胡劑中求之；因柴胡除解少陽之胸脇滿之外，更有健胃安腦（熱解，血壓自平，而腦安，眩暈亦止）之功。同治太陽者，可加桂枝（以熱勢不甚高者爲宜），故柴胡桂枝湯，於本證有效。刺法爲刺激神經

，起生理自救作用，自有療效。

太陽與少陽合病㈡－－黃芩湯證

第253條（原太陽篇180條） 太陽與少陽合病，自下利者，與黃芩湯；若嘔者，黃芩加半夏生薑湯主之。

傳統解釋 成無已曰：太陽陽明合病，自下利，爲在表，當用葛根湯發汗；陽明少陽合病，自下利，爲在裡，可與承氣湯下之；此太陽少陽合病，爲半表半裡，非汗下所宜，故與黃芩湯以和解之；嘔者，胃氣逆也，故加半夏生薑以散逆氣。

山田氏以併病邪氣緩，則兼治二經，而合病邪氣急，獨解其一經。大柴胡之於少陽陽明併病；柴胡桂枝湯之於太陽少陽併病；桂枝加芍藥湯之於太陽太陰併病；皆兼治二經也。葛根湯，及麻黃湯之治太陽陽明合病，黃芩湯之治太陽少陽合病，白虎湯之治三陽合病，皆獨治其一經也。

陸淵雷以此條見證，惟下利與嘔，方藥亦僅治腸胃，可知其爲急性胃腸炎赤痢之類，雖或發熱，其毒害物質，在腸胃而不在血，非發汗所能祛除，故不用解表之藥，此本非傷寒六經之病，然本論既以六經標名，黃芩加半夏生薑湯，又即柴胡桂枝湯去柴胡桂枝人蔘，就其近似者而命之名，姑謂太陽少陽合病耳。下利不謂之太陰陽明者，以陽明胃實，此不實，太陰腸寒，此不寒故也。嘔不謂少陽者，以少陽主胸滿，此則胸脅不滿故也。

右三說，成氏以傷寒治法成例言，而未指太陽少陽之見證；山田氏以合併之緩急言，亦未示合併太陽少陽爲何證狀；陸氏以見證言，疑太少合病爲「姑謂」，各未所盡也。唯陸氏駁山田氏（受病之始，已有心煩、惡熱脈數，而兼太陽頭項強痛，脈浮等證者，黃芩湯主之，如其下利與嘔，不必問有無）曰：試問病人不嘔不利，用此方於此等證，果有效乎？嘔可不問，則半夏生薑之去取，將何以爲標準乎，不思之甚也，殊爲中肯。敝意太陽少陽合病，必有太陽少陽之症，其所不明言症者，省文耳，本論之例甚多，非謂柴胡桂枝湯之近似而姑謂。唯藥用胃腸之劑者，病入腸胃，處以對症療法，此爲治其局部，影響全身之病理可通。至太陽少腸究何見證，未可一概而論，蓋病者體質各殊，病變萬狀，總以不超太陽少陽證候群之內耳，此成氏山田氏之所以未敢肯定者，不爲無理。唯一可言者，以黃芩湯爲主治而視之，則太陽與少陽之證必微，否則太陽少陽病甚，其能

捨桂枝柴胡，而用苦寒之黃芩湯也，至金鑑等明定太陽少陽爲何見證者，亦未免膠柱鼓琴，而反不玲瓏圓滑也。

科學解釋 太陽與少陽合病，似指發熱，心下痞滿等證而言，更見自下利之腸炎證，因胃腸證急，而泛發病緩，治其胃腸病，而泛發病亦可解，此所以用苦味健胃之黃芩芍藥，消炎殺菌爲主，甘草大棗，乃調味和緩之劑，可以緩和腸神經之迫急也。若嘔者，胃病亦重，故加半夏生薑之鎮嘔。考其藥量，乃屬寒熱療法之範圍，故必見內熱之證，否則，嘔而下利，爲何不用理中也，卽是明證。

方八〇　黃芩湯

黃芩三兩　芍藥二兩　甘草炙二兩　大棗擘十二枚

右四味，以水一斗，煮取三升，去滓，溫服一升，日再服，夜一服。若嘔者，加半夏半升生薑三兩。

方解 黃芩爲清熱殺菌劑，對腸炎赤痢，均有卓效，芍藥有緩和神經攣急，止痛之效，故本方遂爲後世治痢之祖方。

前賢學說

(1)拔萃方：芍藥黃芩湯（卽本方），治泄利腹痛，或裡急後重，身熱久不愈，脈洪疾，及下痢膿血稠粘。

(2)醫方集解：仲景之書，一字不苟，此證單言下利，故此方亦單治下利。機要用之治熱利腹痛，更名黃芩芍藥湯，潔古加木香、檳榔、大黃、黃連、當歸、官桂、更名芍藥湯，治下痢，仲景此方，隨爲後世治痢之祖方矣。

(3)類聚方廣義：黃芩湯、治痢疾，發熱腹痛，心下痞，裡急後重，便膿血者，宜加大黃；若嘔者，黃芩加半夏生薑湯中，加大黃。湯本氏釋曰：痢疾、爲大腸炎及赤痢之總稱，便膿血，卽粘血便之謂也。此等病證，裡急後重，乃欲驅逐腸內毒物，而自然妙機之力，有所不及之徵，故有此證狀時，不管粘血便之有無，不得不加大黃以補助此妙機。又粘液便，或粘血便者，因細菌毒素之刺激，而腸粘膜發炎，炎性產物停滯，與炎性機轉之進展，爲粘膜血管破裂之候，故亦當講加用大黃以消炎之策，且欲蕩滌此等毒物也。故裡急後急已去，至不認爲粘血，或粘液便時，若無特別情形，當卽去大黃焉。陸淵雷則以大黃有促進腸蠕動，則痛必加劇，非大實者，不輕用大黃，更於本方中，加木香、枳實、檳榔、

桔梗，白頭翁等味，取效甚捷。又有久痢虛弱，始終下腫後重，不得用
大黃，宜用溫補收濇之劑。

(4)勿誤藥室方函口訣：此方（黃芩湯），爲少陽部位下痢之神方，與後世
之芍藥湯等方，不可同日而論也。但同爲下痢，柴胡，主寒熱往來，此
方主腹痛，故此證但有乾嘔，卽不用柴胡，而用後方也（卽黃芩加薑夏
湯）。

五、陽明少陽合併病證

第254條（原陽明篇268條）　**陽明少陽合病，必下利，脈滑而數者，有宿
食也，當下之，宜大承氣湯。**

傳統解釋　本條原文，在必下利之下，有「其脈不負者，順也；負者，失也
。互相克賊，名爲負也」等字，歷賢多以五行生剋爲訓，未如人意，和久
田氏謂後人攙入，以刪之爲是，故刪去。夫陽明少陽合病，發熱，心下痞
鞕，下利，其脈滑數有力者，雖下利，仍有宿食停滯也，當下而去之，金
匱要略亦云：脈數而滑者，實也，此有宿食也，當下之，宜大承氣湯。與
此條正相吻合。

科學解釋　傷寒所謂陽明少陽合病，卽腸胃肝胆，下部消化器官疾病，故多
下利。而下利由於宿食結滯者，應用下劑去其病原，而利自止，故可以大
承氣湯治之。

六、三陽合病－白虎湯證

第255條（原陽明篇231條）　**三陽合病，腹滿身重，難以轉側，口不仁而
面垢、譫語、遺尿。發汗則譫語，下之則額上生汗，手足厥冷；若自汗出
者，白虎湯主之。**

傳統解釋　山田氏曰：此病雖以三陽命名，而腹滿身重譫語，皆屬陽明內熱
之病。余無言，曹穎甫亦同此說。而成無已則以面垢爲少陽病，遺尿爲太
陽病，無奈過於牽強耳；金鑑以三陽合病，必有太陽之頭痛發熱，陽明之
惡熱不眠，少陽之寒熱耳聾等證，亦不過臆測之辭，餘則循文而已矣。夫
陽明內熱，故腹滿而生重感，身體難以轉側；熱炎於上，口舌乾燥，不知
五味，面脂油垢，神昏譫語而遺尿；熱蒸於表，故自汗；總之熱盛於內也
。其用白虎而不用承氣者，腹診必無堅痛。余無言所謂承氣未必生，況白

虎乎？其理雖是，但仍應以腹診辨之，始能定論。若以三陽合病，循太陽之治而發其汗，則必熱勢愈熾，譫語益甚；若以內實而下之，則內熱未實，徒傷正氣，汗出於額，手足逆冷，有亡陽之虞矣。

科學解釋　陽明雖為熱病，其勢則有輕重散結之別，熱在腸而腹滿，熱在腦而譫語，熱灼神經麻痺而身重遺尿，熱在胃則口不仁而面垢，熱在肌則汗出，此陽明熱勢雖盛，但散漫軀腔內外，並未燥結便硬之證；且有腹膜炎，腸熱病之可疑，故不用大承氣湯之峻下，而用白虎湯之清熱也。且石膏有解肌之稱，當有軀毒外出之功。其病雖複雜，唯一熱耳，故僅用白虎湯清其熱可也。若用辛熱發汗，益熾熱勢，故知覺更亂而譫語甚；下之損津壓心，有額汗，手足冷之虛脫證候。特舉此者，恐身重為太陽未罷而發汗，認譫語為內實而攻下也，此乃補足本證用白虎湯之意耳。

三陽合病－－目合則汗證

第256條（原279條）　三陽合病，脈浮大，上關上，但欲眠睡，目合則汗。

傳統解釋　三陽合病，前條自汗出，治以白虎；此條盜汗出，猶在少陽，故余無言有先解少陽，次以白虎加人蔘湯清補之言，金鑑亦有此意。惟本條脈證，不無可疑，故劉棟等以為後人所攙而不議，而和之者亦眾。夫三陽合病，陽氣盛，熱亦盛，故脈浮大，神昏譫語，目合則汗。因少陰之欲寐，脈微細為陰證；此陽熱甚而脈浮大，故決其為熱盛昏睡也。盜汗出，慣云陰虛，此則熱盛，第目合則汗，表陽亦虛，治當有別，仲景所以不處方者，其示人以隨機應變之活法也。

科學解釋　此條脈證，均係熱性病之徵象，白虎湯之清涼解熱劑可用。

第五章　太陰篇

第一節　太陰病提綱

第257條（原284條）　太陰之為病，腹滿而吐，食不下，自利益甚，時腹自痛，若下之，必胸下結鞕。

傳統解釋　金鑑以六邪之氣，感人雖同，而受之生病各異者，蓋以人之形有

厚薄，氣有盛衰，藏有寒熱，所受之邪，從人之臟氣而化，是以或從虛化，或從實化，或從寒化，或從熱化。有謂傷寒傳經陰邪，爲直中，非傳經之邪者，皆未熟讀仲景之書，故有此誤。夫太陰脾經，脾爲濕臟，故多陰化，而少陽化，寒邪傳於太陰，故腹滿自痛，寒邪循脈犯胃，故吐而食不下，此太陰裡虛，邪從寒化之證也，當以理中四逆輩溫之。若以虛寒之滿痛，誤認實熱之滿痛而下之，則虛寒相搏，必變爲臟結痞硬，自利益甚矣。此太陰全篇之提綱也。

余無言曰：此太陰脾病之提綱也。中醫自古及今，凡論消化，無不以脾胃並舉，是脾胃之關係可知矣。在西醫，則認脾無消化功能，不過專司製白血球耳。並謂脾胃之收縮及擴大，適成反比，當胃空時，胃體縮小而脾臟擴大弛緩；胃中納食時，胃體擴大，而脾則縮小。然脾收縮之最大用途，在逼使本身之血液，經胃底血管，注入胃體，以加強胃中之熱力，尤進胃粘膜之分泌，而消化作用旺盛。於是，即中醫所謂之脾陽胃陽也。若其人脾胃之熱力不足，即中醫所謂之胃虛胃寒，或脾虛脾寒，如傷寒之邪，傳傷太陰，則脾氣不足，無力緊縮，反而脾大，同時胃肌亦呈弛緩，消化力弱，食糜於胃中，一時不能轉送，則水份留而不運，潴爲粘濁，即所謂胃濕，留而腹滿，上爲嘔逆，下爲自利。設醫不知虛寒，而誤以實熱下之，則虛寒益甚而結硬，反下利益甚也。

科學解釋 凡病證之發現，均屬於正氣抵抗病毒所營自救之反映。藥物治療，在西醫以原因療法，直接祛毒爲主；在中醫則對證下藥，以助長正氣抗毒溶毒爲主，此中西醫在治療原則上之一大特點。然人之氣稟體格，生活習慣，心理狀態，恒各不同，故同一病原之感染，所發證狀，往往因之而異，此即西醫所謂難知之體質問題，亦即中醫所注意寒熱虛實之重要課題。如正氣（抗毒力）強壯之人，抵抗力強，則顯示機能亢盛之陽性病；正氣不足，抗毒力弱，則顯示機能衰退之陰性病。傷寒之三陽證，均爲機能亢盛之陽實病，故以解熱攻毒爲主治。但陽性陰性疾病，均有輕重緩急之殊，故三陰陽之證，又有分等也。本論六經篇中，陰中有熱證，陽中有寒證，乃叔和編次錯束，非仲景之原意也，亟應起而正之。山田正珍與余無言所謂熱論之三陽，即本論陽明胃實證；本論之三陰，乃熱病所未言，根本不同，不得以被釋此，誠屬至論；歷代醫家，以熱論而釋傷寒者，無怪

其扞格不入，牽強附會，總難吻合。且傳經之次序，雖有循經傳，越經傳，首尾傳等等名稱；但事實上，有起病不在太陽者，有始終在一經者，更有原發病，不在傳經之例者。維傷寒爲傳染病，原發病不是傷寒，故仲景另有金匱之書。然本論之三陰證，有由三陽傳變而成者，故傷寒論有三陰證治篇之作也。

太陰病之提綱，腹滿，吐利，食不下，時腹自痛，爲腸胃虛寒，機能衰弱證；與陽明機能亢盛證，雖同爲腸胃病，而狀證恰相反。故凡腸胃實熱之證，均屬陽明，腸胃虛寒之證，均屬太陰；因陽明病之提綱爲胃家實，而太陰病之提綱爲虛寒，故篇中之太陰實熱證，實陽明篇中之錯柬耳；陽明篇中之虛寒，亦同此例也。蓋腸胃虛寒，消化機能衰退，殘餘食物，發酵爲氣體，故令腹滿；此滿雖腹皮緊張，但深按之非但不硬，而且棉軟無力，不若燥屎之滿而堅硬。嘔吐食不下，屬胃病，下利腹滿痛，屬腸病；但寒熱病均有之，更當以脈候、舌苔、腹診、氣色以辨之。腹時痛，因腸得寒而蠕動亢進，則作痛，得暖，腸蠕動緩靜而痛止；不若燥屎支撐，經常作痛而無已。病屬機能衰退，當用興奮强壯之劑，以恢復機能；更用苦寒瀉下之劑，則機能益滅，而下利益甚，胃部重傷而痞鞕，則非人參强壯劑不能救也。

前賢學說 吳綬傷寒蘊要：凡自利者，不因攻下而自瀉利，小便清白而不澀，完穀不化，其色不變，有如鶩溏，或吐利腥臭，小便澄澈清冷，口無燥渴，其脈多沉，或細或遲，或微無力，或身雖熱而手足厥冷，或惡寒踡臥，此皆屬寒也。凡熱證，則口中燥渴，小便或赤或黃，或澀而不利，且所下之物，皆如垢膩之狀，或黃或赤，所去皆熱臭氣，其脈多數，或浮或滑，或弦或大，或洪也。亦有邪熱不殺穀，其物不化者，但脈數而熱，口燥渴，小便黃赤，以此別之矣。

第二節　太陰中風證

第258條（原285條）　**太陰中風，四肢煩疼，陽微陰澀而長者，爲欲愈。**

傳統解釋　太陰病，即提綱所謂之嘔吐不食，腹滿時痛而下利也。中風二字，詳釋少陽中風條，亦即熱病也。陽微陰澀，以脈之浮沉言，輕按之微，

重按之澀，然均兼長脈也。太陰病，屬虛寒不足之證，今見四肢熱痛擾亂不安，且脈見長，爲病勢由虛寒而轉爲陽熱，正氣轉旺之徵；則吐利可止，飲食得下，腹痛得寧，故爲欲愈也。金鑑以爲中風傳來，余無言以爲必有汗出發熱等證，張錫駒以爲風邪直中，丹波氏以爲太陰之從外而解者，皆非也。夫邪之傳變，每隨人而異，豈中風傳來，必有四肢煩疼之理，金鑑之說非也；脾爲太陰，脾胃之病，果能影響四肢之營養，但決非朝夕之事，張說亦不合常理；發熱汗出，爲熱性病之證狀，陰寒者所無，余說亦非也；太陰爲腸胃虛寒之病，正氣不足於中，安有在外抗病勝毒之力，丹波氏之說，亦難符合，故所以皆非之。究其實，所謂太陰中風而欲愈者，即太陰虛寒陰性疾病，得正氣轉旺，轉變爲陽性症狀，而向愈之兆也。

科學解釋　太陰病之嘔吐不食，腹滿時痛下利，均爲腸胃機能衰弱症。因胃機能不足，食物糜化未盡，輸送緩慢，胃中停滯，故嘔吐不食；小腸機能衰弱，在上部食糜溶化未盡，下部吸收不力，食物發酵則腹滿；刺激腸粘膜，則加強蠕動而作痛；大腸機能衰弱，則水份收緩慢慢，兼之蠕動加速，故下利。其欲愈者，腸胃功能恢復，營養份供給良好，代謝興旺，體溫猛增，自然療能加強，則爲機能興奮，病歸陽性，抗毒力強，故所謂欲愈也。

第三節　太陰中寒證

一、胃中虛冷證㈠

第259條（原陽明篇205條）　**病似陽明，不能食，攻其熱必噦；所以然者，胃中虛冷故也，以其人本虛，攻其熱必噦。**

傳統解釋　陽明病，以本論證例，若非胃家實，即身熱汗出，不惡寒，反惡熱也。既云不能食，則胃不實而中寒矣；醫雖粗庸，亦不致濫用苦寒之藥以攻下之，則其所謂攻者，必以身熱汗出惡熱之陽明病，而以白虎湯清之。然本論白虎證，罕有用攻字者，似亦非是。又既云陽明，當身熱不惡寒，更無攻表之法，則攻字實有可疑。但前賢均誤以「陽明病」三字，作瀉下清熱及攻表爲訓，誠屬非是。其實，本證胃中虛冷，乃太陰證也。故改「陽明病」，爲「病似陽明」。惟以外證似陽明，而不能食，誤認陽明實證，乃以苦寒爲治，其人本屬虛寒，寒而益寒，則陽氣衰微，故發噦，噦

者，呃逆也。

科學解釋　不能食為胃病，其原因雖多，不外乎機能性、器質性，及精神性
三大類，精神性者，應調濟其精神，非專持藥石所能奏效；器質性者，以
外科手術為佳，藥物之效較微；唯機能性者，若得對證下藥，收效良佳。
虛寒為機能減退之胃病，應治以刺激性興奮強壯劑，苦寒瀉下劑，勢必加
甚胃機能之衰弱，影響胃神經，使胃肌痙攣，而發生嘔吐呃逆等證。噦，
或云乾嘔，或云呃逆，總為胃痙攣之所致。

胃中虛冷證㈡

第260條（原陽明篇238條）　**若胃中虛冷，不能食者，飲水則噦。**

傳統解釋　飲水即噦，本論及金匱中，屢見不罕，以胃中虛冷，食穀不消，
故不能食；飲水不輸，而激發呃逆。噦者，俗云冷呃，靈樞雜病篇云：噦
以草刺鼻，使嚏，嚏而已，無息而疾迎引之已，大驚之亦立已，所謂乾嘔
及咳逆者，非也。

科學解釋　胃病，除胃肌弛緩無力者外，多發粘膜炎，飲水不能隨時輸入腸中
，水液停留胃中，抵觸粘膜神經，即起反射作用，而發生嘔吐，或呃逆。
所以胃病多不喜液體者，即是之故。胃中虛寒者，喜辛辣之品，故慢性胃
炎，多用六君，理中等湯為治；若急性胃炎，當以苦寒消炎之品為宜。不
論急慢性胃炎，多不能食，如反能食多食者，應減食而後治之，否則，藥
效甚微也。

第四節　太陰病溫中法

一、四逆湯證㈠

第261條（原288條）　**自利不渴者，屬太陰，以其藏有寒故也，當溫之，
宜四逆輩。**

傳統解釋　自利而渴，原因頗多，一為裡有熱（出金鑑），其次為津液內亡
（出舒氏、成氏、山田氏），或為上熱下寒之厥陰證，或水停不行之五苓
豬苓證（出陸氏）；而自利不渴，則為陰寒，或水毒停滯（出成氏、金鑑
、湯本氏）無疑矣。故山田氏與舒詔氏所云，以自利而渴為熱，自利而不
渴為寒，未必盡然。雖利而不渴，小便不利者，恒多虛寒證，然久利未有

不渴者。而陸氏云：「陽明病，熱爍津液則渴，少陰病，陽亡而津液不繼則渴，厥陰病上熱下寒則渴，五苓豬苓證，水積不行則渴，渴故多端，然皆無關於自利也」。然利而失水，必加其勢，豈皆無關哉。陸氏又云：「自利爲勢不暴，爲日不久者，例皆不渴；若崩注洞泄，或久利不止，則未有不渴者」。成氏、金鑑、山田氏，不過各舉一端，惟湯本氏之說，獨爲可取。湯本氏曰：其臟有寒之寒字，有二義，一爲本義，另一爲水毒，水性其寒，其歸一也；當溫之溫字，亦有二義，其一即本義，另一爲除水毒，水毒去，則自溫暖，其歸一也。其自然下利而不渴者，屬太陰病，所以然者，以內臟有水毒而寒冷也，當選四逆湯類似諸方，去水毒，溫內臟，乃爲適當之處置。本條就自利證中，辨其不渴屬太陰，此就陰證而言，若兼及三陽，則葛根湯，黃芩湯之治利，亦多不渴，不得爲太陰也。

科學解釋　下利失水多，理當燥渴；而反不渴者，其理有三：其一，腸病而胃不病，更未及唾腺分泌之反常；其二，失水不多；其三，失水雖多，唾腺遭受刺激，分泌如常，或反增加。但下利而不渴，大都屬於虛寒之體質，故曰屬於太陰也。適宜於辛辣之附子劑，以收逐水健胃，熱療寒病之特效。附子乾薑，均爲逐水辛熱之品，故理中湯，附子湯，四逆湯等，均爲類似性質之方劑，隨證而用之，皆有良效，即所謂四逆輩溫之也。

四逆湯(二)

第262條（原陽明篇237條）　脈浮而遲，表熱裡寒，下利清穀，四逆湯主之。

傳統解釋　本條原列陽明篇中，山田氏謂此三陰篇中錯束，實有同感，故改編本篇。陽明以熱爲主，故多白虎承氣之證，雖有中寒之說，實太陰證也，故少溫熱之治。本條脈浮爲表熱，遲爲裡寒，寒甚則脾胃失運，水穀不化，故下利清穀，治宜辛熱回陽以救急，庶免寒甚而虛脫，故以四逆湯主之。

科學解釋　脈遲爲心力衰弱，下利清穀，爲腸胃消化吸收機能全失，故宜辛熱，興奮、刺激之強心健胃劑以治之。四逆湯之附子乾薑，皆爲辛辣刺激之品，有振奮神經，恢復機能之功效，爲救危圖亡之要劑。

四逆湯(三)

第263條（原厥陰篇384條）　下利腹脹滿，身體疼痛者，先溫其裡，乃攻其表，溫裡宜四逆湯，攻表宜桂枝湯。

傳統解釋 山田氏曰：下利、腹脹滿者，以裡虛而氣不能宣通也。與前七七條曰：傷寒醫下之，續得下利清穀不止，身體疼痛者，急當救裡；後身體疼痛，清便自調者，急當救表，救裡宜四逆湯，救表宜桂枝湯。同此意也。

科學解釋 本條以腹脹滿下利，與身疼痛兼見，須分輕重緩急，而定其治療之次序也。凡體質衰弱，腸胃功能失健之人，雖有外感之邪，而兼見虛寒脹滿下利者，必須先治其衰弱之胃腸，使機能恢復，脹消利止，始能營養增加，抗力強盛，故先用四逆湯溫補其裡，待裡復，則用桂枝湯，以助抗力而驅毒，可與前七七條所說參看。

方八一　四逆湯

甘草炙二兩　乾薑切一兩半　附子一枚生用破八片

右三味，以水三升，煮取一升二合，去滓，分溫再服，強人可用大附子一枚，乾薑三兩。（譚云：按習慣，附子生熟各半用，因附子經用鹽製，生用味極鹹故也，本方用量，為附子生熟各半，共五錢，乾薑三錢，甘草四錢，為一服，今秤。）

方解 本方為辛辣、興奮、刺激，強心劑，凡猝中陰寒，吐瀉腹痛，手足逆冷，冷汗自出，神怯氣弱，戰慄倦臥，脈沉或伏者，皆可用本方以溫中回陽之功，而救虛脫之危急。因附子，乾薑均屬大辛大熱，附子長於溫腎回陽，乾薑長於溫中祛寒，二藥協同，溫陽祛寒之力甚強，配以甘草，又能補脾調和故也。

前賢學說

　(1)醫林集要：乾薑附子湯（即本方），治傷寒陰症，唇青面黑，身背強痛，四肢厥冷，及諸虛沉寒。

　(2)萬病回春：凡陰病，身靜而重，語言無聲，氣少難以喘息，目睛不了了，口鼻氣冷，水漿不下，大小便不禁，面上惡寒如切刮者，先用艾灸法，次服四逆湯。

　(3)古方便覽：世醫所謂中寒中濕，及傷寒陰證，霍亂等諸證，厥冷惡寒，下利腹痛者，皆可用四逆湯。

　(4)類聚方廣義：四逆湯，治霍亂吐利甚者，及暴瀉證，急者，死不崇朝。若倉惶失措，擬議誤策，使人斃於非命，其罪何歸乎！醫者當研究於平素，始可救急而濟變也。又四逆湯，為救厥逆之主方也。然傷寒之熱結

在裡者；中風卒倒，痰涎沸湧者，霍亂未經吐下，內猶有毒者，老人食鬱，及諸卒病閉塞不開者，總令全身厥冷，冷汗脈微，能審其證，以白虎、瀉心、承氣、紫丸，走馬之類，解其結，通其閉，則厥冷不治自復，在誤認爲脫證，遽用四逆，眞武，則猶下井投石也，庸工殺人，常坐於此。

又霍亂病，雖因外感，蓋傷食也；又有挾疝瘕激動者，其不吐不下，胸腹劇痛者，當先與備急丸，紫丸以吐下之；腹痛悶亂止，而嘔不止，藥汁不入者，宜以小半夏加茯苓湯，止其嘔；吐下後，頭痛發熱，身體疼痛，渴而嘔吐，小便不利，脈浮數者，宜五苓散；前證吐利不止，四肢微冷，好熱飲者，人蔘湯；吐下止，大熱大渴，煩躁，心下痞鞕者，白虎加人蔘湯；前證頭痛汗出惡寒，身體疼痛，心下痞鞕者，白虎加桂枝湯；乾嘔不止，冷汗厥逆，轉筋腹痛，脈微欲絕者，四逆湯。

前賢治驗　名醫彙案：郭雍治一人，盛年持健不善養，因極飲冷酒食，內外有所感，初得疾，而身涼自利，手足厥冷，額上冷汗不止，遍身痛，呻吟不絕，偃臥不能轉側，心神俱無，昏憒恍惚。郭令服四逆湯，灸關元及三陰交，未知，加服九煉金液丹，利厥汗證少止，稍緩藥艾，則諸證復出，再急灸治，如此進退者三，凡三日二夜，灸千餘壯，服金液丹，亦千餘粒，四逆湯一二斗，方能住灸湯藥，陽氣雖復而汗不止，證複如太陽病，未敢服藥，以待汗，二三日，復大煩躁飲水，次則譫語斑出，熱甚，無可奈何，復與調胃承氣湯，得利大汗而解，陰陽反覆，有如此者。

二、吳茱萸湯證

第264條（原陽明篇254條）　食穀欲嘔者，屬太陰也，吳茱萸湯主之。得湯反劇者，屬上焦也。

傳統解釋　本條食穀欲嘔者，原「屬陽明也」，今按病理，改爲「屬太陰也」。食穀欲嘔，食下，胃中虛寒而不消穀，故溫溫欲嘔，或朝食暮吐也，此即不能食，爲中寒之證。所謂屬陽明者，即指胃病，若用傷寒之術語，當以太陰爲是，故改之。山田氏指爲中焦，未若以胃爲言，更爲明確。吳萸生薑，均辛熱之品，對虛寒之陰證，自屬相宜，所謂主之者，確定不移之理也。得湯反劇，屬上焦也，各家各自其說，莫衷一是，成氏云：以治上焦法治之，而無方；尚論篇云：仍屬太陽熱邪，而非胃病；條辯云：上

焦以膈言，戒下之意；婁氏云：火也，當用生薑黃連治之；山田氏云：上焦有熱，當與小柴胡湯；柯琴云：痰飲在上焦爲患，嘔盡自愈；錢氏云：邪猶在胸，梔子豉湯涌之；醫宗金鑑云：太陽表熱，處以葛根加半夏湯；劉棟、希哲云：胸中有寒，以瓜蒂散涌之；張志聰云：非胃中虛寒，乃上焦火熱，水氣承之而病可愈，雖不立方，可意會矣。魏荔彤云：上熱下寒，以黃連炒吳茱萸，生薑易乾薑一法；陳修園云：太陰熱屈，中見陽明，寒去熱生之佳兆，病向愈也；唐容川云：上焦膈膜之熱，章虛谷云：由於上焦痞熱，非關中焦虛寒也；程氏，尾台氏均云：仍與吳茱萸湯；常器之云：宜橘皮湯；雉間煥云：宜厚朴生薑甘草半夏人蔘湯。但以上各說，以病因各異，不能武斷誰是誰非，考腹證奇覽治例，用小柴胡湯加吳茱萸而得效，則山田之說，或不我誣；又類聚方廣義以得湯反劇者，益於此方，則嘔氣自止，但一帖藥二三次服佳，亦不爲無理。

科學解釋 食穀欲嘔者，胃病，而食道與腸阻塞，間亦有之。食道病時，有嚥下困難一證；腸阻塞有吐糞樣臭之液體；而胃之嘔吐，有急慢性之胃炎，胃潰瘍、胃癌、胃擴張、胃下垂、胃力衰弱、胃酸過多，幽門肥大性狹窄證等之別。其病因爲何，如何治療，端在鑑別診斷：如急性胃炎，有食慾缺乏，心下部壓重膨滿，欲食香氣高之鹽味，口渴甚，見食而噁心，頻發嘔吐，甚至吐出胆汁。慢性胃炎，其證與急性相似，其形成以漸，但有時趨極甚之善飢症，唾液分泌亢進，此外有嘈雜，噯氣，甚者，起劇烈之疼痛；胃潰瘍，大多吐血，及黑色糞便，曁局部之疼痛，灼熱感。胃癌，自覺局部證；即癌腫之所在，初期胃癌，不過輕度之消化不良，食慾不振，稍食即膨滿壓重，吐臭氣，及食後嘔氣，時有灼熱，腫瘍增加，血管破裂，則大出血，後忽致死，大便多秘結，末期反起頑固性下利；他覺局部證：初期不易發覺，至發覺有局部性隆起，即爲癌腫，病勢增加，則呈惡液質。胃擴張，爲胃腔後天性擴大，大彎達臍以下，甚至於膀胱部，左右界均擴大，有振水聲，吐出雖不頻，而量甚多，煩渴，尿少。胃下垂，無一定之症候，有便秘、頭重、眩暈、耳鳴、心悸亢進，不眠疲勞，滿悶噯氣、嘈雜，間有嘔吐。胃力衰弱證；滿悶，稍食即飽，腹部無力，胃有振水聲。胃酸過多證，胃部不快，食後二三小時起疼痛，攝取食物，則暫時和緩。幽門狹窄證，爲噴射性嘔吐，便秘，尿少，飲後上腹部膨滿。本條

之食穀欲嘔，治以苦辣之吳茱萸湯者，乃胃擴張，胃力衰弱，或慢性胃炎也。胃中有滲出液，及積水，故用刺激之藥，興奮胃機能，以強壯消化輸送為主。得湯反劇者，可能為食道炎，及急慢性胃炎，因苦辣之味，過分刺激胃粘膜，及食道粘膜神經，而起反射性之嘔吐也。先以苦寒之劑以消炎，但不必用苦寒之重劑耳。其所謂屬上焦者，不盡然，應以他證為鑑別診斷，而後始能確定，如全身性症狀多者，或為神經性嘔吐，胃機能紊亂之所致，單憑欲嘔反劇，寥寥數字，而武斷，爭論病候者，似非確當，無怪歷代諸家，爭論紛紛，百無一是也。

方八二　吳茱萸湯

吳茱萸一升　人參三兩　生薑六兩　大棗擘十二枚

右四味，以水七升，煮取三升，去滓，溫服七合，日三服。（近用今秤吳茱萸二錢，生薑三錢，黨參五錢，大棗四錢）

方解　本方以苦味芳香性散寒健胃鎮痛止嘔之吳茱萸為主藥，對虛弱性之胃病，及慢性胃炎有效；而急性，陽性之胃疾患，則非所宜。佐以生薑之辛熱，則溫胃止嘔之力更強，大棗之調和，人參之強壯，故以虛弱，積水，冷痛，弛張，嘔吐，等證狀為適應證。

藥解

六六吳茱萸之藥效

(1)性味：辛辣苦溫，無毒，有特異芳香。

(2)成分：含芳香性吳茱萸鹹，吳茱萸腦，吳茱萸素。

(3)藥理：吳茱萸鹹分解為鹽基盧他敏，有收縮子宮，促進陣痛，和興奮中樞神經作用，多量亢進腸蠕動，發生錯覺，視力障碍等；其芳香氣，能治慢性胃炎之吞酸嘔吐，為辛香健胃劑；並有顯著殺滅腸內寄生蟲及促進排氣之效，亦可代作碘酒。

(4)主治：為苦味芳香性健胃止嘔鎮痛劑，並有收縮子宮作用。能解除腸痙攣性疼痛，筋骨疼痛，適用慢性胃炎之吐酸嘈雜，胃部膨脹，及胃痛、嘔吐，痞滿、腹脹、腸疝痛、胸腹冷感、手足厥冷、洩瀉，並有溫中，下氣、散寒、殺蟲等效。

前賢學說

(1)金匱要略：嘔而胸滿者，吳茱萸湯主之。

⑵聖濟總錄：人蔘湯（卽本方）治心痛。

⑶張元素曰：吳茱萸湯之用有三：去胸中逆氣滿塞；止心腹感寒之疼痛；消宿酒也。

⑷醫方集解：吳茱萸爲厥陰本藥，故又治肝氣上逆，嘔涎頭痛。本方加附子，名吳茱萸加附子湯，治寒疝腰痛，牽引睪丸，尺脈沉遲。

⑸雉間煥曰：心下痞鞕，嘔而胸滿，腹拘急者，專主之；又治小兒平生頻吐白沫者。

⑹勿誤藥室方函口訣：此方主下降濁飲，故治吐涎沫，頭痛，食穀欲嘔，煩躁吐逆，肘后治吐酸嘈雜，後世治呃逆，凡危篤之證，審係濁飲上溢，處此方時，其效不可枚舉。吳崐加烏頭，用於疝，此證自陰囊上攻，有刺痛而作嘔者，要以上迫爲目的也。又久腹痛，吐水穀者，此方加沉香有效。又霍亂後之轉筋，加木瓜大效。

⑺餐英館治療雜話：傷寒論，有吐利手足厥冷，煩躁欲死者，吳茱萸湯主之之證，已見於前矣。雖與四逆湯證相同，然四逆湯證，吐利而元氣飛騰，手足厥冷，雖煩躁而元陽欲脫，故手足之厥冷，有自底下冷氣之氣味，且腹軟而心下無特別阻塞也。吳茱萸湯之目的，雖云手足厥冷，然不惡寒，且自手指表尖冷起者；四逆湯之證，自指裡冷起，亦煩躁也。又吳茱萸湯證，必心下痞塞有物，宜以爲目的，因此痞塞，阻其上下氣血往來之經脈當絕，或沉微、沉細之類，故若以脈辨證，雖以相同，實若氷炭也。夏月霍亂吐瀉證，吐利後，間有手足厥冷煩躁等證，世醫以吐利後爲虛寒證，連進四逆附子理中輩，反增煩躁，心下膨滿痞塞者，非虛寒證也。宜吳茱萸湯。以吳茱萸之苦味，壓心下之痞塞，則陰陽通泰，煩躁已，厥冷回，此余新得之法也。只宜以心下痞塞爲標準，手足自指表冷起爲目的。此證若粘汗而脫陽者，非附子則不治，夏月雖宜出汗，然通身出薄汗者，則宜吳茱萸湯，猶煩躁，厥已回，心下之痞塞雖開七八，尚有少少之痞不除者，宜活人書之枳實理中湯，總之，吐下後，心下痞者，枳實理中湯妙，即理中湯加枳實也。

前賢治驗

⑴續建殊錄：一人卒發乾嘔，醫與小半夏湯，七日而不差，其聲動四隣，於是迎先生診治，診之，心下痞鞕，四肢厥冷，乃與吳茱萸湯，飲之三

帖，而疾全治。

又某客，嘗患頭痛，痛則嘔發，劇時語言不出，但以手自擊其首，家人不知頭痛，皆以爲狂，先生診之，腹大擊，恰如引綫之傀儡狀，蓋因頭痛甚，有如狂也，急與吳茱萸湯一帖，藥盡疾愈。

又一人，初患頭痛，次日腹痛而嘔，手足厥冷，大汗如流，正氣昏冒，時或上攻，氣急息迫，不能語言，先生與吳茱萸湯，諸證頓除，既而困甚，四肢擲席，乃更與當歸四逆加吳茱萸生薑湯，數日而瘳。

(2)成績錄：一男子，卒然如狂，捧頭踊躍，如頭痛狀，不能言語，乾嘔，目閉，手足厥冷，面無血色，周旋堂中，不得少安，先生與吳茱萸湯，五六帖全愈。

一男子，乾嘔頭痛，胸中疼痛，周身微冷，面色青白，先生與吳茱萸湯，數帖稍緩，兼用當歸芍藥散而全愈。

(3)橘窓書影：一男子，患梅毒，差後頭痛，肩背強急，眼睛時時朦朧，醫概爲遺毒，連用仙遺糧及汞劑，血液枯燥，胃中空虛，一日，大發嘔吐而絕食，心下痞塞，煩躁欲死，衆醫驚辭，余診曰：體本無深毒，因其人懼此病，致醫過攻，而生他變，所謂割雞用牛刀也。先生平其胃而下嘔逆，或可得活路，用作吳茱萸湯加半夏黃連，二日嘔止，食少進，仍用前方不動，某醫爲頑固，連服數旬，頭痛項背強，亦隨而愈。

第五節　太陰病表解法

一、桂枝湯證

第265條（原287條）　太陰病，脈浮者，可發汗，宜桂枝湯。

傳統解釋　醫宗金鑑曰：即有吐利不食，腹滿時痛之一二證，其脈不沉而浮者，便可以桂枝湯發汗，先解其外，俟外解已，再調其內可也；此又可知身體疼痛，腹滿下利，急先救裡者，脈必不浮矣。山田氏亦云：此太陽太陰合病也，內寒不甚，故先治表；若至下利清穀，宜先救裡，而後解表也。舒詔則曰：太陰病，必腹滿吐利，證屬裡陰，脈雖浮，不可發汗，即令外兼太陽表證，當用理中加桂，兩經合治，此爲一定之法也。今但言太陰證，未見太陽外陰，據脈浮，即用桂枝湯，專治太陽，不顧太陰，大不合

法，恐亦後人有錯，丹波元簡，頗然其說，陸淵雷亦從之，其實，桂枝亦為健胃藥，太陰輕症，用之亦有良效。

科學解釋　太陰為腸胃疾病，其脈浮，恐兼外感，故用桂枝湯解外；桂枝湯雖用發汗，但桂枝薑棗，均為健胃之品，故腸胃之輕病者，亦有良效。至理中湯為人蔘白朮乾薑甘草，純為健胃之品，若兼外感，僅加桂枝，誠恐不足以驅病毒之在肌膚也，不如桂枝湯為妥。惟腸胃病之重者，當以理中四逆輩為佳。

二、桂枝加芍藥湯、桂枝加大黃湯證

第266條（原290、291條）本太陽病，醫反下之，因而腹滿時痛者，屬太陰也，桂枝加芍藥湯主之；大實痛者，桂枝加大黃湯主之。

傳統解釋　本太陽病，則宜汗解，醫反誤下，因虛其裡，而生腹滿時痛等證，此屬誤下轉為太陰虛寒證也。病雖裡虛，而太陽表邪未解，故主桂枝湯以解外，加芍藥以調中和氣；若大實大滿大痛，乃表邪秉虛陷結，故用桂枝湯中，加大黃以解表攻裡。

科學解釋　發熱惡寒（太陽證），治應解熱，醫下之，乃誤治也。濫下之後，則腸胃粘膜首遭刺激，神經末稍緊張，而起痙攣，故腹時痛。今熱未除，故用桂枝湯健胃解熱，倍芍藥助桂枝以和緩粘膜之刺激，而解攣止痛。若其人素有腸胃病，或有食毒者，濫下之刺激，其勢尤甚，故腹大實，拒按而滿痛，此腸內毒物結滯，故用大黃加於桂枝湯中，以作健胃解熱，並輕瀉止滿痛。（桂枝湯雖云發汗解熱劑，實為辛溫健胃劑，自然療能亢進，則表汗出而病去矣。）

方八三　桂枝加芍藥湯

　　桂枝三兩　芍藥六兩　甘草炙二兩　大棗擘十二枚　生薑切三兩

　　右五味，以水七升，煮取三升，去滓，分溫三服，本云桂枝湯加芍藥三兩，餘依桂枝法。

方八四　桂枝加大黃湯

　　桂枝三兩　芍藥六兩　大黃二兩　生薑三兩　甘草炙二兩　大棗擘十二枚

　　右六味，以水七升，煮取三升，去滓，溫服一升，日三服。

前賢學說

　　(1)湯本求眞曰：桂枝加芍藥湯證，如東洞翁云：腹滿時痛，即拘急而痛也

，故獨以芍藥爲主，蓋因腹直肌攣急過甚，且自覺之疼痛，兼腹壁膨滿者，則以芍藥爲主藥之方治也，而桂枝加大黃湯證，雖與前者無大差異，然其所以大實痛者，不僅腹直肌之攣急而已，並爲腸內有病毒，則以桂枝加芍藥湯，治腹肌攣痛，以大黃驅腸內病毒也。故在腹診上，桂枝加芍藥湯證，則恰如按鼓皮，僅腹肌攣急滿，而腹內空虛也；而桂枝加大黃湯證者，則並其腹內，亦觸知多少抵抗，以指壓之而診疼痛也。

(2)方輿輗：桂枝加芍藥湯，此乃其人宿有癥瘕、痼癖，兼以痢疾而引起固有之毒，因之腹痛者，主用之劑也。假令因宿食而腹痛，吐瀉以後，尚腹痛不止者，此由有固有之毒，桂枝加芍藥大黃湯主之。曾有一人病痢，左橫骨上約二寸處疼痛不堪，始終以手按之，用桂枝加芍藥大黃湯痢止，痛亦治，是痢毒也。

(3)方機：煩，脈浮數，無鞕滿狀者；腹滿寒下，脈浮，或惡寒，或腹時痛者，桂枝加芍藥主之。又寒下已止，而大實痛者，桂枝加芍藥大黃湯主之。

前賢治驗　麻疹一哈：一婦人，發熱二三日，疹出卒隱，診之腹滿拘攣，臍邊有結塊，自言經信不利，因作桂枝加芍藥湯飲之，又以海浮石丸雜進，其夜發熱甚，疹子從汗而出，經信利，諸證自安。

某人，年二十五，發熱如燃而無汗，經四五日，疹子不出，腹滿拘急，二便不利，時或腰痛甚，用作桂枝加大黃湯飲之，微利二三行，拘急漸安，翌日，以紫丸下之，水下五六行，其夜熱眠，發汗如洗，疹子從汗而出，疹收後，全復舊。

第六節　太陰病禁藥例

第267條（原 292 條）．**太陰爲病，脈弱，其人續自便利，設當行大黃芍藥者，宜減之，以其胃氣弱，易動故也。**

傳統解釋　太陰爲病，當腹滿吐利而時痛，爲陽氣不充，陰寒之病也，故續自下利而不止；若有食毒而當用芍藥大黃者，以胃氣弱，大便易動而下，宜減用之。劉棟以此爲上條之註文，後人誤入而不取。而程氏則以上條爲太陽證而誤下，非太陰證；而本條爲太陰自病，治法應有所別也。

惲鐵樵以陽明與太陰，祗辨寒熱虛實，實者熱者，從陽明治，寒者虛者，從太陰治。虛寒用溫，實熱用攻，有識之士，咸以為然。

陸淵雷曰：太陰篇文簡而方證少，非太陰病證本少也，其主方理中湯，在霍亂篇中，而金匱要略腹滿寒疝嘔吐噦下利諸篇中之虛寒證，皆太陰也，此說誠是。

科學解釋 下利，為腸管蠕動加速所致，而苦寒之瀉下劑，有促進蠕動作用，故下利之證，除有毒物結滯腸內者外，多以健胃為治。但腸管之反應，因病之不同而異，不可一概而論。若腸管擴張，則反應麻鈍，瀉劑往往無效，或愈用而麻痺，其致心力衰弱，而造成虛脫之危機。若腸粘膜發炎，則反應過敏，補用瀉劑，即起感應而收效，故脈虛弱，心力已衰，續自利，炎證已發，故不可輕用或遽用瀉劑也。

第七節　太陰病暴煩下利證

第268條（原289條）　**傷寒脈浮而緩，手足自溫者，繫在太陰。太陰當發身黃，若小便自利者，不能發黃，至七八日，雖暴煩下利，日十餘行，必自止，以脾家實，腐穢當去故也。**

傳統解釋 傷寒脈浮而緩，非陰脈也，類乎太陽中風；手足自溫，亦非陰證也，近乎太陽之手足熱，與少陰厥陰，四逆與厥，更不相同。據脈與證，近乎太陽。但表證一無所見，終不似太陽，且有脾主四肢，緩為脾脈之說，故曰繫在太陰也。太陰脈浮而緩，為濕熱交盛之兆，勢必蒸身而發黃；若小便自利，濕熱下泄，則不能發黃也。若七八日，大便硬，則轉屬陽明，此七八日，暴煩下利，日十餘行，證同少陰，惟必自止，與少陰之利而煩躁，下利未止，則又不同。此為脾家實，邪無自容，腐穢當去故也，其不同於少陰者如此，臨證之際，毋疎忽也。

科學解釋 太陰為腸胃虛弱證，若腸胃發炎，延及胆管則發黃疸，故曰太陰病，當發黃。小便利否，作為黃疸之原因，前已說明倒果為因，茲不多贅。至暴煩下利，去腐穢，乃腸炎輕證之滲出粘液，刺激腸管，故微利不止，今抗毒力奮起，排除腸內腐穢之有毒害物質，腐穢去，腸炎消，則利自止矣。暴煩，抗毒力亢進之生理現象。又太陰下利，胃機能雖弱而器質未

病，易於恢復，故亦未傷心力，而脈候如常；少陰之利，則病甚，傷及心力，故脈微，此太陰之利，有屬自療而愈者，少陰則否。

第六章　少陰篇

第一節　少陰病提綱

第269條（原293條）　少陰之為病，脈微細，但欲寐也。

傳統解釋　少陰為衰弱之病，有久病而致者；亦有衰老虛弱而自致者．總之，氣血微弱，故脈微細，精神不振，故但欲寐也。丹波氏加「沉」字於脈下，山田氏加「惡寒」二字於欲寐上，各有其理，誠如所言．太陽病，十日已去，脈浮細而嗜臥者，亦為少陰病乎？此當以脈浮沉而別陰陽也；但惡寒者，即所謂無熱惡寒也，麻黃細辛湯條之反發熱，通脈四逆湯條之反不惡寒，可見無熱惡寒，乃少陰之本證也。凡外邪之中人，體強者，發太陽，體弱者，發少陰，寒熱雖不同，均為外感之初證則一，故本論曰：發熱惡寒者，發於陽也；無熱惡寒者，發於陰也，二「發」字，示其初證也。昔人謂傷寒傳足不傳手，以為少陰腎病，但證候多屬心腦，足見其非也。

科學解釋　少陰病之提綱，脈微細、但欲寐。即心臟衰弱，收縮無力，脈搏遲緩，血管雖舒張或鬆弛，血之流量少脈而細；腦神經營養不足而貧血，感應力低，故精神不振而但欲寐；各部組織因缺血缺氧，代謝資源不足，產溫過少，體溫低，故惡寒。此惡寒與外感之以毒物刺激而惡寒者不同。故少陰之病，以血氣衰弱而致者，一辭以盡之矣。

前賢學說

(1)程應旄曰：少陰病，六七日前，人多不覺，但起病厚衣近火，善瞑睡，凡後面亡陽發躁諸劇證，便伏於此處矣，最宜提防。

(2)陸淵雷曰：本條以脈微細，但欲寐為提綱，太簡單，不足包舉少陰之證候，故山田氏補「惡寒」二字，謂但惡寒，不發熱．然少陰固多發熱者，但惡寒句，仍有語病，而其惡寒發熱，又當與太陽有別焉。蓋太陽之惡寒常與頭痛，同時發作，少陰則頭不痛；太陽有惡寒甚而戰慄者，少

陰則不戰慄。

(3)惲鐵樵曰：陰虛火旺者，恒苦竟夜不寐；陰盛陽衰者．無晝夜但欲寐。陰虛火旺之不寐，並無精神有餘不欲寐，乃五心躁擾不寧，雖疲甚，而苦於不能成寐，陰盛陽虛之但欲寐，亦非如多血肥人，頭繞着枕．即鼾氣雷動之謂，乃外感之寒勝，本身陽氣微，神志若明若昧，呼之則精神略振，須臾又恍惚不清，此之謂但欲寐，病入少陰，無有不如此者。

第二節　少陰病中風證

第270條（原302條）　**少陰中風，脈陽微陰浮者，爲欲愈。**

傳統解釋　六經篇中，皆有中風一證，已在少陽中風證條申論之，錢氏以陰陽，指尺中，寸口言；曹氏以左右言；另有以浮候沉候言，似以錢氏之說爲妥。陽脈已微，則風邪欲解；陰脈反浮，則邪盡外出，故云欲愈。

科學解釋　本條少陰中風，雖有微浮之脈，而無一證，無從解釋，故從略。

第三節　少陰病辨證法

一、小便清白證

第271條（原294條）　**少陰病，欲吐不吐，心煩，但欲寐，五六日，自利而渴者，屬少陰也。虛故引水自救，若小便色白者，少陰病形悉具。小便白者，以下焦虛，有寒不能制水，故令色白也。**

傳統解釋　本條欲吐不吐，心煩，但欲寐，自利而渴，引水自救，大似熱證；惟小便白，似裡寒。蓋熱證未有小便白，而不赤短黃濁也。且既曰少陰病，則必脈微細，雖證似熱，以有小便清白，欲寐，脈細微，故曰屬少陰也。此乃津液因下利而內涸，故口渴欲飲水，缺液心中煩，雖虛熱，引水必不多，但證情似寒似熱，殊難分辨幾微之處，寓有深意也。山田氏云：以後十九條，皆叔和所攙，但其中不無可資參考者，盡刪之，未免過也，故存之。

科學解釋　下利失水，則血液粘稠循環不暢，心力易於衰弱，此成爲少陰病

原因之一。旣失水，體液缺少，唾腺分泌不足，則渴；渴故引水自救，爲
生理自然之反應。下利爲腸病，其影響於胃不大，故欲吐而不能吐；心煩
，乃心中有熱感，爲下利失水缺液之常見現象；小便白，乃小便清白也，
此腎與膀胱機能障碍，腎小管不能多吸收水份所致，故曰下焦虛寒。治應
熱性强壯劑，有健胃整腸之功效爲佳。

前賢學說　陸淵雷曰：此條辭氣，不似仲景，自此以下十九條，山田氏皆以
　　叔和所攙也。欲吐，心煩，但欲寐，自利而渴，皆少陰之或然證。然欲吐
　　心煩者，多苦不得寐；但欲寐者，其欲吐心煩必不劇；渴因亡陽而津液不
　　繼之故；雖渴仍不能多飲，且喜熱飲者是也。小便色白，最可疑，醫書論
　　小便，皆以赤爲熱，清白爲寒，病之常情固爾。然徵之實驗，亦有少陰病
　　小便赤短，服薑附而轉清者。以臆測之，當是液少，不敷溶解尿素諸酸之
　　故，與渴同理。若小便白如米泔者，多見於小兒之食積，成人除淋濁糖尿
　　病外，不多見，此皆非少陰病也。設執定小便色白爲少陰，則眞少陰病，
　　必致失機，淋濁糖尿，小兒食積諸病，必致誤作少陰治，爲害多矣。下焦
　　虛，有寒不能制水，尤荒誕不合理。

二、脈緊、汗出亡陽證

第272條（原295條）　病人脈陰陽俱緊，反汗出者，亡陽也。此屬少陰，
　　法當咽痛而復吐利。

傳統解釋　病人脈陰陽俱緊，發熱無汗者，太陽傷寒證也；發熱汗出不止者
　　，太陽亡陽證也。太陽篇中，已論及之。今病人脈陰陽俱緊，無熱而反汗
　　出者，此陰寒盛於內，而陽亡於外也；此非太陽證，而屬少陰也。咽痛而
　　不腫，知非熱證，況旣吐而復下利，非寒甚乎，此當以四逆輩回陽救治之。

科學解釋　脈緊爲脈搏之高張力，當搏動時血管之充盈硬度，正常時爲索狀
　　也。少陰病之下利失水，本心力衰弱，故曰亡陽。心力衰，脈應微細，今
　　反緊者，乃心臟過度緊張時之反常現象。兼汗出者，實有虛脫之虞，故曰
　　屬少陰。吐利爲腸胃虛寒之候，咽痛係吐傷咽肌也。治應强心健胃爲主，
　　附子劑爲要藥。

三、下利譫語證

第273條（原296條）　少陰病，欬而下利，譫語者，被火氣劫故也；小便
　　必難，以强責少陰汗也。

傳統解釋 少陰病，欬而下利，篇中眞武湯條曾見之（說詳下），讝語者，陰證本無，今小便難而讝語，知火氣刼汗，誤傷津液則小便難，火氣爍腦則神昏讝語矣，此即所謂强責少陰出汗之故也。

科學解釋 少陰爲虛寒衰弱之證，治應强心健胃，若以火薰燒針，而誤發其汗，則體液喪失而小便不利，神經被火，腦溫亢進而讝語矣。此即示虛寒之病，不可發汗也，別無餘義。

第四節　少陰病發汗法

一、麻黃附子細辛湯證

第274條（原313條）　少陰病，始得之，反發熱，脈沉者，麻黃附子細辛湯主之。

傳統解釋 正氣虛衰者，偶染外邪，雖能抗病而發熱，但後力不濟，終成少陰病。故少陰病，始得之，即現脈微細而沉，但欲寐等證，乃心力衰弱，自然療不足所致，陰病當無熱，今反有發熱，故知外邪犯太陽表證也。表邪初現而即得少陰之裡證，不得以表未解而緩治裡證，故用麻黃附子細辛湯溫裡散表，兼而治之。

科學解釋 體質衰弱者，對疾病之抗拒力不强，而感染罹病則必甚；治療方法，更須强心與祛毒並施，如本條泛發性之熱病初見，脈微細而沉之心力衰弱證，同時並呈，昏昏欲寐之腦證亦現，若僅以祛毒而發汗解熱爲治，則有壓心之虞，故用麻黃之解熱，與附子之强心，兼用細辛之刺激麻醉劑，以輔二藥之功。

方八五　麻黃附子細辛湯

麻黃二兩　細辛二兩　附子一枚炮去皮破八片

右三味，以水一斗，先煮麻黃減二升，去上沫，納藥，煮取三升，去滓，溫服一升，日三服。

方解 汪昂曰：太陽證發熱，脈當浮，今反沉；少陰證脈沉，當無熱，今發熱，故曰反也。熱邪在表，當汗；脈沉屬陰，又當溫，故以附子溫經，麻黃發汗，細辛聯屬其間，是發汗之重者。（方解參看科學解釋欄）

前賢學說

(1)趙嗣真曰：仲景太陽篇云：病發熱頭痛，脈反沉，**身體疼痛**，當救其裡，宜四逆湯；少陰篇云：少陰病，始得之，反發熱，脈沉者，麻黃附子細辛湯。均是發熱脈沉，以其頭痛，故屬太陽陽證，脈當浮而不能浮者，以裡久虛寒，正氣衰弱，又身體痛，故宜救裡，使正氣內強，逼邪外出，而乾薑附子，亦能發汗而散，假令裡不虛寒，則正屬太陽麻黃證矣。均是脈沉發熱，以無頭痛，故名少陰病；陰病當無熱，今反熱，寒邪在表，皮膚鬱閉爲熱，故用麻黃細辛以發表，熟附子以溫少陰之經；假使寒邪入裡，外必無熱，當見吐利厥逆等證，而正屬少陰四逆湯證也。由此觀之，表邪浮淺，發熱之反猶輕；正氣衰微，脈沉之反爲重，此四逆湯不爲不重於麻黃附子細辛湯矣。

(2)方機：麻黃附子細辛湯，治手足冷，脈沉發熱者，或脈細微而惡寒者。

(3)張氏醫通：暴瘂聲不出，咽痛異常，卒然而起；或欲咳而不能咳；或有疾；或清痰上溢，脈多弦緊，或數疾無倫，是大寒犯腎也，以麻黃附子細辛湯溫之。

(4)醫貫：有頭痛連腦者，此係少陰傷寒，宜本方。

(5)十便良方：指迷方附子細辛湯（即本方加川芎生薑），頭痛者，謂痛連腦戶，或但額閣與眉相引，如風所吹，如水所濕，**遇風**寒則極，常欲得熱物熨，此由風寒客足太陽之經，隨經入腦，**搏於**正氣，其脈微弦而緊，謂之風冷頭痛。

(6)余無言曰：麻黃之用，不但發汗，更可利尿，爲開發排泄系統之要藥也。先君子奉仙公，於光緒中，爲湘軍董軍門寶泉聘掌幕府時，董公偶冒風寒無汗，惡寒頭痛，服麻黃三錢，不得汗，而小便大利，因以獲愈，則可明證也。

前賢治驗

(1)方輿輗：余壯歲時，治一患者，年甫五歲，病痘初發，與葛根加大黃湯，自第三日放點，至第四日而痘皆沒，但欲寐，絕飲食，脈沉，熱除，宛然少陰證狀也。因勸轉受他醫，病家不聽，強請治之，再潛心細診，沉脈之中，猶覺神存，乃與麻黃附子細辛湯，翌日痘再透發，脈復，氣力稍增，由是起脹貫膿，順候也，結痂而愈。惟此兒無熱毒，爲尋常之痘耳，固多用葛根加大黃湯，使發汗過多，大便微溏，故有此變，此是

余初年未熟之咎也，然幸兒未夭折，免得其父母之譏讓，亦大幸也。

(2)勿誤藥室方函口訣：此方解少陰之表熱。一老人咳嗽吐痰，午後背脊灑
　淅惡寒後，微似發汗不止，醫爲陽虛之惡寒，與醫王湯無效，服此方五
　帖而愈。

二、麻黃附子甘草湯證

第275條（原314條）　少陰病，得之二三日，麻黃附子甘草湯微發汗；以
二三日無裡証，故微發汗也。

傳統解釋　此承前條之文也，所謂無裡證，乃指有表熱，而無吐利也。時已
　二三日，雖表證仍在，而裡寒不甚，似較前條證輕一等，故僅用麻黃發汗
　，附子溫裡，而不佐細辛之溫且散，改甘草之和中，以示輕證緩汗，不可
　太過之意耳。

科學解釋　證與前條同，故用方亦相若，易細辛爲甘草者，以緩發汗之勢耳。

方八六　麻黃附子甘草湯

麻黃二兩　附子一枚去皮　甘草二兩

　右三味，以水七升，先煮麻黃一二沸，納諸藥，煮取三升，去滓，溫服一
升，日三服。

前賢學說　趙嗣眞曰：少陰發汗二方，其第一證，以附子溫經，麻黃散寒，
　而熱須汗解，故加細辛，是汗之重劑也。第二證，得之二三日，病尚淺，
　比之前證亦稍輕，所以去細辛，加甘草，是汗之輕者。

第五節　少陰病發汗禁證

一、脈細沉數不可發汗證

第276條（原297條）　少陰病，脈細沉數，病在裡，不可發汗。

傳統解釋　中國醫藥總庫，馮瑞瀁註傷寒論曰：按本論，少陰病，始得之，
　反發熱脈沉者，麻黃附子細辛湯主之；本條脈細沉數，則曰病在裡，不可
　發汗。一則脈證合參，一則以脈爲主也，主以麻黃附子細辛湯行汗之法者
　，以沉脈雖然主裡，而邪顯有向外之勢，發熱是也；本節以數脈，雖然主
　熱，而數居沉細之下，是病機向裡，故曰病在裡，而成不可發汗也。

　　但脈數爲熱，此其常也，程應旄引薛愼庵云：人知數爲熱，不知沉細

中見數爲寒甚，眞陰寒證，常有一息七八至者，但按之無力而散耳，宜深
察之。丹波氏亦關方喻諸家以熱邪入裡爲解，而首肯薛氏之說。承淡安曰
：心臟衰弱愈甚，脈數亦愈甚，少陰脈數無力，重按則虛，且無倫次，所
謂虛數，無根之數也。

科學解釋 少陰病，本屬心力衰弱，故曰病在裡。必待病勢有外出之趨勢，
亦即正氣有驅毒外出之力時，始用藥物以助之，此即麻黃附子細辛湯之所
以微發其汗之理也；若病既衰弱，無力載毒外解，雖用發汗之藥，徒失體
液，而反益病勢，故所謂病在裡，不可發汗也。脈細沉，均爲心臟衰弱之
徵，兼數而無力，休克之兆，故不可發汗，再傷心力也。

二、脈微禁汗證

第277條（原 298、287 條） **少陰病，脈微，不可發汗，亡陽故也；陽已虛**
，尺脈弱濇者，復不可下之。

傳統解釋 微脈，爲細小軟弱，似有若無，爲虛極之候，故曰亡陽，不可發
汗；濇脈，爲血少陰虛，陽虛陰損，非但不可發汗，復不可下之，此謂少
陰病，固不可汗下，一如少陽也。而麻黃微汗，與承氣急下，乃太陽少陰
合病，與陽明燥實證，均非純乎少陰本證也，豈得謂本論之矛盾乎，讀者
審之。

科學解釋 脈微而弱濇，均爲心力衰弱之徵，故曰亡陽。汗下均能衰弱心力
，故當在禁例。

第六節　少陰病發汗壞證

第278條（原 306 條） **少陰病，但厥無汗，而強發之，必動其血；未知從**
何道出，或從口鼻，或從目出，是名下厥上竭，爲難治。

傳統解釋 本條多以熱厥而論者，非也。若熱厥，外雖四逆厥冷，必有內熱
之證出現，今曰少陰病，當脈微細，非熱脈也，無汗亦非熱證也，更無溲
赤便秘等證，何得而謂熱厥也。金鑑魏氏等所論不可信之。沈明宗曰：少
陰病，但厥無汗，其病在裡，當以四逆散和陰散邪，其病自退，而厥自愈
，豈可強發其汗乎，亦以熱厥而論治，並非之。曹穎甫曰：少陰爲病，但
厥無汗，爲陰寒在裡，陽氣不能外達，此本四逆湯證，但溫其裡，寒水得

溫自能作汗。若强發其汗，三焦水液缺少，不能供發汗之用，陽熱隨藥力暴發，必牽動全身陽絡，血隨陽升，一時暴決，而出於上竅，故或從口鼻出，或從目出，卒然難以預定；氣脫於下，血冒於上，陰陽並脫，故稱難治，用大劑炙甘草湯以復既亡之陰，復重用龍牡蠆附，以收亡散之陽，或能於十百中挽救之一。夫曹說大致可從，亦非盡然。夫少陰病，爲虛寒之證，氣血衰少，陰陽兩虛，應溫養正氣以復原，豈期其得溫作汗而自解；且氣血衰少，陽氣已微，陽熱何能隨藥力暴發，此正藥熱暴迫既缺之體液，强之發汗，故血被逼而出，出耳目口鼻者，以該處粘膜薄而易破也。至內臟是否出血，非昔日能察，故不及之。所謂下厥上竭者，眞陽虧於下，陰血竭於上也；難治者，非不治也，處置得宜，何僅能救十百中之一二哉。所謂炙甘草湯及龍牡蠆附救逆者，誠不如丹波氏所云，以景岳之六味回陽飲爲佳，蓋六味回陽飲之組合，爲參附歸地，氣血並補，虛竭之證，正所宜也。

科學解釋　心臟衰弱之人，勢必貧血，體溫低，營養不良，器官脆弱，治宜辛辣之興奮强壯健胃劑，以恢復組織器官機能而奏效；如强以辛熱之劑發其汗，則既虧之體液，不足以供外散藥熱之蒸發，逼使血液湊集於體表，從口鼻腔薄弱之粘膜，易受刺激而破裂出血；心衰血少病，更以强力迫使出汗失血，則衰者益衰，虛脫堪虞，故曰難治；斯時以溫和之强壯劑爲主，辛辣之具奮劑爲輔，當可挽救。

第七節　少陰寒化溫中法

一、附子湯證

第279條（原316條）　少陰病，得之一二日，口中和，其背惡寒者，當灸之，附子湯主之。

傳統解釋　金鑑曰：背寒寒，爲陰陽俱有之證，如陽明病，無大熱，口燥渴，心煩，背微惡寒者，白虎加人參湯證也；今少陰病，但欲寐，得之一二日，口中和而不燥，其背惡寒者，乃少陰陽虛之背惡寒，非陽明熱蒸之背惡寒也；故當灸之，更主以附子湯。

　　陸淵雷曰：少陰病，口中和，背惡寒，未必宜附子湯，且據銅人圖經

膈關穴（在七椎下，兩旁相去各三寸陷中，正坐取　），專治背惡寒之證，灸之已足，故山田正珍刪附子湯主之五字，而移其方於次條下。然謂此證不宜附子湯，則又不然，惟文略證不具耳。此方之於眞武湯，倍尤附，以參代薑者也，而眞武湯證之下利或小便不利，或疼痛，此方倍尤附，則豈可無斯證也，其證闕也明矣。

科學解釋　少陰病，虛弱之人，營養不良，代謝功能衰減，體溫降低，故惡寒乃屬常事；且口中和而不燥渴，其貧血程度，尙非惡性，何以背惡寒，即用附子湯，其證必有闕遺，顯而可見。至附子湯，用附子二枚，其辛辣麻醉性至烈，且易中毒，而人參，白尤，茯苓，芍藥，亦均强壯滋養劑，對於虛寒之重證，固其宜也，但仍當審其寒證之程度而用之。

方八七　附子湯

附子二枚炮　茯苓三兩　人參二兩　白尤四兩　芍藥三兩

右五味，以水八升，煮取三升，去滓，溫服一升，日三服。

方解　少陰病，爲虛寒之證；亦即心力衰弱，機能減退體溫降低，精神疲乏之證狀。故本方用附子溫腎袪寒有强心之功；芍藥歛陰和陽，人參補氣增液，興奮中樞，能恢復疲乏；白尤、茯苓健胃利水，增進營養，共成心力强，血液增，腸胃功能健，精力强，而虛寒之證可愈。

前賢學說

(1)千金方：附子湯（本方加桂心甘草），治濕痺緩風，身體痛，如欲折，肉如錐刺刀割。

(2)方極：附子湯，治身體攣痛，小便不利，心下痞鞕，或腹痛者。

(3)類聚方廣義：附子湯，治水病遍身腫滿，小便不利，心下痞鞕，下利腹痛，身體痛，或麻痺，或惡風寒者。

(4)傷寒今釋引丹波元堅云：附子湯二條，傳變亦有此證，其方亦在傳變所必須，故註家未敢謂眞中，但成氏引無熱惡寒以解云，似有所見。今詳其文，曰背惡寒，曰身體痛、手足寒、骨節痛，俱爲表寒之候；蓋陽氣素虧，筋骨乏液，寒邪因以浸漬所致，故不似麻黃證之有發熱。設自非裡虛，何以至此寒盛乎？然則其兼見裡寒證者，亦可推知矣。其方與眞武湯相近，而彼主內濕，此主外寒，何則？此附子倍用，所以走外，尤亦同用，所以散表；蓋仲景用尤，多取治表，用人參者，固以救素弱之

陽，併制朮附之燥也。千金用此方，治濕痺緩風，指迷方於本方加甘草，用蒼朮，名朮附湯，以治寒濕，俱足互徵此證之屬表寒矣。先兄曰：附子之性，雄悍燥烈，散沉寒，壯元陽，生則其力特猛，救裡陽垂絕之際，炮則稍緩，走表分以溫經逐寒，前輩所辨，殊屬乖舛錯雜，此言能發未逮之秘。但率意論之，似治表宜力猛，治裡宜性緩，此殊不然。蓋裡虛驟脫，非急救則不可，所以用生附，寒濕纏綿，過發則無功，所以用炮附。

(5)湯本氏曰：金匱妊娠病篇：婦人妊娠，六七月，脈弦，發熱，其胎愈脹，腹痛惡寒者，小腹為扇，所以然者，子臟開故也，當以附子湯溫其臟。今驗之妊娠六七月間，少腹時時縮張而為痛者，多發熱惡寒，小便不利，若用附子湯，當歸芍藥散，則小便快利，脹痛速差。又按愈張者，恐為翕張之誤，此條似張氏口氣，用之即有效，學者試之。

前賢治驗

(1)成績錄：一男子，兩腳腫痛，不得屈伸，手足寒，腹拘攣，食頗減，羸瘦頗甚，時時痔血二三升，他無所苦，先生令服附子湯，疼痛退，拘攣緩，食亦進，能行步，唯餘痔血，乃投黃連解毒湯而止。

(2)古方便覽：一僧，年三十六，請余診治曰：貧道二十前後，尚患淋病二三年，愈後諸證雜出，既而腰下冷，如在冰雪中，雖盛夏，必重架覆其上，每發時，心腹疞痛，不可近手，腰脊痙痛，不得反側，甚則不能息，又忽忽少氣，終夜臥不安席，大抵每夜必發，且自幼齡有痔瘡，每遇寒暄乃發，自初患至今，經十四年，余診之，心下悸而痞鞕，腹皮拘攣，乃飲以附子湯，及平水丸，時時以紫丸攻之，服半歲，諸證全瘳。

一婦人，年五十有餘，患胸痺，飲食無味，身體尫羸，半歲許不愈。余診之，心下痞鞕，心悸小便少，即作人參湯，及三黃丸飲之，服二十餘日，未見其效。病者欲其速愈也，乃召他醫，率爾灸臍旁，忽心下切痛，下利數十行，臭穢不可近，殆至於死。於是復召余，乃以大承氣湯下之，五六日，諸證漸退，飲食倍於前日，居七八日，小便不利，遍身洪腫，心下痞鞕，腹皮拘急，余又用附子湯及平水丸，服之三十日，諸證全愈。

一男孩十歲，脊曲而傴僂，兩腳攣急不能起，已二年，余作此方及紫丸飲之，二月全愈。

附子湯證㈠

第280條（原317條）　**少陰病，身體痛，手足骨節痛，脈沉者，附子湯主之。**

傳統解釋　本條外證，與太陽篇麻黃湯無異，唯脈浮緊爲沉耳。傷寒初起，脈間不浮，緊而有力，即爲外邪，故以麻黃湯發汗驅邪；本證外證雖同，其脈必沉細而微，爲虛寒之候，故不得用麻黃湯發汗去熱，而益使虛寒，故用附子湯溫裡散寒，幾微之別，毫厘千里，太陽少陰不可知，而證脈足可辨者，學者察之。

科學解釋　虛弱之人，染病之後，易現少陰之證狀，蓋因病而使代謝功能益弱，體溫劇降，末稍循環不暢，肌膚骨髓組織，因之感寒；兼之腎功能障礙代謝廢物，不得暢行排除，滲出血管堆積組織間，故刺激神經而覺痛，留於關節間，因摩擦而亦疼痛。此非病毒之刺激，乃係循環不良，產溫不足之故。故用附子湯之辛辣強壯劑，加強心力，興奮組織功能，增產體溫，解除腦神經之不安而去寒痛。故附子湯以強心平腦之附子爲主藥，強壯滋養之人參、白朮、茯苓、芍藥爲佐藥，且白朮與茯苓，調整腎功能而利尿，芍藥緩能刺激而止痛，誠爲溫補利濕止痛之第一方也。

二、眞武湯證

第281條（原328條）　**少陰病，二三日不已，至四五日，腹痛小便不利，四肢沉重疼痛，自下利者，此爲有水氣。其人或咳、或小便利、或下利、或嘔者，眞武湯主之。**

傳統解釋　醫宗金鑑曰：論中心下有水氣，發熱有汗，煩渴引飲，小便不利者，屬太陽中風，五苓散證也；發熱無汗，乾嘔不渴，小便不利者，屬太陽傷寒，小青龍湯證也。今少陰病，二三日不已，至四五日腹痛下利，陰寒深矣；設小便利，是純寒而無水，乃附子湯證也；今小便不利，或咳或嘔，此爲陰寒兼有水氣之證；故水寒之氣外攻於表，則四肢沉重疼痛；內盛於裡，則腹痛自利；水氣停於上焦胸肺，則咳喘而不得臥；停於中焦胃府，則嘔而下利；停於下焦膀胱，則小便不利而少腹滿。種種諸證，總不外乎陰寒之水，而不用五苓者，以非表熱之飲也；不用小青龍者，以非表寒之飲也；故惟主以眞武湯，溫寒以制水也。

科學解釋　少陰病，必心力衰弱。若腎機能不障礙，雖下利，而小便亦自利

；今小便不利，腹痛四肢沉重痛，爲腎機能障礙，組織壓增高，水液潴於四肢，故重而痛；留於腹則腹痛；留於胃則嘔；迫於肺則咳，治以調整腎臟機能，健胃强心爲主。眞武湯主藥茯苓，有調整腎臟，利水之功；薑辣尤苦爲健胃之劑；附子辛辣，去寒平腦强心；芍藥微苦寒，緩解痙攣，有止痛之效，藥量重於熱性，爲治陰寒虛證之所宜也。

方八八　眞武湯

茯苓三兩　芍藥三兩　生薑三兩　白尤二兩　附子一枚炮破八片

右五味，以水八升，煮取三升，去滓，溫服七合，日三服。

若咳者，加五味半升、細辛、乾薑各一兩；若小便利者，去茯苓；若若下利者，去芍藥，加乾薑二兩；若嘔者，去附子，加生薑；足前成半斤。（譚次仲云：習用今秤，附子四錢，乾薑三錢，茯苓六錢，白尤六錢，白芍二錢。欬加五味子細辛各一錢；嘔加半夏三錢，不去附子，以附子於胃之消化妨害甚微也，惟滑脫性下利，必去芍藥，方中茯苓，亦有和緩作用。）

方解　本方在傷寒論中，治太陽傷寒，發汗過多，心悸肉瞤，及少陰病腹痛自利，有水氣者。蓋發汗過多，體溫外散，漏汗不止，筋失所養，而惕惕跳動，肉失所養，而瞤然蠕動，頭眩心悸，振振欲擗地者，此爲亡陽之重證。故用薑附，溫中强心，增長體溫之來源；佐以白尤培中，茯苓利水，芍藥收歛，以防止體溫之外散，此爲溫中止汗之法。又少陰病腹痛下利，裡有寒也；小便不利，四肢重痛，泌尿器障礙，水留四肢組織也；故重用茯苓，以調整泌尿機能而利水，佐薑附强心溫中而去寒白尤以健胃且利水，芍藥以緩痛。證雖不同，虛寒則一，故同用一方也。兼咳者，加乾薑五味，以溫肺散寒；下利者，去芍藥，加乾薑以溫中；嘔者，加半夏以鎭嘔；此仲景用眞武湯加減之成法也。

前賢學說

(1)何印巖曰：眞武湯加減得法，用處甚多，如兪東扶氏盛暑時，用本方治寒霍亂證，吐瀉腹痛，惡寒不渴，腹冷微厥等證；王孟英氏治痰喘脘痛，不思飮食，肢冷便溏，面紅汗冷，脈軟弱無神，苔白不渴，本方加乾薑五味人參杏仁川朴等，一服卽效，葉香岩氏治脾陽傷極，由誤攻寒痞，變成單腹脹，以本方加川樸；又治痰飮停滯，脾陽受傷，腹脹足腫，

以本方去薑芍，加川樸，草叩，澤瀉。又治腫脹由足入腹，食穀不能消化，脈細軟無神，以本方去芍藥，加川樸、畢撥。又治腎脾虛寒，瀉多腹滿，小便不利，以本方去芍藥，加人參、益智仁、兔絲子，皆善用古方者。

(2)張璐，傷寒纘論曰：此方本治少陰病，水飲內結，所以首尤附，兼茯苓生薑之運脾滲水為務，此人所易明也；至用芍藥之微者，非聖人不能。蓋此證，雖曰少陰本病，而實緣水飲內結，所以腹痛自利，四肢重疼，而小便反不利也。極虛極寒，則小便必清白無禁矣，安有反不利之理哉；則知其人非但真陽不足，真陰亦素虧，若不用芍藥固護其陰，豈能勝附子之雄烈哉。即附子湯，芍藥甘草附子湯，皆芍藥與附子並用，其溫經和營之法與保陰回陽不殊，後世用藥，得仲景心法者幾人哉。

(3)傷寒緒論：不得眠，皆為陽盛，切禁溫劑；惟汗吐下後，虛煩脈浮弱者，因津液內竭，則當從權用真武湯溫之。

(4)王氏簡易方：此藥不惟陰證傷寒可服，若虛勞人增寒壯熱，咳嗽下利，皆宜服之。因易名固真湯，增減一為前法。今人每見寒熱，多用地黃、當歸、鹿茸輩，補益精血，殊不知此等藥味多甘，卻欲戀膈，若脾胃大段充實，服之方能滋養，然猶恐時傷胃氣。胃為倉廩之官，承受水穀之所，五臟皆受氣於胃，所謂精血氣血，皆由穀氣所生，若用地黃等藥，未見其生血，穀氣已有所損矣，孫兆謂補腎不為補脾，正謂是也。故莫若以固陽湯調其寒熱，不致傷脾，飲食不減，則氣血同生矣。

(5)類聚方廣義：本方治痿躄病，腹拘攣，腳冷不仁，小便不利，或不禁者；又腰疼腹痛，惡寒下利日數行，夜間尤甚者；又久痢見浮腫，或咳或嘔者；又產後下利腹痛，小便不利，肢體酸軟，或痳痺有水氣，惡寒發熱，咳嗽不已，漸成勞狀者。

(6)勿誤藥室方函口訣：此方，以內有水氣為目的，而與其他附子劑不同。此因水飲，心下悸、身瞤動，振振欲僻地，或痳木不仁手足牽引；或水腫，或小便不利，其腫虛濡而無力，或腹以下有腫，而臂肩胸背羸瘦，其脈微細，或浮而虛實，心下痞悶，而飲食無味者；或四肢沉重疼痛者，用之有效。

前賢治驗

(1)成績錄：一僧，年三十許，胸中煩悶，數日，吐下黑血，診之，脈沉微
，腹滿，小便難，手足浮腫，沉重不仁，大便日二三行，默默不欲飲食
，食即停滯胸間，入腹則氣急，腹滿殊甚，其狀如世所謂黃胖，先生與
眞武湯，百患悉除。

一婦人腹痛，鞕滿攣急，時時發熱，小便不利，手足微腫、微咳、目
眩、已百餘日。一醫投以大柴胡湯，諸證日甚，熱亦益熾。先生診之，與
眞武湯，一二日，熱退利止，經五六日，小便快利，而腫隨去，食亦漸進
，腹已不痛，目亦不眩，便鞕攣急如故，兼以當歸芍藥散，諸證全愈。

(2)方伎雜誌：某年四十，二三年來，氣分非常不舒，而食無味，夜不安眠
，面色青黑，一身無滋潤氣，少有水氣，舌色雪白，聲嘶息迫，脈不浮
而沉，無力如綿，所謂遊魂行尸狀，重患也。與眞武湯半歲許，少有氣
力，息迫亦緩，聲氣漸出矣。多月腰痛，自腳至少腹麻痺，而息又迫，
轉八味丸料，通計一年，而全快，因思縱令難證，而盡治之，亦有得效
者，醫人於術，不可不勉。

(3)橘窗書影：一人旅行後，染溫疫，療之數十日不解，微熱水氣，脈沉微
，四肢微冷，精神恍惚，但欲寐，與眞武湯加人參，二三日，精氣大復
，微熱已解，而食大進，調理數旬而愈，余每逢此等證，不論寒熱有無
，與眞武湯加人參，每每奏效。

一婦人，年垂七十，自春至夏，頭眩不止，甚則嘔逆欲絕，脈沉微，
兩足微腫，醫二三療之不愈，余與眞武湯兼妙香散，數日，目眩大減，起
居得安矣。

(5)醫史櫻寧生傳（朱佑撰）云：宋可與之女，暑月身冷自汗，口乾煩燥，
欲臥泥水中，伯仁診其脈，浮而數，沉之，豁然虛散，曰：此陰盛隔陽
，得之飲食生活，坐臥風露，煎眞武湯冷飲之，一進汗止，再進煩燥去
，三進平復爲初。

又余子元，病惡寒戰慄，持捉不定，兩手皆冷汗浸濕，雖厚衣熾火不
能解，伯仁即與眞武湯，凡用附子六枚，一日病者出，人怪之，病者曰：
吾不惡寒，即無事矣。

三、吳茱萸湯證

第282條（原321條）　**少陰病，吐利，手足厥冷，煩躁欲死者，吳茱萸湯**

主之。

傳統解釋 論中「少陰病，吐利，煩燥四逆者死」；而本條「吐利，手足厥冷，煩燥欲死者，吳茱萸湯主之」，證誠相若，惟厥冷與四逆之異耳。一般以厥冷僅及手足，四逆則冷過肘膝，病勢自異，則生死懸殊，正所謂毫厘千里，耐人尋思。又吐利手足厥冷，煩燥，似與四逆湯證無殊；惟四逆湯證下利清穀，以腸病爲主，偶或嘔吐，病累及胃；吳茱萸湯，此治嘔吐煩燥，以胃病爲主，偶或下利，病累及腸，故食穀欲嘔者治之，乾嘔，吐起沫，頭痛者亦治之，以及本條，無非以吐爲主證也。故四逆湯與本方證，似同而實異。若以本方證而治以四逆劑，雖有益於腸，而反增胃疾，勢將益增煩燥也。餐英館治療雜話曰：四逆湯證，元氣飛騰，元陽欲絕，故內外徹冷，腹軟而心下不痞塞；吳茱萸湯證，雖手足厥冷，而不甚惡寒，心下必有痞塞之物，二證固不同也（是根據吳茱萸湯有人參而言之），此四逆湯與吳茱萸湯之鑑別也。

　　錢璜曰：吐利陰之本證也，或但吐，或但利者，猶可。若寒邪傷胃，上逆而吐，下攻而利，乃至手足厥冷，蓋四肢皆稟氣於胃，陰邪縱肆，胃陽衰而不守，陰陽不相順接而厥逆，陽受陰迫而煩，陰盛格陽而躁，且煩躁甚，而至於欲死，故用吳茱萸之辛苦溫熱，以泄其厥逆之氣，而溫中散寒，蓋茱萸氣辛味辣，性熱而臭臊，氣味皆厚，爲厥陰之專藥；然溫中散寒，又爲三陰並用之藥，更以甘和補氣之人參，以補吐利虛損之胃氣；又宣之以辛散止嘔之生薑，和之以甘緩益脾之大棗，爲陰經急救之方也。

科學解釋 吐利，手足厥冷，其人必心力衰弱，體溫降低，故多惡寒，脈微細；其煩躁欲死，亦非熱氣之擾攘，乃胃神經衰弱性過敏之反射，使大腦不安之感覺也。故治以散寒止痛，溫胃止嘔之吳茱萸爲主藥，佐以散逆止嘔之生薑，則溫胃止嘔之力更強，又以人參大棗之補氣健胃，故收興奮中樞，旺盛代謝，祛寒溫中，恢復腸胃功能，平腦強心之效，而吐利煩躁諸證皆平。

前賢治驗

(1)續建殊錄，一病人，初患頭痛，次日腹痛而嘔，手足厥冷，大汗如流，正氣昏冒，時或上攻，氣急息迫，不能言語，先生與吳茱萸湯，諸證頓愈，既而因倦甚，四肢擲席，乃與當歸四逆湯加吳茱萸生薑湯，經數日

· 356 ·

而瘳。

(2)成績錄：一男子，卒然而狂，捧頭踴躍，如頭痛狀，不能言語，乾嘔，手足微冷，目閉面無血色，旋轉室中，不得少安，先生與吳茱萸湯，五六帖而全愈。

四、桃花湯證㈠

第283條（原318條） **少陰病，下利便膿血者，桃花湯主之。**

傳統解釋 少陰爲虛寒之證，喩氏、柯氏、魏氏、周氏、金鑑等，均爲傳經熱邪所致，丹波元簡所謂大乖經旨，不無至理，試觀下列傳說，可資證明：

(1)成無已曰：陽病下利，便膿血者，協熱利也；少陰病，下利便膿血者，下焦不約而裡寒也。與桃花湯固下散寒。

(2)汪琥曰：此乃少陰中寒，即成下利證。下利便膿血者，惟協熱者多；然今謂少陰病，便膿血，則脈必微細，但欲寐，而復下利也。下利日久，至於便膿血者，乃裡寒滑脫也。

(3)錢璜曰：見少陰證下利者，爲陰寒之邪在裡，濕滯下焦，大腸受傷也；故皮折血滯，變爲膿血，滑脫下利，故以溫中固脫之桃花湯主之。

(4)尾台氏曰：便膿血者，是腸垢，與血同出也。病源痢候中，所謂膿涕耳，腸癖與下利，其膿血不同。

(5)湯本氏曰：爲大腸粘膜糜爛破潰，下痢粘血便，因而有衰弱，脈微細，但欲寐之病情也。

科學解釋 下利便膿血，爲赤痢，有急慢性之分別。急性者多發熱，慢性者多無熱，其爲直腸粘膜炎者，大都腹痛裡急後重，應療以苦寒之劑如白頭翁湯。慢性者，必先下利，久而駁蝕腸粘膜，毛細血管破裂而出血，宜以收歛吸著劑，吸著粘液，及敷覆傷面，以減少傷面刺激，而收消炎止痛之效。少陰病，虛弱之人，利而便血，腸粘膜發炎，乃可用桃花湯之吸着收歛劑以治之。

方八九　桃花湯

赤石脂一斤半煎半末　乾薑一兩　粳米一升

右三味，以水七升，煮令米熟，去滓溫服七合，內赤石脂末寸七，日三服，若一服愈，餘勿服。譚次仲曰：習用赤石脂八錢，乾薑一錢，粳米四錢同煎，今秤，不入赤石脂末，以免難服。）

方解　本劑以赤石脂爲主藥。查赤石脂具收斂吸着作用，含鞣酸藥物質，能在腸粘膜上發揮作用，而收止利之效；更能吸着滲出物，披覆傷面，減少刺激，而收消炎止痛之功，適用於久瀉久痢而疼痛者；乾薑辛溫，能健胃腸，粳米和中，故本劑治虛寒滑脫之利有殊功。後世眞人養臟湯等，俱從此方之意而創之。

藥解

六七　赤石脂之藥效

1. 性味：甘溫酸澀，無毒。

2. 成分：矽酸鋁，不純者，有炭酸鈣，炭酸鎂，砂石等。

3. 藥理：主要爲吸着作用，內服能吸着消化道內之毒物，如磷、汞、細菌毒素及食物異常醱酵產物等，對發炎之胃腸粘膜，有局部保護作用。一方面減少異物刺激，一方面吸着炎性滲出物，使炎證得以緩解，對胃腸出血，亦有止血作用。

4. 主治：爲收斂性吸着劑，適用於慢性久瀉久痢，無炎證性之腸出血，胃潰瘍之嘔吐出血，婦女赤白帶下，月經過多等證。幷能吸着毒素而不被吸收，故亦治中毒等證。又是包攝作用，故能治胃腸出血。

前賢學說

(1) 醫方集解：昂按此證，成氏以爲寒，而吳鶴臯，王肯堂，皆以爲熱，竊謂便膿血者，固多屬熱，然豈無下焦虛寒，腸胃不固，而亦便膿血者乎？若以此爲傳經熱邪，仲景當用寒劑，以徹其熱，而反用赤石脂固脫之藥，使熱閉於內，而不得泄，豈非關門養盜，自貽伊戚也。觀仲景之治協熱利，如甘草瀉心湯，生姜瀉心湯，白頭翁湯，皆用芩連黃柏；而利下虛寒者，用赤石脂，禹除糧，比類以觀，斯可見矣。

(2) 陸淵雷曰：此條似痢疾，又似傷寒，註家不敢質言，惟山田氏謂便膿血三條，並係今人之痢疾，決非傷寒。余謂桃花湯，旣治痢疾，亦治傷寒，山田說非是。其證候爲虛寒而帶血，多滑脫失禁，少裡急後重，蓋傳染性赤痢，雖屬雜病，然亦急性熱病，其藥治亦不離傷寒矩矱，故其虛寒者，亦得稱少陰；而傷寒之寒利，滑脫帶血者，亦得稱便膿血也。利至滑脫，則所下者，非復稀屎，多膠粘之物，故曰膿，此即後人所謂「腸垢」，乃粘液與腸粘膜上皮細胞混合而成；亦有下眞膿者，作稙褐色

，其臭為魚腥刺鼻，所謂壞疽性糞便是也。桃花湯治腸窒扶斯之腸出血，余早有此理想，一九三〇年之秋，得實驗而效，腸出血，多見於腸窒扶斯之第二第三星期正值陽明時，腸將出血，則突變為少陰證，顏面失色，四肢厥冷，脈數而弱，罹此者，多不救，甚至血未及排出而死，亦有絕無外證而死者。余所治者，三十許婦人，先服單方鐵藥，不愈，往診時，復微痛，下溏屎及粘液，雜以血點，舌苔厚膩，脈殊沉數，手足微冷，胸腹發白㾦，與桃花湯加附子阿膠，增薑至三錢，兩服血止，調治十日，杖而後起，此病雖無細菌診斷，以證明其為腸窒扶斯，然詢其經過證候，全是中醫所謂濕溫證，知為腸窒扶斯無疑矣。又黑糞中星星血點者，即是腸穿孔，其有非膠粘之鮮血者，尤為腸穿孔確證。

(3)譚次仲曰：余經驗急性直腸炎初起，以四逆散，人參敗毒散等，最為有效，本方多用於慢性，或惡急性，但宜審慎第二定法（寒熱療法）。

(4)尾台榕堂曰：按乾薑分量甚少，可疑，外台載阮氏桃花湯，作赤石脂八兩，秔米一升，干薑四兩，余多用此方。

(5)肘後方：療傷寒若下膿血者，赤石脂方，赤石脂二兩碎，干薑二兩切，附子一兩炮破，以水五升，煮取三升，去滓，溫分三服，臍下痛，加當歸一兩、芍藥二兩，用水六升。

(6)方輿輗：膿血利久不止者；便膿血，痛在小腹者，用此方良。蓋膿血痢，有陰證陽證之別，陽證有柏皮湯，白頭翁加甘草阿膠湯；陰證有桃花湯……凡痛在少腹，縱有裡熱，亦以赤石脂阿片之類止之為良。若熱勢大減不渴，只膿血甚者，用桃花湯；其膿血不甚，下利尚不止者，宜赤石脂禹餘糧湯；若柏皮湯證而誤用桃花赤禹，則更增腹滿，而或腫氣，或百塊，或痿躄鶴膝，宜細察無錯。若有嫌惡此湯者，宜以輕劑服，較為有利。痢疾經久，為陰證者，其痛在大腹，是理中四逆，白通等方之所也，不可用赤石脂之類。

(7)類聚方廣義：痢疾累日之後，熱氣已退，脈遲弱而微細，腹痛下利不止，便膿血者，宜此方。若身熱脈實，嘔渴裡急後重等證猶在者，當先隨其證，以疏利之劑驅除熱毒，蕩滌腸胃，若執腹痛下利便膿血之證，而用此方及禹除糧湯藥，如扃門養盜，其變寧可測乎，學者思之。

(8)勿誤藥室方函口訣：此千金為丸也，極便利，膿血下利，非此方不治，若

後重者，非此方所主，宜白頭翁湯，後重而痛在大腹者，用之爲害更甚。

桃花湯證㈠

第284條（原319條）　**少陰病，二三日至四五日，腹痛小便不利，下利不止，便膿血者，桃花湯主之。**

傳統解釋　少陰病，當脈微細，欲寐也。二三日至四五日，始寒邪盛於下焦而下利；利則失水少液，則小便不利；氣虛不固，大腸滑脫，則利不止；利不止，則大腸傷損，而腹痛便膿血。少陰裡寒，所下之物，其色黯而不明，非若火熱之色鮮明也。且其人疲乏安靜，而痛不甚，喜暖惡寒，欲得手按，與熱利下膿血者，自有不同。且本條之腹痛，小便不利，下利不止，與上文眞武湯證同，惟便膿血者爲異。故腹痛，小便不利，下利不止，不得爲桃花湯證，必得便膿血，始可用之，若膿血止，而餘證未瘥，當轉屬眞武湯治例，不可不知。

科學解釋　腹痛；小便不利，下利不止，膿血便，爲痢疾之常候，不得概以桃花湯治療，必待有少陰病虛寒證狀，始可用之。所謂少陰虛寒之候，必現心臟衰弱之脈微細；體溫降低之惡寒無熱，精神不振疲乏不堪之但欲寐；久利不止而成便膿血，便色黯然而不鮮明，腹雖痛而不拒按，喜暖惡冷等證狀。此本痢疾，而冒以少陰病者，正因虛寒之桃花湯證，有別於一般熱性及細菌性之痢疾也。

五、四逆湯證㈠

第285條（原太陽篇96條）　**病發熱頭痛，脈反沉，若不差，身體疼痛，當救其裡，宜四逆湯。**

傳統解釋　此太陽與少陰合病也。發熱頭痛，病在太陽之表，脈應浮，今沉者，故曰反。若太陽病邪退，正氣虛而未復，則脈或沉，今脈沉而仍身體疼痛，病仍未愈者，則沉脈在裡，病邪涉裡，則一本救裡爲主，故改入三陰篇中，觀其用四逆湯爲治，四逆湯乃少陰主方，故不入太陰厥陰而入少陰也。

科學解釋　發熱而脈沉，病發於虛弱之人，間多有之，此乃抗力不足，不得拒毒於外，應以麻黃附子細辛湯以治之，以求增加抗力而解表，此兩解治法也。若治之而病仍不差，身痛仍在，脈沉不變，乃知心臟衰弱，胃腸機能難復，當急救其裡，用四逆之附子干薑强心健胃爲主，而身痛暫置不問

也。此即虛弱治本之法，雖無下利厥冷等證，用四逆湯而無疑矣。

前賢學說　金鑑云：「脈反沉」下加「可與附子麻黃細辛湯」，身體疼痛下加「下利清穀」方合文義。

　　曹穎甫曰：「身體疼痛」，係「腹中疼痛」之誤，以上兩說於理尚合，故併述之。（方在太陰篇 263 條下）

　　　四逆湯證㈡

第286條（原 335 條）　少陰病，脈沉者，急溫之，宜四逆湯。

傳統解釋　成無已曰：既吐且利，小便復利，而大汗出，下利清穀，內寒外熱，脈微欲絕者，不云急溫；此少陰脈沉，而云急溫者，彼雖寒甚，然而證已形現於外，治之則有成法，此初顯脈沉，未有形證，不知邪氣所之，將發何病，是以急以四逆湯溫之。

　　余無言曰：太陰篇「脈沉不差，當溫其裡」，本條曰：「脈沉者，急溫之」，以當溫與急溫之比較，則知緩急之差。而少陰之脈沉，尤不可一刻或緩也。脈沉一證，不論在太陰、少陰、總屬於陽虛，此即心臟衰弱之表現。太陰當溫，明其用四逆湯之對證，少陰之急溫，明其用四逆湯之難緩，此與陽明篇，「急下之，宜大承氣湯」，同一筆法。

科學解釋　脈搏之張力，有高低之分，高張力形成索狀，即中醫稱之緊脈；低張力則為脈搏期間，血管萎陷，不可觸知，必須深按，始知搏動，即中醫謂沉脈也。惟其張力低，脈管萎陷之故，為心力不足，精神鬆弛，故中醫謂沉者寒也。少陰病，本心力衰弱，脈微細，兼見沉脈，則心臟憊乏已極（即所謂虛寒甚），故用辛熱興奮劑－四逆湯，振奮精神，強壯心力，緊急時，亦可用麝香一厘半厘，救急收效。

前賢學說　陸淵雷曰：少陰宜急溫，四逆湯為少陰正方，急溫自宜四逆湯，是皆理所當然；然本條主旨，似急溫之故，在於脈沉，則有可疑者，何則？少陰急證，莫為厥逆下利，及身熱面赤之格陽，白通、通脈四逆是也。然其脈微細欲絕，或浮數而散（由實驗而知），皆不言脈沉；言脈沉者兩條，始得發熱者，麻附細辛湯，肢厥體痛者，附子湯，其證皆不甚急；今云脈沉宜四逆湯急溫，反覺膚廓矣。成氏以為初頭脈沉，未有形證，不知邪氣所之，將發何病，是急與四逆湯溫之。信如所言，則四逆湯為少陰權用之方，似乎小題大做，又與急溫之旨不合。山田氏以為急溫對上三條急

下而言。若如上三條之證脈沉者，不可下，當急溫，明急下三條，脈皆滑數，信如所言，則同一證候，有承氣四逆之異，而其鑑別，惟在於脈，然大承氣之脈，固多沉遲者，誤用四逆，禍不旋踵，斯皆不足爲訓，惟吉益氏類集方去本條，誠有所見也。

四逆湯證(三)

第287條（原336條） 少陰病，飲食入口則吐，心中溫溫欲吐，復不能吐。始得之，手足寒，脈弦遲者，此胸中實，不可下也，當吐之；若膈上有寒飲，乾嘔者，不可吐也，當溫之，宜四逆湯。

傳統解釋 陸淵雷曰：此條證候，手足寒，脈弦遲，欲嘔乾嘔，瓜蒂散，四逆湯所同也。其異者，瓜蒂散飲食入口即吐，四逆湯不因飲食而自吐，或乾嘔。然腹候之虛實，亦自可辨。四逆證固是少陰，瓜蒂散本非少陰，而亦謂少陰者，殆亦熱論五日，少陰之謂歟！胸中實而手足寒，舊註皆以爲陽氣被阻，不得宣越，理固可通，余謂氣血抵抗病毒，集中於胸際，故令四肢不溫也。膈上有寒飲，山田氏據不可吐篇，改爲膈下，然寒飲所生，究未能確知，其外證爲乾嘔，則不離膈膜附近耳。正氣虛衰，體液之分泌，吸收，失其平衡，故停爲寒飲，用四逆湯恢復正氣，則寒飲自散，服薑附劑之證，多瞑眩而吐水 此其驗也。尾台氏謂飲食入口則吐云云，疑於調胃承氣湯證者，以太陽病，過經十餘日，心下溫溫欲吐，而胸中痛，大便反溏，腹微滿，鬱鬱微煩，先此時，自極吐下者是也。

科學解釋 胃病本有可吐、可下，及健胃之法，惟其見證爲異耳。本條以寒之虛實爲鑑別：寒而實者，可吐；寒而虛者，宜溫。所謂寒而實者，胃炎粘液分泌亢進，胃中積水，故吐之爲寬；寒而虛者，胃機失力，不可吐，應用辛熱刺激之劑，振奮胃肌緊張力，而恢復其機能，則可愈。若胃有積滯而病累及腸者，則可下之，此胃病吐下溫之大法也。至條文中，所云胸中膈上，大致均指胃而言，古醫對器官之實際所在，固未明，僅由病痛之反映而言之故也。

四逆湯證(四)

第288條（原337條） 少陰病，下利，脈微濇，嘔而汗出，必數更衣，反少者，當溫其上，灸之。

傳統解釋 醫宗金鑑曰：脈微、陽虛也；濇、血少也；必數更衣者，下利勤

也；反少者，欲下而反少也。即今之陽虛血少，裡急後重，下利病也。嘔
而汗出者，陰盛於內，上逆作嘔也；陽虛失護，故汗出也。當溫其上，灸
之。

科學解釋　此腸胃病也，下利數更衣，反少者，裡急後重，直腸炎也。嘔者
，胃病，嘔而汗出，嘔時影響汗腺神經而發汗，不嘔則不汗，當用理腸胃
之藥以治之，先賢所謂灸百會、太溪、太衝，不如灸胃脘爲佳。

前賢學說　丹波氏曰：溫其上、灸，義未詳。唐容川謂必數更衣反少者，義
尚未明，闕而待考。方有執云，上爲頂百會穴。汪氏云，百會治小兒脫肛
久不差，此證亦灸之者，升舉其陽也。喻氏、程氏、柯氏，皆從方說爲訓
，獨張志聰氏、張錫駒氏云，溫其上，助上焦之陽。而常器之云，灸太衝
，郭白雲謂灸太谿，脈經謂灸厥陰俞，誠爲承淡安所云，非經驗之言也。

前賢治驗　舒馳遠曰：此證陽虛氣墜，陰弱液衰，故數更衣而出弓反少（出
弓者，矢去也），曾治一婦人，腹中急痛，惡寒厥逆，嘔而下利，脈見微
濇，予以四逆湯投之，無效，其夫告曰：昨夜依然作泄無度，然多空坐，
悶脹異常，尤可奇者，前陰中出一物，大爲抽子，想係尿脬，老婦尚可生
乎，予即商之仲遠，仲遠躊躇曰：是證不可溫其下，以迫其陰，當用灸法
，溫其上以升其陽，而病自愈。予然其言，而依其法，用生薑一片，貼百
會穴上，灸艾火三壯，其脬即收，仍服四逆陽加著术，一劑而愈。

六通脈四逆湯證

第289條（原329條）　**少陰病，下利清穀，裡寒外熱，手足厥逆，脈微欲
絕，身反不惡寒；其人面赤色、或腹痛，或乾嘔，或咽痛，或利止脈不出
者，通脈四逆湯主之。**

傳統解釋　成無已曰：下利清穀，手足厥逆，脈微欲絕，爲裡寒；面赤（原
云身熱）不惡寒，爲外熱；此陰甚於內，格陽於外，不相通也。金鑑云：
中寒陽微，不能外達，主以四逆；中外俱寒，陽氣虛甚，主以附子；陰盛
於下，格陽於上，主以白通；陰盛於內，格陽於外，主以通脈。是則可知
四逆，運行陽氣者也；白通宣通上下之陽也；通脈通達內外之陽也；今脈
微欲絕，內寒外逆，爲腎中陰盛，格陽於外，故主之。倍干薑，加甘草，
佐附子，易名通脈四逆湯，以其能大壯元陽，主持中外，共招外熱，返之
於內也。

科學解釋 少陰病，為生理機能衰弱之證，腸胃消化吸收不良，營養日乏，體溫益低，所謂陰盛於內者，即生理機能衰頹，心力不足，體溫生產過低，不足以保常溫，故惡寒而倦臥。今下利清穀，消化吸收功能，行將全失，因腸蠕動又亢進，故而腹痛；腹腔充血而四肢代償性之貧血，故脈微欲絕，陸氏云面赤而不惡寒，大汗出，格陽之證，頃刻畢命，實乃將盡之體溫，趨而衛外，將死之兆也。乾嘔，咽痛，均係失水多，分泌不足也。此證重在生理機能瀕絕（即中醫所謂之亡陽）故處強心健胃之四逆湯，以復生理機能，倍乾薑辛熱，有病甚用重量之義，加甘草，有和緩薑附辛辣之刺激性，以調和將絕機能之過敏反應，兼有和解平滑肌痙攣止痛之作用。

方九〇　通脈四逆湯

甘草炙三兩　附子大一枚生用破八片　乾薑三兩強人四兩

右三味，以水三升，煮取一升二合，去滓分溫再服，其脈即出者愈。面色赤者，加葱九莖；腹中痛者，去葱加芍藥二兩；嘔者，加生薑二兩；咽痛者，去芍藥，加桔梗一兩；利止脈不出者，去桔梗，加人參二兩（譚云：習用每服炮附子七錢，乾薑五錢，炙甘草三錢，日可再服，小兒酌減）

方解 本方即四逆湯倍乾薑，加甘草，即重證用重藥之意耳。因副腎髓質之分泌液，有興奮力，具迫血上行之作用，即中醫所謂之命門真火是也。若此分泌不足，即真火衰退，寒證立現。本方以重用薑附，即興奮副腎髓質之分泌，亦即所謂溫中回陽之意；加甘草，以和緩薑附辛辣過度之刺激，而收調濟之長，此為少陰回陽溫腎通暢內外之主方也。

前賢學說

(1)錢璜曰：加減法，揣其詞義淺陋，料非仲景本意，何也？原文中已先具諸或有之證，然後出方立治，則一通脈四逆湯，其證皆可該也，豈續用加減耶！況其立意，庸惡陋劣，要皆出於鄙俗之輩，未敢竟削，姑存之，以備識者之鑑云。

(2)方氏、汪氏、錢氏，皆謂本方當有葱白，如白通之義。

(3)陸氏曰：子炳之言，出於實驗，故從之。本方用葱白，不過引陽氣；其續脈之效，當在乾薑。乾薑溫裡而收束腸管（據中藥之藥理與應用，薑酮有制止腸蠕動之效。中藥藥理大辭典，有治腹痛泄瀉之功。則收束腸管之說非是），則腹腔之血液，被壓以入於淺層動脈，故其脈即出歟！

(4)方機：吐利汗出，發熱惡寒，四肢厥冷，脈微欲絕，或腹痛、或乾嘔、或咽痛、通脈四逆湯主之。

(5)雉間煥云：此方以干薑爲君藥也，乾嘔不止者，加粳米。又云：加葱白大有驗，不拘面色。

(6)霍亂治略：下利嘔甚，腹中水鳴、或腹痛，小便不利，四肢冷，或攣痛，眞武湯加半夏。下利不止，厥冷煩躁，四肢轉筋，腹拘急，面靑肉脫，眼凹聲嘶者，四逆湯，隨證宜用四逆加人參湯。下利轉筋益甚，厥冷過臂膝，精神恍惚，脫汗綴珠，脈微細，沉伏不見者，通脈四逆湯。前證心胸氣閉，乾嘔甚，或發呃逆，宜通脈四逆湯，此證多死。若下利乾嘔皆止，厥冷煩躁，轉筋自汗，呃逆不止，小便不利者，宜茯苓四逆湯，此證亦多死。然用此方，小便通利，至於大便帶黃色，諸證漸退，有回生者。

七、白通湯證

第290條（原326條）　少陰病，下利者，白通湯主之。

傳統解釋　金鑑曰：少陰病，但欲寐，脈微細，已屬陽爲陰困矣；更加下利，恐陰降極，陽下脫矣。故君以葱白，大通其陽而上升，佐以薑附，急勝其陰而緩降，則未脫之陽可復矣。方有執亦曰：少陰下利，寒甚而陰盛也，用葱白以通陽消陰，山田氏謂本條應補脈微細者，因已冒以少陰病，似可不必。

科學解釋　少陰病，心力衰弱，體溫下降，故證多脈微惡寒倦臥，腸胃功能衰退，消化不良而下利，甚則水穀清利，治以强心健胃之辛熱劑爲主，白通湯即四逆湯以葱白易甘草，辛味有加，更富辛辣刺激健胃之功。

方九一　白通湯

葱白四莖　乾薑一兩　附子生用一枚破八片

右三味，以水三升，煮取一升，去滓，分溫再服。（

藥解

六八　葱白之藥效

(1)性味：味辛性平無毒。

(2)成分：含蘋果酸，磷酸醣，及丙烯硫醚。

(3)藥理：能刺激神經，促進消化液分泌，及發汗健胃之功，更能滅菌，健腦作用。

(4)主治：爲發汗刺激劑，並有健胃作用。適用於流行性感冒，並治胃痛，腹痛，排尿障礙。外用搗汁滴鼻，治鼻塞，急慢性鼻粘膜炎，鼻竇炎；患部罨敷；治關節炎、尿閉、乳癰、陰腫、丹毒，金瘡出血、及化膿性皮膚病等。

前賢學說

(1)山田氏曰：凡三陰病，寒邪縱肆，陽氣爲所鬱閉，下利脈微者，乃白通湯所主也。其劇者，白通加豬胆湯所主也。寒邪太盛，陽氣虛脫，下利清穀者，四逆湯所主也。其劇者，通脈四逆湯所主也。若夫眞武湯，則水氣而下利者，乃用之。

(2)肘後方：白通湯，治傷寒泄利不已，口渴，不得下食，虛而煩。

(3)方極：白通湯，治下利腹痛，厥而頭痛者。

八、白通加豬膽汁湯證

第291條（原327條） **少陰病，下利脈微者，與白通湯；利不止，厥逆無脈，乾嘔煩者，白通加豬胆汁湯主之。服湯脈暴出者死，微續者生。**

傳統解釋 張志聰於傷寒印宗曰：少陰病，陰寒在下也，邪在下，而生陽氣微，故當用白通湯，接在表在上之陽以濟下；如利不止，陰氣泄而欲下脫矣。乾嘔而煩，陽無所附，而欲上脫矣，厥逆無脈，陰陽之氣，不相交接矣。是當用白通湯以通陽，加水畜之胆，引陰中之陽氣以上升，取人尿之能故道，導陽氣以下接，陰陽和而陽氣復矣。醫宗金鑑，醫方集解等，均以寒盛格陽，故用苦寒之胆尿以從治，殆寒性消則熱性發矣。此說較佳。傷寒類方曰：暴出，乃藥力所迫，藥力盡而氣仍絕；微續，乃正氣自復，故可生也。前云其脈即出者愈，此云暴出者死，蓋暴出與即出不同，暴出，一時出盡，即出，言服藥後，少頃即徐徐微續也，須善會之。

科學解釋 少陰下利，治以辛熱健胃强心之白通湯，爲對證之藥。服湯後，利仍不止，脈微而變爲無，更加厥冷，乾嘔而煩者，其藥力不下達，腸之機能未復，而胃遭熱藥之刺激而不安，故乾嘔煩，心力益衰，體溫益降，故無脈而厥逆。第心力衰弱，腸胃失健之證，仍應處以强心健胃之劑，藥力不能吸收而下達，故於白通湯中，加入尿五合，胆汁一合，以安撫腸胃之不

安，裨其吸收下行，而達復脈止利之功。若其人生理機能行將瀕絕，雖服藥，強為振奮，一時脈出旺盛，但正氣已竭，藥力盡而仍不免於危；若其人生理機能，因藥力之助，尚能自復，則機能漸復，脈徐出而可愈，此生理機能絕續之兆，於脈之暴出與微續以徵之，殊為重要，不可忽也。

方九二　白通加豬膽汁湯

葱白四莖　乾薑一兩　附子一枚生破八片　人尿五合　豬膽汁一合

右三味，以水三升，煮取一升，去滓，內膽汁人尿和合相得，分溫再服，若無膽汁亦可用。

方解　醫方集解曰：葱白之辛，以通陽氣，薑附之熱，以散陰寒，此白通湯也。服之不應者，乃陰盛格拒乎陽藥，不能達於少陰，故加人尿豬膽汁為引，取其與陰同類，苦入心而通脈，寒補肝而和陰，下咽之後，冷體既消，熱性便發，性且不違，而致大益，經曰：逆而從之，從而逆之，正者正治，反者反治，此之謂也。

藥解

六九　人尿之藥效

1. 性味：性寒味鹹。
2. 成分：含有尿素，及性激動素，尿酸，硫酸塩，硝酸塩等。
3. 主治：為止血劑；且因含有內分泌，故亦有強壯作用。治肺咯血，及吐血衄血等證；並能治跌打損傷，有行瘀止血之效，兼有滋陰降火，治久嗽，上氣失音，均取其降逆之功。

七〇　豬膽汁之藥效

1. 性味：苦寒，有腥氣，
2. 成分：含膽塩有促進膽汁酸，膽色素，蛋白質，脂肪。
3. 藥理：膽塩有促進膽汁分泌之功，故用於膽機能障礙時有效，膽汁能溶解脂肪酸，有消化脂肪之功。膽汁酸有溶血作用，對心臟有妨害，用時宜注意，或少量。
4. 主治：為苦味健胃藥。治消化不良，慢性胃炎，及肝分泌機能障礙等證。更能通小便，殺疳蟲，明目，清心，涼肝作用。

前賢學說

(1)山田氏曰：此乃白通湯證，而寒邪更甚，氣閉極劇者，故令人下利不止

，厥逆無脈，乾嘔而煩，此非白通之誤，惟其力不足也。是以前方加豬膽，以開其氣閉也。今人治卒患急病，氣閉脈伏，不省人事者，每用熊膽，屢奏大效，與仲景氏加豬膽之旨，暗合冥契矣。古來註家，皆云此證，陰寒太盛，若甹與熱藥，則拒格而不入，故以人尿豬膽之寒，從其陰寒，以導薑附之熱，果爾則通脈四逆證，曾一無寒藥之在其中乎？可謂强矣。或問閉之與脫，其證何緣辨之，曰：閉者，其脈伏，脫者，其脈欲絕，所謂無脈，乃是大伏而非絕也，白通湯之脈微，亦是欲伏之微，非欲絕之微。通脈四逆湯云：下利清穀，手足厥逆，脈微欲絕，其脫可知也；又云裡寒外熱，身反不惡寒，其人面色赤，其不閉可知也。白通及加豬膽證則否，此可以辨其閉之與脫矣，若夫通脈四逆加豬膽湯，主虛寒至極，且閉且脫者云。

(2)餐英館治療雜活：大吐瀉後，面目無神，虛寒厥冷，其發冷自指裡，心下膨滿煩躁，夏月霍亂，亦間有此等證，脈微欲絕，或全絕，世醫雖知用附子理中等回陽之藥，而忘其心下云膨滿，故投藥不效；此時此方，勝參附理中十倍。大吐下後，心下痞塞者，以脾胃暴虛，虛氣與邪氣搏結，聚於心下故也。用此方以附子乾薑回陽，豬膽壓痞塞，葱白溫下元，人尿鎮墜下行，引腎中欲飛騰之陽氣歸源，一方而四能備，仲景製方之精爲此。此方不得治霍亂吐瀉。凡中風卒倒，小兒慢驚，其他暴卒之病，脫陽之證，皆建奇功，要以心下痞塞與標準也。

第八節　少陰病通陽和陰法

㈠四逆散證

第292條（原330條）　少陰病，四逆，其人或欬、或悸、或小便不利、或腹中痛、或泄利下重者，四逆散主之。

傳統解釋　湯本求眞曰：少陰病者，脈微細，但欲寐也；四逆者，四肢厥逆之意。謂有此厥逆現象，或有以下之證者，爲本方所主治也。但本方證，非眞少陰證，本方亦與少陰證之主方四逆湯異，無熱藥之乾薑附子，則無治陰之能力，然仲景謂本方證，爲少陰病四逆，方亦名四逆，雖似矛盾，抑亦深意之所存，欲示本方之治熱厥時，疑似少陰之寒厥也。因裡熱極時

，阻止血流，使人之四肢厥逆，而是陰證之外觀，實與陰證之四肢厥逆，內外俱厥冷者異。表雖厥冷，而裡有熱，亦謂表寒裡熱者是也。故不可被表證之陰狀所惑，以眞治其裡熱，爲古今寒熱二厥之大別。本方證雖本來爲陽熱證，然可能熱極而疑似寒厥。則是熱厥之證，雖然此證甚少，故本方通常不拘於冒頭之五字，而以下列腹證爲主目的，仲景謂其或欬云云，及諸家之說爲副目的，而運用之可也。本方之腹證，酷似大柴胡湯，所異者，因彼含大黃，故腹部現一般之實狀，有內部充實之觸覺，按之則覺抵抗。本方無大黃，故有虛狀，內部按之則空虛，而無抵抗；本方無生薑半夏，故無惡心嘔吐；無黃芩大黃，故熱勢不劇，舌苔亦稀也。雖然，此方中含枳實，芍藥、甘草，有枳實芍藥散，芍藥甘草湯之方意，故腹肌之攣急迫，反較大柴胡湯爲甚，此二者之別也。

科學解釋　本證冠以少陰證，殊無意義，因手足逆冷，非少陰病所獨有也。方名雖曰四逆，而用藥與少陰病之主方全異，而證僅四逆，或有之證，亦未可必，故病理之分析，殊爲困難；退而求其次，以方治而論之，似爲三焦淋巴阻塞，血運不利，四肢逆冷，非心臟衰弱所致，乃血液循環不暢之故，或咳之證，爲水份代謝關係，柴胡、芍藥，均利肝胆之藥，有疏通淋巴及理胃之功，且能鎮靜交感神經，能治神經衰弱之見胸脇各證；枳實苦泄，有消直腸炎及破積去滯之殊能；甘草和緩，本方用於痢疾初起，人身尚不十分衰弱者，有神效。且胸脇窘迫，腹肌攣急者，用之亦有功，前人所云熱厥者非也。本方各藥，均非內熱所宜，殊爲顯然，其所以四逆者，因利而體溫不足，治其利，生理機能復，體溫增產，手足自溫矣，故本方可視爲胃腸劑，利胆劑爲佳。

方九三　四逆散

甘草炙　枳實炙　柴胡　芍藥

右四味，各十分，搗篩，白飲和服方寸七，日三服。咳者，加五味子，乾薑各五分，並主下利；悸者，加桂枝五分；小便不利者，加茯苓五分；腹中痛，加附子一枚；泄利下重者，先以水五升，煮薤白三升，煮取三升，去滓，以散三方寸七，納湯中，煮取一升半，分溫再服。（譚云：再用柴胡四錢同煎，作一次服，治裡急後重，或便膿血而腹痛，此方最效。習用今秤柴胡四錢，枳壳三錢，芍藥三錢，炙草二錢，薤白四錢，用於裡急後重之下利）

方解 本方之應用，以痢疾之裡急後重，及胸膜炎證爲主，因其全方藥效，有調整血壓，消炎緩急作用故也。柴胡以解熱而健胃，對胸脇窘迫及炎證有效，枳實苦泄有去實滯消炎之能；芍藥微酸，有緩解平滑肌攣急之功；甘草和中調味，薤白滑腸去熱，治痢與胸膜炎，無可厚非也。

前賢學說

(1)蕉窗方意解：本方大柴胡湯之變方也，其腹形專凝聚於心下兩肋下，延及胸中，兩脇而拘急，然少實熱，故不用大黃黃芩，其主藥亦唯緩和心下及兩肋下也。再本論說明證候，略而不詳，且文章亦不見於正文，恐係後人所附。全部之腹形，若能領會心下肋下之狀，如上所述者，則雖肆肢厥逆，亦可以此藥治之，與眞少陰之四逆厥，其脈狀，腹候等，大有不同也。又疫兼痼證，其甚者，發爲譫語煩躁，而呃逆等證，用陶氏散火湯（人參、當歸、芍藥、麥多、白朮、柴胡、陳皮、茯苓、甘草、生薑）之類，無寸效者，用本方即驗，固不及用呃逆之藥，唯心下肋下、胸中、成強硬狀者，即不誤矣。除上述諸證外，有發種種之證候者，必不可惑於見證，余多年用此藥，以治疫證及雜證，並及種種之異證，不可勝數，眞稀有之靈方也，常用之，可知其效不凡。

(2)類聚方廣義，本方治痢疾，累月下利不止，胸脇苦滿，心下痞塞，腹中結實而痛，裡急後重者。

前賢治驗

(1)蕉窗雜活：一人年四十，得病已十八年，其中惟服用一醫之藥不絕，其證頭痛眩冒，惟席上行步耳。因而面細長而瘦皺，蒼白無血色，骨瘦如柴，月經已十年不行矣，腹候臍右旁有疝塊，脇肋之下，亦甚拘急，余用四逆散加良薑，牡蠣，劉寄奴，使服之，幷日灸火於風市、三里三陰交各穴，始終不轉方，尙未期年，脇腹漸大，肌肉漸長，如無病時，頭眩鬱冒等證，亦已如洗，月信亦稍稍至矣。

　　一老人，患鼻淵已三年，諸醫以爲肺病，百治不效，後應東武之役，過京師，求治於余時，其人兩鼻流濁涕殊多，與四逆散加吳茱萸，牡蠣使服之，翌日自京師出發而東去，於途中，日服三劑，至品川之前夕，濁涕鼻水，已停止而不流矣。此證自古以來，內作肺部之病，多用辛夷白芷之類。又有云，成自風邪之餘者，均誤也，是皆由肝火上逆於肺，上下之氣

隔塞而成也。

(2)醫學入門曰：祝仲寧，號橘泉，四明人，始週身百節痛，及胸腹脹滿，目閉肢厥，爪甲青黑，醫以傷寒治之，七日昏沉弗效，公曰：此得之怒火與痰相搏，四逆散加芩連，瀉三焦火而愈。

(3)橘窗書影：一人年十四，氣宇閉塞，顏色青慘，身體羸瘦，醫以爲勞瘵，余診之，任脈拘急，胸中有動悸，自左脇下延至鳩尾煩悶，余以爲癖疾所爲，以四逆散加必甲，茯苓，數日煩悶去，拘急解，氣宇大開，但四肢無力，對物倦怠，因與千金茯苓湯，數旬全愈。

一人年年患脚氣，惟今年不發，但心下痞塞，任脈拘急，鬱悶不堪職業，余與四逆湯加吳茰茯苓，數日，腹裡大和，然飲食不美，元氣頗綏，與柴芍六君子湯，元氣不旺時，避免職業，恬然靜養，遂不藥而愈。

一人患心下痞塞，任脈拘急，有動氣，不得安臥，時時吐血，醫與滋補之劑無效。余診曰：此非虛證也，肝火所爲，宜和暢腹中，淸涼肝火爲治，與四逆散加黃連茯苓，兼用黃連解毒湯，數旬，宿疾漸愈。

一女子，脊骨六七椎上，突起如覆杯，胸膈亦高張，氣分因而鬱塞，不能工作，腹裡拘急，背覺強硬，伸曲不靈，余與四逆散加鉤籐，羚羊角，兼用大陷胸丸，經過旬日，胸腹寬快，但氣色不佳，益進前方，脊骨凹沒，身體如故。

二、豬膚湯證

第293條（原322條）　少陰病，下利咽痛，胸滿心煩，豬膚湯主之。

傳統解釋　丹波元簡曰：此條證，成氏以降，諸家並以陽經傳入之熱邪，特柯氏與程氏不然其說，以爲果爲熱邪，則宜用苦寒淸熱之品，明不是陰證治標之藥耳。此說誠然。而程郊倩氏曰：下利雖是陰邪，咽痛實爲急候，況兼胸滿心煩，誰不曰急則治其標，然究其由來，實陰中陽乏，液從下溜，而不能上蒸，故有此。只宜豬膚湯，潤以滋其上，而苦寒在所禁也。雖是潤劑，却加白粉，少陰所重者趺陽（胃）也。

科學解釋　少陰病，心力衰弱之人，雖腸炎而下利，體液缺乏，口燥舌乾，則或有之；而咽痛則未必。其胸滿心煩者，血壓失常；咽痛則必有咽頭炎，或瘡傷所致。豬膚富脂肪與膠質，對炎證有披覆而免刺激之效，故對咽喉炎及瘡傷證有效，而胃弱者，却非所宜。

方九四 豬膚湯

豬膚一斤

右一味，以水一斗，煮取五升，去滓，加白蜜一升，白粉五合，熬香，和相得，溫分六服。

方解 豬膚富脂肪與膠質，有潤滑披覆，減少刺激之功，故對炎證及瘡傷之痛疼，有緩解之功，白蜜與米粉熬香，亦有健胃緩和作用，故對衰弱性之咽痛，具有療效。

前賢學說 張盧谷曰：咽痛虛實廻殊，其喉不甚紅腫，而帝丁下垂者，腎經虛火，用豬膚湯等法。若已服涼瀉而虛甚者，須桂附八味引火歸元。若喉赤腫，而帝丁反曲而縮者，風火閉於肺胃，用麻葛大發其汗，佐苦寒瀉火。

㈢甘草湯，桔梗湯證

第294條（原323條） 少陰病，二三日咽痛者，可與甘草湯；不差者，與桔梗湯。

傳統解釋 余無言曰：病在太陽，若兼咽痛，發其汗，咽痛自愈；病在陽明，若兼頭痛，攻其裡實，則咽痛自止；今少陰而至咽痛，乃虛火上炎，既不能汗，又不能下，惟宜以甘平瀉熱之甘草，苦辛瀉熱之桔梗，量證用之，此為少陰咽痛之甘潤苦泄法也。世醫凡遇咽痛，概用甘桔，為果為實熱之咽痛，焉能有效，自己認證不清，反說經方無效，有是理乎？！

科學解釋 陸淵雷曰：二湯（甘草湯，桔梗湯）所治，乃急性喉炎也。其主證為聲音之變化，語音鈍濁粗糙，甚則嘶啞，喉頭自覺灼熱乾燥而癢痛，初時乾欬，繼之則出白色溜濁痰，終乃黃厚如膿。在小兒，則夜間突發重劇證狀，喘鳴息迫，欬聲為犬吠，極似白喉。然飲以溫湯熱乳，少頃即輕快，次夜復發。此病以喉鏡檢查，喉頭粘膜紅腫特甚，常有粘液膿汁附著其上，或凝固而成假膜，則外證頗似白喉。其異於白喉者，為不發熱（此所以謂少陰病之原因），為聲瘡欬劇，為小兒危險證候，易消散，及復發。用甘草者，緩其迫急痛疼；用桔梗者，排其粘液膿汁，此非真少陰病（與山田氏說同），故不用少陰藥也。

方九五 甘草湯

甘草二兩

右一味，以水三升，煮取一升半，去滓，溫服七合，日二服

方九六　桔梗湯

桔梗一兩　甘草二兩

右二味，以水三升煮取一升，去滓，分溫再服

前賢學說

(1)陸淵雷曰：俗云白喉忘表，即指此種喉炎，非指實扶的里（即白喉）。
惲鐵樵力主白喉當表，則指實扶的里，非指少陰咽痛，中醫以病名不統
一之故，腐鼠爲璞，常人聞者眩惑。余謂整理中醫學，當從事於古方主
療之證候，而棄置之病名理論，誠不得已也，白喉忌表之書，誤斃實扶
的里甚多，不可不察，由病理而論治法，實扶的里之菌毒漫延全身，故
宜麻杏石甘湯取汗，喉炎不過局部病變，故但取甘桔之緩急排膿，心知
其故，自然不惑群言。

(2)曹氏傷寒發微曰：嘗見道士宋左丞治咽喉證，常用青梅去核，包明礬，
置瓦上煅灰，吹入病人咽中，熱痰傾吐而出，雖瘡已成者，猶爲易愈，
此亦仲師用桔梗湯之遺意也。

(3)丹波氏傷寒輯義：單味甘草湯，功效頗多，玉函經治小兒撮口發噤，用
生甘草二錢半，水一盞，煎六分，溫服，令吐痰涎，後以乳汁，點小兒
口中。千金方治肺痿涎吐多，心中溫溫液液者。又凡服湯，嘔逆不入腹
者，先以甘草三兩，水三升，煮取二升，服之得吐，但服之不吐益佳，
消息定，然後服餘湯，即流利更不吐也。

(4)金匱要略：欬而胸滿，振寒脈數，咽乾不渴，時時濁唾腥臭，久久吐膿
，如米粥者，爲肺癰，桔梗湯主之。

(5)肘後方：喉痺，傳用神效方，桔梗，甘草炙各一兩，右二味切，以水一
升，煮取服即消，有膿即出。

(6)聖惠方：治喉痺腫痛，飲食不下，宜此方，桔梗一兩去蘆頭，甘草一兩
生用，右藥，都剉，以水二大盞，煎至一大盞，去滓，分爲二服，服後
有出即消。

(7)和劑局方：如聖湯（即桔梗湯），治風熱毒氣，上攻咽喉，咽喉痺痛，
腫塞妨悶，及肺癰欬嗽，咯吐膿血，胸滿振寒，咽乾不渴，時出濁沫，
氣息腥臭，久久吐膿如米粥狀者。又治傷寒痛。

(8)聖濟總錄：散毒湯，治喉痺腫塞，用桔梗，甘草各二兩。又桔梗湯，治

咽喉生瘡疼痛，於本方加惡實微炒一兩，竹葉十片。

(9)三因方：荊芥湯（即本方加荊芥穗，濟生名三種湯）治風熱肺壅，咽喉腫痛，語聲不出，喉中如有物哽，嗽之則痛甚。

(10)御藥院方，甘桔湯，治胸中結氣，咽喉不利，下一切氣（即本方加杏仁）。

(11)經驗秘方：治咽喉鬱結，聲音不聞，大名安提舉神效方，即桔梗湯內加訶子各等分，生熟各半，為細末，食後沸湯調服。

(12)青囊瑣探：甘草主治緩急和胃，協和諸藥，解百藥毒，人所知也，但未有知以此一味治他病者：凡小兒啼哭，逾時不止，以二錢許，浸熱湯，後去滓，與之即止。又初生牙小兒，咽喉痛壅，聲不出者，頻與生甘草如前法。又傷寒經日，不省人事，讝語煩燥，不能眠者，每服五六錢煎湯，晝夜陸續與之，有神效。其他發癲疾，搐搦上竄，弓角反張者，及嘔吐不止，湯藥入口即吐，用半夏生薑竹茹伏龍肝等益劇者，用之有奇效，不可不知。

(13)外台秘要：近效一方（即甘草湯），療赤白痢，日數十行，無問日數老少。

前賢治驗　薛氏醫案：武進汪用之，飲食起居失宜，欬嗽吐痰，用化痰發散之藥，時仲夏，脈洪數無力，胸滿面赤，吐痰膠臭，汗出不止，余曰：水泛為痰之證，而用前劑，是謂重亡津液，得非肺癰乎！不信仍服前藥，翌日，果吐膿，脈數，左右寸尤甚，始信用桔梗湯一劑，膿數頓止，再劑全止，面色頓白，仍以憂惶，余曰：此證面白脈嗇，不治自愈，又用煎藥一劑，佐以六味丸，治之而愈。

四、苦酒湯證

第295條（原324條）　**少陰病，咽中傷生瘡，不能言語，聲不出者，苦酒湯主之。**

傳統解釋　傷寒雜病辨註：咽痛者，謂或左或右之一處痛也；咽中痛，謂咽中皆痛也；咽中傷生瘡，唐容川謂即今之陰虛喉蛾，腫塞不得出聲者。錢璜云：前人以一咽痛，有治法三等之不同，遂至議論紛出，不知其一條咽痛，少陰之邪氣輕微，故但以甘桔湯和之；其一條痛在咽中，痰熱鎖塞，故以半夏開豁，桂枝解表；此條則咽痛生瘡，語言不能，聲音不出，邪已

深入，咽已損傷，不必治表，和之無益，故用苦酒湯，以半夏豁其咽之不利，雞子白潤咽滑竅，且能清氣除伏熱，皆用開豁潤利，收斂下降而已。因終是陰經伏火，雖陰火上炎，決不敢用寒涼也。

科學解釋　此喉炎之重證，較前條爲劇，咽中傷生瘡，即咽中腫痛腐爛有膿血也。其證狀雖似白喉，而不發熱，爲一特徵，亦鑑別診斷之確據。治以苦酒（即醋），味酸性斂，可消炎，半夏辛麻，制分泌，雞子白生用潤喉，安撫患部，故此方時奏特效也。

方九七　苦酒湯

半夏洗破如棗核大十四枚　　　雞子一枚去黃，納上苦酒，著雞子壳中

右二味，納半夏苦酒中，以雞子壳置刀環中，安火上，令三沸，去滓，少少含嚥之，不差，更作三劑服之。

方解　詳上解釋中不另

藥解

七一　苦酒之藥效

1. 性味：酸苦，微溫，無毒。

2. 成分：醋酸。

3. 藥理：醋入胃後，能刺激胃神經，使分泌稍强；至腸能刺激腸粘膜，使腸之收斂性增加；同時又能凝固已消化之蛋白，由腸壁吸入血中，則能令血管收縮，汗液減少。（中國藥物學）

4. 主治：爲收斂劑。用於盜汗，爲止汗藥。用於腸出血，爲止血藥。適用於腸炎，下利，失血，下血，自汗，盜汗等證；外用敷癰腫，有消炎消腫之效。因失血而起之急性腦貧血昏暈失神時，以醋之沸騰氣熏之，令患者吸受蒸氣，有急救回蘇之功，尤多賞用於產婦血暈。

前賢學說

(1)唐容川曰：此生瘡，即今之陰虛喉蛾，腫塞不得出聲，有用刀鍼破之者，有巴豆燒焦烙之者，皆是攻破之使不壅塞也。仲景用生半夏，正是破之也，予親見治重舌，敷生半夏，立即消破，即知咽喉腫閉，亦能消而破之矣。凡半夏爲降疾要藥，凡喉腫則痰塞，此仲景用半夏之妙，今人喉科，大半是用此湯之遺意。

(2)醫宗金鑑曰：半夏滌痰，蛋清斂瘡，苦酒消腫，則咽清聲出矣。

⑶方機：主治咽中腫，水穀不下者。

前賢治驗　生生堂治驗：一男子，年二十，患下疳瘡，其毒上攻，右耳潰軃，咽喉腐爛，自喉外發瘡，嗣後咽喉腫痛，米粒不能下，久之，唯待死耳。先生省之，且使門下弟子診之，曰：先與半夏苦酒湯，使含而飲之，明日，咽痛如忘，腫亦消，旬餘，其腹頗足當其毒，因用桃仁解毒湯而行薰法，後以龍門丸下之，一二月，耳亦能聞。

五、半夏散證

第296條（原325條）　少陰病，咽中痛，半夏散及湯主之。

傳統解釋　淺田宗伯引申金鑑本條註曰：「咽痛者，謂或左或右，一處痛也；咽中痛者，謂咽中皆痛也；甚則痰涎纏於咽中，不得息；或咽中傷生瘡，滴水不下，不急治必死。即俗所謂急喉痺，走馬喉風，皆言其速也。其證屬少陰，蓋少陰者，裡之本，咽喉者，裡之竅口，其位深且急也，是故雖有一二表證，見咽喉一候，直以救其裡爲法，若徒攻其表，則愈攻愈劇，遂令咽喉閉塞腐爛，穀氣絕而斃。本論不載於太陽，而載之於少陰，抑亦有深意存焉。」又「甘草湯，桔梗湯曰咽痛，半夏散及湯曰咽中痛，苦酒湯曰咽中傷生瘡，則皆主咽痛者也。蓋咽痛有輕重，輕者不必腫，重者必大腫，是以咽痛不腫之輕者，甘草湯；其大腫之重者，爲桔梗湯；不但腫，或涎纏咽中，痛楚不堪者，爲半夏散及湯，苦酒湯。」而湯本氏謂此說良佳，可作諸湯之鑑別法。陸淵雷氏謂此方可治急性喉炎，腭扁桃及周圍炎等病，急性。而本方證候，僅咽中痛，似爲慢性卡他性喉炎，故仲景用熱療法處治之，醫家臨床之際，應鄭重將事，不得孟浪執方試病也。

方九八　半夏散（及湯）

半夏　桂枝　甘草各等

右三味，各別搗篩已，合治之，白飲和服方寸匕，日三服；若不能散服者，以水一升，取七沸，納散二方寸匕，更煮三沸，下火令少冷，少少嚥之。（此方用量，每味在六七分間，開水送下。）

方解　詳上解釋欄不另。

前賢學說

⑴尤在涇曰：少陰咽痛，甘不能緩者，必以辛散之，寒不能除者，必以溫發之；蓋少陰客邪，鬱聚咽嗌之間，既不得出，復不得入，設以寒治，

則聚益甚；投以辛溫，則鬱反通，內經微者逆之，甚者順之之意也。半夏散及湯，甘辛合用，而辛勝甘，其氣又溫，不特能解客寒之氣，亦能扸散咽喉沸鬱之熱也。

(2)曹穎甫曰：方中用生半夏，取其有麻醉性以止痛，并取其降逆去水以達痰下行，意當與咽中傷節同；用生甘草以清熱而解毒，意當與甘草湯方同；惟桔梗一味，不得其解。按近世吳氏咽喉秘集中，有伏寒喉痺一證，略言此證肺經脈緩寒重，色紫不甚重，若誤服涼藥，久必爛，其方治有細辛、桂枝、麻黃者，甚有嗆食音啞，六脈遲細之陰證，然則此咽中痛證，脈必遲細而緩，其色當紫，其腫亦必不甚。然則仲師之用桂枝，亦所以宜通陽氣耳。

(3)勿誤藥室方函口訣：此方宜於冬時中寒，咽中疼痛者，雖有發熱惡寒可治。然此證冬時為多，又後世所謂陰火喉痺癬證，上焦有虛熱，而喉頭糜爛，痛苦不堪，飲食不能下咽，用甘桔湯，及其他諸治咽痛藥無效者，用之一旦而有效。古本草載有桂枝治咽痛之效，合半夏之辛辣，甘草之緩和，而其效尤捷，此古方之妙用也。

第九節　少陰病清解法

一、黃連阿膠湯

第297條（原315條）　**少陰病，得之二三日以上，心中煩，不得臥，黃連阿膠湯主之。**

傳統解釋　少陰為虛寒之證，所有熱證，均係三陽錯束，故山田氏從肘後方改少陰病以下七字為大病瘥後，以血液衰少所致，丹波元堅則謂涉及厥陰，故上熱下寒為說，湯本氏則謂少陽瀉心湯輕證，因屬虛，故列少陰，而其餘各註家，或以少陰熱邪，或以轉屬陽明而論之，諸說中，似以山田之說較佳。然本證所以稱少陰病者，因病人體本虛弱，脈現微細也，血少心煩，虛陽擾亂，陰虛生內熱，鬱而為煩；液少經神失養，故神不寧而失眠。用芩連以清虛熱，雞子黃阿膠以補血，芍藥以和陰，其治法不同於梔子豉湯者，一以餘熱，一以血燥，不得以汗吐再傷心失液也。凡虛弱之人，心煩不寐者，如服酸棗仁湯不效，服此良佳，蓋此證多係血燥躁煩之自發

證，非定干邪犯也，而久病之後常見之。

科學解釋　血少之人，心臟爲維持循環工作，恒過度緊張，即衰弱性興奮，因而干擾神經系統，大腦知覺不安，而得心煩不得臥等證，此非僅病毒之刺激，平居者，亦多有此證候。黃芩黃連，習用於心胸以除熱！鷄子黃富於營養，而有助血液之新生；阿膠療貧血，對血液衰少者，有殊功；芍藥微苦寒，亦有解熱和血之效。此方與酸棗仁湯，雖同治不寐證，補血之功，此方爲多也。

方九九　黃連阿膠湯

黃連四兩　黃芩一兩　芍藥三兩　鷄子黃二枚　阿膠三兩

右五味，以水五升，先煮三物，取二升，去滓，納膠烊盡，少冷，納鷄子黃，攪令相得，溫服七合，日三服。

方解　詳本條科學解釋中不另

藥解

七二　鷄子黃之藥效

1. 性味：甘溫，無毒。
2. 成分：卵黃素，核素，卵磷脂，胆石醇，及維生素，甲、乙、丁、戊、庚等。
3. 藥理：卵磷脂爲含磷之類脂質，適合於神經衰弱，或神經系疾病，並有助血液之新生，故亦有益於一般營養障礙，骨疾病等。而核黃素注射於皮下，血球則增加，且示其抗菌性。
4. 主治：爲滋養强壯劑，適用於消耗性衰弱病，心煩不得臥，身體衰弱，無力恢復者，且有溫中、益氣、清熱、補陰之功。蛋黃油內服，治肺結核，潮熱，盜汗等有效。

前賢學說

(1)肘後百一方：治大病瘥後，心煩不得眠，眼中疼痛，憹濃方：黃連四兩，芍藥二兩，黃芩一兩，阿膠三小挺，以水六升，煮取三升，分三服，亦可納鷄子黃。

(2)醫宗必讀：黃連阿膠湯，一名黃連鷄子湯，治溫毒，下利膿血，少陰煩躁不得眠。

(3)類聚方廣義：治久痢，腹中熱痛，心煩不得眠，或便膿血者。治諸失血

證，胸悸身熱，腹痛微利，舌乾咽燥，煩悸不能寐，身體困憊，面無血色，或面熱潮紅者。

(4)尾台氏曰：淋瀝病，小便熱如湯，莖中焮痛而多血者，黃連阿膠湯有奇效。

(5)勿誤藥室方函口訣：此方，沿柯韻伯所謂之少陰瀉心湯，而病於陰分，上熱不去，心煩或虛躁，故吐血，咳血、心煩不眠，五心熱，而漸漸肉脫者；及諸病已久，熱氣浸溢於血分，而成諸證者；毒利腹痛，膿血不止，口舌乾者等，治之有驗。又有用於少陰下利膿血者，但與桃花湯上熱有別。又活用於痔瀉不止者，與瘡痘煩渴不寐者，有特效。

二、豬苓湯證

第298條（原331條） **少陰病，下利六七日，欬而嘔渴，心煩不得眠者，豬苓湯主之。**

傳統解釋 汪琥曰：此方，乃治陽明病，熱渴引飲，小便不利之劑，此條病，亦借用之何也？蓋陽明病，發熱渴欲飲水，小便不利者，乃水熱相結而不行；茲者，少陰病，下利，欬而嘔渴，心煩不得眠者，亦為水熱結而不行也。病名雖異，病原則同，故仲景用豬苓湯主之，不過清熱利水，兼潤燥滋陰之義。

科學解釋 豬苓湯所治，係濕熱證，其病變在膀胱尿道，為陽明證候群之一，實非少陰證。茲云少陰病者，以其心力衰弱，脈微細也；渴而心煩不得眠，因下利六七日，失水過多，血壓失常，心臟衰弱性興奮也。故以阿膠調血（阿膠調血，參看陽明篇豬苓湯下，阿膠之藥效），豬苓、茯苓、澤瀉、滑石，均為利水之劑，有調整腎臟機能，清除尿道炎證之功，為中醫治利，利小便之常法。嘔而欬，為胃機能衰弱，水飲停滯不輸，影響胃送神經叢，及呼吸機能，用豬苓湯，則解除腎臟障礙，清理尿道，調整血壓，上述諸證悉除矣。

前賢學說

(1)丹波元簡云：按此條，視之黃連阿膠湯證，乃有欬嘔渴，及小便不利，而大便下利之證，所以不同也；又按前條云：少陰病，欲吐不吐，心煩但欲寐，五六日自利而渴者，屬少陰也。虛、少陰也，虛故引水自救，若小便色白者，少陰病形悉其。小便白者，以下焦虛有寒，不令制水，

故令色白也。可知此條下利，嘔渴心煩證同，而有不眠，及不白之異，乃是寒熱之分別處。

(2)醫宗金鑑曰：少陰下利清穀，欬嘔不渴，屬寒飲也。今少陰病，六七日，下利黏穢，欬而嘔渴，煩不得眠，是少陰熱飲為病也。上攻則欬，中攻則嘔，下攻則利，熱耗津液，故渴，熱擾於心，故煩不得眠，宜豬苓湯，利水滋燥，熱飲之證，皆可愈矣。

第十節　少陰病熱化攻下法

第299條（原332條）　**少陰病，得之二三日，口燥咽乾者，急下之，宜大承氣湯。**

傳統解釋　此條雖冠以少陰病，而實陽明也。所以謂少陰者，以其無熱而欲寐也。山田氏、湯本氏等均同是說，錢璜亦曰：此條得病僅二三日，即口燥咽乾，而成急下之證者，乃少陰之變，非少陰之常也。然但口燥咽乾，未必即急下之證，亦必有胃實之證，實熱之脈，其外證雖似少陰，而有邪歸陽明，為胃家實之證據，方可急下，而用大承氣湯也。其所以急下者，恐入陰之證，陽氣漸亡，胃府敗壞，必至厥躁呃逆，變證蠭起，則無及矣，故不得不急也。

科學解釋　此條冒以少陰病，當有無熱欲寐之外證，二三日口燥咽乾，若心力衰弱，脈候微細，腹中軟弱，無結硬痛脹等證，則不得以苦寒降輯之峻瀉劑，用大承氣湯以急下也。此咽乾口燥，必脈滑，腹中堅痛，乃腸中有結熱，及胃燥之證，始可用急下之法，故本條為陽明證候群中之一證，即腸胃實熱證也，不得以少陰名之。然腸胃熱結之證，其外貌往往有如少陰證者，用下劑庸有疑似之慮，此本條有啟示作用，不得以其證候簡單，而忽之。

大承氣湯證㈠

第300條（原333條）　**少陰病，自利清水，色純青，心下必痛，口乾燥者，急下之，宜大承氣湯。**

傳統解釋　余無言曰：此少陰病，復傳陽明也，食穀之渣滓，與邪熱結於腸（原云胃），所以心下痛，口必乾燥，飲食中之水份，為熱迫而下行，作

協熱之利，經十二指腸時，又與胆汁混和，故色純青也。蓋胆汁若與渣滓相和，則成黃色之大便，黃色即青綠色之淡者，今渣滓尚留結於大腸，未能下行，而下利者，純爲清水，胆汁混入，豈不成爲青色耶！所以須急下者，蓋病邪本由少陰，復傳陽明，陰液本虧，而胃中之水，又被迫而下泄，胃再乾燥，其陽則絕矣，故須急下之，此之攻下存陰奪實，兩不可緩也。

實則本證，外似少陰，而內則熱結旁流，非少陰而復歸陽明也。所謂大實若羸，即此是也，故急於奪實，方能存陰，往往熱實之極，脈伏若絕，肢體厥冷，下利清水證類似陰，但必口燥，腹堅痛，內有熱狀。若惑於外證而用四逆輩，則速其死耳，故仲景特以少陰病冠之，而用峻瀉之大承氣湯爲治，實有啟示之深意在焉，故本編仍列入少陰者，以與少陰正證作比較之用。

科學解釋 此腸胃病，陽明證，非少陰衰弱證也。心下痛，當屬胃病，口乾燥，爲體液少，分泌不足，或唾腺分泌障礙所致；自利清水，色純青，爲腸液與胆汁分泌亢進，下利無渣滓也。此腸胃同病而發炎甚劇。故用苦寒之瀉下劑，以去熱滯而消炎爲治。不得斤斤以少陰爲拘也。

前賢學說

(1)山田氏曰：清，圊也；清水猶言下水，與清穀，清便，清血，清膿血之清同，非清濁之清也。

(2)陸淵雷曰：自利清水，即後人所謂熱結旁流也，因腸中有燥尿，刺激腸粘粘膜，使腸液分泌異常亢進所致，色純青，則胆汁之分泌亦亢進矣，體液之分泌及排除，兩皆過速，大傷陰液，急下所以存陰也。

前賢治驗

(1)名醫類案：孫兆治東華門竇太郎，患傷寒經十餘日，口燥舌乾而渴，心中疼，自利清水，衆醫皆相守，但調理耳，汗下皆所不敢，竇氏親故相謂曰：傷寒邪氣，害人性命甚速，安可以不次之疾，投不明之醫乎？召孫至，曰：明日即已不可下，今日正當下，遂投以少承氣湯，大便通，得睡，明日平復，衆人皆曰，此證因何下之而愈，孫曰：讀書不精，徒有書耳，口燥舌乾而渴，豈非少陰證矣，少陰證，固不可攻下，豈不聞少陰一證，自利清水，心下痛，下之而愈，仲景之書，明有此說也，衆皆欽服。

⑵古方便覽：一婦人，患傷寒，譫妄狂笑，下利清水，日數十行，諸醫不能療，余診之，腹頓滿，按之痛甚，乃作此方，連進三劑，利即止，諸證並治。

大承氣湯證㈢

第301條（原334條） **少陰病，六七日，腹脹不大便者，急下之，宜大承氣湯。**

傳統解釋 錢璜曰：少陰病，而至六七日，邪已深入。然少陰每多自利，而反腹脹不大便者，此少陰之邪復還陽明也。所謂陽明中土，萬物所歸，無所復傳之地，故當急下，與陽明篇，腹滿痛之急下，無異也，然必驗其舌，察其脈，有不得不下之勢，方可以大承氣湯下之耳。舒馳遠亦曰：少陰轉陽明之證，腹脹不大便者，然必兼見舌胎乾燥，惡熱飲冷爲實證。陸淵雷亦曰：此乃古人經驗之談，斯時不急下，其變即不可測，學者察之。

科學解釋 腹脹不大便，爲腸病，病毒滯於腸中，故急以大承氣湯泄毒去積，否則毒勢波及全身，救之或有不及也，所謂少陰病者，外證有羸瘦之狀耳。

第十一節　少陰病預後

一、可治證㈠

第302條（原299條） **少陰病，脈緊，至七八日，自下利，脈暴微，手足反溫，脈緊反去者，爲欲解也；雖煩下利，必自愈。**

傳統解釋 錢璜曰：脈緊見於太陽，則惡寒發熱，而邪在表；見於少陰，則無熱惡寒，而寒邪在裡。至七八日，則陰陽相搏已久，而始下利，則陽氣耐久，足以自守矣。雖至下利，而以絞索之緊，忽變爲輕細軟弱之微，脈微，則恐又爲上文不可發汗之亡陽脈矣。爲之如何？不知少陰病，其脈自微，方可謂之無陽，若以寒邪極盛之緊脈，忽見暴微，則緊消失，而寬緩矣，乃寒邪欲解之兆也。曰手足反溫，則知脈緊下利之時，手足已寒，若寒邪不解，則手足不當溫，脈緊不當去，因脈本不微，而忽見暴微，故手足得溫，脈緊得去，是以謂反也。反溫反去，寒氣已弛，故爲欲解也。雖其人心煩，然煩屬陽，而爲煖氣已回，故陰寒之利，必自愈也。

　　按本條脈證，大多不可理解，惟其用意，在於陰去陽回，示病勢而愈

之機轉也。

科學解釋 脈緊，爲脈搏高張力之結果，血管充實而硬，前已言之。少陰病，心力已衰，何來脈搏之高張力，在病理上，唯一之可能，爲毒素之刺激心臟，使之亢奮，同時刺激血管，使之收縮，故現緊脈。但時至七八日，而始下利，脈反微，則其毒素，被抗力所消滅，藉下利而排泄於體外，下利毒去，則心臟之刺激亦解，則現衰弱之本象，而脈微；更見心煩，變手足逆冷爲自溫，則爲代謝旺盛，體溫增加，雖心力暫時衰弱，亦爲良好之轉歸，故曰欲解，曰自愈。

前賢學說 陸淵雷曰：舊註多以脈緊爲寒邪盛，緊去陽回寒解，而於下利，不能自圓其說。今案急性熱病之病毒，當其直接作用於動脈管壁，使暫時硬化，動脈硬化則脈緊，（詳註一）七八日自下利，乃正氣恢復，抗病所生代謝廢料，積於腸間者，因以排除，是爲陰證回陽之機，與太陰篇，暴煩下利同理。病毒去，則動脈硬化之原因除，脈管恢復其彈力性，惟心臟尙弱，故緊去而脈微。少陰病，脈暴微，疑爲病進，故以手足反溫，決其欲解；若病進而脈微，手足必更厥矣。此云手足反溫。知七八日脈緊時，手足已不溫，故爲少陰也。必自愈，謂下利能自愈，非謂勿藥可以全愈。

註一：Cabat & Adams著物理診斷學中，動脈壁之狀態云：當以指壓迫動脈管，使其血流阻斷時，則其遠端之動脈管，正常者，不能以手觸知，如仍能觸知時，則爲動脈硬化之一現象，且因其硬化之程度不同，及有無鈣質沉著，而使動脈管有不同之硬度，動脈管本身有改變後，其脈搏之性質，亦因之變化。如當動脈失去彈性，並變硬後，强力之脈搏，可爲弱脈狀。又在脈搏之歛縮及張力云：脈搏之張力，可分爲高張力，及低張力兩種，前者爲當搏動時，血管之充盈硬度，正常時爲索狀（即緊脈形狀），低張力則脈搏期間之血管狀態，正常在此時，因血管萎陷，故不能觸知。

可治證㈡

第303條（原300條） **少陰病，惡寒而踡臥，若利自止，手足溫者，可治**

傳統解釋 自利，惡寒，倦臥，爲少陰之本證，以虛寒故也。利止，而手足溫暖，乃陽長陰消，故曰可治。錢氏曰：大凡熱者，臥而手足四散，寒則倦臥而手足歛縮，下文惡寒倦臥，而手足厥冷者，即爲眞陽敗絕，而成不

治矣。若手足溫，則知陽氣未敗，尚能溫暖四肢，故曰可治。

科學解釋　惡寒倦臥：有爲外感嚴寒而然者；亦有爲體溫降低而然者。外感寒邪則不下利，下利而惡寒倦臥者，多因體溫之不足。既體溫之不足，則手足亦冷矣。今雖惡寒倦臥如故，但利止而手足溫，則知體溫漸復，物質代謝，亦較旺盛，則虛寒之病可治矣。應以辛熱興奮之劑，增進代謝功能，而增體溫，則寒性之病可愈也。

可治證㈢

第304條（原301條）　**少陰病，惡寒而踡臥，時自煩，欲去衣被者，可治**

傳統解釋　少陰之爲病，脈微細，但欲寐，故不必盡下利也。只惡寒甚而倦臥，已足知之矣。時自煩，欲去衣被，知寒欲去，而陽將回，斯時當用四逆輩回陽，則病可愈，故曰可治，至不同下文「吐利煩躁，四逆者死」，以彼既吐且利，陰寒更甚，孤陽無依，虛脫立至，大不相同也。幾微之間，生死係之，爲醫者，能不懼之。

科學解釋　少陰病，當心力衰弱而脈微細，體溫低而惡寒倦臥，此自然之現象也。時自煩，欲去衣被者，此心理之狀態，有熱性感覺也。則必代謝漸旺盛，神經感應異常之反映，若斯時助其增產體溫，則病可解，故曰可治。惟惡寒，有不因體溫降低，而反增高者；欲去衣被，不是惡寒較輕，而往往反有增劇者，此皆毒素刺激之所致，非少陰病回陽之機轉，故不可同日而語也。陸氏所謂理尚未明者，實智者千慮，必有一失也。

可治證㈣

第305條（原304條）　**少陰病，吐利，手足不逆冷，反發熱者不死；脈不至者，灸少陰七壯。**

傳統解釋　醫宗金鑑曰：少陰吐利，法當逆冷，今不逆冷，反發熱者，是陽未衰，故曰不死。若脈不至，雖有外熱，恐是假熱，須防脫陽，宜急灸少陰，通其陽則脈可復矣。汪琥曰：當灸太谿，二穴在內踝後跟骨動脈陷中。

科學解釋　上吐下利，最傷心力，故脈微欲絕者有之，脈絕不應手者，亦有之，其勢至爲危急。若手足不逆冷，反發熱者，則體溫尚高，反能興奮心力，故不至虛脫而死，但亦非不治而可愈者。脈絕者，急灸七壯，以振奮神經，加强心壓以推進血液循環，而脈搏出焉。惟少陰病，心力已衰，若發熱過高，更能令心臟陷於過度興奮而衰憊，加速其危機，不可不知。凡

高熱而卒死者，皆心力遽然衰弱而虛脫之故也。

可治證(五)

第306條（原 305 條）　**少陰病，八九日，一身手足盡熱者，以熱在膀胱，必便血也。**

傳統解釋　錢璜曰：大凡寒邪入少陰，必惡寒逆冷，故以反發熱者，爲陽回陰解而不死。此因邪氣入少陰，至八九日之久，一身手足盡熱者，蓋以足少陰腎邪，傳歸足太陽膀胱也；以太陽主表，故一身手足盡熱也。熱邪在膀胱，迫血妄行，故必便血也，必便血三字，前註家，俱爲必出一陰之竅，恐熱邪雖在膀胱，而血未必從小便出也。但丹波元堅亦云：熱在膀胱，即熱在下焦之義，桃核承氣湯，抵當湯二條可徵也。然則便血，亦大便血明矣。陸淵雷又曰：少陰病，八九日後，一身手足盡熱者，陰證陽回，轉爲陽證也。此種轉歸，臨床上往往見之，惟不必熱在膀胱而便血耳。今云熱在膀胱，必便血，似少陰回陽之後，必便血者，非也。按此條爲桃核承氣湯證，冒以少陰病者，必有錯誤。

科學解釋　譚次仲曰：凡急性膀胱炎，大都發熱，小便短赤而頻數，多有帶血者；慢性者，無熱。此條雖冒以少陰病，與太陽篇桃核承氣湯之熱結膀胱條（第一二四條）其證相若，可參看，不多述。

二、不治證(一)

第307條（原 307 條）　**少陰病，惡寒身踡而利，手足逆冷者不治。**

傳統解釋　錢璜曰：前惡寒而踡，因有煩而欲去衣被之證，爲陽氣尚在，故爲可治；又下利自止，惡寒而踡，手足自溫者，亦爲陽氣未敗，而亦曰可治。此條惡寒身踡而利，且手足逆冷，則四肢之陽氣已敗，故不溫，又無煩而欲去衣被之陽氣尚存，況下利又不止，是爲陽氣已竭，故爲不治。雖有附子及四逆白通等法，恐亦不能挽回既絕之陽矣。

　　舒詔曰：案此證尚未至开出息高，猶爲可治，急投四逆加人參湯，或者不死。

科學解釋　惡寒而身踡，體溫已低，不能溫養肌表之神經，使大腦有不安之感覺，手足逆冷過肘膝，則心壓過低，不能暢達末梢血管矣。更加下利不止，心力益趨衰弱，心動屆停，死在頃刻，故曰不治。若能急投強心之麝香，或可挽回暫時之虛脫，以爭取治療之時機，或有挽救之希望。

不治證㈠

第308條（原308條） 少陰病，吐利躁煩，四逆者死。

傳統解釋 張璐傷寒纘論曰：此條與吳茱萸條不殊，何彼可治，而此不可治耶，必是已用溫中諸湯不愈，轉加躁煩故主死耳。舒詔再註重訂傷寒論集註亦曰：此條與後吳茱萸湯證無異，彼證未言死，此證胡爲乎不主吳茱萸湯，而斷云之曰死，是何理也？於中疑有闕文。總病論云：與吳茱萸湯，宜細辨其生死也。周禹載曰：此條與吳茱萸一條不異，彼以湯治，此則主死者，何也？所異者，厥冷與四逆耳。厥冷專言手足，此則竟言四逆者，知其冷已過肘膝矣。若其臟之氣，未至於傷盡，或吐利而不至於煩躁，或吐利煩而不至於四逆。今寒邪自經侵臟，少陰臟中，祇有寒邪，逼陽外越，豈復能固守不亡耶。陸淵雷亦以吐利爲主副證，而辨吳茱萸湯之可治，與本證之不可治。總之，本條與吳茱萸湯條，證本相同，唯厥冷與四逆，寒冷程度之稍異耳。張氏陸氏，臆測於文字之外，可謂善讀書者，但未若周氏之說爲可從。薵危岌證中，寒冷程度之異，正見病機凶險尤甚，此條應列在吳茱萸湯後，以示吳茱萸湯救治之不可或緩也。

科學解釋 吐利，手足逆冷過肘膝，心力衰疲已極，體溫急劇下降，事在意中，可能脈已沉絕，危機在即，瞬即虛脫而死，故曰不治。逆冷不回，更加煩躁不安，恐非藥力所能挽救也。

不治證㈡

第309條（原309條） 少陰病，下利止而頭眩，時時自冒者死。

傳統解釋 少陰虛寒之證，故多下利而厥冷。今下利止，當陰消陽回，向愈之兆。若陰消陽回，當脈微神清，厥回食進矣。今利止而頭眩，時時自冒者，更顯陽虛之徵，則下利之止，非爲陽回，而是陰竭，陰竭於下，陽脫於上，陰陽離絕，故曰死。

科學解釋 下利失水，心臟衰弱，血液供應不足，則發腦貧血之眩暈矣。故下利而眩，爲常有之現象，非必死之徵兆也。若腸胃機能全失，無消化吸收之功能，則體質日衰，雖腸內容物瀉盡而利止，則心力益衰，腦貧血日甚，時時眩冒，終至虛脫而死。若腸胃機能尚未全失仍可挽救，幾微之差，生死係之，中醫所謂胃爲後天之本，誠然。

不治證㈣

第310條（原 318 條）　**少陰病，四逆，惡寒而身踡，脈不至，不煩而躁者死。**

傳統解釋　少陰病，四逆，惡寒身踡，爲陽衰陰盛之證，可以四逆湯回陽，再加脈不至，又能以通脈四逆湯復脈，更加下利不止，則一綫微陽，不絕如縷，勢將不治矣。總之，少陰病，若能回陽則生，陰極則死，故煩欲去衣被者，尚有一綫生機，故爲可治，手足溫者，亦同。此條雖不吐利，而寒證悉具，更加不煩而躁，則一綫之生機已絕，陰極無陽，不死何待，故曰死。

科學解釋　煩爲苦悶自覺證，躁則擾動見於外，均爲腦之不安感應。知覺神經之不安，故內在性而生煩；運動神經之不安，故外在性而生躁；內在性之煩，情緒多不寧，病人呻吟者，多是煩之反映。外在性之躁，手足擾動，循衣摸床，多無意識之動作。少陰病，心臟既已衰弱，更加四逆，脈不至，躁擾不安，則心腦二證已劇，四變之證亦現，病勢已危，故主死。

不治證(五)

第311條（原 300 條）　**少陰病，六七日，息高者死。**

傳統解釋　程應旄曰：夫肺主氣，腎爲生氣之源，蓋呼吸之門戶也。息高者，生氣絕於下，而不復納，故游息僅呼吸於上，而無所吸也。喻嘉言曰：六七日辨證最細，蓋經傳少陰，而息高，與二三日太陽作喘之表證廻異也。陸淵雷曰：凡呼吸之動作，僅見於胸咽部，不及於腸腹部者，或呼吸高大而不深長者，或呼氣多而吸氣少者，皆息高之類，而爲虛脫之徵。少陰病，本心臟衰弱，至六七日而息高者，則心臟陷於極度衰弱矣，故主病曰死。

科學解釋　息高，爲呼吸異常，包括呼吸困難，及呼吸迫促。至呼吸困難及迫促之原因雖多，不外乎精神性，和體質性兩種。以體質性言，乃空氣流入肺臟，受到阻塞所致，如肺氣腫，肋膜炎，膈膜炎，腹膜炎，異物及癰腫等，均能妨害呼吸機能，而使呼吸異常。以精神性言，以損虧爲主因，所謂心臟性喘息，腎臟性喘息，可能是精神性，亦可能兼有體質性。本條少陰病六七日息高者，乃心臟極度衰弱，使肺臟血液循環微弱，肺泡間血液換氣工作妨礙，故呼出多，而吸入少，且力強而息高。凡病在重篤時，而忽見息高喘促，**臨床上，多在病人彌留之際**，藥石所不能挽救，故主死。

不治證（六）

第312條（原301條） 少陰病，脈微細沉，但欲臥，汗出不煩，自欲吐，至五六日，自利，復煩躁不得臥寐者死。

傳統解釋 醫宗金鑑引程氏曰：今時論治者，不至於惡寒踡臥，四肢逆冷等證疊見，則不敢用溫，不知證已至此，溫之何及；況諸證有至死不一見者，則盡於本論中之要旨，一一申論之。少陰病，脈必沉而微細，論中首揭此，蓋已示人以可溫之脈矣；少陰病，但欲寐，論中又示人以可溫之證矣；汗出於陽經不可溫，在少陰宜急溫，論中又切示人以亡陽之故矣；況復有不煩躁而自吐，陰邪上逆之證乎！則眞武，四逆，誠不啻三年之艾矣。乃不知預豫綢繆，延緩至六七日，前欲吐，今且利矣；前不煩，今煩且躁矣；前欲臥，今不得臥矣；陽虛擾亂，陰盛轉加，焉有不死者乎?！

科學解釋 少陰病，脈微細而沉，但欲寐，爲心臟衰弱，精神不振之現象；汗出而不煩，則體溫益降；吐利，乃腸胃機能衰退，不營消化吸收作用；煩躁不寐，乃腦現不安之反映，一派虛弱之衆，應急以強壯與興奮劑爲治，煩躁爲高熱之結果，今病無熱，乃可斷定心力虛脱之前奏，故主死也。

第七章　厥陰篇

第一節　厥陰病提綱

第313條（原338條） 厥陰之爲病，消渴，氣上撞心，心中疼熱，飢不欲食，食則吐蚘，下之利不止。

傳統解釋 丹波元堅曰：厥陰病者，裏虛而寒熱相錯證是也，其類有二；曰上熱下寒，曰寒熱勝復。其熱俱非相結，而以上熱下寒爲正證。蓋物窮則變，是以少陰之寒極，而爲此病也。然亦有自陽變者，少陽誤治，最多致之，以其位稍同也。更有自陽明過下者。其爲證也，消渴，氣上撞心，心中疼熱，飢不欲食者，上熱之徵也；食則吐蚘，下之利不止者，下寒之徵也。是寒熱二證，一時併見，故治法以溫涼兼施爲主，如烏梅丸，實爲對證方，乾薑黃連黃芩人參湯，亦宜適用矣。寒熱勝復者，其來路大約與前

證相同，而所以有勝復者，在人身陰陽之消長，與邪氣之弛張耳。其證厥熱各發，不一時相兼，故治法，方其發熱，則用涼藥，方其發厥，則用溫藥，調停審酌，始爲合轍，倘失其機，必爲偏害，此厥陰病之要領也。要之上熱下寒，與寒熱勝復，均無所傳，其惟陰陽和平，病當快瘳焉。

舒氏曰：此條陰陽雜錯之證也，消渴者，膈有熱也；厥陰邪氣上逆，故上撞心；疼熱者，熱甚也；心中熱疼，陽熱在上也；飢不欲食者，陰寒在胃也；强與之食，亦不能納，必與飢蚘俱出，故食則吐蚘也，此證上熱下寒，若因上熱而誤下，則上熱未必即去，而下寒必更加甚，故利不止也。傷寒纘論引張卿子曰：嘗見厥陰消渴數證，舌盡紅赤，厥冷脈微，厥甚，服白虎黃連等湯，皆不救，蓋厥陰消渴，皆是寒熱錯雜之邪，非純陽亢熱之證，豈白虎黃連等藥，所能治乎！

夫傷寒六經篇，自太陽至少陰，雖有錯柬，但有主證主方，變證變方，尚有條理可尋，唯厥陰篇，則難理解，觀提綱之文，有蚘利而無厥熱，而論中厥熱之證甚多，除烏梅圓條外，而不及蚘，則其提綱，一反往例，且亦不成爲提綱矣。況厥利嘔噦之文，皆重見金匱，玉函亦另闢一篇，如斯種種，不無可疑，故山田氏謂厥陰篇已亡而不傳，信然。陸氏謂回歸熱與上熱下寒，尤不相及，湊合而稱厥陰，仲景之意荒矣，亦有未然。若以本論原文爲釋，允爲得當，然以今日科學之目光視之，則不知裡虛者，究何所指，寒熱相錯，究爲何證，章太炎謂寒熱勝復爲回歸熱，實未相符。蓋回歸熱，高熱之時，有劇烈之頭痛，而此則無；且回歸熱有數日痊復，而此則寒熱繼作，實未相類，陸氏亦於下條駁之（見後）。總之，厥陰篇原文之編纂，已有可疑，提綱之不全，更無容議，如以原文而論，嘔吐而利，爲腸胃病，厥熱爲生理機能消長病，疼熱氣上撞心爲神經病，其稱爲厥陰者，不知究以爲何，論中處治，以腸胃之劑爲多，餘則驅蟲之烏梅丸而已。本原雖有可疑，而治法實可借鏡，存疑之態度則可，廢除則大可不必也。

科學解釋 厥陰病，至於錯雜，但不離心腦腸胃之局部證狀，比太陰少陰證候群而更危險復雜而已。其特徵，爲吐蚘，爲寒熱復發。凡患蚘者，其正常證候爲口渴，食欲不振，消化不良，便溏不整，抑鬱，心中灼熱，時痛，有微熱，肢冷，大便中常有蚘蟲，然證狀非必完備，但與本條殊相似。

又寒熱復發，固爲病毒之刺激，亦爲自然療能之消長，治爲對證下藥，而非原因療法也，故難收殊效，而多死證。厥陰唯一之方劑，爲烏梅丸，溫涼並施，固爲治寒熱錯雜之證，亦治久痢，更有驅蟲之效，其應用範圍，不包括寒熱勝復，故亦非厥陰之主方也。

前賢學說　陸淵雷曰：傷寒厥陰篇，竟是千古疑案，篇中明稱厥陰病者，僅四條，除首條提綱有證候外，餘三條，文略而理不清，無可研索，以下諸條，皆不稱厥陰病，玉函且另爲一篇，題曰：辨厥利嘔噦病形證治第十，然其論意與序次，則釐然可辨，首論厥與發熱，次專論厥，次論吐利，次專論下利，次專論嘔，末二條論噦。夫下利嘔噦，爲諸經通有之證，皆金匱雜病之文，易辨者，唯烏梅丸吐蚘一證，與厥陰提綱偶同耳，且下利嘔噦諸條，皆金匱雜病之文，惟厥熱諸條，爲金匱所不載。故小丹波但取厥熱諸條爲寒熱勝復，與提綱一條爲上熱下寒，合爲厥陰病，以符舊註寒熱錯雜之定義焉！今案上熱下寒之證，傷寒雜病俱有，傷寒尤爲難治，特其證候，不能悉如提綱所云耳。寒熱勝復之證，太炎先生謂即今回歸熱，雖不無疑義，捨此亦無他病可以當之。然回歸熱與上熱下寒之證，尤不相及，湊合而稱厥陰，仲景之志荒矣。蓋嘗思之，六經之名，始見素問，其原或出素問之前，本義已不可知，素問熱論篇，以病熱出表者爲陽，病勢內結者爲陰，仲景撰用素問，同其名而異其實，以機能亢進者爲陽，機能衰減者爲陰，陰證變態本少（杜清碧，王安道，丹波元堅俱同是說，見述義），既以全身虛寒證屬少陰；胃腸虛寒，證爲太陰；更無他種虛寒證，可當厥陰者，乃不得不出而湊合。此拘六經之名，削足適履之過也。就本論以釋厥陰病者，小丹波最爲近似，山田氏以陰證之極至深至急者，如吳茱萸湯，通脈四逆湯等，信如所言，則是少陰之劇者爾，其說難從。鐵樵先生以胃腸病之兼風化者，蓋滬上習見之腸胃病，多兼見神經衰弱，因憂鬱而起，又多兼梅毒，先生竟稱梅毒爲內風。又以神經爲肝，厥陰爲肝之經脈，於六氣爲風木，輾轉牽連，以成其說，此實先生心目中之厥陰病，而非傷寒之厥陰病矣。又舊說，皆以舌捲囊縮爲厥陰病，而本論無明文可徵，驗之病者，多是大承氣湯重證，乃陽明，非厥陰也。蓋因熱論有六日厥陰，煩滿囊縮之文，而不知熱論之厥陰，即仲景陽明胃家實，故沿誤至此，讀書不能辨別異同，使施治者，貽誤無窮，不可不正之也。

第二節　厥陰病中風證

第314條（原339條）　厥陰中風，脈微浮爲欲愈，不浮爲不愈。

傳統解釋　傷寒六經，各有中風條，三陽篇，除太陽中風，有桂枝證治外，陽明少陽，均有證而無方，三陰篇，除太陰有證外，少陰厥陰，均以脈候而卜愈否，則各篇體例不同，其義亦不甚可解，惟一可推測者，已在少陽中風條論及，玆不另述。至陸氏云：別一派古醫之傳說，與本論條例自異，不知是仲景漫而錄之，抑叔和所撰入，此固難辨，姑存而疑之可也。

第三節　厥病之原因

第315條（原349條）　凡厥者，陰陽氣不順接，便爲厥，厥者，手足逆冷是也。

傳統解釋　醫宗金鑑曰：蓋厥雖陰經俱有，然所屬厥陰也。故厥陰一病，不問寒熱皆有厥，蓋無厥，則非厥陰也。太陰微寒，故手足溫而無厥冷，少陰寒甚，故有寒厥而無熱厥，厥陰陰極生陽，故寒厥熱厥均有之。凡厥者，陰陽寒熱之厥也。陰陽不順接者，謂陰陽之氣不交通也。不相順接交通，則陽自陽而爲熱，陰自陰而爲寒，則爲厥病也，厥者之證，手足逆冷是也。

科學解釋　陸淵雷曰：手足逆冷之故，有因生溫機能減低，不能傳達四末者；有因體溫放散過速，不及補充者；有因水（血）分被奪，血液濃厚，循環不利，體溫因而不得傳達者，此皆寒厥之因也。其因仍互相關聯，故寒厥多非單純一因所致。若夫熱厥，因腹內有某種急劇病變，氣血內趨，以事救濟，血不外行（代償性貧血），因見厥冷耳。此云陰陽氣不相順接，語頗浮泛，不切實際。山田氏以陰陽爲動脈靜脈，謂循環有所痞塞，則出者不入，入者不出，厥冷於是乎生，脈動於是絕，以此釋不相順接，雖似穩貼，然血管非平行狀而網狀，一所否塞，固不至厥冷脈絕；若厥冷之故，內於循環否塞，則厥冷無有不死者矣。

第四節　寒熱勝復證

(一)厥利熱止證

第316條（原340條）　傷寒先厥後發熱而利者，必自止，見厥復利。

傳統解釋　成氏曰：陰氣勝，則厥逆而利，陽氣復，則發熱，利必自止，見厥則陰氣還勝，而復利也。

陸淵雷曰：厥利並作，其後厥止而發熱者，利必自止，熱止復厥，則又下利，舊註皆如此解。蓋據次條及339條而言，然於原文「而」字「者」字，頗不穩貼，且厥熱互發之病，實未之見也，故本篇厥熱諸條，皆不可強解。

科學解釋　譚次仲曰：肢厥，發熱，下利三者，爲蚘蟲病之證狀，然三者每錯出互見，非必幷發，故如是云云，「後必止復」等虛字，不宜拘泥。

二、熱多厥熱汗出咽痛證

第317條（原346條）　傷寒先厥後發熱，下利必自止；而反汗出，咽中痛者，其喉爲痺。發熱無汗，而利必自止；若不止，必便膿血；便膿血者，其喉不痺。

傳統解釋　余無言曰：厥陰病，熱自內發而達表，乃體功自起救濟也。熱不甚，則病自解，若熱太過，則病反轉變，本條兩種證候，一爲喉痺，一爲便膿血，皆轉變之徵也。上文云：發熱，下利必自止，而反汗出，是明示因利自止，津液爲熱所迫，外行而爲汗，熱亦乘勢上攻，而爲咽痛喉痺也。而下文云：發熱無汗，而利必自止，其證欲解，今利不止，乃熱氣下行，必便膿血也。熱上攻，乃不下利，而爲喉痺；熱向下攻，乃不喉痺，而爲下利便膿血也。丹波元簡引汪云：常器之以喉痺，可與桔梗湯，便膿血，可與桃花湯（曹穎甫亦同）。然桃花湯有乾薑，過於辛熱，不可用也，如黃芩湯，可借用之，張氏云：便膿血者，白頭翁湯，似較相宜。

科學解釋　急性傳染性熱病，往往先寒戰而後發熱，寒戰之時，肢亦厥冷，熱而汗出，其勢必稍殺或減退；咽中痛爲熱病喉頭感染之併發證，亦常有之現象；下利便膿血，爲痢疾，爲腸管感染化膿菌所致，與喉痺咽痛甚少關連轉移之可能，本條病理，初視雖不可通，但因體質之異，細菌親和性

作用，故病發於上而喉痺，或病發於下而利膿血，非盡關移轉故也。至其證狀爲一般所有，治法宜綜觀全貌而處治，桃花與白頭翁湯之辨，均難定論。

三、厥應下之熱厥證

第318條（原347條）　**傷寒一二日至四五日而厥者，必發熱，前熱者，後必厥，厥深熱亦深，厥微熱亦微，厥應下之，而反發汗者，必口傷爛赤。**

傳統解釋　傷寒厥熱互出之證，已非常見，故各註家，見仁見智，說各有異，對本條看法，唯一相異者，內熱耳。成氏謂先厥後熱，寒極生熱，前熱後厥，陽氣內陷；程氏以見厥者，必從熱得之（此說丹波元堅已非之），熱在前，厥在後，此爲熱厥，他證發熱時不復厥，發厥時不復熱，唯此孤陽操其勝勢，厥自厥，熱自熱，厥深熱亦深，厥微熱亦微，總是陽陷於內，菀陰於外，而不相接也。陸淵雷曰：此裡熱外厥之證，與前後諸條寒熱勝復者異，所以知之者，以云厥應下之，則爲裡熱之厥，非虛寒之厥矣；若虛寒之厥，則諸四逆者，不可下矣。又云：若論病情，則熱盛之證，其熱已顯越於外，日後不當復厥；其熱閉於裡而厥者，若不服藥，亦絕難自越於外而發熱，則此條終竟不可解耳。此說誠然。

　　夫本條大意，傷寒一二日至四五日而厥，其後必發熱，若先發熱，其後必厥，厥甚者，其熱亦甚，厥微者，其熱亦微，內熱之厥，不同於諸四逆厥之虛寒不可下者，故曰應下之。若不下之而反因熱發其汗，則熱勢上炎，即內經云：火氣內發，上爲口糜，故曰必口傷糜爛。然熱閉於內之證，與裡寒外熱之四逆湯證，均不多見，臨床之際，尤宜謹慎，免誤人命。

科學解釋　發熱與肢厥，有兩種不同之證狀，一爲厥已而熱，如寒戰肢冷，寒厥甚，而後發熱亦高，寒厥微而後發熱亦微。另一爲發熱與肢厥一時併見，發熱甚，而肢厥亦甚，發熱微而肢厥亦微，此二種證狀，以前一種爲常見，後一種則較少。至本條所云，前發熱，後必厥，則屬罕見，譚次仲云：高熱與心臟衰弱，均能致肢厥，但一般肢厥，以心臟衰弱，體溫下降爲多，故厥應下之，大爲可慮，然高熱而肢厥，心臟尚未衰弱者，亦治宜解熱强心爲妥。蓋高熱之結果，易陷心力衰弱，而虛脫，下劑瀉心，切宜成愼。

　　又熱毒在裡，治宜溶毒解熱，而反發汗驅毒，則毒性外張，口傷赤爛

矣，內經所云「火氣內發，上爲口糜」，確有至理。

四、熱厥相等自愈證

第319條（原348條）　**傷寒病，厥五日，熱亦五日，設六日當復厥，不厥者自愈；厥終不過五日，以熱五日，故知自愈。**

傳統解釋　魏荔彤曰：厥熱各五日，皆設以爲驗之辭，俱不可以日拘，如算法設問答，以明其數，使人得較量其虛盈也。厥本於肝，忽發熱忽厥，亦猶少陽往來寒熱之義也。陸淵雷曰：此條大旨，謂先厥後熱之病，熱之日數與厥相當，而不再厥者，爲病愈。

科學解釋　發熱與厥，反覆發作，現代病理上，尚無適當解釋，故從略。

前賢學說　陸淵雷曰：回歸熱與厥陰（當以厥熱互發之病）相較，唯往復發熱相似，其他則不似，何則？回歸熱熱退時，雖有降低至常溫以下，少頃即自復，並不厥冷；厥陰則熱退時厥冷，次條云：厥者，手足逆冷也，且有先厥後熱者，若僅僅無熱，何云先厥，此不相似者一也。厥陰諸兼證，如發癰膿便膿血喉痺等證，回歸熱均無，回歸熱最常見之衄血、腎炎，耳下腺炎等，厥陰亦無，此不相似者二也。厥陰厥時多下利，回歸熱發熱時雖有下利者，熱退則利亦止，與厥陰正相反，此不相似者三也。厥陰能食，則恐爲除中，厥去熱復，則恐爲暴熱來出，下文更有死證三條，其病之危篤可知，回歸熱則預後概良，苟無併發病，則死者不過百分之四，此不相似者四也。即非回歸熱，而但依舊說寒熱勝復，猶有不可通者，厥陰之厥，熱厥爲可下，其餘諸條，厥時當溫，熱時當清，是其厥爲眞寒，熱亦眞熱也，夫病至眞寒而厥，厥已發熱，則所謂暴熱來出耳，死不旋踵，尚可清之乎？今乃厥熱往復，至三數次而不已，血肉之軀，豈能如此堅韌，吾固謂太陰少陰之外，更無所謂厥陰病，若厥熱互發之病，則匪特未之聞見，亦且太不合理也。

五、厥熱而嘔與欲食證

第320條（原351條）　**傷寒熱少厥微，指頭冷，嘿嘿不欲食，煩躁數日，小便利，色白者，此熱除也；欲得食，其病爲愈；若厥而嘔，胸脇煩滿者，其後必便血。**

傳統解釋　傷寒熱不甚而厥亦微，故僅指頭冷，爲熱厥之輕者。然熱與厥並見，實與厥微熱微者，同爲熱厥之例，故陰陽勝復，難以揣摩（以上程氏

大意），嘿嘿不欲食爲胃不和，煩躁連日，爲內熱甚，迨小便利，色白者，此內熱隨小便同去，故曰此熱除也，熱去內安，胃中和，故欲食，爲病愈。若外雖熱少厥微，但胃不和，甚而嘔逆，且內熱甚而胸脇煩滿，是厥深熱亦深也，若不早治，致熱傷陰結，其後必便血也。柯韻伯曰：此少陽半表半裡證，微者小柴胡湯和之，深者大柴胡湯下之。郭白雲曰：熱不除而便血，可犀角地黃湯。但丹波氏云：以上二說，恐與經旨相畔。若以胸脇煩滿而論，柯氏之說爲是。

科學解釋　傷寒熱少厥微，病毒在體內之刺激亦少，嘿嘿不欲食而煩躁，胃亦被波及；數日後，自然療能漸強，胃之機能復，腎臟障礙排除，則欲食而小便利；體內之病毒亦消滅，故病愈。若外證雖微熱微厥，而胃病反甚，非但不欲食而反嘔，則營養份之吸收必銳減，病毒之熱益猖獗，刺激腹內各臟器，尤其負排除渣滓毒害物質之腸管，必受害更甚，而便血矣。此證仲景雖未處方，理應解熱驅毒爲治，兼佐苦味健胃之品，方爲妥當。

六、熱多厥少便血證

第321條（原353條）　**傷寒發熱四日，厥反三日，復熱四日，厥少熱多，其病當愈；四日至七日，熱不除者，其後必便膿血。**

傳統解釋　此熱多於厥，明陽氣之勝，爲欲愈。若熱之日過多，陽氣過盛，必傷陰絡而便膿血，與上條同意。

科學解釋　病中發熱，有因病毒之刺激，亦有因自然療能漸強，抗毒之反應，故有高熱而心臟衰弱以致者，亦有發熱滅菌而痊愈者，不得一概而論，此節言自然療能漸旺，而病自解者。若因病毒之刺激而致者，雖不心臟衰弱而致死，亦必損傷腸壁，破壞組織而便膿血。

七、厥多熱少病進證

第322條（原354條）　**傷寒厥四日，熱反三日，厥復五日，其病爲進，寒多熱少，陽氣退，故爲進也。**

傳統解釋　此與前條，相對爲說，明陽消陰長者，爲病進，陸氏曰：世固未必有此等病，然見陽氣之消長，疾病之進退繫焉，死生之根本別焉！若不識病之寒熱，專用寒涼攻伐，惟恐陽氣之不消，誠不可不知也。

　　按喻氏魏氏金鑑等，皆按前條爲一條，但以文氣而論，應分二條爲妥，故分之。

科學解釋 此與前條對待之文，明厥多者，爲心臟衰弱益甚，故爲病進也。

前賢學說 程氏曰：凡遇此等證，不問其來自三陽，或起自三陰，祇論厥與熱之多少，熱多厥少，知爲陽勝，陽勝病當愈；厥多熱少，知爲陰勝，陰勝病日進。熱在後而不退，則爲陽過勝，過勝則陰不復，遂有便血諸熱證；厥在後不退，則爲陰過勝，過勝則陽不能復，遂有亡陽諸死證，所以調停二者，治法合乎陰陽進退之機，陽勝宜下，陰勝宜溫，若不圖之於早，坐令陰竭陽亡，其死必矣。

第五節　蚘厥證—烏梅丸證

第323條（原350條）**傷寒脈微而厥，至七八日膚冷，其人燥無暫安時者，此爲藏厥，非蚘厥也。蚘厥者，其人當吐蚘。今病者靜，而復時煩者，此爲臟寒，蚘上入其膈，故煩，須臾復止，得食而嘔，又煩者，蚘聞食臭出，其人當自吐蚘。蚘厥者，烏梅丸主之，又主久利。**

傳統解釋 傷寒脈微而厥，乃陽氣衰微，虛寒證也。至七八日，而不見轉機，更加通身膚冷，躁無暫安時者，此寒甚陽絕之徵，垂死之候也，此爲臟厥，非蚘厥也。若是蚘厥，其人當吐蚘，病者靜而不躁，又時時煩，此爲胃氣虛寒（即臟寒，非臟厥，故改「厥」爲「寒」也），蚘不安於居而上膈，蚘返則須臾復安，得食則胃虛不化而吐，蚘聞食臭而復動，動則又煩，且吐蚘，蚘厥者，辛苦之烏梅丸主之，亦治久利不止者，故又主之。

科學解釋 傷寒病至脈微而肢冷，則心臟衰弱，體溫下降，延至七八日，體溫益低，至通身肌膚皆冷，則心力衰弱已極，躁無暫安時者，已瀕心衰虛脫之際，垂死之現象，即所謂藏厥也。患蚘蟲者，雖亦肢厥，因蚘蟲之動而煩，止而定，不似臟厥之躁無暫安者比。蚘爲人體消化器官之寄生蟲，亦緣消化機能失健之後果，在大人常無顯著之證狀，在小兒則多有之；蓋小兒之消化機能薄弱故也。按蚘蟲之發生，往往以蚘卵雜入屎中，因施肥而附著蔬菜間，誤食之，被小腸吸收，經循環而入肺泡，上出氣管，自喉入咽，復至小腸，乃漸發育成蟲，居小腸上段，自一二條至千百條不等，至其遊走不定，若腸壁穿孔，有穿至腹膜腔者，致發腹膜炎；若集於輸胆管附近，令人發黃疸；若成群結團，充塞腸管，而至腸阻塞而吐屎；或上

入胃中，更出咽喉而吐蚘；若阻於喉中，或氣管中，令人氣塞，或發肺壞疽，若是者，皆足以致命，但較少發生耳，烏梅丸係辛苦酸殺蟲劑，兼有健胃作用，故主之。

方一〇〇　烏梅圓

烏梅三百個　細辛六兩　**乾薑**十兩　黃連一兩　當歸四兩　附子六兩

蜀椒四兩　桂枝六兩　人參六兩　黃柏六兩

右十味，異搗篩，合治之，以苦酒漬烏梅一宿，去核蒸之，五升米下飯熟，搗成泥，和藥令相得，內臼中，與蜜杵二千下，圓為梧桐子大，先食飲，服十圓，日三服，稍加至二十圓，禁生冷滑物臭食等。（譚云：本方藥品太多，習用理中湯參尤薑草各一錢，黃連一錢，烏梅四枚以代之，煎服）

方解，蚘厥之證，吐利煩厥，乃腸胃機能衰弱，消化，吸收，排泄功能失常，故蚘蟲得以寄生繁殖，本方用參歸桂附等壯強興奮劑，壯心強腦，興奮神經，佐以薑椒細辛等大熱辛辣之品，健胃整腸恢復其機能，圖治其本也；連柏苦寒，烏梅酸澀，兼以細辛之強烈麻醉性，共成殺蟲消炎除煩之功，此治其標也。此等標本兼病，故藥以寒熱並施，苦辣備置，但辛熱之品，多於苦寒，所以虛寒（虛弱性）疾病，確有良效，故亦治久利之虛證。

藥解

七三　烏梅之藥效

1. 性味：酸澀、無毒。

2. 成分：含氫氰酸（動植物民間藥提要）。

3. 主治：為助酸劑，兼有健胃、解熱、收斂、殺蟲、生津等作用。治吐逆，瘰瘤，久痢，腸炎，咽喉炎、胃酸缺乏之消化不良、熱性病之口渴、咳血、盜汗，並治因寄生蟲而致之吐利腹痛等證。外用擦牙，可用於牙關緊閉者，搗敷胬肉亦有效。

七四　蜀椒之藥效

1. 性味：味辛，性熱，有毒。

2. 成分：含揮發性精油及生薑辣味油等。

3. 主治：辛辣性健胃劑，又為蚘蟲驅除劑，能增加食慾，止胃腸冷痛及吐瀉。椒目為利尿藥，適用於心臟性水腫，膀胱炎，小便不利，神經性喘

息等證。

前賢學說

(1)千金方：治冷痢久下，烏梅丸。

(2)聖濟總錄：烏梅丸，治產後冷熱痢，久下不止。

(3)內科摘要：烏梅丸，治胃府發欬，欬甚而嘔，嘔甚則長蟲出。

(4)雉間煥曰：反胃之證，世醫難其治，此方速治之，實奇劑也。

(5)百疢一貫：烏梅丸煎劑亦效，蚘或因臟寒，或因熱病，病之末傳吐蚘者
，多死，此證後世用理中安蚘湯，古方則用烏梅丸。

(6)勿誤藥室方函口訣：厥多寒熱錯雜之證，除茯苓四逆湯，吳茱萸湯外，
汛用此方而奏效者多，故別無蚘蟲之候，但胸際略痛者，亦用之。反胃
之壞證，以半夏乾薑人參丸料送下此方，奇效，又能治久下利。

(7)方輿輗曰：一人年二十餘，久患蟲積，腹痛，更醫數人，不效，上嘔下
利，羸因頗甚，余以此丸為料，用之十餘帖而痊。

(8)內台方議：蚘厥者，多死也，若病者時煩自靜，得食而嘔，或口常吐苦
水，時又吐蚘者，蚘厥也。又腹痛脈浮大者，亦蚘證也。有此當急治，
不治殺人，故用烏梅為君，其味酸，能勝蚘，以川椒細辛為臣，辛以殺
蟲，以乾薑桂枝附子為佐，以勝寒氣而溫其中，以黃連黃柏之苦以安蚘
，人參當歸之甘而補，緩其中，各為使，且此蚘蟲為患，為難比寸白蟲
（即蟯蟲）等，劇用下殺之劑，故勝制之方也。

第六節　寒厥證

一、當歸四逆湯－當物四逆加吳茱萸湯證

第324條（原363條）　**手足厥冷，脈細欲絕者，當歸四逆湯主之；若其人
內有久寒者，宜當歸四逆加吳茱萸生薑湯。**

傳統解釋　和久田氏曰：此平素氣虛之人，外邪侵入，在於心胸，正氣為之
抑鬱，四肢厥逆，脈細欲絕者，以此方排心胸間之寒邪，導下水氣，舒暢
正氣，則厥寒復溫，脈帶陽氣而溫矣。其與三味四逆湯之別，彼既在內，
有下利清穀之證，故四肢稱厥冷，冷者，屬內之詞；此云厥寒，寒者，外
來之氣，屬外之詞。此證在心胸間，而腹內無變，故變文書厥寒，示其異

也。陸氏評之曰：邪襲心胸，意謂心力不足以抵抗外寒之束血瘀！厥冷與厥寒，字例不必爾，然釋本方與三味四逆湯之異，恰其穩當。又曰：久寒者，指宿水停痰之類，其證則嘔吐上逆，從吳茱萸生薑之藥效，可知也。

科學解釋　本條脈證過於簡略，且方名四逆，而無薑附，病理之推測不易，故僅以立方之意而論之。虛弱之人，平素氣血本衰，代謝功能已弱，外寒感染，淺在血管收縮，手足溫度降低，故脈細而厥，因病毒在外而未入內，故無胸腹之病徵，用桂枝芍藥，解外寒，舒血管，而振奮脈搏，佐當歸之強壯劑，以資補血，草棗和緩，木通佐桂枝以散寒，佐當歸以行血，久寒者胃弱，加薑萸以健胃。本方有促進血液循環，產熱祛寒之功，故日人用治凍瘡甚效云。

方一〇一　當歸四逆湯

桂枝三兩　芍藥三兩　當歸三兩　細辛三兩　通草二兩　甘草二兩炙

大棗二十五枚擘

右七味，以水八升，煮取三升，去滓，溫服一升，日三服。

方解　詳科學解釋下不另

方一〇二當歸四逆加吳茱萸生薑湯

當歸三兩　桂枝三兩　芍藥三兩　甘草炙二兩　通草二兩　細辛三兩

生薑半斤　大棗二十五枚擘　吳茱萸二升

右九味，以水六升，清酒六升，和煮取五升，去滓，溫分五服，一方水酒各四升。

藥解

七五　通草（即木通）之藥效

1. 性味：苦寒，無毒，初味淡甘，後甚苦。

2. 成分：木通素，鉀塩等。

3. 藥理：有利尿，及增高血壓之作用。

4. 主治：為清涼性消炎利尿劑，有排膿通乳等作用。適用於妊娠及腎臟炎浮腫，急性尿道炎，膀胱炎，小便不利，尿澀，淋痛等證。並能散癰腫惡瘡，療心煩不眠，兼有清熱，消炎之效。

前賢學說

(1)沈堯封曰：叔和釋脈云：細極謂之微，此云脈細欲絕，即與脈微混矣。不知微者，薄也，屬陽氣虛（機能衰弱）；細者，小也，屬陰血虛（即

貧血）。薄者未必小，小者未必薄，蓋營行脈中，陰血虛，則實其中者少，故脈小；衛行脈外，陽氣虛，則約束外者怯，脈故薄。況前人氣微字，多取薄字意，試問「微雲淡河漢」，薄乎？細乎？故少陰論中，脈微欲絕，用通脈四逆主治，回陽之劑也。此之脈細欲絕，用當歸四逆主治，補血之劑也。兩脈陰陽各異，豈堪混釋。

(2)錢氏曰：手足厥寒，即四逆也。故當用四逆湯，而脈細欲絕，乃陽衰血脈伏也，故加當歸，是以名之爲當歸四逆湯也，不謂方名，雖曰四逆，而方中並無薑附，不知何以挽回陽氣，是以不能無疑也。

(3)柯韻伯曰：此條證爲在裡，當是四逆本方加當歸，如茯苓四逆之例，若反用桂枝湯攻表，誤矣。既名四逆，豈得無薑附。

(4)方輿輗：當歸四逆湯，用於下純血痢之便血耳，傷寒下血，雖爲惡候，然非痢疾之下血，可以此湯愈之。

(5)百疢一貫：休息痢來似疝者，當歸四逆湯所主也。黑便與血俱下者，當歸四逆湯有效。五更瀉，當歸四逆湯，眞武湯所主也。用此二方不效者死證。

(6)和久田氏曰：腹肢攣急，似桂枝加芍藥湯，及小建中湯之腹狀；且左臍旁天樞上下有攣痛者，似當歸建中湯、當歸芍藥散；於右小腹間有結聚，手足冷，脈細無力者，當歸四逆湯證也。案此方爲桂枝湯中，去生薑，代以細辛，更加當歸通草，而增大棗也。下焦之寒氣，上於心下，正氣抑塞，不充肌表，不及四肢，血脈澀滯，無決流之勢，細辛能散中焦之冷氣，排除抑塞胃口之水氣；通草能引其水，而利小便，通關節，便導其陽；餘爲和血脈，滋達正氣者，桂枝湯之方意可知矣。但以當歸爲主，和以芍甘二味，能解腹中之結血攣引也。

(7)餐英舘治療雜活：此方證，以熱手按之，則如蛙鳴；又腹中或左或右，病人自覺有冷處；或自腰至足股處，或左足全身覺冷證，是用此方之標準也。此證屬慢性，有歷五年十年不愈，時發時止，但起居形態不衰，精神疲憊耳。

(8)勿誤藥室方函口訣：此方雖爲治厥陰表寒厥冷之藥，然本爲桂枝湯之變方，凡桂枝湯證，而血分閉塞者，用之有效。故先哲不但治厥陰，凡寒熱勝復之手足寒，亦用之云，又加吳茱萸生薑湯，爲後世疝積之套劑，

陰癖之輕者，亦用此方。

⑼清川玄道氏曰：凍風，俗謂凍瘡，外科正宗云：凍風者，肌肉寒極，氣血不行，肌死之患也。凍風證，諸家有種種之治方，雖未必皆無效，然未聞有神方也。余壯年西遊時，訪遠卅見付驛法田玄道翁，翁篤信仲景傷寒論勿論矣，即其他雜病，皆以金匱傷寒論爲規矩，見翁治凍瘡，用當歸四逆湯，余問其所以，翁曰：傷寒論厥陰篇不云乎？手足厥寒，脈細欲絕，當歸四逆湯主之。余因大有所得，別後殆將三十餘年，於凍瘡每用此方，必見效。庚辰二年，一婦人年三十許，左足拇指及中指，紫黑積爛，自踵起以上及脚膝，寒熱煩痛，晝夜苦楚，不能寢食，一醫誤認爲脫疽之類證，雖種種施治而無效，因是主人倉惶邀余治，余診曰：去年曾患凍瘡乎？曰：多年有之，余曰：決非脫疽之類，是凍風也。完全誤治矣，乃與當歸四逆湯，外貼破敵中黃膏等，一月而愈，此凍風之最重者也。若平常紫斑痒痛者，僅用此方四五帖，效爲桴鼓也，可謂神矣。

⑽嚴氏濟生方：通脈四逆湯（陸氏云即本方加附子），治霍亂多寒，肉冷脈絕者。

⑾方輿輗：內有久寒者，男子爲疝瘕，女子爲帶下之類是也。此病痛引臍腹腰胯者，此湯甚良。戴氏證治要訣曰：治陰癩大爲斗，諸藥不效者，余以爲可療一般之疝瘕，癖已至大者，猶蚍蜉之搖大樹，是此方等不能敵也。

⑿類聚方：治當歸四逆湯證，而胸滿嘔吐，腹痛劇者。

⑿和久田氏曰：此條但言久寒，不詳其證，或指吐利爲說，今余之實驗，或宿飲滯於中焦，成吞酸等證；或冷氣衝逆，迫於心下，攻胸脇，令乾嘔吐涎沫；或腹痛；或吐利；或轉筋；婦人積冷血滯，經水短少，腹中拘攣，時迫心下脇下肩背强急，頭重頭痛之類，概爲久寒所致，苟審其脈證，得手足寒，脈微細者，用本方無有不效，不儺吐利一證而已。蓋吳茱萸生薑細辛，排除胸膈間停餘宿水之力，豁胃口，散冷氣，下衝逆，以成其用也。

前賢治驗

⑴續建殊錄：一童子，年十歲，有寒疾，初二三日，雖服藥發汗而不解，熱反倍於前日，眼中赤，短氣煩躁，手足厥冷，大便秘澀，衆醫皆以元

氣虛，若非參芪尤等，則不能補其虛，因與理中湯，得湯疾彌進，因求
先生診治，知係厥陰證，血氣內迫所致，乃與桃核承氣湯，翌日，下利
為傾，續服數日，後厥甚冷，殆將死之狀，更與當歸四逆湯，厥冷即愈
，再用前方，疾全愈。

又某人，一日患頭痛，狀為感冒，次日譫語煩躁，不得眠，翌日，周
身厥冷，於是求治於先生，診之脈微細欲絕，眼中赤，四肢強直，不能言
而嘔，乃予當歸四逆加吳萸生薑湯，食頃嘔止，諸證稍瘥，但心下為石硬
，按之則痛，不欲以手觸之，更與桃核承氣湯二帖，大便通快，鞕痛頓除
，於是復與前方，數日全愈。

一男子，初患頭痛，惡寒，手足惰痛，恍惚如夢，微渴微嘔，胸肋攣
急，而引胸下痛，咳嗽吐痰血，處以本方兼用解毒散，諸證得以全愈。

(2)成績錄：一男子，寒熱，六七日譫語不大便，至八九日，昏冒不能言，
舌上黑，腹硬滿，按之痛不可忍，乾嘔而食不下，四肢疼痛，不得屈伸
，先生診之，與以當歸四逆加吳茱萸生薑湯，兼用桃仁承氣湯，大便得
快利，大下黑物，黑胎去，神氣復，諸證乃已。

(3)橘窗書影：一女子，年十九，患傷寒，他醫療之不效，十餘日，精神恍
惚，舌上無胎而乾燥，絕食五六日，肢微冷，脈沉細，按其腹，自心下
至臍旁之左邊拘急，重按之則痛，血氣枯燥，宛如死人，余以為厥陰久
寒證，與當歸四逆加吳茱萸生薑附子湯，服一日夜，心下大緩，始啜飲
食，精神明了，始終服一方，其人全愈。

又一婦人，患頭痛數年，發則吐苦清水，藥食全不下咽，苦惱二三日
，頭痛自然止，飲啖如故，如此一月二三發，兩醫治之無效，余診曰：濁
飲上逆，頭痛也，飲留則發，飲湧則止，所以休作也。宜制其飲，與當歸
四逆加吳茱萸生薑湯，兼半硫丸，服一月，病不發，繼續二三年，積年之
頭痛得愈。

二、四逆湯證㈠

第325條（原364條） 大汗出，熱不去，內拘急，四肢疼，又下利厥逆而
惡寒者，四逆湯主之。

傳統解釋 大汗出，熱當去而未去，乃熱不為汗衰，如大渴引飲，則白虎湯
證也。今熱不去，而更見下利厥逆，內拘急，四肢疼，惡寒，是裡寒盛也

，即所謂內眞寒而外僞熱，當救其裡，故用四逆湯，溫裡勝寒，回陽斂汗也。陳平仲曰：仲景辨陽經之病，以惡熱便秘爲裡實，辨陰經之病，以惡寒下利爲裡，誠爲允當。

科學解釋 大汗出，體溫大量放散，身熱當解，今不解者，則病毒尚在，又見下利厥逆，則心臟顯見衰弱，腸胃消化吸收機能，亦受病累，自然療能不足以驅毒也，故用強心止利之熱劑，如四逆湯者以治之，此亦即太陽篇，當救其裡，待清便自調，乃可解外之意也。

四逆湯證㈡

第326條（原365條） 大汗，若大下利而厥冷者，四逆湯主之。

傳統解釋 成氏曰：大汗，大下利，內外雖殊，其亡津液，損陽氣則一也。陽虛陰勝，故生厥冷，與四逆湯固陽退陰。

科學解釋 大汗出，如水淋漓，體液喪失過多，血液濃稠，必增加心臟負擔，故有謂之害心；大下失液更多，其害心更甚，血液循環不暢，代謝功能減退，故厥冷，所謂陰盛者，即生理機能衰竭之意，故用四逆湯之興奮刺激強壯劑，恢復機能，強心止利。

四逆湯證㈢

第327條（原389條） 嘔而脈弱，小便復利，身有微熱，見厥者難治，四逆湯主之。

傳統解釋 嘔而脈弱，則胃中虛寒；下焦虛寒，故小便快利；上不納而下不固，則陽氣衰矣。身雖微熱而見厥，則裡眞寒而外假熱，陰長陽消，故爲難治，主以四逆湯者，回陽也。

科學解釋 嘔則傷心，故脈多弱，心傷則肢厥，若用熱劑強心，治尚不難。微熱者，因胃之局部病而影響於全身也。譚次仲曰：四逆湯按第二定法（寒熱療法）用之，於嘔吐時，每奏卓效，當可參考。

三、通脈四逆湯證

第328條（原382條） 下利清穀，裡寒外熱，汗出而厥者，通脈四逆湯主之。

傳統解釋 成氏曰：下利清穀爲裡寒，身熱不解爲外熱汗出陽氣通於外，則未當厥，其出而厥者，陽氣太虛也，與通脈四逆湯以固陽氣，丹波氏曰：今驗之小兒患此者最多。

科學解釋　下利而至汗出厥冷，則心臟有急性衰弱之微，故用通脈四逆湯以
強心。

四、吳茱萸湯證

第329條（原390條）　乾嘔，吐涎沫，頭痛者，吳茱萸湯主之。

傳統解釋　乾嘔吐涎沫，爲胃寒有水飲，寒氣上逆，故頭痛。溫其胃寒，則
諸證悉治矣。

　　　張氏直解曰：涎沫隨嘔而吐出，實則吐涎沫，非從胃中翻出，當乾嘔
之際，口中自有酸冷之涎，自然流出，故曰乾嘔吐涎沫也。吳茱萸辛溫，
暖胃降逆，故可治之。

科學解釋　乾嘔吐涎沫，爲慢性胃炎之**徵象**；頭痛，乃胃病而反射之神經證
狀；故以吳茱萸湯理胃而頭痛亦愈。吳茱萸味苦而兼芳香辛辣之健胃劑，
藥性屬熱，生薑有止嘔之效，爲胃寒之熱療法；加人參大寒之和緩，滋養
強壯劑以佐之，共成健胃逐水之功。

前賢學說　張璐云：凡用吳茱萸湯有三證：一爲陽明食穀欲嘔，一爲少陰吐
利，手足厥冷，煩躁欲死，此則乾嘔吐涎沫頭痛，經絡證候各殊，而治則
一者，總以下焦濁陰之氣，上乘於胸中清陽之界，眞氣反鬱於下，不得安
其本位，有時欲上不能，但衝動濁氣，所以乾嘔吐涎沫也。頭痛者，厥陰
之經，與督脈會於巔也；食穀欲嘔者，濁氣在上也；吐利者，清氣在下也
；手足厥冷者，陰寒內盛也；煩躁欲死者，虛陽擾亂也；故主吳茱萸湯。
以茱萸專主開豁胸中逆氣，兼人參薑棗，以助胃中之清陽，共襄祛毒之功
，由是清陽得以上升，而濁陰自必下降矣。

第七節　熱厥證－白虎湯證

一、白虎湯證

第330條（原362條）　傷寒脈滑而厥者，裡有熱也，白虎湯主之。

傳統解釋　醫宗金鑑曰：傷寒脈微細，身無熱，小便清白而厥者，是虛寒厥
也，當溫之；脈乍緊，身無熱，胸滿而煩厥者，寒實厥也，當吐之；脈實
，大小便閉，腹滿硬痛而厥者，熱實厥也，當下之；今脈滑而厥，滑爲陽
脈，裡熱可知，是熱厥也，然內無腹滿痛，不大便之證，雖有熱而裡未實

，不可下而可清，故以白虎湯主之。

科學解釋　滑脈，有動數流利之象，無沉微細濇之形，即數脈之屬，爲心力強盛，血液循環加速，乃高熱時常有之脈象，即所謂滑脈陽也之義。手足厥冷，亦爲高熱之證候，且脈滑而不微弱或促，心力正強，故可用清涼解熱之重劑，以解心臟過度之興奮，而除熱解厥。

前賢學說　吳人駒曰：內實熱外假寒之厥，辨之之法，冷必不甚，浮而近之則冷，按之肌骨之下則熱矣。

(2)湯本氏曰：傷寒有滑脈，而四肢或全身厥冷者，爲裡有熱，即本方（白虎湯）爲主治也。然此證與大承氣湯，調胃承氣湯等之熱厥，及四逆湯、通脈四逆湯等之寒厥，疑似不易鑑別，故宜熟讀左說（金鑑、錢氏、活人書），以分辨之，是醫之所最易忽誤，而病者生死所關也。

(3)錢氏曰：滑者，爲動數流利之象，無沈細微濇之形，爲陽脈，即傷寒鬱熱之邪在裡，阻絕陽氣，不能暢達於四肢而厥，所謂厥深熱亦深也。

(4)活人書：熱厥者，初中病時，必於身熱頭痛之外，有陽症，至二三日，乃至四五日，方發厥，其發熱者，厥至半日，却身熱，蓋熱氣深，方能發厥，故須二三日之後也。若微厥，即發熱者，熱微故也。其脈雖沉伏，按之滑者，爲裡熱也，其人或飲水，或揚手擲足，煩躁不得眠，大便秘，小便赤，外證多昏憒者，知其爲熱厥，宜白虎湯。又下證悉具，有見四逆者，是先下之後，氣血不通時，四肢即厥，醫者不識，却疑陰厥，復進熱藥，則禍不旋踵矣。大抵熱厥，須沉伏而滑，頭上有汗，其手雖冷，指甲復溫，便須用承氣湯以下之，不可拘忌也。

第八節　厥陰旁治法

一、水逆－－茯苓甘草湯證

第331條（原367條）　傷寒厥而心下悸，宜先治水，當服茯苓甘草湯，却治其厥。不爾，水漬入胃，必作利也。

傳統解釋　本條歷來註家，有二種說法：一以醫宗金鑑爲代表，因消渴飲水多，水停心下而悸；一以錢璜爲代表，傷寒發厥，因裡寒盛，胃氣不行，

水液不佈，阻絕氣道而悸，實此二說，均有可能，若以條文字面解釋，似以錢說較妥，入胃當作入腸。玆錄二說於後，以資參考。

(1)醫宗金鑑：厥而心下悸者之下，當有以飲水多四字，若無此四字，乃陰盛之厥悸，非停水之厥悸矣。何以即知是水，而曰宜先治水耶。傷寒厥而心下悸者，若以飲水多，乃停水之厥悸也，故先宜治水，却治其厥，當與茯苓甘草湯，即桂枝甘草湯加茯苓生薑也。桂枝甘草補陽虛，佐生薑散寒邪，則厥可回也，君茯苓內輸水道，則悸可安矣。此先治水，後厥之治也。蓋停水者，小便必不利，若不如是治之，則所停之水漬入胃中，必作利也。

(2)錢璜曰：金匱曰：水停心下，甚者則悸；太陽篇中，有飲水多者，心下必悸，此二語，雖皆仲景本文，然此條並不言飲水，蓋以傷寒見厥，則傷寒在裡，裡寒則胃氣不行，水液不佈，必停蓄於心下，阻絕氣道，所以築築然而動悸，故宜先治其水，當服茯苓甘草湯，以滲利之，而後却與治厥之藥，不爾，則水液不流行，必漸漬入胃，寒厥之邪在裡，胃陽不守，必下走而作利也。

科學解釋 心下悸，為心尖搏動亢進，有因心臟與奮而致之，有因心力衰弱而致之，更有因胃膜神經叢之反射而致之。本條之心下悸，宜先治水，為胃機能衰弱，吸收與輸送均減退，則水液停蓄胃中，刺激胃粘膜神經，因而反射作用，而致心悸肢厥，當健胃利水為治，以免胃病累及腸而下利，茯苓甘草湯，係以桂枝生薑之熱性刺激劑以強胃，茯苓以利水，甘草以和緩薑桂之辣味，以免胃之不能忍受。

前賢學說 陳修園曰：厥證最忌下利，利則中氣不守，邪愈內陷，故與其調既利之後，不若防患於未利之前，所以宜先治水也。

二、上熱下寒——麻黃升麻湯證

第332條（原368條） 傷寒六七日，大下後，寸脈沉而遲，手足厥逆，下部脈不至，咽喉不利，唾膿血，泄利不止者，難治，麻黃升麻湯主之。

傳統解釋 尤在涇曰：傷寒六七日，寒已變熱而未實，乃大下之，陰氣遂虛，陽氣乃陷，陽氣陷，故下部脈不至，陰陽並傷，不相順接，則手足厥冷，而邪入於內者，方上溢而下泄，為咽喉不利，而吐膿血，為泄利不止是陰陽上下並受其病，而虛實寒熱亦復混淆不清矣，故欲治其陰，必傷其陽，

欲補其虛，必碍其實，故曰此爲難治。麻黃升麻湯，合寒熱補瀉爲劑，使相助而不悖，庶幾各行其是，而並奏其功。

　　柯氏曰：寸脈沉遲，氣口脈平矣。下部脈不至，根本已絕矣。六府氣絕於外者，手足寒，五臟氣絕於內者，利下不禁。咽喉不利，水穀之道絕矣。汁液不化，而成膿血，下濡上逆，此爲下厥上竭，陰陽離決之候，生氣將絕於內也。麻黃升麻湯，其方味雖多，而分兩輕，重汗散而畏溫補，乃後世粗工之伎，必非仲景之方也。此證此脈，急用參附以回陽，尚恐不救，以治陽實之品，治亡陽之證，是操戈下石矣，敢望其汗出而愈哉，絕汗出而死，是爲可必，仍附其方，以俟識者。丹波氏贊柯氏之說，可謂千古卓見，山田氏以後人所攙而刪之，而外台小品謂與張仲景傷寒方。可見本方，若非出於仲景之手，必在六朝以前矣。

科學解釋　傷寒熱病，以汗散爲先，誤大下之，損傷心力及胃腸機能，故脈沉遲而厥冷，泄利無度，理應強心止利爲治，又證見咽喉不利而吐膿血，若非咽喉感染化膿菌而生瘡瘍，則有肺膿腫之可能，故在強心止利之劑中，佐以清熱消炎排膿之品。麻黃升麻湯，寒熱並用，補瀉兼施，有嫌失之於雜亂無章，但麻黃升麻甘草配石膏，有如麻杏甘石湯治肺炎之作用，理肺之功居多，佐門冬萎蕤以調肺，知母黃芩以清熱消炎，對吐膿血咽喉不利之證可解；桂枝白朮茯苓乾薑，強心健胃而止利，當歸芍藥，和血而復脈，其不用附子者，以無腦證證候故也。

方一〇三　麻黃升麻湯

麻黃二兩半去節　升麻一兩十分　當歸一兩十分　知母　黃芩

萎蕤各十八銖　石膏　白朮　乾薑　芍藥　天門冬　桂枝　茯苓

甘草炙各六銖

右十四味，以水一斗，先煑麻黃一二沸，去上沫，納諸藥，煮取三升，去滓，分溫三服，相去如炊三斗米頃，令盡，汗出愈。

方解　詳科學解釋欄。

藥解　　　　　七六　升麻之藥效

1. 性味：甘苦性平無毒。

2. 成分：含升麻鹼，水楊酸，酥酸，脂肪酸，蔗糖，樹脂等（中國藥物學）。

3. 藥理：升麻苦味素，有解熱鎮靜作用，人服過量，使肌肉放鬆，頭暈，目眩，戰慄，脈息減弱，刺激胃部起劇烈嘔吐。

4. 主治：爲解熱解毒劑，並有透發斑疹之效，主治解熱解毒、淨血，解痲疹痘瘡，瘡瘍及傷寒發熱，能鎮靜前額之頭痛。煎湯爲含嗽料，治口內炎，咽喉腫痛，扁桃腺炎，又可用於腸肌弛緩無張力，及膀胱括約肌痲痺。

七七　萎蕤之藥效（即玉竹）

1. 性味：甘平無毒。

2. 成分：含二種配糖體，即玉竹素，和鈴蘭素（亦稱甲乙種玉竹素），及多量粘液質。

3. 藥理：有強心作用，能使血壓上升，並有降低血糖作用。

4. 主治：爲清涼性滋養強壯劑，適用於虛熱，乾咳，喉乾，目痛，骨蒸，虛汗，失血等證，並治糖尿病。

七八　天門冬之藥效

1. 性味：甘苦性寒。

2. 成分：含天冬素及澱粉，糖分，黏液質。

3. 主治：爲清涼滋養劑，功能潤燥，止咳嗽，利便，治急慢性氣管枝炎，咳嗽痰少、乾咳、咳血、吐血、咯血、口燥咽乾、口瘡咽痛、消耗性熱病、舌光無苔，大便秘結。

七九　當歸之藥效。

1. 性味：甘苦辛溫，有特異芳香氣。

2. 成分：含揮發油、蔗糖、和水溶性不揮發之鹼性結晶物。

3. 藥理：當歸油，對各動物之離體子宮，受孕或未受孕者，皆呈立即弛緩作用，使子宮各部得弛緩休息，效用極長，如油消失後，子宮立即恢復原狀，且不受損害；爲月經痛及不調之特效藥。而對生理作用，大體不外使腦鎮靜或痲醉，使呼吸機能初期亢奮，而後痲痺，使血壓及體溫下降，脈搏徐緩，起輕度痙攣等。又對子宮顯著之作用，初爲抑制，繼則增強，長期服用，可增加子宮發育，並無其他副作用。其奏效作用，可分爲(1)由抑制子宮之收縮，弛緩其肌肉緊張，直接治療痛經。(2)子宮弛緩後，瘀血可以排出，血運暢通，子宮之局部營養改善，因此子宮發育

不良者，得以發育完善，間接可以治療痛經，及月經不調。(3)有滑腸利尿作用，便秘既通，骨盆腔內組織過分之充血消失，亦可減輕痛經。而濃縮煎劑，對傷寒菌，霍亂菌，大腸菌（均強），赤痢菌，副傷寒菌（較強）均有體外抗生力。

4. 主治：爲滋養、鎮靜、鎮痛，調經特效藥。適用於貧血及月經不調，痛經及胎產病有效。又治痢疾腹痛，裡急後重，瘡瘍氣血結滯痛，並有潤腸通便作用。

前賢學說

(1)傷寒選錄：此藥之大者，若瘟毒痺利，表裡不分，毒邪沉熾，或咳或䐜或血者，宜前藥。

(2)傷寒論今釋：玉函千金翼，升麻當歸，並作一兩六銖，天門多並作麥門多，案漢晉以二十四銖爲一兩，唐人以四分爲一兩，故唐之一分，即漢之六銖，其量本同，然一方之中，有銖有分，攙改之跡顯然。

三、寒熱混雜—乾薑黃芩黃連人參湯證

第333條（原370條）　傷寒本自寒下，醫復吐之，寒格。若食入口卽吐，乾薑黃芩黃連人參湯主之。

傳統解釋　本條文字，必有錯誤，若傷寒發熱，因腸有寒而自下利，胃有熱而不納，故復吐之而病仍不除，上吐下利，症似寒格。而王宇泰肯堂氏曰：本自寒下，恐本自吐下，玩復字可知。蓋胃寒則吐，下寒則利，胃寒者不宜吐，醫反吐之，則傷胃氣，淺成寒格，下文之文氣不貫，當有闕文。醫宗金鑑曰：經論中，並無寒下之病，亦無寒下之文，玩本條下文，寒格更逆吐下，可知寒下之下字，當是格字，文義始屬。而柯韻伯氏刪更逆吐下四字，曹穎甫改醫復吐之之吐字爲下字，更逆吐下之下字刪去；章虛谷將醫復吐之，改醫復吐下之。總之本條正如丹波氏所謂，必有誤脫也。陸淵雷曰：食入口即吐，爲胃雖熱而腸則寒，故芩連與乾薑並用，以其上熱下寒，故入厥陰篇。愚同意柯說，刪「更逆吐下」四字。

科學解釋　傷寒發熱而下利，醫以協熱利而復下之，苦寒之味，刺戟虛寒之胃粘膜逆轉神經而嘔吐，醫復以嘔吐爲實而吐之，則胃敏感性過甚，則飲食入口即吐，即所謂寒格之上吐下利也。乾薑黃芩黃連人參湯，用薑之辛辣，芩連之苦，以健胃而止吐利，並有寒熱療法之義在內，恐胃敏感不能

承受，加人參以調緩而兼强壯滋養。譚次仲謂病理根據生理，生理又須根據解剖，誠哉斯言也。又謂頑固難治之嘔吐，其胃中恐有解剖之變化，即食即吐，可想其病在賁門（胃上口狹窄），食後二三小時吐者，可想其病理在幽門（胃下口狹窄），朝食暮吐，或暮食朝吐，可想其胃牛擴張，此在解剖生理病理，實相一貫也。若食不能下者，又似病在食管狹窄矣。

方一○四　乾薑黃芩黃連人參湯

乾薑三兩　黃芩三兩　黃連三兩　人參三兩

右四味，以水六升，煮取二升，去滓，分溫再服。

方解　傷寒指發熱而言，發熱而吐利，乃腸胃局部病，而反應全身病狀，治其局部病，則泛發性之全身病亦可解，故用薑參芩連之苦寒辛熱劑，消炎健胃而止吐利，飲食入口即吐，乃胃粘膜過敏，不能承受外物之刺戟所致，亦可能是胃粘膜急性炎證，故用黃芩黃連之苦寒，消炎而鎮靜神經，佐乾薑之辛辣健胃，人參之滋養强壯，則腸胃健而吐利可止。

前賢學說

(1)湯本氏曰：本方可作瀉心湯去大黃，牛夏瀉心湯去半夏甘草大棗，人參湯去尤甘草之合方，因是亦得其證，爲瀉心湯之心中煩悸上熱，無大黃，故無實狀，而有虛狀，無便秘而有下痢；又似半夏瀉心湯證，有嘔吐下利，因缺半夏甘草大棗，故無雷鳴腹痛；又類人參湯證，有陰狀之心下痞鞕，下利下寒，無尤甘草，故無胃內停水，小便不利，胸腹痛證。

(2)方極：治下利，心下痞鞕，乾嘔者。

(3)類聚方：治胃反，心胸鬱熱，心下痞鞕，或嘈雜者。又骨蒸勞熱，心胸煩悶，咳嗽乾嘔，或下利者，宜此方。

(4)勿誤藥室方函口訣：此方治膈有熱，而吐逆不受食，與生薑半夏止嘔諸藥，無寸效者，有特效。又治噤口痢。

(5)柯氏曰：凡嘔家夾熱，不利於香砂桔牛者，服此方而晏如。

前賢治驗　成績錄：一小男孩，⺼方七歲，恍惚不知人事，煩悶不語，急請先生往診之，直視胸滿，心⺼痞鞕，身熱殊甚，先生曰：此俗所謂蟲熱，由氣血聚在心胸也，乃作⺼薑黃芩黃連人參湯，及黃連解毒散，一日夜進六帖，二日病愈。

又一小兒，十餘歲，夏月不大便十餘日，終煩悶不語，一醫以爲喝病

，與白虎湯，一醫以爲外邪，與發表劑，皆無效，因請先生診之，胸滿頗甚，腹中虛軟，但胸腹熱如烙，他處無熱，舌上微黃無苔，聞胸滿三日，先生曰：此病非外襲，氣血自內上迫。凡自內發者，初多吐下，家人曰然，乃與乾薑黃芩黃連人參湯，兼用解毒散服之，二日，大便一行，煩悶止，更與紫丸小許，復與前方，遂全愈。

四、熱利證－白頭翁湯證㈠

第334條（原383條） **熱利下重者，白頭翁湯主之。**

傳統解釋 熱利，即下利之屬於熱性者，自有各種證狀可憑，非僅指身熱而利也。諸如脈滑數，舌苔灰黃，肛門灼熱，腹痛下重等有熱象者，皆屬之。下重，即裡急後重也，白頭翁湯，可解其熱毒，而下重與利俱止矣。

科學解釋 熱利下重，即痢疾之徵象，可分爲腸炎與赤痢，均於大腸發炎，延及直腸，即令下重。赤痢又分爲細菌性與阿米巴性，其基本症狀，爲經常排泄血液及粘液，鑑別診斷，端賴驗菌。惟阿米巴性者，多爲慢性，或初起急劇，而轉歸慢性，中醫治療，雖有赤白下痢之小異，而大致相同，痢疾初起，裡急後重便膿血，以四逆散，人參敗毒散等平劑，爲最有效。熱性者，白頭翁湯，寒性者，桃花湯，此其概也。

方一○五　白頭翁湯

白頭翁　黃連　黃柏　秦皮各三兩

右四味，以水七升，煮取二升，去滓，溫服一升，不愈，更服一升。

方解 本方四味，均爲苦寒消炎抗菌藥，而白頭翁與秦皮更有收斂止瀉之功，故對熱性痢疾，確有療效，唯痢疾初起，積滯未消者，尚不宜用之過早，以其收斂故也。

藥解

八○　白頭翁之藥效

　1.性味：苦寒，有小毒。具收斂性。

　2.成分：含白頭翁素及 Okinalis 混合物。

　3.藥理：白頭翁素，有消炎抗菌及收斂作用，並能止血、鎮靜、解痙之功，對氣管平滑肌痙攣尤效。又能使內臟神經支配之血管收縮，一般末稍血管**放大**。白頭翁全草，具有強烈刺激性毒素，**對心臟初呈壓抑，後呈強心，如用爲強心利尿藥**，應注意其毒性，鮮草汁刺激腸胃發炎，吸收

後，則起搐搦，麻痺等中毒現象，乾草無效。

4.主治：爲消炎收歛止瀉劑，用於熱性之下痢，及月經閉止，又爲止血劑，治赤痢後重，其用量一錢至三錢。

八一　秦皮之藥效

1.性味：苦寒、無毒。

2.主治：爲消炎收歛解熱苦味健胃藥，治腸炎便瀉，赤痢，及洗目赤羞明。

前賢學說

(1)錢璜曰：白頭翁，神農本經言其能逐血，止腹痛，陶弘景謂其能止毒痢，故以治厥陰熱痢，黃連苦寒，能清濕熱，厚腸胃，黃柏瀉下焦之火，秦皮亦屬苦寒，治下利崩帶，取其收濇也。

(2)方機：治熱利下重，下利欲飲水者，胸中熱而心下煩下利者，以上兼用紫丸。

(3)方輿輗：熱利下重，即所謂痢症也。此方用於痢之熱熾而渴甚者，白頭翁以解痢熱著，蓋痢熱與傷寒之熱大異，非白虎輩所能治，惟黃連黃柏白頭翁之類能治之，他家用黃連解毒湯，或三黃加芒硝湯，雖能治此，予用此湯，屢奏奇功，是由於白頭翁治痢熱之殊效也，此湯之要點，在熱雖盛，而不需下劑之際。

(4)類聚方：熱利下重，渴欲飲水，心悸腹痛者，此方之主治也。

白頭翁湯證㈡

第335條（原385條）　**下利欲飲水者，以有熱故也，白頭翁湯主之。**

傳統解釋　錢璜曰：此又申上文熱利之見證，以證其果爲有熱者，必若是治法也。夫渴與不渴，乃有熱無熱之大分別也，裡無熱邪，口必不渴，設或口乾，乃下焦無火，氣液不得蒸騰，致口無津液耳。然雖渴亦有不能多飲。若胃果熱燥，自當渴欲飲水，此必然之理也，寧有裡無熱邪，而能飲水乎，仲景恐後人不能辨，故又設此條以曉之。

科學解釋　下利失津液，未有不渴欲飲水者。暴利則容或有之，若久利非渴不可。故以渴爲熱而主以白頭翁之苦寒劑，不可孟浪，應參酌全盤病情而處之。

五、梔子豉湯證

第336條（原387條）　**下利後，更煩，按之心下濡者，爲虛煩也，宜梔子豉湯。**

傳統解釋　下利時，本有煩悶，殆利止，其煩不解而更甚，爲餘熱未盡，若腹候按之濡而不堅硬，則非有實熱結滯，乃邪去正虛所致，爲利後餘熱證也。故用梔子豉湯清熱，太陽篇中屢見不鮮矣。

科學解釋　利止，乃病毒去而生理機能恢復，心下濡而無堅痛，胃腸亦無病徵，惟心中煩熱，故用梔子豉湯，解熱除煩。（參看太陽篇梔子豉湯證條。）

第九節　除中證

第337條（原345條）　**傷寒脈遲六七日，而反與黃芩湯徹其熱，腹中應冷，當不能食，今反能食，此名除中，必死。**

傳統解釋　汪琥曰：脈遲爲寒，不待智者而後知也，六七日反與黃芩湯者，必其病初起，便發厥而利，至六七日，陽氣回復，乃乍發熱而利未止之時，粗工不知，但見其發熱下利，誤認太陽少陽合病，因與黃芩湯徹其熱，徹即除也，又脈遲云云者，是申明除其熱之誤也。成氏曰：除，去也，中，胃氣也，言邪氣太甚，除去胃氣，胃欲引食自救，故暴能食也。譚次仲曰：余個人見聞所及，除中一症，稍有根據，並非想象之詞，亦即所謂廻先反照，殘灯復明也。脈遲爲寒，今與黃芩湯除其熱係後人註文誤入故十二字刪之。

科學解釋　脈遲，爲體溫不足，心力衰弱，黃芩湯爲苦寒之劑，則有傷胃機能，衰弱心力之害，所謂徹其熱者，黃芩既有害胃壓心作用，則生理機能益衰，血壓降低，體溫亦隨之下降矣。除中爲危證中反常之現象，垂死之預兆，即所謂廻光反照是也。

除中證㈡

第338條（原344條）　**傷寒始發熱六日，厥反九日而利。凡厥利者，當不能食，今反能食者，恐爲除中。食以索餅，若發熱者，知胃氣尚在，必愈。恐暴熱來，出而復去也，後三日脈之，其熱續在者，期之旦日夜半愈。所以然者，本發熱六日，厥反九日，復發熱三日，并前六日，亦爲九日，**

與厥相應，故期之旦日夜半愈。後三日脈之，而脈數，其熱不罷者，此為
熱氣有餘，必發癰膿也。

傳統解釋　此條文冗無序，余無言謂非仲景手筆，陸淵雷謂條文自凡厥利者
，至胃氣尚在，必愈，為插入之筆，自所以然者，至夜半愈，蓋後人之傍
註，傳抄而混入正文。錢璜謂所以然者，至必發癰膿止，乃仲景自為註腳
。但厥反九日而利句下，疑脫「復發熱三日利止」七字。金鑑謂不發熱之
不字當是若字，若是不字，即為除中，何以下接恐暴熱來，出而復去也之
文。曹穎甫亦同此說。舒馳遠謂不發熱之不字，恐是微字，與下文暴熱來
之暴字相照。又索餅之說不一，以錢氏條子貘之說近似。索餅之試，惲鐵
樵駁之曰：簡直無此情理，胃氣尚在與否，不能假色脈以斷之，乃乞靈索
餅之試驗，尤無理之尤。故余無言以文既不類，辭又乖離，豈可為訓而刪
之，山田氏亦以為後人之言而當刪。然本條所述，錯綜變化，奇離莫測，
誠不可拘泥，死於句下，譚次仲之言，深得我心。

　　本條大意有三：熱與厥利互發，其熱與厥之日數相同者，明其可愈一
也。厥利不能食，反能食者，恐為除中二也。熱甚脈數，必發癰膿三也。
按文而釋，當以傷寒初起，發熱僅六日，繼之厥利九日，較發熱多三日，
似是病進，厥利為虛寒，當不能食，今反能食者，恐為除中之死徵，故以
索餅以試之，食餅而發熱，知胃氣尚在，其病必愈，金匱云：病人素不喜
食者，急暴思之，必發熱也。猶恐熱出即去，迴光反照，仍為死證，故後
三日內察之，其熱續在者，則非暴出之熱，為厥去熱回之熱，乃向愈之兆
也。先是發熱六日，繼厥九日，今又發熱三日，并前共九日，寒熱相稱，
陰陽和平，故當病解，預期是日夜半愈。若後三日，脈數，其熱不解，則
陰陽未和，熱氣有餘，隨其蘊蓄之處，必發癰膿也。

科學解釋　此證不常見，或迄未見，觀乎急性傳染病之回歸熱，前已述及，
並不相似，而登革熱，亦稱碎骨熱，卒然發熱，頭背腰關節疼痛，便秘，
極度衰竭，三四日間，熱度下降，無熱期間，亦不發厥。如黑熱病，頗似
腸熱病，其發熱，極不規則，時而稽留熱，時而弛張熱，且發熱之前，並
起寒戰；其他流行性感冒，戰壕熱等，亦均不相似，至患蚘之症狀，譚次
仲謂，厥利熱三者，每互出雜見，亦不如本條變化神奇，讀古人書，宜活
看，不可死於句下者是也。

前賢學說　陸淵雷曰：尋文繹義，當如上文所釋，然余終不敢自信者，未常目驗此種病，古人醫案中，亦未有此種病，猶是紙上空談耳。

第十節　厥陰病禁證

一、四逆禁下證

第339條（原342條）　諸四逆厥者，不可下之，虛家亦然。

傳統解釋　陳修園曰：手冷至肘，足冷至膝，為四逆；手冷至腕，足冷至踝為厥；凡諸四逆厥者，多屬陽氣大虛，寒邪直入之證，而熱深者，亦間有之。虛寒厥逆，其不可下，固不待言，即熱深至厥，熱盛於內，真陰幾亡，不堪再下，故戒之曰，不可下，推而言之，凡陰虛陽虛之家，即不厥逆，其不可下亦然。

丹波氏曰：玉函從此條以下，至篇末，別為一篇，題曰：辨厥利嘔噦病形證治第十。山田氏謂後人攙入，陸淵雷謂假定本篇首為仲景原文，為厥陰提綱，則厥陰本無厥證，下文厥逆諸條，雖若連類相及，實是望文生義耳，因病名厥陰，遂連類論厥，因證中有心中疼熱，食則吐蚘，下之利不止，遂連類論發熱吐利，復因吐而論噦，此等湊合，不知是仲景原文，抑後人所補綴，玉函以不稱厥陰諸條，別為一篇，頗有見地也。

科學解釋　手足厥逆，為體溫下降，亦即心臟衰弱之徵，有高熱與虛脫之別，虛脫者，固不可下，即高熱，亦宜戒慎。如高熱而脈絕肢冷汗出，即心臟由高度興奮，轉為衰竭之候，亦不可下。若高熱而心臟未至衰竭者，尚可強心解熱而解，未必即下，故下之亦應戒慎。虛家生理機能衰弱，亦不可用苦寒下劑，益其衰頹，故曰亦然。

前賢學說　陸淵雷曰：四逆厥是外證，論治當揣其病情，所謂病情者，亦參合他種證候以決之耳，有四逆厥證者，多屬虛寒，虛寒固不可下，然白虎承氣，亦有四逆厥者，不可一一而論。故曰當揣其病情也，虛家亦有下證者，不可遽用承氣湯，然如河間之當歸承氣湯（小承氣湯加當歸薑棗），又可之承氣養營湯（小承氣湯加知，歸，芍，地），節庵之黃龍湯（大承氣湯加參草歸桔薑棗）等，不妨擇用，蓋不下，則毒害性物質不去，固非甘寒滋潤所能濟也。此條似為下文厥熱諸條施治之例，然病情太不相應，

知是湊合無疑。

二、亡血不可下證

第340條（原359條） **傷寒五六日，不大便，腹濡，脈虛，復厥者，不可下，此爲亡血，下之死。**

傳統解釋 尤在涇曰：傷寒五六日，邪氣傳裡，在上則爲結胸，在下則爲腹實，若不結胸，腹濡而脈虛，則表裡上下都無結聚，其邪爲已解矣。則其人當不復厥，而反厥者，非陽熱深入也。乃血不榮於四末也，是不宜下，本條不結胸，腹濡，脈虛，復厥，顯係虛寒之證，粗工亦知不可下，何勞告誡，故醫宗金鑑改不結胸爲不大便，程氏改腹濡爲腹滿，從之者亦衆，似以不大便爲是，此蓋血少津傷，便雖秘而腹不滿也，如係腹滿，則必有結，何得不可下也。故從而改之。

科學解釋 脈象虛弱，而四肢厥冷，知爲心臟衰弱，下劑壓心，自不可用，況不結胸而腹軟，則胸腹內皆無結毒，體內既無毒素，何以脈虛厥冷？此乃血液衰弱，組織營養不足，代謝功能減退，產溫不足，治宜溫熱強心之劑；或因血少津傷，分秘不足而大便秘結，若誤爲熱結而下之，故戒之曰不可下。

三、下利清穀不可攻表證

第341條（原376條） **下利清穀，不可攻表；汗出必脹滿。**

傳統解釋 山田氏曰：下利清穀，裡寒已甚，可與四逆湯溫之。雖有表證，不可發汗。汗出則表裡俱虛，而中氣不能宣通，故令人脹滿，亦四逆湯證也。陸氏曰：脹滿有實證，舊說多從脈上分辨，較爲困難，今以按腹辨之，則堅軟判然。虛脹之故，營養液停滯而不被吸收，所謂脾不健運一也。胃腸內容物不消化，不下降，發酵而生氣體二也。

科學解釋 下利清穀，爲腸胃機能衰弱，不消化吸收也。應用辛熱健胃劑而治之，發汗非其宜也。發汗徒傷心力，衰竭之腸胃機能不振，食物在內發酵，而致鼓腸，所謂汗出而脹滿也，但亦未必盡然。

第十一節 厥陰病辨證法

一、冷結膀胱而厥證

第342條（原352條） **病者，手足厥冷，言我不結胸，小腹滿，按之痛者，此冷結在膀胱當灸關元也。**

傳統解釋 病者，手足厥冷，言我不結胸，則上焦無恙，惟少腹滿，按之痛，而邪在下焦，程氏曰，下焦結多冷，關元當膀胱之位，故曰此冷結在膀胱關元也。醫宗金鑑曰：論中有小腹滿，按之痛，小便自利者，是血結膀胱證；小便不利者，水結膀胱證；手足熱，小便赤澀者，是熱結膀胱證；此證手足冷，小便數而白，知爲冷結膀胱證也。程氏曰：當用溫、用灸關元穴，穴在臍下三寸，可刺入二寸，留七呼，灸七壯（甲乙經）。

科學解釋 手足厥冷，爲心力衰弱，血壓低，手足動脈，距離心臟遠，血液輸送減少，故溫度下降而厥冷。少腹爲腹腔之底，陰壓本低，不論水液血食，均易停結，小腹滿，按之痛者，如辨其非水血食之積滯，可能腸機能不足，鼓腸所生，用溫劑增強胃腸機能，灸關元，以助溫劑之不足，而佐神經之興奮。

前賢學說 山田氏改不結胸爲不厥冷，引金匱病人腹不滿，言我滿爲徵。關元上，當有當灸二字，如論中傷寒脈促，手足厥冷者，可灸之；下利厥冷無脈者，灸之；轉胞小腹滿，關元主之；奔豚寒氣入小腹，時欲嘔，關元主之，合而考之，簡脫無疑。

二、脈促、手足厥冷可灸證

第343條（原361條） **傷寒脈促，手足厥冷者，可灸之。**

傳統解釋 陸淵雷曰：脈促由於格陽，乃虛陽上越所致，陽極虛，故脈促手冷。山田氏曰，灸之可以挽回陽氣，繼以四逆輩可也。醫宗金鑑曰：今傷寒脈促，手足厥逆，而曰可灸之者，蓋以欲溫，則有陽脈之疑，欲清則有陰厥之礙，脈證無寒熱之確據，故設兩可之灸法，斯通陽而助熱，回厥而不傷陰也。若以字面而論，以金鑑之說爲然。

科學解釋 促爲脈搏速率增加，有急促之義，此乃高熱之際，心臟極度興奮，加以手足厥冷，則將陷於衰竭之邊緣，刺激性之強心劑，有礙於高熱，苦寒之解熱劑，更損傷心力，皆不可用，灸法，刺激神經，加強心臟之興奮，似亦非宜，斯時可用麝香一厘，分次沖服，可以強心而不礙於熱，待脈促稍緩，心力轉強，始可用解熱強心劑併而治之，方爲穩妥。

三、腹痛欲利證

第344條（原369條） 傷寒四五日，腹中痛，若轉氣下趣少腹者，此欲自
利也。

傳統解釋 山田氏曰：俚語有云：腹鳴者必下。荖喻之於事，必有前兆而言
。乃此條之意，與生薑瀉心湯證，脇下有水氣，腹中雷鳴下利，同是有水
而雷鳴也。金匱曰：腹中寒氣，雷鳴切痛，附子粳米湯（附子、半夏、粳
米、甘草、大棗）主之。此條證亦粳米湯，不可用生薑瀉心湯，何也？水
則一也。證則有痛不痛之別也。陸氏曰：腹痛轉氣下趣，欲自利，亦有理
中湯，黃連湯等證，不必悉屬附子粳米湯，此即尤在涇所謂下利有寒熱之
分也，要在審問明白也。

科學解釋 譚次仲曰：轉氣即腸鳴，乃腸間挾氣體而蠕動輸送內容物時，有
空氣則鳴也，故曰轉氣，腹痛者，腸蠕動太盛也，腸鳴而兼腹痛，每為下
利之前兆。（少腹即臍旁）

四、下利寸浮尺濇膿血證

第345條（原375條） 下利，寸脈反浮數，尺中自濇者，必清膿血。

傳統解釋 周禹載曰：陰證得陽脈，病家最幸，今云反浮數，雖下利，安知
不轉出陽分，有汗而解；然合尺中自濇觀之，則精血受傷，正氣難復，況
陽邪正熾，勢必下陷，而內入傷陰，不至圊血不已也。

此脈數而利膿血，熱利也，仲景雖未出方法，而王肯堂主以黃連解毒
湯，柯氏主以白頭翁湯，汪氏主以黃芩湯，均近似，常器之云桃花湯者非
也。

科學解釋 脈數而利膿血，即赤痢也，以直腸發炎，宜黃連解毒湯為是，若
加裡急後重，腹痛，須加芍藥枳實等以調理氣血，始為妥當。

五、下利微熱汗解證

第346條（原378條） 下利，脈沉而遲，其人面少赤，身有微熱，下利清
穀者，病人必為厥，所以然者，其面戴陽，下虛故也。必鬱冒汗出而解。

傳統解釋 曹穎甫以此節文義，下利清穀，當在汗出而解之下，其面戴陽為衍
文者，均非也。若汗出而解，陽回之後，必無下利清穀之事，否則，正氣
不充，何能陽回也。故本節「必鬱冒汗出而解」，當在「下虛故也」之後
，總釋病機之良好轉歸耳。陳遜齋刪「必鬱冒汗出而解」句亦有至理。夫
下利清穀，脈沉遲，下焦真陽已虛，面赤身熱，四肢厥冷，證屬戴陽，通

脈四逆湯證也，病已危急，救之尚恐不及，豈能待正氣復，腸胃健，釀汗而解乎，鬱冒者，久虛之體，正復驅邪而有煩悶昏冒之反映耳。

科學解釋　下利脈沉遲，手足厥冷，乃腸胃衰弱而戟刺心臟無力；雖面赤身熱，殊非高熱充血之所致。乃腦貧血之戟刺證狀，治宜強心健胃爲主。至鬱冒汗出而解，乃自然療能強旺，體溫積增，心力漸強，血流暢通，末稍血管擴張，刺激汗腺而出汗，內外均和，故病爲之解除矣。

六、下利渴熱膿血證

第347條（原379條）　下利脈數而渴者，令自愈，設不差，必清膿血，以有熱故也。

傳統解釋　本條辭意與病理尚符，惟古人註釋，多未符合原意，大都謂脈數而渴者，寒去而利當止，設不止，則爲熱氣有餘，故便膿血，蓋於發癰膿條同意，山田氏謂右三條，亦係後人之言，當刪之，未免過焉。

科學解釋　下利失水多，體液不足，唾腺分泌少，故多舌乾口燥而現渴證。脈數爲心臟收縮率增加，故脈搏亦快。惟心臟收縮率增加，爲心力亢奮，及心力衰弱兩種不同原因之同一徵象。有爲精神之戟刺，亦有爲毒素之反射與直接刺激所致。本條偏於毒素之刺激，脈數而不大，則毒素之戟刺不甚，況無其他併發之證，必爲自然療能所克服而自愈。若利不止，則毒素之刺激未已，組織抗毒力弱，感化膿菌而便膿血矣。

七、噦而腹滿利其前後證

第348條（原393條）　傷寒，噦而腹滿，視其前後，知何部不利，利之則愈。

傳統解釋　張錫駒傷寒直解曰：傷寒至噦，非中土敗絕，即胃中寒冷，然亦有裡實不通，氣不得不下泄，反上逆爲噦者。玉機眞藏論曰：脈盛，皮熱，腹脹，前後不通，悶瞀，此謂五實，身汗得後利，則實者活。今噦而腹滿，前後不利，五實之中，二實也。實者瀉之。前後，大小便也，視其前後之中，何部不利，利之則氣通，下泄而不上逆，噦則愈矣。

科學解釋　噦有虛實，實噦易治，虛噦難救，尤以久病逢噦，胃腸機能瀕絕，必死無疑。噦而腹滿，乃腸中積氣，因鼓腸而影響橫膈膜痙攣也，亦即所謂實噦也，可用緩下劑，瀉其積氣而生理機能復常，噦亦可止，此即本條所言者是也。因小便不利而噦者，病不多見，理亦未明。

前賢學說 陸淵雷曰：若見噦，即以丁香柿蒂等治噦，匪特病不愈，噦亦不能止，須知病噦而死者，非死於噦，而死於原發病也；不治其原發病，而治其噦，譬如揚湯止沸，徒勞無功。治其原發病，則病減而噦亦止，虛證如此，實證亦然，本條利其前後，即治其原發病也。

前賢治驗 曹穎甫曰：昆陵蔣姓，傷寒發黃證，不大便而呃，四日矣。予以大承氣湯加茵陳下之，黃去而呃亦止。然後仲師所謂視其前後，知何部不利，利之即愈，爲信而有徵也。至於小便不利之呃，余未之見，但以理測之，當與不大便同。

八、誤吐下汗而噦證

第349條（原392、381條） 傷寒大吐大下之，極虛，復極汗出者，以其人外氣怫鬱，復與之水，以發其汗，因得噦。所以然者，胃中寒冷故也。

傳統解釋 傷寒大吐大下之，則胃中陽氣極虛，衛外之陽，不能固密，所以復極汗出，乃陽虛而汗也。醫以虛陽外越，外氣怫鬱，疑以表邪未解，復以水發汗，迫使僅存之眞陽飛越，而汗復極出，則胃中水寒內搏，中氣遏絕，則氣逆而作噦也。陸淵雷曰：此條大旨，謂表裡俱虛之人，得水則噦，噦者，呃逆也。辨脈篇云：寸口脈浮大，而醫下之，此爲大逆，浮則無血，大則爲寒，寒氣相搏，則爲腸鳴，醫乃不知，而反飲冷水，令汗大出，水得寒氣，冷必相搏，其人即噎，此即冷水發汗之法。又陽明篇云：欲飲水者，得水則噦；胃中虛冷，不能食者，飲水得噦，此皆胃寒飲水多而致噦之事。然此等條文，皆非仲景辭氣，疑冷水發汗，乃魏晉間法，飲水致噦之戒，亦是叔和撰入，後世既不行用，遂併其法而不知。而山田氏云，此條係後人之言，當刪之。

科學解釋 譚次仲云：噦音乙，即呃逆，乃橫膈膜痙攣，原因多不明，每由胃病而起，亦事實上不能否認也。本節言噦，因胃病，而胃病緣於吐下發汗之太過，致胃機紊亂故也。

第十二節　厥陰病預後

一、自愈證㈠下利脈弱證

第350條（原371條） 下利有微熱而渴，脈弱者，令自愈。

傳統解釋 醫宗金鑑曰：厥陰下利，有大熱而渴，脈強者，邪熱俱盛也；今下利，有微熱而渴，脈弱者，邪熱既衰，故可令自愈也。王履溯洄集云：六經病篇，必非叔和所能贊辭也，但厥陰經中，下利嘔噦諸條，卻是叔和因其有厥逆而附，遂併無厥逆而同類者，亦附之耳。陸淵雷曰：此條非仲景語，揣其意，蓋謂病輕而脈證不乖張，有自愈之機勢耳，然未可斷其不藥必愈也。

科學解釋 下利失水，每渴而脈弱，身有微熱，體溫之變化不大，雖有微邪，亦可待抗力加強而自愈。

自愈證㈡－微熱汗出證

第351條（原372條） 下利脈數，有微熱汗出者，令自愈，設復緊者，為未解。

傳統解釋 醫宗金鑑曰：下利脈數，熱利也；若熱微汗出，知邪微欲解，下利必自止，故令自愈也。設脈復緊，為表邪猶盛，未能解也。

科學解釋 下利為腸胃病，而心臟每因利而衰弱。今脈數，乃心力恢復，自然療能強，驅毒與汗俱出；病毒去，生理機能復，胃腸亦健，而利當自止。設脈復緊如索狀，則脈之高張力甚強，必有毒素戟刺使然，故病為未解

自愈證㈢－渴欲飲水證

第352條（原341條） 厥陰病，渴欲飲水者，少少與之愈。

傳統解釋 丹波元簡曰：成氏以降，以渴欲飲水，為陽回氣暖，欲解之佳兆，殊不知消渴，乃厥陰中之一證，特柯氏云，水能生木，能制火，故厥陰消息最宜之是也，蓋自愈者，非厥陰病愈之義，僅為渴之一證，得水而愈也。汪氏引武陵陳氏，辨篇首消渴與此條之渴不同，竟不免牽強耳。

夫消渴，飲水而渴不止，少便仍不多，隨飲隨消，謂之消渴。與渴欲飲水，少少與之而愈者，自有明顯之不同，何得混為一談，陳氏之說是也。且渴欲飲水，少少與之而渴愈，非厥陰病解，正如陸氏所謂人皆所知也，何勞告語，此義亦不符。然本條所謂厥陰病，不知其證何似（篇首厥陰之為病，已無提綱之義，則所謂厥陰病，無所依循矣），而渴亦非厥陰所獨有，則文簡而義難明，無從推究矣。

科學解釋 渴欲飲水，為普通之證候，難憑為診斷獨特之病情，少少與之而愈，若不是胃病，即體液缺少。中醫之三陰證，為裡虛證，若胃病而虛，

即機能衰退，理宜健胃之劑，非少少與水而可愈。若體液缺少，唾腺分泌減少，少與之飲，雖有直接潤濕咽喉口舌之功，至於愈，則必待大腸之吸收轉輸，而少少與之，未必即愈。況證無吐利熱汗，何來體液不足，此亦非合理。若是胃炎，果有口渴之證，亦非少少與之水而可愈，故本條證狀過簡，實難理論矣。

自愈證㈣－脈微弱數證

第353條（原377條）　下利脈沉弦者，下重也；脈大者，爲未止；脈微弱數者，爲自止，雖發熱不死。

傳統解釋　此痢疾證，憑脈而卜其病勢之進退也。下利脈沉，其病在裡，弦主急，故下重，即裡急後重也。脈大者，邪熱甚，經云：「大則病進」，故爲利未欲止。若脈微弱，本爲痢脈，微弱之中帶數，則陽回，故利欲自止。下利一證，大忌發熱，內經云：腸澼身熱則死，寒則生。此脈微弱，邪毒已微，雖發熱不至於死。若發熱而脈大，其邪毒正甚，正氣勢將不支而死矣。而舒馳遠曰：厥陰下利，法當分辨陰陽，確有所據，對證用藥，無不立應，但言脈者，玄渺難憑，吾不敢從。此言脈而不言證，似非仲景之體制，故山田氏以爲後人所攙而刪之，不無所見。

科學解釋　痢疾之裡急後重，直腸之病爲重，腸神經及腹直肌皆痙攣拘痛，故脈應之而沉弦；脈大，爲病勢亢進，體內功能正起而自救，故未欲止；若脈微細，則毒素之刺激已微，雖仍帶數，必爲體內自然功能所克服，故欲愈，雖發熱，亦不至於死。

二、死證㈠－－灸之厥不還證

第354條（原355條）　傷寒六七日，脈微，手足厥冷，煩躁，灸厥陰，厥不還者死。

傳統解釋　脈微厥冷煩躁，爲陽微陰盛，乃亡陽之急證，雖用茱萸、附子、四逆等湯，尚恐緩不濟急，惟灸厥陰經穴，以通其陽，如手足厥冷，過時不還，是陽已亡矣，故死。常器之曰：可灸太衝穴。武陵陳氏云，灸厥陰，如關元，氣海之類。傷寒印宗云：灸厥陰之滎穴、會穴、行間、章門是也，關元百會亦可。曹穎甫云：灸厥陰之大敦、太衝、膝關、五里等。丹波氏曰：今驗關元，氣海爲得矣。承淡安云：多灸神闕。

科學解釋　脈微，係心臟衰弱，血壓不足，末梢血管血液減少所致。手足厥

冷，係四肢離心臟較遠，血少營養不良，代謝功能降低，產溫不足。煩躁係心臟衰竭，神經不安，宜內服强心興奮之劑，以恢復心力，外灸振奮神經，促進生理機能。如外灸內服而體溫不還，則心力衰竭，無法挽救，故主死。

死證㈡——熱利厥躁證

第355條（原356條） **傷寒發熱，下利厥逆，躁不得臥者死。**

傳統解釋 喻嘉言曰：厥證但發熱，則不死，以發熱邪出於表，而裡證自除，下利自止也。若反下利厥逆，煩躁有加，則陰氣極於內；其發熱，又爲陽氣外散之候，非陽回之發熱，陰陽兩絕，故主死也。山田氏謂陰證之極，裡寒外熱之證也。陸氏謂陽離於上，陰決於下，故不可生也。皆是。

科學解釋 發熱、厥冷、煩躁，爲高熱及心臟衰弱常有之現象，更加下利，則胃腸機能亦衰弱矣。況苦悶至極而躁不得臥，則心臟衰竭，腦神經極度困擾，雖發熱尚在，體內尚有抗毒之力，但終不免於死耳。

死證㈢——熱利厥不止證

第356條（原357條） **傷寒發熱，下利至甚，厥不止者死。**

傳統解釋 錢璜曰：發熱則陽氣回，利當自止，而反下利至甚，厥冷不止者，是陰氣極盛於裡，逼陽外出，乃虛陽浮機於外，非陽回之發熱，故必死矣。

科學解釋 厥爲心臟衰弱，體溫下降。久不止者，心力無恢復之徵象。下利爲胃腸損害，利下之甚，病毒盆甚。況久利減少營養份之吸收，益使心腦衰頹。發熱不休，病毒刺激未已。體力益衰，毒害日烈，生理機能盆弱，已無一綫之生機矣，不死何待。

死證㈣——熱利汗出不止證

第357條（原358條） **傷寒六七日不利，忽發熱而利，其人汗出不止者死，有陰無陽故也。**

傳統解釋 汪璜曰：寒中厥陰至六七日，當亦厥六七日矣，不言厥者，省文也。厥則當利，不利者，陽氣未敗，猶能與邪相支吾也。若至發熱，即利者亦當止。今則發熱與利，驟然並至，加之汗出不止，則知其熱，非陽回而熱，乃陽脫而熱，故兼下利而汗出不止也。

王函：不利，作便利，便作忽。山田氏以不利便，當作小便不利，有

陰無陽故也。曹穎甫改不利便爲下利，而利二字爲行文。陸淵雷則皆駁之。川越衡山謂上四條，後人據四逆湯而逃之管見，即少陰篇吐利煩躁四逆者死是也，其義既備於吐利煩躁四逆者死，則亦得不蛇足乎！其言誠是。

科學解釋　心臟衰弱虛脫之證，間多發熱肢冷眿微，冷汗不止，其加下利，病勢益險，故曰死。無陽者，心力絕也。

死證(五)——下利冷冷灸之不溫微喘證

第358條（原373條）　下利，手足厥冷，無脈者，灸之不溫，若脈不還，反微喘者死。

傳統解釋　成氏曰：下利、手足厥冷，無脈者，陰氣獨盛，陽氣大虛也。灸之陽氣復，手足溫，而脈還爲欲愈。若手足不溫，脈不還者，陽氣已絕也，反微喘者，陽欲脫也。陸氏曰：此證當外灸關元、氣海，內服白通加豬胆湯，間有可救也。

科學解釋　因下利而手足厥冷無脈者，心臟衰弱已極，若灸之刺激神經，而手足復溫，脈亦微出，則心力轉強，尚可藥救。若灸不溫，脈不出，則生理機能已喪失，病危而加氣出不入，微似喘者，垂死之徵，故曰死。譚次仲曰：下利而體溫，脈搏、呼吸，均發生劇烈，故主死。

死證(六)——下利厥脈絕不還證

第359條（原380條）　下利後，脈絕，手足厥冷，晬時脈還，手足溫者生脈不還者死。

傳統解釋　此承上文灸之不溫，脈不還，微喘者死之條文而來。下利之後，脈絕；手足厥冷，爲利之險證，若灸之，或服通脈四逆湯，一周日之間，脈復出，手足溫，則元陽復而可生。若脈不復出，手足仍厥冷，乃陽氣已絕，無回陽之望矣，故主死，晬時者，一匝日也。

科學解釋　下利後，脈絕，手足厥冷，爲心臟衰竭，虛脫之徵，斯時能用強心興奮劑，如用附子劑頓服，或用麝香一厘，分次頻服，或能脈復厥還，而可救治。若服興奮強心劑，而脈仍不出，手足仍厥冷，則心力已絕，萬無生機，故主死，灸之亦然。

死證(七)——下利頻而脈反實證

第360條（原381條）　傷寒下利，日十餘行，脈反實者死。

傳統解釋　下利者，裡虛也；脈當微弱，反實者，邪勝也，故主死。

科學解釋 凡病，脈證不相應者，難治，此常理也。然亦有例外，如腸熱病之高熱，而脈搏徐緩，脈與證殊不相應，亦未常不可治。暑證之人參白虎湯證，脈亦弦細遲芤，與證亦不相應，而仍可治，即其例也。下利之脈象，當沉微，今反實者，此爲太過，乃心臟起衰弱性興奮，過度興奮，必陷於休克，猶人之過度工作，必疲乏不堪持續，此理一也。下利爲虛，故脈反實者，主死。

三、難治證－－熱厥下利

第361條（原360條） 發熱而厥，七日下利者，爲難治。

傳統解釋 曹穎甫曰：厥陰之病，先厥後熱者爲順，爲其陰寒去而眞陽復也。若外有表熱，依然四肢厥冷，則表熱已屬虛陽，若厥經一候而不還，更加下利，則寒濕太甚，恐將下利不止，不免虛陽上脫，其所以爲難治。

科學解釋 凡病發熱而厥者，乃毒素刺激於內而發熱，心臟衰弱而肢厥，經六七日後，厥不止，熱不退，則知病毒未除，心衰亦然，更加下利，則腸胃亦感染續發，營養吸取益少，毒素益肆，心力益衰，故爲難治。

第八章　陰陽易、差後勞復證

第一節　陰陽湯

第362條（原405條） 傷寒，陰陽易之爲病，其人身體重，少氣，少腹裡急，或引陰中拘攣，熱上衝胸，頭重不欲舉，眼中生花，膝脛拘急者，燒裩散主之。

傳統解釋 巢元方病源論曰：陰陽易者，男子病新瘥，未平復，而婦人與之交接得病者，名曰陽易。婦人得病新瘥，未平復，而男子與之交接得病者，名陰易。後世註家，皆遵守此說。然無病之人，一夕與病後之人交接，安得有病如此者，故山田氏以陰陽易一條，論之與方，其非仲景氏固矣。驗之於今，往往有焉，作瘥後交接勞復解，治以小建中湯。而陸淵雷氏仍疑之。夫交接傳染，以淋毒梅毒爲最，但與本證大異，而他種接觸傳染，則不必因於交接，其病亦各有本證，不能一爲本條所言，所謂身重少氣，

少腹裡急，或引陰中拘攣，頭重不欲舉，眼中生花，膝脛拘攣者，余曾見房事傷寒者，恰如其證，曾用溫中散寒而愈，亦即俗謂夾陰傷寒也。所謂陰陽易，實未之見，余無言刪之，不爲無故也。

科學解釋　本條病理方治，均難理解，無從解釋。

方一〇六　燒褌散

右取婦人中褌近隱處，剪燒灰，以水和服方寸七，日三服，小便即利，陰頭微腫則愈。婦人病，取男子褌當燒灰。

前賢學說

(1)傷寒蘊要：陰陽易，當分寒熱而治。若傷在少陰腎經，有寒無熱者，以附子湯調下燒褌散；若傷在厥陰肝經，以當歸四逆湯加吳茱萸附子，送下燒褌散；如有熱者，則以猳鼠矢湯，括蔞根竹茹湯之類，送下燒褌散

(2)陰證略例：陰陽易，果爲陰證，當隨證用之，若脈在厥陰，當以四逆湯送下燒褌散，若脈在少陰，通脈四逆湯送下燒褌散；若脈在太陰，四順理中丸送下燒褌散。

(3)證治準繩：傷寒病未平復，而犯房事，命在須臾，用獨參湯調燒褌散，凡服參二斤餘，得愈者，三四人云。

(4)余無言曰：且後世諸家沿用之者，均以湯藥爲主，順下燒褌散，若果單用之而有效，又何必取湯藥以治之乎，是燒褌散明明不可恃也。中醫藥理，每偏重性質氣味，褌襠爲一穢布，乃棉布紗交織而成，其性質爲何，其氣味爲何！

(5)龐時安曰：取手足指甲20枚及褌近陰處一尺，同燒灰，米飲下2錢，日三服，陰微腫，小便利爲愈，若未愈，灸陰上毛際百壯便差。而初起便服薤根鼠屎湯，出汗有驗（方在勞復中）。

第二節　差後勞復證

一、勞復及有宿食證——枳實梔子豉湯

第363條（原394條）　大病差後，勞復者，枳實梔子豉湯主之；若有宿食者，加大黃如博碁子大五六枚。

傳統解釋　錢璜曰：凡大病新瘥，眞元大虛，氣血未復，精神倦怠，餘熱未

盡，但宜安養；若不知節養，必犯所禁忌。勞復者，如多言多慮，多怒多哀，則勞其神；梳洗澡浴，早坐早行，則勞其力；皆可令人重復發熱，爲死灰之復燃，爲重復之復，故謂之復。但勞復之熱，乃虛熱之從內發者，雖亦可汗解，然不比外感之邪，可從辛溫發散取汗也。故以枳實梔子豉湯主之。

　　病源候論曰：大病之後，脾胃尚虛，穀氣未復，若食豬肉，腸血，肥肉，及久膩物，必大下利，醫所不能治，必至於死。若貪食餅粢黍飴餔炙膾，棗栗諸菓脯物，及牢强難化之物，胃氣虛弱，不能消化，更結熱，適以藥下之，則胃虛冷，大利難禁，不下必死，下之亦危，皆難救也。

　　汪琥曰：勞復證，以勞則氣上，熱氣浮越於胸中也，故用枳實爲君，以寬中下氣，梔子爲臣，以除虛煩，香豉爲佐，以解勞熱，煮以清漿水者，宜助胃氣也。

　　綜上三說，則可知本條證治之義矣。

科學解釋　大病新愈，精神困乏，生理機能尚未充分復原，最宜靜養調理，飲食起居，尤宜注意。若勞動過早，生理機能，疲於供應，勢必損害組織，致發生心煩發熱等病態，此即勞復之原因也。若食物不當，而有所積滯，則影響尤大，故以枳實香豉之健胃，梔子之清熱以治之，食滯者、加大黃以促其排泄。

方一〇七　枳實三枚炙　梔子十四枚擘　豉一升綿裹
　　右三味，以清漿水七升，空煮取四升，納枳實梔子煮取二升，下豉，更煮五六沸，去滓，溫分再服，覆令微似汗；若有宿食，內大黃如博碁子五六枚，服之愈。

前賢學說

(1)傷寒蘊要：枳實梔子豉湯，治食復勞復，身熱心下痞悶，如宿食不下，大便秘實，脈中有力者，可加大黃。

(2)內外傷辨感論：食膏粱之物過多，煩熱悶亂者，亦宜服之。

(3)方機：若胸滿煩熱者，枳實梔子豉湯主之；若大便不通，胸脇滿痛者，黃疸心中懊憹，或熱痛者，梔子大黃豉湯主之。

(4)類聚方廣義：凡大病新瘥，血氣未復，勞動飲啖過度，則或作心胸滿悶，或作煩熱，與此方將養則愈。若大便不利，有宿食者，宜枳實梔子大

黃豉湯。

(5)傷寒類方：漿水，即用淘米泔水，久貯味酸爲佳。吳氏云：清漿水，一名酸漿水，炊粟米熟，投冷水中，浸五六日，味酢，生白花，色類漿，故名。若浸至敗者，害人。其性涼，善走，能調中宣氣，通關開胃，解煩渴，化滯物。

(6)劉棟云；後人所記也，故不採用。山田氏曰：陰陽易，差後勞復，其論之與方，但亡而不傳，王叔和乃以意補之。陸淵雷曰：枳實梔子豉湯，則有驗，未可廢也。

二、差後發熱以脈論治證

第364條（原407條） 傷寒，差以後，更發熱者，小柴胡湯主之。脈浮者，以汗解之；脈沉實者，以下解之。

傳統解釋 傷寒旣瘥之後，因調養不當，虛熱復聚，故更發熱也；若無他證，以小柴胡湯和解之。此取柴胡黃芩之清解餘熱，人參補病後之虛，薑棗和胃也。若脈浮者，又感新邪，必有可汗之表證，仍當以汗解之。但病後新虛，不可大汗，前賢多以枳實梔子豉湯，取微似汗。若脈沉實者，必裡有結滯，故應下以解之，但病後裡氣已虛，不可大下峻下，以前方加大黃緩下之可也。

科學解釋 傷寒病愈之後（其實萬病皆然，非獨傷寒也），調理失宜，而更發熱者，餘毒復熾也。用小柴胡湯退熱健胃，洵爲至當。若脈浮，病毒有趨外之勢，故可微汗而解之；若脈沉實，病在裡，當用緩下以去實，不得逕用大承氣湯之峻下也。

前賢學說

(1)龐時安傷寒總病論曰：「天行勞復頭痛，四肢疼，葱豉湯。葱白，豉半升，水二升半，煎葱爛去滓，入雄鼠糞三七枚，末之和勻，分再服，未差更作。

(2)天行勞復作熱，且至晚腰背疼，頭項强重，葛根薑葱湯。葱白，豉各二合半，芍藥，生姜各一兩半，葛根二兩，㕮咀，水三升煎二升，下豉煎一升半，去滓，溫服一盞。

(3)療傷寒差後，勞復如初，脈浮無汗者，桂枝梔子湯，有汗者去麻黃。梔子十二個，豉半升，桂枝，麻黃各一兩。㕮咀，水三升煎至二升，下豉

取一升半，去滓，溫服一盞，溫覆取小汗差。

⑷傷寒勞復如初，自汗出者，脈浮滑煩躁甚，梔子石膏香豉湯。梔子十六個，石膏四兩，香豉一兩。

⑸病未平復後，勞動熱氣攻胸，手足拘急，搐搦如中風狀，瓜蔞湯。瓜蔞根四兩，淡竹茹半斤，水三升煮一升二合，去滓，日二三服，溫與之。

⑹婦人病未平復，因夫所動，小腹裏中急痛，腰胯痛，四肢不任舉動，無熱證者，附子黃芪湯。白朮，當歸，桂枝，附子，甘草，芍藥，人參各半兩，黃芪三分，生姜一兩半，㕮咀，水四升煮一升半，去滓，通口服一盞，食久再服，溫覆取小汗。

⑺勞房成復病，鼠屎湯。薤根一升，䐔鼠屎廿一個為末，水三升半，煮薤根至一升半，去滓，下鼠屎末，再煎三五沸，溫飲一盞，相次三服，衣覆，必有粘汗為效，未汗，再作一劑，兼治陽陰易神驗。

⑻男子勞房發熱，口噤，臨死舌出數寸。又始得病，百節痛如杖，渾身沉重，恍惚失措，脈促而絕不可治、或有吐涎沫不止；或有譫妄煩亂者，皆不可治。

⑼天行差後，勞復發熱，嘔吐食不下，蘆根湯。蘆湯半升，生姜二兩，橘皮，枇杷叶各一兩，水煎服，心煩躁者，加石膏二兩。

三、差後有水氣證

第365條（原408條） 大病差後，腰以下有水氣者，牡蠣澤瀉散主之。

傳統解釋 大病之後，胃虛弱也，水液不化，而小便不利，從腰以下腫脹者，水氣使然，金匱曰：腰以下腫，當利小便，故用牡蠣澤瀉散，以逐水利小便，而去水氣也。

　　陸淵雷曰：牡蠣澤瀉散，治實腫陽水，大驗。不必腰以下腫，尤不必大病瘥後也。大病差後多虛腫，宜參苓尤附之類，故錢氏辨之。

科學解釋 大病新瘥，腸胃機能尚未完成恢復，則消化吸收，均未正常，且腎機能障礙，水份留於腰下組織間，而成浮腫。用牡蠣澤瀉散之逐水退腫，唯本劑逐水之峻劑，虛腫者，誠非所宜，尤應法意。

方一〇八　牡蠣澤瀉散

　　牡蠣熬　澤瀉　蜀漆暖水洗去腥　葶藶子熬　商陸根熬

海藻洗去鹹　括樓根各等分

右七味，異搗，下篩爲散，更於臼中治之，白飲和服方寸七，日三服，小便利，止後服。

方解　本方集鹹寒軟堅，辛寒苦寒逐水之品以成劑，頗爲峻厲，實非大病之後，機能尚未完全復原者所宜。澤瀉有調整腎臟機能之功，海藻有促進淋巴運行之效，葶藶商陸根降氣逐水之功，尤爲峻厲，牡蠣有和胃之能，蜀漆有强心之用，陽實之水腫，確有大效。

藥解

八二　商陸之藥效

1. 性味：辛酸苦寒，有毒。

2. 成分：含商陸毒，石鹼草素，及硝酸鉀等。

3. 藥理：商陸毒注射於貓犬，刺激延髓中樞，而起呼吸頻數，及搐搦。血壓上昇，刺激迷走神經中樞，使心搏減少。內服大量，反使中樞神經麻痺，呼吸及運動障礙，終於心臟麻痺而死。且使尿量增加（利尿作用）但下痢時，則減少。

4. 主治：爲利尿劑，治慢性腎臟炎，肋膜炎，心囊水腫，腹水，脚氣等，以逐水之目的而用之。外用貼無名腫毒，亦有效。

八三　海藻之藥效

1. 性味：苦寒，無毒。

2. 成分：含脂肪，蛋白質，醣類，碘，鐵，鈣及砷等。

3. 主治：爲變質劑，及利尿劑，治水腫，痰核，脚氣，甲狀腺腫，瘻瘤等有效。

前賢學說

(1)陸淵雷曰：商陸根，治水腫，最爲峻快，服之二便暢行，腫亦隨消，鈴醫常以此取快一時，海藻，今人用治瘰癧，而本經亦有下十二種水之文，蓋摧促淋巴還流之藥也。澤瀉葶藶諸味，皆逐在裡之水。本方表裡俱治，故爲水腫之快藥。金鑑云，此方於形氣實者，其腫可隨愈，若病後土虛不能制水，腎虛不能行水，則又當別論，愼不可服也。

(2)勿誤藥室方函口訣曰：此方雖治腰以下水氣，用於腰以上水氣亦效，其病在虛實之間，若實者可加大黃，即丹波元簡之經驗也。

(3)類聚方廣義：後世稱虛腫有宜此者，宜審其證而用之。

四、差後喜唾宜溫證——理中丸

第366條（原409條） 大病差後，喜唾，久不了了，胸上有寒，當以丸藥溫之，宜理中丸。

傳統解釋 唾，口液也。大病瘥後，喜唾。久不了了者，無已時也。此因胃中虛寒，不能運化津液，聚而成唾，宜以理中丸溫補去寒健胃，而唾自了。丸緩留中，病後調整最宜。

科學解釋 大病初解，精神疲乏，新陳代謝降低，胃腸未健，水分代謝功能尚未恢復正常，正是生理機能衰弱之際，故現此虛寒喜唾現象；而慢性胃炎亦常有之病態，非僅大病瘥後而已。其用蜜製之丸，有減少乾薑對胃粘膜之刺激，易為胃所接受也；白朮有促進吸收及利尿之功，對腸胃衰弱者尤宜；人參有強心滋養之功，對虛弱者尤宜；甘草乃緩和調濟劑；乾薑之辣素，對口腔及腸胃粘膜有溫和刺激，促進消化液分泌，增加食慾，並能抑制腸內異常發酵及促進排氣，尤對大腦皮質，延髓之呼吸中樞及血管運動中樞均有興奮作用，能促進血液循環，上升血壓，給予呼吸及代謝以良好影響。四藥配伍，不僅能調整消化系統功能、增加食慾，緩解腹痛，減輕腹瀉，而且振奮全身機能，減低疲乏，故為溫中健胃強心壯腦之劑。

方一〇九　理中丸（原方在霍亂篇內，今移此。）

人參　乾薑　甘草炙　白朮各三兩

右四味，搗篩，蜜和為丸如雞子黃大，以沸湯數合和一丸，研碎溫服之，日三服，夜二服，腹中未熱，益至三四丸，然不及湯。湯法；以四物依兩數切，用水八升，煮取三升，去滓，溫服一升，日三服。若臍上築者，腎氣動也，去朮，加桂四兩；吐多者，去朮，加生薑三兩；下多者，還用朮；悸者，加茯苓二兩；渴欲得水者，加朮，足前成四兩半；腹中痛者，加人參，足前成四兩半；寒者，加乾薑，足前成四兩半；腹滿者，去朮，加附子一枚。服湯後如食頃，飲熱粥一升許，微自溫，勿揭衣被。

前賢學說

(1)千金方：治中湯治霍亂吐下，脹滿，食不消化，心腹痛（即本方），四味㕮咀，以水八升，煮取三升，分三服，不瘥，頻服三劑。遠行防霍亂，依前作丸，如梧子火，服三十丸。如作散，服方寸七，酒服亦得；若

轉筋者，加石膏三兩。

(2)三因方：病者因飲食過度，傷胃，或胃虛不能消化，致反嘔吐逆，物與氣上衝，礙胃口決裂，所傷吐出，其色鮮紅，腹絞痛，白汗自流，名曰傷胃吐血。理中湯能止傷胃吐血者，以其最理中脘，分利陰陽，安定血脈。方證廣如局方，但不出吐血證，學者自知之。

(3)衛生寶鑑：仲景理中湯，治傷寒陰證，寒毒下利，臍下寒，腹脹滿，大便或黃或白，或青黑，或清穀，及蚘蟲上入膈，吐蚘，此胃寒，非實寒也。

(4)方極：人參湯，治心下痞鞕，小便不利，或急痛，或胸中痺者。

(5)陸淵雷：理中丸人參湯為太陰病主方，其證心下痞鞕，腹痛吐利。心下痞鞕且吐者，胃機能衰弱也，人參乾薑主之；腹痛者，腸寒而蠕動尤進也，乾薑主之；下利者，小腸有卡他性炎症，腸內容物不被吸收，反有炎性滲出物流於腸管也；吐利腹痛，則迫急可知，甘草主之。今以治霍亂者，以霍亂之吐利，由胃腸感寒而起，補救本體之弱點，即所以抵抗毒害性物質也。

五、差後虛羸少氣欲吐－竹葉石膏湯證

第367條（原410條）　**傷寒解後，虛羸少氣，氣上逆欲吐者，竹葉石膏湯主之。**

傳統解釋　傷寒熱病也，勢必熱傷津液，故不論其解為汗解，或為下解，當更損液。熱餘津傷，必見煩渴等證，虛數之脈。氣上逆欲吐者，虛熱上炎之勢也。故用竹葉石膏湯之竹葉，佐石膏為甘寒解熱，麥多為甘潤劑，可和緩戟刺，習合半夏，用於乾咳嗆，及其他氣逆，佐人參健胃解渴，甘草粳米為和緩藥，兼有健胃之功，萬病以胃氣為本，病後調理亦然。

科學解釋　凡屬急性熱病，勢必損耗體液，尤以大汗及大下為甚。其病雖解，體液一時難復，故多有微熱煩渴等遺後證。故病後調理，為現代醫療學上一重要措施。竹葉石膏湯，為甘寒清熱生津劑，凡非虛寒之遺後證，大多宜之，此與前條，係一體質問題之相對調理法也。

方一一〇　竹葉石膏湯

竹葉二把　石膏二斤　半夏半升洗　人參三兩　甘草三兩炙　粳米半升
麥門多一升

右七味，以水一斗，煮取六升，去滓，內粳米，煮米熟湯成，去米溫服一升，日三服。

方解　竹葉石膏湯，爲清熱生津爲主，佐以降逆止嘔之品，而爲熱性病遺後證之調理良法。竹葉輕清，透表而利尿；石膏辛涼，解內外之煩熱而達表，則煩熱可解：人參有强心滋養之功，再佐麥多之清肺生津而渴可解，粳米甘草和胃調中，佐半夏之降逆泄痰，而上逆之氣可平。

藥解

八四　竹葉之藥效

1.性味：甘淡無毒。

2.主治：爲清涼性解熱劑，除風熱，解煩渴，治煩熱喘促，虛煩嘔逆，壯熱不寐，熱性病之口渴，口腔炎，及咽喉炎等。

前賢學說

(1)外台秘要：文仲療天行表裡虛煩，不可攻者，竹葉湯（即本方）。

(2)和濟局方：竹葉石膏湯，治傷寒時氣表裡俱虛，遍身發熱，心胸煩悶，或得汗已解，而無津液，虛羸少氣，胸中煩滿，及諸虛煩熱，並宜服之。諸虛煩熱，與傷寒相似，但不惡寒，身不疼痛，頭亦不痛，脈不緊數，即不可汗下，宜服此藥。

(3)總病論：竹葉湯（即本方），治虛煩病，兼治中暍、渴、吐逆、而脈滑數者。

(4)直指方：竹葉石膏湯，治伏暑，內外熱熾，煩躁大渴。

(5)傷寒選錄：竹葉湯，陽明汗多而渴，衄而渴欲水，水入即瘥，復渴，即本方，湯成去滓，入生薑自然汁三匙再煎一沸服，神效。

(6)醫通：上半日嗽多，屬胃中有火，竹葉石膏湯降泄之。又唇青有二：若唇青與瓜甲俱青，而煩渴引飲者，爲熱伏厥陰，竹葉石膏湯。若唇青厥冷，而畏寒振振欲僻地者，爲寒犯少陰，眞武湯。

(7)傷寒緒論：太陽症下之，頭痛未除，唇寒面青，指頭微厥，復發熱者，爲表邪內陷於陰分，雖頭痛發熱，不可用表藥，宜竹葉石膏湯。

(8)類聚方廣義：竹葉石膏湯，治傷寒餘熱不退，煩冤欬嗽，渴而心下痞鞕，或嘔或噦者，麻疹痘瘡亦同。

又治骨蒸勞熱，欬而上氣，衄血唾血，燥渴煩悶，不能眠者。

又治消渴貪飲不止，口舌乾燥，身熱不食，多夢寢汗，身體枯槁者，

若大便不通，腹微滿，舌上黑胎者，兼用調胃承氣湯。

(9)勿誤藥室方函口訣：此方治麥門多湯之熱候較重，煩悶少氣，或嘔渴欬嗽者。同一石膏劑也，而此方與大竹皮丸（金匱方），專治上焦，白虎湯宜治中焦，麻杏石甘湯，越婢加半夏湯，關係肺部，大青龍湯特專表熱，皆參照其方而區別之。

前賢治驗

(1)夷堅志：袁州天慶觀主王自正，病傷寒旬餘，四肢乍冷乍溫，頭重氣塞，唇寒面青，累日不能食，勢已甚殆，醫診之曰：脈極虛，是爲陰證，必服桂枝湯乃可，留藥而去，未及煎。若有語之者曰：何故不服竹葉石膏湯，王四顧不見，如是者三，遂買成藥二帖，付童使煮，即盡其半，先時頭不能舉，若戴物千金，悠而輕清，唇亦漸暖，咽膈通暢無所礙，悉服之，少頃，汗出爲洗，徑就睡，及平旦，脫然如常時。

(2)治瘟編：一婦人，發熱微惡寒，心下苦悶，下利嘔逆，舌上白胎，臍上動悸高，脈弦緊，與大柴胡湯，下利稍止，嘔逆益劇，胸腹熱熾，煩渴欲飲水，四肢微冷，脈沉緊，與竹葉石膏湯七劑而愈。

又席工爲吉，年十二，下利日二三行，略無所苦，日夕出遊，一日洞泄如注，凡六行，而眼陷鼻尖冷，身熱熾盛，心下苦悶，嘔逆，舌上白胎，渴欲飲水，脈沉緊，與竹葉石膏湯，五日而愈。

(3)橘窗書影：中川左右衞門弟，年二十有餘，患暑疫，數十日不解，虛羸，脈細數，舌上無苔而乾燥，好冷水，絕穀數日，煩冤極，余與竹葉石膏湯，服之二三日，煩渴解，食少進，後脈數不解，氣血枯燥，與參胡芍藥湯，徐徐恢復，遂免危篤。

又某女，外感後，寒熱數日不解，咳嗽吐痰，不食，漸羸瘦，殆將成勞，服柴胡劑數百帖無效，余診之曰：此暑邪內伏不得解也，宜講伏暑之策，與竹葉石膏湯加杏仁，五六日，熱大解，咳嗽止，食進，後與人參當歸散（人參、當歸、麥多、地黃、桂枝、芍藥、竹葉、粳米），虛羸復常。又一老醫云：有一女子，年三十餘，晚春感微邪，發作如瘧，至季夏尚未解，醫三四輩雜治而不愈，一日心下迫塞，如將氣絕，盜汗亦少。此全由心下有水氣，不下利而發此證也。其他胸膈有水氣之病，有吐水者，有

眩暈者，有動悸者，皆以小半夏加茯苓石膏湯，半夏瀉心加石膏湯等取效，，此說頗有理，而與余之治驗，頗暗合，故附於此。

又吉田秀貞妻，年三十，傷寒數月，熱不解，脈虛數，苔黃不欲食，咳嗽甚，痰喘壅盛，余與竹葉石膏湯二三日，熱稍解，舌上濕潤，小便色減，因與竹茹溫膽湯，痰退欸安，食大進，不日全愈。

六、新瘥強穀微煩證

第368條（原 411 條） **病人脈已解，而日暮微煩，以病新差，人強與穀，脾胃氣尚弱，不能消穀，故令微煩，損穀則愈。**

傳統解釋 病人脈已解，謂病脈悉解，而日暮微煩者，以病新瘥，食穀過早，胃氣尚未復，不能消化，故令微煩也。不須藥治，節食則愈。

科學解釋 凡病新愈，食慾大增，傷寒尤然。若不知節制，則胃機能尚未完全復元，當有食復之危險，日暮微煩者，食復之輕證，故不須藥物，節食可愈。

第九章　刪編

第一節　太陽篇(11)條

第1條（原 10 條） **太陽病，欲解時，從巳至未上。**

傳統解釋 成無已以陽生於晝，陰生於夜，三陽經解時，以寅至戌，陽道常饒也；三陰解時，從亥至卯，以陰道常乏也。內經曰：「陽中之太陽，通於夏氣，則巳午未，太陽乘旺也」。而余無言以此為醫中之謎，六經之傳，尚無定軌，病之自解，豈可準時而計以駁之。惟曹穎甫則以衛氣晝行於陽，巳午未，日之中，正陽氣旺盛，此時陽氣若強，當一汗而解，並取金匱痙濕暍篇，風濕汗出而愈，天陰濕氣仍在而不愈為證，說明天陽為助而解病之理，亦有可取。

科學解釋 此條前人均以六經陰陽為說，於病理上，實難吻合，惟「巳午未」正是日午，外溫正高，影響人身代謝作用頗大，若精氣旺盛，使體表微

毒，無所匿藏，隨汗而解，似為近理。如肺核病之易死於三伏之丙丁日，則余親見之，所謂大氣對身心之影響，亦不可忽也。惟此說尚不足為據，故刪之。

第2條（原31條） 問曰：症象陽旦，按法治之而增劇，厥逆，咽中乾，兩脛攣急而譫語，師曰夜半手足溫，兩脛當伸，後如師言，何以知之？答曰：寸口浮而大，浮則為風，大則為虛，風則生微熱，虛則兩脛攣，病証象桂枝，因加附子參其間，增桂令汗出，附子溫經，亡陽故也，厥逆咽中乾，煩燥，陽明內結，譫語煩亂，更飲甘草乾薑湯，夜半陽氣還，手足當溫，脛尚微拘急，重與芍藥甘草湯，爾乃脛伸，以承氣湯微溏，止其譫語，故病可愈。

傳統解釋 此條乃後人借問答以伸七十四條之義，無所取，且陽旦之名，通編無再見者，雖成無已云，即桂枝湯之別名，誰其信之。故刪之。惟曹穎甫對本條之解釋，尚中肯，附錄之，以資參考，其文曰：

太陽中風，發熱汗出惡風，為桂枝湯證，惟腳攣急不類，按寒濕在下，則足脛腫疼，當用附子以溫腎，却不知此證之自汗出，為表陽虛，心煩腳攣急，為裡陰虛，更用桂枝湯發汗，則表陽更虛而手足冷，汗出而裡陰更虛，由是津液不足而咽乾，血不養筋而拘急，胃中燥而譫語，但救逆，當有所急，手足厥冷，為胃中陽氣亡於發汗，不能達於四肢，故先用乾薑甘草湯，以復中陽，而手足乃溫，脛拘急為血隨陽鬱，不能下濡經脈，故用疏營分瘀滯之芍藥合甘緩之甘草，使血得下行而濡筋脈，而腳仍伸，至於胃中燥熱而發譫語，則為穢濁上蒙於腦，一下而譫語即止，故治法最後。

第3條（原52條） 脈浮者，病在表，可發汗，宜麻黃湯。

第4條（原53條） 脈浮而數者，可發汗，宜麻黃湯。

傳統釋釋 浮數之脈，大都有表證，如傷寒之證，宜麻黃湯；如中風證，則似桂枝湯矣。故不能認定脈浮者，宜麻黃湯，故一般疑此二條，非仲景之文，不無可疑，蓋仲景甚少僅憑脈而處治也。故刪之。

第5條（原98條） 太陽病未解，脈陰陽俱停，必先振慄，汗出而解，但陽脈微者，先汗出而解，但陰脈微者，下之而解，若欲下之，宜調胃承氣湯

傳統解釋 太陽病，表證未解，脈微，為正氣衰弱，與攻表之劑，出汗前，

因元氣不足，則振慄而寒，俄而汗出，邪去病解。若脈停止，陰陽絕，早
登鬼籙矣，何得再汗出而解，「停」係「微」之誤顯然！若陽脈獨微，陽
虛宜汗；陰脈獨微，陰虛宜下，下之宜調胃承氣湯，千金云，汗之，宜桂
枝湯。

科學解釋　脈微，為心臟衰弱，切忌汗下，本節或汗或下，與生理病理，均
不符合，恐有誤耳。惟心力衰弱時必待加強代謝功能，增產體溫，強壯心
力，始能作汗。振慄乃生理上加強產熱之現象，故用辛溫興奮劑，加強產
溫時，因心力衰弱，受藥力之刺激，藉振慄作用而加強發熱，體表血管舒
張，病毒與微汗出而解。下之徒傷腸胃，間接亦害心力，休克堪虞，實非
所宜，故本條處理，實不可信，故刪之。陸淵雷亦曰：此條以脈之陰陽，
辨病解之由於汗下，無論脈停脈微，其理皆不可通，其事皆無所驗也。

第6條（原 101 條）　血弱氣盡，腠理開，邪氣因入，與正氣相搏，結於脇
下，正邪分爭，往來寒熱，休作有時，嘿嘿不欲食，藏府相連，其痛必下
，邪高痛下，故使嘔也，小柴胡湯主之。

傳統解釋　王宇泰曰：血弱氣盡至結在脇下，是釋胸脇苦悶句；正邪分爭三
句，是釋徒來寒熱句；倒裝法也。嘿嘿不欲食，兼上文滿痛而言，藏府相
連四句，釋心煩喜嘔也。劉棟曰：此條後人所記上條註文也，且說理亦未
盡合，故刪之。

第7條（原 114 條）　傷寒腹滿譫語，寸口脈浮而緊者，肝脈也，名曰縱，
刺期門。

傳統解釋　腹滿譫語，似胃家實，然脈浮緊而不潮熱，非陽明也。脈法云：
「脈浮而緊者，名曰弦」，此弦為肝脈也。內經曰：「諸腹脹大，皆屬於
熱」，又曰「肝氣盛，則多言」。是腹滿由肝火，而譫語乃肝氣所發也。
木旺則侮其所勝，直犯脾士，故名縱。刺期門以瀉之實，則腹滿譫語息矣。

第8條（原 115 條）　傷寒發熱，嗇嗇惡寒，大渴欲飲水，其腹必滿，自汗
出，小便利，其病欲解，此肝乘肺，名曰橫，刺期門。

傳統解釋　發熱惡寒，似太陽之表，未經大汗而大渴，非轉屬陽明也；未經
妄下而腹滿，亦非轉屬太陰也；且頭不痛，胃不實，不下利，斷非三陰證
矣。要知發熱惡寒者，肺病也。肺虛而肝火乘之，脾惡木邪，水精不上輸

於肺，故大渴；肺不能通調水道，故腹滿。是侮所不勝，寡畏也，故名橫。若自汗出，則肝火得泄；小便利，則水道通，肝火泄，水道通，故其病欲愈也。此一縱而乘脾，一橫而侮肺，均為肝火亢，當瀉無補，必刺期門，隨其實而瀉之。

　　然以上兩條，依五行，論縱橫，用刺法，不用藥，恐非仲景之原文也。且所說病理與處治具不甚當，醫宗金鑑已疑之，錢氏，柯氏，周氏，張氏等並刪此二條，非過也。蓋傷寒論為方書，究非鍼經，用鍼以泄邪，而助藥力之行則有之，如先刺風府風池，却與桂枝湯則愈。而專用刺法，不處方劑，誠非仲景之本意，亦有碍於傷寒之體制，故亦刪之。

第9條（原136條）　**問曰；病有結胸，有藏結，其狀如何？答曰：按之痛，寸脈浮，關脈沉，名曰結胸也。何謂藏結？答曰：如結胸狀，飲食如故時時下利，寸脈浮，關脈小細沉緊，名曰藏結，舌上胎白滑者，難治。**

傳統解釋　此條千古評論，莫衷一是，亦不過專事附會臆度耳，何得為訓，茲引陸淵雷氏之說，及科學知識，以明應刪之故。

　　陸氏曰：此條意欲辨結胸藏結之異，然非仲景之文，何以知之，凡傷寒金匱中，設為問答及稱師曰者，皆辭旨淺薄，與全書不類（即體制亦不同）一也；王叔和最信脈法，故名其書曰脈經，仲景則詳於證而略於脈（且未有言寸關尺者），此條言脈獨詳，二也；結胸之病，苦楚殊甚，而輕輕以「按之痛」三字了之，試問胸部按之痛者，果皆為結胸乎？三也；若夫臟結，乃是死證，百七十四條有明文（即腸嵌頓病），與結胸無相似處，今與結胸相提並論，辨其異同，且曰「如結胸狀」，四也；假令臟結如結胸狀，亦當苦楚不能食，而曰飲食如故，五也。以是知非仲景之言也。若以現代科學知識論之，結胸證，頗似肋膜炎，唯肋膜炎，不按亦痛，呼吸則痛甚，其所謂按之痛者，似為乾性肋膜炎之輕者，或初起也。臟結證，唯腸嵌頓近似，若腸痙攣，尚可以緩解平滑肌之芳香辛辣劑以治之，未必為死證，唯腸嵌頓，在外手手術不發達之秦漢時代，則非死不可，腸嵌頓，亦中醫小腸氣之劇者，為腸隨腹膜之弛緩處，而滑落於鼠蹊穴中，更進入於陰囊內，互相壓迫，食物通過困難，或腸管套入腸管，則食物完全不能通過，而成嵌頓證。苟成嵌頓，則生命垂危，以現代科學倡明，死亡

率而爲百分之二十四，無怪古爲死證，但其證情，與本條所列，大相逕庭，不倫不類，故刪之以免惑人。

第10條（原148條） 太陽病，下之，其脈促，不結胸者，此爲欲解也。脈浮者，必結胸也；脈緊者，必咽痛；脈弦者，必兩脇拘急；脈細數者，痛未止；脈沉緊者，必欲嘔；脈沉滑者，協熱利；脈浮滑者，必下血。

備考 本條憑脈論證，舍望，問，聞三診，旣非古意，亦非仲景傷寒論之體制，柯琴氏刪之於先，日人疑爲叔和攙入於後，可謂不無見地矣，故亦刪之。

第11條（原161條） 太陽病，醫發汗，遂發熱惡寒；因復下之，心下痞，表裡俱虛，陰陽氣並竭。無陽則陰獨，復加燒針，因胸煩，面色靑黃，膚瞤者，難治；今色微黃，手足溫，易愈。

備考 山田氏曰：此條王叔和所攙入，今刪之。丹波氏亦曰：旣云陰陽氣並竭，而又云無陽則陰獨，義不明切。曹穎甫亦曰：陰陽氣並竭之下，忽著無陽則陰獨五字，殊難解說。又云：所謂惡者，遂發熱惡寒耳，豈未經發汗之前，本不發熱，本不惡寒，因發汗之故，遂發熱惡寒乎？若初不見發熱惡寒，何以知爲太陽病乎？!此不可通者一。醫雖至愚，誰不知發熱惡寒之當發其汗，何至誤用硝黃，則因復下之因，全無著落，不可通者二。今細玩本文，特於惡寒之上，遺一「不」字，如此因字方有著落，蓋太陽發熱惡寒之病，經一汗之後，僅發熱而不惡寒，頗類入陽明，因復下之。

　　本條雖經曹氏增一「不」字，尚能勉圓其說，但舛謬之處仍多，刪之爲是。

第二節　陽明篇(6)條

第12條（原191條） 問曰：何緣得陽明病？答曰：若發汗，若下，若利小便，此亡津液，胃中乾燥，因轉屬陽明，不更衣，內實，大便難者，此名陽明也。

備考 此即前云陽明篇問答五條僞文之一，劉棟，山田正珍，余無言等，均刪而不解，且本條文義明晰，即前一四七條所謂陽明三證中之一耳，無所

發明，故刪之。若以科學之目光視之，太陽病，即指發熱惡寒，慣例以發汗解熱爲治，然急性傳染病，往往服解熱劑，汗雖出而熱不罷，而反增熱者，風溫病，即其例證，斯時可用白虎湯以清涼退熱，此即所謂汗後之陽明，非概因誤汗所致，間有病勢自然之發展也。下後失津最多，且有壓心作用，身體抗毒力減低，病毒得以深入，因毒素之刺激，而發高熱。因失津，不能藉水分發汗以解熱，熱愈甚，液愈少，而熱更甚，此即下後之陽明也，有謂胃承氣湯及白虎湯等證。利小便，則血液濃度高，流行不暢，血壓增高，勢必吸取組織液以稀釋血液濃度，組織營養不足，滅菌功能降低，病毒肆虐，熱度增高，而成燥熱之陽明，以清涼生津之白虎加人參湯爲正治。

第13條（原193條）**問曰：病有得之一日，不發熱而惡寒者何也？答曰：雖得之一日，惡寒將自罷，即自汗出而惡熱也。**

備考 此條即補充說明陽明外證之汗出而惡熱也，文義明晰，而有重複之嫌，故刪之，但列來有三種說法：㈠爲後人所記，文義淺薄，刪而不釋者。㈡以一日爲一候（七日），申明內經一日太陽，二日陽明之義，以傳經之常例，一候已過，當惡寒罷，而惡熱汗出也。㈢以一日作一日計，以溫病風溫爲證，一日初得之雖惡寒，但本陽明病，故惡寒迅即自罷，汗出惡熱之陽明證現矣，以疾病之常態言，㈡㈢兩說，均有可能。

第14條（原194條）**問曰：惡寒何故自罷？答曰：陽明居中土也，萬物所歸，無所復傳，始雖惡寒，二日自止，此爲陽明病也。**

備考 此亦後人所記，釋上文惡寒自罷之意，惟傷寒，憑證立法，憑法處方，罕言五行者，且陽明居中土，萬物所歸，無所復傳，語甚怪誕，故劉棟，余無言，山田正診等均刪而不議。

第15條（原204條）**陽明病，欲解時，從申至戌上。**

備考 古人以日出陽氣初升，爲少陽主氣之期；日中爲陽氣鼎盛，太陽主氣之期；日落爲陽氣轉衰，陽明主氣之期。申至戌，爲落日前後，故爲陽明主氣之時，陽明病，待其主氣之時，陽明氣旺而解，此乃古人舊說，不可理解，亦不可深信，前在太陽病欲解條，已有述及，故不多及。

第16條（原212條）**陽明病，脈浮而緊者，必潮熱，發作有時；但浮者，必盜汗出。**

備考　舒馳遠曰：此條據脈，不足憑也；況脈浮緊，與潮熱；脈但浮，與盜汗出者，皆非的對必有之證也。若陽明病，潮熱發作有時，當審其表之解與未解，胃之實與不實，而治法出其間。若盜汗出者，又當視元氣之虛否，裡熱之盛否，更辨其兼證，庶幾法有可憑，否則非法也。歷賢註說紛紜，實以舒氏較爲可信，故仍不足徵信，刪之爲是。

第17條（原269條）病人無表裡証，發熱七八日，雖脈數者，可下之。假令已下，脈數不解，合熱則消穀善飢，至六七日不大便者，有瘀血，宜抵當湯。若脈數不解，而下利不止，必協熱便膿血也。

備考　本條所說病理，大多不合，正如周揚後傷寒三註曰：傷寒一書，凡太陽表證未盡者，仲景戒不可攻，今發熱七八日，太陽表證也，脈浮數，太陽表脈也，此皆仲景自言者；七八日，未更衣，陽明府證也，此仲景言外之意，何云病人無表裡證，乃至自爲矛盾耶。況脈浮數，何所見而可下，脈數善飢，六七日不大便，何以知有瘀血，紕繆之處殊多，無怪後人刪而不議。惟內熱用苦寒瀉下劑，有釜底抽薪作用，爲解熱方法之一種，瘀血用抵當湯，有消瘀瀉下去毒之功。下利便膿血爲痢疾，以消炎健胃爲主，習用四逆散，承氣湯有效。

第三節　少陽篇(1)條

第18條（原274條）少陽病，欲解時，從寅至辰上。

備考　本條與太陽陽明病欲解同義，以陽中之少陽，通於春氣，寅卯辰，少陽木王之時，此言少陽氣旺而邪解也，其理不可解，故刪之。

第四節　太陰篇(1)條

第19條（原286條）太陰病，欲解時，從亥至丑上。

第五節　少陰篇(2)條

第20條（原303條）少陰病，欲解時，從子至寅上。
第21條（原320條）少陰病，下利便血者，可刺。

備考 成無已曰：下焦氣血留聚，腐化爲膿血，刺之以利下焦，宣通氣血。

錢氏曰：不曰刺何經穴者，蓋少陰之井榮俞經合也，其所以不言者，以良工必知之熟也，故不必贅。常器之謂刺幽門，交信。柯琴謂刺期門。孫梓材謂關元，各持一說，莫知究竟，故余無言以妄加臆測也，傳疑不可，傳信無徵，不爲刪之爲是。然刺灸之法，自有專書，通治百病，病有可刺之穴，猶病有對證之方也，今雖云可刺，而未指何穴，與太陽篇之先刺風府風池，暨刺期門之例不符；且本論專論用方，特出此一條之可刺，又不言穴，實滋人疑，故刪之以免惑亂。

第六節　厥陰篇⑵條

第22條（原340條）厥陰病，欲解時，從丑至卯。

第23條（原374條）少陰負趺陽者爲順也。

備考 此條少陰爲何，負又作何解，其義不明，雖成無己，錢璜等亦有註釋，概難恰當，故柯氏余氏山田氏丹波氏等，刪之爲是。

第十章　附錄

第一節　辨脈篇

問曰：脈有陰陽者，何謂也？答曰：凡脈大、浮、動、數、滑，此名陽脈也；脈沉、濇、弱、弦、微，此名陰脈也，凡陰病見陽脈者生，陽病見陰脈者死。

問曰：脈有陽結，陰結，何以別之？答曰：其脈浮而數，能食不大便，此爲實，名陽結也，期十七日當劇；其脈沉而遲，不能食，身體重，大便反鞕，名陰結也，期十四日當劇。

問曰：病有洒淅惡寒而復發熱者何？答曰：陰脈不足，陽往從之，陽脈不足，陰往乘之。曰：何謂陽不足，答曰：假令寸口脈微，名曰陽不足，陰

氣上入陽中，則洒淅惡寒也。曰：何謂陰不足？答曰：假令尺中脈弱，曰陰不足，陽氣下陷入陰中，則發熱也。

陽脈浮，陰脈弱者，則血虛，血虛則筋急也。其脈沉者，榮氣微也，其脈浮而汗出如流珠者，衛氣衰也。榮氣微者，加燒針則血流不行，更發熱而煩燥也。脈藹藹如車蓋者，名陽結；脈累累爲循長竿者，名陰結也；脈瞥瞥如羹上肥者，陽氣衰也；脈縈縈爲蜘蛛絲者陽氣衰也；脈綿綿爲瀉漆之絕者，亡其血也。脈來緩時一止復來者，名曰結；脈來數時一止復來者，名曰促，脈陽盛則促，陰盛則結，此皆病脈。

陰陽相搏，名曰動，陽動則汗出，陰動則發熱，形冷惡寒者，此三焦傷也。若數脈見於關上，上下無頭尾，如豆大厥厥動搖者，名曰動也。

陽脈浮大而濡，陰脈浮大而濡，陰脈與陽脈同等者，名曰緩也。

脈浮而緊者，名曰弦也。弦者狀爲弓弦，按之不移也。脈緊者，則轉索無常也。

脈弦而大，弦則爲減，大則爲芤，減則爲寒，芤則爲虛，虛寒相搏，此名爲革，婦人則半產漏下，男子則亡血失精。

問曰：病有戰而汗出因得解者，何者？答曰：脈浮而緊，按之反芤，此爲本虛，故當戰而汗出也。其人本虛，是以發戰，以脈浮，故當汗出而解也；若脈浮而緊，按之不芤，此人本不虛，若欲自解，但汗出耳，不發戰也。

問曰：病有不戰而汗出解者何也？答曰：脈大而浮數，故知不戰汗出而解也。

問曰：病有不戰不汗出而解者何也？答曰：其脈自微，此以曾經發汗，若吐，若下，若亡血，以內無津液，此陰陽自和，必自愈，故不戰不汗出而解也。

問曰：傷寒三日，脈浮數而微，病人身涼和者何也？答曰：此爲欲解也。解以夜半，脈浮而解者，濈然汗出也；脈數而解者，必能食也；脈微而解者，必大汗出也。

問曰：脈，病欲知愈未愈者，何以別之？答曰：寸口，關上，尺中三處大小浮沉遲數同等，雖有寒熱不解者，此脈陰陽爲和平，雖劇當愈。立夏得洪大脈，是其本位，其人病身體苦疼重者，須發其汗，若明日身不疼不重，不須發汗。若汗濈濈自出者，明日便解矣。何以言之？立夏得洪大脈，是其

時脈，故使然也，四時倣此。

問曰：凡病欲知何時得何時愈。答曰：假令夜半得病，明日日中愈，日中得病，夜半愈，何以言之？日中得病，夜半愈者，以陽得陰則解也；夜半得病，明日日中愈者，以陰得陽則解也。

寸口脈浮爲在表，沉爲在裡，數爲在府，遲爲在藏，假令脈遲，此爲在藏也。

趺陽脈浮而濇，少陰脈如經也，其病在脾，法當下利，何以知之？若脈浮大者，氣實血虛也，今趺陽脈浮而濇，故知脾氣不足，胃氣虛也，以少陰脈弦而浮纔見，此爲調脈，故稱如經也，若反滑而數者，故知當屎膿也。

寸口脈浮而緊，浮則爲風，緊則爲寒，風則傷衛，寒則傷榮，榮衛俱病，骨節煩疼，當發其汗也。

趺陽脈遲而緩，胃氣如經也，趺陽脈浮而數，浮則傷胃，數則動脾，此非本病，醫特下之所爲也。榮衛內陷，其數先微，脈反但浮，其人必大便鞕，氣噫而除，何以言之。本以數脈動脾，其數先微，故知脾氣不治，大便鞕，氣噫而除，今脈反浮，其數改微，邪氣獨留，心中則飢，邪熱不殺穀，潮熱發渴，數脈當遲緩，脈因前後數度如法，病者則飢，數脈不時，則生惡瘡。

師曰：病人脈微而濇者，此爲醫所病也，大發其汗，又數大下之，其人亡血，病當惡寒，後乃發熱無休止時夏月盛熱，欲著複衣，冬月盛寒，欲裸其身；又陰脈遲濇，故知亡血也。脈浮而大·心下反鞕，有熱屬藏者攻之不令發汗。屬府者，不令溲數，溲數則大便鞕，汗多則熱愈，汗少則便難，脈遲尚未可攻，脈浮而洪，身汗如由，喘而不休，水漿不下，體形不仁，乍靜乍亂，此爲命絕也。又未知何藏先受其災，若汗出髮潤，喘不休者，此爲肺先絕也。陽反獨留，形體爲烟熏，直視搖頭者，此心絕也。脣吻反青，四肢蜇習者，此爲肝絕也。環口黧黑，柔汗發黃者，此爲脾絕也。溲便遺失，狂言目反直視者，此爲腎絕也。又未知何藏陰陽前絕。若陽氣前絕，陰氣後竭者，其人死身色必青；陰氣前絕，陽氣後竭者，其人死身必赤，腋下溫，心下熱也。

寸口脈浮大，而醫反下之，此爲大逆。浮則無血，大則爲寒，寒氣相搏，則爲腸鳴，醫乃不知，而反飲冷水，令汗大出，水得寒氣，冷必相搏，其人即䭇。

趺陽脈浮，浮則爲虛；虛浮相搏，故令氣餲，言胃氣虛竭也。脈滑則噦，此爲醫咎，責虛取實，守空迫血。脈浮鼻中燥者，必衄也。

諸脈浮數，當發熱而洒淅惡寒，若有痛處，飲食如常者，蓄積有膿也。脈浮而遲，面熱赤而戰惕者，六七日當汗出而解；反發熱者，差遲遲，爲無陽不能作汗，其身必癢也。

寸口脈陰陽俱緊者，法當清邪中於上焦，濁邪中於下焦。清邪中於上焦，名曰潔也；濁邪中於下名曰渾也；陰中於邪，必內慄也；表氣微虛，裡氣不守，故使邪中於陰也。陽中於邪，必發熱頭痛項強頸攣腰痛脛酸，所爲陽中霧露之氣，故曰清邪中於上。濁邪中於下，陰氣爲慄，足膝逆冷，便溺妄出。表氣微虛，裡氣微急，三焦相溷，內外不通，上焦怫鬱，藏氣相熏，口爛食齗也；中焦不治，胃氣上衝，脾氣不轉，胃中爲濁，榮衞不通，血凝不流。若胃氣前通者，小便赤黃，與熱相搏，因熱作使，遊走於經絡，出入藏府，熱氣所過，則爲癰膿；若陰氣前通者，陽氣厥微，陰無所使，客氣內入，嚔而出之，聲嗢咽塞，寒厥相逐，爲熱所擁，血凝自下，狀如豚肝；陰陽俱厥，脾氣孤弱，五液注下，下焦不闔，清便下重，令便數難，臍築湫痛，命將難全。

脈陰陽俱緊，口中氣出，唇口乾燥，倦臥足冷，鼻中涕出，舌上胎滑，勿妄治也。到七日已來．其人微發熱，手足溫者，此爲欲解；或到八日已上，反大熱者，此爲難治，設使惡寒者，必欲嘔也；腹內痛者，必欲利也。脈陰陽俱緊，至於吐利，其脈獨不解，緊去人安，此爲欲解。若脈遲，至六七日不欲食，此爲晚發，水停故也，爲未解，食自可者，爲欲解，病六七日手足三部脈皆至大煩而口噤不能言，其人躁擾者，必欲解也；若脈和，其人大煩，目重瞼內際黃者，此爲欲解也。脈浮數，浮爲風，數爲虛，風爲熱，虛爲寒，風虛相搏，則洒淅惡寒也；脈浮而滑，浮爲陽，滑爲實，陽實相搏，其脈數疾，衞氣失度，浮滑之脈，數疾發熱汗出者，此爲不治。

傷寒欬逆上氣，其脈散者死，謂其形損故也。

第二節　平脈篇

問曰：脈有三部，陰陽相乘，榮衞血氣，在人體躬，呼吸出入，上下於

中，因息遊布，津液流通，隨時動作，效象形容，春弦秋浮，多沉夏洪，察色觀脈，大小不同，一時之間，變無常經，尺寸參差，或短或長，上下乖錯，或存或亡，病輒改易，進退低昂，心迷意惑，動失紀綱，願爲具陳，令得分明？師曰：子之所問，道之根源，脈有三部，尺寸及關，榮衞流行，不失衡銓，腎沉心洪，肺浮肝弦，此自經常，不失銖分，出入升降，漏刻周旋，水下二刻，一周循環，當復寸口，虛實見焉。變化相乘，陰陽相干，風則浮虛，寒則牢堅，沉潛水畜，支飲急弦，動則爲痛，數則爲熱，設有不應，知變所緣，三部不同，病各異端，太過可怪，不及亦然，邪不空見，中必有奸，審察表裡，三焦別焉，知其所舍，消息診看，料度藏府，獨見若神，爲子條記，傳與賢人。

師曰：呼吸者，脈之頭也，初持脈來疾去遲，此出疾入遲，名曰內虛外實也；初持脈來遲去疾，此出遲入疾，名曰內實外虛也。問曰：上工望而知之，中工問而知之，下工脈而知之，願聞其說？師曰：病家人請云，病人苦發熱身體痛，病人自臥，師到診其脈，沉而遲，知其差也，何以知之？表有病者，脈當浮大，今脈反沉遲，故知愈也。假令病人云腹內卒痛，病人自坐，師到脈之，浮而大者，知其差也，何以知之？若裡有病者，脈當沉而細，今脈浮大，故知愈也。師曰：病家人來請云病人發熱煩極，明日師到，病人向壁臥，此熱已去也，設令脈不和處，言已愈。設令向壁臥，聞師到不驚起，而盼視，若三言三止，脈之嚥唾者，此詐病也。設令脈和處，言此病大重，當須服吐下藥，針灸數十百處乃愈。師持脈，病人欠者，無病也，脈之呻吟者，病也。言遲者，風也。搖頭言者，裡痛也。行遲者，表強也。坐而伏者，短氣也。坐而下一脚者，腰痛也。裡實護腹爲懷卵者，心痛也。師曰：伏氣之病，以意候之，今月之內，欲有伏氣，假令舊有伏氣，當須脈之，若脈微弱者，當喉中痛，似傷非喉痺也。病人云實咽中痛，雖爾今復欲下利。問曰：人病恐怖者，其脈何狀？師曰：脈形如循絲累累然，其面白脫色也。問曰：人不飲，其脈何類？師曰：脈自濇，脣口乾燥也。問曰：人愧者，其脈何類？師曰：脈浮而面色乍白乍赤。問曰：經說脈有三菽重者何也？師曰：脈者，人以指按之，如三菽之重者，肺氣也；如六菽之重者，心氣也；如九菽之重者，脾氣也；如十二菽之重者，肝氣也；按之至骨者，腎氣也。假令下利，寸口，關上，尺中悉不見脈，然尺中時一小見，脈再舉頭者，腎氣也。若見

損脈來，至爲難治。

問曰：脈有相乘，有縱，有橫，有逆，有順何也？師曰：水行乘火，金行乘木，名曰縱；火行乘水，木行乘金，名曰橫；水行乘金，火行乘木，名曰逆；金行乘水，木行乘火，名曰順也。

問曰：脈有殘賊，何謂也？師曰：脈有弦、緊、浮、滑、沉、濇，此六者，名曰殘賊，能爲諸脈作病也。

問曰：脈有災怪，何謂也？師曰：假令人病，脈得太陽，與形證相應，因爲作湯，比還送湯如食頃，病人乃大吐，若下利、腹中痛，師曰：我前來不見此證，今乃變異，是名災怪。又問曰：何緣作此吐利？答曰：或有舊時服藥，今乃發作，故名災怪耳。

問曰：東方肝脈，其形何似？師曰：肝者木也，名厥陰，其脈微弦濡弱而長，是肝脈也，肝病自得濡弱者愈也。假令得純弦脈者死，何以知之，以其脈如弦直，是肝藏傷，故知死也。南方心脈，其形何似？師曰：心者火也，名少陰，其脈洪大而長，是心脈也，心病自得洪大者愈也，假令脈來微去大，故名反，病在裡也，脈來頭小本大者，故名覆，病生表也，上微頭小者，則汗出，下微本大者，則關格不通，不得尿，頭無汗者可治，有汗者死。西方肺肺，其形何似？師曰：肺者金也，名太陰，其脈毛浮也，肺病自得此脈，若得緩遲者皆愈，若得數者則劇，何以知之？數者南方火，火尅西方金，法當癰腫，爲難治也。問曰：二月得毛浮脈，何以處言至秋當死？師曰：二月之時，脈當濡弱，反得毛浮者，故知至秋死。二月肝用事，脈屬木，應濡弱反得毛浮者，是肺脈也，肺屬金，金來尅木，故知至秋死，他皆倣此。

師曰：脈肥人責浮，瘦人責沉，肥人當沉，今反浮，瘦人當浮，今反沉，故責之。

師曰：寸脈下不至關，爲陽絕，尺脈上不至關爲陰絕，此皆不治，決死也。若計其餘命，死生之期，期以月節尅之也。

師曰：脈病人不病，名曰行尸，以無王氣，卒眩仆不識人者，短命則死；人病脈不病，名內虛，以無穀神，雖困無苦。

問曰：翕奄沉，名曰滑，何謂也？沉爲純陰，翕爲正陽，陰陽和合，故令脈滑，關尺自平，陽明脈微沉，飲食自可，少陰脈微滑，滑者緊之浮名也，此爲陰實，其人必股內汗出，陰下濕也。

問曰：曾爲人所難，緊脈從何而來？師曰：假令亡汗，若吐，以肺裡寒，故以脈緊也。假令欬者，坐飲冷水，故令脈緊也；假令下利，以胃中虛冷，故令脈緊也。

寸口衞氣盛，名曰高，榮氣盛，名曰章，高章相摶，名曰綱。衞氣弱，名曰愫，榮氣弱，名曰卑，愫卑相摶，名曰損。衞氣和，名曰緩，榮氣和，名曰遲，遲緩相摶，名沉。寸口脈緩而遲，則陽氣長，其色鮮，其顏光，其聲商，毛髮長；遲則陰氣盛，骨髓生，血滿肌肉緊薄鮮鞕，陰陽相抱，榮衞俱行，剛柔相摶，名曰強。趺陽脈滑而緊，滑者胃氣實，緊者脾氣強，持實擊強，痛還自傷，以手把双，坐作瘡也。寸口脈浮而大，浮爲虛，大爲實，在尺爲關，在寸爲格，關則不得小便，格則吐逆。趺陽脈伏而濇，伏則吐逆，水穀不化，濇則食不得入，名關格。脈浮而大，浮爲風虛，大爲氣強，風氣相摶，必成隱疹，身體爲癢，癢者名泄風，久久爲痂癩。寸口脈弱而遲，弱者衞氣微，遲者榮中寒，榮爲血，血寒則發熱，衞爲氣，氣微者，心內飢，飢而虛滿，不能食也。趺陽脈大而緊者，當即下利爲難治。寸口脈弱而緩，弱者陽氣不足，緩者胃氣有餘，噫而吞酸，食卒不下，氣塡於膈上也。趺陽脈緊而浮，浮爲氣，緊爲寒，浮爲腹滿，緊爲絞痛，浮緊相摶，腸鳴而轉，轉即氣動，膈氣乃下，少陰脈不出，其陰腫大而虛也。寸口脈微而濇，微者，衞氣不行，濇者，榮氣不足，榮衞不能將，三焦無仰，身體痺不仁，榮氣不足，則煩疼口難言；衞氣虛，則惡寒數欠；三焦不歸其部，上焦不歸者，噫而酢吞；中焦不歸者，不能消穀引食；下焦不歸者，則遺溲。趺陽脈沉而數，沉爲實，數消穀，緊者病難治。寸口脈微而濇，微者衞氣衰，濇者榮氣不足；衞氣衰，面色黃，榮氣不足，面色青，榮爲根，衞爲葉，榮衞俱微，則根葉枯槁，而寒慄欬逆，唾腥吐涎沫也。趺陽脈浮而芤，浮者衞氣衰，芤者榮氣傷，其身體瘦，肌肉甲錯，浮芤相摶，宗氣衰微，四屬斷絕。寸口脈微而緩，微者衞氣疏，疏則膚空，緩者胃氣實，實則穀消而水化也。穀入於胃，脈道乃行，水入於經，其血乃成，榮盛則其膚必疏，三焦絕經，名曰血崩。趺陽脈微而緊，緊則爲寒，微則爲虛，微緊相摶，則爲短氣。少陰脈弱而濇，弱者微煩，濇者厥逆。趺陽脈不出，脾不上下，身冷膚鞕。少陰脈不至，腎氣微少，精血奔氣，促迫上入胸膈，宗氣反聚，血結心下，陽氣退下，熱歸陰股，與陰相動，令身不仁，此爲尸厥，當刺期門互關。寸口脈微，

尺脈緊，其人虛損多汗，知陰常在，絕不見陽也。寸口諸微亡陽，諸濡亡血，諸弱發熱，諸緊爲寒，諸乘寒者，則爲鬱冒不仁，以胃無穀氣，脾濇不通，口急不能言，戰而慄也。

問曰：濡弱何以反適十一頭？師曰：五藏六府相乘，故令十一。問曰：何以知乘府，何以知乘藏？師曰：諸陽浮數爲府，諸陰遲濇爲乘藏也。

第三節　傷寒例

陰陽大論云：春氣溫和，夏氣暑熱，秋氣清涼，冬氣冷冽，此則四時正氣之序也。冬時嚴寒，萬類深藏，君子固密，則不傷於寒，觸冒之者，乃名傷寒耳。其傷於四時之氣，皆能爲病，以傷寒爲毒者，以其最成殺厲之氣也。中而即病者，名曰傷寒，不即病者，寒毒藏於肌膚，至春變爲溫病，至夏變爲暑病；暑病者，熱極重於溫也。是以辛苦之人，春夏多溫熱病，皆由冬時觸寒所致，非時行之氣也。凡時行者，春時應暖而復大寒，夏時應大熱而反大涼秋時應涼而反大熱，冬時應寒而反大溫，此非其時而有其氣，是以一歲之中，長幼之病，多相似者，此則時行之氣也。夫欲候知四時正氣爲病，及時行疫氣之結，皆當按斗曆占之：九月霜降節後宜漸寒，向冬大寒，至正月雨水節後宜解也，所以謂之雨水者，以冰雪解而爲雨水故也。至驚蟄二月節後，氣漸和暖，向夏大熱，至秋便涼。從霜降以後，至春分以前，凡有觸冒霜露體中寒即病者，謂之傷寒也。其冬有非節之暖者，名曰冬溫，冬溫之毒，與傷寒大異。冬溫復有先後，更相重沓，亦有輕重，爲治不同，證如後章。從立春節後，其中無暴大寒，又不冰雪，而有人壯熱爲病者，此屬春時陽氣發於冬時伏寒變爲溫病。從春分以後，至秋分節前，天有暴寒者，皆爲時行寒疫也。三月四月或有暴寒，其時陽氣尚弱，爲寒所折，病熱猶輕；五月六月陽氣已盛，爲寒所折，病熱則重；七月八月陽氣已衰所折，病熱亦微；其病與溫及暑病相似，但治有殊耳。十五日得一氣，於四時之中，一時有六氣，四六名爲二十四氣也。然氣候亦有應至而不至，或有未應至而至者，或有至而太過者，皆成病氣也。但天地動靜陰陽鼓擊者，各正一氣耳。是以彼春之暖，爲夏之暑，彼秋之忿，爲冬之怒。是故冬至之後，一陽爻升，一陰爻降也；夏至之後，一陽氣下，一陰氣上也。斯則冬夏二至，陰陽合也；春

秋二分，陰陽離也。陰陽交易，人變病焉。此君子春夏養陽，秋多養陰，順天地之剛柔也。小人觸冒必嬰暴疹，須知毒烈之氣留在何經，而發何病，詳而取之。是以春傷於風，夏必飧泄；夏傷於暑，秋必痎瘧；秋傷於濕，冬必咳嗽；冬傷於寒，春必病溫，此必然之道，可不審明之。今世人傷寒，或始不早治，或治不對病，或日數久，淹困乃告醫，醫人又不依次第而治之，則不中病，皆宜臨時消息制方，無不效也。今搜仲景舊論，錄其證候，診脈，聲色，對病真方，有神驗者，擬防世急也。又土地溫涼，高下不同，物性剛柔，飡居亦異，是黃帝興四方之問，岐伯舉四治之能，以訓後賢，開其未悟者，臨病之工，宜須兩審也。凡傷於寒，則為病熱，熱雖甚不死；若兩感於寒而病者必死。尺寸俱浮者，太陽受病也，當一二日發，以其脈上連風府，故頭項痛，腰脊強；尺寸俱長者，陽明受病也，當二三日發，以其脈俠鼻絡於目，故身熱，目疼、鼻乾、不得臥；尺寸俱弦者，少陽受病也，當三四日發，以其脈循脇絡於耳，故胸脇痛而耳聾；此三經皆受病，未入於府者，可汗而已。尺寸俱沉細者，太陰受病也，當四五日發，以其脈布胃中而絡於嗌，故腹滿而嗌乾；尺寸俱沉者，少陰受病也，當五六日發，以其脈貫腎絡於肺，繫舌本，故口燥舌乾而渴；尺寸俱微緩者，厥陰受病也，當六七日發，以其脈循陰器絡於肝，故煩滿而囊縮；此三經皆受病，已入於腑，可下而已。若兩感於寒者，一日太陽受之，即與少陰俱病，則頭痛、口乾、煩滿而渴；二日陽明受之，與太陰俱病，則腹滿身熱，不欲食，譫語；三日少陽受之，即與厥陰俱病，則耳聾，囊縮而厥，水漿不入，不知人者六日死。若三陰三陽，五藏六府皆受病，則榮衛不行，府藏不通，則死矣。其不兩感於寒，更不傳經，不加異氣者，至七日太陽病衰，頭痛少愈也；八日陽明病衰，身熱少歇也；九日少陽病衰，耳聾微聞也；十日太陰病衰，腹減如故，則思飲食；十一日少陰病衰，渴止，舌乾已而嚏也；十二日厥陰病衰，囊縱，少腹微下，大氣皆去，病人精神爽慧也。若過十三日以上不間，尺寸陷者，大危；若更感異氣，變為他病，當依舊壞證病而治之：若脈陰陽俱盛，重感於寒者，變為溫瘧；陽脈浮滑，陰脈濡弱者，更遇於風，變為風溫；陽脈洪數，陰脈實大者，遇溫熱變為溫毒，溫毒為病最重也；陽脈濡弱，陰脈弦緊者，更遇溫氣，變為溫疫，以此多傷於寒，發為溫病。脈之變證，方治如說。凡人有疾，不時即治，隱忍冀差，以成痼疾，小兒女子，益以滋甚，時氣不和

，便當早言，尋其邪由，及在腠理，以時治之，罕有不愈者，患人忍之，數日乃說，邪氣入藏，則難可制，此為家有患備慮之要。凡作湯藥，不可避晨夜，覺病須臾，即宜便治，不等早晚，則易愈矣；若或差遲，病即傳變，雖欲除治，必難為力。服藥不如方法，縱意違師，不須治之。凡傷寒之病，多從風寒得之，始表中風寒，入裡則不消矣，未有溫覆而當，不消散者。不在證治，擬欲攻之，猶當先解表，乃可下之；若表已解，而內不消，非大滿，猶生寒熱，則病不除；若表已解，而內不消，大滿大實，堅有燥屎，自可除下之，雖四五日不能為禍也。若不宜下而便攻之，內虛熱入，脇熱遂利，煩躁諸變不可勝數，輕者困篤，重者必死矣。夫陽盛陰虛，汗之則死，下之則愈；陽虛陰盛，汗之則愈，下之則死，夫如是，則神丹安可以誤發，甘遂何可以妄攻，虛實之治，相背千里，吉凶之機，應若影響，豈容易哉。況桂枝下咽，陽盛則斃；承氣入胃，陰盛以亡，死生之要，在乎須臾，視身之盡，不眼計日，此陰陽虛實之交錯，其候至微，發汗吐下之相反，其禍至速，而醫術淺狹，懵然不知病源，為治乃誤，使病者殞歿，自謂其分，至令寃魂塞於冥路，死屍盈於曠野，仁者鑒此，豈不痛歟。凡兩感病俱作，治有先後，發表攻裡，本自不同，而執迷妄意者，乃云神丹甘遂，合而飲之，且解其表，又除其裡，言巧似是，其理實違，夫智者之舉錯也，常審以慎，愚者之動作也，必果而速，安危之變，豈可詭哉！世上之士，但務彼翕習之榮，而莫見此傾危之敗，惟明者居然能護其本，近取諸身，夫何遠之有焉！凡發汗溫服湯藥，其方雖言日三服，若病劇不解，當促其間，可半日中盡三服，若與病相阻，即便有所覺，重病者，一日一夜當晬時觀之，如服一劑，病證猶在，故當復作本湯服之，至有不肯汗出，服三劑乃解，若汗不出者，死病也。凡得時氣，病至五六日而渴欲飲水，飲不能多，不當與之，何者？以腹中熱尚少，不能消之，便更與人作病也；至七八日大渴欲飲水者，猶當依證與之，與之常令不足，勿極意也，言能飲一斗，與五升，若飲而腹滿，小便不利，若喘若噦，不可與之。忽然大汗出，是為自愈也。凡得病反能飲水，此為欲愈之病，其不曉病者，但聞病飲水自愈，小渴者，乃強與飲之，因成其禍，不可復數。凡得病厥，脈動數，服湯藥更遲脈，浮大減小，初躁後靜，此皆愈證也。凡治溫病，可刺五十九穴。人身之穴三百六十有五，其三十九穴灸之有害，七十九穴刺之為災，并中髓也。凡脈四損三日死，平人四息，病

人脈一至名曰四損；脈五損一日死，平人五息，病人脈一至．名曰五損，脈六損一時死；平人六息，病人脈一至，名曰六損。脈盛身寒，得之傷寒；脈虛身熱，得之傷暑；脈陰陽俱盛，大汗出不解者死；脈陰陽俱虛，熱不止者死；脈至乍疎乍數者死；脈至如轉索者，其日死；讝言妄語，身微熱，脈浮大，手足溫者生，逆冷脈沉細者，不過一日死矣。此以前，是傷寒熱病證候也。

第四節　霍亂病脈兼治

第369條（原394）問曰：病有霍亂者，何也？答曰：嘔吐而利，名曰霍亂

第370條（原395）問曰：病發熱頭痛，身疼、惡寒、吐利者，此屬何病？答曰：此名霍亂，自吐下，又利止自復更發熱也。

第371條（原396）傷寒，其脈微濇者，本是霍亂。今是傷寒，却四五日，至陰經上，轉入陰必利。本嘔下利者，不可治也。欲似大便，自反失氣，仍不利者，屬陽明也，便必鞕，十三日愈，所以然者，經盡故也。下利後，便當鞕，鞕則能食者愈；今反不能食，到後經中，頗能食，復過一經能食，過之一日當愈，不愈者，不屬陽明也。

第372條（原299條）霍亂，頭痛發熱，身疼痛，熱多欲飲水者，五苓散主之；寒多不用水者，理中丸主之。

第373條（原401條）吐利汗出，發熱惡寒，四肢拘急，手足厥冷者，四逆湯主之。

第374條（原402條）既吐且利，小便復利，而大汗出，下利清穀，內寒外熱，脈微欲絕者，四逆湯主之。

第375條（原403條）吐巳下斷，汗出而厥，四肢拘急不解，脈微欲絕者，通脈四逆加豬膽汁湯主之。

　　方一一一　通脈四逆加豬膽湯

　　甘草二兩炙　乾薑三兩強人可四兩　附子大者一枚生用去皮破八片
　　豬膽汁半合
　　右四味，以水三升，煮取一升二合，去滓，內豬膽汁，分溫再服，其脈即來，無豬膽以羊膽代之。

第376條（原398條） 惡寒脈微而復利，利止亡血也，四逆加人參湯主之。

方一一二　四逆加人參湯

甘草二兩炙　附子一枚生用破八片　乾薑一兩半　人參一兩

右四味，以水三升，煮取一升二合，去滓，分溫再服。

第377條（原400條） 吐利止，而身痛不休者，當消息和解其外，宜桂枝湯小和之。

第378條（原404條） 吐利發汗後，脈平，小煩者，新虛不勝穀氣故也。

後　　記

　　本編初稿於十年前，時服務於國立政治大學，兼任校內國醫研究社導師，時與同學研討中醫學之基本典籍，故在圖書館中與市上搜集古今傷寒名著數十種，及現代生理學、病理學、解剖學、體溫學、物理診斷學、內科學、外科學、暨報章雜誌有關醫學者，公餘研索，日積月累，歷時數載，始底於成。囿於公務員不能開業，故少臨床實驗，深恐純學理之推論，難盡適切，故未敢遽然付梓。退休後懸壺北市，診餘參考最新學說，引證臨床實踐，迭加修正，又數年於玆矣。但尚有未成熟之學說，如以太陽經之抗病結構，在骨髓造血系統，其抗病能力，表現於「衞氣」即末梢血液白細胞，以及「營氣」即血小板。其病況為低熱，頭痛，乃末梢血液白細胞與血小板功能不足或受抑制所致。陽明經之抗病結構在肌膚網內細胞，彼內連五臟，外達皮膚，形成紋理，有極強之吞噬及滅菌能力其症狀為高熱，腹痛，脈大，是網內細胞功能不足受抑制所致。少陽經之抗病結構在膽，與肌體分泌抗體之功能有密切關係，其症狀為寒熱往來，即稽留熱，則與免疫功能有關。太陰經之抗病結構在脾，為代償功能是否良好有關。少陰經之抗病結構在腎，為調整和重新分配肌體血液循環，調節酸鹼，水分電解質平衡功能不足或受抑制所致。厥陰經之抗病結構在肝，肝主疏泄，係排除體內毒素和代謝之功能不足或抑制所致。此雖以現代之結構學，免疫學等為解釋，但立論未甚切合，如太陽經為外感熱性病之初期，病毒僅感染上呼吸道及肌膚與體表淺在末梢血管，末梢神經，其抗病結構，不可能在於骨髓造血系統；而陽明經之高熱腹痛脈大，其病勢較太陽經為甚，其抗病結構反在肌膚網內細胞，其說實未中肯；而衞氣與營氣，是否即白細胞與血小板，亦無法證實，雖其學說亦有可資參考之處，但不能援以為訓，故仍割愛，其他類似之說尚多，不多及。
歲月不居，攸已衰老矣，多年之心血，不忍廢棄，故檢付手民，聊留雪坭鴻爪之一斑也。

民國七十三年七月於北市